Mente, self e sociedade

COLEÇÃO SOCIOLOGIA
Coordenador: Brasilio Sallum Jr. – Universidade de São Paulo

Comissão editorial:
Gabriel Cohn – Universidade de São Paulo
Irlys Barreira – Universidade Federal do Ceará
José Ricardo Ramalho – Universidade Federal do Rio de Janeiro
Marcelo Ridenti – Universidade Estadual de Campinas
Otávio Dulci – Universidade Federal de Minas Gerais

Dados Internacionais de Catalogação na Publicação (CIP)
(Câmara Brasileira do Livro, SP, Brasil)

Mead, George Herbert, 1863-1931
  Mente, self e sociedade / George Herbert Mead ; editado por Charles W. Morris ; edição com notas de Daniel R. Huebner e Hans Joas ; tradução de Maria Sílvia Mourão. – Petrópolis, RJ : Vozes, 2021. – (Coleção Sociologia)

  Título original: Mind, self & society
  Bibliografia.
  ISBN 978-65-571-3016-2

  1. Comportamento (Psicologia) 2. Experiência 3. Linguagem e línguas 4. Psicologia social I. Morris, Charles W. II. Huebner, Daniel R. III. Joas, Hans. IV. Título. V. Série.

20-51797   CDD-302

Índices para catálogo sistemático:
1. Psicologia social   302

Cibele Maria Dias – Bibliotecária – CRB-8/9427

George Herbert Mead

Mente, self e sociedade

[Edição definitiva]

Editado por Charles W. Morris
Edição com notas de Daniel R. Huebner e Hans Joas

Tradução de Maria Sílvia Mourão

Petrópolis

© 1934, 2015 by The University of Chicago
Cedido pela Universidade University of Chicago Press, Illinois, U.S.A.

Tradução realizada a partir do original em inglês intitulado *Mind, Self and Society: The Definitive Edition.*

Direitos de publicação em língua portuguesa – Brasil:
2021, Editora Vozes Ltda.
Rua Frei Luís, 100
25689-900 Petrópolis, RJ
www.vozes.com.br
Brasil

Todos os direitos reservados. Nenhuma parte desta obra poderá ser reproduzida ou transmitida por qualquer forma e/ou quaisquer meios (eletrônico ou mecânico, incluindo fotocópia e gravação) ou arquivada em qualquer sistema ou banco de dados sem permissão escrita da editora.

CONSELHO EDITORIAL

Diretor
Gilberto Gonçalves Garcia

Editores
Aline dos Santos Carneiro
Edrian Josué Pasini
Marilac Loraine Oleniki
Welder Lancieri Marchini

Conselheiros
Francisco Morás
Ludovico Garmus
Teobaldo Heidemann
Volney J. Berkenbrock

Secretário executivo
João Batista Kreuch

Editoração: Maria da Conceição B. de Sousa
Diagramação: Raquel Nascimento
Revisão gráfica: Nilton Braz da Rocha / Fernando Sergio Olivetti da Rocha
Capa: Editora Vozes

ISBN 978-65-571-3016-2 (Brasil)
ISBN 978-0-226-11273-2 (Estados Unidos)

Editado conforme o novo acordo ortográfico.

Este livro foi composto e impresso pela Editora Vozes Ltda.

Sumário

Apresentação da coleção, 9

Prólogo, 11
  Hans Joas

Prefácio, 15
  Charles W. Morris

Introdução – George H. Mead como psicólogo social e filósofo social, 19
  Charles W. Morris

Parte I – O ponto de vista do behaviorismo social, 41

1 Psicologia social e behaviorismo, 41

2 O significado behaviorista das atitudes, 46

3 O significado behaviorista dos gestos, 50

4 O surgimento do paralelismo na psicologia, 54

5 Paralelismo e ambiguidade da "consciência", 60

6 O programa do behaviorismo, 65

Parte II – A mente, 71

7 Wundt e o conceito de gesto, 71

8 A imitação e a origem da linguagem, 77

9 O gesto vocal e o símbolo significante, 85

10 Pensamento, comunicação e o símbolo significante, 90

11 Significado, 96

12 Universalidade, 101

13 A natureza da inteligência reflexiva, 107

14 Behaviorismo, watsonismo e reflexão, 115

15 Behaviorismo e paralelismo psicológico, 121

16 A mente e o símbolo, 127

17 A relação da mente com a resposta e o meio ambiente, 133

Parte III – O self, 141

18 O self e o organismo, 141

19 As bases da gênese do self, 148

20 A brincadeira, o jogo e o outro generalizado, 154

21 O self e o subjetivo, 163

22 O "eu" e o "mim", 170

23 Atitudes sociais e o mundo físico, 174

24 A mente como importação do processo social pelo indivíduo, 179

25 O "eu" e o "mim" como fases do self, 184

26 A realização do self na situação social, 190

27 As contribuições do "mim" e do "eu", 196

28 A criatividade social do self emergente, 200

29 Contraste entre as teorias individualista e social do self, 206

Parte IV – Sociedade, 211

30 A base da sociedade humana: o homem e os insetos, 211

31 A base da sociedade humana: o homem e os vertebrados, 219

32 Organismo, comunidade e ambiente, 224

33 Os fundamentos e as funções sociais do pensamento e da comunicação, 230

34 A comunidade e a instituição, 236

35 A fusão do "eu" e do "mim" nas atividades sociais, 245

36 Democracia e universalidade na sociedade, 251

37 Outras considerações sobre atitudes religiosas e econômicas, 257

38 A natureza da simpatia, 264

39 Conflito e integração, 267

40 As funções da personalidade e da razão na organização social, 273

41 Obstáculos e promessas no desenvolvimento da sociedade ideal, 278

42 Resumo e conclusão, 286

Ensaios suplementares, 293

I – A função das imagens na conduta, 293

II – O indivíduo biológico, 300

III – O self e o processo da reflexão, 305

IV – Fragmentos sobre ética, 322

Apêndice – Fontes de *Mente, self e sociedade*, 331
   Daniel R. Huebner

Referências, 399

Índice remissivo, 413

Apresentação da coleção

Brasilio Sallum Jr.

A *Coleção Sociologia* ambiciona reunir contribuições importantes desta disciplina para a análise da sociedade moderna. Nascida no século XIX, a sociologia expandiu-se rapidamente sob o impulso de intelectuais de grande estatura – considerados hoje clássicos da disciplina –, formulou técnicas próprias de investigação e fertilizou o desenvolvimento de tradições teóricas que orientam o investigador de maneiras distintas para o mundo empírico. Não há o que lamentar o fato de a sociologia não ter um *corpus* teórico único e acabado. E, menos ainda, há que esperar que este seja construído no futuro. É da própria natureza da disciplina – de fato, uma de suas características mais estimulantes intelectualmente – renovar conceitos, focos de investigação e conhecimentos produzidos. Este é um dos ensinamentos mais duradouros de Max Weber: a Sociologia e as outras disciplinas que estudam a sociedade estão condenadas à eterna juventude, a renovar permanentemente seus conceitos à luz de novos problemas suscitados pela marcha incessante da história. No período histórico atual este ensinamento é mais verdadeiro do que nunca, pois as sociedades nacionais, que foram os alicerces da construção da disciplina, estão passando por processos de inclusão, de intensidade variável, em uma sociedade mundial em formação. Os sociólogos têm respondido com vigor aos desafios desta mudança histórica, ajustando o foco da disciplina em suas várias especialidades.

A *Coleção Sociologia* pretende oferecer aos leitores de língua portuguesa um conjunto de obras que espelhe o tanto quanto possível o desenvolvimento teórico e metodológico da disciplina. A coleção conta com a orientação de comissão editorial, composta por profissionais relevantes da disciplina, para selecionar os livros a serem nela publicados.

A par de editar seus autores clássicos, a *Coleção Sociologia* abrirá espaço para obras representativas de suas várias correntes teóricas e de suas especialidades, voltadas para o estudo de esferas específicas da vida social. Deverá também suprir as necessidades de ensino da Sociologia para um público mais amplo, inclusive por meio de manuais didáticos. Por último – mas não menos importante –, a *Coleção Sociologia* almeja oferecer ao público trabalhos sociológicos sobre a sociedade brasileira. Deseja, deste modo, contribuir para que ela possa adensar a reflexão científica sobre suas próprias características e problemas. Tem a esperança de que, com isso, possa ajudar a impulsioná-la no rumo do desenvolvimento e da democratização.

Prólogo

Oitenta anos após a publicação original, este livro aparece agora numa versão ligeiramente revisada e fundamentalmente complementada. O fato de este livro continuar sendo impresso durante um período tão longo é em si uma indicação de ter se tornado um clássico. As aulas de George Herbert Mead sobre Psicologia Social consolidaram-se como um dos textos fundamentais dessa disciplina, como um componente crucial da teoria sociológica clássica e como um dos produtos mais estimulantes do grande movimento filosófico americano chamado pragmatismo.

Sua influência tem certamente sido mais forte nas ciências sociais do que na filosofia propriamente dita, e isso por vários motivos, dentre os quais o descaso generalizado pelo pragmatismo como filosofia no meio acadêmico americano após o término da II Guerra Mundial talvez seja o mais importante. Em menor grau, porém, também pode ter a ver com o fato de os filósofos serem especialmente sensíveis a uma falta de precisão em seus argumentos. Este livro, baseado em anotações estenográficas e outras, fortemente editadas, feitas durante as aulas de Mead ao longo de um período bastante longo, claramente padece de certa deficiência nesse sentido. Quem depara com ela pela primeira vez experimentará sentimentos contraditórios. Pelo menos, foi o que aconteceu comigo nos meus tempos de estudante, quando tomei conhecimento deste trabalho. Lê-lo foi uma experiência fascinante e também várias vezes decepcionante porque ideias engenhosas – por exemplo, sobre as microestruturas fundamentais dos relacionamentos interpessoais e sua dimensão corpórea – surgem constantemente no texto, mas não são desenvolvidas de maneira plenamente sistemática e consistente.

Não há dúvida de que, para esclarecê-las, muitas vezes é preciso recorrer a outros textos de Mead, em especial os que foram publicados por sua própria iniciativa. Mas o próprio Mead nunca publicou um livro em vida, e isso numa época em que livros (e não artigos para periódicos) ainda eram considerados a máxima conquista dos estudiosos das áreas da filosofia e das ciências humanas. Todos os livros com o nome de Mead foram publicados postumamente. Contudo, nenhum deles se tornou tão influente quanto esta obra inovadora em psicologia social. Charles Morris, a cujo trabalho editorial devemos a existência desta obra, e sem cujos esforços as ideias de Mead talvez se perdessem, provavelmente tinha razão quando disse em seu prefácio (p. 15) que, caso tivesse vivido mais tempo Mead provavelmente não teria escrito o livro que gostaríamos de ter em mãos. Na época em que morreu, outras questões ocupavam o centro de suas atenções. Isso quer dizer que temos de contar com o presente trabalho sem jamais saber se Mead teria aceito o que lemos como sendo de sua autoria.

Dado o fato de que nenhuma coletânea dos artigos de Mead – por mais desejável que uma coletânea completa pudesse ser – pode substituir a síntese de suas ideias que encontramos em *Mente, self e sociedade* – e dado o fato de que não existem manuscritos originais inéditos que pudessem ter sido resgatados, os editores desta nova edição decidiram seguir por este caminho: corrigimos os óbvios erros tipográficos e de outra natureza que o texto continha, completamos as referências bibliográficas e, o mais importante, acrescentamos um apêndice que proporciona ao leitor a oportunidade de encontrar informações precisas, capítulo a capítulo, sobre como o texto foi composto por Charles Morris no início da década de 1930. Esse apêndice, resultado do meticuloso esforço de pesquisa de Daniel Huebner, é uma fonte indispensável de informações sobre quais termos de grande significação intelectual (como a caracterização da abordagem de Mead ao "behaviorismo social") foram introduzidos pelo editor original e não deveriam ser atribuídos ao próprio Mead. (Para maiores detalhes, cf. a introdução ao apêndice.)

Já foi mencionado que Mead influenciou os cientistas sociais mais do que os filósofos no século XX. Na filosofia, inclusive entre os que levavam o pragmatismo a sério, frequentemente o pensamento de Mead tem sido ofuscado por três outros grandes personagens nessa tradição: Charles Sanders Peirce, William James e John Dewey. Os filósofos adeptos da escola fenomenológica muitas vezes reconheceram algumas afinidades com Mead, mas também muitas vezes usaram a fenomenologia como referencial para mensurar suas ideias e, assim, ignoraram a superioridade potencial de Mead. Nos últimos tempos, a recepção filosófica de Mead tem se tornado cada vez mais internacional. Há agora um considerável interesse por suas ideias na França; os russos e outros europeus do Leste comparam Mead a grandes pensadores como Mikhail Bakhtin e Lev Vygotsky, e os alemães têm demonstrado interesse pela percepção de similaridades e diferenças entre o trabalho de Mead e a hermenêutica, o historicismo e a assim chamada antropologia filosófica. Todos esses desenvolvimentos deixam muito claro que o potencial das ideias de Mead está longe de ser esgotado. Também tem havido interesse pelo pensamento de Mead por teóricos da educação e teólogos, com o eminente H. Richard Niebuhr, tendo logo descoberto a importância de Mead.

A principal recepção ao trabalho de Mead, e particularmente à sua psicologia social, tem vindo das ciências sociais. Uma escola inteira de sociólogos chamada interacionismo simbólico tornou George Herbert Mead seu principal autor de referência. Quando Talcott Parsons definiu o *status* canônico de Max

Weber e Émile Durkheim para a sociologia, Mead ainda não havia sido mencionado por ele, mas em comentários autocríticos posteriores ele se declarou arrependido dessa omissão. Cerca de quarenta anos mais tarde, em seu *Theory of Communicative Action*, com original publicado em alemão em 1981, Jürgen Habermas declarou que Mead era a origem da mudança de paradigma de um entendimento instrumentalista para um entendimento comunicativo da ação, uma mudança de paradigma que ele mesmo defendia. Esse trabalho de Habermas assinala a última data em que Mead foi considerado uma figura clássica do pensamento do século XX. Minha própria pesquisa biográfica e filológica sobre Mead, realizada na década de 1970 e publicada em 1980, também pode ter contribuído para esse desenvolvimento, assim como fizeram minhas tentativas mais sistemáticas de elaborar uma teoria da ação e a formação de valores com base na obra de Mead de uma maneira que é consideravelmente diferente das análises dos interacionistas simbólicos e Habermas.

Sem dúvida, este não é o lugar para defender uma interpretação específica de Mead mais do que outras. Portanto, basta dizer que ninguém inaugurou um entendimento tão profundo e consistente da ação humana inerentemente social quanto George Herbert Mead. Para esse autor, a dimensão social não é algo acrescido à agência humana, mas em vez disso, pertence à sua essência. Nesta era de rápidos avanços da psicologia cognitiva e da psicologia evolutiva e do enorme interesse público por um novo "naturalismo", as ideias de Mead merecem a maior atenção.

Na conclusão à sua introdução a este livro, Charles Morris acertadamente salientou a conexão interna entre as ideias de Mead e o ideal democrático. Ele chegou ao ponto de chamá-lo – junto com John Dewey, seu amigo de vida inteira – "um de seus maiores expoentes filosóficos, um Walt Whitman no âmbito das ideias" (p. 39). Vale a pena mencionar que Morris deixou em aberto a questão de se estava vivendo numa época de "pré-brilho ou de pós-brilho" desse ideal. O fato de os alemães terem contribuído para o renascimento das ideias de Mead evidentemente fala de uma relação complexa com a renovação do ideal democrático na Europa e após o totalitarismo e contra ele. Num determinado ponto da história nunca sabemos se *pré-brilho* ou *pós-brilho* é uma descrição mais realista do momento atual, mas não tenho dúvida de que a obra de Mead é de fato permeada por esse ideal e que, além de seus méritos científicos, representa um pilar do autoentendimento democrático hoje e no futuro.

Hans Joas

Prefácio

As páginas seguintes oferecem uma apresentação geral do sistema de psicologia social de George H. Mead. Suas ideias sobre o tema se desenvolveram a partir de 1900, na Universidade de Chicago, ao longo de um curso muito famoso e de larga influência intitulado "Psicologia Social". Ano após ano, alunos interessados em psicologia, sociologia, linguística, educação, filantropia e filosofia assistiam ao curso, em geral muitas vezes seguidas. E foram inúmeros os livros publicados por diversos de seus estudantes, comprovando o impacto das ideias de Mead. Este volume contém uma grande dose de valiosas informações para leitores com interesses similares. Para sucessivas levas de alunos que vinham ouvi-lo, os pontos de vista de Mead – ao mesmo tempo eruditos e humanitários – serviam como farol de orientação para toda a sua vida intelectual e valorativa. O Curso de Psicologia Social era o alicerce do pensamento de Mead. Na realidade, era o cientista Mead falando. Era sobre esse alicerce que se assentavam suas elaborações filosóficas e sua participação social. Nosso projeto editorial prevê mais dois volumes, na sequência deste: um sobre os movimentos do pensamento no século XIX: *Movements of Thought in the Nineteenth Century*, e outro sobre a filosofia do ato: *The Philosophy of the Act*. Juntos, esses três trabalhos representam as três principais áreas do pensamento de Mead: psicologia social e filosofia social; a história das ideias; o pragmatismo sistemático. São suplementados pelo volume já editado sob o título *The Philosophy of the Present* [A filosofia do presente], organizado por Arthur E. Murphy e publicado em 1932 pela Open Court Publishing Company, de Chicago.

Embora tenha publicado muitos artigos de psicologia social (como mostram as referências no final deste volume), o Prof. Mead nunca sistematizou numa forma mais extensa sua posição e os resultados dela. O presente volume é uma tentativa no sentido de realizar essa tarefa de sistematização, em parte pela disposição do material e em parte por meio de referências, nos pontos apropriados, aos artigos já publicados. Serve como uma porta de entrada natural ao mundo intelectual de George H. Mead.

Nenhuma parte do material usado neste volume foi publicada anteriormente. Basicamente, ele é composto por dois conjuntos de excelentes anotações feitas por dois alunos do curso, ao lado de excertos de outras anotações de estudantes e trechos selecionados de manuscritos inéditos, deixados pelo próprio

Mead. Uma cópia estenográfica do curso de 1927 sobre psicologia social foi usada como referência. Esse conjunto de informações, juntamente com alguns outros relativos a outros cursos, deve sua existência à dedicação e antevisão de George Anagnos. Percebendo, como aluno, a importância do material das palestras de Mead (sempre ministradas sem suas próprias anotações), Anagnos encontrou em Alvin Carus um colega de trabalho solidário e capaz de fornecer os meios necessários a contratar pessoas que anotassem os cursos *ipsis literis*. O material completo varia bastante, mas o conjunto básico de informações para este volume foi muito extenso. O texto todo não é de modo algum uma transcrição oficial, mas é certamente um registro adequado e fiel do que nos legaram os últimos anos desse grande pensador. O mesmo material pode ser acessado por meio do Departamento de Filosofia da Universidade de Chicago.

O manuscrito básico foi grandemente enriquecido pelas notas fiéis e completas de um outro estudante dedicado, o Sr. Robert Page. Estas são especialmente valiosas porque datam de 1930, o último ano em que o curso foi ministrado em sua forma integral, em Chicago. No material de 1927 (depois de reorganizado, depurado de repetições supérfluas e corrigido quanto ao estilo) foram inseridas porções do de 1930, tanto no texto como nas notas de rodapé. O mesmo procedimento foi adotado, embora em menor grau, em relação a material coligido de outros cursos, e os excertos de outros conjuntos de notas que não as de 1927 e 1930 são indicados pelo ano que aparece após o trecho selecionado. A inserção de material oriundo de manuscritos foi indicada pela sigla MS, inserida após o trecho selecionado. Todos os títulos foram acrescentados pelo editor. Outros acréscimos editoriais constam entre parênteses.

Os Ensaios suplementares I, II e III, juntos, constituem praticamente um manuscrito inédito. O Ensaio IV é uma compilação realizada a partir de um conjunto de notas estenográficas de 1927, feitas ao longo de um curso elementar de ética. Sou grato a George Anagnos, Alvin Carus e Robert Page por disponibilizarem a maior parte do material utilizado. Os professores T.V. Smith e Herbert Blumer leram e comentaram algumas partes do manuscrito. John M. Brewster e o Prof. Albert M. Dunham compartilharam generosamente comigo seu tempo e profundo conhecimento das ideias de Mead. São numerosos demais os alunos que gentilmente colocaram suas anotações de aula à minha disposição, e desejo expressar a todos eles meus sinceros agradecimentos. O principal trabalho bibliográfico foi realizado pelo Prof. Dunham, com colaboração em alguns itens de John M. Brewster, V. Lewis Bassie e do Prof. Merritt H. Moore. Arthur C. Bergholz é o responsável pelas referências finais. Uma bolsa oferecida pelo Comitê de Pesquisa em Ciências Humanas da universidade possibilitou uma valiosa assistência na preparação do manuscrito. Rachel W. Stevenson foi incumbida da tarefa de transformar uma confusão de páginas corrigidas numa única via limpa e organizada. O Prof. James H. Tufts graciosamente colaborou na leitura das provas. Minha esposa auxiliou na preparação do Índice remissivo.

Em todas as etapas do trabalho, a equipe editorial da universidade prestou uma eficiente assistência.

Estou perfeitamente ciente de que, mesmo com todos os nossos esforços combinados, não conseguimos produzir o volume que gostaríamos que o próprio George H. Mead tivesse escrito. Mas, mesmo que ele tivesse vivido mais tempo, não há o menor indício de que esse material teria sido transformado em livro por suas próprias mãos. Como sempre, esteve envolvido na construção de um sistema, não chegou a redigi-lo. Suas ideias conheciam um desenvolvimento interior rico demais para lhe permitir parar e anotar pensamentos, segundo um molde sistemático. O gênio de Mead se expressa melhor nas salas de aula. Talvez um livro como este – sugestivo, penetrante, incompleto e polêmico – seja o mais compatível com suas ideias, a forma capaz de melhor transmitir a uma plateia mais espalhada no tempo e no espaço os conceitos (para usar uma frase de Whitehead) que tornaram notáveis a plateias menores, ao longo de trinta anos, as aulas de Mead sobre psicologia social.

Charles W. Morris

Introdução
George H. Mead como psicólogo social e filósofo social

I

Como filósofo, Mead foi um pragmatista; como cientista, foi um psicólogo social. Pertencia a uma antiga tradição – junto com Aristóteles, Descartes, Leibniz, além de Russell, Whitehead e Dewey – que não percebe nenhuma separação acentuada ou qualquer antagonismo entre as atividades da ciência e a filosofia. Seria difícil exagerar a importância da contribuição para a filosofia feita por aqueles cuja própria filosofia vem sendo cultivada por suas atividades científicas. Em uma de suas aulas, Mead afirmou que "a filosofia de um período é sempre uma tentativa de interpretar seu conhecimento mais seguro". Embora esse comentário possa precisar de mais esclarecimentos quanto ao lugar que as considerações de valor ocupam na generalização filosófica, ele dá uma pista do desenvolvimento pessoal de Mead e até mesmo do pragmatismo em geral.

No final do século XIX, nenhum tópico do conhecimento parecia mais seguro do que a doutrina da evolução biológica que, em tons dramáticos, tinha chamado atenção para o fator das mudanças de desenvolvimento no mundo, assim como antes a física e a matemática haviam exibido o elemento da constância estrutural. A implicação parecia ser que não apenas o organismo humano, mas também toda a vida mental, deviam ser interpretados no âmbito do desenvolvimento evolutivo, compartilhando seu atributo de mudança e despontando na interatividade entre organismo e ambiente. A mente tinha de aparecer dentro da conduta e presumivelmente permanecer ali. As próprias sociedades deviam ser vistas como entidades biológicas complexas adaptadas a categorias evolutivas. A tarefa filosófica do pragmatismo tem sido reinterpretar os conceitos de mente e inteligência nos termos biológicos, psicológicos e sociológicos que as correntes pós-darwinistas de pensamento tornaram proeminentes, além de reconsiderar os problemas e a tarefa da filosofia segundo esse novo ponto de vista. De maneira alguma essa tarefa está concluída, o que é evidenciado pelo fato de que o período de formação sistêmica ainda não está nenhum pouco em evidência, mas o esboço de um naturalismo empírico delineado com base em dados e atitudes biológicas, psicológicas e sociológicas é nitidamente perceptível. Tal naturalismo enxerga na natureza o homem que pensa e almeja evitar os dualismos herdados que envolvem mente *vs.* matéria, experiência *vs.* natureza, filosofia *vs.* ciência, teleologia *vs.* mecanismo, teoria *vs.* prática. É uma filosofia que, nos termos usados por Mead, opõe "a fantasmagoria da razão [...] da filosofia antiga, a fantasmagoria da alma [...] da doutrina cristã e a fantasmagoria da mente [...] dos dualismos renascentistas". Igualmente, muito foi feito em termos de rastrear as implicações de atitudes concomitantes para a educação, a estética, a lógica, a ética, a religião, o método científico e a epistemologia. A confiança pragmática no método experimental, associada com a moral e com a relação de valor entre o movimento e a tradição democrática, resultou numa concepção da filosofia que então é dotada do duplo interesse pelo fato e pelo valo; e numa concepção do problema da moral contemporânea como um redirecionamento e uma reformulação dos bens humanos em termos das atitudes e dos resultados do método experimental. O darwinismo, como método experimental, e a democracia são as nascentes que abastecem o rio pragmático.

Em muitos sentidos, o resultado mais seguro e imponente da atividade pragmática até o momento tem sido sua teoria da inteligência e da mente. De certo que essa teoria é básica para a estrutura toda. O desenvolvimento e a elaboração dessa teoria definem a atividade de George H. Mead ao longo de sua vida. Os trabalhos de Mead e de Dewey são complementares em muitos aspectos e, até onde sei, nunca conheceram uma oposição significativa. Foram amigos íntimos desde os tempos de estudo na Universidade de Michigan, e constantemente discutiam seus problemas enquanto foram alunos da Universidade de Chicago. Desses encontros resultou uma divisão natural de trabalho diante de uma tarefa comum. Nenhum deles se coloca numa relação exclusiva entre aluno e professor, e ambos compartilhavam um mútuo dar e receber, segundo seu gênio específico[1]. Enquanto Dewey proporciona alcance e visão, Mead oferecia profundidade de análise e precisão científica. Enquanto Dewey é ao mesmo tempo o aro e muitos dos raios da roda pragmática, Mead é o eixo. E, embora em termos de milhagem, o aro da roda vá mais longe, ele não consegue chegar mais longe do que seu eixo pode ir. O pensamento de Mead se aproxima bastante de algumas noções básicas que foram sendo refinadas e elaboradas durante muitos anos. Fiel a suas próprias palavras, a filosofia com a qual se envolveu cada vez mais em seus últimos anos era uma elaboração, "uma generalização descritiva" das ideias básicas que, como cientista, representavam o conhecimento relevante mais seguro que ele podia obter. No entanto, nossa tarefa aqui não é considerar essa filosofia como um todo[2], mas, sim, verificar suas bases científicas (que Mead, como cientista, fez muito para construir) e alguns elementos de suas dimensões sociais e éticas.

---

1. Dewey discute Mead no *Journal of Philosophy* (XXVIII, 1931, p. 309-314) e no *University of Chicago Record* (New Series, XVII, 1931, p. 173-177). Para a discussão de Dewey por Mead, cf. *International Journal of Ethics* (XL, 1930, p. 211-231) e o artigo "The Philosophy of John Dewey" (In: *International Journal of Ethics*, XLVI, 1935, p. 64-81).
2. Cf. MURPHY, A.E. (ed.). *The Philosophy of the Present*, 1932. • MORRIS, C.; BREWSTER, J.M.; DUNHAM, A.M. & MILLER, D.L. (eds.). *The Philosophy of the Act*, 1938. • MOORE, M.H. (ed.). *Movements of Thought in the Nineteenth Century*, 1936.

II

Como cientista, Mead foi um psicólogo social. Hoje em dia, reconhece-se em geral que a ciência caminha com duas pernas: a teoria e a observação; que a fase lógica da ciência (a fase em que se isolam e se definem as categorias básicas e em que se constrói o sistema) tem a mesma importância que as atividades de busca e verificação dos fatos. Mead acrescenta pouco ou nada ao corpo dos fatos das ciências sociais, determinados por métodos variados de investigação; já à estrutura de ideias e conceitos ele agrega muito. É verdade que os dois aspectos da ciência são, em última análise, inseparáveis, e que as ideias científicas não podem ser desenvolvidas nem analisadas com proveito sem referência ao fato, mas as observações às quais Mead recorre são, na maior parte, abertas a todos e não envolvem nenhuma técnica científica especial. A contribuição de Mead não será encontrada em números, gráficos e instrumentos, mas nos *insights* sobre a natureza da mente, do self e da sociedade.

Os termos "social" e "psicólogo" não aparecem juntos há muito tempo, e nem na companhia de categorias biológicas. A tradição tem identificado a psicologia com o estudo do self individual ou da mente. Mesmo a influência pós-darwiniana de conceitos biológicos não pôde romper durante um longo tempo as suposições individualistas herdadas (o que é evidenciado pelas dificuldades de Huxley de encontrar um lugar para o comportamento moral no processo evolutivo), embora tenha de fato formulado o problema de como a mente humana apareceu na história da conduta animal. Nas páginas seguintes, Mead esboça o processo por meio do qual considerações biológicas forçaram a psicologia a atravessar os estágios do associacionismo, do paralelismo, do funcionalismo e do behaviorismo. Apesar de a posição do próprio Mead ser behaviorista, trata-se de um behaviorismo social, e não individualista ou subcutâneo. Ele não encontrou resposta em nenhum dos estágios ou das escolas de psicologia para a questão de como a mente – plenamente desenvolvida, capaz de refletir e criar, responsável e autoconsciente – surgiu no âmbito da história natural da conduta. E há outro fator que teve de ser levado em consideração: a sociedade. Não obstante, foi uma feliz coincidência que Mead estivesse na Universidade de Chicago quando o clima psicológico altamente carregado se precipitou na forma behaviorista e na forma funcional[3].

A entrada de outro fator no pensamento de Mead – o social – é menos fácil de explicar, já que ele mesmo não descreveu esse desenvolvimento. Mais uma vez, Mead teve a sorte de estar em ambientes nos quais a sociologia e a psicologia social estavam começando a tomar a forma de ciências. Filosofias idealistas como as de Hegel e de Royce acentuavam a natureza social do self e da mora-

---

3. A atmosfera daqueles tempos e a confiança de que a psicologia funcional implicava uma filosofia completa está descrita em ANGELL, J.R. "The Relations of Structural and Functional Psychology to Philosophy". In: *The Decennial Publications*, III, 1903, p. 55-73.

lidade, e Mead tinha sido aluno de Royce. Por volta de 1900, Tarde e Baldwin haviam dado muitas contribuições para uma psicologia social. Giddings tinha realizado seu trabalho principal, e Cooley tinha iniciado sua carreira na sociologia na Universidade de Michigan. Mead era amigo de Cooley e havia dado aulas nesse ambiente por três anos. Aos poucos os aspectos sociais da linguagem, a mitologia e a religião iam recebendo cada vez mais atenção, especialmente por parte dos alemães, e Mead havia estudado na Alemanha. Embora estivesse em Berlim, e não em Leipzig com Wundt [cf. observação sobre a Introdução do editor, p. 396], não pode haver dúvida quanto à influência de Wundt dever merecer o crédito de ajudar a isolar o conceito de gesto, ao ver o contexto social no qual funciona. Em vez de ser simplesmente "expressões de emoções" no sentido darwiniano, os gestos já estavam com mais de meio-caminho andado quanto a serem considerados os estágios iniciais de estágios posteriores do ato social. Especificamente, Mead entende o gesto em termos sociais e, a partir desses gestos, traça o desenvolvimento de uma comunicação genuína pela linguagem. Em certo sentido, então, pode-se dizer que Mead seguiu um caminho indicado em parte por Wundt, e certamente este ajudou Mead a corrigir as inadequações de uma psicologia individualista por meio do emprego de categorias sociais[4].

Não obstante, Mead não foi um mero seguidor de Royce, Tarde, Baldwin, Giddings, Cooley ou Wundt. Como as próximas páginas deixarão claro, ele fazia uma única crítica básica que aplicava a todos esses pensadores: não tinham ido até o fim quanto a explicar como a mente e o self tinham surgido no âmbito da conduta. Essa crítica contém duas partes: (1) em certo sentido, todos esses autores se baseavam na pressuposição de uma mente ou de um self preexistente para que o processo social acontecesse; (2) mesmo a respeito das fases da mente e do self que não tentaram explicar socialmente, não conseguiram isolar o mecanismo envolvido. A cartola mágica do social de onde a mente e o self deveriam ser tirados já estava em parte cheia; de resto, houve somente um anúncio solene de que o truque seria realizado, embora a *performance* em si nunca tenha acontecido. A tentativa de Mead consiste em mostrar que a mente e o self são desprovidos de emergentes sociais residuais, e que a linguagem, na forma de gesto vocal, fornece o mecanismo de sua aparição.

Penso que Mead tenha tido sucesso diante dessas tarefas, especialmente quanto a isolar o mecanismo da linguagem por meio do qual a mente é constituída socialmente, e por meio do qual aparece o self que é consciente de si mesmo como objeto. Existe uma questão quanto a identificar a mente com a operação

---

4. Wundt recebe o crédito de seu voluntarismo e diz-se que "introduziu o gesto vocal" (1930). Por outro lado, "Wundt não analisou o gesto em si como parte do ato. Ele o tratou como um anatomista, e não como um fisiologista". "Wundt torna as funções sociais da expressão das emoções um tópico posterior; no início, ele as considera apenas paralelos dos processos psicológicos" (1912). O paralelismo de Wundt é rejeitado e explicado metodologicamente.

de símbolos; nesse caso, deve-se supor que esses símbolos são todos símbolos da linguagem de origem social-vocal. Se isso não se aplica aqui, pode ser que haja aspectos individuais da mente em homens e animais que não pertencem ao escopo da terminologia de Mead. Nos termos atuais, a questão se refere à prioridade genética (símbolos não linguísticos) e a situações simbólicas (símbolos linguísticos). Aqui, a questão basicamente diz respeito à denotação dos termos "mente" e "símbolo", uma vez que Mead admite em certos pontos os fatos da redintegração que Hollingworth acentua, e os fatos da reação atrasada que Hunter enfatiza, mas, diferentemente desses dois estudiosos, Mead acha que esses processos não correspondem à classificação de "símbolo significante" ou "mente". Ele admite que o organismo individual deve ter certos pré-requisitos fisiológicos para desenvolver símbolos linguísticos; quem desejar usar "mente" e "símbolo" em sentido mais amplo poderia acrescentar que o indivíduo não seria capaz de desenvolver símbolos da linguagem sem conseguir responder a sinais não linguísticos e, portanto, não sociais, em que um evento leva a algum centro orgânico à expectativa e à redintegração de algum outro evento[5]. Seja como for, com a aceitação do uso que Mead faz dos termos "mente" e "self" a mim parece que ele mostrou que mente e self, sem resíduos, são gerados num processo social e que, pela primeira vez, ele isolou o mecanismo dessa gênese. Nem é necessário dizer que um feito muito menor já teria bastado para funcionar como um marco histórico na ciência e na filosofia. A obra de Mead representa o estágio inicial do efetivo nascimento da Psicologia Social como ciência, dado que suas ideias básicas remontam aos primeiros anos do século XX[6].

Assim é que o problema de como a mente humana e o self humano surgem no processo da conduta é respondido por Mead em termos biossociais. Mead não ignora, com o psicólogo tradicional, o processo social em que se desenrola o desenvolvimento humano; não ignora, com o cientista social tradicional, o nível biológico do processo social ao retomar a concepção mentalista e subjetiva da sociedade que é vivida em mentes antecedentes[7]. Os dois extremos são evitados apelando ao processo social contínuo da interação de organismos biológicos; no âmbito desse processo, por meio da internalização de conversas de gestos

---

5. HOLLINGWORTH, H.L. *Psychology.* • HUNTER, W.S. *The Delayed Reaction in Animals and Children.* Também seus artigos de 1924 para o periódico *Psychological Review.* Uma posição essencialmente similar à de Mead é elaborada por John F. Markey em *The Symbolic Process and Its Integration in Children.* Mead apontou que pensava que a explicação, no entanto, era excessivamente simplificada. A distinção feita por Mead entre símbolos não significantes e símbolos significantes não é a mesma que na distinção anterior entre signo e símbolo, uma vez que os dois primeiros são sociais. A Seção 23 contém um indício da distinção de Mead e a natureza dessa diferença.

6. Uma cópia estenográfica das aulas de 1912 sobre psicologia social mostra que suas ideias fundamentais já estavam maduras.

7. A crítica de Watson fica clara neste volume. As breves indicações da divergência entre as ideias de Mead e as de Cooley são amplificadas em seu artigo intitulado "Cooley's Contribution to American Sociological Thought". In: *American Journal of Sociology,* XXXV, 1930, p. 693ss.

(na forma de gestos vocais), surgem a mente e o self. E um terceiro extremo do individualismo biológico é evitado pelo reconhecimento da natureza social do processo biológico subjacente no qual surge a mente.

O ato individual é visto no âmbito do ato social; a psicologia e a sociologia são unidas por uma base biológica; a psicologia social está fundada no behaviorismo social. Nesses termos é que Mead tentou lidar com um grande problema decorrente das concepções evolutivas: o problema de como vencer a distância entre impulso e racionalidade, de mostrar como certos organismos biológicos adquirem a capacidade da autoconsciência, de pensar, de formular raciocínios abstratos, de ter comportamentos com um propósito, de exibir devoção moral; em suma, o problema de como surgiu o homem, o animal racional.

III

Embora Mead não o utilize, o termo "behaviorismo social" pode servir para caracterizar a relação entre a posição de Mead e a de John B. Watson. Mead considerava as ideias de Watson muito simplificadas, uma vez que abstraíam o segmento do ato do indivíduo do ato social ou ato completo. Apesar de Watson falar muito sobre a linguagem, a essência da linguagem encontrada num determinado tipo de interação social escapou-lhe inteiramente e ficou escondida sob a pele. E mesmo ali ela se oculta nos movimentos das cordas vocais ou nas respostas substituídas por respostas vocais, para finalmente ser totalmente perdida nas respostas implícitas. Por outro lado, para Mead, a linguagem é um fenômeno objetivo de interação no seio de um grupo social, uma complicação da situação do gesto, que – mesmo quando internalizada para constituir o foro íntimo da mente individual – continua social, como uma maneira de despertar no indivíduo, por seus próprios gestos, as atitudes e os papéis de outros indivíduos implicados numa atividade social comum.

Uma segunda diferença está no tratamento dado ao que é privado. Como Köhler apontou em sua *Psicologia da gestalt*, a posição de Watson é essencialmente a preferência por uma epistemologia; de fato, ele chega a dizer que o que é privado não pode cair no âmbito da ciência, mesmo que se possa saber que existe; portanto, devemos escrever com o animal humano à nossa frente. Descrever o que é observável é perfeitamente adequado; mas, como animais humanos, de fato observamos aspectos de nós mesmos em nossas atitudes e imagens, em nossos pensamentos e emoções que não observamos tão completamente nos outros; e esse fato é comunicável. O watsonismo deu a impressão de excluir de cena os próprios conteúdos que uma psicologia madura deve explicar. Mead estava agudamente ciente dessa situação, mas sem dúvida acreditava que sua própria versão do behaviorismo era adequada à tarefa. Não apenas devia incluir os aspectos sociais negligenciados do ato, como também os aspectos internos do ato, abertos principal mas não exclusivamente à observação do próprio indivíduo que age. A mente não devia ser reduzida ao comportamento não mental, mas devia ser vista como um tipo de comportamento que emerge geneticamente de tipos não mentais. Nessa medida, para Mead o behaviorismo significava não a negação do que é privado, nem ignorar a consciência, mas a abordagem a todas as experiências em termos da conduta. Para alguns, esse uso mais amplo do termo não é aconselhável e que o termo é de Watson. No entanto, o uso atual inclui tudo o que pode ser observado e quantificado pelo behaviorista radical e que, onde possa acontecer alguma confusão, o behaviorismo nesse sentido mais amplo pode ser distinguido do watsonismo. O julgamento do tempo talvez venha a considerar o watsonismo como um behaviorismo metodologicamente simplificado para fins de uma investigação inicial em laboratório. O uso que fazem Mead e Dewey do termo "behaviorismo" para sugerir a abordagem à experiência – reflexiva e não reflexiva – em termos de conduta simplesmente sinaliza com um nome apropriado a direção implícita na abordagem evolutiva do pragmatismo; direção essa definida muito tempo antes de Watson ter entrado em cena e mantida depois que ele a abandonou profissionalmente.

Uma terceira diferença decorre do fato de que, em harmonia com o artigo de Dewey de 1896, intitulado "O conceito de arco reflexo em psicologia", Mead salienta a correlação entre estímulo e resposta. Alguns aspectos do mundo tornam-se partes do ambiente psicológico, tornam-se estímulos apenas na medida em que efetuam a subsequente liberação de um impulso em andamento[8]. Com isso, a sensibilidade e a atividade do organismo determinam seu ambiente efetivo de modo tão genuíno quanto o ambiente físico afeta a sensibilidade da forma. A visão resultante faz mais justiça aos aspectos dinâmicos e agressivos do comportamento do que o watsonismo que dá a impressão de considerar o organismo uma marionete, cujos fios são manipulados pelo ambiente físico. Assim, no caso do pensamento reflexivo, que Watson trata em pé de igualdade com o condicionamento de um rato, Mead é capaz de oferecer uma análise penetrante dessa reflexão em termos do autocondicionamento do organismo diante de estímulos futuros em virtude de ser capaz de indicar a si mesmo por meio de símbolos as consequências de determinados tipos de resposta a esses estímulos. Isso pode explicar o comportamento de Watson quanto ao condicionamento do rato, e não somente o comportamento resultante do rato condicionado.

Finalmente, uma diferença básica se reflete na circunstância de que o watsonismo pareceu, para muitos, não só negar a experiência privada como esvaziar a "experiência" em si de todo significado não possuído pela "resposta". Alguns behavioristas radicais identificaram francamente "eu vejo x" com

---

8. Para um desenvolvimento dessa posição que deve muito a Mead, cf. THURSTONE, L.L. *The Nature of Intelligence*. O behaviorismo de Mead assimila uma grande parte da psicanálise, da psicologia da Gestalt e da psicologia existencial.

"meus músculos oculares se contraíram"; e com a mesma franqueza, admitiram que essa identificação leva a forma behaviorista de solipsismo. Essa situação é simplesmente a aparência de uma psicologia do escândalo lógico e metodológico que atormentou o pensamento científico por tanto tempo: de um lado, a ciência se orgulha de ser empírica, de submeter suas teorias mais sutis ao teste da observação; de outro, a ciência tem costumado a aceitar uma metafísica que considera os dados da observação subjetivos e mentais e que nega que os objetos estudados têm os atributos que parecem ter quando experimentados. O pragmatista do tipo de Mead não pode concordar com a tentativa do realismo crítico de tornar essa situação aceitável. Esse pragmatista sustenta que o mundo, tal como a ciência o concebe, é encontrado no seio do mundo maior e mais rico que é experimentado; em vez de ser o mundo "real" em termos do qual depreciar o mundo que é experimentado, o mundo da ciência é algo cuja origem deve ser traçada em termos da experiência. Desse modo, Mead sustentava que a coisa física, embora prioritária para a ciência, é – como experiência – uma derivação dos objetos sociais; isto é, da ordem da experiência derivada socialmente. Para Mead, a visão de mundo da ciência é composta daquilo que é comum e verdadeiro para vários observadores: o mundo da experiência ou o mundo social formulado simbolicamente. A sugestão de Mead para solucionar o enigma reside na insistência de que o dado básico da observação é um mundo em que outros seres e objetos têm a mesma acessibilidade direta (embora a completude dessa acessibilidade possa variar) que o observador tem de si mesmo. Mead concebe o mundo experimentado como um reino de eventos naturais, que emerge por meio da sensibilidade de organismos, eventos que não são mais propriedade do organismo do que das coisas observadas. Em sentido filosófico, a posição aqui é um relativismo objetivo: as qualidades do objeto ainda podem ser relativas a um organismo condicionante. Uma determinada porção do mundo experimentado é privada, mas uma porção é social ou comum e a ciência a formula. A experiência privada e a experiência comum são conceitos polares; o privado só pode ser definido em contraposição ao que é comum.

Não é possível aqui mergulhar nas implicações desse conceito de experiência social para a epistemologia e a filosofia da ciência[9]. É mencionado aqui para mostrar que o behaviorismo de Mead não reduz o mundo experimentado a movimentos de nervos e músculos, ainda que insista que os atributos desse mundo são funções de impulsos em busca de expressão. Essa concepção não torna a experiência mental nem individual. É porque a experiência tem uma dimensão social, porque o self ou o organismo é dado num campo com outros, que Mead está empiricamente qualificado para começar com o ato social e para assentar as

---

9. Fica claro que esse conceito desafia a base individualista da epistemologia segundo sua concepção tradicional. Cf. *The Philosophy of the Act*, parte 1.

bases de sua psicologia social no behaviorismo social. A concepção mais rica e mais adequada de behaviorismo assim decorrente confere à sua explicação uma importância central para o desenvolvimento da psicologia, enquanto apresenta pela primeira vez um behaviorismo que pode se afirmar adequado para os problemas da filosofia[10].

IV

A transformação do indivíduo biológico no organismo dotado de mente ou self ocorre, na visão de Mead, por meio do expediente da linguagem, ao passo que, por sua vez, a linguagem pressupõe a existência de um determinado tipo de sociedade e determinadas capacidades fisiológicas nos organismos individuais.

A sociedade mínima deve ser composta de indivíduos biológicos participantes em um ato social e usando os estágios iniciais das ações uns dos outros como gestos; ou seja, como guias para completar o ato. Na "conversa de gestos" da briga de cães cada animal determina seu comportamento conforme o que o outro cão está começando a fazer, e o mesmo é válido para o boxeador, o esgrimista e a galinha que corre até o galo do galinheiro quando ele chama com o cacarejo típico. Essa ação é um tipo de comunicação; em certo sentido, gestos são símbolos, uma vez que indicam, representam e causam uma ação apropriada aos estágios posteriores do ato do qual são os primeiros fragmentos e, secundariamente, aos objetos implicados nesses atos[11]. Nesse mesmo sentido, pode-se dizer que os gestos têm sentido, a saber: eles significam os estágios posteriores do ato em andamento e, secundariamente, os objetos implicados: o punho cerrado signi-

---

10. Mead talvez não tenha feito o máximo uso possível de seu behaviorismo, uma vez que não definiu com muita clareza o *locus* do privado. Para uma possível elaboração desse ponto, cf. as seções 62 e 63 do meu *Six Theories of Mind*. Às vezes, Mead fica contente demais em apenas considerar o behaviorismo metodologicamente como apenas uma técnica de controle. Cf. Seção 6 deste livro.

11. Frequentemente Mead parece negligenciar a referência a um objeto não social, como na Seção II. Aqui, a impressão é que a referência é sempre a um estágio posterior do ato. Ao que parece, sua posição é que originalmente isso é assim e que só secundariamente se refere a coisas na medida em que se tornem envolvidas no processo social e obtenham significado por meio desse processo. Na Seção 7 ele fala da referência como sendo a "algum objeto ou outro dentro do campo do comportamento social". Essa interpretação é compatível com sua visão dos objetos físicos que permanecem isolados, dentro de um processo social, dos objetos sociais. Isso torna compreensíveis as várias passagens confusas nas quais o significado às vezes é identificado com a resposta da segunda forma ao gesto da primeira, outras vezes com estágios posteriores do ato do qual o gesto faz parte, e outras vezes ainda com objetos aos quais se fez referência. Uma declaração de 1924, segundo a qual o significado é "a presença da resposta do outro no animal que dá o símbolo", deve ser qualificada com o reconhecimento de que, na visão de Mead, o "outro" pode depois ser o objeto físico. "O mecanismo de inserir conteúdo no objeto é o do simbolismo; as coisas que representam um estágio posterior do ato atuam no estágio anterior; o ato derradeiro de fincar o prego, para nós, é o significado do martelo. Os significados das coisas são resultantes que controlam o ato presente; os fins do ato presente no processo em andamento" (1927).

fica o golpe; a mão estendida significa o objeto buscado. Esses significados não são subjetivos nem privados; não são mentais, mas sim estão objetivamente ali, na situação social.

Não obstante, esse tipo de comunicação não é uma linguagem propriamente dita; os significados ainda não estão "na mente"; o indivíduo biológico ainda não é um self que se comunica conscientemente. Para que esses resultados transpirem, os símbolos ou gestos devem se tornar símbolos ou gestos significantes. O indivíduo deve saber o que quer; ele mesmo – e não somente os que respondem a ele – deve ser capaz de interpretar o sentido de seu próprio gesto. Do ponto de vista comportamental, isso quer dizer que o indivíduo biológico deve ser capaz de evocar em si mesmo a resposta que seu gesto desperta no outro, e então utilizar essa resposta do outro para controlar sua própria conduta subsequente. Esses gestos são símbolos significantes. Mediante seu uso, o indivíduo está "assumindo o papel do outro" para a regulação de sua própria conduta. Essencialmente, o homem é o animal que assume papéis. A ativação da mesma resposta tanto em si [no self] como no outro proporciona o conteúdo comum necessário para a comunicação do significado.

Como exemplo de um símbolo significante, Mead usa a tendência a gritar "Fogo!" quando se avista fumaça numa sala de espetáculos lotada. Pronunciar essa palavra de modo imediato seria simplesmente parte do ato iniciado e, na melhor das hipóteses, seria um símbolo não significante, mas, quando a tendência a gritar "Fogo!" afeta o indivíduo assim como afeta os outros – e ela mesma é controlada em termos desses efeitos –, o gesto vocal se tornou um símbolo significante. O indivíduo tem consciência[12] do que quer; ele alcançou o estágio da linguagem genuína em vez do de uma comunicação inconsciente; agora, pode-se dizer que ele usa símbolos e não quer meramente responder a sinais. Agora, ele adquiriu uma mente.

Em sua busca por gestos capazes de se tornar símbolos significantes e, portanto, de transformar o indivíduo biológico num organismo dotado de mente, Mead chega ao gesto vocal. Nenhum outro gesto afeta o próprio indivíduo de modo tão similar como afeta os outros. Nós nos ouvimos falando como os outros falam, mas não enxergamos nossa expressão facial, e normalmente também não observamos nossas próprias ações. Para Mead, o gesto vocal é a real nascente da linguagem propriamente dita e de todas as formas derivadas de simbolismo, assim como da mente.

---

12. Esse uso da consciência deve ser distinguido daquele que denota o campo do que é dado (a "experiência") e também de um terceiro uso que faz dela sinônimo do que é privado, distinto do que é a experiência social. Em termos do uso que adotamos presentemente, "somos conscientes quando o que iremos fazer controla o que estamos fazendo" (1924). Essas mesmas três distinções são aplicáveis ao termo "mente". Como a presença de símbolos significantes, a mente não é idêntica nem à experiência em geral nem à experiência privada.

A mente é a presença de símbolos significantes no comportamento. É a internalização no indivíduo do processo social da comunicação em que emerge o significado. É a capacidade de indicar a si mesmo a resposta (e os objetos nela implicados) que seu gesto indica aos outros e de controlar essa resposta nesses termos. O gesto significante, que é em si uma parte de um processo social, internaliza e disponibiliza aos indivíduos biológicos componentes aqueles significados que emergiram nos estágios anteriores e não significantes da comunicação gestual. Em vez de começar com mentes individuais e desenvolver essa concepção até uma sociedade, Mead começa com um processo social objetivo de comunicação que chega ao indivíduo por meio do gesto vocal. O indivíduo incorporou o ato social a si mesmo. A mente permanece sendo social; mesmo no foro íntimo assim desenvolvido, o pensamento transcorre com a pessoa assumindo os papéis dos outros e controlando seu próprio comportamento em termos dos papéis que assume. Como, para Mead, isolar a coisa física depende da capacidade de assumir o papel do outro, e como pensar sobre esses objetos implica assumir o papel deles, até mesmo as reflexões do cientista sobre a natureza física é um processo social, embora os objetos sobre os quais pensamos não sejam mais sociais[13].

Nem todos os animais que se comunicam no nível da conversa de gestos passam para o nível do símbolo significante. Inclusive, Mead acredita muito claramente que nenhum animal além do homem fez a transição do impulso para a racionalidade, embora ele em geral acrescente o esclarecimento de que não há evidências à mão sugerindo outra coisa. Sua posição parece ser que somente o organismo humano tem a estrutura neurológica necessária para o símbolo significante. Os comentários neurológicos de Mead são frequentemente feitos em termos compatíveis com as formas mais antigas e mais estáticas do behaviorismo, em termos do número de células nervosas, das combinações de células possíveis, da ruptura e da reassociação de elementos de associações prévias, em vez de em termos mais compatíveis com as concepções dinâmicas encontradas em Child, Lashley, Köhler e Pavlov. Seus pontos fundamentais, porém, são independentes dessas mudanças nas categorias biológicas. Ao discutir as condições neurológicas do símbolo significante, ele salienta, de um lado, a importância do córtex e, de outro, o que chama de dimensão temporal do sistema nervoso humano: a capacidade de um ato que se desenvolve devagar, de ter seu desenvolvimento controlado pelos atos que ele mesmo inicia. Entendo que todo controle "pelo futuro" depende da possibilidade desse tipo de comportamento. Presumimos que são o córtex humano (cujo papel nos reflexos superiores foi amplamente demonstrado pelos reflexologistas) e a dimensão temporal do sistema nervoso (que permite o controle do gesto em termos das consequências

---

13. Coisas físicas são objetos implicados no ato social, cujos papéis podemos assumir, mas que, por sua vez, não podem assumir nossos papéis. Cf. a Seção 23. Cf. tb. *The Philosophy of the Present*, Ensaio suplementar II. • *The Philosophy of the Act*, parte II.

de realizá-lo) que fazem com que somente o animal humano passe do nível da conversa de gestos para o nível da linguagem simbólica significante. Supomos que essas duas características, juntamente com o lugar da mão humana para isolar o objeto físico, sejam as bases orgânicas que determinam as diferenciações biológicas entre o homem e os animais.

V

É a mesma agência da linguagem que, nessa teoria, torna possível o aparecimento do self. De fato, o self, a mente, a "consciência de" e o símbolo significante são, em certo sentido, precipitados juntos. Mead entende que o traço distintivo da individualidade [sefhood] reside na capacidade de o organismo dotado de mente ser um objeto para si mesmo. O mecanismo por meio do qual isso é possível, segundo a abordagem behaviorista, é encontrado no processo de assumir papéis envolvido no símbolo linguístico. Na medida em que alguém pode assumir o papel de outrem, pode – por assim dizer – olhar de volta para si mesmo a partir dessa perspectiva (ou responder a si mesmo a partir dessa perspectiva). Com isso, torna-se um objeto para si mesmo. Portanto, novamente, é somente num processo social que o self, que é distinto do organismo biológico, pode surgir: é o self, como ente, que se torna consciente de si mesmo.

Tampouco, não é somente o processo de se tornar consciente de si mesmo que é social: o self que se tornou consciente de si dessa maneira é, em si, social na forma, embora nem sempre no conteúdo. Mead salienta dois estágios no desenvolvimento do self: a atividade lúdica e o jogo. Na atividade lúdica a criança simplesmente assume um depois do outro os papéis de pessoas e animais que, de alguma maneira, entraram em sua vida. Aqui pode-se ver, em letras maiúsculas por assim dizer, a criança assumindo as atitudes de outras pessoas por meio da autoestimulação do gesto vocal, enquanto em fases posteriores da vida essas atitudes são mais abreviadas e mais difíceis de serem detectadas. No jogo, contudo, o indivíduo se tornou, por assim dizer, todos os outros implicados na atividade comum; ele deve ter em si toda a atividade organizada a fim de desempenhar com sucesso seu próprio papel. A pessoa aqui não apenas assumiu o papel de outro indivíduo específico, mas o de qualquer outro participante da atividade comum; ela generalizou a atitude de assumir papéis. Numa das expressões mais felizes de Mead, um de seus conceitos mais férteis, o indivíduo assumiu a atitude ou o papel do "outro generalizado"[14].

---

14. Em sua ênfase nos conceitos de assumir papéis e do outro generalizado, Mead pode ter sido influenciado pela escola associacionista inglesa. Aqui o problema também era descobrir os meios pelos quais o indivíduo assume a posição do grupo, julga seus próprios impulsos, sanciona seus interesses em termos de bem-estar social e até torna a felicidade alheia o objeto do seu desejo. Hume explorou esse mecanismo na simpatia; Adam Smith discutiu a noção de sentimentos morais; Mill e Bain buscaram esse mecanismo na doutrina da associação de ideias.

Agora, todas as atitudes dos outros, organizadas e assumidas pelo self do indivíduo – sejam elas específicas ou generalizadas – constituem o "mim". Se o self fosse apenas isso, o resultado seria extremamente unilateral, sem nenhum espaço para uma atividade criativa e reconstrutiva; o self não iria apenas refletir a estrutura social, mas não seria nada além desse reflexo. Na concepção de Mead, o self completo, entretanto, é tanto um "eu" como um "mim". O "eu" é o princípio da ação e do impulso; em sua ação, muda a estrutura social. Como diz Mead acerca das ideias de Dewey, "o indivíduo não é escravo da sociedade. Ele constitui a sociedade tão genuinamente quanto a sociedade constitui o indivíduo". De fato, cada ação do indivíduo tanto no nível linguístico da comunicação como no não linguístico muda a estrutura social em alguma medida, ligeiramente na maior parte das vezes, grandemente no caso do gênio e do líder.

Não somente o self, como ente social, está sendo desenvolvido com base no organismo biológico como a própria sociedade, como um todo orgânico de uma ordem complexa, não pode ser posta em oposição a seus componentes reconhecíveis e discerníveis: os indivíduos biológicos nos níveis mais simples, cada qual um self nos níveis superiores. Esse é um ponto que merece ser salientado, pois alguns leitores ficaram com a impressão de que o pragmatismo perdeu o indivíduo para a sociedade. Às vezes, certas frases de Mead podem sugerir isso, mas o reconhecimento do indivíduo biológico (o "eu" em oposição ao "mim") e o fato de que, embora o self de todos pressuponha um processo social prévio, é isso que por sua vez possibilita a organização de uma sociedade definidamente humana, devem calar todas as dúvidas. Qualquer outra interpretação é incompatível com o estresse que o instrumentalismo de Mead e sua teoria ética colocam sobre o pensamento como uma atividade de reconstrução e sobre o pensador individual como "um centro de reconstrução da sociedade"[15], para usar a expressão de Dewey.

Por meio de um processo social, então, o indivíduo biológico de matéria orgânica propriamente dita ganha um self e uma mente. Por meio da sociedade, o animal impulsivo se torna um animal racional, um homem[16]. Em virtude da

---

15. Os artigos de T.V. Smith sobre Mead, simpáticos mas críticos, parecem-me negligenciar o lugar do indivíduo biológico na teoria do self proposta por Mead. Por causa desses artigos, achei necessário tratar alguns aspectos do pensamento de Mead: "The Social Philosophy of George Herbert Mead". In: *American Journal of Sociology*, XXXVII, 1931, p. 368-385. • "George Herbert Mead and the Philosophy of Philanthropy". In: *Social Service Review*, VI, 1932, p. 37-54. • "The Religious Bearings of a Secular Mind: George Herbert Mead". In: *Journal of Religion*, XII, 1932, p. 200-213. Cf. tb. o artigo "George Herbert Mead". In: *Encyclopaedia of the Social Sciences*, X, p. 241-242. • AMES, M. "George H. Mead, An Appreciation". In: *University of Chicago Magazine*, XXIII, 1930-1931, p. 370.

16. O problema mente-corpo ou alma-corpo é naturalmente explicado em termos do contraste entre o indivíduo biológico e o self. Tal como os níveis anteriores do processo social permanecem após os níveis mais elevados serem alcançados, os indivíduos biológicos permanecem mesmo

internalização ou importação do processo social da comunicação, o indivíduo ganha o mecanismo do pensamento reflexivo (a capacidade de direcionar sua ação em termos das consequências previstas dos possíveis cursos de ação); o indivíduo adquire a capacidade de se tornar um objeto para si mesmo e de viver num mundo moral e científico comum; ele se torna um ser moral cujos propósitos impulsivos foram transformados na busca consciente de satisfazer desejos.

Devido ao surgimento desse indivíduo, a sociedade em si também é transformada. Por meio do self social capaz de reflexão, a sociedade recebe a organização de uma sociedade tipicamente humana; em vez de desempenhar seu papel social através de sua diferenciação fisiológica (como no caso dos insetos) ou da mera influência dos gestos nos outros, o indivíduo humano regula seu papel no ato social por conter em si os papéis dos outros implicados na atividade comum. Ao atingir um novo princípio de organização social, a sociedade ganhou uma nova técnica de controle, já que agora está implantada em suas partes componentes e assim regula – na medida em que o faz com sucesso – o comportamento do indivíduo em termos do efeito sobre os outros de sua ação contemplada. E por fim, nesse processo, a sociedade providenciou uma técnica para sua própria transformação. A sociedade não pode racionalmente desejar mais do que apresentar a cada um de seus membros, por meio do "mim", o contexto social no qual as condutas devem acontecer e tornar cada um responsável pelos valores sociais afetados por tais ações. Sob risco de estagnar, a sociedade não pode deixar de se sentir grata pelas mudanças que o ato moral do "eu" criativo introduz no palco social.

VI

Este não é o lugar para discutirmos a multiplicidade de perspectivas com as quais Mead tece sua abordagem geral, nem suas implicações para a educação, a psicopatologia, a sociologia, a psicologia e a linguística, ou a maneira como sua filosofia segue paralela a sua psicologia social. Mas, à guisa de ilustração da fertilidade de suas ideias básicas, não posso deixar de mencionar dois pontos correlacionados: a teoria dos universais e o conceito do outro generalizado. Aqui, a questão não é estritamente filosófica, mas concerne à possibilidade de fazer justiça, de um ponto de vista pragmático, relativista e empírico, aos fatores da estrutura, da estabilidade e da universalidade. São a esses fatores que as ciências da matemática e da física deram destaque, enquanto as ciências sociais e biológicas pós-darwinianas tornaram proeminentes as categorias de mudança e processo. Seria um sinal da inadequação do empirismo moderno se, mais uma vez, apenas propusesse uma filosofia do *tornar-se* ao lado das filosofias do *ser*, duplicando o impasse que assolou o pensamento grego.

---

quando se tornam organizados como um self. A psicopatologia revela muitos elementos relativos ao insucesso na integração adequada dessas fases básicas da personalidade.

Afirma-se com frequência que o pragmatista deve ser um nominalista e não pode fazer justiça ao fato da universalidade. Na realidade, quanto a esse ponto, o pragmatista está mais perto do conceitualismo medieval. É somente quando o símbolo é um particular e nada mais, mantendo-se indiferente diante de outros particulares, que resulta o nominalismo. De fato, no entanto, o símbolo significante, como gesto, não é arbitrário, mas sempre uma fase de um ato e, assim, compartilha da qualquer universalidade que o ato possua. Como percebeu Charles Peirce – e Ockham muito antes dele – a universalidade está intimamente conectada ao hábito.

O ato é universal na medida em que muitos objetos, ou aspectos de objetos, podem servir de estímulos apropriados: qualquer objeto em que alguém possa sentar é um assento; qualquer objeto que finca um prego é um martelo. Agora, as palavras "assento" e "martelo" – como universais – são em si segmentos das atitudes envolvidas e não particulares isolados; as repetições individuais dessas palavras, como um ato específico de sentar ou de martelar, são exemplos (réplicas, nos termos de Peirce) da universalidade da atitude. É na atitude que existe a ideia ou o conceito como um universal. Os conceitos denotam todos os objetos que cumprem os requisitos do ato; a saber, quaisquer objetos com as características adequadas para servir de estímulos para o ato em andamento. Assim, a universalidade não é uma entidade, mas uma relação funcional de simbolização entre uma série de gestos e de objetos, cujos membros individuais são "exemplos" do universal.

Essa posição, elaborada até certo ponto além das breves referências de Mead, é essencialmente um relativismo objetivo no que tange aos universais. Assim como para Mead os objetos têm cores e valores em determinadas situações envolvendo organismos, também os objetos têm o caráter da universalidade em relação a um ato capaz de ser levado adiante por vários objetos ou aspectos de objetos. Os objetos têm universalidade em relação ao ato a que, indiferentes, dão sustentação; o ato tem universalidade como o caráter de ser sustentado de modo indiferente por uma variedade de objetos. Nessa situação, o ato ou o segmento do gesto pode ser considerado universal, sob o qual recaem ou do qual participam os estímulos dos objetos como particulares, enquanto a universalidade dos objetos é o caráter que possuem em comum de servir como estímulos para o ato. Ao tornar a universalidade relativa ao ato, este é introduzido no escopo de uma ciência empírica e da filosofia. Tudo o que é negado nesse tratamento é a necessidade de hipostasiar esses universais, com o que se ergue a antítese entre *ser* e *tornar-se*, que se mostrou fatal de Platão a Whitehead.

Um segundo elemento no tratamento da universalidade é o fator social. O outro generalizado, em termos da exposição que acabamos de dar, pode ser considerado a universalização do processo de assumir papéis: o outro generalizado é qualquer um dos outros, ou todos os outros, que se salientam – ou poderiam se salientar – como particulares em contraposição à atitude de assumir um papel no processo cooperativo em andamento. Visto do ponto de vista do ato, o outro generalizado é o ato de assumir um papel em sua universalidade.

Desde que aquilo que o indivíduo faz ou diz é compreensível, aceito por ou verdadeiro para qualquer outro indivíduo implicado numa atividade comum (e sem uma atividade comum não haveria uma comunidade de significados), então o que é feito ou dito tem um novo tipo de universalidade, a universalidade social. Em certo sentido do termo, essa universalidade é sinônimo de objetividade. Para o positivista, é o tipo mais importante de objetividade; alguns diriam inclusive que é o único tipo possível. O indivíduo transcende o que lhe é dado exclusivamente quando, por meio da comunicação, descobre que sua experiência é compartilhada por outros; quer dizer, que a sua experiência e as dos outros pertencem ao mesmo universal (no primeiro sentido desse termo). Quando os particulares ou os exemplos desse universal pertencem a perspectivas de experiência diferentes, a universalidade assumiu uma dimensão social. O indivíduo, por assim dizer, ultrapassou seu mundo limitado de assumir os papéis dos outros, tendo a certeza prestada por uma comunicação fundada e testada em bases empíricas que, em todos esses casos, o mundo tem a mesma aparência. Quando isso acontece, a experiência é social, comum e compartilhada, e é somente em contraste com esse mundo comum que o indivíduo distingue sua própria experiência pessoal.

No mínimo, a ciência é o registro, em forma verbalizada, dos aspectos mais universais desse mundo comum. A ciência atinge uma independência em relação à perspectiva particular do observador ao descobrir o que é comum para muitos observadores, idealmente para todos. Com uma análise penetrante da psicologia social da relatividade física (que, assim, se torna um exemplo da teoria geral de assumir papéis), Mead mostra que a invariância buscada e presumivelmente encontrada se situa no isolamento de uma fórmula que é verdadeira para o mundo, de qualquer ponto de observação. "Independência da experiência" e "verdade universal" talvez signifiquem mais do que "independente de qualquer experiência particular" e "verdadeiro para todas as observações", mas não podem significar menos.

Existem graus variáveis dessa universalidade social. Embora não esteja ausente na moralidade e na estética, é mais ampla na ciência, e, nesse âmbito, em proporção ao grau de formalismo possível. É a estrutura de relações do mundo que revela a maior universalidade. A matemática e a lógica são simplesmente os resultados finais da busca pela invariância estrutural. Na qualidade de os mais baixos denominadores comuns do mundo do discurso – e, portanto, da ação e do mundo de que se fala – serem, por assim dizer, comuns a todos os seres racionais. Embora o próprio Mead não ofereça mais elaborações dessas referências ocasionais à lógica, sua exposição contém de forma implícita as sementes de uma teoria da lógica e de uma filosofia da matemática.

Quando se tem em mente que a universalidade social pode ser estendida ao passado e ao futuro, pode-se entender que a abordagem de Mead é compatível com o reconhecimento de que, relativamente aos atos cooperativos mais gerais, há aspectos altamente invariantes no mundo. Os aspectos emergentes e temporais da posição pragmática não são opostos à eventual constância que o mundo experimentado possa de fato revelar, assim como também não o são quanto ao teor de formalismo que a lógica e a matemática sejam capazes de atingir. O pragmatismo apenas deseja evitar o fanatismo dessas matérias, e aconselha a sanidade diante dos princípios mútuos de ser e de se tornar, salientando que, empiricamente, a universalidade é um caráter das coisas em contraposição ao ato, tanto individual como social. E, nesse sentido, é uma questão de mais ou menos, não de tudo ou nada[17].

Se o espaço permitisse, seria interessante discutir outras indagações levantadas pelo conceito do outro generalizado. Por exemplo, em que medida a diferença entre o platonista e o relativista depende do grau em que alguém assume o papel do outro generalizado? Será que a extensão do processo de assumir papéis para as coisas físicas permite que se transcendam por completo os observadores humanos, de tal modo que o indivíduo possa superar, com significado, o positivismo social que, às vezes, Mead parece considerar o limite da metafísica significativa[18], alcançando um realismo filosófico?[19] Qual é o impacto da doutrina de Mead, quando agregada ao conceito de experiência social, para a natureza da verdade e do conhecimento? Até que ponto o outro generalizado funciona como o equivalente psicológico do conceito histórico de Deus – e do Absoluto dos idealistas – e, portanto, da Realidade e da Aparência? É possível levantar essas questões aqui e talvez essa digressão e expansão do pensamento de Mead tenha sido injusto com alguns leitores, mas inseri esses apontamentos para mostrar o poder da psicologia social de Mead na abordagem aos problemas que o pragmatismo não discutiu o suficiente e onde os críticos tiveram mais razão ao detectar as lacunas das ideias de Mead.

VII

Em comum com todos os pragmatistas desde James, Mead se interessava pela teoria do valor: que o bom satisfaz um interesse ou um impulso[20]. Nova-

---

17. Essa explicação do universal em termos funcionais confere a Mead, em certa medida, o *status* de um Aristóteles pós-darwiniano, um Aristóteles libertado pelo crescimento da própria biologia que superou as inadequações do platonismo. A vida inteira Mead estudou Aristóteles.
18. Cf. esp. as p. 117 e 118 de *Philosophy of the Present*.
19. Essa questão foi discutida em meu artigo "Pragmatism and Metaphysics". In: *Philosophical Review*, 1934.
20. Às vezes, Mead fala do valor como "o caráter futuro do objeto na medida em que determina as ações de alguém em relação a ele". Aqui, a referência é feita apenas ao uso axiológico que ele faz.

mente, porém, a afirmação de Mead a esse respeito é feita em termos relativistas objetivos: valor é o caráter de um objeto em sua capacidade de satisfazer um interesse; o valor não reside nem no objeto somente, nem em um estado emocional do sujeito. Já os interesses ou impulsos colidem e, com isso, surge o problema do padrão de valor e a necessidade de uma avaliação.

O objeto estético conduz os impulsos de tom emocional a um todo harmonioso; o objeto capaz de estimular e integrar os impulsos dessa maneira tem caráter estético ou valor. Por meio de um objeto com esse caráter pode-se desfrutar "a recuperação do senso do resultado final numa conquista parcial", "saboreando o final que ele está moldando"[21]. O artista manipula atitudes, despertando em si mesmo, ao recorrer a esse meio, os aspectos emocionais de uma atitude que, em graus variáveis, seu trabalho comunica aos outros ao evocar neles tal atitude. Na medida em que isso acontece, a exaltação estética é a fusão do "eu" com o "mim" possibilitada pelo objeto. Mead acreditava, sem elaborar suas ideias em mais detalhes, que sua versão da psicologia behaviorista oferece uma base frutífera para a teoria estética.

Por assim dizer, o valor estético é um presente consumatório oferecido ao self pela natureza ou pelo artista. A tarefa da vida moral é criar, por meio do esforço da reflexão, uma integração similar do impulso no nível do self que interage[22].

Em seus aspectos essenciais, a teoria ética de Mead é a mesa de Dewey, mas a abordagem por meio da psicologia social do self confere ao conceito um novo destaque. Sendo social, não há nenhum problema psicológico quanto ao modo como o self pode levar os outros em conta em sua atividade de reflexão, assim como não há nenhum problema de algum hedonismo predominante numa concepção que entende como sua unidade básica o ato dirigido a objetos. Constituído por seus impulsos, o self está em busca de objetos que permitam a consumação desses impulsos. Como ente social, uma vez que o self assumiu as atitudes dos outros para si por meio do processo da linguagem, tornou-se os outros, e os valores dos outros são os seus próprios; na medida em que o self assume o papel do outro generalizado, seus valores são os valores do próprio processo social. A fuga epistemológica do dilema egocêntrico articulando um ego que inclui os pontos de vista dos outros é análoga, na teoria do valor, a articular um self que

---

Este volume pode ser suplementado por uma discussão mais ampla de Mead em *The Philosophy of the Act*.

21. "The Nature of Aesthetic Experience". In: *International Journal of Ethics*, XXXVI, 1926, p. 385, 387.

22. Um conjunto de notas de 1926 explicitou a questão nos seguintes termos: "O objeto estético para a vida em certo ponto. É como se você sacasse sua apólice de seguro de vida. O objeto ético é a organização da vida para que alcance sua mais plena consumação. É pagar o prêmio de seu seguro de vida".

inclui em si os valores dos outros. Essa construção livre das implicações das reais afirmações de Mead demonstra a fertilidade de sua abordagem ao campo do valor. Sem dúvida, dá-lhe uma maneira mais precisa de formular a dissolução das alternativas do egoísmo e do altruísmo, da autoafirmação e do autossacrifício, do que o equipamento psicológico da estética geralmente torna possível.

Explicitado em termos éticos, Mead está insistindo que, no ato moral, o motivo para ação é o impulso em si, dirigido a um fim social. O self social tem impulsos sociais que demandam expressão tão imperativamente quanto outros impulsos. Para Mead, fins morais são fins sociais porque, antes de mais nada, o único padrão de impulso que este torna possível reside na resposta a se o impulso em questão se alimenta ou morre com sua própria satisfação, e se se expande ou harmoniza, ou se afunila e derrota outros impulsos; em segundo lugar, porque o self, como ente social, deve se voltar – por dentro e por fora – para a harmonia social dos impulsos.

Disso decorre que a tarefa moral deve respeitar todos os valores residentes nas situações particulares da vida[23], deve lidar com esses valores por meio da reflexão na tentativa de permitir a máxima satisfação e expansão – a harmonia dinâmica máxima – dos impulsos em questão. A ação moral é inteligente e socialmente dirigida; com ela, o indivíduo age no interesse dos outros tanto quanto tendo seu self em mente. O apelo não vem do interesse e vai para a razão, mas procede de interesses isolados para o interesse pelos sistemas sociais de interesses nos quais o comportamento individual está implicado. A meu ver, esse é o cerne da teoria ética de Mead e, portanto, do pragmatismo. Não obstante, o ato correto, em termos da situação, é objetivo e universal na medida em que requer o assentimento de todos os seres racionais. O certo não é nem um capricho subjetivo nem uma essência atemporal; sua universalidade é uma universalidade social.

Nessa visão, a vida moral é ativa e árdua. Sustentada por fins sociais e alimentada pelo conhecimento que a ciência pode dar, mesmo assim a moralidade exige a criatividade do "eu", do self, que é mais do que o "mim". É numa sociedade em que prevalece esse tipo de self que Mead enxerga o ideal social. Essa sociedade não terá como meta a mera sustentação ou realização de algum conjunto existente de valores, mesmo que definidos com autoritarismo. Isso é o que Mead chama de filosofia agostiniana da história. Ao contrário, a filosofia da história seria tão experimental quanto o próprio método experimental. Contaria com a técnica de refazer os valores via reinterpretação da situação com base no melhor conhecimento disponível, e aparentemente essa técnica não poderia ser senão a própria moralidade.

---

23. Numa de suas afirmações sobre essa ideia, Mead declara, com relativa brusquidão, que *não* é a posição de que "o padrão da moralidade é o que fará o maior bem social" (1927). Mead acentua a situação em particular e não a vaga, utilitária e impraticável "sociedade em geral".

Uma tal sociedade de seres morais pareceria a versão de Mead do ideal democrático. Embora um universo emergente não possa garantir nenhum futuro, Mead de fato acredita que as agências e as instituições da vida humana – a linguagem, a religião, os processos econômicos – de fato ampliam o próprio processo de assumir papéis que implicam. A atitude religiosa, baseada no padrão da prestatividade nas relações familiares[24], e a atitude econômica de oferecer aos outros algum excedente do que o indivíduo mesmo necessita, são potencialmente universais, e a linguagem pode se estender até onde a atividade comum se estende. Nesse sentido, a capacidade de assumir o papel do outro, em maior grau e número de pessoas, pareceria se mover na direção do ideal democrático, desde que o self de todos os envolvidos se torne um self moral[25]. Como Mead claramente enxerga, essa democracia não tem uma indesejável tendência niveladora e não premia de modo algum a mediocridade. Ao contrário, é compatível com grandes diferenças de habilidade e contribuição. A genuína implicação da democracia é que cada um deve se realizar por meio de uma participação moral num processo cooperativo. Idealmente, indivíduo "se realiza nos outros por meio daquilo que faz de peculiar para si mesmo". A sociedade democrática não tem lugar para a superioridade de classe, para a posse ou o poder em si; ela deve valorizar profundamente as superioridades e o orgulho pela superioridade decorrentes do desempenho de diversas funções sociais.

O que se aplica aqui ao indivíduo também se aplica às nações. Mead é um internacionalista, uma vez que a atitude social que ele descreve pode, teoricamente, significar nada menos do que uma identificação consciente com a sociedade humana em si e a participação nessa sociedade. Ele constantemente se refere à Liga das Nações como uma tentativa de os países buscarem uma sociedade mais ampla da qual se sintam parte, mas que ainda não são capazes de fazê-lo em termos de um papel funcional, vendo-se por isso ainda forçadas a se afirmar em termos de poder. As nações ainda não aprenderam a assumir o

---

24. Mead encontra o caráter místico da experiência religiosa na extensão das atitudes sociais ao universo em geral. É surpreendente que em nenhum lugar Mead sugira expressamente a conexão entre as concepções personalistas de Deus e o conceito do outro generalizado.

25. No senso não moral do termo "social", as guerras, a discórdia e a desorganização são tão sociais quanto seus opostos. A falha de Mead ao não salientar o fato de que o problema diz respeito a ter um self moral, e não simplesmente um self social, dá às vezes a impressão de uma confiança carente de crítica no desenvolvimento futuro da sociedade humana; embora, em outros momentos, ele se mostre suficientemente sensível aos aspectos socialmente disruptivos do comportamento (cf. esp. a Seção 39). A ênfase do pragmatista na educação é o corolário lógico dessa teoria ética: a educação deve fornecer a técnica por meio da qual o self moral, o self inteligente e socializado, deve ser desenvolvido. Os artigos de Mead sobre educação salientam cinco pontos: 1) a importância da escola em termos de dar significados comuns, ferramentas linguísticas comuns; 2) o lugar da ciência na programação acadêmica; 3) a necessidade de atividades de manipulação, respondendo ao senso de realidade nas fases de contato do ato; 4) o significado dos jogos e brincadeiras ao fornecer material para assumir o papel dos outros, do que o self é constituído; 5) o dever da escola de construir o self moral dos alunos.

papel das outras e a participarem consciente e moralmente dos processos sociais mais amplos nos quais estão de fato envolvidas. Na analogia com o indivíduo, as nações ainda estão no nível do indivíduo biológico; ainda não alcançaram a individualidade moral; seu "eu" ainda não atua no palco montado pelo "mim" interacional. Assim como no seio de cada grupo social é atribuído um prêmio à contribuição do self funcionalmente diferenciado, esse internacionalismo pede que não haja a obliteração de nações; mas, em vez disso, sua autoafirmação no nível moral de seu self social.

A abordagem de Mead faz justiça a ambos os fatores: a iniciativa individual e os interesses sociais. É uma concepção que une, no interior de cada nação e entre elas, ambos os princípios do individualismo e do socialismo, a atitude do pioneiro e o tom da irmandade do homem que, juntos, caracterizam a democracia.

Pré-brilho ou pós-brilho? Se o ideal democrático caminha para sua realização, George H. Mead – junto com John Dewey – terá sido um de seus mais importantes porta-vozes filosóficos, um Walt Whitman no âmbito do pensamento. Se as forças da direita ou da esquerda impossibilitarem essa realização, Mead terá ajudado a escrever o epitáfio.

Seja qual for o destino do ideal democrático, as ideias extraordinariamente férteis de George H. Mead não terão apenas assegurado a ele um lugar seguro entre os criadores da psicologia social, levado a teorias sociais e éticas de interesse intrínseco e fornecido uma matriz para uma significativa expansão do pragmatismo como a "filosofia do ato", como terão dado todos os indícios de conter em si mesmas o poder de enriquecer os conceitos das ciências sociais, de sugerir novos rumos para a investigação empírica e de abrir novos horizontes para a interpretação filosófica.

Charles W. Morris

Parte I
O ponto de vista do behaviorismo social

1
Psicologia social e behaviorismo

Via de regra, a psicologia social tem estudado as várias fases da experiência social pela perspectiva psicológica da experiência do indivíduo. A abordagem que pretendo sugerir consiste em tratar a experiência do ponto de vista da sociedade, no mínimo entendendo a comunicação como um fator essencial à ordem social. Nesse contexto, a psicologia social pressupõe uma abordagem da experiência a partir do indivíduo, mas dedica-se a determinar em especial o que pertence a essa experiência, porque o indivíduo propriamente dito pertence a uma estrutura social, a uma ordem social.

Não há uma linha nítida que possa ser traçada entre a psicologia social e a psicologia individual. A psicologia social tem um interesse especial pelo efeito que o grupo social exerce na determinação da experiência e da conduta de seus membros individuais. Se abandonarmos o conceito de uma alma substancial, dotada com o self de um indivíduo no momento do seu nascimento, então poderemos considerar como o interesse específico do psicólogo social o desenvolvimento do self do indivíduo e de sua consciência de si, dentro do campo de suas experiências. Há, então, certas fases da psicologia que se interessam pelo estudo da relação do organismo individual com o grupo social ao qual pertence. Essas fases constituem a psicologia social como um ramo da psicologia geral. Por conseguinte, encontramos a definição do campo da psicologia social no estudo da experiência e do comportamento do organismo individual ou self, em sua dependência do grupo social ao qual pertence.

Enquanto o self e a mente são essencialmente produtos sociais, produtos ou fenômenos do lado social da experiência humana, o mecanismo fisiológico por trás da experiência está longe de ser irrelevante; na realidade, ele é indispensável à sua gênese e existência, pois é óbvio que as experiências do indivíduo e seus comportamentos são fisiologicamente básicos em relação à sua experiência e comportamento sociais. Os processos e mecanismos destes últimos (incluindo aqueles que são essenciais à origem e existência da mente e do self) dependem fisiologicamente dos processos e mecanismos dos primeiros e de seu funcionamento social. Não obstante, a psicologia individual definitivamente abstrai certos fatores da situação com a qual a psicologia social lida mais de perto, em sua totalidade concreta. Abordaremos este último campo segundo uma perspectiva behaviorista.

A perspectiva psicológica comum, representada pelo behaviorismo, é encontrada em John B. Watson. O behaviorismo do qual faremos uso é mais adequado do que aquele que Watson adota. Neste sentido mais amplo, o behaviorismo é simplesmente uma abordagem ao estudo da experiência do indivíduo, a partir de suas condutas, principal, mas não exclusivamente, as condutas observáveis pelos outros. Do ponto de vista histórico, o behaviorismo entrou na psicologia pela porta da psicologia animal. Nesse recinto, constatou-se ser impossível usar o que é denominado de introspecção. Não se pode recorrer a uma introspecção animal, mas devemos estudar o animal em termos de sua conduta externa. Os primórdios da psicologia animal contribuíram com uma inferência à consciência e, inclusive, houve estudos dedicados a encontrar em que ponto da conduta aparece a consciência. Mesmo apresentando graus variáveis de probabilidade, essa inferência não podia ser testada experimentalmente. Então, pôde ser simplesmente descartada, no que dizia respeito à ciência. Não era necessária ao estudo da conduta do animal individual. Assumida essa posição behaviorista para os animais inferiores, foi possível transportá-la para a esfera do animal humano.

Restava, no entanto, o campo da introspecção, das experiências privadas e que só pertencem à própria pessoa, experiências que em geral chamamos de subjetivas. O que fazer com estas? A atitude de John B. Watson foi a da rainha em *Alice no país das maravilhas* – "Cortem as cabeças!" –, pois tais coisas não existem. Não há imagens e não há consciência. Watson explicava o campo da assim chamada introspecção por meio de símbolos da linguagem[1]. Esses símbolos não eram, necessariamente, proferidos em voz alta o suficiente para serem ouvidos pelos outros e, em geral, envolviam apenas os músculos da garganta que levavam a uma fala audível. O pensamento não passava disso. A pessoa pensa, mas pensa em termos de linguagem. Assim, Watson explicava a totalidade do campo da experiência interior a partir de comportamentos exteriores. Em vez de chamar esse comportamento de subjetivo, ele era considerado o campo do comportamento acessível somente ao próprio indivíduo. Este pode observar seus próprios movimentos, seus órgãos da fala, enquanto as outras pessoas normalmente não podem. Certos campos só eram acessíveis ao indivíduo, mas não envolvia uma observação diferente; a diferença residia apenas no grau de acessibilidade dos outros a determinadas observações. Uma pessoa sozinha poderia

---

1. [Especialmente em *Behavior, an Introduction to Comparative Psychology*, cap. X. • *Psychology from the Standpoint of a Behaviorist*, cap. IX. • *Behaviorism*, cap. X, XI.]

ser instalada num aposento e observar algo que mais ninguém conseguisse perceber. O que ela registrasse nesse aposento seria sua própria experiência. Ora, nesse sentido, algo se passa na garganta ou no corpo de uma pessoa que mais ninguém consegue observar. Naturalmente existem instrumentos científicos que podem ser ligados à garganta ou ao corpo do sujeito e revelar uma tendência para algum movimento. Alguns movimentos são facilmente observáveis, mas outros só podem ser detectados pelo próprio indivíduo; entretanto, não existe uma diferença qualitativa entre os dois casos. Simplesmente, reconhece-se que o aparato da observação contém vários graus de sucesso. Este, em suma, é o ponto de vista da psicologia behaviorista de Watson, que busca observar a conduta enquanto ocorre, utilizando-a para explicar a experiência da pessoa, sem recorrer à observação de uma experiência interior, ou da consciência propriamente dita.

Houve um outro ataque à consciência, desfechado por William James em um artigo de 1904, intitulado "Existe a 'consciência'?".[2] James salientou que, se uma pessoa está num aposento, os objetos de seu interior podem ser considerados de dois pontos de vista. A mobília, por exemplo, pode ser considerada da perspectiva da pessoa que a comprou e usou; da perspectiva do valor de suas cores, existente na mente de quem observa essas peças de mobiliário, ou do seu valor estético, econômico, tradicional. Podemos falar a respeito de tudo isso em termos psicológicos e serão fatores a ser relacionados com a experiência da pessoa. Os valores serão diferentes conforme os indivíduos. Mas esses mesmos objetos podem ser considerados como partes físicas de um ambiente físico. James insistia no fato de que os dois cenários só diferem em termos da disposição de certos conteúdos numa série diferente. A mobília, as paredes, a casa em si pertencem a uma série histórica. Falamos que a casa foi construída, que a mobília foi feita. Colocamos, porém, a casa e a mobília numa outra série quando vem alguém que avalia esses objetos do ponto de vista de sua própria experiência. Ele está falando da mesma cadeira, mas para ele a cadeira, agora, é uma questão de determinados contornos, tons; é um objeto que pertence à sua experiência, que envolve uma experiência. Ninguém consegue fazer um cruzamento dessas duas ordens de modo a obter um encontro das duas séries, num dado ponto. A afirmação em termos da consciência significa apenas o reconhecimento de que o aposento não somente pertence a uma série histórica, mas que também está na experiência da pessoa. Mais recentemente, a filosofia reconheceu de modo mais amplo a importância da insistência de James, quando dizia que uma grande parte do que havia sido imputado à consciência deveria ser devolvido ao assim chamado mundo objetivo[3].

---

2. Publicado em *Journal of Philosophy, Psychology e Scientific Method*. Reeditado em *Essays in Radical Empiricism*.

3. O moderno realismo filosófico vem ajudando a libertar a psicologia da preocupação com uma filosofia dos estados mentais (1924).

A psicologia em si não pode ser composta apenas por um estudo do campo da consciência; ela é necessariamente um estudo de um campo mais amplo. No entanto, ela é a ciência que efetivamente recorre à introspecção, no sentido de que estuda o interior da experiência da pessoa em busca de fenômenos que as demais ciências não investigam, fenômenos aos quais apenas o próprio indivíduo tem acesso como experiência. Aquilo que pertence (experiência) ao indivíduo como indivíduo, e só a ele é acessível, certamente está incluído no campo da psicologia, independentemente do que mais estiver ou não contido ali. Essa é a nossa melhor indicação quando tentamos delimitar o campo da psicologia. Portanto, os dados da psicologia são mais bem-definidos em termos de acessibilidade. Aquilo que na experiência do indivíduo só é acessível a ele mesmo é especificamente psicológico.

Quero salientar, no entanto, que mesmo quando passamos à discussão de tal experiência "interior", podemos abordá-la do ponto de vista behaviorista, desde que não estejamos aplicando uma concepção estreita demais desse conceito. O que merece ser enfatizado é que o comportamento objetivamente observável se expressa no indivíduo não no sentido de estar num outro mundo, num mundo subjetivo, mas no sentido de estar no interior de seu organismo. Uma parcela desse comportamento transparece no que podemos descrever como "atitudes", o início de um ato. Agora, retomando essas atitudes, percebemos que elas dão origem a toda espécie de respostas. O telescópio nas mãos de um novato não é um telescópio no mesmo sentido que para aqueles que trabalham no alto do Monte Wilson. Se quisermos refazer o trajeto das respostas do astrônomo, temos de voltar ao seu sistema nervoso central, retomar toda uma série de neurônios e, ali, encontramos algo que responde ao modo exato como o astrônomo se aproxima de seu instrumento, sob determinadas condições. Esse é o começo do ato; faz parte dele. O ato externo, que efetivamente observamos, faz parte do processo que começou no íntimo da pessoa; os valores[4] que dizemos que o instrumento tem são valores por meio do relacionamento entre o objeto e a pessoa que adota tal espécie de atitude. Se a pessoa não tivesse esse sistema nervoso específico, tal instrumento não teria valor. Não seria um telescópio.

Nas duas versões do behaviorismo, algumas características das coisas e certas experiências das pessoas podem ser formuladas como ocorrências dentro de um ato[5]. Mas uma parte do ato permanece dentro do organismo e só

---

4. Valor: caráter futuro de um objeto na medida em que determina a ação da pessoa em relação a ele (1924).

5. Um *ato* é um impulso que mantém o processo vital mediante a seleção de certos tipos de estímulos necessários. Dessa forma, o organismo cria seu meio ambiente. O *estímulo* é a ocasião para a expressão do impulso. Estímulos são meios; a tendência é a coisa real. *Inteligência* é a seleção de estímulos que libertarão a vida e lhe darão sustentação, ajudando em sua reconstrução (1927). O propósito não precisa estar "à vista", mas a formulação do ato inclui o objetivo ao qual este se dirige. Esta é a teleologia natural, em sintonia com a formulação mecânica (1925).

alcança expressão mais tarde; é essa parcela do comportamento que, na minha opinião, Watson negligenciou. Existe um campo, dentro do ato em si, que não é externo, mas que pertence ao ato, e há características dessa conduta orgânica interna que efetivamente se revelam em nossas próprias atitudes, especialmente nas que concernem à fala. Ora, se o nosso ponto de vista behaviorista leva em conta tais atitudes, percebemos que ele pode perfeitamente cobrir o campo da psicologia. De todo modo, esta abordagem tem uma importância especial porque é capaz de lidar com o campo da comunicação de um modo que nem Watson nem os introspeccionistas conseguem. Queremos estudar a linguagem, não no contexto dos significados interiores a serem expressos, mas em seu âmbito mais amplo de cooperação no grupo, cooperação que ocorre por meio de sinais e gestos[6]. O significado aparece no desenrolar desse processo. Nosso behaviorismo é social.

A psicologia social estuda a atividade ou o comportamento do indivíduo em sua inserção no processo social. O comportamento de uma pessoa só pode ser entendido em termos do comportamento do grupo social inteiro do qual ela faz parte, pois seus atos individuais estão implicados em atos sociais mais amplos que ultrapassam sua esfera particular e implicam os demais membros desse grupo.

Na psicologia social não constituímos o comportamento do grupo social a partir do comportamento dos indivíduos que o compõem. Em vez disso, começamos com um determinado todo social, com uma atividade grupal complexa e, dentro dele, analisamos (como elementos) o comportamento isolado de cada um dos seus indivíduos. Ou seja, tentamos explicar a conduta do indivíduo a partir da conduta organizada do grupo social, em vez de explicar a conduta organizada do grupo social a partir da conduta de cada um dos indivíduos que o compõem. Para a psicologia social, o todo (a sociedade) é anterior à parte (o indivíduo), e não o contrário. A parte é explicada a partir do todo, não o todo a partir da parte. O ato social[7] não é explicado como decorrência de estímulo mais resposta.

---

6. O estudo do processo da linguagem ou fala – sua origem e desenvolvimento – é um ramo da psicologia social porque só pode ser compreendido em termos dos processos sociais de comportamento no seio de um grupo de organismos interatuantes, por ser uma das atividades de dito grupo. Os filólogos, no entanto, têm geralmente adotado a postura do prisioneiro em sua cela. O prisioneiro sabe que os outros estão numa posição semelhante à sua e quer se comunicar com eles. Assim, estabelece algum método de comunicação, alguma atividade arbitrária, talvez tamborilar na parede. Bem, todos nós, nessa perspectiva, estamos trancados em nossas próprias celas da consciência, sabendo que há outras pessoas igualmente trancadas, e desenvolvemos modos de estabelecer uma comunicação com elas.

7. "O ato social pode ser definido como aquele em que a ocasião ou estímulo que libera um impulso é encontrada no caráter ou conduta de uma forma viva que pertence ao ambiente próprio a essa forma viva da qual é o impulso. Entretanto, desejo restringir o ato social à classe de atos que envolve a cooperação de mais do que um indivíduo, e cujo objeto, definido pelo ato, no sentido de Bergson, é um objeto social. Com 'objeto social' quero me referir àquele que responde a todas

Deve ser entendido como um todo dinâmico – como algo em andamento – no qual nenhuma parte pode ser considerada ou entendida isoladamente; é um processo orgânico complexo, implícito em cada estímulo e resposta individual envolvida nele.

Na psicologia social, aproximamo-nos do processo social partindo tanto de dentro como de fora. A psicologia social é behaviorista no sentido de partir de uma atividade observável – o processo social dinâmico, em andamento, e os atos sociais que são seus elementos componentes – a ser estudada e analisada cientificamente. Mas não é behaviorista no sentido de ignorar a experiência interior do indivíduo, a fase interior desse processo ou atividade. Ao contrário, ela se volta especificamente para o aparecimento dessa experiência no contexto do processo como um todo. Ela simplesmente funciona de fora para dentro, e não de dentro para fora, por assim dizer, em sua tentativa de determinar como tal experiência efetivamente surge dentro do processo. O ato, então, e não o trato, é o dado fundamental tanto na psicologia social como na individual quando entendido pelo prisma behaviorista, e tem tanto uma fase interna como uma fase externa, um aspecto interno e um aspecto externo.

Esses comentários gerais têm a ver com o ponto da nossa abordagem. Ela é behaviorista, mas, diferentemente do behaviorismo de Watson, reconhece as partes do ato que não se prestam a uma observação externa, e enfatiza o ato do indivíduo humano em sua situação social natural.

2
O significado behaviorista das atitudes

O problema crucial que se apresenta à psicologia humana concerne ao campo aberto pela introspecção. Esse campo, aparentemente, não poderia ser abordado por uma psicologia puramente objetiva que apenas estudasse a conduta, conforme ocorre diante de um observador. Para que esse campo pudesse ser trazido para o âmbito da psicologia objetiva, behavioristas como Watson fizeram o possível para recortar o campo em si, negando determinados fenômenos que apenas poderiam incidir nesse campo, como a "consciência" que é distinta

---

as partes do ato complexo, embora essas partes sejam encontradas na conduta de diferentes indivíduos. O objetivo dos atos, então, é encontrado no processo vital do grupo, e não apenas nos indivíduos separados" ("The Genesis of the Self and Social Control". In: *International Journal of Ethics*, XXXV, 1925, p. 263-264.

da conduta sem consciência. O psicólogo especialista em animais estudava a conduta sem levantar a questão de ela ser uma conduta consciente ou não[8]. Mas, quando entramos no campo da conduta humana, somos sem dúvida capazes de distinguir reflexos que acontecem sem consciência. Parece então haver um campo que a psicologia behaviorista não poderia alcançar. O behaviorista watsoniano simplesmente fez o que pôde para minimizar essa diferença.

O campo de investigações do behaviorista tem sido, em ampla medida, o que gira em torno dos bebês, contando com os mesmos métodos aplicados à psicologia animal. Sua pesquisa tem sido dirigida a constatar quais são os processos de comportamento e ver como as atividades do bebê podem ser usadas para explicar as do adulto. É aqui que o psicólogo introduz os reflexos condicionados. Ele mostra que, por uma mera associação de determinados estímulos, consegue chegar a resultados que não se apresentariam apenas a partir da presença desses estímulos secundários. O condicionamento de reflexos pode ser generalizado para outros campos, como o do terror que o bebê demonstra. O bebê pode ser levado a temer alguma coisa associando esse objeto a outros que produzem medo. Esse mesmo processo pode ser usado para explicar uma conduta mais elaborada na qual associamos elementos com certos eventos não diretamente conectados a eles, e, sofisticando esse condicionamento, acreditamos ser possível explicar os processos mais extensos do raciocínio e da inferência. Dessa maneira, um método que pertence à psicologia objetiva é transportado para um campo que, em geral, é abordado pela introspecção. Ou seja, em vez de dizer que temos certas ideias quando temos certas experiências, e que essas ideias implicam alguma outra coisa, dizemos que uma certa experiência ocorreu ao mesmo tempo em que a primeira experiência, de modo que agora essa experiência secundária desperta a resposta que pertence à experiência primária.

Restam conteúdos, como as imagens por exemplo, que são mais resistentes a essa análise. O que dizer das reações que não respondem a nenhuma experiência dada? Claro que podemos dizer que resultam de experiências passadas. Mas vejamos o conteúdo propriamente dito, as imagens visuais em si que uma pessoa tem: a imagem tem contorno, cor, valores e outras características ainda mais difíceis de isolar. Essa é uma espécie de experiência que desempenha um papel,

---

8. A psicologia comparativa libertou a psicologia geral de se manter estritamente confinada ao campo do sistema nervoso central que, por intermédio dos psicólogos fisiologistas, tinha ocupado o lugar da consciência em si como campo da investigação psicológica. Com isso, possibilitou que a psicologia geral considerasse o ato como um todo, incluindo ou ocorrendo no contexto do processo social inteiro do comportamento. Em outras palavras, a psicologia comparativa – e o behaviorismo como seu fruto – ampliou o campo da psicologia geral mais além do sistema nervoso central, somente do organismo individual, o que fez os psicólogos considerarem o ato individual como parte de um todo social mais amplo, ao qual ele de fato pertence e com base no qual definitivamente extrai seu significado. Isso não quer dizer, naturalmente, que os psicólogos tenham perdido o interesse pelo sistema nervoso central e nem pelos processos fisiológicos que nele se desenrolam.

e um papel bem grande, em nossa percepção e conduta. No entanto, é uma experiência que somente pode ser revelada pela introspecção. O behaviorista precisa fazer um desvio quanto a esse tipo de experiência se prefere se manter apegado à psicologia behaviorista proposta por Watson.

Esse behaviorista deseja analisar o ato, individual ou social, sem qualquer referência específica à consciência, e sem qualquer tentativa de localizá-lo, seja dentro do campo do comportamento orgânico, seja dentro do campo mais amplo da realidade em geral. Em suma, ele deseja negar inteiramente a existência do ato em si. Watson insiste que o comportamento objetivamente observável constitui, de modo exclusivo e completo, o campo da psicologia científica, individual e social. Ele descarta, como errônea, a ideia de "mente" ou "consciência" e tenta reduzir todos os fenômenos "mentais" a reflexos condicionados e mecanismos fisiológicos similares; quer dizer, a termos exclusivamente behavioristas. Obviamente, essa tentativa é equivocada e fadada ao insucesso, pois a existência da mente e da consciência, seja em que sentido for, deve ser admitida e sua negação leva inevitavelmente a absurdos óbvios. Mas, embora seja impossível *reduzir* a mente ou a consciência a termos estritamente behavioristas – descartando-as com formulações comportamentais e, em seguida, negando inteiramente sua própria existência –, não é impossível *explicá-las* nesses termos e conseguir isso sem descartá-las ou negar sua existência em qualquer mínima medida que seja. Aparentemente, Watson assume que negar a existência da mente ou consciência como matérias físicas, substâncias ou entidades é negar inteiramente sua existência, e que uma apresentação naturalista ou behaviorista a respeito está totalmente fora de cogitação. Mas, ao contrário, podemos negar sua existência como entidades físicas sem negar sua existência sob alguma outra forma; e, quando as concebemos funcionalmente, e como fenômenos naturais em vez de transcendentais, torna-se possível trabalhar com elas em termos behavioristas. Em resumo, não é possível negar a existência da mente, da consciência ou dos fenômenos mentais, nem é desejável fazê-lo, mas é possível explicá-los ou lidar com eles em termos behavioristas, precisamente similares aos que Watson adota para abordar os fenômenos psicológicos não mentais (fenômenos que, de acordo com a definição dada por ele para o campo da psicologia, constituem exatamente os fenômenos psicológicos). O comportamento mental não é redutível ao comportamento não mental. Mas os comportamentos ou os fenômenos mentais podem ser explicados em termos dos não mentais, como decorrência ou resultado de complexificações destes últimos.

Se formos empregar a psicologia behaviorista para explicar o comportamento consciente temos de ser muito mais objetivos e precisos em nossas afirmações desse ato do que Watson foi. Temos de levar em conta não somente o ato social ou completo, mas o que se passa no sistema nervoso central, no início do ato do indivíduo e na organização desse ato. Naturalmente, isso nos leva mais além do campo da nossa observação direta, porque não podemos acessar o processo em si. Esse é um campo mais ou menos isolado, ao que parece, em razão da dificuldade do próprio território que tem de ser investigado. O sistema nervoso central só está parcialmente explorado. Os resultados atuais, entretanto, sugerem a organização do ato em termos de atitudes. Há uma organização das várias partes do sistema nervoso que serão responsáveis pelos atos. Essa organização representa não só aquilo que está acontecendo imediatamente, como também os estágios posteriores que ainda ocorrerão. Se alguém aborda um objeto distante, ele o aborda usando como referência o que fará quando chegar nesse estágio. Se alguém está se aproximando de um martelo, essa pessoa está com os músculos prontos para agarrar seu cabo. Os estágios posteriores do ato estão presentes em seus estágios iniciais, não simplesmente no sentido de que estão prontos para ser disparados, mas no sentido de que servem para controlar o processo em si. Determinam como iremos abordar o objeto e os passos que daremos ao começar a manipulá-lo. Podemos reconhecer, então, que a inervação de certos grupos de células do sistema nervoso central já pode iniciar, antecipadamente, os estágios posteriores do ato. Como um todo, o ato pode estar lá, determinando o processo.

Também podemos reconhecer nessa atitude geral com relação a um objeto uma atitude que representa respostas alternativas, tais como as envolvidas quando falamos de nossas ideias sobre um objeto. A pessoa acostumada com um cavalo se aproxima dele como quem vai montá-lo. Encaminha-se para o lado certo e está pronta para se balançar para subir e se instalar sobre a sela. Sua abordagem determina o sucesso do processo como um todo. Mas o cavalo não é simplesmente algo a ser cavalgado. É um animal que deve comer, que pertence a alguém. Tem um certo valor econômico. A pessoa está pronta a fazer toda uma série de coisas relativas ao cavalo, e essa prontidão está envolvida em cada uma das muitas fases de seus vários atos. É um cavalo que vai montar; um animal biológico; um animal econômico. Essas características estão envolvidas em suas ideias sobre o cavalo. Se buscássemos a característica ideal de um cavalo no sistema nervoso central teríamos de encontrá-la em todas as diferentes partes dos atos iniciados. Seria preciso pensar que cada um deles está associado com os outros processos nos quais a pessoa usa o cavalo, de modo que, qualquer que seja o ato específico, existe uma prontidão para agir dessas diversas maneiras, com referência ao cavalo. Nesse sentido, podemos encontrar no início do ato justamente aquelas características que atribuímos ao "cavalo" como ideia; ou, se preferir, como conceito.

Se formos buscar essa ideia no sistema nervoso central temos de procurar por ela nos neurônios e principalmente nas conexões entre eles. Existem conjuntos inteiros de conexões ali, e de uma tal natureza que somos capazes de agir de variadas maneiras; essas ações possíveis surtem seus efeitos na forma como agimos. Por exemplo, se o cavalo pertence ao cavaleiro, este age de uma forma diferente da que se o animal fosse de outra pessoa. Esses outros processos envolvidos determinam a ação imediata em si e, em particular, os últimos estágios do ato, de modo que a organização temporal do ato pode estar presente no processo imediato. Não sabemos como acontece a organização temporal no sistema nervoso central. Os processos que ainda irão ocorrer e que, em certo sentido, foram iniciados são acionados no processo imediato. Se a abordagem behaviorista for aplicada de maneira ampla o suficiente, e se fizer uso das complexidades praticamente indefinidas que existem no sistema nervoso, pode se ajustar a muitos campos até aqui supostamente restritos a um tratamento introspectivo. Claro que uma grande parte disso deve ser hipotética. Aprendemos cada vez mais, dia a dia, o que são essas conexões, mas elas são basicamente hipotéticas. Entretanto, podem no mínimo ser formuladas em termos behavioristas. Assim, em princípio, podemos afirmar pelo prisma behaviorista o que queremos dizer com "ideia".

3
O significado behaviorista dos gestos

O behaviorista watsoniano tem-se mostrado propenso a aplicar esse princípio do condicionamento para o campo da linguagem. Por um condicionamento de reflexos o cavalo tornou-se associado à palavra "cavalo", o que, por sua vez, movimenta uma cadeia de respostas. Usamos a palavra "cavalo" e a resposta pode ser montar, comprar, vender ou negociar. Estamos prontos para fazer todas essas diferentes coisas. Essa afirmação, no entanto, carece do reconhecimento de que esses diferentes processos, que os behavioristas dizem estar identificados com a palavra "cavalo", devem ser acionados no próprio ato, ou no grupo de atos que giram em torno do cavalo. Eles passam a constituir esse objeto em nossa experiência e a função da palavra é uma função que tem seu lugar nessa organização; entretanto, não é o processo inteiro. Encontramos esse mesmo tipo de organização aparentemente ampliada para a conduta dos animais inferiores: os processos que entram na constituição dos nossos objetos também devem estar presentes naqueles animais que não usam a linguagem. Naturalmente, um dos grandes valores da linguagem é nos permitir controlar essa organização do ato. Deveremos considerar este ponto com mais detalhes posteriormente, mas é importante reconhecer que aquilo a que a palavra se refere é algo que pode se encontrar na experiência da pessoa sem o uso da linguagem em si. A linguagem efetivamente toma esse conteúdo e o organiza na experiência. A linguagem é um implemento para esse fim.

A linguagem faz parte do comportamento social[9]. Há um número indefinido de sinais ou símbolos que podem servir ao propósito do que chamamos de "linguagem".

Estamos lendo o significado da conduta de outras pessoas quando elas talvez não estejam cientes disso. Existe algo que nos revela qual é o propósito; pode ser só um rápido olhar, uma atitude corporal que leva à resposta. Pode ser muito perfeita a comunicação entre indivíduos configurada dessa maneira. Um diálogo por gestos pode ser levado em frente mesmo quando não é possível ser traduzido em palavras. Isso também é válido para os animais inferiores. Os cães que se aproximam um do outro com uma atitude hostil exemplificam essa linguagem dos gestos. Andam um em volta do outro, rosnando e latindo, esperando pela oportunidade para atacar. Esse é um processo do qual pode se originar a linguagem; ou seja, uma certa atitude de um indivíduo evoca uma resposta em outro que, por sua vez, aciona uma abordagem diferente e outra resposta, e assim por diante, indefinidamente. Na realidade, como veremos, é precisamente nesse tipo de processo que a linguagem de fato surge. No entanto, somos muito propensos a abordar a linguagem do mesmo modo que o filólogo; quer dizer, do ponto de vista do símbolo que está sendo usado[10]. Nós analisamos esse símbolo e descobrimos qual é a intenção na mente da pessoa que o está usando, e então tentamos descobrir se ele de fato evoca essa intenção na mente de outrem. Presumimos que há conjuntos de ideias na mente das pessoas e que elas fazem uso de certos símbolos arbitrários que respondem à intenção que tinham. Mas, se ampliarmos o conceito de linguagem no sentido que mencionei a fim de incluir as atitudes subjacentes poderemos ver que a suposta intenção, a ideia de que estamos falando, é aquela envolvida no gesto ou nas atitudes que estamos usando. Oferecer uma cadeira a uma pessoa que entra no recinto é em si um gesto cortês. Não temos de presumir que a pessoa diz a si mesma que o recém-chegado quer uma cadeira. Uma pessoa bem educada oferece uma cadeira de modo praticamente instintivo. Essa é a atitude de um indivíduo. Do ponto de vista do observador é um gesto. Esses estágios iniciais dos atos sociais precedem o símbolo em si e a comunicação deliberada.

---

9. Qual é o mecanismo básico por meio do qual se desenrola o processo social? É o mecanismo do gesto, que possibilita respostas apropriadas aos comportamentos uns dos outros, por parte dos diferentes organismos individuais mediante o uso de gestos, ou ações de um organismo envolvido nas ações de outro. Os gestos são movimentos do primeiro organismo, agindo como estímulos específicos que evocam as respostas (socialmente) apropriadas no segundo organismo. O campo de operações do gesto é o campo dentro do qual ocorreu o surgimento e o desenvolvimento da inteligência humana, mediante o processo da simbolização da experiência que os gestos – em particular os gestos vocais – tornaram possível. A especialização do animal humano dentro do campo do gesto foi responsável, em última análise, pela origem e crescimento da atual sociedade humana, assim como pelo nível presente de conhecimentos, com todo o controle sobre a natureza e o ambiente humano que a ciência possibilita.

10. ["The Relations of Psychology and Philology". In: *Psychological Bulletin*, I, 1904, p. 375ss.]

Um dos importantes documentos na história da psicologia moderna, especialmente para a psicologia da linguagem, é a obra de Darwin *Expressão das emoções no homem e nos animais*[11]. Nela Darwin generalizou sua teoria da evolução para o campo do que chamamos "experiência consciente". O que Darwin fez foi mostrar que existe toda uma série de atos ou começos de atos que evocam determinadas respostas que de fato expressam emoções. Se um animal ataca outro, ou está prestes a atacar, ou rouba o osso de outro cachorro, essas ações evocam respostas violentas que expressam raiva no segundo cão. Vemos aí um conjunto de atitudes que expressam a atitude emocional dos cachorros e transportamos essa análise para a expressão humana das emoções.

A parte do nosso corpo que expressa mais clara e prontamente as emoções é o rosto, e Darwin estudou o rosto, desse ponto de vista. Naturalmente, usou um ator, aquele homem cuja profissão consiste em expressar as emoções movimentando sua face, e estudou os músculos envolvidos. Nesse estudo, Darwin se dedicou a mostrar qual pode ser o valor dessas mudanças na fisionomia para o ato propriamente dito. Falamos das expressões da raiva, por exemplo, e notamos de que maneira o sangue pode inundar a face num determinado estágio e depois sumir, num segundo momento. Darwin estudou o fluxo do sangue no medo e no terror. Nessas emoções, constatamos mudanças no próprio fluxo do sangue. Essas mudanças têm seu valor. Representam, naturalmente, mudanças na circulação do sangue durante os atos. Estes geralmente são rápidos e só podem ocorrer se o sangue estiver fluindo rapidamente. Deve haver alguma mudança no ritmo da circulação e, em geral, isso é registrado na fisionomia.

Muitos de nossos atos de hostilidade se manifestam em atitudes da face semelhantes às dos animais, que atacam com os dentes. A atitude ou, para usar um termo mais generalizado, o gesto foi preservado depois que o valor do ato desapareceu. O título da obra de Darwin indica seu ponto de abordagem. Ele lidou com esses gestos, essas atitudes, entendendo-os como expressões de emoções e, ao mesmo tempo, assumindo que o gesto tem essa função de expressar emoções. Nessa perspectiva, tal atitude foi preservada depois que o valor do ato desapareceu. Esse gesto parece permanecer com o propósito de expressar emoções. Pode-se naturalmente presumir que ali há uma atitude, na experiência do animal, que responde em certo sentido à experiência do animal humano. Também se pode aplicar aqui a doutrina da sobrevivência do mais apto. Nesse caso particular, a implicação era que tais gestos ou atitudes tinham perdido o valor que havia nos atos originais e, não obstante, sobreviveram. A indicação era de que haviam sobrevivido porque atendiam a uma determinada função importante, e a sugestão era que se tratava da expressão de emoções. Essa atitude de Darwin se reflete no trabalho de outros psicólogos, homens que, como ele, se interessavam pelo estudo do ato, pela informação transmitida de um indiví-

---

11. Em português: São Paulo: Companhia das Letras, 2000 [N.T.].

duo a outro por meio de sua atitude. Esses profissionais presumiam que os atos tinham sua razão de existir porque expressavam algo que estava na mente da pessoa. Essa é a mesma abordagem dos filólogos, para quem a linguagem existia com o propósito de transmitir certas ideias, certos sentimentos.

Pensando bem, é possível constatar que essa é uma falsa abordagem. É impossível pressupor que os animais efetivamente se dediquem a expressar suas emoções. Sem dúvida, eles não se dedicam a expressá-las para o benefício dos outros animais. O máximo que pode ser dito é que as "expressões" realmente liberam uma dada emoção no indivíduo, como uma válvula de escape por assim dizer, para descarregar uma atitude emocional de que, em certo sentido, o animal precisava se livrar. Certamente, não poderiam existir nesses animais inferiores como meio de expressar emoções; não podemos abordá-las do ponto de vista de expressar um conteúdo na mente de um indivíduo. Claro que podemos ver, no caso de um ator, como elas podem definitivamente se tornar uma linguagem. O ator, por exemplo, pode se dedicar a mostrar raiva e pode fazer isso com certa expressão em sua fisionomia, transmitindo então à plateia a emoção que queria. No entanto, não está expressando a sua própria emoção; está apenas mostrando para uma plateia evidências de raiva, e, se tiver sucesso, pode fazer isso com ainda mais eficiência para a plateia do que uma pessoa que esteja realmente sentindo raiva. No ator vemos os gestos que servem ao propósito de expressar emoções, mas não podemos imaginar que surgiram como uma linguagem a fim de expressá-las. Por isso, a linguagem tem de ser estudada do ponto de vista do tipo gestual de conduta dentro do qual ela existia, sem ser uma linguagem definida em si. E temos de ver como a função de comunicação poderia ter surgido desse tipo anterior de conduta.

A psicologia de Darwin presumia que a emoção era um estado psicológico, um estado de consciência, e que esse estado não poderia, por si, ser formulado como uma atitude ou um comportamento da forma. Pressupunha-se que a emoção está lá e que certos movimentos podem evidenciar sua presença. Essas evidências seriam recebidas e submetidas à ação de outras que fossem moldadas à sua semelhança. Quer dizer, supunha-se um estado consciente em contraposição ao organismo biológico. O estado consciente era aquele que deveria ser expresso no gesto ou na atitude. Deveria ser expresso por comportamentos e ser reconhecido, de algum modo, como existente na consciência da outra forma, por meio desse veículo de expressão. Essa era a atitude psicológica geral que Darwin aceitava.

Contrariando Darwin, porém, há evidências da existência prévia da consciência como algo que provoca em um organismo comportamentos que desencadeiam uma resposta adaptativa em outro organismo que, em si mesmo, não depende desse comportamento. Ao contrário, somos forçados a concluir que a consciência advém desse comportamento; que, bem longe de ser uma precondição para o ato social, o ato social é que se mostra a precondição para ela. O mecanismo do ato social pode ser esboçado sem a introdução do conceito de consciência como um elemento isolável dentro do ato. Por conseguinte, o ato social, em seus estágios ou formas mais elementares, é possível sem alguma forma de consciência ou, inclusive, à margem dela.

4
O surgimento do paralelismo na psicologia

A psicologia que acentua o paralelismo tem de ser distinguida da psicologia que considera que certos estados de consciência existem na mente do indivíduo e se sucedem uns aos outros, de acordo com leis próprias de associação. A totalidade da doutrina psicológica que segue Hume era predominantemente associacionista. Supunha-se que determinados estados de consciência fossem mantidos juntos por outros elementos similares. Entre estes estavam o prazer e a dor. Coligada a esse atomismo de estados associados de consciência estava uma psicologia da ação, baseada na associação do prazer e da dor com algumas outras sensações e experiências. A doutrina psicológica da associação, que era dominante, lidava com experiências estáticas, não dinâmicas.

Remeter a dimensão psicológica cada vez mais profundamente ao sistema nervoso central revelou diversas séries de experiências que poderiam ser chamadas de sensações e que, não obstante, eram muito diferentes das experiências consideradas estáticas, como som, odor, sabor e cor. A associação pertencia a esse mundo estático. Cada vez mais se reconhecia que uma grande parte de nossa experiência era dinâmica[12]. A forma do fazer concreto estava presente em algumas sensações que respondiam à inervação dos nervos sensoriais. Existia também o estudo daqueles tratos que desciam até as vísceras e certamente estavam alinhados com as experiências emocionais. Todo o processo da circulação do sangue tinha sido exposto, assim como a ação que envolvia a súbita mudança da circulação sanguínea. O medo, a hostilidade e a raiva, que pedem movimentos repentinos, ou o terror, que priva o indivíduo da capacidade de se mover, refletiam-se nas condições das vísceras e também tinham seus concomitantes sensoriais ligados ao sistema nervoso central. Havia então um tipo de experiência que não tinha lugar no mundo estático. Wilhelm Wundt abordou seu problema do ponto de vista desse tipo de fisiologia que oferecia pistas que

---

12. As linhas da associação seguem as linhas do ato (1924).

permitiam rastrear essas várias experiências dinâmicas dentro do mecanismo do próprio organismo.

No tratamento dispensado ao sistema nervoso central e aos seus tratos neuronais motor e sensorial, a corrente nervosa alcançava o sistema nervoso central que era, então, responsável por uma sensação que acontecia "na consciência". Para uma completa apresentação do que chamamos ato temos de acompanhar o lado sensorial e então rastrear os resultados motores que ocorreram em consequência do que aconteceu na consciência. A fisiologia à qual me referi separava-se, em certo sentido, do campo da consciência. Era difícil transportar essa ordem de mecanismo para os animais inferiores. Isso, pelo menos, tirava o psicólogo do campo da experiência animal. Darwin considerava o animal como a origem da conduta e da forma humanas e, se isso é verdade, deve ser de algum modo como evoluiu a consciência.

A abordagem resultante vem pelo ponto de vista da própria conduta, e aqui o princípio do paralelismo entra em cena. O que ocorre na consciência se dá em paralelo com o que ocorre no sistema nervoso central. É necessário estudar tanto o conteúdo fisiológico da forma como o psicológico. O centro da consciência, dentro da qual é registrado aquilo que afeta os nervos sensoriais e onde brota a conduta devida à sensação e às imagens sensoriais, deve ser removido do âmbito do mecanismo fisiológico. No entanto, é preciso encontrar um paralelo com o que acontece no sistema nervoso para aquilo que o fisiologista situou na consciência propriamente dita. Aquilo que eu mencionei como a questão das emoções pareceu se propor como a contraparte fisiológica do que ocorre na consciência, um campo que parece ter uma pertinência peculiar à dimensão mental da vida. Ódio, amor, raiva: aparentemente esses são estados mentais. Como poderiam ser descritos em termos fisiológicos? O estudo dos atos em si segundo uma perspectiva evolucionista, assim como o estudo das mudanças que ocorrem no próprio organismo quando sob a influência do que chamamos de emoção, apresenta analogias com esses estados emocionais. Podemos encontrar ali algo que definitivamente responda às emoções.

O desenvolvimento subsequente desse postulado ocorreu na teoria das emoções de James. Uma vez que corremos quando estamos com medo e golpeamos quando sentimos raiva, podemos localizar algo no organismo fisiológico que responda ao medo e à raiva. Essa é uma atitude do organismo que responde a tais estados emocionais, especialmente as condições viscerais a que me referi, e as repentinas mudanças na circulação que se constataram coligadas às emoções. Torna-se possível correlacionar as condições psíquicas com as fisiológicas. O resultado foi que se pôde elaborar uma formulação muito mais completa da conduta do indivíduo em termos fisiológicos, assim como encontrar um paralelo para aquilo que é dito em termos de consciência no mecanismo do corpo e no funcionamento desse mecanismo. Muito naturalmente, essa psicologia foi chamada de psicologia fisiológica. Tratava-se de afirmar o que acontecia no organismo em paralelo com um conteúdo com que o psicólogo estivesse trabalhando. O que existe no ato do animal que responde a essas supostamente diferentes categorias psicológicas? O que existe que responde às sensações, às reações motoras? Quando essas perguntas foram respondidas fisiologicamente, naturalmente envolveram mecanismos localizados no interior do ato, pois tudo o que acontece no corpo é ação. Pode ser uma ação retardada, mas não existe ali nada que em si seja simplesmente um estado, um estado fisiológico passível de ser comparado com um estado estático. Chegamos assim às sensações e nos empenhamos em apresentá-las em termos de uma ação reflexa completa. Abordamos a sensação do ponto de vista do estímulo e, quando começamos a lidar com os vários estados emocionais, trabalhamos com eles como preparo para a ação e o ato em si, enquanto transcorre[13]. Quer dizer, agora torna-se essencial relacionar um conjunto de estados psíquicos com as diferentes fases do ato. O paralelismo, então, é uma tentativa de encontrar análogos entre a ação e os conteúdos vivenciados.

O inevitável resultado dessa análise foi tirar a psicologia de seu molde estático e dotá-la de um dinâmico. Não era simplesmente uma questão de correlacionar o que era dado pela introspecção com o que era encontrado no organismo. A questão agora era inter-relacionar todas aquelas coisas verificadas pela introspecção da mesma maneira dinâmica como os elementos fisiológicos estavam relacionados à vida do organismo. A psicologia se tornou sucessivamente associacionista, motora, funcional e, por fim, behaviorista.

A transformação histórica da psicologia foi um processo que ocorreu gradualmente. A consciência era algo que não podia simplesmente ser descartado. Nos primórdios da psicologia, foi feita uma tentativa grosseira de explicar a consciência como uma secreção específica do cérebro, mas essa foi somente uma fase ridícula de sua transformação. A consciência era algo que estava lá, mas que podia ser levado a uma aproximação cada vez maior com o que se processava no interior do corpo. O que acontecia ali era dotado de uma ordem definida. Tudo o que acontecia no corpo fazia parte de um ato. Os primeiros conceitos sobre o sistema nervoso central pressupunham que era possível localizar algumas faculdades da mente em certas partes do cérebro, mas um estudo do sistema nervoso central não revelou essa espécie de correlação. Tornou-se evidente que, no sistema nervoso central, não havia nada além de caminhos[14]. Constatou-se que as células do cérebro faziam parte dos caminhos neuronais e eram providas de material para manter o sistema em

---

13. [Dessa maneira, John Dewey adicionou à doutrina de James a necessidade de um conflito na ação para que surjam as emoções.]
14. Entre os filósofos, Henri Bergson em especial salientava esse ponto. • Cf. o seu *Matéria e memória*. São Paulo: Martins Fontes, 1999 [N.T.].

andamento, mas nada foi encontrado ali capaz de responder pela preservação da ideia em si. Não havia nada no sistema nervoso central que permitisse localizar um trato dedicado a processar abstrações. Houve uma época em que o lobo frontal foi considerado a sede dos processos de pensamento, mas o lobo frontal também não representa nada além de trajetos. Os trajetos possibilitam a ocorrência de condutas muito complicadas; eles complicam enormemente o ato por meio de um mecanismo do cérebro, mas não configuram estruturas que respondam funcionalmente às ideias. Assim, o estudo da consciência, do ponto de vista do organismo, levou inevitavelmente os cientistas a estudarem a consciência em si do ponto de vista da ação.

Por exemplo, qual é a nossa experiência que responde a cerrar os punhos? A psicologia fisiológica rastreou essa ação em todo o seu trajeto até os nervos oriundos dos músculos do braço e da mão. A experiência do ato, então, seria a sensação do que estaria se passando; na consciência propriamente dita, há a constatação do que o órgão está fazendo; existe um paralelismo entre o que acontece no órgão e o que se passa na consciência. É claro que esse não é um paralelismo completo. Parece existir uma consciência que só corresponde aos nervos sensoriais[15]. Temos consciência de algumas coisas, mas de outras, não, e a atenção parece determinar em grande medida qual será o caso. O paralelismo que adotamos não parece ser completo, e sim ocorrer apenas em pontos variados. O dado interessante aqui é que agora é o organismo que fornece as pistas para a análise. Somente porções da resposta aparecem na consciência em si. O organismo assumiu o posto principal. A psicologia experimental começou baseando-se naquilo em que podia se agarrar no sistema fisiológico e depois se empenhou em descobrir o que, na consciência, parecia responder. O cientista achou que tinha a mesma segurança que o fisiologista ao identificar esses fatos no sistema nervoso e, dados esses fatos, ele poderia averiguar a consciência. Era mais simples começar com a neurose e depois registrar o que fosse encontrado na psicose. Assim, a aceitação de algum tipo de paralelismo entre os conteúdos da consciência e os processos fisiológicos do sistema nervoso central levou a uma conceituação dinâmica de tais conteúdos como atos, em vez de estaticamente como estados. Desse modo, os conteúdos da consciência foram abordados de baixo para cima (ou seja, numa visão naturalista), em vez de cima para baixo (ou seja, numa visão transcendental), por meio de um estudo dos processos fisiológicos do sistema nervoso central, a fim de determinar o que na mente responde às atividades do organismo fisiológico.

---

15. Sempre estamos conscientes do que fizemos, nunca de estar fazendo. Sempre estamos diretamente conscientes apenas dos processos sensoriais, nunca dos processos motores. Por isso, tomamos consciência dos processos motores somente por intermédio dos processos sensoriais que são seus resultantes. Os conteúdos da consciência, portanto, têm de ser correlacionados com ou ajustados a um sistema fisiológico, em termos dinâmicos, como processos em andamento.

Havia a questão dos centros diretores para ações unificadas. Somos aptos a pensar no sistema nervoso central partindo da noção de uma central telefônica, onde entram os chamados e de onde saem as respostas. Alguns centros passam a ser considerados principais. Voltando à base do cérebro, àquela parte que é a essência do sistema nervoso central das formas inferiores, certamente encontramos ali uma organização cuja atividade controla outras atividades. Mas, quando temos a conduta em forma humana, não se encontra mais aquele tipo de sistema em que existe um único centro diretor ou um grupo de centros. Pode-se ver que os vários processos envolvidos em correr para longe de um perigo podem estar tão inter-relacionados com outras atividades que o controle vem com a organização. Vemos uma árvore, que pode ser um possível refúgio, se um touro está atrás de nós e, em geral, vemos aquelas coisas que nos capacitam a implementar a atividade em andamento. Um grupo variável de centros pode ser o fator determinante de toda a atividade do indivíduo. Esse é o conceito que também foi generalizado para o campo do crescimento. Certas partes do embrião começam a crescer e controlam a ação do crescimento até que algum outro processo assume o controle. No córtex, aquele órgão que, em algum sentido, responde à inteligência humana, não conseguimos encontrar qualquer controle exclusivo e invariável; ou seja, não foram localizadas evidências disso na estrutura da forma em si. De certo modo, podemos supor que o córtex age como um todo, mas não podemos voltar a determinados centros e dizer que é aí que a mente está alojada, em seu pensamento e sua ação. Existe um número indefinido de células conectadas entre si e sua inervação leva, em certo sentido, a uma ação unitária, mas o que essa unidade é em termos do sistema nervoso central é quase impossível de afirmar. Todas as diferentes partes do córtex parecem estar envolvidas em tudo que acontece. Todos os estímulos que atingem o cérebro são refletidos em todas as partes que o compõem e, no entanto, obtemos uma ação unitária. Resta então um problema que, de modo algum, se encontra plenamente respondido: a unidade de ação do sistema nervoso central. Wundt se dedicou a encontrar alguns centros que pudessem ser responsáveis por esse tipo de unidade, mas não há nada na estrutura do cérebro em si que identifique alguma parte sua, isoladamente, como aquela que dirige a conduta como um todo. Essa é uma unidade de integração, embora não possamos descrever em detalhes de que modo essa integração acontece.

O que eu gostaria de ressaltar é que a abordagem à teoria psicológica do ponto de vista do organismo deve, inevitavelmente, ocorrer por uma ênfase na conduta, no elemento dinâmico, e não no estático. Claro que é possível trabalhar em outra direção; ou seja, considerar a experiência do ponto de vista do psicólogo e tirar conclusões quanto ao que deve se passar no sistema nervoso central. É possível, por exemplo, reconhecer que não estamos simplesmente à mercê de múltiplos estímulos trafegando pelo sistema nervoso central, que é a visão natural do fisiologista. Podemos comprovar que esses órgãos se ajustam aos diferentes tipos de estímulos. Quando as ondas de ar penetram no organismo, afetam os órgãos particulares dos ouvidos. Quando sabores e odores chegam aos nossos sentidos, os estímulos são recebidos em tratos nos órgãos adequados, que então reagem. Tudo isso pode parecer apenas uma resposta do organismo aos estímulos. Essa posição norteia a psicologia de Spencer, que aceitou o princípio darwiniano da evolução. A influência do meio ambiente é exercitada sobre a forma e a adaptação da forma resulta das influências do meio sobre ela. Spencer entendia que o sistema nervoso central era continuamente afetado por estímulos que estabeleciam alguns trajetos, de modo que era o ambiente que moldava a forma.

O fenômeno da atenção, porém, proporciona uma outra imagem da conduta. O animal humano presta atenção e essa atenção pode ser dispensada a estímulos relativamente tênues. Podemos ouvir sons distantes. Nosso processo inteiro de inteligência parece fundar-se na atenção que é seletiva para determinados tipos de estímulo[16]. Outros estímulos que estão bombardeando o sistema são, de algum modo, excluídos. Damos atenção a cada coisa em particular. Não somente abrimos a porta para certos estímulos, fechando-a para outros, como nossa atenção é tanto um processo seletivo como organizador. Quando damos atenção a alguma coisa que estamos para fazer captamos o grupo inteiro de estímulos que representam atividades sucessivas. Nossa atenção nos permite organizar o campo em que iremos agir. Aqui temos um organismo que age e determina seu ambiente. Não é simplesmente um conjunto de sentidos passivos afetados por estímulos que chegam de fora. O organismo vai e determina aquilo a que responderá e organiza esse mundo. Um organismo seleciona algo, enquanto outro escolhe algo diferente, pois agirá de outra maneira. Essa é a abordagem do que se passa com o sistema nervoso central, que chega ao fisiologista por intermédio do psicólogo.

A fisiologia da atenção é um campo que ainda permanece um continente desconhecido. O organismo se ajusta a certos tipos de conduta, o que é de considerável importância na determinação do que o animal fará. Isso se reflete também nas respostas do organismo – como a de fugir diante do perigo, por exemplo – que representam uma sensibilidade peculiar. Um som em alguma outra direção não surtiria o mesmo efeito. O olho é muito sensível a movimentos situados fora do campo de sua visão central, muito embora esse setor da retina não seja tão sensível a formas e distinções de cor. Você procura um certo livro numa biblioteca e tem uma espécie de imagem mental da capa; você se torna sensível a uma certa imagem de um amigo que está indo encontrar. Podemos nos sensibilizar para certos tipos de estímulos e podemos construir a espécie de ação que irá ocorrer. Numa cadeia de respostas, a forma executa a reação instintiva e depois se percebe na presença de um outro estímulo, e assim por diante. Mas, como seres inteligentes, nós mesmos construímos essas reações

---

16. [Cf. Seções 13 e 14.]

organizadas. O campo da atenção é tal que deve existir algum mecanismo com o qual podemos organizar diferentes estímulos uns em relação aos outros para que determinadas reações possam acontecer. A descrição desse encadeamento é algo que podemos alcançar estudando a nossa própria conduta, e, no momento atual, isso é tudo que podemos dizer.

O paralelismo na psicologia esteve largamente sob o controle do estudo do sistema nervoso central, o que inevitavelmente levou a uma psicologia funcional, motora, voluntarista e, por fim, behaviorista. Quanto mais se podia falar de processos individuais em termos do sistema nervoso central, mais era usado o padrão encontrado no sistema nervoso central para interpretar as condutas. Quero salientar o seguinte ponto: os padrões que encontramos no sistema nervoso central são padrões de ação, não de contemplação, não de apreciação, mas de ação. Por outro lado, insisto em dizer que podemos abordar o sistema nervoso central do ponto de vista do psicólogo, estipulando alguns problemas para o fisiologista. Como é que este pode explicar a atenção? Quando o fisiologista tenta fazê-lo, vê-se obrigado a recorrer ao conceito de trajetos variados. Se ele passa a explicar por que um trajeto é preferido em detrimento de outros, é obrigado a usar "trajetos" e "ações". Não é possível configurar no sistema nervoso central um princípio seletivo que possa ser aplicado irrestritamente em geral. Não se pode dizer que no sistema nervoso central existe algo específico relacionado com a atenção. Não se pode dizer que existe um poder geral de atenção. É preciso expressá-lo de modo específico, de sorte que, mesmo quando abordamos o estudo do sistema nervoso central pelo ponto de vista da psicologia, a espécie de explicação que conseguiremos obter terá de ser em termos de trajetos que representem ações.

Essa é, em suma, a história do aparecimento da psicologia fisiológica em sua forma paralelista, uma psicologia que tinha passado para o estágio seguinte, mais além do associacionismo. A atenção é comumente acentuada quando se acompanha essa transição, mas a ênfase na atenção é basicamente derivada do estudo do organismo como tal, que deveria, por conseguinte, ser visto no contexto mais amplo que apresentamos.

5
Paralelismo e ambiguidade da "consciência"

"Consciência" é um termo muito ambíguo. É comum identificar consciência com alguma coisa que está lá, sob determinadas circunstâncias, e não está, sob outras. Podemos abordar a consciência com toda naturalidade, supondo que é algo que acontece diante de certas condições do organismo, algo que, por isso, pode ser concebido como funcionando em paralelo com certos fenômenos do sistema nervoso, mas não com outros. Não parece haver uma consciência que responda aos processos motores em si; a consciência que temos de nossa ação é de tipo sensorial e responde à corrente que vem dos nervos sensoriais, afetados pela contração dos músculos. Não temos consciência dos processos motores reais, mas temos um processo sensorial que é paralelo a ela. Essa é a situação da qual se origina a psicologia paralelista. Por um lado, implica um organismo que é um foco contínuo de atenção, e que aparentemente pode funcionar sem consciência. A pessoa continua vivendo mesmo quando toma uma anestesia geral. A consciência parte e a consciência retorna, mas o organismo em si segue em frente. E quanto mais completamente conseguimos expressar os processos psicológicos em termos do sistema nervoso central, menos importante se torna essa consciência.

Uma declaração extrema dessa natureza foi feita por Hugo Münsterberg[17]. Ele supôs que o organismo em si simplesmente seguia funcionando, mas que em resposta a certas mudanças neuronais havia estados conscientes. Se alguém dizia ter feito algo, isso se resumia a essa pessoa ter consciência do movimento dos músculos de seu corpo durante o ato; a consciência do início do ato é o que ele interpretou como a sua própria volição ao agir. Existe somente uma consciência de certos processos que estão acontecendo. Nessa forma extrema, entretanto, o paralelismo deixou de considerar justamente processos como o da atenção e o caráter seletivo da consciência. Se o fisiologista tivesse sido capaz de apontar o mecanismo exato do sistema nervoso central por meio do qual organizamos nossos atos, ainda poderia ser dominante a formulação em termos desse extremo paralelismo que considera que o indivíduo só é consciente da seleção feita pelo organismo. Mas o processo da seleção em si é tão complexo que se torna quase impossível expressá-lo, especialmente nesses termos. Em si, a consciência é peculiarmente seletiva e os processos de seleção, de sensibilização dos órgãos aos estímulos são muito difíceis de se isolar no sistema nervoso central. William James salienta que a quantidade da diferença que é preciso dar a certo estímulo para torná-lo dominante é muito pequena. Ele também dizia ser possível pensar num ato volitivo que se apegasse a um certo estímulo apenas conferindo-lhe um pouco mais de ênfase do que a que teria naturalmente. Wundt tentou tornar o paralelismo possível ao presumir a possibilidade de certos centros que seriam capazes de realizar essa função seletiva, mas não houve uma apresentação satisfatória do modo como se chega a essa interação entre um organismo e uma consciência, do modo como a consciência poderia influir no sistema nervoso central. Assim é que chegamos a esse estágio do desenvolvimento de uma psicologia paralelista, e não interacionista.

---

17. Cf. *Willemshandlung*.

A fase paralelista da psicologia se revela não apenas como uma das formas transitórias que apareceu na investigação psicológica, mas como uma forma que serviu a um propósito muito evidente e satisfez uma necessidade muito óbvia.

Em certo sentido, distinguimos de fato as experiências que chamamos de conscientes daquelas que se desenrolam no mundo à nossa volta. Vemos uma cor e lhe damos um certo nome. Quando achamos que estamos enganados por algum problema em nossa visão, recorremos às cores do espectro e analisamos o tom duvidoso. Dizemos que há algo independente de nosso processo sensorial imediato. Tentamos nos apossar daquele trecho da experiência que pode ser entendida como independente da nossa própria resposta imediata. Queremos nos apossar disso para podermos enfrentar a questão do erro. Não traçamos uma linha a menos que haja um problema envolvido. Se vemos que uma árvore distante não está mesmo lá quando chegamos no local, foi porque a confundimos com alguma outra coisa. Desse modo, temos de ter um campo ao qual possamos referir a nossa experiência pessoal e, ainda, é preciso que tenhamos objetos reconhecidos como independentes da nossa própria visão. Queremos o mecanismo que faça essa distinção a qualquer momento dado e o generalizamos dessa maneira. Elaboramos a teoria da percepção sensorial em termos de um estímulo externo, para podermos nos apossar daquilo em que se pode confiar e distinguir daquilo que não é confiável dessa mesma maneira. Até mesmo um objeto que de fato está lá pode ser resolvido assim. No laboratório, podemos distinguir entre o estímulo e a experiência sensorial. O experimentador acende uma certa luz e sabe exatamente o que é essa luz. Ele pode dizer o que se passa na retina e no sistema nervoso central, e então perguntar o que são essas experiências. Ele inclui no processo todas as espécies de elementos para que o sujeito se confunda quanto ao que é. Por um lado, embute dados conscientes e, por outro, os processos físicos que estão se desenrolando. Ele realiza essa análise num campo que é importante para sua investigação, enquanto ele próprio tem objetos no campo externo que poderiam ser analisados da mesma forma.

Queremos poder distinguir o que pertence à nossa experiência pessoal e o que, como dizemos, pode ser expresso em jargão científico. Estamos certos de alguns processos, mas não temos tanta certeza da reação das pessoas a esses processos. Reconhecemos que existem muitas diferenças entre elas. Temos de fazer essa distinção para podermos configurar um certo paralelismo entre as coisas que estão aí e têm um valor uniforme para todos, e as coisas que variam para cada um. Parece que temos um campo da consciência e um campo das coisas físicas que não são conscientes.

Quero fazer uma distinção quanto ao uso do termo "consciência" no sentido de acesso a determinados conteúdos e como sinônimo de determinados conteúdos. Quando a pessoa fecha os olhos, desliga-se de determinados estímulos. Quando toma uma anestesia o mundo fica inacessível para ela. Do mesmo modo, o sono nos torna inacessíveis ao mundo. Agora quero distinguir esse uso da consciência, no qual a pessoa se torna acessível ou inacessível a certos campos, dos conteúdos propriamente ditos, determinados pela experiência da pessoa. Queremos poder lidar com uma experiência que varia de pessoa para pessoa, com diferentes conteúdos que, em certo sentido, representam um mesmo objeto. Queremos poder separar esses conteúdos variáveis daqueles que, em certo sentido, são comuns a todos nós. Nossos psicólogos se dedicam, definitivamente, àquelas experiências que variam de pessoa para pessoa. Algumas delas dependem da perspectiva do indivíduo e algumas são peculiares a um órgão em especial. Se a pessoa é daltônica ela tem uma experiência diferente da pessoa que enxerga normalmente.

Quando usamos "consciência", então, para nos referir a condições variáveis na experiência individual, esse é um emprego muito diferente daquele de nos tornarmos inacessíveis ao mundo[18]. Num caso, estamos lidando com a situação de uma pessoa que está indo dormir, distraindo sua atenção ou centrando-a, com uma exclusão parcial ou total de certas partes de um campo. O outro uso está na aplicação à experiência da pessoa, que é diferente da experiência de qualquer outra pessoa, e não só diferente nesse sentido, mas diferente de sua própria experiência em outros momentos. Nossa experiência não varia simplesmente da do nosso próprio organismo, como de momento a momento, e, no entanto, é a experiência de algo que não variou como variam as nossas experiências, e nós queremos conseguir estudar a experiência dessa forma variável, para que algum tipo de paralelismo possa ser postulado. Podemos tentar estipular o paralelismo fora do corpo, mas inevitavelmente o estudo dos estímulos remete ao estudo do próprio corpo.

Posições diferentes levarão a diferentes experiências, no que tange a um objeto – como uma moeda, por exemplo –, colocado num certo local. Há outros fenômenos que dependem da natureza do olho ou do efeito de experiências passadas. O modo como essa moeda é vivenciada depende das experiências passadas que podem ter ocorrido com as pessoas. A moeda é diferente de uma pessoa para outra; no entanto, essa moeda está ali como uma entidade em si. Queremos ser capazes de lidar com essas diferenças espaciais de perspectiva entre os indivíduos. Algo ainda mais importante do ponto de vista psicológico é a perspectiva da memória, por meio da qual uma pessoa enxerga uma moeda e outra pessoa, outra moeda. Essas são características que queremos separar e é aqui que reside a legitimidade do nosso paralelismo; ou seja, a distinção entre o objeto tal como pode ser determinado, física e fisiologica-

---

18. [E a propósito de um terceiro uso, no qual "consciência" está restrita à operação simbólica. Sobre consciência, cf. "The Definition of the Psychical". In: *University of Chicago Decennial Publications*, III, 1903, p. 77ss. • "What Social Objects Must Psychology Pressupose?" In: *Journal of Philosophy*, VII, 1910, p. 174ss.]

mente, comum a todos, e a experiência peculiar a um certo organismo, a uma pessoa em particular.

Estabelecer essa distinção como uma doutrina psicológica gera a espécie de psicologia que Wundt elaborou com tanta eficiência e de modo tão abrangente. Wundt buscou apresentar o organismo e seu meio ambiente como objetos físicos idênticos em qualquer experiência, embora o reflexo deles seja totalmente diferente conforme as diferentes experiências. Duas pessoas estudando o mesmo sistema nervoso central na mesa de dissecação enxergarão aquela peça de modos diversos e, não obstante, estão olhando para o mesmo sistema nervoso central. Cada uma delas tem uma experiência diferente nesse processo. Agora, coloque de um lado o organismo e seu ambiente, como um objeto comum, e então pegue o que sobrou, por assim dizer, e coloque na experiência de indivíduos separados; o resultado é um paralelismo: de um lado, o mundo físico, e, de outro, a consciência.

A base para essa distinção, como vimos, é justificável e conhecida, mas quando a colocamos na forma de uma psicologia, como fez Wundt, ela alcança seus limites, e, se for levada mais além disso, entrará em dificuldades. A distinção legítima é aquela que permite à pessoa identificar a fase da experiência que é peculiar a si mesma, que tem de ser estudada em termos de um momento de sua biografia. Existem fatos que são importantes apenas na medida em que pertencem à biografia do indivíduo. A técnica dessa espécie de separação retorna ao ambiente fisiológico, por um lado, e à experiência, por outro. Nesse sentido, uma experiência do objeto em si é contrastada com a experiência do indivíduo, sua consciência, de um lado e, do outro, o mundo inconsciente.

Se seguirmos com essa distinção até seu derradeiro limite, atingimos um organismo fisiológico que é o mesmo para todas as pessoas, afetado por um conjunto de estímulos que é o mesmo para todos. Queremos acompanhar os efeitos desses estímulos no sistema nervoso central até o ponto em que um determinado indivíduo tem uma experiência específica. Quando fizemos isso num caso particular usamos essa análise como base para generalizar a distinção. Podemos dizer que existem coisas físicas, por um lado, e eventos mentais, por outro. Supomos que o mundo vivenciado por um indivíduo é entendido como o resultado de uma série causal no interior do seu cérebro. Seguimos os estímulos cérebro adentro e lá dizemos que a consciência lampeja. Desse modo, temos de, em última instância, localizar toda experiência no cérebro e, então, despertam os velhos fantasmas epistemológicos. De quem é o cérebro? Como o cérebro é conhecido? O mundo inteiro vem se instalar dentro do cérebro do observador, e esse cérebro está dentro do cérebro de todas as outras pessoas e assim por diante, sem fim. Surgem todas as espécies de dificuldades quando nos dedicamos a reler essa divisão paralelista pela metafísica. A natureza essencialmente prática dessa divisão deve ser apontada agora.

6
O programa do behaviorismo

Vimos que um certo tipo de paralelismo está envolvido na tentativa de expressar a experiência do indivíduo naquilo que lhe é peculiar. Aquilo que é acessível somente a esse indivíduo, que só acontece no campo de sua vida interior, deve ser formulado no relacionamento com a situação dentro da qual ocorre. Esta pessoa tem uma experiência e aquela uma outra, e ambas as experiências são formuladas em termos de suas biografias, mas, além disso, existe aquilo que é comum à experiência de todos. E nossa afirmação científica correlaciona aquilo que o indivíduo experimenta, e que em última instância só pode ser vazado nos termos de sua própria experiência, com a experiência que pertence a todos. Isso é essencial para que possamos interpretar o que é peculiar ao indivíduo. Estamos sempre separando aquilo que é peculiar à nossa própria reação, aquilo que podemos ver enquanto os outros não, daquilo que é comum a todos. Estamos referindo aquilo que pertence à experiência apenas de um indivíduo a uma linguagem comum, a um mundo comum. E, quando generalizamos esse relacionamento, essa correlação, para o que acontece nos âmbitos físico e fisiológico, constituímos uma psicologia paralelista.

A cor ou aroma particulares que qualquer um de nós experimenta é uma questão privada. Difere da experiência de outras pessoas, mas mesmo assim há o objeto comum ao qual essas vivências se referem. Trata-se da mesma luz, da mesma rosa, que estão envolvidas em todas as experiências. O que tentamos fazer é acompanhar esses estímulos comuns pelo sistema nervoso de cada um desses indivíduos. Almejamos alcançar uma formulação em termos universais que responda a essas condições particulares. Queremos controlá-las até onde nos for possível, e é essa determinação das condições sob as quais ocorre uma certa experiência que nos permite implementar tal controle[19].

Se alguém diz que sua experiência de um objeto é composta de diferentes sensações e, então, dispõe-se a enunciar as condições nas quais ocorrem tais sensações, ele pode dizer que está enunciando essas condições nos termos de sua própria experiência. Mas essas são condições comuns a todos. Ele mensura e determina o que está de fato acontecendo, mas o aparato com que efetua suas mensurações é, no fundo, composto por suas experiências sensoriais. As coisas que são quentes ou frias, ásperas ou suaves, os objetos em si são enunciados em termos de sensações, mas são afirmados em termos de sensações que podemos tornar universais. Tomamos esses atributos comuns

---

19. [A interpretação metodológica do paralelismo que vem a seguir será discutida mais extensamente na Seção 15.]

da experiência e, com base neles, encontramos aquelas experiências que são peculiares a diferentes indivíduos.

A psicologia se interessa por essa correlação, por descobrir qual é a relação existente entre o que se passa no mundo físico e o que se passa no organismo, quando uma pessoa tem uma experiência sensorial. Esse estudo foi realizado por Hermann Helmholtz[20]. O mundo estava lá em termos que poderiam ser enunciados de acordo com as leis da ciência; ou seja, os estímulos eram expressos em termos físicos. O que se passa no sistema nervoso poderia ser dito com exatidão cada vez maior, e isso poderia ser correlacionado com algumas experiências definidas que a pessoa constatava em sua própria vida. E o psicólogo se interessa por obter a correlação entre as condições nas quais a experiência acontece e aquilo que é peculiar ao indivíduo. Ele quer tornar esses enunciados tão universais quanto possível, e é científico a tal respeito. Ele quer expressar a experiência de um indivíduo o mais proximamente possível do campo que ele pode controlar, daquelas condições sob as quais esse campo aparece. Naturalmente, ele tenta formular a conduta do indivíduo em termos dos seus reflexos e, o máximo que lhe é possível, procura levar os reflexos individuais mais complexos de volta às formas mais simples da ação. Até onde lhe é possível, ele usa a formulação behaviorista porque pode ser expressa em termos do mesmo campo sobre o qual ele tem controle.

O motivo básico da psicologia moderna encontra expressão no campo dos testes mentais, nos quais se obtêm correlações entre certas situações e certas respostas. É característico dessa psicologia que não só é tão behaviorista quanto pode ser (no sentido de que afirma a experiência do indivíduo tão completamente quanto possível em termos objetivos), como também se interessa em chegar a essas formulações e correlações para que possa controlar a conduta tanto quanto possível. Encontramos a psicologia moderna interessada pelos problemas práticos, especialmente os atinentes à educação. Temos de fazer com que as inteligências de bebês e crianças usem certos recursos de maneiras específicas e obtenham certos tipos definidos de respostas. Como pegar o indivíduo com suas peculiaridades e conduzi-lo na direção de um tipo mais uniforme de resposta? Ele tem de ter a mesma linguagem que os demais e as mesmas unidades de mensuração. Ele também tem de assimilar uma certa cultura definida que sirva de contexto para suas próprias experiências. Ele deve se ajustar a determinadas estruturas sociais e torná-las parte de si mesmo. Como realizar tudo isso? Estamos lidando com indivíduos separados e, no entanto, esses indivíduos têm de se tornar uma parte de um todo comum. Queremos alcançar essa correlação entre esse mundo que é comum e aquele que é peculiar ao indivíduo. Assim, temos uma psicologia atacando as questões da aprendizagem e os problemas escolares, tentando analisar inteligências diferentes para que possamos enunciá-las em

---

20. [*Die Lehre von dem Tonempfindungen – Handbuch der physiologischen Optik.*]

termos o mais possível comuns. Queremos algo que possamos correlacionar com a tarefa que a criança tem de executar. Há certos processos definidos envolvidos na fala. O que existe ali que seja uniforme e por meio do que podemos identificar o que a pessoa pode fazer, e qual treinamento específico ele terá de receber? A psicologia ainda examina o campo das questões comerciais, da perícia para vendas, e questões de recursos humanos. Abrange o campo do que é anormal e tenta compreender o que há de peculiar no indivíduo anormal, relacionando-o com o normal e com as estruturas que encontram sua expressão nessas anormalidades. É interessante constatar que a psicologia começa com esse problema de obter correlações entre as experiências de indivíduos e as condições nas quais estas ocorrem, e se dispõe a enunciar essa experiência em termos de comportamentos. E então, ela se propõe imediatamente a fazer um uso prático da correlação encontrada com a finalidade de treinar e controlar. A psicologia está se tornando essencialmente uma ciência prática, que deixou de lado os problemas psicológicos e filosóficos com que esteve envolvida na época dos primeiros dogmas da psicologia associacionista. São essas as influências que agem na psicologia behaviorista.

Essa psicologia não é, e não deveria ser, considerada como uma teoria que deve ser contraposta à doutrina associacionista. O que ela está tentando fazer é descobrir quais são as condições nas quais surge a experiência do indivíduo. Essa experiência é do tipo que nos leva de volta à conduta, para que possamos acompanhar seu desenrolar. É isso que confere à investigação psicológica seu selo distintivo. A história e todas as ciências sociais lidam com seres humanos, mas não são basicamente psicológicas. A psicologia pode ter uma grande importância quando se lida, digamos, com a economia, o problema do valor, do desejo, os problemas da ciência política, da relação entre o indivíduo e o Estado, as relações pessoais que têm de ser consideradas em termos de indivíduos. Em todas as ciências sociais podem ser identificadas fases psicológicas. A história não é mais do que biografia, uma série inteira de biografias, e, no entanto, todas essas ciências sociais lidam com indivíduos em seus aspectos comuns. E quando um deles se destaca por suas diferenças, é visto pelo prisma daquilo que realiza na sociedade como um todo, ou em termos do efeito destrutivo que possa ter. Mas, como cientistas sociais, não estamos essencialmente ocupados com o estudo dessa experiência em si. A psicologia efetivamente se dedica a elaborar a técnica que lhe permitirá lidar com aquelas experiências que qualquer pessoa possa vir a ter, em qualquer momento de sua vida, e que lhe são peculiares. E o método para lidar com esse tipo de experiência consiste em obter as condições nas quais acontece essa experiência do indivíduo. Deveríamos nos dedicar a formular a experiência de uma pessoa apenas até onde nos fosse possível com base nas condições em que ocorre. Essencialmente, é um problema de controle esse para o qual o psicólogo se volta. Claro que ele tem um aspecto de pesquisa para obter conhecimento. Queremos aumentar o nosso conhecimento, mas por trás disso existe uma tentativa de obter controle mediante o conhecimento obtido. E é muito interessante verificar que a nossa psicologia moderna está chegando cada vez mais longe naqueles campos nos quais o controle pode ser realizado. Ela obtém sucesso na medida em que pode elaborar correlações passíveis de serem testadas. Queremos segurar as rédeas dos fatores existentes na natureza de uma pessoa e que podem ser reconhecidos na natureza de todos os membros de uma sociedade, mas que podem ser identificados num indivíduo em particular. Esses são problemas que cada vez mais estão se impondo à nossa atenção.

Existe uma outra fase da psicologia recente a que eu deveria me referir; a saber, a psicologia da configuração, ou *gestalt*, que nos últimos anos tem atraído bastante interesse. Ocorre aí um reconhecimento dos elementos ou fases da experiência que são comuns à experiência do indivíduo e às condições nas quais essa experiência surge[21]. Existem algumas formas gerais no campo da percepção na experiência do indivíduo, tanto quanto nos objetos propriamente ditos, e que podem ser identificadas. Não se pode tomar algo como uma cor e constituí-la a partir de certos grupos de sensações. A experiência, inclusive a de uma pessoa, deve começar com algum todo. Deve envolver algum todo para que possamos obter os elementos que estamos buscando. O que é de particular importância para nós é o reconhecimento de um elemento comum na percepção do indivíduo e considerado uma condição na qual essa percepção acontece; uma posição oposta à análise da experiência que parte do pressuposto de que o todo que existe em nossa percepção é simplesmente uma organização desses elementos separados. A psicologia da *gestalt* nos oferece um outro elemento, comum à experiência da pessoa e ao mundo, que determina as condições nas quais essa experiência surge. Onde antes tínhamos que nos haver com estímulos e o que pudesse ser rastreado no sistema nervoso central, para depois ser correlacionado com a experiência pessoal, agora temos uma certa estrutura que deve ser reconhecida tanto na experiência de um indivíduo como no mundo condicionante.

A psicologia behaviorista representa uma tendência definida mais do que um sistema, uma tendência a enunciar tanto quanto possível as condições nas quais ocorre a experiência de uma pessoa. A correlação pode ser expressa no paralelismo. Esse é um termo infeliz, na medida em que contém uma distinção entre mente e corpo, entre físico e psíquico. É verdade que todas as operações dos estímulos podem ser localizadas no sistema nervoso central, de modo que parecemos capazes de fazer o problema atravessar a nossa pele e retornar a algo no organismo, o sistema nervoso central, representativo de tudo que ocorre no ambiente externo. Se falamos que uma luz nos influencia, ela não surte esse efeito enquanto não atingir a nossa retina. O som não exerce influência enquanto

---

21. [KÖHLER, W. *Die physischen Gestalten in Ruhe und im stationaren Zustand – Gestalt Psychology.*]

não alcança o nosso ouvido, e assim por diante, de modo que podemos dizer que o mundo todo pode ser enunciado em termos do que se passa no interior do próprio organismo. E podemos dizer que aquilo que estamos tentando correlacionar são os acontecimentos do sistema nervoso central, por um lado, com a experiência do indivíduo, por outro.

Mas temos de reconhecer que aqui impusemos um corte arbitrário. Não podemos tomar o sistema nervoso central em si, nem os objetos físicos em si. O processo inteiro começa com um estímulo e envolve tudo o que acontece. Dessa maneira, a psicologia correlaciona a diferença de percepções com a intensidade física dos estímulos. Poderíamos declarar a intensidade de um peso que estivéssemos levantando, em termos do sistema nervoso central, mas essa seria uma maneira difícil de expressar o fato. Não é isso que a psicologia está tentando fazer. Ela não está tentando relacionar um conjunto de psicoses com um conjunto de neuroses. O que está tentando fazer é formular as experiências de uma pessoa em termos das condições nas quais essa experiência acontece, e muito raramente essas condições podem ser formuladas em termos de neuroses. Ocasionalmente, podemos acompanhar o processo até o próprio sistema nervoso central, mas é praticamente impossível formular a maioria das condições nesses termos. Controlamos experiências com a intensidade da luz que temos, dos ruídos que produzimos, e controlamos os efeitos produzidos em nós por experiências com frio e calor. É aí que conseguimos o nosso controle. Podemos ser capazes de mudar esses efeitos lidando com organismos reais, mas em geral estamos tentando correlacionar a experiência de uma pessoa com a situação na qual isso acontece. Para podermos alcançar esse tipo de controle precisamos ter uma formulação generalizada. Queremos conhecer as condições nas quais a experiência pode ocorrer. Estamos interessados em descobrir as leis mais gerais da correlação que podemos encontrar. Mas o psicólogo está interessado em descobrir que espécie de condição pode ser correlacionada com a experiência da pessoa. Estamos tentando enunciar a experiência da pessoa e as situações nos termos mais comuns que for possível, e é isso que confere importância ao que chamamos de psicologia behaviorista. Não é uma nova psicologia que aparece e ocupa o lugar de um sistema antigo.

Uma psicologia objetiva não tenta se livrar da consciência, mas tenta enunciar a inteligência da pessoa em termos que nos permitam enxergar como a inteligência é praticada e como pode ser aperfeiçoada. É natural, então, que essa espécie de psicologia busque formulações que aproximem, tanto quanto possível, essas duas fases da experiência, ou que as traduzam numa linguagem que seja comum a ambos os campos. Não queremos duas linguagens, uma para certos fatos físicos e outra para certos fatos conscientes. Se essa análise for levada até o limite, chegaremos a resultados como aquele em que se pode afirmar que tudo o que acontece na consciência, de certo modo, tem de estar localizado na cabeça porque estaríamos seguindo um determinado tipo de relação causal que afeta a consciência. A cabeça de que se fala, então, não é enunciada no mesmo sentido que a cabeça que se pode observar. Bertrand Russell diz que a cabeça real a que ele se refere não é a mesma que o fisiologista está vendo, mas sim a cabeça desse próprio sujeito. Se isso é assim mesmo ou não, a questão não poderia ter menos importância para os psicólogos. Esse não é um problema para a psicologia contemporânea, e o behaviorismo não deve ser considerado como legítimo apenas até um certo ponto, para depois se esfacelar. A psicologia behaviorista só se dedica a chegar a uma formulação comum que seja significativa e torne bem-sucedida a nossa correlação. A história da psicologia tem sido uma história que caminhou nessa direção, e qualquer um que verifique o que se passa nas associações de psicólogos neste momento, e comprove de que maneiras a psicologia está sendo generalizada para outros campos, percebe que o interesse, o impulso que está por trás desse movimento incide justamente em se atingir a correlação que permitirá à ciência obter o controle das condições da experiência.

O termo "paralelismo" tem uma implicação infeliz: histórica e filosoficamente, está coligado ao contraste que opõe físico e psíquico, consciência e mundo inconsciente. Na realidade, nós apenas afirmamos o que uma experiência é em contexto com as condições nas quais ela acontece. Esse fato está por trás do "paralelismo", e que para levar essa correlação em frente é preciso formular ambos os campos numa linguagem tão comum quanto possível, e o behaviorismo é simplesmente um movimento nessa direção. A psicologia não é algo que lida com a consciência. A psicologia lida com a experiência da pessoa em sua relação com as condições nas quais acontecem as experiências. Quando essas condições são sociais, é uma psicologia social. Quando essa abordagem é feita por meio da conduta, é behaviorista[22].

---

22. No intuito de evitar futuras implicações metafísicas, desejo dizer que não é porque temos, por um lado, experiências individuais que talvez possam ser privadas no sentido com que usei o termo privacidade; e por outro, o mundo comum, que temos dois níveis separados de existência ou realidade, que devem ser distinguidos metafisicamente um do outro. Uma grande quantidade de fatos que simplesmente aparecem como a experiência de uma pessoa, como suas próprias sensações ou percepções, torna-se posteriormente pública. Toda descoberta começa propriamente com experiências que devem ser enunciadas em termos da biografia do descobridor. Essa pessoa é capaz de registrar exceções e implicações que os demais não enxergam e, assim, ela só consegue registrá-las em termos de sua própria experiência. Ela as coloca dessa forma para que as outras pessoas possam passar por uma experiência semelhante e, então, dedica-se a descobrir qual é a explicação para o fato estranho. Essa pessoa elabora hipóteses e as testa; daí em diante, o fato se torna propriedade comum. Ou seja, existe uma estreita relação entre os dois campos do psíquico e do físico, do privado e do público. Fazemos distinções entre ambos, reconhecendo que o mesmo fator pode agora ser somente privado, mas, depois, poderá se tornar público. O trabalho do descobridor, por meio de suas observações, hipóteses e experimentos, consiste em transformar continuamente aquilo que é a sua própria experiência privada numa experiência de formato universal. Pode-se dizer o mesmo sobre outros campos como, por exemplo, o trabalho de grandes artistas que dotam suas próprias emoções de um formato universal para que outros indivíduos possam passar por elas.

Parte II
A mente

7
Wundt e o conceito de gesto

O campo da ciência social de nosso interesse é aquele que foi inaugurado com o trabalho de Darwin e conta com as formulações mais sofisticadas de Wundt.

Tomando o enunciado paralelista de Wundt, obtemos um ponto de vista com base no qual podemos abordar o problema da experiência social. Wundt dedicou-se a mostrar o paralelismo entre o que se passa no corpo, como processos representados no sistema nervoso central, e o que se passa nas experiências que o indivíduo reconhece como suas. Ele tinha de descobrir o que era comum a esses dois campos, aquilo que na experiência psíquica poderia ser expresso em termos físicos[1].

Wundt isolou um conceito muito valioso do gesto como aquilo que mais tarde se torna um símbolo, mas que pode ser encontrado em seus primeiros estágios como componente do ato social[2]. É essa parte do ato social que serve como estímulo a outras formas envolvidas no mesmo ato social. Citei como ilustração a briga de cães, que funciona como um método de apresentação de gestos. O ato de cada animal se torna um estímulo para a resposta do outro cachorro. Existe então um relacionamento entre eles dois e, quando o ato de um cão é respondido

---

1. [Cf. *Grundzüge der physiologischen Psychologie*.] O defeito fundamental do paralelismo psicofísico de Wundt é o defeito fundamental de todo paralelismo psicofísico: o paralelismo exigido não é de fato completo no âmbito psíquico, pois apenas a fase sensorial do processo fisiológico da experiência, mas não a motora, tem um correlato psíquico. Por isso, o aspecto psíquico do paralelismo exigido só pode ser completado fisiologicamente, o que o invalida. E esse defeito fundamental de seu paralelismo psicofísico vicia a análise das experiências sociais, e especialmente da comunicação, que ele fundamenta no processo desse paralelismo.

2. [*Völkerpsychologie*, vol. 1. Para uma apresentação da abordagem de Wundt por Mead, comparar "The Relations of Psychology and Philology" (in: *Psychological Bulletin*, I, 1904, p. 375ss.) com o artigo mais crítico "The Imagination in Wundt's Treatment of Myth and Religion" (in: *Psychological Bulletin*, III, 1906, p. 393ss.).]

pelo outro, ele sofre uma mudança, por sua vez. O próprio fato de um cachorro estar pronto para atacar outro se torna um estímulo para o outro cão modificar a sua postura ou atitude. Assim que ele faz isso, a mudança de atitude no segundo cachorro causa, por sua vez, outra mudança de atitude no primeiro cachorro. Temos aqui uma conversa de gestos. No entanto, não são gestos no sentido de serem significantes. Não supomos que o cachorro diga com seus botões: "Se um animal vem nesta direção, ele vai saltar na minha garganta e eu vou me virar deste outro jeito". O que de fato ocorre é uma mudança concreta em sua própria posição, causada pela direção em que o outro cachorro se aproxima.

No boxe e na esgrima encontramos uma situação similar, quando um dos esportistas finta ou apara um golpe. Diante dessa movimentação, o outro, por sua vez, muda seu ataque; pode se desenrolar um considerável período de troca de posições antes que um golpe realmente atinja seu alvo. É a mesma situação da briga de cães. Para que o indivíduo tenha sucesso, uma boa parte de seus ataques e defesas não deve ser objeto de reflexão, mas deve acontecer imediatamente. Ele precisa se ajustar "instintivamente" à atitude do outro. Claro que ele pode pensar. Ele pode deliberadamente simular um movimento para criar um espaço melhor para o próximo ataque. Mas uma grande parte da luta precisa ocorrer sem deliberações.

Nesse caso, temos uma situação em que algumas partes do ato se tornam um estímulo para a outra forma se ajustar àquelas respostas e esse ajustamento, por sua vez, torna-se um estímulo para a primeira forma mudar seus próprios atos e começar outros. Há uma série de atitudes e movimentos por parte dessas formas que pertencem aos primórdios de atos que são estímulos para as respostas que surgem. O início de uma resposta se torna o estímulo para a primeira forma mudar sua atitude, adotando um ato diferente. O termo "gesto" pode ser identificado com esses primórdios de atos sociais, que são estímulos para a resposta de outras formas. Darwin estava interessado nesses gestos porque expressavam emoções, e ele os considerava largamente como se essa fosse sua única função. Ele entendia que serviam a essa função com referência às outras formas que serviam com referência à sua própria observação. Os gestos expressavam as emoções do animal para Darwin; ele via na atitude do cachorro a alegria com que ele acompanhava seu dono num passeio a pé. E sua abordagem dos gestos permaneceu em geral nesses termos.

Era fácil para Wundt mostrar que esse não era um ponto legítimo de ataque ao problema de tais gestos. No fundo, não serviam à função de expressar emoções; essa não era a razão pela qual eram estímulos, mas, sim, porque eram partes de atos complexos em que estavam envolvidas diferentes formas. Eles se tornavam as ferramentas por meio das quais as outras formas respondiam. Quando de fato davam margem a alguma resposta, eles em si mesmos mudavam em resposta à mudança que tinha ocorrido na outra forma. São parte da organização do ato social e elementos altamente importantes nessa organização. Ao observador humano, são expressões de emoções, e essa função de expressar emoções pode se tornar legitimamente campo de trabalho do artista e do ator. O ator está na mesma posição que o poeta: expressa suas emoções por meio de suas próprias atitudes, tons de voz, gestos, assim como o poeta, por meio de sua poesia, está expressando suas emoções e despertando essa emoção nos outros. Nesse sentido, realizamos uma função que não é encontrada no ato social desses animais, ou numa grande medida de nossas próprias condutas, como nas do boxeador e do espadachim. Temos em andamento essa interação em que os gestos servem a suas funções, evocando respostas nos outros, respostas que por sua vez se tornam, em si mesmas, estímulos para reajustamentos até que o ato social final possa ser executado. Uma outra ilustração disso ocorre na relação da forma-mãe com o bebê: o choro que estimula, o tom de resposta por parte da forma-mãe, e a consequente mudança no choro da forma-bebê. Temos aqui um conjunto de ajustamentos das duas formas realizando um ato social comum, envolvido em dispensar cuidados a um bebê. Assim, em todos esses casos, temos um processo social em que podemos isolar o gesto que tem sua função no processo social e que pode expressar emoções ou, posteriormente, se tornar a expressão de um significado, de uma ideia.

A situação primitiva é a do ato social que envolve a interação de diferentes formas que, portanto, envolve o ajustamento da conduta dessas diferentes formas entre si, na execução do processo social. No bojo desse processo podemos encontrar o que chamamos de gestos, aquelas fases do ato que desencadeiam o ajustamento da resposta à outra forma. Essas fases do ato contêm a atitude tal como o observador a reconhece, e também o que chamamos de atitude interior. O animal pode estar assustado e com raiva. Existem as atitudes emocionais que acompanham tais atos, mas elas são apenas parte do processo como um todo que está em andamento. A raiva se expressa em ataque; o medo, em fuga. Podemos ver, então, que os gestos significam aquelas atitudes da forma; ou seja, têm significado para nós. Vemos um animal zangado que está prestes a atacar. Sabemos que isso está na ação do animal e é revelado por sua atitude. Não podemos dizer que o animal tem essa intenção, no sentido de que refletiu e está determinado a atacar. Um homem pode golpear outro antes de ter essa intenção; um homem pode saltar e se afastar correndo de um som forte e alto antes de saber o que está fazendo. Se tem alguma ideia em mente, então o gesto não só significa isso para um observador, como também significa a ideia que a pessoa tem. Num caso, o observador vê que a atitude do cão significa ataque, mas ele não diz que significa uma determinação consciente do cachorro para atacar. No entanto, se uma pessoa sacode o punho fechado na sua direção, você presume que ela não só está tendo uma atitude hostil, como o gesto ainda significa um possível ataque e, além disso, que essa pessoa tem uma ideia em sua experiência.

Ora, quando esse gesto significa tal ideia por trás dele e desperta essa mesma ideia em outra pessoa, então temos um símbolo significante. No caso da briga de cães, temos um gesto que evoca uma resposta apropriada; no caso presente, temos um símbolo que responde a um significado na experiência do primeiro indivíduo e que também evoca o mesmo significado no segundo. Nos casos em que o gesto atinge essa situação, tornou-se o que chamamos de "linguagem". Agora, é um símbolo significante e quer dizer um determinado significado[3].

O gesto é aquela fase do ato individual em relação ao qual ocorre o ajustamento dos indivíduos, no processo social de comportamentos. O gesto vocal se torna um símbolo significante (sem importância, como tal, na dimensão meramente afetiva da experiência) quando surte o mesmo efeito no indivíduo que o realiza e naquele para quem é dirigido ou que a ele responde de modo explícito. Nessa medida, envolve uma referência ao self do indivíduo que o executa. O gesto em geral e o gesto vocal em particular indicam um objeto ou outro dentro do campo do comportamento social, um objeto de interesse comum a todos os indivíduos envolvidos num dado ato social, assim direcionado a tal objeto. A função do gesto é tornar possível ajustamentos entre indivíduos implicados num dado ato social, com referência ao objeto ou objetos aos quais o ato diz respeito. O gesto significante ou o símbolo significante garantem facilidades muito maiores para tais ajustamentos e reajustamentos do que o gesto não significante, porque evoca, no indivíduo que o executa, a mesma atitude em relação a ele (ou em relação a seu significado) que evoca no outro participante com ele naquele ato social. Com isso, o gesto ou o símbolo significante torna o indivíduo cônscio de suas atitudes com relação ao gesto ou símbolo (na qualidade de componente de seu comportamento), permitindo-lhe ajustar seu comportamento subsequente ao deles à luz dessa atitude. Em suma, a conversa significante ou consciente de gestos é um mecanismo muito mais eficaz e adequado de ajustamentos mútuos dentro do ato social, uma vez que envolve, da parte dos indivíduos envolvidos, a adoção de atitudes dos outros em relação a si, em comparação com a conversa inconsciente ou não significante de gestos.

Quando, num determinado ato ou situação social, uma pessoa indica por gesto a outra o que esta deve fazer, a primeira está consciente do significado do seu gesto – ou o significado de seu gesto aparece em sua própria experiência – na medida em que entende a atitude da segunda pessoa em relação ao gesto e tende a responder implicitamente a isso da mesma maneira que a segunda pessoa o faz, explicitamente. Os gestos se tornam símbolos significantes quando implicitamente despertam na pessoa que os executa as mesmas respostas que, explicitamente, evoca ou deveria evocar em outras pessoas, aquelas às quais são dirigidos. E, em todas as conversas externas de gestos (entre diferentes indivíduos), ou

---

3. [Cf. "A Behavioristic Account of the Significant Symbol". In: *Journal of Philosophy*, XIX, 1922, p. 157ss.]

internas (da pessoa consigo mesma), a consciência individual do conteúdo e do fluxo do significado depende de o indivíduo adotar, em relação a seu próprio gesto, a atitude do outro. Dessa maneira, cada gesto dentro de um dado grupo social ou comunidade passa a representar um ato ou resposta em particular; a saber, o ato ou resposta que explicitamente evoca no indivíduo ao qual se dirige, e que implicitamente atua em quem o executa. Esse ato ou resposta particular que o gesto representa é seu o seu sentido como símbolo significante. A existência da mente ou inteligência só é possível em termos de gestos como símbolos significantes, pois somente em termos de gestos que são símbolos significantes é que ocorre o pensamento, que é simplesmente uma conversa implícita ou internalizada do indivíduo consigo mesmo, por meio desses gestos. A internalização, em nossa experiência, de conversas externas de gestos que mantemos com outras pessoas no processo social é a essência do pensamento. Os gestos assim internalizados são símbolos significantes porque têm os mesmos sentidos para todos os membros individuais de uma dada sociedade ou grupo social; ou seja, evocam respectivamente as mesmas atitudes nas pessoas que os executam e nas que a eles respondem. Se não fosse assim, a pessoa não teria condições de internalizá-los ou ter consciência deles e de seus significados. Como veremos a seguir, o mesmo procedimento responsável pela gênese e a existência da mente ou consciência – a saber, assumir com relação a si mesmo ou ao próprio comportamento a atitude de outro indivíduo – também envolve necessariamente, ao mesmo tempo, a gênese e a existência de símbolos ou gestos significantes.

Na doutrina de Wundt, o paralelismo entre o gesto e a emoção ou atitude intelectual do indivíduo torna possível estabelecer um paralelismo semelhante em outrem. O gesto evoca um gesto na outra forma, que despertará ou evocará a mesma atitude emocional e a mesma ideia. Quando isso está acontecendo os indivíduos começaram a conversar entre si. Aquilo a que me referi antes foi uma conversa de gestos que não envolvia símbolos ou gestos significantes. Os cães não estão conversando um com o outro; não há ideias na mente dos cães. Tampouco supomos que um cachorro esteja tentando transmitir uma ideia para o outro. Mas se o gesto, no caso do indivíduo humano, tem paralelo com um certo estado psíquico que é a ideia do que a pessoa irá fazer, e se esse gesto evoca um gesto similar no outro indivíduo e desperta uma ideia similar, então se torna um gesto significante. Representa ideias na mente de ambos.

Existe uma certa dificuldade na condução dessa análise, se aceitamos o paralelismo de Wundt. Quando uma pessoa sacode o punho fechado na cara de alguém – esse é um gesto no sentido em que empregamos tal termo – é o início de um ato que evoca uma resposta na outra pessoa. Sua resposta pode variar: dependendo do tamanho do homem, pode ser que você sacuda o seu punho, pode ser que fuja. Toda uma série de respostas diferentes é possível. Para que a teoria da origem da linguagem proposta por Wundt possa ser levada à frente, o gesto que o primeiro indivíduo utiliza deve, em certo sentido, ser reproduzido na experiência da outra pessoa, para que possa despertar em sua mente a mesma ideia. Não devemos confundir o início da linguagem com seus estágios posteriores. É muito verdadeiro que, tão logo vejamos a atitude do cachorro, digamos que significa um ataque, ou que, quando vemos uma pessoa procurando uma cadeira, isso significa que ela gostaria de se sentar. O gesto é tal que significa esses processos, e esse significado é evocado pelo que vemos. Mas, supostamente, estamos no começo desse desenvolvimento da linguagem. Se pressupomos que existe um certo estado psíquico respondendo a um estado físico, como iremos chegar ao ponto em que o gesto venha a evocar *o mesmo* gesto na atitude de uma outra pessoa? No seu início mesmo, o gesto da outra pessoa quer dizer o que você irá fazer a respeito. Não significa em que ela estaria pensando, nem suas emoções. Supondo que o ataque de raiva dela desperte medo em você; então, você não terá em mente a raiva, mas sim medo. O gesto dela significa medo no que diz respeito a você. Essa é a situação primitiva. Quando o cachorro grande ataca o pequeno, este coloca o rabo no meio das pernas e sai correndo, mas esse gesto não desperta no segundo indivíduo o que despertou no primeiro. Em geral, a resposta é de um tipo diferente do estímulo; no ato social, uma ação diferente é evocada. Se você supõe que existe uma determinada ideia em resposta a tal ato, então, num estágio posterior, você quer ter uma ideia da primeira forma, mas originalmente a sua ideia será a sua própria ideia que responde a um certo fim. Se dizemos que o gesto "A" tem a ideia "a" como resposta, o gesto "A" na primeira forma evoca o gesto "B" e sua ideia correlata "b", na segunda. Aqui, a ideia que responde ao gesto "A" não é uma ideia "a", mas "b". Esse processo nunca pode despertar na mente de alguém justamente a ideia que outra pessoa tem na sua.

Como, nos termos da análise psicológica da comunicação de Wundt, um organismo que responde tem ou vivencia a mesma ideia ou correlato psíquico de qualquer gesto dado que tem o organismo que o executa? A dificuldade é que Wundt pressupõe que o self antecede o processo social a fim de explicar a comunicação no seio desse processo, enquanto que, ao contrário, o self deve ser explicado em termos do processo social e da comunicação, e o indivíduo deve ser levado a uma relação essencial dentro desse processo antes que a comunicação, ou o contato entre mentes de diferentes indivíduos, se torne possível. O corpo, como tal, não é um self. Torna-se um self somente quando houver desenvolvido a mente no contexto da experiência social. Não ocorre a Wundt explicar a existência e o desenvolvimento do self e da mente dentro do processo social da experiência ou em termos desse processo. O seu pressuposto de que o self e a mente tornam possível esse processo e a comunicação dentro dele invalida sua análise desse processo. Pois, como faz Wundt, se você supõe a existência da mente desde o começo, como explicação ou causação do processo social da experiência, então a origem da mente e da interação entre as mentes se torna um mistério. Mas se, por outro lado, você considera o processo social da experiência como anterior (mesmo que em forma rudimentar) à existência da mente, e explica a origem da mente em termos da interação envolvendo os indivíduos dentro desse processo, então não só a origem da mente como também a interação entre várias delas (o que então é entendido como interno à sua própria natureza e pressuposto por sua mera existência ou desenvolvimento) deixa de ser algo misterioso ou milagroso. A mente surge pela comunicação, por meio de um diálogo de gestos, num processo social ou no contexto da experiência, não da comunicação através da mente.

Wundt ignora, assim, o importante fato de que a comunicação é fundamental para a natureza do que denominamos "mente". E é precisamente o reconhecimento desse fato que, em grande medida, confere valor e vantagem à abordagem behaviorista. Desse modo, a análise da comunicação de Wundt pressupõe a existência de mentes capazes de se comunicar, e essa existência permanece um mistério inexplicável em sua base psicológica. Por sua vez, a análise behaviorista da comunicação não usa o mesmo pressuposto, mas em vez disso explica a existência da mente em termos da comunicação e da experiência social. Ao considerar a mente como um fenômeno que surgiu e se desenvolveu do processo da comunicação e da experiência social em geral – fenômenos que, portanto, pressupõem esse processo em vez de serem pressupostos por ela –, essa análise torna-se capaz de realmente lançar luz sobre a natureza desses fenômenos. Wundt preserva um dualismo ou separação entre o gesto (ou símbolo) e a ideia, entre o processo sensorial e o conteúdo psíquico, porque esse paralelismo psicofísico o compromete com tal dualismo. E embora ele reconheça a necessidade de estabelecer um relacionamento funcional entre ambos em termos do processo da comunicação dentro do ato social, mesmo assim o único relacionamento desse tipo que pode ser estabelecido em sua base psicológica é aquele que deixa inteiramente de esclarecer a influência do contexto da experiência social na existência e no desenvolvimento da mente. Esse esclarecimento só é prestado pela análise behaviorista da comunicação e pela formulação da natureza da mente em termos da comunicação, tal como entendida por esta análise.

8
A imitação e a origem da linguagem

A dificuldade de Wundt foi resolvida, no passado, por meio do conceito de imitação. Naturalmente, se fosse verdade que quando a pessoa sacode o punho na sua cara você apenas imita esse gesto, você estaria fazendo o mesmo que ela e tendo a mesma ideia que ela tem. Realmente, há certos casos nos quais as respostas são como os estímulos no ato social, mas costumam ser diferentes. Não obstante, tem-se pressuposto, em geral, que certas formas imitam outras. Tem havido muitos estudos sobre esse problema da imitação e o papel que supostamente desempenham na conduta, especialmente no caso de formas inferiores. Mas o resultado desses estudos tem sido minimizar a imitação, inclusive no caso da conduta de animais superiores. O macaco é tradicionalmente o animal que mais imita, mas os estudos científicos provaram que isso era um mito. O macaco aprende muito depressa, mas não imita. Cães e gatos também foram estudados por esse aspecto, e comprovou-se que a conduta de uma forma não serve ao propósito de provocar na outra o mesmo ato.

Na forma humana, parece haver uma imitação no caso do gesto vocal, um gesto importante no que concerne à linguagem. Desse modo, os filólogos em especial, antes que os psicólogos alcançassem análises mais precisas, agiram com base na suposição de que imitamos os sons que ouvimos. Parecia haver uma boa dose de evidências para isso, também em certas formas animais, especialmente naquelas que usam uma articulação fonética mais rica, com os pássaros. O papagaio pode ser ensinado a imitar o canário se ficar perto dele tempo bastante. O papagaio aprende a "falar". Como veremos, não se trata de uma fala genuína, pois ele não está transmitindo ideias, mas dizemos comumente que o papagaio imita os sons que lhe aparecem.

A imitação como instinto geral é atualmente desacreditada pela psicologia humana. Houve um tempo em que as pessoas assumiam que havia um impulso definitivo no animal humano para simplesmente fazer o que via os outros fazendo. Em crianças, parece ocorrer uma grande dose de imitação, assim como entre formas subdesenvolvidas ocorre um tipo de fala que parece ser pura imitação. Há pessoas que consideramos não inteligentes, que dizem coisas sem a menor noção do que querem dizer, numa mera repetição dos sons que escutam. Mas continua existindo a questão de por que uma forma imita. Há um motivo para imitar? Supomos que todas as condutas têm, no fundo, alguma função. Qual é a função da imitação? Aparentemente, obtemos uma resposta para isso no desenvolvimento das formas jovens. O filhote de raposa sai em companhia dos pais, caça com eles, aprende a capturar e a evitar os animais certos. Originalmente, não tem objeção ao odor dos humanos, mas depois de ter estado com as raposas adultas o odor de um homem o fará fugir. Nesse caso existe uma série de respostas que definitivamente se tornam associadas com um estímulo em particular; se a forma jovem sai com os pais, as respostas que estão todas ali, em sua natureza, tornam-se associadas com alguns estímulos definidos. Num sentido muito generalizado podemos dizer que a raposa imita os pais e evita humanos. Mas esse uso do termo imitação não implica que fugir seja um ato automático de imitação. O filhote de raposa foi colocado numa situação na qual sai correndo e, quando o odor do homem está presente, torna-se definitivamente associado com sua resposta de fuga. Nenhuma forma jovem dos animais inferiores jamais imita os atos da forma adulta, mas, durante sua infância, ela assimila a associação de um conjunto de respostas mais ou menos instintivas a um determinado conjunto de estímulos.

Como veremos, as observações e reservas acima mencionadas não justificam o sentido questionável com que a noção de imitação tem sido frequentemente usada. O termo "imitação" recebeu muita importância na psicologia social e na sociologia durante algum tempo. Foi usado como base para toda uma teoria de sociologia, proposta pelo francês Gabriel Tarde[4]. Inicialmente, e sem uma análise adequada, o psicólogo supôs que as pessoas tinham uma tendência para fazer o que as outras pessoas faziam. Podemos ver como seria difícil elucidar um mecanismo dessa ordem. Por que uma pessoa deveria piscar porque uma outra piscou? Que estímulo levaria uma pessoa a agir dessa maneira? A visão de uma pessoa agindo de maneira diferente? Esse é um pressuposto impossível.

No paralelismo de Wundt, temos a base para essa visão da linguagem. Wundt supõe uma situação física que tem certa influência sobre a conduta da forma e, por outro lado, pressupõe um complexo psíquico de ideias que, em certo sentido, são a expressão de valores fisiológicos ou biológicos. O problema de Wundt consiste em sair dessa linguagem situacional como comunicação significante.

Existem situações como as representadas pelo diálogo de gestos a que aludi, situações em que certas fases do ato se tornam estímulos para que as formas envolvidas nele realizem sua parte no ato. Agora, essas partes do ato que são estímulos para outras formas, em sua atividade social, são gestos. Os gestos, então, são aquela parte do ato que é responsável por sua influência sobre as outras formas. Em certo sentido, o gesto faz as vezes do ato na medida em que afeta a outra forma. Uma ameaça de violência, como um punho cerrado, é estímulo para a outra forma se defender ou fugir. Contém em si a importância do próprio ato. Não estou me referindo à importância que tem para a consciência que reflete, mas para o comportamento. Do ponto de vista do observador, o gesto significa uma ameaça e a resposta da pessoa a esse perigo. Ele provoca um certo tipo de ato. Se supomos uma consciência em que não existe apenas o estímulo na forma de uma sensação, mas também como ideia, então existe na mente a sensação em que o estímulo aparece, a visão do punho cerrado, e ao lado dela a ideia de um ataque. O punho cerrado, na medida em que dispara essa ideia, pode ser entendido como sinal de perigo.

Agora, o problema é colocar esse relacionamento entre a ideia e o próprio símbolo no diálogo dos gestos. Como salientei antes, esse relacionamento não está dado na resposta imediata de lutar ou fugir. Pode estar presente lá, mas, no que tange ao diálogo de gestos, um ato de um tipo evoca um ato de um tipo diverso, na outra forma. Quer dizer, a ameaça envolvida leva, por exemplo, à

---

4. [*Les lois de l'imitation.*]

fuga. A ideia de uma fuga não é a ideia de um ataque. No diálogo dos gestos existe o preparativo para um processo social completo, envolvendo as ações em diferentes formas, e os gestos, que são partes do ato, servem para estimular as outras formas. Por si mesmos, evocam atos diferentes. Embora possam desencadear atos que são parecidos, via de regra a resposta é diferente do estímulo em si. O choro de uma criança desperta uma resposta de cuidados na mãe; o choro é de medo, e a resposta é de proteção, solicitude. Em nenhum sentido essa resposta é idêntica ao outro ato. Se há uma ideia, no senso de Wundt, um conteúdo psíquico que responde a um certo estímulo em particular, ela não terá reflexo na resposta.

O que a linguagem parece conter é um conjunto de símbolos que respondem a um determinado conteúdo, mensuravelmente idêntico na experiência de diferentes indivíduos. Para que possa haver uma comunicação propriamente dita o símbolo deve significar a mesma coisa para todos os indivíduos envolvidos. Se vários indivíduos respondem de diversas maneiras ao estímulo, o estímulo significa coisas diferentes para eles. Se algumas pessoas estão levantando um peso, cada pessoa assume uma posição diferente. Se esse for um processo cooperativo, exigindo vários tipos diferentes de respostas, então o convite de um indivíduo para agir evoca respostas diferentes nos demais. O diálogo de gestos não contém um símbolo com significação universal para todos os indivíduos envolvidos. O diálogo pode ser muito eficiente sem isso, uma vez que o estímulo que um indivíduo emite pode ser o próprio estímulo que desperta diferentes respostas nos indivíduos de um grupo. Não é essencial que os indivíduos devam conferir um significado idêntico ao estímulo particular para que cada um deles emita uma resposta apropriada. As pessoas formam uma multidão e vão para cá e para lá; elas se ajustam, por assim dizer, inconscientemente, às pessoas que vêm em sua direção. Movimentam-se de modo inteligente umas em relação às outras, e talvez todas pensem em coisas inteiramente diferentes, mas acabam encontrando nos gestos umas das outras, em suas atitudes e movimentos, estímulos adequados às diferentes respostas. Isso ilustra um diálogo de gestos, em que existe uma atividade cooperada, desprovida de qualquer símbolo que signifique a mesma coisa para todos. É óbvio que é possível que, nessas circunstâncias, indivíduos inteligentes traduzam os gestos em símbolos significantes, mas não é preciso parar de traduzir dessa maneira. Um discurso de tal ordem de universalidade não é de modo algum essencial ao diálogo de gestos numa conduta cooperada.

Pode-se presumir que essa espécie de conduta cooperada seja a única que encontramos em formigas e abelhas. Nessas sociedades muito complexas existe um inter-relacionamento de formas diferentes que, em muitos sentidos, é aparentemente tão sofisticado quanto a conduta humana. Existem sociedades de um milhão de indivíduos em alguns dos formigueiros maiores, divididos em grupos que executam funções diferentes. Aquilo que para um grupo é um estímulo leva a respostas diferentes em outro. Existe uma atividade cooperada, mas nenhuma evidência de alguma linguagem significativa na conduta desses insetos. Claro que esse é um campo em que ainda há muito trabalho a ser feito, mas por ora não foram encontradas evidências da presença de símbolos significantes.

Quero deixar clara a diferença entre as duas situações. Pode haver um alto grau de inteligência, no sentido em que empregamos tal termo, na conduta de animais, sem que haja símbolos significantes ou a apresentação de quaisquer significados propriamente ditos. O essencial é a atividade cooperada, de tal modo que o gesto de uma forma desperta a resposta adequada nas demais formas. Mas, embora o gesto de uma possa evocar respostas muito diferentes nas outras formas, ainda assim pode não haver um significado comum que todas as diferentes formas atribuam a algum gesto em particular. Não existe um símbolo comum que, para as formigas, signifique comida. Comida quer dizer uma ampla variedade de coisas, coisas que devem ser coletadas, armazenadas, transportadas pelas formigas operárias e colocadas nas bocas das guerreiras. Não há evidências de que exista um único símbolo que, em si, signifique comida. A visão ou o odor de comida e sua posição levam a uma determinada resposta. Uma formiga recolhe alguma coisa que é alimento e vai cambaleando de volta para o formigueiro. Mais tarde, aquele item significa algo a ser comido, significa toda uma série de atividades. O odor ao longo do caminho é um estímulo para outros insetos que estão seguindo pelo mesmo caminho, mas não existe um símbolo que queira dizer "caminho" para esse grupo. O odor de uma forma estranha no formigueiro significa ataque oriundo de outras formas, mas se uma formiga desconhecida é mergulhada num líquido formado por formigas esmagadas que foram retiradas daquele formigueiro, e depois introduzida nele, não ocorre um ataque, mesmo se sua forma for muito maior. O odor não significa propriamente inimigo. Compare as duas situações: numa, existe uma atividade social altamente complexa em que os gestos são simplesmente estímulos para uma resposta apropriada do grupo todo. Na situação humana existe uma resposta diferente, mediada por meio de símbolos ou gestos particulares com o mesmo significado para todos os membros de um grupo. Aqui, o grito de um inimigo não é simplesmente um estímulo para atacar. Significa que uma pessoa de uma raça diferente, de uma outra comunidade, está presente e que existe uma atividade bélica em andamento. Isso tem o mesmo significado para todos os indivíduos, e esse significado pode mediar toda uma série de respostas diferentes.

Como disse, o problema com o ponto de vista de Wundt é sobrepor esse segundo caráter à natureza mais primitiva do diálogo de gestos, ou da conduta mediada por um diálogo de gestos. Uma mera resposta inteligente por parte de diferentes membros de um grupo a um único estímulo (àquilo que parece um único estímulo a um observador) não contém em si qualquer comunicação. Ora, como seria possível chegar a uma linguagem genuína? Wundt parte da suposição de que existem condições psíquicas que reagem a certos estímulos, e de que há uma associação entre ambos. Algumas imagens, odores e, em especial, sons, estão associados com certas ideias. Se, quando a pessoa usa um determinado som ela tem alguma ideia em mente, e o gesto que usa, digamos um gesto vocal, evoca o mesmo gesto em outrem, então esse gesto na outra pessoa despertará nela a mesma ideia. Digamos que a palavra "inimigo" desperta uma reação hostil. Agora, quando digo essa palavra, ela desperta na sua mente a mesma resposta que evoca em mim. Aqui temos um símbolo particular, com um significado comum. Se todos os membros de um grupo fossem constituídos de tal maneira que ele tem esse significado, então existiria uma base para a comunicação por meio de símbolos significantes.

A dificuldade nessa análise a que venho me referindo consiste em explicar um certo gesto que desencadeia o mesmo gesto em outra pessoa, mesmo quando supomos que a mesma ideia está associada com o mesmo gesto vocal em outra pessoa. Supondo que a palavra "inimigo" quer dizer hostilidade, como pode surgir na pessoa uma situação que a faz dizer "inimigo" e que também leva outra pessoa a dizer "inimigo"? Uma pessoa que diz "inimigo" fica e combate, enquanto outra foge. Nesse caso, temos dois significados diferentes como reação ao som. O que queremos conseguir é aquele estímulo único com um determinado conteúdo psíquico despertando o mesmo estímulo em outra forma e, por isso, o mesmo conteúdo. Parece que temos os primórdios desse processo nas aves que falam. Um estímulo parece despertar o mesmo estímulo na conduta de outra forma. Qual seria seu concomitante psíquico nas aves nós, naturalmente, não podemos saber, mas podemos registrar que ele não parece ter a mesma significação que tem em nossa experiência. O papagaio não tem a intenção de transmitir o mesmo significado que nós. No entanto, percebemos que a melodia do canário pode ser assimilada pelo papagaio, e esse processo aparentemente imitativo será em breve discutido com mais detalhes.

Afirmamos que não há evidências de alguma tendência geral por parte das formas para imitarem umas às outras. Se a pessoa tenta formular essa tendência, ela se decompõe mecanicamente. Significaria que temos uma tendência a fazer a mesma coisa que as outras pessoas estão fazendo, e também que essas tendências não só estão em nossa natureza, como também estão coligadas a certos estímulos específicos que querem dizer o que os outros estão fazendo. A visão de uma pessoa fazendo algo serviria de estímulo para uma outra fazer o mesmo. Teríamos de supor que o que a pessoa está fazendo já é uma reação, que está na natureza do indivíduo imitador. Significaria que já temos em nossa natureza todas essas várias atividades e que elas são evocadas pela visão de pessoas fazendo a mesma coisa. Trata-se de uma suposição redondamente impossível.

Quando os psicólogos começaram a analisar a imitação, restringiram-na ao campo em que acontecia de as pessoas estarem fazendo uma mesma coisa. Se alguém está correndo, pode-se dizer que ele elicia o estímulo para outras pessoas correrem ao mesmo tempo. Claramente assumimos que a visão de um animal correndo estimula de fato outros animais a correr. Isso é muito importante para a preservação de animais que vivem em bandos. As manadas, quando estão pastando, movimentam-se todas em conjunto. Um animal extraviado ficará nervoso e não pastará, mas se for colocado junto dos demais torna-se normal de novo. Faz mais prontamente o que está fazendo, desde que esteja em grupo. A tendência a se movimentar em bando não é um tipo impossível de instinto, uma vez que podemos conceber que o movimento de animais numa certa direção deveria servir de estímulo para os outros animais. Isso é mais ou menos tudo que constitui o instinto de "bando" quando o reduzimos a algo concreto na ação de uma forma. Os atos dos animais serão mais normais quando os indivíduos estão com os seus iguais, no mesmo grupo. O animal se sente melhor assim do que sozinho. Mas, quando se trata de alguma ação específica, praticamente tudo que se pode constatar é que os animais tendem de fato a se movimentar na mesma direção. Isso pode causar um estouro da manada. Algo semelhante está envolvido no assim chamado "sentinela". Um animal, um pouco mais sensível do que os outros, levanta a cabeça e começa a correr e os outros animais tendem efetivamente a se movimentar como a forma-sentinela. Claro que não se trata de uma imitação no sentido de copiar, pois um animal não está copiando outro. Um animal simplesmente tende a correr quando outro faz isso. Se um gato é colocado numa caixa-labirinto e chega de fato ao ponto em que consegue abrir a porta acionando uma alavanca, e faz isso com frequência suficiente, terminará por acionar a alavanca, antes de mais nada. Mas, se um outro gato é colocado na mesma caixa e pode ver o que o outro está fazendo, ele não o imitará. Não há evidências de que aquilo que um animal faz se torna um estímulo para o outro fazer a mesma coisa. Não existe uma atividade imitativa direta.

No entanto, parece haver uma tendência a imitar entre humanos e, em particular, a reproduzir gestos vocais. Encontramos tal tendência tanto entre homens como entre aves. Se você for a um local em que é falado um dialeto peculiar e ficar por lá algum tempo, terminará percebendo que está falando aquele dialeto, o que pode ser uma coisa que você não queria fazer. A maneira mais fácil de formular isso é dizer que você imitou inconscientemente. A mesma coisa é verdadeira a respeito de diversos outros maneirismos. Se você pensar em alguém em especial, é bem capaz de se perceber falando como tal pessoa falou. Qualquer maneirismo que uma pessoa tenha é aquele que você se perceberá praticamente reproduzindo quando essa pessoa lhe vier à mente. Isso é o que chamamos de "imitação", e o curioso é que não existe praticamente nenhuma indicação de tal comportamento nas formas inferiores. Podemos ensinar um papagaio a cantar como um canário, mas temos de manter o papagaio ouvindo o canário constantemente. Isso não acontece prontamente. O pássaro imitador de fato parece assimilar os cantos de outras aves. Parece ser particularmente dotado nesse sentido específico. Mas, em geral, assimilar os processos de outros não é natural às formas inferiores. A imitação parece pertencer à forma humana, na qual atingiu uma espécie de existência consciente independente.

Mas a "imitação" não oferece solução para a origem da linguagem. Temos de retomar alguma situação a partir da qual possamos alcançar algum símbolo que tenha um significado idêntico, e não podemos extraí-lo de um mero instinto de imitação, propriamente falando. Não há evidências de que, em geral, um gesto desencadeie o mesmo gesto em outro organismo.

A imitação, como uma mera tendência por parte de um organismo a reproduzir o que vê ou ouve de outro organismo, é mecanicamente impossível. Não podemos conceber um organismo que seja constituído de tal sorte que todas as visões e sons que o atingem despertem nele tendências a reproduzir o que viu e ouviu nesses campos de experiência. Essa suposição só é possível em termos de uma psicologia mais antiga. Se a pessoa supunha que a mente era feita de ideias, que o caráter de nossa experiência consciente não é nada mais do que um conjunto de impressões de objetos, e se a pessoa ajusta a essas impressões uma tendência motora, por assim dizer, poderia se conceber que ela seria propensa a reproduzir o que tivesse visto e ouvido. Mas, assim que reconhecemos no organismo um conjunto de atos que realizam os processos essenciais à vida da forma e nos dispomos a incluir essa experiência sensível ou sensorial nesse esquema, a experiência sensível, como um estímulo digamos para uma resposta, não pode simplesmente ser um estímulo para reproduzir o que foi visto e ouvido; ao contrário, é um estímulo para a realização do processo orgânico. O animal vê ou sente o cheiro de comida e ouve o inimigo; a forma paterna ou materna ouve e vê a forma do filhote: todos esses são estímulos para que as formas realizem processos essenciais à espécie à qual pertencem. Trata-se de atos que vão além do organismo em si e que pertencem aos processos cooperativos nos quais grupos de animais agem juntos. São a realização de processos essenciais à vida das formas. Não se pode encaixar num tal esquema um impulso particular de imitação, e se nos dispomos a apresentar o mecanismo que tornaria esse processo inteligível, até mesmo o emaranhamento do sistema nervoso central não seria um modelo adequado. A pessoa se veria na mesma situação que as figuras de Gulliver que tentaram salvar a respiração dele parando de falar, e para tanto carregaram uma sacola repleta com todos os objetos sobre os quais ele poderia querer falar. Teríamos de andar por aí carregando uma sacola gigantesca, por assim dizer, repleta com todas as ações possíveis, se fosse para estarem representadas no sistema nervoso central. A imitação, no entanto, não pode ser tomada como uma resposta primitiva.

9
O gesto vocal e o símbolo significante

O conceito de imitação tem sido largamente utilizado no campo do gesto vocal. Neste de fato parece existir, da parte de certos organismos, a tendência a reproduzir sons que são ouvidos. Os seres humanos e as aves falantes ilustram esse aspecto. Mas, mesmo aqui a "imitação" dificilmente se comporta como uma tendência imediata, pois leva um bom tempo para conseguir que uma ave reproduza um canto, ou que uma criança se aproprie dos gestos vocais da forma humana. O gesto vocal é um estímulo para alguma espécie de resposta. Não é simplesmente um estímulo para a produção do som que o animal escuta. Naturalmente, a ave pode ser colocada numa situação na qual termina chegando a uma mera repetição do que escuta. Se supomos que o som que a ave emite desperta um outro som, quando a ave ouve o primeiro som responde com o segundo. Se perguntássemos a alguém por que uma nota responde a uma outra seria preciso mencionar algum processo por meio do qual o gesto vocal teria uma significação fisiológica diferente. Uma ilustração desse caso é o processo de cortejo entre os pombos. Nesse caso, uma nota elicia outra, na outra forma. É uma conversa de gestos, em que uma certa atitude expressa numa dada nota outra atitude, com sua nota correspondente. Se a forma deve eliciar em si a mesma nota que elicia na outra, deve agir como a outra forma age e usar a nota que a outra faz para reproduzir a nota particular em questão. Assim, colocando-se o papagaio e o canário em gaiolas adjacentes, onde os pios de um eliciam uma série de notas no outro, se você percebe que o papagaio acaba emitindo as mesmas notas do canário, o gesto vocal aqui deve ser mais ou menos do mesmo tipo. Quando essa é a situação, o papagaio, em seu próprio ato de vocalização, faz uso das mesmas notas que o canário. O papagaio está influenciando não o canário, como também, ao se ouvir, está influenciando a si mesmo.

A nota que ele está usando, se é idêntica à que o canário emitiu, elicia nele mesmo uma resposta que a nota do canário eliciaria em si próprio. São essas as situações que foram enfatizadas e mantidas nos casos em que se tem o que chamamos de "imitação". Nos casos em que o papagaio está realmente fazendo uso de um gesto vocal fonético do canário, por meio de uma nota comum ao repertório de ambos, então o papagaio estaria propenso a evocar em si a mesma reação que seria desencadeada pela nota emitida pelo canário. Isso daria, então, um peso extra à experiência do papagaio com essa resposta específica.

Se o gesto vocal que o papagaio realiza é idêntico ao que ele escuta quando o canário faz uso da mesma nota, então é visível que a sua própria resposta, nesse caso, será idêntica à resposta da nota do canário. É isso que confere uma importância tão peculiar ao gesto vocal: é um daqueles estímulos sociais que afeta a forma, que o executa da mesma maneira que a afeta, quando feito por outrem. Ou seja, podemos nos ouvir conversando, e a importância do que dizemos é a mesma para nós e para o nosso interlocutor. Se o papagaio usa a nota de um canário ele está eliciando em si a resposta que a nota do canário elicia. Por conseguinte, na medida em que o papagaio de fato usa a mesma nota que o canário emite, ele enfatizará as respostas vocais a essa nota porque estarão presentes não só quando o canário fizer uso dela, mas também quando o papagaio a empregar. Num caso desses pressupõe-se que o estímulo particular esteja presente na própria forma; ou seja, que o estímulo vocal que elicia aquela nota em particular, que é aprendida, está presente no repertório tanto do papagaio como no do canário. Reconhecendo-se isso, pode-se ver que aquelas notas em particular, respondendo a esse estímulo, serão, por assim dizer, acentuadas, sublinhadas. Elas se tornarão habituais. Estamos supondo que uma nota elicia outra, um estímulo evoca uma resposta. Se essa nota que evoca tal resposta é usada não só pelo canário, mas também pelo papagaio, então, sempre que este ouvir o canário, ele usará essa nota em particular, e se ele tiver a mesma nota em seu próprio repertório, então existe uma dupla propensão para a mobilização dessa resposta, de modo que passa a ser usada mais frequentemente e se torna de modo mais definitivo parte do canto do papagaio. São essas as situações nas quais o papagaio efetivamente assume o papel do canário, na medida em que há certas notas às quais ele tende a reagir, tal como ocorre com o canário. Há um duplo peso, por assim dizer, nessa determinada nota ou série de notas. É desse modo que podemos entender o aprendizado do canto do canário pelo papagaio. É preciso supor uma tendência semelhante em ambas as formas, para que possamos ter algum mecanismo de imitação.

A fim de ilustrar esse ponto um pouco mais, retomemos o diálogo dos gestos na briga de cães. Nesta, o estímulo que um cão recebe do outro é para uma resposta diferente da resposta da forma estimuladora. Um cachorro está atacando o outro e está pronto para saltar na garganta dele. A reação do segundo animal é mudar de posição, saltando talvez na garganta do primeiro. Há um diálogo de gestos, uma troca recíproca das posições e atitudes dos cães. Nesse processo, não haveria um mecanismo de imitação. Um cão não imita o outro. O segundo assume uma postura diferente para evitar o salto do primeiro. O estímulo da atitude de um cão não é evocar em si a resposta que evoca no outro. O primeiro animal é influenciado por sua própria atitude, mas ele está simplesmente executando o processo de um salto preparado, de modo que a influência no cachorro consiste simplesmente em reforçar o processo que está em andamento. Não é um estímulo para o cachorro adotar a atitude do outro.

Quando, porém, alguém está usando um gesto vocal, se supomos que um elemento vocal é um estímulo para uma certa resposta, então, quando o animal que usa um gesto vocal ouve o som resultante, ele terá despertado em si próprio, no mínimo, uma tendência a reagir da mesma maneira que o outro animal. Pode se tratar de uma tendência muito ligeira – o leão não parece se assustar com o próprio rugido. O rugido tem como efeito assustar o animal que ele está atacando, e também tem o caráter de um desafio, sob determinadas condições. Mas, quando chegamos a processo tão elaborado de vocalização como o canto dos pássaros, aí um gesto vocal evoca outro gesto vocal. Naturalmente, estes têm sua função no acasalamento, mas em si mesmos os gestos se revestem de uma peculiar importância. A vocalização desempenha um papel muito grande no processo da sedução e um trinado tende a eliciar outro. No caso do rugido do leão, a resposta não é tanto um som vocal, mas sim um movimento de fuga, ou talvez de luta. A resposta não é basicamente vocal. Antes, é uma ação empreendida pela própria forma. Mas, no canto das aves, em que as vocalizações são realizadas de modo sofisticado, o estímulo definitivamente elicia uma certa resposta, de modo que a ave, quando canta, é influenciada por seu próprio estímulo a uma resposta que será como aquela que é produzida pela outra forma. A resposta que é produzida em si, como também é produzida pela influência de outros, recebe duas vezes a ênfase que teria se só fosse evocada pela nota dos outros pássaros. Ela é eliciada com mais frequência do que a resposta a outros sons. É isso que cria a aparente evidência de uma imitação, no caso dos sons ou gestos vocais[5]. O estímulo que elicia um certo som pode ser encontrado não apenas em outras formas do grupo, mas também no repertório daquela ave em particular que usa o gesto vocal. Esse estímulo A elicia a resposta B. Agora, se esse estímulo A não é como B, e se supomos que A elicia B, então se A for usado pelas outras formas, estas responderão no modo B. Se esta forma também usa o gesto vocal A, estará eliciando em si a resposta B, de modo que a resposta B será enfatizada em contraste com outras respostas porque é eliciada não só pelos gestos vocais de outras formas, mas também pela própria forma. Isso nunca aconteceria a menos que houvesse uma identidade representada por A; neste caso uma identidade de estímulos.

No caso do gesto vocal, a forma ouve seu próprio estímulo somente quando é usado por outras formas, de modo que tende a responder também ao seu próprio estímulo da maneira como responde ao estímulo de outras formas. Ou seja, as aves tendem a cantar para si mesmas, os bebês falam sozinhos. Os sons que emitem são estímulos para fazer outros sons. Nos casos em que um som específico elicia uma resposta específica, se esse som for emitido por outras formas ele eliciará essa resposta na forma em questão. Se o papagaio usa esse som particular, então a resposta a esse som será aquela que se ouvirá mais frequentemente

---

5. Baldwin fez uma tentativa de refazer a dinâmica da imitação até a uma suposta origem biológica, como uma tendência que o organismo teria para reavivar uma sensação prazerosa. No processo da mastigação o próprio mascar reavivaria o estímulo ao recuperar o sabor. Baldwin chamou esse processo de autoimitação. Se é que isso ocorre mesmo, tal processo não corresponde em nenhuma medida à situação com a qual estamos lidando [1912].

do que qualquer outra resposta. Dessa maneira serão selecionados do repertório do papagaio aqueles elementos que se encontram no canto do canário, e gradualmente essa seleção reforçará no canto do papagaio aqueles elementos comuns aos dois, sem pressupor uma tendência específica para a imitação. Existe aqui um processo seletivo por meio do qual é captado aquilo que é comum. A "imitação" depende de o indivíduo influenciar a si mesmo assim como os outros o influenciam, de modo que ele está sob a influência não só de terceiros como também de si próprio, na medida em que usa o mesmo gesto vocal.

O gesto vocal, portanto, tem uma importância que nenhum outro gesto tem. Não podemos ver o nosso rosto quando assumimos uma certa expressão fisionômica. Se nos ouvimos, ao falar, somos mais propensos a prestar atenção. A pessoa se ouve quando está irritada, usando um tom de voz irritado, e com isso nos conscientizamos. Mas, na expressão facial da irritação, o estímulo que elicia essa expressão na pessoa não é o mesmo para uma outra. Somos mais capazes de nos conscientizar e controlar com um gesto vocal do que no caso da expressão que temos no rosto.

Somente os atores usam as expressões corporais para aparentar uma expressão que eles querem que os outros sintam. Usando um espelho o tempo todo para treinar, constroem uma resposta que revela qual é sua aparência. Registram raiva, amor, isto, aquilo, ou qualquer outra atitude, e se examinam num espelho para ver como expressam isso. Mais tarde, quando usam esse gesto, ele está em sua mente como imagem. O ator se dá conta de que uma certa expressão em particular elicia pavor. Se excluímos os gestos vocais, somente usando um espelho é que podemos alcançar a condição de responder aos nossos próprios gestos do mesmo modo que os outros respondem. Mas o gesto vocal é aquele que nos confere a capacidade de responder aos nossos próprios estímulos como os outros o fariam.

Se existe alguma verdade no antigo adágio segundo o qual o valentão sempre é um covarde, veremos que ele se baseia no fato de que o valentão desperta em si mesmo aquela atitude de medo que sua beligerância causa em alguém, de modo que, quando se vê numa dada situação em que seu blefe é exposto, constatamos que a atitude dele é a mesma dos demais. Se a nossa atitude de nos curvar diante do valentão é o que elicia sua atitude beligerante, nessa mesma medida ele eliciou em si mesmo a atitude de ser valentão. Há uma certa verdade nisso quando voltamos ao efeito causado em si mesmo pelo gesto que usou. Na medida em que elicia em si a mesma atitude que elicia nos outros, essa resposta é ressaltada e reforçada. Essa é a única base para o que chamamos de imitação. Não é imitação no sentido de simplesmente fazer o que vemos uma outra pessoa fazer. O mecanismo é o de uma pessoa eliciando em si a resposta que elicia em outrem, e assim dando um peso maior para essas respostas do que para outras, e gradualmente acumulando esses conjuntos de respostas para formar um todo dominante. Como dizemos, isso pode ser feito inconscientemente. O papagaio não sabe que está imitando o canário. Trata-se apenas de escolher pouco a pouco aquelas notas que são comuns aos dois. E isso vale sempre que houver imitação.

Quanto às exclamações – que em nossos próprios gestos vocais corresponderiam ao que é encontrado nos dos animais –, a resposta a elas não entra em nossa conversa imediata e a influência dessas respostas no indivíduo é comparativamente superficial. Parece difícil trazê-las para um relacionamento com a fala significativa. Não estamos conscientemente assustados quando falamos com raiva com alguém, mas o significado do que dizemos sempre está presente para nós quando falamos. A resposta de uma pessoa a uma exclamação, que é do mesmo tipo que em outrem, não desempenha nenhum papel relevante na conduta da forma. A resposta do leão ao seu rugido é muito pouco importante em termos da resposta da forma em si, mas a nossa resposta ao significado do que dizemos está constantemente vinculada aos nossos diálogos. Devemos constantemente responder ao gesto que fazemos para que possamos conduzir um bem-sucedido diálogo vocal. O significado do que estamos dizendo é a tendência a responder a isso. Você pede a alguém que traga uma cadeira para a visita. Você suscitou no outro a tendência para pegar a cadeira, mas se ele se mostrar lento em agir você mesmo vai buscar a cadeira. A resposta ao gesto vocal é fazer alguma coisa e você suscita em si próprio a mesma tendência. Você está sempre respondendo a si mesmo, assim como os outros que também respondem. Você supõe que, em certa medida, deve existir uma identidade na resposta. Trata-se de ação com uma base comum.

Contrastei duas situações para mostrar o longo caminho que a fala ou comunicação tem de percorrer, desde a situação em que não há mais nada além de sons de gritos até a situação em que são utilizados símbolos significantes. O que há de peculiar nestes últimos é que uma pessoa reage ao seu próprio estímulo da mesma maneira que as outras respondem a ela. Assim, o estímulo se torna significante; então, a pessoa está dizendo alguma coisa. No que concerne ao papagaio, sua "fala" não significa nada, mas quando alguém diz significativamente algo, com seu próprio processo vocal, ele o está dizendo tanto para si mesmo quanto para todos aqueles que se encontrarem ao alcance de sua voz. Somente o gesto vocal é que se encontra adaptado para essa espécie de comunicação porque é somente a ele que a pessoa responde, ou tende a responder, da mesma maneira que alguma outra pessoa o faria. É verdade que a linguagem das mãos tem o mesmo caráter. Encontramo-nos usando os mesmos gestos empregados pelos surdos. Esses gestos influenciam igualmente uns e outros. Naturalmente, o mesmo é válido para qualquer forma de alfabeto. Mas esses símbolos foram todos desenvolvidos a partir de gestos vocais específicos, pois esse é o gesto básico que de fato influencia tanto o indivíduo quanto os outros. Onde ele não se torna significante é na vocalização de duas aves[6]. Entretanto, está presente o mesmo tipo de processo, em que o estímulo de um pássaro tende a eliciar em outro a resposta que ele tende a eliciar em si próprio, ainda que tenuemente.

10
Pensamento, comunicação e o símbolo significante

Afirmamos que não existe uma faculdade particular de imitação no sentido de que o som ou a visão da resposta de alguém é, em si, um estímulo para apresentar a mesma reação, mas, pelo contrário, se já está presente no indivíduo uma ação como a de uma outra pessoa, então existe uma situação que torna a imitação possível. O que é necessário agora para levar a termo essa imitação é que a conduta e o gesto do indivíduo que eliciam uma resposta no outro devam também eliciar a mesma resposta em si mesmo. Na briga de cães isso não acontece: a atitude de um cão não tende a eliciar a mesma atitude no outro. Em certos sentidos isso pode efetivamente ocorrer no caso de dois boxeadores. Aquele que faz uma finta está eliciando um certo golpe de seu adversário e, em si, esse ato não tem significado para ele; quer dizer, em certo sentido ele iniciou em si o mesmo ato. Este não tem um percurso claro, mas mobilizou os centros do seu sistema nervoso central que o levariam a executar o mesmo golpe que seu adversário foi levado a realizar, de modo que ele elicia em si, ou tende a eliciar, a mesma resposta que elicia no outro. Aí temos a base para a assim chamada imitação. Esse é o processo que é tão reconhecido atualmente nos processos da fala, do vestuário e das atitudes.

Nós nos vemos, mais ou menos inconscientemente, como os outros nos veem. Tratamos os outros inconscientemente como os outros nos tratam. Da mesma maneira como o papagaio assimila o canto do canário, nós assimilamos os dialetos à nossa volta. Naturalmente, devem existir essas respostas particulares em nosso próprio mecanismo. Estamos eliciando em outrem aquilo que eliciamos em nós, de modo que inconscientemente assimilamos essas atitudes. Inconscientemente nos colocamos no lugar dos outros e agimos como eles. Quero aqui simplesmente isolar o mecanismo geral porque é de importância fundamental para o desenvolvimento do que chamamos consciência de si e para o aparecimento do self. Especialmente em virtude do uso dos gestos vocais, estamos continuamente despertando em nós mesmos aquelas respos-

---

6. [Para a discussão desse tema cf. o Ensaio suplementar III.]

tas que eliciamos em outras pessoas, de modo que assimilamos as atitudes dos outros em nossa própria conduta. A importância crítica da linguagem no desenvolvimento da experiência humana reside no fato de que o estímulo é de tal natureza que pode interferir na pessoa que fala da mesma maneira como interfere no outro.

Um behaviorista como Watson afirma que a totalidade de nossos pensamentos é feita de vocalizações. Ao pensar, estamos simplesmente começando a usar certas palavras. Em certo sentido, isso é verdade. No entanto, Watson não leva em conta tudo que está envolvido aí; a saber, que esses estímulos são os elementos essenciais a elaborados processos sociais e são dotados do valor desses processos sociais. O processo vocal em si tem essa grande importância, e é justo supor que, juntamente com a inteligência e o pensamento que a acompanha, o processo vocal não é simplesmente um jogo de determinados elementos vocais uns contra os outros. Essa perspectiva ignora o contexto social da linguagem[7].

Por conseguinte, a importância do estímulo vocal reside neste fato de que a pessoa pode ouvir o que está falando, e com isso se torna propensa a responder da mesma maneira como as outras pessoas respondem. Quando falamos, agora, de uma resposta dessa pessoa dirigida a outras, retomamos a situação em que pedimos a alguém que faça alguma coisa.

Normalmente expressamos isso dizendo que a pessoa sabe o que está lhe pedindo para fazer. Tomemos como ilustração o caso de você pedir a alguém que faça algo e depois fazer por si mesmo. Talvez a pessoa solicitada não escute o pedido ou o atenda devagar demais, e então você realiza pessoalmente o ato. Dessa maneira você localiza em si próprio a mesma tendência que pediu que alguém pusesse em prática. Sua solicitação mobilizou em você a mesma resposta que você desencadeou na outra pessoa. Até que ponto é difícil mostrar para alguém como fazer alguma coisa que você mesmo sabe como fazer? A lentidão na resposta torna difícil a você abster-se de levantar e fazer aquilo que está ensinando como se faz. Você eliciou em si mesmo a resposta que desencadeou na outra pessoa.

---

7. Se devolvermos os gestos à matriz de onde brotaram, sempre se comprovará que lhes é inerente ou que eles envolvem um ato social mais amplo, do qual são fases. Quando lidarmos com a comunicação temos de reconhecer primeiro suas origens mais remotas no diálogo inconsciente dos gestos. A comunicação consciente – o diálogo consciente de gestos – surge quando os gestos se tornam sinais; quer dizer, quando passam a conter para o indivíduo que os executa e para aqueles que lhes respondem significações ou significados definidos, em termos de comportamento subsequente das pessoas que os executam. Assim, servindo para os indivíduos que respondem a eles como indicadores prévios do comportamento subsequente dos indivíduos que os realizam, os gestos possibilitam mútuos ajustamentos entre si dos vários componentes individuais do ato social. Além disso, os gestos evocam implicitamente nos indivíduos que os realizam as mesmas respostas que eliciam explicitamente nos indivíduos aos quais são dirigidos e, dessa maneira, tornam possível o surgimento da autoconsciência coligada a esse mútuo ajustamento.

Na busca de uma explicação para isso costumamos supor um certo grupo de centros do sistema nervoso interligados uns aos outros e que se expressam na ação. Se tentamos encontrar num sistema nervoso central algo que responda à nossa palavra "cadeira", o que possivelmente encontraríamos seria apenas uma organização de todo um grupo de reações possíveis tão conectadas que, se começarmos numa direção, será realizado um processo, e se começarmos em outra se desencadearia um outro. Basicamente, cadeira é aquilo sobre o que nos sentamos. É um objeto físico, situado a alguma distância. Podemos nos encaminhar na direção de um objeto situado a uma distância e depois dar início a um processo de sentar nele, assim que alcançamos suficiente proximidade em relação a ele. Existe um estímulo que excita certos trajetos que levam a pessoa a se mover na direção daquele objeto e se sentar. Em alguma medida esses centros são físicos. Deve-se salientar que existe uma influência do ato posterior sobre o ato anterior. O processo posterior, que deve acontecer, já foi iniciado e exerce uma influência sobre o processo anterior (aquele que acontece antes que esse processo, já iniciado, possa ser completado). Agora, tal organização de um grande grupo de elementos nervosos como o que mobiliza uma conduta relativa a objetos à nossa volta é o que iremos encontrar no sistema nervoso central, em resposta ao que chamamos de objeto. As complicações são muito grandes, mas o sistema nervoso central é composto por um número quase infinito de elementos que podem ser organizados não só em conexões espaciais entre si, como em termos temporais. Em virtude desse segundo aspecto, nossa conduta é feita por uma série de passos que se seguem uns aos outros, e os últimos passos já podem ter sido iniciados, influenciando os anteriores[8]. Aquilo que faremos é repetir o que estamos fazendo agora. Essa organização dos elementos neuronais em referência ao que chamamos de objeto físico seria o que igualmente chamamos de objeto conceitual, formulado em termos do sistema nervoso central.

Em termos gerais, é a deflagração de um tal conjunto de conjuntos organizados de respostas que responde ao que chamamos de a ideia ou o conceito de uma coisa. Se perguntamos a alguém qual é a ideia de um cachorro e tentamos localizar essa ideia no sistema nervoso central, encontramos todo um grupo de respostas, mais ou menos interconectadas por trajetos diferentes, de tal sorte que, quando alguém usa o termo "cachorro", tende a evocar esse grupo de respostas. Possivelmente, o cão é uma companhia, ou um possível inimigo, a propriedade de alguém, ou da própria pessoa. Existe uma série inteira de respostas possíveis. Alguns tipos dessas respostas existem em todos nós, e outros variam de pessoa a pessoa, mas sempre existe uma organização das respostas que pode ser designada pelo termo "cachorro". Assim, se uma pessoa está falando de um cachorro com outra pessoa, ela está eliciando em si mesma o tipo de respostas que está eliciando na outra.

---

8. Cf. Seções 13 e 16.

Naturalmente, o que torna o gesto vocal aquilo que chamo de símbolo significante é o relacionamento desse símbolo, desse gesto vocal, com o conjunto de respostas na própria pessoa e também em outrem. O símbolo efetivamente tende a evocar na pessoa um grupo de reações da mesma ordem das evocadas em outrem, mas algo ainda mais importante está envolvido em torná-lo um símbolo significativo: a resposta da pessoa a uma palavra como "cadeira" ou "cachorro" é tal que, para a pessoa, tanto serve de estímulo como de resposta. É isso que obviamente está envolvido no que chamo de o significado de uma coisa ou de sua significação[9]. Geralmente agimos em relação aos objetos de uma maneira que chamamos de inteligente, embora possamos agir sem que o significado desse objeto esteja presente em nossa experiência. Como já aconteceu com um professor universitário distraído, a pessoa começa se vestindo para um jantar formal e termina de pijama, na cama. Uma parte do processo de se despir foi executada mecanicamente; a pessoa não reconheceu o significado do que estava fazendo. Pretendia ir a um jantar e depois percebeu que tinha ido dormir. O significado envolvido em sua ação não estava presente. Nesse caso, os passos foram todos inteligentes, capazes de controlar a conduta do professor em relação à sua ação posterior, mas ele não pensou no que estava fazendo. A ação posterior não foi um estímulo para a resposta dele; apenas se desenrolou assim que foi iniciada.

Quando falamos do significado do que estamos fazendo concretizamos a resposta de que estamos prestes a executar um estímulo para a nossa ação. Isso se torna um estímulo para um estágio posterior da nossa ação, que está para ocorrer do ponto de vista dessa resposta em particular. No caso do boxeador, o golpe que ele está começando a dirigir a seu adversário irá eliciar uma certa resposta que abrirá a guarda do rival de modo que ele possa desferir o soco. Esse significado é um estímulo para o preparativo do golpe real que ele espera desfechar. A resposta que ele evoca em si mesmo (a reação de fechar sua guarda) é o estímulo para que ataque quando houver uma abertura para isso. A ação que ele já iniciou em si, assim, torna-se um estímulo para sua res-

---

9. A inclusão da matriz ou complexo de atitudes e respostas que constitui qualquer situação ou ato social dado, no contexto da experiência de qualquer uma das pessoas implicadas nessa situação ou ato (a inclusão, dentro da experiência dela, de suas atitudes com respeito a outros indivíduos, das respostas destes à atitude dela perante eles, das atitudes deles com respeito a ela e de suas respostas a tais atitudes), é o que constitui uma *ideia*, ou, enfim, é a única base para a ocorrência ou existência de uma ideia "na cabeça" de uma dada pessoa. No caso do diálogo inconsciente de gestos ou no caso do processo de comunicação levado a efeito por meio de gestos, nenhum dos indivíduos que participam dele tem consciência do significado do diálogo. Esse significado não aparece isoladamente na experiência de nenhum dos indivíduos envolvidos no diálogo ou em sua manutenção. Por outro lado, no caso do diálogo consciente de gestos ou no processo de comunicação realizado por meio deles, cada um dos indivíduos participantes está consciente do significado do diálogo precisamente porque esse significado aparece em sua existência e porque tal aparecimento é o que está implicado em estar consciente de um significado.

posta subsequente. Ele sabe o que seu adversário irá fazer, pois o movimento de fechar a guarda já foi eliciado e se torna um estímulo para golpear quando houver abertura para isso. Esse significado não teria estado presente na conduta do lutador a menos que se tornasse um estímulo para atacar, quando houver uma abertura favorável.

Essa é a diferença entre uma conduta inteligente por parte dos animais e o que chamamos de um indivíduo capaz de refletir[10]. Dizemos que o animal não pensa. Ele não se coloca numa posição pela qual é responsável. Ele não se coloca no lugar de uma outra pessoa e de fato diz: "Ele vai agir deste jeito e eu deste outro jeito". Se um indivíduo é capaz de agir dessa maneira e a atitude que ele elicia em si próprio pode se tornar um estímulo para ele para um outro ato, então temos uma conduta significativa. Nos casos em que a resposta da outra pessoa é eliciada e se torna um estímulo para controlar suas ações, então ela tem o significado do ato do outro em sua própria experiência. Esse é o mecanismo geral do que designamos como "pensamento", pois, para que possa existir o pensamento devem existir símbolos, gestos vocais em geral que despertem no próprio indivíduo a resposta que ele está eliciando em outrem, de tal modo que seja capaz de dirigir sua conduta posterior do ponto de vista dessa resposta. Esta envolve não só a comunicação no sentido em que as aves e os animais se comunicam entre si, mas também a mobilização, no próprio indivíduo, daquela resposta que ele está eliciando em alguém, o assumir o papel de outrem, a tendência a agir como essa pessoa o faria. Participamos do mesmo processo que alguém está executando e controlamos nossos atos referindo-nos a essa participação. É isso que constitui o significado de um objeto; a saber, a resposta que é comum a nós e ao outro e que, por sua vez, se torna um estímulo para nós mesmos.

Se para você a mente é apenas uma espécie de substância consciente na qual existem certas impressões e estados e acredita que um desses estados seja universal, então uma palavra se torna puramente arbitrária; ela só é um símbolo[11]. Por isso, podemos tomar algumas palavras e, como as crianças, brincar

---

10. [Para a natureza da conduta animal, cf. "Concerning Animal Perception". In: *Psychological Review*, XIV, 1907, p. 383ss.]

11. Müller tenta incutir na linguagem os valores do pensamento, mas se trata de uma tentativa falaciosa, porque a linguagem só tem aqueles valores como o mecanismo mais eficiente do pensamento estritamente porque contém o diálogo consciente ou significante dos gestos elevado ao mais alto e perfeito estágio de desenvolvimento. Deve existir algum tipo de atitude implícita (quer dizer, atitude iniciada sem ser totalmente concretizada) no organismo que realiza o gesto, uma atitude que responda à reação visível ao gesto por parte de um outro indivíduo e que corresponda à atitude eliciada ou mobilizada nesse organismo pelo gesto, para que o pensamento possa se desenvolver no organismo que executa o gesto. É o sistema nervoso central que propicia o mecanismo para tais atitudes ou respostas implícitas. A identificação da linguagem com a razão é, em certo sentido, um absurdo, mas em outro sentido é válida. É válida no sentido de que o processo da linguagem remete o ato social total à experiência de um dado indivíduo como alguém envolvido no ato e, assim, torna possível o processo da razão. Mas embora o processo da razão seja e deva

de enunciá-las de trás para frente. Parece existir uma absoluta liberdade de posicionamentos e a linguagem parece ser uma coisa inteiramente mecânica, situada fora do processo da inteligência. Se, no entanto, reconhecemos que a linguagem é apenas parte de um processo cooperativo, aquela parte que efetivamente leva a um ajustamento à resposta do outro para que a atividade toda possa prosseguir, então a linguagem tem apenas um espaço muito limitado de arbitrariedade. Se você está falando com alguém talvez consiga captar uma mudança na atitude dele pelo efeito de alguma coisa que, para uma terceira pessoa, não surtiria o menor impacto. Você talvez possa conhecer os maneirismos dele, e isso para você se tornam gestos, são parte da resposta que ele lhe dá. Existe um certo âmbito possível no contexto do gesto relativo ao que deve servir como símbolo. Podemos dizer que é aceitável um conjunto completo de símbolos separados e com um só significado, mas eles sempre são gestos; ou seja, sempre são parte do ato da pessoa que revelam o que ela está em vias de fazer para a outra pessoa, de modo que, quando esta usa a pista, elicia em si mesma a atitude do outro. A linguagem nunca é arbitrária no sentido de simplesmente denotar com uma palavra um estado de consciência desocupada. É mais ou menos arbitrária a parte específica do ato de uma pessoa que servirá para dirigir uma atividade cooperada. Diferentes fases do ato podem agir nesse sentido. O que em si parece sem importância pode ser altamente relevante ao revelar qual é a atitude. Nesse sentido, podemos falar do gesto em si como desprovido de importância, mas ele tem muita importância enquanto o que o gesto pode vir a revelar. Isso é constatado na diferença entre o caráter puramente intelectual do símbolo e seu caráter emocional. Um poeta depende deste último. Para ele, a linguagem é rica e repleta de valores que, talvez, nós ignoremos por completo. Ao tentar expressar uma mensagem em menos de dez palavras nós simplesmente queremos transmitir um certo significado, ao passo que o poeta está lidando com o que é de fato a carne viva, o latejar emocional das próprias expressões. Existe, por conseguinte, um largo âmbito em nosso uso da linguagem, mas, seja qual for a fase desse âmbito que usarmos, ela faz parte de um processo social e é sempre essa a parte por meio da qual afetamos nós mesmos assim como afetamos os outros, e mediamos a situação social por meio desse entendimento do que estamos dizendo. Isso é fundamental em qualquer linguagem: para que se venha a ter uma linguagem é preciso que se compreenda o que a pessoa está dizendo; ela tem de afetar a si mesma assim como afeta os outros.

---

ser posto em andamento pelo processo da linguagem – ou seja, ocorrer em termos de palavras –, ele simplesmente não é constituído por esta última.

11
Significado[12]

Estamos especialmente interessados na inteligência no nível humano; ou seja, voltamo-nos para o ajustamento mútuo dos atos de diferentes indivíduos humanos no seio do processo social humano, ajustamento que acontece por meio da comunicação: com gestos, nos planos mais inferiores da evolução humana, e com símbolos significantes (gestos dotados de significados e que, por isso, são mais do que meros estímulos substitutos), nos planos mais elevados da evolução humana.

O fator central nesse ajustamento é o "significado". O significado aparece e se situa no campo da relação entre o gesto de um dado organismo humano e o subsequente comportamento desse organismo, conforme indicado a um outro organismo humano por esse gesto. Se esse gesto de fato indica ao outro organismo o comportamento seguinte ou resultante de um dado organismo, então ele tem significado. Em outras palavras, o relacionamento entre um dado estímulo – um gesto, por exemplo – e fases subsequentes do ato social do qual ele é uma fase anterior (quando não a inicial) constitui o campo no qual o significado tem sua origem e existe. Nesse sentido, o significado é um desenvolvimento de algo que existe ali objetivamente, como uma relação entre certas fases do ato social; não é um acréscimo psíquico a esse ato e não é uma "ideia", como se concebia tradicionalmente. O gesto de um organismo, resultante do ato social no qual atua como uma fase primeira, e a resposta de um outro organismo a esse gesto são os elementos relacionados num vínculo triplo abrangendo o gesto do primeiro organismo, o gesto do segundo e o gesto das fases subsequentes de um determinado ato social. Esse tríplice relacionamento constitui a matriz dentro da qual surge o significado, ou que se desenvolve no âmbito do significado. O gesto representa um certo resultado do ato social; é uma resultante à qual é dada uma resposta definida pelo indivíduo envolvido nele. Assim, o significado é dado ou formulado em termos de resposta. O significado está implícito – quando não sempre explícito – no relacionamento entre as várias fases do ato social ao qual se refere e a partir do qual se desenvolve. Esse desenvolvimento se desenrola em termos da simbolização neste nível evolutivo do ser humano.

Em geral, temos nos ocupado com o processo social da experiência e do comportamento tal qual aparece ao ser eliciado pelo ato de ajustamento de um organismo a esse ato, na reação de um outro organismo. Verificamos que

---

12. [Cf. tb. "Social Consciousness and the Consciousness of Meaning". In: *Psychological Bulletin*, VII, 1910, p. 397ss. • "The Mechanism of Social Consciousness". In: *Journal of Philosophy*, IX, 1912, p. 401ss.]

a natureza do significado está intimamente associada com o processo social tal como aparece. Esse significado envolve uma tripla relação entre as fases do ato social como contexto em que ele surge e se desenvolve: a relação do gesto de um organismo à resposta de ajustamento de outro (igualmente implicada no mesmo ato) e ao completamento do ato em questão, uma relação tal que o segundo organismo responde ao gesto do primeiro, indicando o fechamento do ato em questão ou se referindo ao seu completamento. Por exemplo, a resposta de um frango ao cacarejo da galinha-mãe é uma resposta ao significado desse som; o cacarejo pode indicar perigo ou comida e tem, para o frango, essa conotação ou significado.

Como envolve a comunicação, o processo social é em certo sentido responsável pelo aparecimento de novos objetos no campo da experiência dos organismos individuais implicados nesse processo. As respostas ou processos orgânicos constituem, em certo sentido, os objetos aos quais são respostas; quer dizer, qualquer organismo biológico dado é, de certo modo, responsável pela existência (no sentido dos significados que têm para ela) dos objetos aos quais respondem fisiológica e quimicamente. Por exemplo, não haveria comida – nenhum objeto comestível – se não existissem organismos que pudessem digeri-la. E, no mesmo sentido, o processo social constitui de certo modo os objetos aos quais responde, ou aos quais é um ajustamento. Quer dizer, os objetos são constituídos em termos dos significados dentro do processo social da experiência e do comportamento, por meio de ajustamentos mútuos das respostas ou atos dos vários organismos individuais envolvidos no processo uns aos outros, um ajustamento que se tornou possível por meio de uma comunicação que assume a forma de um diálogo de gestos nas formas preliminares desse processo e de linguagem, nos posteriores.

A consciência, como a percepção consciente, não é necessária para que haja a presença do significado no processo da experiência social. Um gesto de um organismo, num ato social qualquer, elicia uma resposta em outro organismo que se relaciona diretamente com a ação do primeiro organismo e seu desfecho; e o gesto é um símbolo do resultado de um determinado ato social de um organismo (do organismo que o realiza) na medida em que um outro responde a ele (portanto, também se envolvendo no ato) e indica tal resultado. O mecanismo do significado, então, está presente no ato social antes que ocorra o aparecimento da consciência ou da percepção consciente do significado. O ato, ou a resposta, de ajustamento do segundo organismo confere ao gesto do primeiro organismo o significado que ele tem.

A simbolização constitui objetos até então não constituídos, objetos que não existiriam exceto pelo contexto de relacionamentos sociais em que ocorre a simbolização. A linguagem não simboliza simplesmente uma situação ou objeto que já está ali, antecipadamente. Ela possibilita a existência ou o aparecimento daquela situação ou daquele objeto, pois é parte do mecanismo por meio do qual é criada a situação ou o objeto. O processo relaciona as respostas de um indivíduo aos gestos de outro – por exemplo, os gestos deste último –, e dessa forma é responsável pelo aparecimento e pela existência de novos objetos na situação social; objetos que dependem desses significados ou são constituídos por estes. Sendo assim, o significado não pode fundamentalmente ser concebido como um estado de consciência ou como um conjunto de relações organizadas, existentes ou subsistentes mentalmente fora do campo da experiência em que entram. Pelo contrário, o significado deve ser concebido objetivamente como dotado inteiramente de existência no próprio campo[13]. A resposta de um organismo ao gesto de outro em qualquer ato social é o significado desse gesto e ainda, em certo sentido, é responsável pelo aparecimento ou surgimento do novo objeto – ou do novo conteúdo de um objeto antigo –, ao qual esse gesto se refere por meio do desfecho de um dado ato social do qual é uma fase preliminar. Pois, reiterando, os objetos são, em sentido verídico, constituídos no seio do processo social da experiência pela comunicação e por mútuos ajustamentos de comportamento por parte dos organismos individuais envolvidos nesse processo e que o sustentam. Assim como na esgrima, avançar é uma interpretação da estocada, também no ato social a resposta adaptativa de um organismo ao gesto de outro é a interpretação do gesto por esse organismo, é o significado desse gesto.

No nível da autoconsciência, esse gesto se torna um símbolo, um símbolo significante. Mas a interpretação de gestos não é basicamente um processo em andamento na mente propriamente dita nem um processo que necessariamente envolva a mente. Trata-se de um processo externo, visível, físico ou fisiológico em andamento no campo real da experiência social. O significado pode ser descrito, explicado ou formulado em termos de símbolos ou linguagem, em seu mais elevado e complexo estágio de desenvolvimento (estágio que alcança na experiência humana), mas a linguagem simplesmente se eleva de sua origem no processo social, uma situação que lógica ou implicitamente já está lá. O símbolo da linguagem é simplesmente um gesto consciente ou significante.

Estamos salientando aqui dois pontos principais: (1) que o processo social, por meio da comunicação que ele torna possível entre os indivíduos nele implicados, é responsável pelo aparecimento de uma série completa de novos objetos na natureza, que existem em relação a ele (a saber, objetos do "senso comum"); e (2) que o gesto de um organismo e a resposta de ajustamento de outro organismo a tal gesto, dentro de qualquer ato social, explicita o relacionamento existente entre o gesto, como o início de um ato dado, e o completamento ou a

---

[13]. A natureza tem significado e implicações, mas não implicações por símbolos. O símbolo é distinguível do significado a que se refere. Os significados estão na natureza, mas os símbolos são o legado do homem (1924).

resultante desse ato ao qual o gesto se refere. Esses são os dois aspectos lógicos básicos e complementares do processo social.

O resultado de qualquer ato social está definitivamente separado do gesto, indicando-o pela resposta de outro organismo a esse gesto, resposta que aponta para o resultado desse ato como indicado por tal gesto. Essa situação está toda ali – está completamente dada – no nível não mental, não consciente, antes de sua análise no nível mental ou consciente. Dewey diz que o significado aparece pela comunicação[14]. Esta afirmação se refere ao conteúdo nascido do processo social, não a meras ideias ou palavras impressas, mas ao processo social que tem sido tão amplamente responsável pelos objetos que constituem o ambiente cotidiano em que vivemos, um processo em que a comunicação desempenha a parte principal. Esse processo pode dar margem a esses novos objetos na natureza apenas na medida em que possibilita a comunicação entre os organismos individuais envolvidos nela. E o sentido em que é responsável pela existência de ditos objetos – de fato, pela existência no mundo inteiro de objetos do senso comum – é o sentido em que a comunicação determina, condiciona e possibilita a abstração desses objetos da estrutura total dos eventos, como identidades que são relevantes para o comportamento social cotidiano. Nesse sentido, ou tendo esse significado, esses objetos só existem relativamente a tais comportamentos. Da mesma maneira, num estágio posterior, mais avançado de seu desenvolvimento, a comunicação é responsável pela existência de todo o âmbito dos objetos científicos, assim como pelas identidades abstraídas da estrutura total dos eventos em virtude de sua relevância para os propósitos científicos.

A estrutura lógica do significado, como vimos, pode ser encontrada no tríplice relacionamento do gesto à resposta de ajustamento e ao resultado de um determinado ato social. A resposta de um segundo organismo ao gesto do primeiro é a interpretação – e explicita o significado – do gesto, como o indica o resultado do ato social iniciado por ele e em que ambos os organismos estão envolvidos. A relação triádica ou tríplice entre gesto, resposta de ajustamento e resultado do ato social, que o gesto inicia, é a base do significado, pois a existência do significado depende do fato de que a resposta de ajustamento do segundo organismo é dirigida ao resultado de um dado ato social, iniciado e indicado pelo gesto do primeiro organismo. A base do significado, assim, está objetivamente lá na conduta social, ou na natureza em sua relação com tal conduta. O significado é o conteúdo de um objeto dependente da relação entre um organismo ou grupo de organismos e ele. Não é essencial ou primariamente um conteúdo psíquico (conteúdo da mente ou da consciência), pois não precisa de modo algum ser consciente, e de fato não o é até que dele decorram símbolos significantes no desenrolar do processo da experiência social humana. Somente quando ele se torna identificado com tais símbolos é que o significado se torna

---

14. [Cf. *Experience and Nature*, cap. V.]

consciente. O significado de um gesto, por parte de um organismo, é a resposta de ajustamento de outro organismo a ele, conforme indicado pelo resultado do ato social que o gesto inicia, enquanto que a resposta de ajustamento do segundo organismo se dirige para o completamento do ato ou se relaciona com isso. Em outras palavras, o significado envolve uma referência do gesto de um organismo ao resultado do ato social que ele indica ou inicia, e ao qual um outro organismo responde para se ajustar. Tal resposta de ajustamento pelo outro organismo é o significado do gesto.

Os gestos podem ser ou conscientes (significantes) ou inconscientes (não significantes). O diálogo de gestos não é significante abaixo do nível humano porque não é consciente; ou seja, não *auto*consciente (embora seja consciente no sentido de envolver sensações e sentimentos). O animal, em contraposição a uma forma humana, ao indicar alguma coisa ou expressar um significado para uma outra forma, não está ao mesmo tempo indicando ou expressando a mesma coisa ou significado para si próprio, pois não tem mente, pensamento e, por conseguinte, não existe aqui significado no sentido significante ou autoconsciente. Um gesto não é significante quando a resposta de outro organismo a ele não indica, para o organismo que o realiza, a que está respondendo o outro organismo[15].

Muita sutileza foi desperdiçada com o problema do significado do significado. Quando tentamos solucionar esse problema não é necessário recorrer a estados psíquicos, pois, como vimos, a natureza do significado está implícita na estrutura do ato social, implícita na relação entre seus três componentes básicos; ou seja, a relação triádica envolvendo o gesto de um indivíduo, a resposta a esse gesto por um segundo sujeito e o completamento do ato social iniciado pelo gesto do primeiro. E o fato de que a natureza do significado pode, assim, mostrar-se implícita na estrutura do ato social proporciona uma ênfase adicional, no caso da psicologia social, à necessidade de partir da suposição inicial de um processo social em andamento, com as experiências e os comportamentos de quaisquer pessoas envolvidas nele e do qual dependem para existir e se desenvolver a mente, o self e a autoconsciência de cada um dos integrantes desse grupo.

---

15. Há duas características que pertencem ao que designamos "significados". Uma é a participação, outra a comunicabilidade. O significado só pode vir a existir na medida em que alguma fase do ato que o indivíduo está despertando em outrem pode ser eliciada nele mesmo. Nesse sentido sempre existe participação. E o resultado dessa participação é a comunicabilidade; isto é, o indivíduo pode indicar a si mesmo o que ele indica aos outros. Existe comunicação sem significação no caso em que o gesto da pessoa elicia no outro a resposta, mas sem eliciar ou tender a eliciar em si própria a mesma resposta. Do ponto de vista do observador pode-se dizer que a significação está presente no gesto quando elicia em outrem a resposta apropriada dentro do contexto de um ato cooperado, mas não se torna significante para os indivíduos envolvidos a menos que a tendência ao ato seja despertada na pessoa que o realiza e a menos que o indivíduo diretamente afetado pelo gesto se coloque na atitude de quem faz o gesto (MS).

12
Universalidade

A nossa experiência reconhece ou identifica aquilo que é típico, e isso é tão essencial a uma adequada teoria do significado quanto a particularidade. Existem não somente fatos sobre o vermelho, por exemplo, mas existe na experiência um vermelho que é idêntico a outro vermelho, no que diz respeito à experiência. Podemos isolar o vermelho como uma sensação apenas, e, nesse sentido, é passageiro. Porém, ao lado desse caráter fugaz existe algo que chamamos de universal, algo que lhe dá significado. O evento é uma cor, é vermelho, é um certo tipo de vermelho, e isso é algo que não tem um caráter fugaz na formulação da cor em si. Se generalizamos a partir de um conteúdo particular como esse para outros objetos, como uma cadeira, uma árvore, um cachorro, percebemos ali algo que é distinguível do objeto, planta ou animal particular que temos à frente. O que reconhecemos no cachorro não é o grupo de elementos sensoriais, mas sim o caráter de ser um cachorro, e a menos que tenhamos algum motivo para nos interessar por esse cachorro em especial, algum problema sobre a quem ele pertence ou a possibilidade de ele nos morder, nosso relacionamento com esse animal é com um objeto universal: ele é só um cachorro. Se alguém lhe perguntar o que viu, você responde que foi um cachorro. Não sabe dizer a cor do pelo; foi só um cachorro qualquer que você viu.

Existe aqui um significado que é dado pela própria experiência, e é com esse significado ou caráter universal que supostamente a psicologia behaviorista teria problemas para trabalhar. Quando existe uma resposta a um animal como um cachorro, existe tanto uma resposta de reconhecimento quanto uma resposta a um objeto no horizonte. Essa resposta de reconhecimento é universal, não particular. Será que esse fator pode ser formulado em termos behavioristas? Obviamente, não estamos interessados nas implicações filosóficas. Não estamos interessados na metafísica do cão, mas estamos interessados no reconhecimento que pertenceria a qualquer outro animal do mesmo tipo. Ora, haveria em nossa natureza alguma resposta com esse caráter universal de que se pudesse dizer que responde ao reconhecimento do que chamamos de universal? É a possibilidade de uma formulação behaviorista como essa que pretendo esboçar.

O que o sistema nervoso central apresenta não é simplesmente um conjunto de automatismos; ou seja, certas reações inevitáveis a certos estímulos específicos como, por exemplo, afastar a mão de um radiador em funcionamento, ou ter um sobressalto quando um som muito forte nos atinge por trás. O sistema nervoso fornece não só o mecanismo para esse tipo de conduta, como também para reconhecer o objeto ao qual iremos responder. Esse reconhecimento pode ser formulado nos termos de uma reação que, por sua vez, pode responder a qualquer um de um determinado grupo de estímulos. Ou seja, quando temos que pregar um prego estendemos o braço para alcançar o martelo e comprovamos então que sumiu. Não paramos para procurar o martelo; buscamos alguma outra coisa para usar; uma pedra, um tijolo, qualquer coisa com o peso necessário para desferir o golpe com impacto suficiente. Qualquer coisa que possamos segurar e para servir ao propósito de pregar será um martelo. Esse tipo de conduta, envolvendo apanhar com a mão um objeto pesado, é uma resposta universal[16]. Se o objeto de fato elicia essa resposta, independentemente de seu caráter particular, pode-se dizer que ele tem um caráter universal. É algo que pode ser reconhecido pelo seu caráter, sejam quais forem as variações envolvidas nos casos individuais.

Bem, poderia existir no sistema nervoso central algum mecanismo capaz de ser despertado para que elicie essa resposta, por mais que, afora isso, as condições sejam variadas? Haveria algum mecanismo de caráter suficientemente complicado para representar os objetos com que lidamos, objetos que não só têm dimensões espaciais como temporais também? Um objeto tal como uma melodia ou uma canção é uma unidade. Ouvimos as primeiras notas e respondemos a elas como um todo. Há uma unidade marcante nas vidas retratadas nas biografias que acompanham a vida da pessoa de seu nascimento até a morte, mostrando tudo o que pertence ao seu crescimento e às mudanças que ocorrem em sua carreira. Agora, existiria algo no sistema nervoso central capaz de responder às características do objeto, de tal modo que possamos oferecer uma perspectiva behaviorista de um objeto tão complexo quanto uma melodia ou uma vida? A complicação em si não apresenta uma grande dificuldade porque o sistema nervoso central tem um número quase infinito de elementos e combinações possíveis, mas será que podemos encontrar ali, no sistema nervoso central, uma estrutura que possa responder a um certo tipo de reação que represente, para nós, o caráter do objeto que reconhecemos, desde que distinto das meras sensações?

O reconhecimento sempre implica algo que pode ser descoberto num número indefinido de objetos. A pessoa só pode perceber uma cor uma única vez, na medida em que "cor" significa um relacionamento imediato de ondas de luz com a retina de um sistema nervoso normal. Essa experiência acontece e finda, não pode ser repetida. Mas algo é reconhecido, existe um caráter universal dado na própria experiência que, no mínimo, é capaz de um número indefinido de repetições. É isso que supostamente tem ficado de fora da explicação ou da formulação behaviorista. O que a psicologia behaviorista faz é formular esse ca-

---

16. As abstrações e os elementos universais são devidos a conflitos e inibições: uma parede é algo a ser evitado e o muro algo sobre o qual se salta, e, ao mesmo tempo, ambos são mentais, são conceitos. A linguagem torna possível nos ligarmos a esses objetos mentais. As abstrações existem para os animais inferiores, mas esses não conseguem se ligar a elas (1924).

ráter da experiência em termos da resposta. Podemos dizer que não existe uma resposta universal, somente uma resposta a um objeto particular. Pelo contrário, na medida em que esta é uma resposta que pode ocorrer com referência a um tijolo, a uma pedra, a um martelo, existe um fator universal na forma da reação que responde a todo um conjunto de elementos particulares, e estes podem ser indefinidos em número, uma vez que somente eles têm determinadas características com relação à resposta. O relacionamento dessa resposta com um número indefinido de estímulos é apenas o relacionamento representado no que chamamos de "reconhecimento". Quando usamos o termo "reconhecimento" podemos significar querer dizer tão somente que apanhamos um objeto que serve a um propósito particular. O que geralmente queremos dizer é que o caráter do objeto que é um estímulo para o seu reconhecimento está presente em nossa experiência. Dessa maneira, temos algo que é universal em contraposição a vários particulares. Penso que podemos reconhecer em qualquer hábito aquilo que reage a um estímulo diferente; a reação é universal e o estímulo é particular. Enquanto esse elemento servir como estímulo, eliciando tal resposta, podemos dizer que o particular está incluso nesse universal. Essa é a formulação que a psicologia behaviorista oferece para a forma universal em contraposição ao caso particular.

O próximo ponto é antes uma questão de grau, ilustrado por objetos mais complexos como uma sinfonia, ou a vida, com todas as suas variações e contrastes de harmonia. Quando um crítico musical analisa um objeto tão complexo como uma sinfonia, será que podemos dizer que existe algo no sistema nervoso central que responde ao objeto que o crítico tem diante de si? Ou, que seja a biografia de um grande homem, como Lincoln ou Gladstone, em que o historiador, digamos Morley, tem à sua frente a vida inteira daquela pessoa, com todo o seu número indefinido de elementos. Seria possível dizer que ele tem, em seu sistema nervoso central, um objeto que responde à atitude de reconhecer Gladstone, em todas as suas mudanças, como o mesmo Gladstone? Se houvesse o mecanismo que o capacitasse a tanto, será que alguém poderia isolar no cérebro do historiador aquilo que responde a Gladstone? Qual seria, supondo que isso pudesse mesmo ser feito? Certamente não seria somente uma única resposta ao nome de Gladstone. De algum modo, deve representar todas as conexões que ocorreram em sua experiência, todas aquelas conexões que estiveram envolvidas em sua conduta, na medida em que seus análogos ocorreram na vida de Gladstone. Deve ser algum tipo de unidade, uma unidade tal que, se seu todo é atingido em algum ponto, pode evidenciar qualquer outro elemento na experiência que o historiador tem de Gladstone. Pode elucidar qualquer fase de seu caráter; pode trazer à tona qualquer uma das situações em que Gladstone figura. Tudo isso deve estar potencialmente presente no mapeamento de Gladstone feito pelo sistema nervoso central de Morley. Tanto um como o outro são indefinidamente complexos. O mapeamento não representa apenas dimensões espaciais, mas temporais também. Pode representar uma ação retardada que depende de uma reação anterior; em seus primórdios, mas antes que se manifeste concretamente, essa reação posterior pode influenciar a anterior.

Podemos então conceber, na estrutura do sistema nervoso central, uma dimensão temporal semelhante à da melodia, ou o reconhecimento das notas e suas distâncias recíprocas na escola, e nossa apreciação das mesmas, conforme são afetadas pelo início de nossa resposta às notas posteriores, como quando estamos esperando um certo tipo de acorde de encerramento. Se perguntarmos como essa expectativa se manifesta em nossa experiência, teríamos dificuldade para detalhá-la em termos de comportamentos, mas constatamos que essa experiência é determinada por nossa prontidão a responder às notas posteriores e que essa prontidão pode estar lá sem que as notas propriamente ditas estejam presentes. O modo como iremos reagir a um acorde final maior ou menor determina de que maneira iremos apreciar as notas que já estão ocorrendo. É essa atitude que estabelece o caráter de nossa apreciação de todas as composições musicais extensas. O que é dado no começo é determinado pela atitude relativa ao que virá depois. Essa é uma fase da nossa experiência que James ilustrou com sua análise do caráter sensorial de conjunções como "e", "mas" e "embora". Se você formula uma proposição e acrescenta "mas", determina a atitude do ouvinte em relação a ela. Ele não sabe o que vai ser introduzido, mas seguramente sabe que existe alguma exceção em pauta. Esse conhecimento não é formulado como uma reflexão, mas aparece como uma atitude. Há uma atitude "mas", uma atitude de "se", uma atitude de "embora". São as mesmas atitudes que adotamos com respeito ao início de uma melodia ou ao ritmo envolvido na poesia. São essas atitudes que dão importância à estrutura daquilo com que estamos lidando.

Há determinadas atitudes que assumimos perante uma coluna que se ergue à nossa frente, ou perante os elementos de sua sustentação, e temos apenas de ter sugestões do objeto para evocar essas atitudes. O artista e o escultor brincam com essas atitudes da mesma maneira com o músico. Por intermédio da indicação dos estímulos cada um deles é capaz de evocar uma reflexão sobre as complexidades de uma resposta. Bem, se a pessoa consegue evocar várias dessas reflexões e compor harmoniosamente uma reflexão múltipla sobre todas essas atitudes, ela mobiliza uma resposta estética que consideramos bela. É a harmonização dessas complexidades de resposta que constitui a beleza do objeto. Há diferentes estímulos desencadeando um número indefinido de respostas, e a natureza destas se reflete de volta em nossa experiência imediata, configurando um relacionamento harmonioso que envolve todas elas. Os estágios posteriores da experiência em si podem estar presentes na experiência imediata que os influencia. Diante de um sistema nervoso central suficientemente complicado podemos encontrar então um número indefinido de respostas, e estas podem tanto ser imediatas como tardias; as tardias, inclusive, já podem estar influenciando a conduta presente.

Em algum sentido, portanto, podemos encontrar no sistema nervoso central aquilo que responde a objetos complexos, com seu significado mais ou menos vago e indefinido, presentes em nossa experiência real; objetos que são complexos não só espacial, mas também temporalmente. Quando respondemos a qualquer fase desses objetos, todos os outros valores já estão ali prontos para fazerem sua parte e conferir-lhe seu conteúdo intelectual e emocional. Não vejo motivo pelo qual não deveríamos então encontrar, na organização da atitude que se apresenta no sistema nervoso central, aquilo a que nos referimos como o significado do objeto, e que é universal. A resposta da reação a um número indefinido de estímulos, variáveis entre si, é algo que nos dá a relação entre o universal e o particular, e a complexidade do objeto pode ser tão indefinidamente grande quanto são os elementos do sistema nervoso central que representam possíveis combinações espaciais e temporais da nossa própria conduta. Assim, podemos legitimamente falar de um certo tipo de reação que, por exemplo Morley, tem perante alguém como Gladstone; uma reação que pode se expressar no sistema nervoso central, levando em conta todas as suas complexidades.

[Até este momento, salientamos a universalidade e a generalidade da resposta em contraposição à particularidade do estímulo que a elicia. Agora desejo chamar a atenção para a dimensão social da universalidade.]

O pensar acontece em termos de universais, e um universal é uma entidade discernível do objeto, por meio daquilo que pensamos. Quando pensamos numa espada, no nosso pensamento não estamos confinados a alguma espada em particular. Ora, se pensamos na espada universal deve haver algo sobre o que pensamos, e que não está expressamente dado na ocorrência particular que é a instância do pensamento. Este transcende todas as ocorrências. Será que devemos assumir um reino de entidades, essências ou subsistentes tais que possam responder pelos nossos pensamentos? Isso em geral é pressuposto pelos modernos realistas. A resposta de Dewey parecer ser que, com nossa atenção e abstração, isolamos certos aspectos das espadas que são irrelevantes às diversas espadas particulares, embora existam ou estejam nesses objetos em especial. Esses aspectos que ocorrem em qualquer espada, portanto, são irrelevantes em qualquer uma delas. Podemos ir ainda mais longe e dizer que tais aspectos são irrelevantes à ocorrência de espadas que aparecem e são usadas até gastar. Em outras palavras, são irrelevantes no tempo e podem ser chamados de entidades ou objetos eternos. Mas, diz Dewey, essa irrelevância dos aspectos no tempo, na dimensão do nosso pensar, não abstrai seu ser das espadas particulares... Dewey concorda claramente com os realistas supracitados e diz que o significado não está alojado na palavra em si; quer dizer, ele não é um nominalista. Entretanto, ele insiste que o significado reside na espada, como um aspecto que surgiu por meio da natureza social do pensamento. Penso que possamos dizer, na terminologia corrente, que os significados emergiram na experiência social, assim como as cores emergiram na experiência dos organismos com o aparelho da visão[17].

O significado propriamente dito – ou seja, o objeto do pensamento – surge na experiência por meio da autoestimulação da pessoa para que assuma a atitude de outrem em sua reação a um objeto. O significado é aquele que pode ser indicado aos outros enquanto, pelo mesmo processo, é indicado ao indivíduo que o indica. Na medida em que o indivíduo o indica a si mesmo, no papel do outro, ele está adotando a perspectiva alheia, e como o está indicando a outrem partindo de usa própria perspectiva e como aquilo que está sendo assim indicado é idêntico, deve ser o que pode ocupar perspectivas diferentes. Portanto, deve ser um universal, pelo menos na identidade que pertence às diferentes perspectivas organizadas na perspectiva única, e, na medida em que o princípio da organização é aquele que admite outras perspectivas além das concretamente presentes, a universalidade pode ser, logicamente, estendida de modo indefinido. Entretanto, sua universalidade na conduta vai apenas até a irrelevância das diferenças das diversas perspectivas dos aspectos indicados pelos símbolos significantes em uso; ou seja, os gestos que indicam para o indivíduo que os utiliza aquilo que indicam para os outros, para quem servem como estímulos apropriados no processo cooperativo[18].

O gesto ou símbolo significante sempre pressupõe, para sua significação, o processo social da experiência e do comportamento em que ocorre; ou, como dizem os lógicos, um universo de discurso sempre está implicado como contexto em termos do qual, ou como o campo em que, os símbolos ou gestos significantes têm de fato a sua significação. Esse universo de discurso é constituído por um grupo de indivíduos que, executando-o, participam do processo social comum da experiência[19] e do comportamento dentro do qual esses gestos ou símbolos têm os mesmos significados comuns para todos os membros desse grupo, quer os realizem ou dirijam a outros indivíduos, quer a eles respondam explicitamente ao serem abordados por outros indivíduos que para tanto fizeram uso deles. O universo de discurso é simplesmente um sistema de significados sociais ou comuns[20].

A própria universalidade e impessoalidade do pensamento e da razão, do ponto de vista behaviorista, resulta de uma dada pessoa adotar com respeito a si mesma as atitudes que os outros têm em relação a ela, e de ela finalmente

---

17. [Este parágrafo foi selecionado de "The Philosophy of John Dewey". In: *International Journal of Ethics*, 1936.]

18. [Parágrafo extraído de MS.]

19. O mundo comum existe somente na medida em que existe uma experiência (grupal) comum (MS).

20. As nossas assim chamadas leis do pensamento são as abstrações da interação social. Todo o nosso processo de pensamento, técnica e método abstrato, é essencialmente social (1912).

cristalizar todas essas atitudes particulares numa única perspectiva ou atitude, que pode ser chamada de o "outro generalizado".

Modos alternativos de agir conforme um número indefinido de condições particulares variadas, ou num número indefinido de situações particulares diferentes – modos que são mais ou menos idênticos para um número indefinido de indivíduos normais – são tudo o que os universais (quer sejam tratados pela lógica ou pela metafísica) realmente são; estes não têm significado fora dos atos sociais em que estão implicados e dos quais extraem sua significação[21].

13
A natureza da inteligência reflexiva

No tipo de inibição temporária da ação que significa pensar, ou na reflexão decorrente, apresentamos na experiência do indivíduo, tentativa e antecipadamente, e para que ele escolha entre elas, diferentes possibilidades ou alternativas de ação futura abertas para ele, dentro de uma dada situação social, maneiras diferentes ou alternativas de completar um determinado ato social em que ele está implicado ou que já tenha iniciado. A reflexão ou o comportamento reflexivo só surge diante de condições de autoconsciência e possibilita ao organismo individual a organização e o controle deliberados de sua conduta com referência ao seu ambiente social e físico; ou seja, com referência às várias situações sociais e físicas em que ele se torna envolvido e às quais reage. A organização do self é simplesmente a organização, pelo organismo individual, do conjunto de atitudes relativas ao seu ambiente social e a si próprio, do ponto de vista desse ambiente, ou como um elemento funcional no processo da experiência social e

---

21. Todas as relações duradouras se submeteram à revisão. Restam as constantes lógicas e as deduções das implicações lógicas. A essa mesma categoria pertencem os assim chamados universais ou conceitos. Eles são os elementos e a estrutura de um universo de discurso. À medida que indicamos na conduta social para com outros e conosco os aspectos que permanecem na perspectiva do grupo ao qual pertencemos e do qual somos oriundos, estamos indicando aquilo que não muda em relação à nossa conduta, aquilo para o que, em outras palavras, o transitório é irrelevante. A metafísica que remove esses elementos lógicos de seu *habitat* vivencial, dotando-os de subsistência, ignora o fato de que a irrelevância do transitório é estritamente relativa à situação na conduta dentro da qual acontece a reflexão, que embora possamos encontrar em diferentes situações um método para dialogar e, portanto, para pensar, que se mostra irrelevante para as diferenças na situação, e com isso fornece um método de tradução de uma perspectiva em outra, essa irrelevância só pertence ao aspecto mais amplo assumido pelo problema sobre o qual se reflete e nunca transcende a conduta social dentro da qual surge o método (MS).

do comportamento que constituem esse ambiente e que ele tem condições de assimilar. É essencial que essa inteligência reflexiva seja abordada do ponto de vista do behaviorismo social.

Disse pouco antes que existe algo envolvido em nossa afirmação do significado de um objeto que é mais do que a mera resposta, por mais complexa que esta possa ser. Podemos responder a uma frase musical e pode não haver mais nada na experiência além dessa resposta. Talvez não sejamos capazes de dizer por que respondemos ou a que respondemos. Nossa atitude pode simplesmente ser que gostamos de algumas músicas, mas não de outras.

A maioria dos nossos reconhecimentos é dessa natureza. Pegamos o livro que queremos, mas não poderíamos dizer qual é o aspecto desse livro. Provavelmente poderíamos oferecer um relato mais detalhado da fisionomia de um homem que encontramos pela primeira vez do que da de nossos amigos íntimos. Com os nossos amigos estamos prontos para começar a conversar no instante em que nos encontramos; não precisamos nos certificar de quem são. Mas se tentamos escolher um homem que nos tenha sido descrito, examinamos essa pessoa bem de perto para ter certeza de que corresponde ao perfil que nos deram. Com uma pessoa que nos é familiar mantemos a conversa, sem pensar em nada disso. A maioria dos nossos processos de reconhecimento não envolve essa identificação dos aspectos que nos permitem identificar os objetos. Podemos precisar descrever uma pessoa e descobrimos que não conseguimos fazê-lo: nós a conhecemos bem demais. Talvez tenhamos de excluir esses detalhes e, então, se estamos adotando uma atitude crítica, precisamos descobrir o que há no objeto que elicia uma resposta tão complexa. Quando estamos fazendo isso elaboramos uma formulação sobre qual é a natureza do objeto ou, se preferir, sobre seu significado. Temos de indicar a nós mesmos o que é que elicia essa resposta em particular. Pode ser que reconheçamos uma pessoa devido ao aspecto do seu corpo. Se essa pessoa entra no recinto muito modificada depois de uma longa doença, ou porque está bronzeada, seus amigos poderiam não conseguir reconhecê-la de imediato. Há alguns elementos que nos permitem reconhecer um amigo. Podemos talvez precisar selecionar aqueles aspectos que tornam o reconhecimento bem-sucedido para indicar esses elementos para mais alguém ou para nós mesmos. Pode ser que tenhamos de determinar quais são os estímulos que eliciam uma resposta de caráter tão complexo. Muitas vezes isso é bastante difícil de fazer, como o evidencia a crítica musical. Uma plateia inteira pode ser totalmente envolvida por uma composição e, talvez, nenhuma das pessoas ali seja capaz de afirmar o que existe nessa peça que tenha despertado uma tal resposta e nem discriminar quais são as várias reações desses espectadores. É um dom incomum poder analisar esse tipo de objeto e isolar qual é o estímulo para uma ação tão complexa.

Quero chamar a atenção para o processo por meio do qual existe uma indicação daqueles aspectos que efetivamente eliciam uma resposta. Animais de tipo inferior ao homem respondem a certos aspectos com uma exatidão que supera a capacidade humana, como ocorre com o faro dos cachorros. Mas está além da capacidade de um cachorro indicar a outro um odor qualquer. Um cachorro não pode mandar outro sentir um determinado aroma. Um homem pode lhe dizer como identificar outro. Ele pode indicar quais são os aspectos que eliciarão uma certa resposta. Essa capacidade distingue absolutamente a inteligência de uma criatura com poder de reflexão como o homem da inteligência dos animais inferiores, por mais que estes sejam dotados. Em geral, dizemos que o homem é um animal racional e que os animais inferiores não o são. O que quis mostrar, pelo menos em termos da psicologia behaviorista, é que aquilo que temos em mente com esta distinção é a indicação dos aspectos que levam àquele tipo de resposta que damos a um objeto. Apontar aqueles aspectos que levam a uma resposta é precisamente o que caracteriza uma empresa de detetives, que envia um investigador de um perdigueiro que persegue um homem pela rua. Aqui estão em funcionamento dois tipos de inteligência, ambos especializados: o detetive não poderia fazer o que faz o cão, e vice-versa. Ora, a inteligência do detetive, em contraposição à do perdigueiro, está em sua capacidade de indicar quais são os aspectos particulares que eliciam a sua resposta de localizar seu alvo[22].

Esse seria o relato de um behaviorista sobre o que está envolvido no raciocinar. Quando a pessoa está raciocinando indica a si mesma os aspectos que eliciam determinadas respostas, e isso é tudo que está fazendo. Com as medidas do ângulo e do lado podemos determinar a área de um triângulo. Diante de certos aspectos algumas respostas são indicadas. Há outros processos, não exatamente racionais, que servem de base à construção de novas respostas a partir das antigas. Podemos selecionar respostas presentes em outras reações e reuni-las. Um livro de instruções pode fornecer um conjunto de estímulos que levam a um dado conjunto de respostas, e podemos selecionar estas dentre outras respostas complexas, talvez porque não tenham sido escolhidas antes. Quando usamos uma máquina de escrever [sic], podem nos instruir quanto a como usá-la. Podemos construir uma técnica razoavelmente boa para começar, mas até mesmo isso é um processo que ainda envolve a indicação dos estímulos que eliciam as várias respostas. Unimos estímulos que não estavam unidos no passado e, então, esses estímulos levam consigo as respostas compostas. No começo pode ser uma resposta crua que deve ser libertada das respostas dadas no passado. O modo como você reage ao movimento de dobrar as letras ao escrever é diferente de como você reage quando tecla as letras numa máquina. Você comete erros

---

22. A inteligência e o conhecimento estão dentro do processo de conduta. Pensar é um elaborado processo de apresentar o mundo para que seja favorável à conduta e para que os propósitos da vida da forma possam ser atingidos (MS). Pensar é apontar; pensar em algo é apontar para isso antes de agir (1924).

porque as respostas que utiliza são diferentes; você estava ligado a todo um conjunto de outras respostas. Os professores de desenho às vezes levam seus alunos a desenhar com a mão esquerda em vez da direita, porque os hábitos desta mão são difíceis de erradicar. É isso que você faz quando se comporta de maneira racional: indica para si próprio quais estímulos irão eliciar uma resposta complexa, e com essa ordem de estímulos você está determinando qual será todo o seu conjunto de respostas. Ora, poder indicar esses estímulos a uma outra pessoa, ou a si mesmo, é o que chamamos de conduta racional, em contraposição à inteligência não raciocinada dos animais inferiores e, também, de uma grande proporção de nossa própria conduta.

O homem se distingue pelo seu poder de análise do campo de estimulação, que lhe permite escolher um estímulo em lugar de outro e, assim, apegar-se à resposta que pertence a tal estímulo, preferindo-a em relação a outras, depois recombinando-a com as demais. De repente, um cadeado não funciona. Você repara em certos elementos, cada um dos quais elicia um certo tipo de resposta, e o que você está fazendo é manter-se apegado a esses processos de resposta, dando atenção aos estímulos. O homem pode combinar não só as respostas que já estão lá, que é a coisa que um animal inferior pode fazer, mas o sujeito humano pode penetrar em suas atividades e desmembrá-las, dando atenção a elementos específicos, retendo as respostas que atendem a esses estímulos em particular, e depois combinando todos esses elementos para construir um novo ato. É isso que queremos dizer com aprender ou ensinar uma pessoa a fazer alguma coisa. Você indica para ela certas fases ou aspectos específicos do objeto que eliciarão determinados tipos de respostas. Formulamos isso, em geral, dizendo que a consciência acompanha apenas o processo sensorial, não o motor. Podemos controlar diretamente o processo sensorial, mas não o motor; podemos direcionar a nossa atenção a um elemento particular do campo, e dessa maneira, apegando-nos a tal estímulo, podemos ter controle da resposta. É dessa forma que obtemos controle de nossos atos: nós não controlamos diretamente a nossa resposta por meio dos trajetos motores propriamente ditos.

Não existe, nas formas inferiores, capacidade de dar atenção a algum elemento analisado no campo da estimulação que o capacitaria a controlar sua resposta. Mas ninguém pode dizer a uma pessoa: "Olhe para isto, apenas veja este objeto", e ela imediatamente vincula sua atenção àquele objeto específico. Ela pode dirigir sua atenção e, assim, isolar a reação particular que responde a ele. É dessa maneira que desmembramos nossas atividades complexas e com isso tornamos possível a aprendizagem. O que acontece é uma análise do processo, dando-se atenção aos estímulos específicos que eliciam um ato particular e essa análise torna possível uma reconstrução do ato. O animal faz combinações, por assim dizer, apenas por tentativa e erro; a combinação mais bem-sucedida simplesmente é a que se mantém.

Conforme sua elaboração na conduta do grupo humano, o gesto serve de modo definitivo para indicar justamente esses elementos e, assim, para trazê-los para o campo da atenção voluntária. Naturalmente existe uma semelhança fundamental entre a atenção voluntária e a involuntária. Uma luz forte, um odor peculiar podem ser fatos que tomem controle total do organismo e, nesse sentido, inibam outras atividades. No entanto, uma ação voluntária depende da indicação de um determinado aspecto, de sinalizá-lo, de se apegar a ele e de, então, ater-se à resposta que pertence a ele. Essa espécie de análise é essencial ao que designamos como inteligência humana, possibilitada pela linguagem.

A psicologia da atenção derrubou a psicologia da associação. Foi constatado um número indefinido de associações existentes em nossa experiência relativa a qualquer coisa que se nos depare, mas a psicologia associacionista nunca explicou por que uma associação em vez de outra era a dominante. Ela ditou regras segundo as quais, se uma certa associação tinha sido intensa, recente e frequente, ela seria dominante, mas costumam realmente haver fatos em que aquele que parece ser o mais fraco dos elementos da situação ocupa a mente. Não foi senão quando o psicólogo se ocupou da análise da atenção que se tornou capaz de lidar com essas situações e comprovar que a atenção voluntária depende da indicação de algum aspecto do campo estimulador. Essa indicação torna possível isolar e recombinar respostas.

No caso do gesto vocal existe uma tendência para eliciar em uma forma a resposta que é eliciada em outra, de tal sorte que a criança desempenha os papéis de seus pais, professores ou orientadores religiosos. Nessas condições, o gesto elicia no indivíduo certas respostas que também elicia em outrem, e realizá-lo no indivíduo isola esse aspecto particular do estímulo. A resposta do outro está ali, no indivíduo que isola o estímulo. Se uma pessoa alerta rapidamente outra pessoa, pois esta se encontra em perigo, ela mesma está assumindo a atitude de se afastar de um salto, embora não realize o ato. Ela não está em perigo, mas contém em si os elementos particulares da mesma resposta, e nós falamos deles como significados. Formulado em termos do sistema nervoso central, isso significa que a pessoa mobilizou seus tratos superiores que poderiam realmente levá-la a saltar para se afastar do perigo. Ela seleciona as diferentes respostas envolvidas na fuga quando entra numa sala de espetáculos e observa os avisos em destaque no programa, alertando-a para se sentar mais perto das saídas de emergência, para o caso de um incêndio. Ela está, por assim dizer, com todas as diferentes respostas listadas à sua frente e prepara o que irá fazer selecionando os diferentes elementos e reunindo-os conforme solicitado. O engenheiro eficiente começa selecionando isto, isso e aquilo e decide em que ordem cada uma dessas coisas será posta em prática. Fazemos a mesma coisa, desde que estejamos cientes de nós mesmos. Quando temos de determinar qual será a ordem de um conjunto de respostas, estamos reunindo-as de uma dada maneira, e podemos fazer isso porque somos capazes de indicar a ordem dos estímulos que irão agir sobre nós. É isso que está implicado na inteligência humana, em contraposição com o tipo de inteligência das formas inferiores. Não podemos dizer a um elefante que ele irá pegar o rabo do outro elefante. O estímulo não indicará a mesma coisa para o animal e para nós. Podemos criar uma situação que é um estímulo para o elefante, mas não podemos levar o elefante a indicar a si mesmo o que é esse estímulo, para que ele apresente em seu próprio sistema uma resposta a ele.

O gesto fornece um processo por meio do qual a pessoa de fato evoca em si mesma a reação que poderia ser evocada em outrem, e esta não faz parte de sua reação imediata no que diz respeito ao seu ambiente físico imediato. Quando dizemos a uma pessoa que faça alguma coisa, a resposta que recebemos não é a execução cabal do que foi pedido, mas o seu início. A comunicação nos proporciona aqueles elementos de resposta que podem ser mantidos no campo mental. Não os colocamos em execução, mas eles estão lá, constituindo os significados desses objetos que indicamos. A linguagem é um processo para indicar certos estímulos e mudar a resposta a elas no sistema do comportamento. Na qualidade de um processo social, a linguagem nos possibilitou escolher respostas e conservá-las no organismo do indivíduo, de tal sorte que estejam lá em relação àquilo que indicamos. Dentro de certos limites, o gesto propriamente dito é arbitrário. É indiferente que a pessoa aponte o dedo, aponte com um olhar, movimente a cabeça numa certa direção ou adote uma atitude do corpo todo, recorra a um gesto vocal neste ou naquele idioma, desde que isso elicie a resposta que pertence à coisa que é indicada. Essa é a parte essencial da linguagem. O gesto deve ser tal que elicie a resposta no indivíduo ou favoreça seu aparecimento, e sua utilização irá desencadear a resposta do outro. É esse o material com que a mente trabalha. Por menor que seja, deve haver algum tipo de gesto. Ter uma resposta delimitada sem uma indicação do estímulo é quase uma contradição de termos. Até aqui tentei salientar o que esse processo de comunicação faz quanto a nos proporcionar o material que existe em nossa mente. Ele faz isso fornecendo os gestos que, ao nos afetar do mesmo jeito que afetam os outros, eliciam a atitude que o outro assume e que nós assimilamos, na medida em que assumimos o papel dele. Temos a atitude, o significado, dentro do campo do nosso próprio controle, e esse controle consiste em combinar todas as várias respostas possíveis para fornecer o ato recém-construído exigido pelo problema. É dessa maneira que podemos formular uma conduta racional em termos da psicologia behaviorista.

Quero acrescentar mais um outro fator ao nosso cômputo: a relação entre o aspecto temporal do sistema nervoso e a antevisão e a escolha[23].

O sistema nervoso central possibilita a iniciação implícita de diversas respostas alternativas possíveis, com referência a qualquer objeto ou objetos dados

---

23. [Cf. Seção 16.]

para o completamento de qualquer ato já iniciado, antes da finalização desse ato. Com isso, torna possível o exercício de uma escolha inteligente ou reflexiva para a aceitação de uma dessas possíveis respostas alternativas que deve vir a ser efetivamente posta em prática[24].

Por meio do mecanismo fisiológico do sistema nervoso central humano a inteligência seleciona deliberadamente uma dentre várias respostas alternativas que são possíveis numa dada situação problemática no ambiente. E, se a resposta escolhida for complexa – ou seja, compõe-se de um conjunto, uma cadeia, um grupo ou uma sucessão de respostas simples –, ele pode organizar esse conjunto ou encadeamento de respostas simples de tal maneira que possibilite ao indivíduo a solução mais adequada e harmoniosa de um determinado problema ambiental.

É o ingresso de possibilidades alternativas de respostas futuras na determinação da conduta presente, em qualquer situação ambiental dada e em sua operação, por meio do mecanismo do sistema nervoso central como parte dos fatores ou condições determinantes do comportamento presente, que decisivamente contrasta a conduta ou o comportamento inteligente com a conduta ou comportamento reflexo, instintivo e habitual – ou, a ação adiada em comparação com a ação imediata. Aquilo que acontece no comportamento orgânico presente sempre é, em certo sentido, resultante do passado e nunca poderia ter sido previsto com precisão antecipadamente; nunca poderia ter sido previsto com base num conhecimento do passado, por mais completo que fosse, e nem das condições do passado que se tornaram relevantes para o seu aparecimento. No caso do comportamento orgânico controlado pela inteligência, esse elemento espontâneo tem um destaque especial em virtude da influência presente exercida sobre tal comportamento pelos possíveis resultados ou consequências futuras que viesse a ter. Nossas ideias sobre condutas futuras são nossas tendências para agir de diversas maneiras alternativas, em presença de uma determinada situação ambiental – tendências ou atitudes que podem aparecer ou ser implicitamente despertadas na estrutura do sistema nervoso central antes da resposta ou reação explícita à situação, e que podem, assim, participar como fatores determinantes no controle ou seleção de tal resposta explícita. Como processos distintos dos atos, as ideias são simplesmente o que nós não fazemos. São possibilidades de respostas explícitas que testamos implicitamente no sistema nervoso central e depois rejeitamos em favor daquelas que efetivamente transformamos em atos. O processo da conduta inteligente é essencialmente um

---

24. É uma vantagem ter essas respostas prontas antes de chegarmos ao objeto. Se nosso mundo estivesse bem em cima de nós, em contato conosco, não teríamos tempo para deliberações. Só haveria uma única maneira de responder a esse mundo. Por intermédio de seus órgãos para distância e de sua capacidade para adiar respostas, o indivíduo vive no futuro com a possibilidade de planejar sua vida em referência a esse futuro (1931).

processo de seleção dentre várias alternativas; a inteligência é, em larga medida, uma questão de seletividade.

A ação adiada é necessária à conduta inteligente. A organização, os testes implícitos e a seleção final pelo indivíduo das respostas ou reações que tornará explícitas às situações sociais que o confrontam e lhe apresentam problemas de ajustamento seriam impossíveis se suas respostas ou reações explícitas, nessas situações, não pudessem ser adiadas até que esse processo de organização, testagens implícitas e escolha final terminasse de ocorrer; ou seja, seria impossível se alguma reação ou resposta explícita aos estímulos ambientais tivesse de ser imediata. Sem a reação adiada, ou exceto nos termos de uma reação adiada, não poderia ser exercido nenhum controle inteligente sobre o comportamento, pois é por intermédio desse processo de reação seletiva – que pode ser seletiva somente porque é adiada – que a inteligência atua na determinação do comportamento. De fato, é esse processo que constitui a inteligência. O sistema nervoso central fornece não só o mecanismo fisiológico necessário para esse processo, como também a necessária condição fisiológica para a reação adiada que esse processo pressupõe. A inteligência é essencialmente a capacidade de solucionar problemas do comportamento presente em termos de suas consequências futuras, tais como são implicadas pelas experiências passadas; ou seja, trata-se da capacidade de solucionar problemas do comportamento presente à luz tanto do passado como do futuro, ou em referência a estes – é uma capacidade que tanto implica memória como antevisão. E o processo de praticar a inteligência é o processo de adiar, organizar e selecionar uma resposta ou reação aos estímulos de uma dada situação ambiental. Esse processo é possibilitado pelo mecanismo do sistema nervoso central, que permite que a pessoa tome a atitude que uma outra tomaria em relação a si e, assim, se torna um objeto para si mesma. Esse é o mais efetivo meio de ajustamento ao ambiente social e, inclusive, ao ambiente geral que a pessoa tem à sua disposição.

Qualquer tipo de atitude representa o início – ou o possível início – de algum ato composto, de um ato social em que, juntamente com outros indivíduos, aquele que toma tal atitude está envolvido ou implicado. A suposição tradicional tem alegado que o elemento proposital de um comportamento deve, em última instância, ser uma ideia, um motivo consciente; assim, deve implicar na presença da mente ou depender dela. Porém, o estudo da natureza do sistema nervoso central mostra que, na forma de atitudes fisiológicas (expressas em conjuntos fisiológicos específicos), existem para um ato qualquer diferentes completamentos possíveis, já presentes antes que estes aconteçam, e que por meio destes as partes iniciais do ato em questão são afetadas ou influenciadas (na conduta presente) pelas fases posteriores. Assim, o elemento proposital do comportamento tem uma base fisiológica, uma base behaviorista, e não é fundamental ou necessariamente consciente, nem psíquico.

14
Behaviorismo, watsonismo e reflexão

Discuti até aqui a possibilidade de introduzir o conceito ou a ideia no âmbito da abordagem behaviorista, tentando com isso depurar o behaviorismo apresentado por Watson do que pareceria uma inadequação. Ao remeter o processo de pensar ao processo de falar, Watson parece que identifica o pensamento simplesmente com a palavra, com o símbolo, com o gesto vocal. Ele faz isso por meio da transferência de um reflexo de um estímulo a outro: o termo técnico para esse processo é reflexo condicionado. O psicólogo isola um conjunto de reflexos que responde a determinados estímulos específicos e depois faz com que esses reflexos se expressem em condições variadas, para que o próprio estímulo seja acompanhado por outros estímulos. Ele comprova que esses reflexos podem depois ser desencadeados pelo novo estímulo, ainda que na ausência daquele que anteriormente tinha sido o estímulo necessário. Uma ilustração típica disso é a criança que passa a ter medo de um rato branco porque o animal foi-lhe apresentado várias vezes no mesmo momento em que era produzido um som estridente às suas costas. Esse som muito alto causa medo. A presença do rato branco condiciona a reação de medo de modo que a criança passa a ter medo do animal. As reações de medo são então desencadeadas pelo rato branco, mesmo quando não ocorre mais o som assustador[25].

O reflexo condicionado dos psicólogos objetivos também é usado por Watson para explicar o processo de pensamento. Segundo essa perspectiva, usamos os gestos vocais em conexão com coisas e, com isso, condicionamos nossos reflexos às coisas em termos do processo vocal. Se temos a tendência a sentar quando a cadeira está ali, condicionamos esse reflexo por intermédio da palavra "cadeira". Originalmente, a cadeira é um estímulo que mobiliza esse ato de sentar e, sendo condicionada, a criança pode chegar ao ponto de mobilizar o ato usando a palavra. Não há um limite específico que possa ser imposto a um tal processo. O processo da linguagem é peculiarmente adaptado a tal condicionamento dos reflexos. Temos um número indefinido de respostas aos objetos à nossa volta. Se podemos condicionar essas respostas pelos gestos vocais de modo que sempre que uma certa reação é desencadeada utilizamos ao mesmo tempo certos elementos fonéticos, então podemos chegar ao ponto em que essa resposta será desencadeada sempre que esse gesto vocal surgir. Pensar então não seria nada além de usar esses vários elementos vocais junto com as respostas que

---

25. O medo do escuro que a criança manifesta pode ter decorrido de experiências de ter sido acordada à noite com o barulho de trovoadas; então, ela passa a ter medo do escuro. Isso não foi comprovado, mas é uma interpretação possível em termos de condicionamento.

evocam. Os psicólogos não precisariam buscar nada mais elaborado no processo de pensamento do que o mero condicionamento de reflexos por gestos vocais.

Do ponto de vista da análise da experiência envolvida essa abordagem parece muito inadequada. Para determinados tipos de experiência talvez seja suficiente. Um destacamento bem treinado de soldados exibe um conjunto de reflexos condicionados. Uma determinada formação é desencadeada por meio de algumas ordens. Seu sucesso reside numa resposta automática quando essas ordens são dadas. Aí, naturalmente, temos uma ação sem pensamento. Se o soldado pensa, sob tais circunstâncias, ele muito provavelmente não agirá; sua ação depende de uma certa ausência de pensamento, por assim dizer. Em alguma outra parte ocorreu um elaborado processo de pensamento, mas depois que isso foi feito pelos oficiais de patente mais alta, o processo deve se tornar automático. O que reconhecemos é que essa formulação não faz justiça ao pensamento que se desenrolou nos níveis mais altos da hierarquia. É verdade que as pessoas na base da pirâmide executam o processo sem pensar. Mas, se o pensamento dos oficiais fosse executado nessas mesmas condições, o behaviorismo evidentemente estaria deixando de levar em conta o que é peculiar ao planejamento. Acontece aí alguma coisa muito definida que não pode ser formulada em termos de reflexos condicionados.

A conduta irrefletida do soldado que executa a ordem, de modo que apenas dar a ordem envolve sua execução, é característica do tipo de conduta vigente nos animais inferiores. Usamos esse mecanismo para explicar os sofisticados instintos de certos organismos. Um conjunto de respostas segue-se a outro; o completamento de um passo leva a forma a entrar em contato com certos estímulos que desencadeiam outro passo, e assim por diante. Grandes sofisticações desse processo são encontradas especialmente nas formigas. O pensamento que pertence à comunidade humana encontra-se presumivelmente ausente nessas comunidades. A vespa que armazena a aranha paralisada como alimento para as larvas que nunca a verão e com a qual nunca entraram em contato, não está agindo em termos de uma antevisão consciente. A comunidade humana que armazena comida num recipiente frio e usa-a depois está em certo sentido fazendo a mesma coisa que as vespas. A distinção importante, porém, é que essa ação humana é dotada de um propósito consciente. A pessoa que se organiza para armazenar comida no recipiente frio está, de fato, apresentando a si mesma uma situação que virá a suceder, e determinando seus métodos de preservação com referência a usos futuros.

A formulação de Watson para o condicionamento de reflexos não contempla essas partes da experiência. Esse tratamento só foi aplicado a experiências como as do bebê. Watson está tentando elaborar um mecanismo simples que possa ser amplamente aplicado, sem levar em consideração todas as complicações envolvidas nessa aplicação. É claro que é legítimo que uma nova ideia encontre seu campo mais amplo de aplicações e que posteriormente enfrente algumas dificuldades específicas. Agora, seria possível reformular a nossa apresentação da psicologia behaviorista para que se torne capaz de fazer mais justiça àquilo que normalmente designamos como consciência do que vem acontecendo? Tenho sugerido que poderíamos no mínimo oferecer uma imagem ao sistema nervoso central do que corresponde a tal ideia. É isso que parece faltar à formulação de Watson. Ele simplesmente vincula um conjunto de respostas a certos estímulos e mostra que o mecanismo do organismo é capaz de mudar esses estímulos, mas as ideias que efetivam esse processo não são esclarecidas apenas com essa espécie de substituição.

Na ilustração que dei, em que se oferece a cadeira para alguém sentar, o convite verbal que é feito para que a pessoa se sente pode tomar o lugar da percepção específica da cadeira. A pessoa pode estar ocupada com algo inteiramente diferente e então o estímulo não é o estímulo que estava em ação no reflexo original. A pessoa pode entrar e se sentar, sem prestar atenção na cadeira. Mas essa substituição não nos permite enxergar o mecanismo que, em certo sentido, responde à cadeira e nem a ideia do que está sendo pedido à pessoa que faça. O que sugeri foi que temos no sistema nervoso central o mecanismo que responde a essas reações elaboradas e que o estímulo que as elicia pode desencadear ali um processo que ainda é posto totalmente em prática. Nós não nos sentamos realmente quando uma pessoa nos diz que podemos fazer isso, mas esse processo é iniciado em alguma medida. Estamos prontos para sentar, mas ainda não o fazemos. Preparamo-nos para um certo processo pensando sobre ele, mapeando um esquema de ação para essa conduta e, depois, encontramo-nos prontos para executar seus diferentes passos. Os impulsos motores que já estão lá mobilizaram esses diversos trajetos e as reações podem então acontecer mais pronta e com mais segurança. Isso é particularmente verdadeiro a respeito da relação de diferentes atos dirigidos a outrem. Podemos coligar um processo de resposta e construir, a partir de formas instintivas inferiores, o que chamamos de um reflexo geral em nossa conduta. Ora, em certo sentido, isso pode ser indicado pela estrutura do sistema nervoso. Podemos conceber reações aparecendo com suas várias respostas a esses objetos, ao que, em outras palavras, chamamos de significados desses objetos. O significado da cadeira é nos sentarmos nela; o significado de um martelo é martelarmos com ele, e essas respostas podem estar inervadas mesmo que não sejam executadas concretamente. A inervação desses processos no sistema nervoso central talvez seja necessária para o que chamamos de significado.

Podemos, neste momento, indagar se a excitação neuronal propriamente dita que atinge uma certa área ou alguns trajetos é um substituto legítimo para o que chamamos de ideia. Deparamo-nos com uma explicação paralelista para a aparente diferença entre ideias e estados corporais, entre aquilo que chamamos de psíquico e a contrapartida física, em termos de neuroses. Pode-se criticar na psicologia behaviorista que ela institui numerosos mecanismos e, apesar disso, ainda deixa de fora o que chamamos de consciência. Podem dizer que essa conexão de diferentes processos, como descrevi, que essa organização das diferentes respostas no sistema nervoso central não é, afinal de contas, diferente daquilo a que Watson se referia. Ele também tem todo um conjunto de reações que respondem à cadeira e condiciona a resposta pelo gesto vocal, o vocábulo "cadeira". Pode parecer que isso é tudo o que fizemos. No entanto, como disse, reconhecemos que existe na consciência algo mais do que a mera resposta condicionada. A resposta automática que o soldado apresenta é diferente da conduta que envolve pensar sobre essa reação e envolve a consciência do que se está fazendo.

A psicologia behaviorista tem tentado se livrar das complicações mais ou menos metafísicas envolvidas no estabelecimento do psíquico em contraposição ao mundo, da mente em contraposição ao corpo, da consciência em contraposição à matéria. Verificou-se que essa postura levou a um beco sem saída. O paralelismo mostrou seu valor, mas depois de ter sido aplicado à análise do que se passa no sistema nervoso central, simplesmente levou a um beco sem saída. A oposição do behaviorista à introspecção é justificada. Esta não é uma empreitada proveitosa do ponto de vista do estudo psicológico. Pode ser ilegítimo o que Watson fez, simplesmente eliminando-a do mapa e dizer que não fazemos mais do que escutar palavras que estamos pronunciando subjetivamente. Sem dúvida, essa é uma maneira totalmente inadequada de lidar com o que chamamos de introspecção. Entretanto, é verdade que a introspecção como método para lidar com os fenômenos com os quais a psicologia deve se ocupar é bastante precária. Aquilo de que o behaviorista se ocupa, e que devemos retomar, é a própria reação em si. Somente na medida em que pudermos traduzir o conteúdo da introspecção em respostas é que poderemos obter uma doutrina psicológica satisfatória. Não é necessário que a psicologia se aprofunde nas indagações metafísicas, mas é importante que tente dominar a resposta usada na própria análise psicológica.

Aquilo que desejo salientar é que o processo – por meio do qual essas respostas que são ideias ou significados se tornam associadas com um certo gesto vocal – reside na atividade do organismo, ao passo que no caso do cachorro, da criança, do soldado, esse processo se desenrola, por assim dizer, fora do organismo. O soldado é treinado por meio de todo um conjunto de evoluções. Ele não sabe por que esse conjunto particular lhe é ministrado, nem sabe quais os usos a que está direcionado. O soldado apenas é submetido ao treinamento, assim como um animal é treinado num circo. De maneira semelhante, a criança é exposta a experimentos sem qualquer medida de pensamento de sua parte. O que significa o pensamento propriamente dito é que a associação do objeto cadeira com o vocábulo "cadeira" é um processo que os seres humanos realizam em sociedade e depois internalizam. Esse comportamento certamente tem de ser considerado tanto quanto o comportamento condicionado que acontece externamente, e deve ser ainda mais considerado porque é muitíssimo mais importante que compreendamos o processo do pensamento do que seus produtos.

Ora, onde é que se desenrola o processo de pensamento em si? Se quiser, você pode alegar que estou aqui me esquivando da questão do que essencialmente é a consciência, ou da questão sobre se o que se passa na área do cérebro deve ou não ser identificado com a consciência. O que estou indagando é: onde se desenrola o processo por meio do qual, nos termos de Watson, são condicionados todos os nossos reflexos e reações? Esse é um processo que acontece na conduta e não pode ser explicado pelos reflexos condicionados que resultam dele. Podemos explicar o medo que a criança tem de ratos brancos condicionando os reflexos dela, mas não podemos explicar a conduta do Sr. Watson ao condicionar o citado reflexo por meio de um conjunto de reflexos condicionados, a menos que se instituísse um super Watson para condicionar esses reflexos. O processo de condicionar reflexos tem de ser introduzido na própria conduta, não num sentido metafísico de estipular a mente de maneira espiritual atuando sobre o corpo, mas como um processo concreto com o qual a psicologia behaviorista pode lidar. Os problemas metafísicos ainda permanecem, mas o psicólogo tem de ser capaz de formular o próprio processo de condicionamento de reflexos conforme ocorre na conduta em si.

Podemos encontrar uma parte do mecanismo necessário a tal conduta no sistema nervoso central. Podemos identificar alguns reflexos, como o patelar, e acompanhar o estímulo desde o reflexo até o sistema nervoso central e de volta. Mas não conseguimos acompanhar em detalhes a maioria dos reflexos. Com elementos compatíveis, podemos realizar uma analogia e nos apresentar a elaborada organização a que me referi e que responde aos objetos à nossa volta e a objetos mais complexos, como uma sinfonia ou uma biografia. A questão agora é se a mera excitação de um conjunto desses grupos de respostas é o que queremos dizer com ideia. Quando tentamos empreender a concretização, a tradução de uma ideia em termos de comportamento, em vez de parar com um pouco de consciência, será que podemos transportar essa ideia para a conduta e pelo menos expressar na conduta exatamente aquilo que queremos dizer quando afirmamos que temos uma ideia? Pode ser mais simples supor que cada um de nós tem um pouco de consciência guardada e que impressões são feitas na consciência e que, como resultado de uma ideia, a consciência estabelece, de alguma maneira inexplicada, as respostas no próprio sistema. Mas o que deve ser indagado do behaviorismo é se ele pode formular em termos behavioristas o que se quer dizer com ter uma ideia ou elaborar um conceito.

Acabei de dizer que a formulação de Watson sobre o mero condicionamento de reflexos, o estabelecimento de certos conjuntos de respostas quando uma palavra é usada, não parece responder a esse processo de ter uma ideia. Isso porque, depois de ter chegado a uma ideia, a pessoa parte para colocá-la em pratica, e supomos que esse processo se desenrole. Ter uma ideia é muito diferente do resultado de ter uma ideia, pois o primeiro processo envolve o estabelecimento ou condicionamento de reflexos que, em si mesmos, não podem ser usados para explicar o processo. Ora, sob que condições isso acontece? Podemos indicar essas condições em termos de comportamento? Podemos apresentar em termos behavioristas qual será o resultado, mas será que podemos formular nos mesmos termos o processo de ter ideias?

O processo de ter uma ideia, no caso de um bebê, é um processo de interação com as pessoas à sua volta, um processo social. Ele pode se debater sozinho, sem ter a menor ideia do que está fazendo. Não existe nenhum mecanismo em suas conversas consigo mesmo para condicionar um reflexo por meio de gestos vocais, mas em sua interação com outras pessoas ele pode condicioná-los, o que também acontece na conduta dos animais inferiores. Podemos ensinar um cachorro a fazer certas coisas em resposta a determinadas palavras. Condicionamos esses reflexos por meio de alguns gestos vocais. Da mesma maneira, uma criança se refere a uma cadeira usando o vocábulo "cadeira". Mas o animal não tem ideia do que está fazendo, e se detivéssemos a criança nesse instante não lhe poderíamos atribuir qualquer ideia. O que está envolvido em haver uma ideia é o que não pode ser formulado em termos do condicionamento de um reflexo. Sugeri que no aparecimento de uma ideia está envolvido o fato de que o estímulo não só elicia a resposta, como o indivíduo que recebe a resposta também usa ele mesmo esse estímulo, esse gesto vocal, e elicia em si próprio a mesma resposta. Esse é, pelo menos, o início do que segue. É a complicação subsequente que não encontramos na conduta do cachorro. Este só se ergue nas patas traseiras e sai andando quando usamos uma palavra em particular, mas o cachorro não pode dar a si mesmo esse estímulo que alguém lhe dá. Ele pode responder ao estímulo mas não pode dar uma mão, por assim dizer, no condicionamento de seus próprios reflexos; estes podem ser condicionados por um outro indivíduo, mas ele mesmo não pode fazer isso. Ora, é característico da fala significante que justamente esse processo de autocondicionamento esteja se desenrolando o tempo todo.

Naturalmente, há certas fases de nossa fala que não pertencem ao âmbito do que chamamos de autoconsciência. Ao longo dos séculos ocorreram mudanças na fala das pessoas, mudanças das quais ninguém estava ciente. Mas quando nos referimos a uma fala significativa, sempre implicamos que o indivíduo que ouve um vocábulo efetivamente usa essa palavra em referência a si mesmo. Isso é o que chamamos de entendimento pessoal do que é dito. Ele não só está pronto para responder, como também usa o mesmo estímulo que ouve, mostrando-se por sua vez propenso a responder a este. Isso é verdadeiro para a pessoa que faz uso da fala significativa com mais alguém. Ela sabe e compreende o que está pedindo que alguém faça, e, em certo sentido, está convidando em si mesma a resposta de executar o processo. O processo de se dirigir a uma outra pessoa é um processo de também se dirigir a si mesmo e de eliciar a resposta que elicia em outrem. A pessoa abordada, na medida em que estiver consciente do que está fazendo, tende ela mesma a fazer uso de um gesto vocal semelhante e, assim, elicia ela mesma a resposta eliciada por outro indivíduo, para pelo menos pôr em prática o processo social que envolve essa conduta. Isso é diferente da ação do soldado, pois, na fala significante, ele mesmo entende o que lhe é pedido que faça e consente em executar algo de que ele próprio torna-se uma parte. Se uma pessoa dá a alguém instruções de como chegar numa determinada rua, ela mesma está recebendo todas essas detalhadas instruções. Está se identificando com a outra pessoa. Quem ouve não está simplesmente se movimentando de acordo com uma ordem, mas está se dando aquelas instruções que ouviu de outrem. Em termos behavioristas, é isso que queremos dizer quando afirmamos que a pessoa está consciente de algo. Certamente, está sempre implícito que o indivíduo tende a realizar o mesmo processo que a pessoa a quem se dirigiu; ele proporciona a si próprio o mesmo estímulo e, assim, toma parte no mesmo processo. Na medida em que está condicionando seus próprios reflexos, esse processo passa para a sua experiência pessoal.

Penso que seja importante reconhecer que, ao lidar com a inteligência humana, a nossa psicologia behaviorista deve apresentar a situação que eu acabei de descrever, na qual a pessoa sabe qual é o significado do que lhe é dito. Se ela mesma faz uso de algo que responde ao gesto que observa e repete isso para si própria, colocando-se no papel de quem está falando consigo, então a pessoa apreende o significado do que ouve, ela tem ideia disso; esse significado tornou-se também seu. É essa espécie de situação que parece estar envolvida no que chamamos de "mente": esse processo social, em que um indivíduo afeta outros, é introduzido na experiência dos indivíduos afetados[26]. Aquele que adota dita atitude não está simplesmente repetindo alguma coisa, mas essa atitude torna-se parte da elaborada reação social que está em andamento. É a necessidade de apresentar esse processo em termos do comportamento que está envolvida numa formulação behaviorista adequada, em contraposição a uma mera formulação de reflexos condicionados.

15
Behaviorismo e paralelismo psicológico

O behaviorismo poderia parecer que alcança o que seria possível chamar de paralelismo em relação às neuroses e psicoses; quer dizer, no relacionamento entre o que está acontecendo no sistema nervoso central e a experiência que lhe é paralela ou que a ela responde. Seria possível afirmar, por exemplo, que existe

---

26. Cf. Seções 16 e 24.

uma excitação na retina devido a alguma perturbação que ocorre no ambiente, e que só quando essa excitação atinge um certo ponto do sistema nervoso central é que aparece uma sensação de cor ou se dá a experiência de um objeto colorido. Acreditamos que vemos o objeto no ponto em que essa perturbação acontece no ambiente. Ou seja, por exemplo vemos uma luz elétrica. Mas somos informados de que a luz representa mudanças físicas em andamento a uma velocidade enorme, as quais são de alguma maneira transferidas para a retina por ondas de luz e, daí, para o sistema nervoso central, de tal modo que vemos a luz no ponto em que supomos que essas vibrações ocorrem. Naturalmente, essa transmissão envolve um certo tempo e, durante o desenrolar dela, pode haver alguma mudança física no objeto. Não só pode haver uma possibilidade de erro de percepção, como nós podemos estar enganados inclusive quanto ao objeto que temos à nossa frente, pois a luz é temporalmente posterior à perturbação que parece expor. A luz tem uma velocidade finita e o processo que se dá entre a retina e o ponto no sistema nervoso central é muito mais prolongado que o da luz. Para nossa conveniência, essa situação é levada ao extremo quando usamos como ilustração a luz das estrelas. Nós enxergamos a luz emitida pelo sol há cerca de oito minutos; o sol que vemos existia há oito minutos, e há algumas estrelas tão distantes de nós que consomem muitos anos-luz até nos alcançar. Assim, nossas percepções têm condições que localizamos no sistema nervoso central num determinado momento. Se alguma coisa interfere no processo neuronal, então essa experiência particular não acontece. De alguma maneira chegamos a uma formulação do que está por trás da versão paralelista. Se relacionamos o que se dá nesse ponto como uma neurose com o que se dá em nossa experiência, aparentemente temos duas coisas inteiramente diferentes. A perturbação no sistema nervoso central é um processo elétrico, mecânico ou químico em andamento nos elementos neuronais, ao passo que aquilo que vemos é uma luz colorida, e o máximo que podemos dizer é que uma coisa parece paralela a ela, já que não podemos dizer que ambas são idênticas.

Agora, a psicologia behaviorista, em vez de estipular esses eventos no sistema nervoso central como uma série causal que é pelo menos condicional à experiência sensorial, considera a resposta inteira ao ambiente como aquilo que responde ao objeto colorido que enxergamos; nesse caso, a luz. Ela não localiza a experiência em ponto algum do sistema nervoso; nos termos de Russell, não a instala dentro da cabeça. Para Russell, a experiência é um efeito do que acontece naquele ponto em que um processo causal se desenrola na cabeça. Ele salienta que, de seu ponto de vista, a cabeça dentro da qual situamos essa experiência existe empiricamente somente na cabeça das outras pessoas. O fisiologista nos explica onde essa excitação está acontecendo. Ele enxerga a cabeça que está demonstrando para nós e enxerga o que está ali dentro da cabeça, na imaginação; mas, para esta proposta, o que ele enxerga deve estar dentro da sua própria cabeça. Russell sai dessa confusão dizendo que a cabeça a que se refere não é a cabeça que enxergamos, mas a que está implícita na análise fisiológica. Bom, em vez de presumir que o mundo vivenciado em si está dentro de uma cabeça, localizado naquele ponto em que certas perturbações neuronais se desenrolam, o que o behaviorista faz é relacionar o mundo das experiências ao ato completo do organismo. Como acabamos de dizer, é verdade que esse mundo vivenciado não aparece, exceto quando as várias excitações atingem certos pontos do sistema nervoso central. Também é verdade que se você interromper qualquer um desses canais, apaga uma mesma porção desse mundo. O que o behaviorista faz, ou deveria fazer, é tomar o ato completo, o processo total da conduta, como sua unidade em tal formulação. Para fazer isso ele tem de levar em conta não apenas o sistema nervoso, mas também o restante do organismo, pois o sistema nervoso é só uma parte especializada do organismo inteiro.

Do ponto de vista da psicologia behaviorista ou dinâmica, a consciência como substância, como experiência, é simplesmente o ambiente do indivíduo ou do grupo social humano, na medida em que é constituído por esse indivíduo ou grupo social, depende dele(s), ou é-lhe(s) existencialmente relativo. (Uma outra significação do termo "consciência" aparece em conexão com a inteligência reflexiva, e uma outra ainda em conexão com os aspectos privados ou subjetivos da experiência, em contraste com os aspectos comuns ou sociais.)

A totalidade do nosso mundo vivencial – a natureza tal como a vivenciamos – está basicamente relacionada ao processo social do comportamento, ao processo em que os atos são iniciados por gestos que funcionam como tal porque, por sua vez, mobilizam respostas adaptativas de outros organismos, indicando o completamento ou o resultado dos atos que iniciam, ou relativas a estes. Quer dizer, o conteúdo do mundo objetivo, tal como o vivenciamos, é em grande medida constituído pelas relações do processo social com ele e, em particular, mediado pela relação triádica com o significado que é criado dentro desse processo. Todo o conteúdo da mente e da natureza, na medida em que assume o caráter do significado, depende dessa relação triádica dentro do processo social e entre as fases componentes do ato social, pressuposto da existência do significado.

A consciência ou experiência assim explicada ou apresentada em termos do processo social não pode, entretanto, ser situada no cérebro, não só porque essa localização implica uma concepção espacial da mente (concepção que, no mínimo, é um pressuposto indevido, pois tem sido aceito sem críticas), mas também porque essa localização leva ao solipsismo fisiológico de Russell e a insuperáveis dificuldades de interação. A consciência é uma função, não uma substância. E em qualquer uma das principais acepções do termo deve ser localizada no mundo objetivo em vez de no cérebro: a consciência é uma característica do ambiente, pertence ao ambiente em que nos encontramos. O que é localizado, o que de fato ocorre no cérebro, entretanto, é o processo fisiológico por meio do qual perdemos e recuperamos a consciência; processo que, em certo sentido, é análogo ao de subir ou descer uma persiana.

    Agora, como salientamos antes, se queremos controlar o processo da experiência e da consciência podemos retomar os diversos processos do corpo, especialmente o sistema nervoso central. Quando estabelecemos um paralelismo, o que estamos tentando fazer é declarar quais os elementos do mundo que nos permitem controlar os processos da experiência. O paralelismo está entre o ponto em que a conduta acontece e a reação da vivência, e devemos determinar aqueles elementos que nos permitirão controlar a reação em si. Via de regra, controlamos essa reação por meio dos objetos que estão fora do organismo, em vez de dirigir a atenção para o organismo propriamente dito. Se queremos uma iluminação mais forte, usamos uma lâmpada mais potente. Regra geral, nosso controle consiste numa reação aos objetos em si e, desse ponto de vista, o paralelismo se dá entre o objeto e o percebido, entre a luz elétrica e a visibilidade. Essa é a espécie de paralelismo que o indivíduo comum estabelece; ao estipular um paralelismo entre as coisas à sua volta e sua experiência ele escolhe aqueles aspectos das coisas que lhe permitirão controlar a experiência. Sua experiência é a de se manter enxergando as coisas que o ajudam e, consequentemente, ele seleciona nos objetos os aspectos que se expressarão nesse tipo de experiência. Mas, se o incômodo que ele experimenta é devido por um desequilíbrio em seu sistema nervoso central, então ele precisará voltar a isso. Nesse caso, o paralelismo será entre sua experiência e as excitações no sistema nervoso central. Se ele descobrir que não está enxergando bem, poderá descobrir algum problema em seu nervo óptico, e o paralelismo então será entre sua visão e o funcionamento do nervo óptico. Se ele estiver interessado em certas imagens mentais, volta àquelas experiências que afetaram o sistema nervoso central no passado. Alguns efeitos dessas experiências sobre o sistema nervoso central continuam vigentes; assim, se ele estiver montando um paralelismo, constatará que se situa entre o evento passado e a condição presente de seu sistema nervoso central. Esse relacionamento se torna uma questão de grande importância para a totalidade da nossa percepção. Vestígios de experiências passadas estão continuamente interferindo em nosso mundo percebido. Agora, para captarmos no organismo aquilo que responde a esse estágio da nossa conduta, às nossas lembranças, às nossas respostas inteligentes ao presente em termos do passado estabelecemos um paralelismo entre o que está se desenrolando no sistema nervoso central e nas experiências imediatas. Nossa memória depende das condições de certos tratos em nossa cabeça, e essas condições devem ser escolhidas para que se tenha o controle de processos dessa ordem.

    Esse tipo de correlação é cada vez mais perceptível quando passamos das imagens em si para o processo de pensamento. A inteligência que está envolvida na percepção é enormemente elaborada no que chamamos de "pensamento". Percebemos um objeto em termos da nossa resposta a ele. Se você repara na sua conduta percebe frequentemente que vira a cabeça para um certo lado para ver algo porque os raios de luz atingiram a periferia da sua retina. Você gira a cabeça para ver o que era; passa a usar a expressão "ciente de algo ali". Podemos ter a impressão de que alguém está olhando para nós, em meio a uma multidão, e nos percebemos girando a cabeça para ver quem é. Nossa tendência para virar revela o fato de que há raios oriundos dos olhos de outras pessoas. É verdade, para todas as nossas experiências, que é a resposta que interpreta para nós o que nos alcança no estímulo e é essa atenção que cria o percebido a partir do que chamamos de "sensação". A interpretação da resposta é o que lhe confere seu conteúdo. Nosso pensamento é simplesmente uma elaboração dessa interpretação, em termos de nossa própria resposta. O som é algo que leva a um sobressalto para longe da fonte ruidosa; a luz é algo que atrai nosso olhar. Quando o perigo é algo que talvez esteja muito longe, como o perigo de perder nossos fundos num mau investimento, ou o risco de lesão aos nossos órgãos em virtude de algum acidente, a interpretação que é dada envolve um processo muito elaborado de pensamento. Em vez de simplesmente saltar de lado podemos mudar nossos hábitos alimentares, fazer mais exercícios, mudar o perfil de nossos investimentos. Esse processo de pensamento, que é a elaboração de nossas respostas ao estímulo, é um processo que também se passa necessariamente no organismo. Entretanto, é um erro presumir que tudo o que chamamos de pensamento pode ser localizado no organismo ou pode ser colocado dentro da cabeça. A adequação ou inadequação do investimento está no investimento, e o caráter valioso ou perigoso dos alimentos está nos alimentos, e não na nossa cabeça. O relacionamento entre esses e o organismo depende do tipo de resposta que iremos dar, e esse relacionamento é que está mapeado no sistema nervoso central. A maneira como iremos responder é encontrada aqui, e nas possíveis conexões que devem ser conexões de experiências passadas com respostas presentes a fim de que possam existir pensamentos. Nós conectamos toda uma série de coisas externas, especialmente aquelas que são passadas, com a nossa condição presente a fim de podermos lidar de modo inteligente com algum perigo remoto. No caso de um investimento ou de um distúrbio orgânico, o perigo está distante, mas ainda assim temos de reagir a ele de modo a evitá-lo. E o processo é de tal sorte que envolve uma elaborada conexão que tem de ser encontrada no sistema nervoso central, especialmente na medida em que representa o passado. Assim, portanto, estabelecemos o que está se passando no sistema nervoso central como aquilo que é paralelo ao que se encontra na experiência. Se nos solicitassem para fazer alguma mudança no sistema nervoso central, desde que isso pudesse ser efetuado com o conhecimento presente, poderíamos assistir o que acontece nos processos do sistema nervoso central. Teríamos de aplicar nossos supostos remédios ao próprio sistema nervoso central, ao passo que, nos casos anteriores, teríamos de ficar mudando os objetos que afetam o sistema nervoso central. É muito pouco o que podemos fazer diretamente, nesse momento, mas podemos cogitar de uma resposta que nos permita afetar a nossa memória e o nosso pensamento. Naturalmente, tentamos selecionar o momento do dia e as condições em que a nossa cabeça esteja lúcida, se temos um trabalho difícil para executar. Essa é uma forma indireta de tentar obter uma cooperação favorável dos elementos neuronais do cérebro para que façam um certo volume de pensamentos. Esse é o mesmo tipo de paralelismo que reside entre os sistemas de iluminação de nossa casa e a experiência que temos da visibilidade. Num caso, temos de atentar às condições externas e, no outro, às condições interiores do sistema nervoso central para controlar nossas respostas. Não existe em geral um paralelismo entre o mundo e o cérebro. O que a psicologia behaviorista está tentando fazer é encontrar nas respostas, no grupo inteiro das nossas respostas, aquilo que responde às condições do mundo que queremos mudar, melhorar, a fim de que nossa conduta tenha êxito.

O passado que está em nossa experiência presente existe ali por causa do sistema nervoso central em relação com o resto do organismo. Se a pessoa atingiu um certo domínio para tocar um violino, essa experiência passada está registrada nos próprios nervos e músculos mas, principalmente, nas conexões encontradas no sistema nervoso central, em todo o conjunto de trajetos que ali se mantêm abertos, de tal modo que, quando vem um estímulo, é disparado todo um complexo conjunto de respostas elaboradas. Nosso passado permanece conosco nos termos daquelas mudanças que resultaram da nossa experiência e que, em certo sentido, são registradas ali. A inteligência peculiar da forma humana reside nesse elaborado controle conquistado através do passado. O passado do animal humano está constantemente presente na facilidade com que ele age, mas dizer que o passado está simplesmente localizado no sistema nervoso central não é uma declaração correta. É verdade que esse mecanismo deve estar presente a fim de que o passado possa aparecer em nossa experiência, mas isso é uma parte das condições, não a única condição. Quando reconhecemos alguém, deve ser em virtude do fato de que vimos essa pessoa no passado, e quando a vemos novamente ocorrem aquelas tendências a reagir da maneira como reagimos antes, mas é preciso que a pessoa esteja lá, ou alguém que pareça com ela, para que tudo isso possa acontecer. O passado deve ser encontrado no mundo presente[27]. Do ponto de vista da psicologia behaviorista, escolhemos o sistema nervoso central somente porque é o mecanismo imediato por meio do qual nosso organismo atua para reunir a influência do passado sobre o presente. Se queremos compreender a maneira como um organismo responde a uma determinada situação que tem um passado temos de ir aos efeitos das ações passadas sobre o organismo, que foram deixados no sistema nervoso central. Não há dúvida quanto a esse fato. Como é de se esperar, esses efeitos também se tornam

---

27. [Para a teoria sobre o passado, insinuada na passagem, cf. *The Philosophy of the Present*, p. 1-31.]

especialmente importantes, mas o "paralelismo" da psicologia behaviorista não é diferente do paralelismo que reside entre o ar quente dentro de casa e o aparelho de aquecimento que foi instalado lá.

16
A mente e o símbolo

Tentei salientar que os significados das coisas, que as nossas ideias sobre elas, respondem à estrutura do organismo em sua conduta com referência às coisas. A estrutura que torna isso possível foi encontrada essencialmente no sistema nervoso central. Uma das peculiaridades desse sistema é que, em certo sentido, ele tem uma dimensão temporal: as coisas que iremos fazer podem ser organizadas numa ordem temporal, de modo que os processos posteriores podem, em seus primórdios, estar presentes e determinar os processos anteriores. O que iremos fazer pode determinar nossa abordagem imediata ao objeto.

O mecanismo do sistema nervoso central nos permite ter agora, presentes, como atitudes ou respostas implícitas, as possíveis resoluções alternativas visíveis de qualquer ato dado em que estejamos envolvidos. Esse é um fato que deve ser reconhecido e compreendido em virtude do óbvio controle que as fases posteriores de qualquer ato dado exercem sobre suas fases anteriores. Mais especificamente, o sistema nervoso central fornece um mecanismo de respostas implícitas que permite ao indivíduo testar implicitamente os vários completamentos possíveis de um ato já iniciado, antes que ele efetivamente se complete; assim, escolhendo para si, com base nessas testagens, aquele que é o mais desejável para ser explicitamente executado ou efetivado. Em suma, o sistema nervoso central permite que o indivíduo exerça um controle consciente sobre seu comportamento. É a possibilidade de uma resposta adiada que diferencia principalmente a conduta refletida da irrefletida, na qual a resposta sempre é imediata. Os centros superiores do sistema nervoso central estão envolvidos no primeiro tipo de comportamento, ao possibilitar a interposição – entre o estímulo e a resposta no arco estímulo-resposta simples – de um processo de seleção entre uma ou outra de todo um conjunto de respostas possíveis e de combinações de respostas a um dado estímulo.

Os processos mentais se desenrolam nesse campo de atitudes, expressas pelo sistema nervoso central e, por conseguinte, esse é o campo das ideias: o campo do controle do comportamento presente em termos de suas consequências futuras ou em termos de comportamentos futuros; o campo daquele tipo de conduta inteligente que é peculiarmente característico das formas mais elevadas de vida e, em especial, dos seres humanos. As várias atitudes que podem ser expressas por meio do sistema nervoso central podem ser organizadas em diferentes tipos de atos subsequentes. As reações ou respostas adiadas, assim possibilitadas pelo sistema nervoso central, são os traços distintivos do comportamento inteligente ou controlado pela mente[28].

O que é a mente, propriamente dita, pensando em termos behavioristas? Claro que "mente" é um termo ambíguo, e eu quero evitar ambiguidades. O que sugeri como a característica da mente é a inteligência reflexiva do animal humano, que pode ser distinguida da inteligência das formas inferiores. Se tentarmos considerar a razão como uma faculdade específica que lida com o que é universal, deveremos encontrar nas formas inferiores respostas que são universais. Podemos apontar que suas condutas também são dotadas de propósito e que os tipos de condutas que não conduzem a certos fins são eliminados. Isso poderia parecer uma resposta ao que chamamos de "mente" quando falamos da mente animal, mas aquilo a que nos referimos como inteligência reflexiva geralmente reconhecemos como exclusividade do organismo humano. O animal não humano age com referência a um futuro no sentido de que tem impulsos que buscam se expressar e que só encontrarão sua satisfação nas experiências posteriores e, seja como for que se explique isso, essas experiências posteriores efetivamente determinam como serão as experiências presentes. Se aceitarmos a explicação darwinista, diremos que só sobrevivem aquelas formas cuja conduta tem um certo relacionamento com um futuro específico, pertinente ao ambiente daquela forma específica. As formas cujas condutas asseguram seu futuro naturalmente sobreviverão. Nessa sentença, pelo menos de modo indireto, estamos fazendo com que o futuro determine a conduta da forma por meio da estrutura das coisas, tal como existem agora, em decorrência de acontecimentos passados.

Quando, por outro lado, falamos de uma conduta refletida, sem dúvida alguma nos referimos à presença do futuro em termos de ideias. O homem inteligente, em contraste com o animal inteligente, apresenta a si mesmo o que está por acontecer. O animal pode agir de maneira a garantir sua comida para amanhã. O esquilo esconde nozes, mas não sustentamos que o esquilo tenha uma

---

28. Ao considerarmos o papel ou a função do sistema nervoso central para o comportamento humano inteligente, por mais importante que o sistema seja, devemos, não obstante, nos lembrar do fato de que esse comportamento é essencial e fundamentalmente social, que envolve e pressupõe um processo de vida social em permanente andamento e que a unidade desse processo social em andamento – ou a de qualquer um de seus atos constitutivos – é irredutível e, principalmente, não pode ser adequadamente analisada desmembrando-a num determinado número de elementos neuronais finitos. Esse fato deve ser reconhecido pelo psicólogo social. Esses elementos neuronais finitos se encontram na unidade desse processo social vigente ou na unidade de qualquer um dos atos sociais nos quais o processo se manifesta ou concretiza. Além disso, a análise que os delimita, a análise de que são os resultados ou produtos finais, não destrói, não pode destruir, essa unidade.

imagem do que está por acontecer. O filhote de esquilo nasce no verão, e não é instruído por outras formas, mas começará a esconder nozes, assim como os animais mais velhos. Esses atos demonstram que a experiência não poderia ter dirigido a atividade dessa forma em particular. O homem previdente, contudo, constrói um certo curso de ação, imagina uma dada situação e dirige sua conduta pessoal com relação a ela. O esquilo obedece a certos impulsos cegos e a manifestação de seus impulsos leva ao mesmo resultado que a armazenagem de grãos que faz o homem previdente. Entretanto, é essa imagem do que o futuro virá a ser como fator determinante da nossa conduta presente que é a característica da inteligência humana: o futuro como presente em termos de ideias.

Quando apresentamos uma imagem como essa é em termos de nossas reações, do que iremos fazer. Estamos com um certo tipo de problema agora, e a formulação do problema se dá em termos de uma situação futura que nos permitirá solucioná-lo mediante nossas reações presentes. Esse tipo de pensamento caracteriza a forma humana e empenhamo-nos em delimitar esse mecanismo. O essencial nesse mecanismo é a maneira de indicar os aspectos das coisas que controlam as respostas e que têm vários valores para a forma propriamente dita, de tal modo que esses aspectos atrairão a atenção do organismo e produzirão o resultado desejado. O odor da presa atrai a atenção do predador e, prestando atenção nesse odor, ele satisfaz sua fome e assegura seu futuro. Qual é a diferença entre essa situação e a conduta do homem que age, digamos, racionalmente? A diferença fundamental é que este de alguma maneira aponta este aspecto, qualquer que ele seja, a uma outra pessoa e a si mesmo, e a simbolização desse aspecto por meio de tal gesto indicativo é o que constitui o mecanismo que fornece pelo menos os implementos para uma conduta inteligente. Assim, uma pessoa aponta para certas pegadas e diz que são de um urso. Bem, identificar esse tipo de vestígio por meio de algum símbolo para que possa ser utilizado por diferentes membros do grupo, mas especialmente pelo próprio indivíduo em outra ocasião, é o traço distintivo da inteligência humana. Ser capaz de identificar "isto que leva àquilo" e obter alguma espécie de gesto, vocal ou não, que possa ser usado para indicar a implicação para outros e para si mesmo, permitindo assim o controle da conduta relativa a isso, é o fator distintivo da inteligência humana, não encontrado na inteligência animal.

O que tais símbolos fazem é selecionar as características particulares da situação, de tal sorte que a resposta a elas possa estar presente na experiência do indivíduo. Podemos dizer que estão presentes em sua forma ideal, como numa tendência a sair correndo, ou na reação de frio na barriga quando deparamos com pegadas recentes de um urso na neve. A indicação de que isso é um urso elicia a resposta de evitar o animal ou, se se trata de um caçador de ursos, indica que a caçada está progredindo. Tem-se a resposta na experiência antes que ela seja evidenciada pela indicação e ênfase do estímulo que a instiga. Quando esse símbolo é utilizado para a coisa em si, a pessoa está condicionando um reflexo, nos termos de Watson. A visão do urso levaria a pessoa a fugir; a pegada condicionou esse reflexo e o vocábulo "urso" dito pela pessoa ou um amigo também condiciona o reflexo, de modo que o sinal passa a representar a coisa, no que concerne à ação.

O que tentei salientar é a diferença entre o tipo de conduta acima descrito e aquele que ilustrei com o experimento com o bebê, o ruído forte atrás de sua cabeça e o rato branco. Nesta última situação, existe o condicionamento de um reflexo em que não há como manter apartados os diversos elementos. Mas quando existe um condicionamento do reflexo envolvendo o vocábulo "uso", ou a visão das pegadas, existe na experiência da pessoa a separação entre o estímulo e a resposta. Aqui, o símbolo significa o urso e, por sua vez, isso significa cair fora, ou avançar na caçada. Nessas circunstâncias, a pessoa que depara com pegadas de urso não tem medo dessas pegadas, mas do urso. Aquelas pegadas significam um urso. A criança sente medo do rato, de modo que a resposta de medo aparece à visão do rato branco. O homem não teme as pegadas, mas o urso. A pegada e o símbolo que se refere ao urso, pode-se dizer que em certo sentido condicionam ou disparam a resposta, mas o urso, e não o sinal, é o objeto do medo. A delimitação do símbolo propriamente dito nos permite permanecer com esses aspectos e delimitá-los em sua relação com o objeto e, consequentemente, em sua relação com a resposta. Penso que seja isso que caracteriza a nossa inteligência humana, num grau peculiar. Temos um conjunto de símbolos por meio dos quais indicamos certos aspectos, e, ao indicá-los, destacamo-los de seu ambiente imediato e mantemos simplesmente um relacionamento claro. Isolamos a pegada do urso e mantemos somente esse vínculo com o animal que a produziu. Estamos reagindo a ela, nada mais. Permanecemos com ela como uma indicação do urso e do valor que esse objeto tem na experiência, como algo a ser evitado ou caçado. A capacidade de delimitar esses aspectos importantes em sua relação com o objeto e a resposta que pertence ao objeto é, na minha opinião, o que geralmente queremos dizer quando falamos que um ser humano está pensando numa coisa ou tem algo em mente. Essa capacidade faz toda a diferença do mundo entre o condicionamento de reflexos do tipo que envolvia o rato branco e o processo humano de pensar por meio de símbolos[29].

---

29. Os significados das coisas ou objetos são suas qualidades ou propriedades inerentes reais; o *locus* de qualquer significado dado está na coisa que, como dizemos, "o tem". Referimo-nos ao significado de uma coisa quando fazemos uso do símbolo. Os símbolos representam os significados das coisas ou objetos que têm significado. Eles são certas porções da experiência que apontam, indicam ou representam outras porções da experiência não diretamente presentes ou dadas num determinado momento quando e na situação em que qualquer uma delas está presente (ou é imediatamente vivenciada). Dessa maneira, o símbolo é mais do que um mero estímulo substituto, mais do que um mero estímulo para uma resposta ou reflexo condicionado. Pois o reflexo condicionado – a resposta a um mero estímulo substituto – não envolve e não precisa envolver a consciência, ao passo que a resposta a um símbolo envolve, e é obrigatório que envolva, a consciência. Os reflexos condicionados mais a consciência das atitudes e significados que envolvem

O que existe na conduta que torna possível esse nível de experiência, essa escolha de certos aspectos com seu relacionamento com outros aspectos e as respostas que estes eliciam? Minha resposta, obviamente, é dada nos termos desse conjunto de símbolos, conforme surgem em nossa conduta social, no diálogo dos gestos; em suma, em termos de linguagem. Quando transportamos para a conduta aqueles símbolos que indicam certos aspectos e seu relacionamento com as coisas e as respostas, esses símbolos nos permitem selecionar os aspectos e reservá-los, na medida em que determinam a nossa conduta.

Num passeio pelo campo um homem chega a uma vala que não consegue transpor de um salto. Ele quer prosseguir, mas a vala impede que essa tendência seja levada adiante. Nesse tipo de situação brota uma sensibilidade para todos os tipos de aspectos que ele não havia notado antes. Quando ele se detém, dizemos que a mente fica solta. Ele não olha simplesmente para a indicação do caminho que segue em frente. Um cachorro e um homem tentariam achar um ponto que lhes permitisse atravessar a vala. Mas o que o homem poderia fazer e o cachorro não seria reparar que as bordas da vala parecem ficar mais próximas uma da outra, numa das direções. Ele escolhe os melhores pontos para tentar a travessia, e essa abordagem que ele indica para si mesmo determina o caminho que irá tomar. Se o cachorro visse, de longe, um lugar estreito, correria para lá, mas provavelmente não seria afetado pela abordagem gradual que o indivíduo humano simbolicamente seria capaz de indicar a si mesmo. Este veria outros objetos à sua volta, teria outras imagens aparecendo em sua experiência. Ele percebe uma árvore que poderia servir de ponte para cruzar o espaço à sua frente. Poderia tentar vários tipos de ações possíveis que lhe seriam sugeridas em tal situação e se lhe apresentariam por meio dos símbolos que ele emprega. Ele simplesmente não condicionou certas respostas por certos estímulos. Se as tivesse condicionado, estaria limitado a elas. O que ele efetivamente faz por meio desses símbolos é indicar certos aspectos que estão presentes, para que possa ter essas respostas em cena, todas prontas para serem acionadas. Ele olha para o fundo da vala e acha que enxerga suas bordas mais próximas; pode, então, correr para esse ponto. Ou, pode parar e se perguntar se não existe algum outro modo de apressar sua travessia. O que o detém é a variedade de coisas que ele poderia fazer. Ele repara em todas as possibilidades de atravessar. Pode permanecer com elas por meio de símbolos, relacionando-os uns com os outros

---

são o que constitui a linguagem e, assim, assentam as bases ou constituem o mecanismo para o pensamento e a conduta inteligente. A linguagem é o meio pelo qual os indivíduos podem indicar uns aos outros qual será sua resposta aos objetos e, por conseguinte, quais são os significados dos objetos. A língua não é um mero sistema de reflexos condicionados. A conduta racional sempre envolve uma referência reflexiva ao self; quer dizer, uma indicação para o indivíduo das significações que seus atos e gestos têm para outros indivíduos. E a base vivencial ou behaviorista para essa conduta – o mecanismo neurofisiológico do pensamento – pode ser encontrada, como vimos, no sistema nervoso central.

a fim de chegar a uma ação final. O início do ato está lá, em sua experiência. Ele já tem uma tendência a ir em certa direção e o que fará já está li, determinando-o. E não só essa determinação está ali em sua atitude, como ele tem aquela que é escolhida por meio do termo "aqui é estreito; se eu saltar, atravesso". Ele está pronto para saltar e esse reflexo está pronto para determinar o que ele fará. Em vez de mero condicionamento de reflexos, esses símbolos são maneiras de selecionar os estímulos de maneira que as várias respostas possam se organizar numa modalidade de ação[30].

A meu ver, a situação em que a pessoa busca o condicionamento de respostas, no que concerne à inteligência reflexiva, está sempre presente na forma de um problema. Quando um homem está apenas indo em frente ele busca as indicações do caminho, mas o faz de modo inconsciente. Ele simplesmente vê o caminho à sua frente; em tais condições, não está ciente de o estar buscando. Mas quando alcança a vala, seu movimento de avanço é interrompido pelo próprio processo de recuar diante desse obstáculo. O conflito, por assim dizer, deixa-o livre para enxergar todo um conjunto de outras coisas. Agora, o tipo de coisas que ele verá serão os aspectos que representam as diversas possibilidades de ação, diante de tais circunstâncias. O sujeito guarda essas diferentes possibilidades de resposta para os diferentes estímulos que se apresentam, e é essa sua capacidade de permanecer com elas que constitui a sua mente.

Não temos evidência de uma tal situação no caso dos animais inferiores, como fica abundantemente claro pelo fato de que não encontramos em nenhum comportamento animal com que pudemos trabalhar minuciosamente qualquer método de comunicação, nada que responda a essas diferentes reações, de modo que todas possam permanecer no repertório de suas experiências individuais. É isso que diferencia a ação do ser dotado de uma inteligência reflexiva da conduta das formas inferiores, e o mecanismo que torna isso possível é a linguagem.

---

[30]. O ato da reflexão consiste na reconstrução do campo perceptual, de modo que se torne possível para os impulsos em conflito não mais inibirem a ação. Isso pode se dar mediante um reajustamento temporal, que leve um dos impulsos conflitantes a se manifestar posteriormente. Neste caso, entraram no campo perceptual outros impulsos que adiam a expressão daquilo que estava inibindo a ação. Temos a largura de uma vala que inibe o impulso de saltar. Entra no campo perceptual a imagem de um trecho mais estreito e o impulso de saltar se manifesta, mediante uma combinação de impulsos que inclui o de se mover adiante para mais perto do trecho estreito. A reconstrução pode ocorrer por meio do aparecimento de outros aspectos sensoriais no campo, antes ignorados. Uma prancha longa o suficiente para vencer a distância das bordas da vala é reconhecida. Como o indivíduo já tem o complexo de impulsos que leva a erguê-la e posicioná-la atravessada sobre a vala, ele passa a fazer parte do grupo organizado de impulsos que leva o homem na direção de seu destino. Em nenhum dos casos ele estaria pronto a responder ao estímulo (num caso, a imagem da parte mais estreita da vala; no outro, a visão da prancha) se não tivesse em sua natureza reações que respondem a esses objetos, nem essas tendências a responder o sensibilizariam aos seus estímulos se não tivessem sido libertadas de hábitos firmemente organizados. Portanto, é essa liberdade que constitui o pré-requisito da reflexão e é nossa conduta social autorrefletida que garante a liberdade aos sujeitos humanos em sua vida grupal (MS).

Temos de reconhecer que a linguagem faz parte da conduta. Entretanto, a mente envolve um relacionamento com os aspectos das coisas. Esses aspectos estão nas coisas e, embora os estímulos eliciem a resposta que, em certo sentido, está presente no organismo, as respostas se dirigem às coisas que estão no mundo externo. O processo inteiro não é um produto mental e você não pode colocá-lo dentro do cérebro. A mentalidade é aquele relacionamento do organismo com a situação, que é mediado por conjuntos de símbolos.

17
A relação da mente com a resposta e o meio ambiente

Verificamos que os processos mentais têm a ver com os significados das coisas e que esses significados podem ser afirmados em termos de atitudes individuais altamente organizadas. Essas atitudes envolvem não somente situações em que os elementos são simultâneos, como também aquelas que envolvem outros relacionamentos temporais; ou seja, o ajustamento da resposta presente a respostas posteriores que, em certo sentido, já foram iniciadas. Essa organização de atitudes com referência ao que designamos como objetos é que constitui para nós os significados das coisas. Na terminologia lógica, esses significados são considerados universais e, como vimos, essa universalidade se vincula em certo sentido a uma resposta habitual, em contraste com os estímulos particulares que eliciam tal resposta. A universalidade se reflete em termos behavioristas na identidade da resposta, embora os estímulos que eliciam essa resposta sejam todos diferentes. Podemos lançar essa formulação num formato lógico e dizer que a resposta é universal enquanto que os estímulos são particulares, reunidos por esse universal.

Essas relações de atitudes entre si lançam luz sobre a relação de uma "substância" com seus atributos. Falamos de uma casa, em certo sentido, como uma substância à qual o atributo da cor pode ser aplicado. A cor é um acidente inerente a uma certa substância. Esse relacionamento da inerência de um dado aspecto com uma certa substância é um relacionamento de uma resposta específica, como a de ornamentar objetos à nossa volta, com o grupo de ações envolvido em habitar uma casa. A casa deve nos proteger, deve nos servir de abrigo quando dormimos e quando estamos acordados, deve conter os requisitos para uma vida familiar. Esses são aspectos essenciais que representam um conjunto de respostas no qual uma inevitavelmente implica outra. Entretanto, existem outras respostas que variam. Podemos satisfazer não somente nosso gosto, mas também nossos caprichos, com os ornamentos que usamos. Estes não são essenciais. Há determinadas respostas que variam, ao passo que existe um determinado corpo de respostas mais ou menos padronizadas que permanecem intactas. Os conjuntos organizados de respostas reagem aos significados das coisas, reagem a elas em sua universalidade; quer dizer, na resposta habitual que é eliciada por uma ampla variedade de estímulos. Elas reagem às coisas em seus relacionamentos lógicos.

Acabei de me referir ao relacionamento da substância, tal como se reflete no corpo de hábitos, com as variadas respostas que reagem aos atributos. No relacionamento de causa e efeito existe uma relação das respostas umas com as outras, no sentido da dependência, envolvendo o ajustamento dos passos a serem dados com referência à coisa a ser implementada. A disposição de fatores que, num momento, pode parecer em termos de meios e fins aparece, em outro momento, em termos de causa e efeito. Temos aqui um relacionamento de dependência de uma resposta a outra, uma relação necessária que se encontra no seio de um sistema maior[31]. Depende do que iremos fazer se escolhemos este meio ou aquele, esta série causal ou aquela. Nossos hábitos são tão ajustados que se decidimos viajar, por exemplo, temos um corpo de hábitos coligados que começam a agir: fazer malas, obter os bilhetes para o trem, sacar dinheiro para a viagem, escolher os livros para ler durante o percurso, e assim por diante. Existe todo um conjunto de respostas organizadas que começam imediatamente a atuar, em um relacionamento adequado entre umas e outras, quando a pessoa decide que fará uma viagem. É preciso que haja esse tipo de organização em nossos hábitos para que o sujeito possa ter a espécie de inteligência que de fato tem.

Temos então, em temos behavioristas, um lugar para aquilo que se supõe ser o conteúdo peculiar da mente; ou seja, os significados das coisas. Referi-me a esses fatores como atitudes. Naturalmente existe no mundo aquilo que responde ao grupo de atitudes. Estamos aqui evitando problemas lógicos e metafísicos, tal como faz a psicologia moderna. O que essa psicologia está buscando fazer é obter controle; não está tentando dirimir questões metafísicas. Bem, do ponto de vista da psicologia behaviorista, podemos afirmar em termos de atitudes o que chamamos de significados das coisas. As atitudes organizadas dos indivíduos são aquelas que o psicólogo aprende nessa situação. É pelo menos tão legítimo para ele formular o significado em termos de atitudes quanto foi, para os psicólogos de ontem, formulá-lo em termos de um conceito estático que tinha seu lugar em sua mente.

O que ressaltei foi que é no sistema nervoso central que podemos encontrar, ou pelo menos justificadamente presumir, essas complexidades de resposta que discutimos até aqui.

---

31. A representação envolve uma relação dos atos posteriores com os anteriores. Essa relação de respostas gera implicações (1924).

Se falamos que uma pessoa passa pelos estágios preparatórios para uma viagem, como ilustrei acima, temos de supor que não só os elementos neuronais são essenciais a tais passos, como também que a relação dessas respostas no sistema nervoso central é tal que, se a pessoa executa uma resposta, ela inevitavelmente está pronta para encontrar o estímulo que desencadeará uma outra resposta correlata. Deve haver uma organização no sistema nervoso central envolvendo seus elementos, os neurônios, para todas as combinações que possivelmente entram na mente e para somente aquele relacionamento de respostas que são interdependentes entre si. Algumas destas foram identificadas no estudo fisiológico do sistema nervoso, ao passo que outras têm de ser presumidas com base nesse estudo. Como eu disse antes, não é o processo fisiológico específico que está se desenrolando dentro dos neurônios que, em si mesmo, supõe-se que responda ao significado. Os primeiros psicólogos fisiologistas falavam de um processo psíquico, mas não existe nada na atividade mecânica, elétrica e física em atuação nos neurônios que responda ao que chamamos de ideia. O que se passa nos nervos, numa determinada situação, é a inervação de uma certa resposta que significa isto, isso e aquilo, e é aqui que se encontra a especificidade de uma certa organização neurológica. É no sistema nervoso central que se dá a organização. Num certo sentido, pode-se dizer que a organização do empreendimento de um engenheiro se dá em seu escritório. Mas o que existe lá, nas plantas e levantamentos estatísticos, não é a produção concreta do que está acontecendo na fábrica, por exemplo, mesmo que esse escritório organize e coordene os vários setores desse negócio. No mesmo sentido, o sistema nervoso central coordena todos os vários processos que o corpo realiza. Se existe algo no organismo que é um mecanismo puramente fisiológico capaz de responder ao que chamamos de experiência, quando isso é normalmente designado como consciente, é o processo orgânico total que esses elementos neuronais representam. Como vimos, esses processos são atitudes de respostas, ajustamentos do organismo a um ambiente complexo, atitudes que sensibilizam a forma para os estímulos que liberarão uma resposta.

O ponto que quero enfatizar é a maneira como essas atitudes determinam o ambiente. Existe um conjunto organizado de respostas que primeiro envia determinados telegramas, depois seleciona os meios de transporte, então nos manda de volta ao banco para pegar dinheiro, e finalmente nos prepara para que tenhamos algo que ler durante uma viagem de trem. Conforme avançamos de um conjunto de respostas para outro nos encontramos selecionando o ambiente que responde a esse próximo conjunto de respostas. Concluir uma resposta é nos colocar numa posição em que podemos ver outras coisas. O aparecimento de elementos na retina deu cor ao mundo; o desenvolvimento dos órgãos da audição deu som ao mundo. Selecionamos um ambiente organizado em relação com a nossa resposta, para que essas atitudes, em si, não só representem nossas respostas organizadas, como também representem o que existe para nós no mundo. A fase particular da realidade que está ali para nós é selecionada para nós por nossa resposta. Podemos reconhecer que é a sensibilização do organismo aos estímulos que libera suas respostas, que é o processo responsável pelo fato de o sujeito viver neste tipo de ambiente e não em outro. Vemos as coisas em seu relacionamento temporal, que responde à organização temporal, que é encontrada no sistema nervoso central. Vemos coisas distantes de nós tanto temporal como espacialmente. Quando fazemos isto podemos fazer aquilo. O nosso mundo é definitivamente mapeado para nós pelas respostas que estão por acontecer[32].

É difícil afirmar exatamente o que queremos dizer quando dividimos uma certa situação entre o organismo e seu ambiente. Certos objetos passam a existir para nós em razão do caráter do organismo. Vejamos o caso dos alimentos. Se um animal que pode digerir grama, como um boi, passa a existir no mundo, então a grama se torna um alimento. Esse objeto não existia antes; quer dizer, a grama como alimento. O advento do boi introduz um novo objeto. Nesse sentido, os organismos são responsáveis pelo aparecimento de conjuntos inteiros de objetos que não existiam antes[33]. A atribuição de significado ao organismo e ao ambiente tem sua expressão no organismo tanto quanto na coisa, e essa expressão não é uma questão de condições psíquicas ou mentais. Há uma expressão da reação da resposta organizada do organismo ao ambiente, e essa reação não é simplesmente uma determinação do organismo pelo ambiente, uma vez que o organismo determina o ambiente tão completamente quanto o ambiente determina os órgãos. A reação orgânica é responsável pelo aparecimento de todo um conjunto de objetos que não existiam antes.

Existe uma definida e necessária estrutura ou *gestalt* de sensibilidade no organismo que determina seletiva e relativamente o caráter do objeto externo que percebe. Aquilo que chamamos de consciência precisa ser introduzido nessa relação entre um organismo e seu ambiente. Nossa seleção construtiva de um ambiente – as cores, os valores emocionais e outros – em termos de nossas sensibilidades fisiológicas é, essencialmente, o que queremos dizer com "consciência". Historicamente, temos em geral situado essa consciência na mente ou no cérebro. O olho e seus processos correlatos dotam os objetos de cor exatamente no mesmo sentido que um boi confere à grama o caráter de alimento; quer dizer, não no sentido de que projeta sensações nos objetos, mas sim no sentido de que se coloca em relação com o objeto que torna possíveis o aparecimento e a existência da cor como qualidades dele. As cores são inerentes aos objetos apenas

---

32. A estrutura do ambiente é um mapeamento das respostas orgânicas à natureza; todo ambiente, quer seja social ou individual, é um mapeamento da estrutura lógica do ato ao qual responde, ato em busca de uma manifestação expressa.

33. É questionável falar que o processo alimentar do animal constitui o objeto alimentar. Certamente, são ambos relativos um ao outro (MS).

em virtude de sua relação com determinados organismos dotados de percepção. A estrutura fisiológica ou sensorial do organismo perceptivo determina o conteúdo vivenciado do objeto.

O ambiente social é dotado de significados em termos do processo da atividade social. É uma organização de relações objetivas que surgem em relação a um grupo de organismos envolvidos em tal atividade, em processos da experiência e do comportamento sociais. Certos aspectos do mundo externo lhe pertencem somente em referência ou em relação a um grupo social de organismos individuais que interagem, assim como outros aspectos lhe pertencem somente com referência ou em relação aos próprios organismos individuais. A relação do processo social do comportamento – ou a relação do organismo social – com o ambiente social é análoga à relação dos processos da atividade biológica individual – ou à relação do organismo individual – com o ambiente físico e biológico[34].

O paralelismo a que venho me referindo é o paralelismo do conjunto do organismo e dos objetos que lhe respondem. Existe fome no boi e também a visão e o odor que trazem a comida. O processo todo não é situado simplesmente no estômago, mas em todas as atividades de pastar, mascar o bolo ruminado, e assim por diante. Esse processo está intimamente relacionado com o assim chamado alimento que existe no ambiente. O organismo cria um laboratório bacteriológico que o boi leva para toda parte para que processe a grama e, então, esta se torna alimento. Nesse paralelismo, aquilo que chamamos de significado do objeto é encontrado especificamente na atitude organizada da resposta, por parte do organismo, aos aspectos e às coisas. Os significados estão lá e a mente está ocupada com esses significados. Os estímulos respondem às reações organizadas.

É a organização das diferentes respostas entre si, em seu relacionamento com os estímulos que estão desencadeando, que se constitui o objeto específico da psicologia, quando trata do que designamos como "mente". Geralmente confinamos o termo "mental" – e, portanto, "mente", ao organismo humano – porque encontramos nele aquele corpo de símbolos que nos permitem isolar esses aspectos, esses significados. Tentamos distinguir o significado de uma casa do da pedra, do cimento e dos tijolos que a constituem como objeto físico, e com isso estamos nos referindo ao uso que se faz dela. É isso que torna a casa um assunto mental[35]. Podemos dizer ainda que estamos isolando os materiais da construção,

---

34. O organismo social – quer dizer, um grupo social de organismos individuais – constitui ou cria seu próprio ambiente social de objetos, assim como e no mesmo sentido em que um organismo individual constitui ou cria seu próprio ambiente especial de objetos (que, entretanto, é muito mais rudimentar do que o ambiente construído por um organismo social).

35. A natureza – o mundo externo – está objetivamente lá, em oposição à nossa experiência dela ou em oposição ao próprio pensador individual. Embora os objetos externos estejam lá independentemente das vivências do indivíduo, eles não obstante possuem certas características em virtude de suas relações com a mente ou as experiências do sujeito, características que não

do ponto de vista do médico e do arquiteto. Há vários pontos de vista a partir dos quais olharmos para uma casa. A toca em que vive um animal é, em certo sentido, a sua casa, mas quando um ser humano vive numa casa esta adquire o que chamamos de um aspecto mental que, presumivelmente, não tem para a toupeira em sua toca. O indivíduo humano tem a capacidade de selecionar numa casa aqueles elementos que reagem à suas respostas, de sorte que pode exercer controle sobre eles. Ele lê o anúncio de um novo aquecedor e então pode ter mais calor em seu quarto, tornando-o mais confortável do que antes. O homem é capaz de controlar o processo do ponto de vista de suas próprias reações. Ele cria significados e, assim, controla suas respostas. Sua capacidade para selecionar respostas é o que torna sua casa uma questão mental. A toupeira também tem de encontrar alimento, enfrentar inimigos e evitá-los, mas nós não supomos que ela seja capaz de indicar a si própria as vantagens peculiares de sua toca em comparação com outra. Sua casa não tem características mentais. A mentalidade reside na capacidade que o organismo tem de indicar aquilo que, no ambiente, responde a suas reações e, assim, ele pode controlar de várias maneiras as suas reações. Do ponto de vista da psicologia behaviorista, é nisso que consiste a mentalidade. Há na toupeira e em outros animais elementos complexos de comportamento relativos ao ambiente, mas o animal humano é o único capaz de indicar a si próprio e a outros quais são as características do ambiente que evocam essas respostas complexas e altamente organizadas, e mediante tais indicações se mostra capaz de controlar respostas. O animal humano tem, mais além da capacidade de ajustamento dos animais inferiores, a de selecionar e isolar um estímulo. O biólogo reconhece que o alimento tem certos valores, e embora o animal humano responda a esses valores como o fazem outros animais, ele também pode indicar certos aspectos do alimento que querem dizer alguma coisa em suas respostas digestivas aos alimentos. A mentalidade consiste em indicar tais valores aos outros e a si mesmo, para ser possível controlar as próprias respostas.

Em nossa abordagem, a mentalidade simplesmente ocorre quando o organismo é capaz de assinalar significados para si e para os outros. É nesse ponto que a mente aparece ou, se preferirem, emerge. O que precisamos reconhecer é que estamos lidando com o relacionamento do organismo com o ambiente selecionado por sua própria sensibilidade. O psicólogo está interessado no mecanismo que a espécie humana desenvolveu para obter o controle desses relacionamentos. Estes já estavam lá, antes de as indicações serem feitas, mas o organismo não os controlou em sua própria conduta. Originalmente, o organismo não tem mecanismos por meio dos quais possa controlá-los. O animal humano, no

---

possuiriam de outra maneira ou fora de tais relações. Essas características são seus significados para o sujeito ou, em geral, para todos nós. A distinção entre objetos físicos ou realidade física e a experiência mental ou ciente desses objetos ou realidade – a distinção entre experiência externa e experiência interna – reside no fato de esta última concernir aos significados ou ser constituída por estes. Os objetos vivenciados têm significados definidos para os indivíduos que pensam sobre eles.

entanto, aperfeiçoou um mecanismo de comunicação pela linguagem por meio do qual lhe é possível alcançar tal controle. Agora, é evidente que uma grande parte desse mecanismo não está no sistema nervoso central, mas na relação das coisas com o organismo. A capacidade de selecionar esses significados e indicá-los para os outros e para o organismo é uma capacidade que confere um poder peculiar ao indivíduo humano. O controle se tornou possível pela linguagem. É esse mecanismo de controle sobre o significado, nesse sentido que, digo, tem constituído o que chamamos de "mente". Os processos mentais, entretanto, não residem nas palavras, assim como a inteligência do organismo tampouco reside nos elementos do sistema nervoso central. Tanto os processos mentais como a inteligência são parte de um processo que se desenrola, envolvendo o organismo e o ambiente. Os símbolos têm a sua parte nesse processo, e é isso que torna a comunicação tão importante. Da linguagem emerge o campo da mente.

É absurdo considerar a mente simplesmente do ponto de vista do organismo humano individual, pois, embora tenha aí o seu foco, trata-se essencialmente de um fenômeno social; até mesmo suas funções biológicas são basicamente sociais. A experiência subjetiva do indivíduo deve ser levada a uma relação com as atividades naturais e sociobiológicas do cérebro para que ao menos possa produzir uma versão aceitável da mente. Isso só pode ser feito se for reconhecida a natureza social da mente. A pobreza da experiência individual, quando em isolamento dos processos da experiência social – isolada de seu ambiente social –, deveria ser sobretudo aparente. Devemos então considerar que a mente decorre do e se desenvolve no processo social, no seio da matriz empírica das interações sociais. Devemos, então, ter uma experiência individual interior do ponto de vista dos atos sociais que incluem as experiências de indivíduos distintos, num contexto social dentro do qual esses indivíduos interagem. Os processos da experiência que o cérebro humano torna possíveis são possibilitados apenas para um grupo de indivíduos que interagem, somente para organismos individuais que são membros de uma sociedade, e não para o organismo individual, isolado de outros organismos individuais.

A mente surge no processo social somente quando esse processo como um todo entra na experiência de qualquer um dos indivíduos envolvidos nesse processo, ou está presente nessa experiência. Quando isso ocorre, o indivíduo se torna autoconsciente e tem mente; ele se torna ciente de suas relações com o processo como um todo e com os outros indivíduos que, com ele, participam de dito processo. Ele se torna consciente de que esse processo é modificado pelas reações e interações dos indivíduos – inclusive o si mesmo – que o levam em frente. O aparecimento evolutivo da mente ou inteligência acontece quando a totalidade do processo social da experiência e do comportamento é introduzida na experiência de qualquer um dos indivíduos separadamente, os quais estão implicados nele, e quando o ajustamento de um indivíduo a tal processo é modificado e refinado pela consciência ou pela percepção consciente que, então, ele tem desse processo. É por meio da capacidade de reflexão – da capacidade que o indivíduo tem de voltar para si ou sobre si suas experiências – que a totalidade do processo social é então introduzida na experiência dos indivíduos envolvidos nele. É por esse meio que permite a cada indivíduo tomar em relação a si próprio a atitude que o outro toma em relação a ele, que esse indivíduo é conscientemente capaz de se ajustar a tal processo e de modificar a resultante desse processo, qualquer que seja o ato social, em termos de seu ajustamento a ele. Por conseguinte, a capacidade de refletir é a condição essencial ao desenvolvimento da mente dentro do processo social.

Parte III
O self

18
O self e o organismo

Em nossa proposta sobre o desenvolvimento da inteligência sugerimos que o processo da linguagem é essencial ao desenvolvimento do self. O caráter do self é diferente do caráter do organismo fisiológico propriamente dito. O self é algo que passa por um desenvolvimento. Não está presente inicialmente, no momento do nascimento, mas decorre do processo das experiências e atividades sociais; ou seja, desenvolve-se num indivíduo em resultado de suas relações com esse processo como um todo e com outros indivíduos dentro desse mesmo processo. A inteligência das formas inferiores de vida animal, como uma grande porção da inteligência humana, não envolve um self. Em nossas ações habituais, por exemplo, em nossos movimentos neste mundo que está simplesmente aí e ao qual estamos tão ajustados que não é preciso nem parar para pensar, há um certo montante de puras experiências sensoriais, como quando uma pessoa acaba de acordar e sabe apenas que o mundo está ali. Esses aspectos à nossa volta podem existir na nossa experiência sem ocupar um lugar em sua relação com o self. É óbvio que, nessas condições, devemos distinguir entre a experiência que ocorre imediatamente e a própria organização que fazemos dela, tornando-a uma experiência do self. Após alguma análise, a pessoa diz que um certo item tem lugar em sua experiência, na experiência do seu self. Num determinado nível de sofisticação tendemos inevitavelmente a organizar toda a experiência como experiência do self. De fato, identificamos tão intimamente as nossas experiências, em especial as afetivas, com o self que basta um instante de abstração para nos dar conta de que o prazer e a dor podem existir sem que sejam experiências do self. Nesse mesmo sentido nós normalmente organizamos as nossas lembranças conforme os encadeamentos do nosso self. Quando datamos as coisas, sempre é do ponto de vista de nossas experiências passadas. Muitas vezes temos lembranças que não conseguimos datar, que não conseguimos situar. Uma imagem de repente se impõe a nós e nos sentimos perdidos, sem poder explicar quando foi a primeira vez que aquilo ocorreu. Lembramo-nos com perfeita nitidez da imagem, mas não somos capazes de situá-la, e até que possamos inseri-la no fio de nossas experiências passadas não nos damos por satisfeitos. Não obstante, acho que é óbvio, quando paramos para pensar nisso, que o self não está necessariamente envolvido na vida do organismo nem envolvido no que chamamos de nossa experiência sensorial; ou seja, na experiência ocorrida no mundo à nossa volta e em relação ao qual temos as nossas reações habituais.

Podemos distinguir com bastante clareza entre self e corpo. Este pode funcionar de maneira inteligente, sem que nisso haja um self envolvido. O self tem a característica de ser um objeto para si mesmo, e esse atributo o distingue dos outros objetos e do corpo. É perfeitamente verdadeiro que o olho pode ver o pé, mas ele não vê o corpo como um todo. Não podemos ver nossas costas; podemos sentir partes dessa região do corpo se formos ágeis, mas não podemos ter a experiência do nosso corpo inteiro. É claro que há experiências que, de algum modo, são vagas e difíceis de localizar, mas as experiências corporais para nós são organizadas em torno de um self. O pé e a mão pertencem ao self. Podemos ver nossos pés, especialmente se os espiarmos pelo lado errado de um par de binóculos, como coisas estranhas que achamos difícil reconhecer como nossas. As partes do corpo são perfeitamente discerníveis do self. Podemos perder partes do corpo sem qualquer séria ameaça ao self. A mera capacidade de experimentar partes do corpo não é diferente da de vivenciar uma mesa. A mesa apresenta uma sensação diferente da que a mão oferece quando uma mão sente a outra, mas é a experiência de alguma coisa com que definitivamente entramos em contato. O corpo não se experimenta como um todo, no mesmo sentido em que o self entra de alguma maneira na experiência de si próprio.

É a característica do self como objeto para si mesmo que desejo salientar. Essa característica está representada no termo "self", uma partícula reflexiva que indica aquilo que tanto pode ser sujeito quanto objeto. Esse tipo de objeto é essencialmente diferente de outros objetos e, no passado, foi enfatizado como consciente, adjetivo que indica a experiência de si mesmo ou consigo mesmo. Presumia-se, de alguma maneira, que a consciência tivesse essa capacidade de ser um objeto para si própria. Ao apresentar uma formulação behaviorista da consciência temos de buscar algum tipo de experiência em que o organismo físico seja capaz de se tornar um objeto para si próprio[1].

Quando uma pessoa está correndo para fugir de alguém no seu encalço, está inteiramente ocupada com essa ação e sua experiência pode ser tragada pelos

---

1. O comportamento do homem ou seu grupo social é tal que ele é capaz de se tornar um objeto para si mesmo, fato que o torna um produto mais avançado do desenvolvimento evolutivo do que os animais inferiores. Fundamentalmente, é esse fato social – e não a alma ou mente de que, como indivíduo, é supostamente dotado de modo misterioso e sobrenatural e de que os animais inferiores não foram – que o diferencia destes.

objetos ao seu redor de modo que ela, por ora, não tem a menor consciência de si mesma. Claro que devemos nos ocupar muito completamente para que isso possa nos acontecer, mas também penso que podemos reconhecer esse tipo possível de experiência na qual o self não tem participação. Talvez possamos esclarecer algo dessa situação por meio daquelas experiências nas quais, numa ação muito intensa, aparecem na experiência do indivíduo, por trás de sua ação intensa, recordações e expectativas. Como oficial durante a guerra, Tolstoi nos oferece um relato de imagens de suas experiências passadas, no meio da mais intensa batalha. Também existem aquelas imagens que cruzam como relâmpago a mente da pessoa quando ela está se afogando. Nesses casos, existe um contraste entre uma experiência que está absolutamente envolvida numa atividade externa, na qual o self não entra como objeto, e uma atividade da memória e da imaginação na qual o self é o objeto principal. Nessa condição o self é inteiramente discernível de um organismo rodeado por coisas e atos referentes às coisas, incluindo partes do seu próprio corpo. Estas últimas podem ser objetos como os outros objetos, mas são apenas objetos no campo externo e não envolvem o self, que é um objeto para um organismo. Penso que isso seja frequentemente ignorado. É esse fato que torna tão falaciosas as nossas reconstruções antropomórficas da vida animal. Como pode um indivíduo sair (experiencialmente) de si mesmo de maneira a se tornar um objeto para si próprio? Esse é o problema psicológico essencial do si-mesmo ou autoconsciência, e a solução para ele pode ser encontrada ao nos referirmos ao processo da conduta ou atividade social em que a pessoa está implicada. O aparato da razão não seria completo a menos que mergulhasse em sua própria análise do campo da experiência, ou a menos que o indivíduo se colocasse no mesmo campo vivencial que o dos outros indivíduos em relação a cujo self ele age, conforme a situação social. A razão não pode se tornar impessoal a menos que adote uma atitude objetiva e não afetiva com respeito a si própria; se não for assim, não teremos *auto*consciência, só consciência. E para que a conduta seja racional é preciso que o indivíduo assuma uma atitude objetiva e impessoal com respeito a si mesmo, que possa se tornar um objeto para si mesmo, pois o organismo individual é, obviamente, um fato ou componente essencial e importante da situação empírica em que age. Sem a adoção de uma visão objetiva de si próprio ele não consegue agir de modo inteligente ou racional.

Como tal, o indivíduo não se vivencia diretamente, mas só indiretamente a partir dos pontos de vista particulares de outros componentes do mesmo grupo social, ou a partir da perspectiva generalizada do grupo social como um todo ao qual ele pertence, pois ele entra em sua própria experiência como self ou indivíduo, não direta ou imediatamente, não ao se tornar um sujeito para si mesmo, mas apenas na medida em que primeiro se torna um objeto para si próprio, da mesma maneira como os outros indivíduos são objetos para si ou em sua experiência. Ele se torna um objeto para si somente ao adotar as atitudes que os outros indivíduos têm em relação a ele, quando inseridos todos num contexto social ou num contexto de experiências e comportamentos.

A importância do que designamos como "comunicação" está em ser uma espécie de comportamento em que o organismo ou o indivíduo pode se tornar um objeto para si mesmo. É essa espécie de comunicação que viemos explorando, não a comunicação no sentido do som que a galinha faz quando cacareja para seus pintinhos, o uivo do lobo para sua matilha, ou os mugidos de uma vaca, mas comunicação como símbolos significantes, comunicação que é dirigida não só aos outros, mas também à própria pessoa. Na medida em que esse tipo de comunicação é uma parte do comportamento, ela no mínimo introduz o self. Claro que podemos ouvir sem escutar, ou ver coisas sem perceber que as vemos, assim como fazer coisas das quais não estamos verdadeiramente cientes. Mas é nos casos em que a pessoa reage ao que emite para outrem e em que essa sua reação passa a fazer parte de sua própria conduta, quando ela não só se ouve, mas responde a si mesma, fala consigo e responde a si mesma, tal qual o outro lhe responde; é então que temos aquele comportamento no qual a pessoa se torna um objeto para si. Eu diria que essencialmente esse self não é o organismo fisiológico. Este é essencial a ele[2], mas podemos pelo menos pensar num self sem ele. As pessoas que acreditam na imortalidade, ou que acreditam em fantasmas, ou na possibilidade de o self deixar o corpo, supõem um self que é perfeitamente distinto do corpo. A medida que conseguem efetivamente de-

---

2. *a)* Todas as inter-relações e interações sociais estão baseadas em certa dotação sociofisiológica comum a todos os indivíduos envolvidos nelas. Essas bases fisiológicas do comportamento social – cuja sede ou *locus* final é a parte inferior do sistema nervoso central do indivíduo – são as bases de tal comportamento precisamente porque em si mesmas são sociais; quer dizer, consistem em impulsos ou instintos ou tendências de comportamentos, por parte de um dado indivíduo, que ele não consegue executar ou manifestar abertamente e satisfazer sem o auxílio cooperativo de um ou mais indivíduos. Os processos fisiológicos do comportamento, do qual são os mecanismos, são processos que necessariamente envolvem mais de uma pessoa, processos em que os outros indivíduos, além de uma determinada pessoa, estão forçosamente implicados. Exemplos das relações sociais fundamentais, às quais essas bases fisiológicas do comportamento social dão origem, são as existentes entre os sexos (expressando o instinto reprodutor), entre pais e filhos (expressando o instinto paternal/maternal) e entre vizinhos (expressando o instinto gregário). Esses mecanismos ou tendências fisiológicas relativamente simples e rudimentos do comportamento humano individual, além de constituírem as bases fisiológicas de todo comportamento social humano, também são os componentes materiais biológicos fundamentais da natureza humana. Assim, quando nos referimos à natureza humana estamos nos referindo a algo que é essencialmente social. • *b)* Em seus ataques e defesas, assim como em seu funcionamento paternal/maternal e sexual, as atividades do organismo fisiológico são sociais na medida em que os atos iniciados no interior do organismo requerem as ações de terceiros para se completarem. Mas, embora o padrão do ato individual possa ser descrito como social nesses casos, só é passível dessa descrição na medida em que o organismo vai em busca de estímulos nas atitudes e características de outras formas para completar as suas próprias respostas e, mediante tal comportamento, tende a manter o outro como parte de seu próprio meio ambiente. O real comportamento do(s) outro(s) não é iniciado na forma individual como parte do seu padrão próprio de comportamento (MS).

fender suas opiniões é questionável, mas é fato que podemos separar o self e o organismo. É justo dizer que o início do self como objeto, até onde nos é dado ver, está localizado nas experiências das pessoas que as levem a conceber um "duplo". Os povos primitivos supunham que existe um duplo, presumivelmente situado no diafragma, que deixa o corpo por certos períodos durante o sono e completamente na morte. Também pode ser instigado a sair do corpo de um inimigo e talvez até morto. Na infância é representado pelos amiguinhos imaginários que as crianças inventam e por meio dos quais passam a controlar suas próprias experiências durante o brincar.

O self, como algo que pode ser um objeto para si próprio, é essencialmente uma estrutura social e surge na experiência social. Depois do aparecimento do self ele, em certo sentido, provê para si mesmo suas experiências sociais e, com isso, podemos conceber um self absolutamente solitário. Mas é impossível conceber um self que surja à margem de uma experiência social. Quando se tornou presente, podemos pensar em alguém num confinamento solitário pelo resto da vida, mas que ainda tem a si mesmo como companhia e se mostra capaz de pensar e de conversar consigo próprio, como se estivesse se comunicando com outros. Esse processo a que acabo de me referir, de responder a si como os outros o fazem, de tomar parte do próprio diálogo com os outros, de se tornar consciente do que está dizendo e usar essa consciência para determinar o que dizer em seguida, esse é um processo a que todos estamos acostumados. Continuamente acompanhamos as mensagens que dirigimos aos outros com o entendimento do que estamos dizendo e usamos esse entendimento para garantir a continuação da nossa fala. Estamos descobrindo o que iremos dizer e o que iremos fazer ao falar e agir, e nesse processo estamos continuamente controlando o processo em si. No diálogo dos gestos, aquilo que dizemos elicia uma certa resposta no outro que, por sua vez, altera a nossa própria ação, de modo que mudamos o que tínhamos começado a fazer em razão da resposta dada pelo outro. O diálogo de gestos é o início da comunicação. O indivíduo passa a desenvolver um diálogo de gestos consigo próprio. Ele diz alguma coisa, e isso desperta um certo tipo de resposta em si próprio que o faz mudar o que ia dizer. Uma pessoa começa a dizer algo e nós presumimos que será desagradável, mas quando começa a falar ela percebe que é cruel. O efeito do que está dizendo sobre si mesma a faz parar; existe um diálogo de gestos entre a pessoa e si mesma. – Por fala significante queremos dizer a ação que afeta a própria pessoa, e esse efeito sobre ela mesma faz parte da execução inteligente de um diálogo com os outros. Agora, nós, por assim dizer, amputamos a fase social e a descartamos por enquanto, de modo que a pessoa possa falar consigo mesma da mesma maneira como o faria com alguém de fora[3].

---

3. Geralmente é reconhecido que as expressões especificamente sociais da inteligência – ou o exercício do que costuma ser chamado de "inteligência social" – dependem da capacidade da

Esse processo de abstração não pode ser levado adiante indefinidamente. É inevitável que a pessoa busque ouvintes, pois precisa despejar para alguém o que tem em mente. Na inteligência reflexiva a pessoa pensa para agir, e para agir exclusivamente no sentido de que seu ato permaneça uma parte do processo social. Pensar torna-se um preparativo para uma ação social. O próprio processo do pensamento é, obviamente, apenas um diálogo interior em andamento, mas um diálogo de gestos em cujo completamento está implícita a expressão do que a pessoa pensa, para um grupo de ouvintes. A pessoa destaca de sua fala concreta a significação do que está dizendo para os outros e prepara essa significação antes de enunciá-la. Ela reflete a respeito, e talvez até apresente suas ideias na forma de um livro, mas ainda assim é uma parte da interação social em que o orador está se dirigindo a outras pessoas e, ao mesmo tempo, dirigindo-se a si mesmo, e em que controla a mensagem aos outros por meio da resposta manifestada ao seu próprio gesto. É necessário ao self que a pessoa deva responder a si própria, e é essa espécie de conduta social que fornece o comportamento dentro do qual o self aparece. Não conheço outra espécie de comportamento, além da linguagem, em que a pessoa seja um objeto para si mesma; por isso, até onde me é dado ver, o indivíduo não é um self no sentido reflexivo, a menos que seja um objeto para si mesmo. É esse fato que confere uma importância crítica à comunicação, já que esse é um tipo de comportamento no qual o indivíduo efetivamente responde a si mesmo.

Percebemos que, na conduta e na experiência cotidianas, a pessoa não quer de fato dizer uma grande parte do que faz e diz. Frequentemente dizemos que não é ela mesma.

Saímos de uma entrevista com a sensação de termos deixado de fora coisas importantes, que algumas partes do self não entraram no que foi dito. O que determina a quantidade de self que entra numa comunicação é a própria experiência social. Naturalmente, uma boa parte do self não precisa ser manifestada. Mantemos toda uma série de relacionamentos diferentes com pessoas diferen-

---

pessoa para assumir os papéis dos outros indivíduos implicados com ela em determinadas situações sociais ou de "se colocar no lugar dos outros". Depende ainda de sua consequente sensibilidade para as atitudes que eles tomam em relação a si e uns com os outros. Essas expressões especificamente sociais de inteligência adquirem uma significação ímpar em termos de nossa visão de que a natureza inteira da inteligência é social, até seu próprio âmago, que essa capacidade de se colocar no lugar do outro, de assumir por si os papéis e atitudes alheios não é somente uma das várias expressões ou um dos vários aspectos de inteligência ou do comportamento inteligente, mas é a própria essência de seu caráter. O "fator x" de Spearman para a inteligência – o fator desconhecido que, de acordo com ele, a inteligência contém – é simplesmente (se estiver correta a nossa teoria social da inteligência) essa capacidade demonstrada pelos indivíduos inteligentes de adotar a atitude de outrem ou as atitudes alheias, realizando assim as significações ou apreendendo assim os significados dos símbolos ou gestos, em termos dos quais procede o pensamento, tornando-se dessa maneira capazes de levar em frente, consigo mesmos, o diálogo interno com esses símbolos ou gestos que o pensamento envolve.

tes. Somos uma coisa com esse homem e outra coisa com aquele outro. Há partes do self que só existem para o self no relacionamento consigo próprio. Nós nos repartimos em todas as espécies de partes diferentes de self, em relação aos nossos conhecidos. Discutimos política com um e religião com outro. Há todos os tipos de self respondendo a todas as espécies de reações sociais. É o próprio processo social que responde pelo aparecimento do self; este não está lá, alheio a tais tipos de experiência.

Como acabei de salientar, uma personalidade múltipla é normal, em certo sentido. Geralmente existe uma organização do self como um todo, com referência à comunidade à qual pertencemos e à situação na qual nos encontramos. O que a sociedade é, quer estejamos vivendo com pessoas do presente, da nossa imaginação ou do passado, obviamente varia para cada um. Normalmente, nesse tipo de comunidade como um todo ao qual pertencemos existe um self unificado, mas que pode ser fragmentado. Para uma pessoa que é um tanto instável e nervosa e na qual existe uma linha de ruptura, certas atividades se tornam impossíveis; esse conjunto de atividades pode se separar e evoluir num outro self. Resultam dois "eu" e dois "mim" distintos, dois "self" diferentes, e é nessa condição que há a tendência a uma cisão na personalidade. Há o caso de um pedagogo que desapareceu, extraviou-se de sua comunidade, e mais tarde foi localizado num campo de madeireiros, no oeste. Livrou-se de seu trabalho e foi para o mato, onde se sentia mais em casa, por assim dizer. A dimensão patológica desse episódio foi ele ter ignorado o resto do seu self, tê-lo deixado de lado. Esse efeito implicava se livrar de certas recordações corporais que o teriam identificado para si mesmo. Geralmente reconhecemos as linhas de ruptura em nosso interior. Ficaríamos felizes se pudéssemos esquecer algumas coisas, livrar-nos daquelas que atravancam nosso self e estão ligadas a experiências passadas. Na situação que temos aqui, um self pode coexistir com outro diferente, e depende do conjunto das reações sociais envolvidas qual dentre eles iremos ser. Se pudermos esquecer tudo o que está envolvido em um dos conjuntos de atividades, evidentemente abdicaremos dessa parte do self. Pegue uma pessoa instável, faça com que fique ocupada falando e, ao mesmo tempo, concentre o olhar dela em algo que você está escrevendo, de modo que ela se envolva com duas linhas paralelas de comunicação. Se você agir do jeito certo, conseguirá que esses dois fluxos se desenrolem de modo a não colidir entre si. Você pode obter dois conjuntos inteiramente diferentes de atividades em andamento. Assim, pode desencadear a dissociação do self dessa pessoa. Esse é um processo no qual se estabelecem dois tipos de comunicação que cindem a conduta do indivíduo. Para um lado é essa coisa dita e ouvida e, para o outro, só existe aquilo que vê escrito. É claro que você deve manter uma experiência fora do campo da outra. As dissociações costumam acontecer quando um evento leva a um abalo emocional. Aquilo que está separado segue adiante por si.

A unidade e a estrutura do self completo refletem a unidade e a estrutura do processo social inteiro; cada self individual que o compõe reflete a unidade e a estrutura de um dos vários aspectos daquele processo em que o indivíduo está implicado. Em outras palavras, os vários selfs elementares que constituem ou estão organizados num self completo, ou ainda são os vários aspectos da estrutura desse self completo, respondendo aos vários aspectos da estrutura do processo social como um todo. Assim, a estrutura do self completo é um reflexo do processo social completo. A organização e a unificação de um grupo social são idênticas à organização e à unificação de qualquer self que surja dentro do processo social em que aquele grupo está envolvido ou que está levando em frente[4].

O fenômeno da dissociação da personalidade é causado por uma cisão do self unitário completo em suas partes componentes, que correspondem relativamente aos diferentes aspectos do processo social em que a pessoa se vê envolvida e dentro do qual esse self unitário ou completo surgiu. Esses aspectos são os diferentes grupos sociais aos quais ela pertence, dentro desse processo.

19
As bases da gênese do self

Agora temos o problema de apresentar detalhadamente como o self surge. Temos de comentar alguma coisa sobre o contexto de sua gênese. Em primeiro lugar, há o diálogo de gestos entre os animais, envolvendo alguma espécie de atividade cooperativa. Aí, o início do ato de um deles é um estímulo para que o outro responda de determinada maneira, enquanto o início dessa resposta se torna, novamente, um estímulo para que o primeiro ajuste sua ação à resposta que está em andamento. Essa é a preparação para o ato completo e, em última instância, conduz à conduta que é o desfecho dessa preparação. O diálogo de gestos, no entanto, não traz em si a referência do indivíduo, do animal, do organismo a si próprio. Não é um agir que exija resposta da forma em si, embora seja uma conduta em relação à conduta dos outros. Contudo, pudemos ver que há determinados gestos que efetivamente afetam o organismo na medida

---

4. A unidade da mente não é idêntica à unidade do self. Esta é constituída pela unidade do padrão inteiro de relações dos comportamentos e experiências sociais em que o indivíduo está implicado, e que está refletido na estrutura do self, mas muitos aspectos ou traços desse padrão inteiro não participam da consciência, de modo que a unidade da mente é, em certo sentido, uma abstração da unidade mais abrangente do self.

em que afetam outros organismos e que, portanto, despertam no primeiro respostas do mesmo caráter que as despertadas em outrem. Temos aqui, então, uma situação em que o indivíduo pode, no mínimo, despertar respostas em si e reagir a essas respostas, pois essa é a condição na qual os estímulos sociais surtem nele um efeito semelhante ao que surtem em outrem. É isso que, por exemplo, está implícito na linguagem, pois, de outro modo, a linguagem como símbolo significante iria desaparecer, já que o indivíduo não entenderia o significado do que diz.

O caráter peculiar de nosso ambiente social humano pertence-lhe em virtude do caráter peculiar da atividade social humana, e, como vimos, esse caráter pode ser visto no processo de comunicação, mais particularmente na relação triádica na qual a existência do significado se baseia: a relação entre o gesto de um organismo e a resposta de ajustamento realizada por outro, sua capacidade de indicar e sinalizar o completamento ou o desfecho do ato que inicia (o significado do gesto sendo, portanto, a própria resposta do segundo organismo, ou sua resposta como um gesto). O que destaca o gesto do ato social, por assim dizer, e o isola como gesto – o que o faz ser algo mais do que apenas uma fase inicial de um ato individual – é a resposta do outro organismo ou de outros organismos a ele. Essa resposta é seu significado ou lhe confere seu significado. A situação social e o processo do comportamento são aqui pressupostos pelos atos dos organismos individuais implicados neles. O gesto surge como um elemento destacável no ato social em virtude do fato de ser delimitado pela sensibilidade dos outros organismos a ele; ele não existe como um gesto apenas na experiência de um indivíduo isoladamente. Repetindo, o significado de um gesto para um organismo deve ser encontrado na resposta de outro organismo ao que seria o completamento do ato do primeiro organismo, que o gesto inicia e indica.

Às vezes, falamos como se uma pessoa pudesse montar um argumento inteiro só na sua cabeça e depois colocá-lo em palavras para transmiti-lo a alguém. Na realidade, nosso pensamento sempre acontece por meio de algum tipo de símbolo. É possível que alguém conheça o significado de "cadeira" sem que haja um símbolo, mas nesse caso nós não estaríamos pensando nela. Podemos sentar numa cadeira sem pensar no que estamos fazendo; ou seja, aproximar-nos da cadeira já é algo supostamente vivo em nossa experiência, de modo que o significado está lá. Mas, se estamos pensando na cadeira, devemos ter algum tipo de símbolo para ela. Pode ser seu formato, a atitude que alguém toma ao se sentar, mas é mais provável que seja algum símbolo da linguagem que desperta essa resposta. Num processo de pensamento deve existir algum tipo de símbolo que possa se referir a esse significado; quer dizer, que tenha a tendência a eliciar essa resposta e também servir a tal propósito, para outras pessoas igualmente. Não seria um processo de pensamento se não fosse desse jeito.

Nossos símbolos são todos universais[5]. Você não pode dizer nada que seja absolutamente particular. Qualquer coisa que você diga e que tenha algum significado é universal. Você diz algo que elicia uma resposta específica em alguém desde que o símbolo exista para essa pessoa na experiência dela, no mesmo sentido que existe para você. Há a linguagem da fala e a das mãos, e pode haver a linguagem das expressões fisionômicas. Podemos registrar dor ou alegria e evocar certas respostas. Há povos primitivos que entabulam elaboradas conversas apenas com expressões fisionômicas. Mesmo nesses casos, a pessoa que se comunica é afetada por essa expressão, da mesma maneira como espera que mais alguém seja afetado. Pensar sempre implica um símbolo que irá eliciar em outrem a mesma resposta que elicia no pensador. Esse símbolo é um universal do discurso; em seu caráter, é universal. Sempre pressupomos que o símbolo que usamos é aquele que irá eliciar na outra pessoa a mesma resposta, desde que esta faça parte do seu mecanismo de conduta. A pessoa que está dizendo alguma coisa diz para si mesma o que diz para os outros; se não fosse assim, não saberia o que está falando.

Naturalmente existem muitas coisas no diálogo de uma pessoa com outras que não eliciam nela as mesmas respostas eliciadas nas outras. Isso é especialmente verdadeiro no caso de atitudes emocionais. Um sujeito que tenta intimidar outro não está tentando intimidar a si mesmo. Além disso, existe todo um conjunto de valores vazados na fala e que não são de caráter simbólico. O ator é consciente desses valores; quer dizer, se ele assume uma determina atitude, está ciente, como dizemos, de que essa atitude representa dor. Se representa mesmo, ele pode responder ao seu próprio gesto de maneira semelhante à de sua plateia. Não se trata de uma situação natural; ninguém é ator o tempo todo. Às vezes, de fato agimos e pensamos sobre qual será o efeito da nossa atitude; podemos deliberadamente usar um certo tom de voz para provocar determinado resultado. Esse tom desperta em nós a mesma resposta que queremos despertar em outrem. Mas uma parcela muito grande do que se passa na fala não tem esse *status* simbólico.

É mister não só do ator, mas também do artista, encontrar um tipo de expressão que desperte nos outros aquilo que se passa em seu interior. O poeta lírico tem uma experiência da beleza dotada de um tom emocional, e, no papel do artista que emprega palavras, está em busca daquelas que irão corresponder

---

5. O pensar se processa em termos de ou por meio de universais. Em termos behavioristas, universal é simplesmente o ato social como um todo que envolve a organização e a inter-relação de atitudes de todos os indivíduos implicados no ato para o controle de suas respostas explícitas. Essa organização de diferentes atitudes e interações individuais num determinado ato social, com referência às inter-relações realizadas pelos próprios indivíduos, é o que queremos dizer com "universal". Este determina quais serão as respostas explícitas factuais dos indivíduos envolvidos num dado ato social, quer esse ato diga respeito a um projeto concreto de algum tipo (como a relação entre os meios físicos e sociais e os fins desejados), ou a alguma discussão puramente abstrata; digamos à teoria da relatividade ou às ideias platônicas.

à sua atitude emocional e despertarão nos outros a mesma atitude que ele tem. Ele só pode testar seus resultados em si mesmo comprovando se essas palavras despertam nele a reação que quer instigar nos outros. Em certo sentido, ele está na mesma posição que o ator. A primeira experiência direta e imediata não se dá na forma de comunicação. O poeta Wordsworth lança uma luz interessante sobre isso, em seu declarado interesse pela técnica da expressão poética. Em seus prefácios e também em sua própria poesia ele nos diz como seus poemas surgiram como poemas e, uniformemente, a experiência em si não foi o estímulo imediato de sua expressão poética. Um período de dez anos pode se estender entre uma experiência original e sua futura expressão. O processo de encontrar uma linguagem expressiva que possa evocar uma emoção vivida se desenrola mais facilmente quando o sujeito está lidando com a recordação dessa emoção do que quando está no meio de experiências de transe como as que Wordsworth teve em seu contato com a natureza. A pessoa tem de experimentar e ver como a expressão dada corresponde às reações que, agora, são recordações mais tênues de uma experiência. Alguém disse certa vez que sentia uma grande dificuldade para escrever poesia; tinha muitas ideias, mas não conseguia encontrar a linguagem necessária para expressá-las. Acertadamente lhe disseram que poesia se escreve com palavras, não com ideias.

Uma grande parte da nossa fala não tem esse caráter genuinamente estético; no mais das vezes nós não sentimos deliberadamente as emoções que evocamos. Em geral, não usamos estímulos linguísticos para despertar em nós mesmos a reação emocional que estamos evocando nos outros. Claro que sentimos simpatia em situações emocionais, mas o que a pessoa busca nesses casos é aquilo que, afinal de contas, a sustenta em suas próprias experiências. No caso de um poeta ou de um ator, o estímulo desperta no artista aquilo que desperta em outrem, mas essa não é a função natural da linguagem; nós não pressupomos que a pessoa com raiva esteja eliciando em si o mesmo medo que está provocando no outro. A parte emocional do nosso ato não evoca em nós, diretamente, a resposta que desperta em outrem. Se uma pessoa é hostil, a atitude do outro em quem ela está interessada, atitude que flui naturalmente diante de tons irados na fala, não é a mesma que definitivamente ela reconhece em si própria. Nós não nos amedrontamos com o tom de voz que usamos para amedrontar alguém. Na dimensão emocional, que é uma parte bem extensa do gesto vocal, não despertamos em nós, em nenhuma medida que seja, a mesma resposta que despertamos nos outros, como quando usamos a fala significante. Nesse caso, deveríamos evocar em nós o tipo de resposta que estamos evocando em nosso interlocutor; devemos saber o que estamos falando, e a atitude do outro, que despertamos também em nós mesmos, deve controlar o que dizemos. Racionalidade significa que o mesmo tipo de resposta que eliciamos nos outros deve ser eliciado em nós, e que essa resposta, por sua vez, deve influir e determinar o que mais iremos fazer e dizer.

É essencial à comunicação que o símbolo possa despertar na própria pessoa o que desperta em outra. Ela deve ter essa mesma espécie de universalidade para qualquer pessoa que se encontre na mesma situação. Existe a possibilidade de uma linguagem sempre que um estímulo pode afetar um indivíduo da mesma maneira que afeta outrem. No caso de uma pessoa cega como Helen Keller, é uma experiência de contato como a que lhe é ministrada que poderia ser proporcionada a outra pessoa. É a partir desse tipo de linguagem que a mente de Helen Keller foi construída. Como ela mesma admitiu, não foi senão quando pôde se comunicar com outras pessoas por meio de símbolos capazes de despertar nela as respostas que eram despertadas em outros que se lhe tornou possível chegar ao que chamamos de conteúdo mental, a um self.

Um outro conjunto de fatores contextuais na gênese do self está representado pelas atividades do brincar e do jogo.

Entre os primitivos, como já disse, a necessidade de distinguir entre o self e o organismo foi reconhecida no que chamamos de "o duplo": o indivíduo tem um self-coisa, que é afetado por ele mesmo tal como ele afeta outras pessoas, e que se distingue do organismo imediato, já que pode deixar o corpo e voltar a ele. Essa é a base do conceito de alma como uma entidade separada.

Encontramos nas crianças algo que responde a esse duplo; ou seja, os amiguinhos imaginários, invisíveis, que muitas delas produzem em suas experiências pessoais. Dessa maneira, elas organizam as respostas que evocam nas outras pessoas e também em si próprias. Claro que brincar com um companheiro imaginário é só uma fase peculiarmente interessante da atividade lúdica corriqueira. Nesse sentido, brincar, em especial no estágio que antecede os jogos organizados, é brincar de alguma coisa. A criança brinca de mamãe, de professora, de policial; ou seja, como dizemos, ela assume vários papéis. Temos algo que sugere isso no comportamento dos animais que chamamos de brincar: a gata "brinca" com seus filhotes, os cachorrinhos "brincam" uns com os outros. Dois cachorros "brincando" entre si atacarão e se defenderão num processo que, se fosse levado às últimas consequências, desencadearia uma briga de verdade. Existe uma combinação de respostas que impede mordidas profundas e fortes. Mas, nessa situação, não temos cães assumindo papéis definidos, no mesmo sentido deliberado com que uma criança assume o papel de outrem. Essa tendência, por parte das crianças, é aquilo com que trabalhamos no jardim de infância, quando os papéis que as crianças assumem são usados como base para instruí-las. Quando uma criança de fato assume um papel, ela tem em si os estímulos que despertam aquela resposta particular ou aquele grupo de respostas. Naturalmente, ela pode sair correndo quando é perseguida, como faz o cachorro, ou pode se virar e revidar com um golpe, tal como o cachorro ao brincar. Mas isso não é o mesmo que brincar de alguma coisa. As crianças se reúnem para "brincar de índio". Isso quer dizer que a criança tem um determinado conjunto de estímulos que, por si mesmos, eliciam as respostas que eliciariam em outros indivíduos e que respondem a um índio. Durante a brincadeira, a criança usa, na construção de um self, suas próprias respostas a esses estímulos. A resposta que ela tende a manifestar perante esses estímulos organiza-os. Por exemplo, ela brinca de oferecer algo a si mesma; ela se entrega uma carta e a leva embora; fala consigo própria como se fosse seu pai ou sua mãe, ou a professora; ela mesma se prende como se fosse um policial prendendo alguém. A criança tem um conjunto de estímulos que evocam em si a espécie de respostas que evocam em outros. Ela toma esse grupo de respostas e as organiza num certo todo. Essa é a forma mais simples de ser uma outra pessoa para si mesma. Envolve uma situação no tempo. A criança diz algo como um personagem e responde sendo outro. O fato de responder como outro personagem serve de estímulo para si mesma em seu primeiro personagem, e assim prossegue o diálogo. Uma certa estrutura organizada surge em seu interior e o outro, dentro dela, responde a isso; ambos então levam adiante esse diálogo de gestos recíprocos.

Ao contrastar a situação de um jogo organizado com o brincar observamos uma diferença essencial na criança que participa do jogo: ela deve estar pronta para assumir o papel de qualquer outra criança participando da mesma brincadeira; outra diferença essencial é que esses vários papéis devem ter um relacionamento definido entre si. Tomemos uma brincadeira muito simples: o esconde-esconde. Nesse jogo, à exceção de quem está "batendo cara" e depois irá buscar os outros, todos estão escondidos ou fugindo. Para as crianças, basta um que vá pegar e outros que fujam para não serem pegos. Se a criança está brincando no primeiro sentido, ela simplesmente continua brincando, mas não se alcança nenhuma organização básica. Nesse estágio inicial ela passa de um papel para outro, com a volatilidade dos caprichos passageiros. Mas numa brincadeira envolvendo diversos indivíduos, a criança que assume um papel deve estar pronta para assumir o papel de qualquer outra criança do grupo. Se está numa roda jogando bola deve ter as respostas de cada uma das posições anteriores, envolvidas em atingir aquela em que se encontra. Deve saber o que cada um dos outros irá fazer para poder colocar em prática a sua parte na brincadeira. Ela precisa passar por todos esses papéis. Eles não precisam estar todos presentes em sua consciência ao mesmo tempo, mas em alguns momentos ela tem de ter três ou quatro pessoas presentes em sua própria atitude, como a que vai lançar a bola, a que vai apanhar, e assim por diante. Essas respostas devem, em alguma medida, estar presentes em sua própria constituição. No jogo, então, existe um conjunto organizado de respostas da parte de todos para que a atitude de um elicie atitudes apropriadas nos outros.

Essa organização é dada nas regras do jogo ou da brincadeira. As crianças demonstram grande interesse pelas regras. Criam regras na hora para se ajudar a superar dificuldades. Parte do prazer de brincar está justamente em criar regras. Ora, as regras são o conjunto de respostas que uma certa atitude elicia.

Você pode esperar uma certa resposta dos outros se tomar uma determinada atitude. Essas respostas também estão todas em você. Podemos ter um conjunto organizado de respostas do tipo a que me referi, o que é algo mais elaborado do que os papéis encontrados no brincar. Nesse caso existe apenas um conjunto de respostas que se segue a outros, indefinidamente. Em tal estágio falamos que a criança ainda não tem um self plenamente desenvolvido. Ela responde de modo suficientemente inteligente aos estímulos imediatos que a atingem, mas estes ainda não estão organizados. A criança não organiza sua vida como gostaríamos que o fizesse; ou seja, como um todo. Existe apenas um conjunto de respostas para cada tipo de jogo ou brincadeira. A criança reage a certo estímulo, e essa reação nela é a mesma que é eliciada em outras crianças, mas ela ainda não é um self completo. Para brincar, ela precisa de uma organização desses papéis, senão não consegue jogar o jogo. Este representa, na vida da criança, a passagem de assumir os papéis de outros em suas brincadeiras para a dimensão organizada que é essencial à autoconsciência, no pleno sentido do termo.

20
A brincadeira, o jogo e o outro generalizado

Estamos falando das condições sociais nas quais o self surge como um objeto. Além da linguagem encontramos duas ilustrações, uma no brincar e outra no jogo ou brincadeira, e gostaria de conciliar e expandir minha visão sobre esses pontos. Falei sobre tais tópicos do ponto de vista das crianças. Naturalmente podemos nos referir também às atitudes dos povos primitivos a partir dos quais surgiu a nossa civilização. Uma ilustração notável do brincar como processo distinto do jogo e da brincadeira pode ser encontrada nos mitos e em muitas formas lúdicas praticadas pelos primitivos, especialmente as competições religiosas. A pura atitude lúdica que encontramos nas crianças pequenas pode não ser encontrada aqui, pois os participantes são adultos e, sem dúvida, o relacionamento desses processos de brincar com aquilo que eles interpretam está mais ou menos na mente até dos povos mais primitivos. No processo de interpretar esses rituais existe uma organização no brincar que talvez possa ser comparada ao que acontece no jardim de infância, nas brincadeiras das crianças pequenas, quando essas atividades são organizadas em um conjunto dotado de uma certa estrutura ou um relacionamento definido. Pelo menos algo semelhante a isso pode ser encontrado nos jogos dos primitivos. Está claro que tal tipo de atividade não pertence à vida cotidiana das pessoas em sua lida com os objetos que as rodeiam, pois aí temos uma autoconsciência desenvolvida, com algum grau de definição, mas a suas atitudes perante as forças à sua volta, a natureza da qual dependem; em sua atitude perante a natureza, que é vaga e incerta, temos uma resposta muito mais primitiva, e essa resposta se expressa no processo de assumir o papel de outrem, de brincar de expressar seus deuses e heróis realizando certos ritos, que são representações do que esses indivíduos deveriam estar supostamente fazendo. Sem dúvida, esse processo se desenvolve e se torna uma técnica mais ou menos definida e controlada; no entanto, podemos dizer que decorreu de situações similares àquelas em que as crianças brincam de papai, mamãe ou professora; criaturas vagas que existem à volta delas, que as afetam e das quais dependem. Elas assumem tais personalidades, brincam de desempenhar esses papéis e nessa medida controlam o desenvolvimento da própria personalidade. Esse resultado é justamente aquilo para o que se dirige o trabalho do jardim de infância. O caráter desses vários seres indistintos é usado e trabalhado para levá-las a se envolver num relacionamento social organizado entre todas elas, e com isso possam construir o caráter da criança pequena[6]. A própria introdução de uma organização vinda de fora pressupõe uma falta de organização interna nesse período da experiência infantil. Em contraposição com essa situação da criança pequena e dos povos primitivos temos a brincadeira ou o jogo.

A diferença fundamental entre a brincadeira ou jogo e o brincar é que, neste, a criança deve ter em si as atitudes de todos os outros participantes do jogo. As atitudes desses outros participantes da brincadeira que a criança assume se organizam numa espécie de unidade, e é essa organização que controla as suas respostas. Um exemplo é o jogador de beisebol. Cada um de seus atos é determinado pela suposta ação dos outros participantes do jogo. O que ele faz é controlado pelo fato de ser todos os demais integrantes do time, pelo menos quanto ao efeito dessas atitudes sobre sua própria resposta. Temos então um "outro" que é uma organização das atitudes dos que estão envolvidos no mesmo processo.

A comunidade organizada, ou o grupo social que dá ao indivíduo a sua unidade de self, pode ser chamada de "o outro generalizado". A atitude do outro generalizado é a atitude da comunidade inteira[7]. Assim, por exemplo, no caso

---

6. ["The Relation of Play to Education". In: *University of Chicago Record*, I, 1896-1897, p. 140ss.]

7. É possível que objetos inanimados, tanto quanto outros organismos humanos, formem partes do outro generalizado e organizado, completamente socializado, do ponto de vista de qualquer indivíduo humano, à medida que este responda de modo social ou numa situação social a tais objetos (por meio de mecanismos do pensamento, de um diálogo internalizado de gestos). Qualquer coisa, qualquer objeto ou grupo de objetos – quer sejam animais ou coisas inanimadas, seres humanos ou animais, ou objetos meramente físicos – em relação aos quais o indivíduo age socialmente são um elemento do que, para ele, é o outro organizado. Ao assumir as atitudes desses objetos em relação a si, ele toma consciência de si próprio como objeto e como indivíduo e, assim, desenvolve um self ou personalidade. Por exemplo, é nesse sentido que o culto em forma primitiva é apenas a corporificação social das relações entre um dado grupo social ou comunidade e seu ambiente físico, um meio organizado, adotado pelos membros individuais desse grupo ou

de um grupo social como um time esportivo, este é o outro generalizado na medida em que faz parte – na qualidade de um processo organizado ou de uma atividade social – da experiência de qualquer um dos membros individuais que o constituem.

Para que um determinado indivíduo humano possa desenvolver um self no seu mais pleno sentido não é suficiente para ele apenas adotar as atitudes que outros indivíduos humanos tomam em relação a si e uns em relação aos outros, dentro do processo social humano, e levar esse processo social em sua totalidade para o âmbito de sua experiência individual apenas nesses termos. Ele também deve, no mesmo sentido em que adota as atitudes dos outros com relação a si e de uns em relação aos outros, tomar as atitudes deles com respeito às várias fases e aspectos da atividade social comum ou do conjunto de iniciativas sociais em que, como membros de uma sociedade organizada ou um grupo social, estão todos envolvidos. Depois, generalizando essas atitudes individuais da sociedade organizada ou do próprio grupo social como um todo, ele deve agir em relação a diferentes projetos sociais que, a qualquer momento, estejam em andamento, ou agir em relação às várias fases mais amplas do processo social geral que constitui sua vida e da qual esses projetos são manifestações específicas. Essa integração das atividades mais amplas de qualquer todo social ou sociedade organizada ao campo de experiências de qualquer um dos indivíduos envolvidos ou incluídos nesse todo é, em outras palavras, a base essencial e o pré-requisito para um mais completo desenvolvimento do self desses indivíduos. Somente na medida em que cada um adota as atitudes do grupo social organizado ao qual pertence em prol de uma atividade social cooperativa e organizada, ou de um grupo dessas atividades nas quais o grupo está envolvido, é que ele efetivamente desenvolve um self completo ou possui o tipo de self completo que desenvolveu. E, por outro lado, os complexos processos, atividades e funcionamentos institucionais da sociedade humana organizada também são possíveis apenas na medida em que cada indivíduo envolvido neles, ou pertencendo a essa sociedade, pode adotar as atitudes gerais de todos os outros indivíduos com referência a esses processos, atividades e funcionamentos institucionais, e ao todo social organizado das relações de experiências e interações, constituído dessa maneira, e pode comandar seu comportamento conforme tais pautas.

É na forma do outro generalizado que o processo social influencia o comportamento dos indivíduos envolvidos nele e promove sua manutenção; ou seja, a comunidade exerce controle sobre a conduta de seus membros individuais, pois é nessa forma que o processo social ou a comunidade entra como fator determinante do pensamento do indivíduo. No pensamento abstrato o indiví-

---

comunidade para entrar numa relação social com esse ambiente ou, em certo sentido, para manter um diálogo com ele. Desse modo, esse ambiente se torna parte do outro generalizado total para cada um dos membros individuais desse grupo social ou comunidade.

duo adota a atitude do outro generalizado[8] em relação a si sem fazer referência à sua expressão em quaisquer outros indivíduos particulares, e no pensamento concreto ele adota tal atitude na medida em que é expressa nas atitudes relativas ao seu comportamento, manifestadas pelos outros indivíduos com quem está envolvido num dado ato ou situação social. Mas, somente quando adota a atitude do outro generalizado em relação a si, em algum desses sentidos, é que o indivíduo pode efetivamente pensar, pois só então é que ocorre o pensamento ou o diálogo internalizado de gestos que constitui o pensamento. E somente quando os indivíduos adotam as atitudes do outro generalizado em relação a si mesmos é que se torna possível a existência de um universo de discurso, como aquele sistema de significados comuns ou significados sociais que o pensamento pressupõe como seu contexto.

O indivíduo humano autoconsciente, então, adota ou assume as atitudes sociais organizadas de um determinado grupo social ou comunidade (ou de alguma subdivisão aí dentro) a que pertença, em relação aos problemas sociais de vários tipos que confrontam o grupo ou a comunidade em qualquer momento, e que surgem em função de projetos sociais ou iniciativas cooperadas correspondentemente organizadas e de que participem dito grupo ou comunidade. E na qualidade de indivíduo participante desses projetos sociais ou iniciativas cooperadas ele comanda sua própria conduta de acordo com esses parâmetros. Na política, por exemplo, o indivíduo se identifica com um partido político inteiro e adota as atitudes organizadas desse organismo total em relação à comunidade social e os problemas que confrontam o partido dentro da situação social vigente. Consequentemente, ele reage ou responde em termos das atitudes organizadas do partido como um todo. Com isso, entra num conjunto especial de relações sociais com todos os outros indivíduos que pertencem a esse partido político. No mesmo sentido, entra em vários outros conjuntos especiais de relações sociais com várias outras ordens respectivas de indivíduos; indivíduos que, em cada uma dessas classes, são membros de um ou outro dos subgrupos organizados (determinados em termos socialmente funcionais) dos quais ele mesmo é membro no contexto da sociedade inteira ou de toda uma comunidade social. Nas comunidades sociais humanas mais altamente desenvolvidas, organizadas

---

8. Dissemos que o diálogo interno de um indivíduo consigo próprio, em termos de palavras ou gestos significantes – aquele diálogo que constitui o processo ou a atividade do pensamento – é realizado segundo o ponto de vista do "outro generalizado". E quanto mais abstrato é esse diálogo, mais o pensamento se mostra abstrato e mais o outro generalizado está distante de qualquer ligação com determinado indivíduo em particular. É especialmente no pensamento abstrato, então, que acontece o diálogo entre o indivíduo e o outro generalizado, em lugar de outros indivíduos concretos. É assim, por exemplo, que os conceitos abstratos são formulados em termos das atitudes de todo o grupo social ou de toda a comunidade. Esses conceitos são expressos com base na consciência que o indivíduo tem das atitudes do outro generalizado em relação a tais conceitos e na resposta que então lhe é dada. Assim, também é por isso que as propostas abstratas são expressas de uma maneira que qualquer um – que qualquer outro indivíduo inteligente – possa aceitar.

e complexificadas – as que surgiram com o homem civilizado –, são de dois tipos esses vários subgrupos ou classes socialmente funcionais de indivíduos aos quais as pessoas pertencem (e com cujos demais membros individuais estabelecem conjuntos específicos de relações sociais). Esses subgrupos ou classes sociais podem ser concretos, como os partidos políticos, clubes e corporações; todos estes efetivamente funcionando como unidades sociais, em termos das quais seus integrantes individuais se relacionam diretamente entre si. Ou podem ser abstratos, como a classe dos devedores e a classe dos credores; assim, os integrantes individuais desses subgrupos ou classes sociais abstratos se relacionam uns com os outros de modo mais ou menos indireto. Esses subgrupos ou classes só funcionam parcialmente como unidades sociais, mas permitem ou representam possibilidades ilimitadas para a ampliação, a ramificação e o enriquecimento das relações sociais entre todos os membros individuais daquela sociedade como um todo organizado e unificado. A pertinência de um determinado indivíduo a vários desses subgrupos ou classes sociais abstratos torna possível seu ingresso em relações sociais definidas (conquanto indiretas) com um número praticamente infinito de outros indivíduos que também estão incluídos em ou pertencem a uma ou outra dessas classes sociais abstratas, atravessando as linhas funcionais de demarcação que dividem as diferentes comunidades sociais umas das outras e incluindo membros individuais de diversas comunidades (ou de todas elas, em certos casos). Dentre esses subgrupos ou classes sociais abstratos de indivíduos humanos, aquele que se mostra mais abrangente e extenso é naturalmente o definido pelo universo lógico do discurso (ou seja, o sistema de símbolos universalmente significantes), determinado pela participação e interação comunicativa dos indivíduos; pois, de todas essas classes e subgrupos, esse é o que congrega o mais largo número de membros individuais e que permite ao maior contingente possível de indivíduos humanos estabelecer algum tipo de relação social mútua, por mais indireta ou abstrata que seja – relação que decorre do funcionamento universal dos gestos como símbolos significantes do processo social humano geral da comunicação.

Salientei, assim, que existem dois estágios gerais no desenvolvimento total do self. No primeiro, o self individual é simplesmente constituído de uma organização das atitudes particulares de outros indivíduos em relação a ele e aos demais, constituído dos atos sociais específicos dos quais todos participam conjuntamente. Mas, no segundo estágio do desenvolvimento total do self do indivíduo, este é constituído não só por uma organização das atitudes individuais particulares, mas também por uma organização das atitudes sociais do outro generalizado ou do grupo social como um todo ao qual ele pertence. Essas atitudes grupais ou sociais são levadas ao campo da experiência direta da pessoa e incluídas como elementos na estrutura ou constituição de seu self, da mesma forma que o são as atitudes de outros indivíduos particulares. E o indivíduo chega a elas ou as adota com sucesso por meio de uma subsequente organização e posterior generalização das atitudes de outros indivíduos particulares, em termos de suas implicações e influências sociais organizadas. Assim, o self alcança seu pleno desenvolvimento ao compor as atitudes individuais dos outros em atitudes grupais ou sociais organizadas, tornando-se assim um reflexo individual do padrão sistemático geral do comportamento social ou grupal em que este e outros estão envolvidos, um padrão que entra como um todo na experiência do indivíduo em termos dessas atitudes grupais organizadas que, por meio do mecanismo do seu sistema nervoso central, ele adota com relação a si mesmo da mesma forma como adota as atitudes individuais dos outros.

O jogo ou brincadeira tem uma lógica e, com isso, a organização do self se torna possível: existe um objetivo definido a ser alcançado. As ações dos diferentes indivíduos são todas relacionadas umas com as outras com referência à sua finalidade expressa, de modo que não entrem em conflito. A pessoa não está em conflito consigo própria na atitude de um outro integrante do mesmo time. Se alguém tem a atitude de uma pessoa que lança a bola, também pode ter a resposta de apanhar a bola. Os dois estão relacionados, de modo a promover o propósito do próprio jogo. Estão inter-relacionados de maneira unitária, orgânica. Existe então uma unidade definida, que é introduzida na organização do self dos outros indivíduos quando atingimos o estágio do jogo, em contraposição àquela situação do jogo na qual existe apenas uma sucessão simples de papéis, um após o outro; situação que é naturalmente característica da própria personalidade da criança. A criança é uma coisa num momento e outra em outro momento, e o que é num momento não determina o que é em seguida. Esse é ao mesmo tempo o encanto da infância e a sua inadequação. Não se pode contar com uma criança; não se pode supor que todas as coisas que ela faz irão determinar o que fará em qualquer outro momento. Ela não está organizada como um todo. A criança não tem um caráter definido, uma personalidade definida.

O jogo então é uma ilustração da situação a partir da qual nasce uma personalidade organizada. Na medida em que a criança de fato assume a atitude de outrem e permite que essa atitude alheia determine o que irá fazer com referência a um objetivo comum, ela está em vias de se tornar um membro orgânico da sociedade. Está assumindo a moral dessa sociedade e se tornando um membro essencial da mesma. Ela pertence a tal sociedade na medida em que permite que a atitude de outrem assuma de fato o controle de suas próprias expressões imediatas. O que está envolvido aqui é algum tipo de processo organizado. O que é expresso em termos de jogo ou brincadeira está naturalmente sendo continuamente expresso na vida social da criança, mas esse processo mais amplo vai além da experiência imediata da criança em si. A importância do jogo e da brincadeira é que essas atividades se situam inteiramente dentro da própria experiência da criança, e a importância da nossa educação moderna é que ela é introduzida, tanto quanto possível, no seio desse domínio. As diferentes atitudes que uma criança assume são tão organizadas, que exercem um controle definido sobre suas reações, da mesma forma como as atitudes num jogo ou brincadeira controlam as suas respostas imediatas. Nessas atividades temos um outro organizado, um outro generalizado, encontrado na natureza da própria criança, e que se expressa na experiência imediata desta. É essa atividade organizada, na própria natureza da criança, controlando uma reação particular, que confere unidade e constrói o seu self.

O que se passa no jogo e na brincadeira se passa na vida da criança o tempo todo. Ela está continuamente assumindo as atitudes daqueles que estão à sua volta, especialmente os papéis daqueles que a controlam, em alguma medida, e de quem depende. A criança entende a função do processo primeiramente de modo abstrato. Ela passa do brincar para o jogo, de uma maneira real. Ela tem de jogar o jogo. A moral do jogo toma posse da criança mais do que a moral da comunidade como um todo. A criança penetra na esfera do jogo e este expressa uma situação social na qual ela pode entrar integralmente. A moral do jogo pode exercer sobre ela um impacto maior do que a família à qual pertence ou a comunidade em que vive. Há todos os tipos de organização social, alguns com mais durabilidade e outros mais temporários, nos quais a criança está entrando e onde participa de algum tipo de jogo social. Essa é uma fase em que ela gosta de "pertencer"; ela entra em organizações que passam a existir e deixam de existir. A criança se torna algo que pode funcionar dentro do todo organizado e, assim, ela tende a se determinar no relacionamento com o grupo ao qual pertence. Esse processo representa um estágio notável no desenvolvimento da moral da criança, tornando-a um membro autoconsciente da comunidade à qual pertence.

É de um processo assim que brota a personalidade. Tenho me referido a isso como o processo no qual a criança assume o papel do outro, acrescentando que isso se desenrola essencialmente pelo uso da linguagem. Esta é predominantemente baseada no gesto vocal por meio do qual são realizadas as atividades cooperativas dentro de uma comunidade. Em seu sentido significante, a linguagem é aquele gesto vocal que tende a despertar no indivíduo a mesma atitude que este elicia nos outros, e é esse aperfeiçoamento do self pelo gesto que media as atividades sociais que dão origem ao processo de assumir o papel do outro. Esta última sentença é um tanto infeliz porque sugere a atitude de ator que, na realidade, é mais sofisticada do que aquela que está envolvida em nossa própria experiência. Nessa medida, tal frase não descreve corretamente aquilo que tenho em mente. Vemos esse processo numa forma definitivamente mais primitiva naquelas situações em que o brincar da criança assume papéis diferentes. Aqui, o próprio fato de ela estar pronta, por exemplo, para pagar em dinheiro desperta a atitude da pessoa que recebe dinheiro; o próprio processo está eliciando nela as atividades correlatas da outra pessoa envolvida. O indivíduo se estimula para a resposta que está eliciando em outrem e, então, age, até certo ponto, em resposta a essa situação. Ao brincar, a criança definitivamente atua no papel que ela mesma eliciou em si. É isso que, como já disse, confere um conteúdo definido ao indivíduo que responde ao estímulo que o afeta da mesma maneira que afeta as demais pessoas. O conteúdo do outro que entra na personalidade de uma pessoa é a resposta, no indivíduo, que seu gesto elicia no outro.

Podemos ilustrar esse nosso conceito básico fazendo referência à noção de propriedade. Quando dizemos "Isto é meu, vou controlar minha propriedade", tal afirmação elicia um certo conjunto de respostas que devem ser as mesmas em qualquer comunidade na qual existam propriedades. Envolve uma atitude organizada quanto à propriedade que é comum a todos os membros da comunidade. A pessoa deve ter uma atitude definida de controle de sua própria propriedade e de respeito pela dos outros. Essas atitudes (como conjuntos organizados de respostas) devem ser vigentes em todos de modo que, quando alguém diz uma coisa dessas, está evocando em si mesmo a resposta dos outros. Está evocando a resposta do que eu chamei de outro generalizado. O que torna possível uma sociedade é justamente a resposta comum, a atitude organizada, com referência ao que chamamos de propriedade, cultos religiosos, processo educacional e relações familiares. Naturalmente, quanto mais extensa a sociedade, mais definitivamente universais devem ser tais objetos. De todo modo, deve haver um conjunto definido de respostas que podemos considerar abstratas e que podem pertencer a um grupo muito amplo. Em si, a propriedade é um conceito muito abstrato. É aquilo que o próprio indivíduo pode controlar e que mais ninguém pode fazê-lo. Essa é uma atitude diferente da que o cachorro tem diante de um osso. O cachorro briga com outro se este tentar tirar-lhe o osso. O primeiro cachorro não está assumindo a atitude do segundo. O homem que diz "Isto é minha propriedade" está assumindo a atitude de outra pessoa, está invocando seus direitos porque é capaz de assumir a atitude que todos os outros integrantes do grupo têm em relação a propriedades, despertando então em si mesmo a atitude dos outros.

O que entra na constituição do self organizado é a organização das atitudes que são comuns ao grupo. Uma pessoa é uma personalidade porque pertence a uma comunidade, porque assimila as instituições dessa comunidade à sua própria conduta. Ela considera a linguagem dessa comunidade um meio pelo qual adquire sua personalidade e, então, por meio de um processo em que adota os diferentes papéis proporcionados por todos os outros, ela chega a incorporar a atitude dos membros dessa comunidade. Essa é, em certo sentido, a estrutura da personalidade da pessoa. Há certas respostas comuns que cada indivíduo tem perante determinadas coisas, e, na medida em que essas respostas comuns são despertadas no indivíduo quando ele está afetando outras pessoas, ele evoca o seu próprio self. Assim, essa estrutura sobre a qual o self é construído é essa resposta comum a todos, pois a pessoa tem de ser membro de uma comunidade para ser um self. Essas respostas são atitudes abstratas, mas constituem precisamente o que chamamos de caráter da pessoa. Tais atitudes lhe concedem o que designamos como princípios, atitudes reconhecidas por todos os membros da comunidade em relação ao que são os valores daquela comunidade. Ela está se colocando no lugar do outro generalizado, que representa as respostas organizadas de todos os membros do grupo. É isso que guia a conduta controlada por princípios, e uma pessoa que tem esse grupo organizado de respostas é alguém que descrevemos como dotado de caráter, no sentido moral.

Por conseguinte, é uma estrutura de atitudes que entra na constituição do self, que é diferente de um grupo de hábitos. Todos nós temos, por exemplo, certos grupos de hábitos, como um certo tom de voz que usamos ao falar. A pessoa tem um conjunto de hábitos de expressão vocal de que, no entanto, não tem conhecimento. Tais conjuntos de hábitos que temos não querem dizer nada para nós; nós não ouvimos as mesmas entonações da nossa fala que os outros ouvem, a menos que prestemos uma atenção especial a isso. Os hábitos da expressão emocional que pertencem à nossa fala são do mesmo tipo. Podemos saber que nos manifestamos de maneira exuberante, mas o processo detalhado não é algo que volta a nós de maneira consciente. Existem feixes inteiros de hábitos desse tipo que não entram em nosso self consciente, mas que ajudam a compor o que designamos como self inconsciente.

Afinal de contas, o que queremos dizer com autoconsciência é o despertar, em nós mesmos, do grupo de atitudes que estamos eliciando nos outros, especialmente quando é um conjunto importante de respostas que fazem parte da constituição das pessoas como membros de uma comunidade. É inadequado fundir ou confundir a consciência, no sentido em que costumeiramente usamos esse termo, com a autoconsciência. Em sua acepção mais frequente, "consciência" se refere simplesmente ao campo da experiência, enquanto autoconsciência se refere à capacidade de despertar em nós mesmos um conjunto de respostas definidas que pertencem aos outros integrantes do grupo. Consciência e autoconsciência não estão no mesmo nível. Felizmente ou não, um homem tem sozinho acesso à sua própria dor de dente, mas isso não é o que queremos significar quando empregamos o termo autoconsciência.

Até agora salientei aquilo que venho chamando de as estruturas sobre as quais o self é construído; o referencial do self, por assim dizer. Claro que nós não somos apenas aquilo que é comum a todos: o self de cada um de nós é diferente do de todos os demais, mas deve existir uma estrutura comum, tal como a que esbocei para que possamos, no mínimo, ser membros de uma comunidade. Não podemos ser nós mesmos a menos que também sejamos membros nos quais existe uma comunidade de atitudes que controlam as atitudes de todos. Não podemos ter direitos a menos que tenhamos atitudes comuns. Aquilo que adquirimos, como pessoas autoconscientes, faz de nós membros de tal sociedade e nos outorga um self. Este só pode existir em cada um de nós em relacionamentos definidos entre o meu self e o dos outros integrantes da comunidade, uma vez que o nosso próprio self existe e entra como tal em nossa experiência somente na medida em que o self dos outros também existe e entra como tal em nossas próprias experiências. Um indivíduo possui seu self apenas em relação com o self de cada um dos outros membros de seu grupo social, e a estrutura de seu self expressa ou reflete o padrão geral de comportamento desse grupo social ao qual ele pertence, assim como acontece com a estrutura do self de todos os demais indivíduos que pertencem a esse grupo social.

21
O self e o subjetivo

O processo a partir do qual surge o self é um processo social que implica a interação dos indivíduos no grupo, que, por sua vez, implica a preexistência do grupo[9]. Esse processo também implica certas atividades cooperativas nas quais estão envolvidos diversos membros do grupo. Além disso, indica ainda que, desse processo, pode eventualmente decorrer uma mais elaborada, em cujo seio o self surge e pode existir. Nesse sentido, existe um processo social do qual o self decorre e em cujo seio prosseguem outras diferenciações, evoluções e níveis de organização.

Tem existido na psicologia a tendência a abordar o self como um elemento mais ou menos isolado e independente, uma espécie de entidade que supostamente seria capaz de existir por si só. É possível que haja um self sozinho no universo, se começarmos por identificá-lo com uma certa consciência-sentimento. Se nos referirmos a esse sentimento como algo objetivo, então podemos pensar que esse self existe por si. Podemos pensar que um corpo físico separado existe por si, podemos supor que tem os sentimentos e estados de consciência em questão e, assim, podemos conceber esse tipo de self no pensamento como se simplesmente existisse por si.

Depois, existe um outro uso de "consciência" com o qual nos ocupamos de forma especial, denotando aquilo que chamamos de pensamento ou inteligência reflexiva; ou seja, um uso de "consciência" que sempre contém, pelo menos de modo implícito, a referência a um "eu". Esse uso de "consciência" não tem uma conexão inevitável com o outro uso, pois é uma concepção inteiramente diferente. Um dos usos tem a ver com um certo mecanismo, com uma certa maneira de agir de um organismo. Se um organismo é dotado de órgãos da percepção,

---

9. A relação dos organismos individuais com o todo social do qual são membros é análoga à relação das células individuais de um organismo multicelular com o todo do organismo.

então existem objetos em seu meio ambiente, e entre esses objetos estarão as partes de seu próprio corpo[10]. É verdade que se o organismo não tivesse retina e um sistema nervoso central, não existiriam objetos visuais, pois, para que esses objetos possam existir, devem existir certas condições fisiológicas, mas esses objetos não se encontram em si mesmos necessariamente relacionados com um self. Quando chegamos ao self chegamos a uma certa modalidade de conduta, a um certo tipo de processo social que envolve a interação de diversos indivíduos e, ainda assim, estão envolvidos indivíduos em alguma espécie de atividade cooperativa. É nesse processo que pode surgir o self propriamente dito.

Queremos distinguir o self, como um certo tipo de processo estrutural na conduta da forma, daquilo que designamos como consciência dos objetos que são experienciados. Ambos não têm um relacionamento necessário. O dente que dói é um elemento muito importante. Temos de prestar atenção nele. Em certo sentido, é identificado com o self, a fim de podermos controlar essa espécie de experiência. De vez em quando temos experiências que dizemos pertencer à atmosfera. O mundo todo parece estar deprimido, o céu está preto, o clima se mostra desagradável, aqueles valores que nos interessam estão naufragando. Não necessariamente identificamos essa situação com o self; simplesmente sentimos um certo clima à nossa volta. Acabamos nos lembrando que estamos sujeitos a esses tipos de depressão e encontramos exemplos dessa experiência em nosso passado. E então sentimos um certo alívio, tomamos uma aspirina ou descansamos, e o resultado é que o mundo muda de caráter. Já outras experiências nós podemos identificar com o nosso self a qualquer momento. Acho que podemos distinguir muito claramente entre certos tipos de experiência, que chamamos de subjetivas, porque só nós temos acesso a elas, e aquelas que chamamos de reflexivas.

É verdade que, considerada em si mesma, a reflexão é algo a que só nós temos acesso. Uma pessoa reflete sobre sua demonstração de uma proposição, digamos em termos euclidianos, e esse pensamento é algo que ocorre dentro de sua própria conduta. Por ora, é uma demonstração que só existe no seu pensamento. Depois ela a publica e, a partir daí, a demonstração se torna propriedade comum. Por algum tempo só era acessível ao seu autor. Existem outros conteú-

---

10. Uma seleção construtiva de nosso meio ambiente é o que chamamos de "consciência", no primeiro sentido desse termo. O organismo não projeta qualidades sensíveis – como cores, p. ex. – no meio ambiente ao qual responde, mas outorga a esse ambiente tais qualidades, num sentido semelhante àquele que se dá com o boi que outorga ao capim a qualidade de ser seu alimento; ou, falando em termos mais gerais, naquele sentido em que a relação entre os organismos biológicos e certos conteúdos ambientais dá origem a objetos alimentares. Se não existissem organismos com certos órgãos dos sentidos, não existiria um meio ambiente no sentido legítimo ou usual do termo. O organismo constrói (em sentido seletivo) seu meio ambiente; e "consciência" geralmente se refere ao caráter do meio ambiente, tal como é determinado ou construtivamente selecionado por nosso organismo humano, dependendo do relacionamento entre aquele (conforme a seleção ou reconstrução de que foi objeto) e este.

dos dessa natureza, como as imagens de lembranças e os voos da imaginação, que só são acessíveis ao indivíduo que as vivencia. Existe um caráter comum pertinente a esses tipos de objetos, que geralmente identificamos com a consciência, e esse processo que chamamos de pensamento, no sentido de ambos serem, pelo menos em certas fases, acessíveis apenas ao indivíduo. Mas, como eu já disse, esses dois conjuntos de fenômenos estão situados em níveis inteiramente distintos. Esse traço comum da acessibilidade interior não lhes confere necessariamente o mesmo *status* metafórico. Eu não quero discutir problemas metafóricos, mas definitivamente quero salientar que o self tem uma espécie de estrutura originária da conduta social, inteiramente distinguível dessa assim chamada experiência subjetiva de determinados conjuntos de objetos aos quais apenas o organismo tem acesso: o caráter comum da privacidade de acesso não funde um com o outro.

O self ao qual nos referimos até aqui aparece quando o diálogo dos gestos é assimilado pela conduta da forma individual. Quando esse diálogo de gestos pode ser assimilado pela conduta da pessoa de tal sorte que a atitude de outras formas pode afetar aquele organismo e os outros podem responder com seus gestos correspondentes e, assim, evocar a atitude do outro em seu próprio processo particular, então surge um self. Até mesmo a mera troca de gestos que pode transcorrer entre formas inferiores deve ser explicada pelo fato de que esse diálogo de gestos tem uma função inteligente. Até mesmo lá faz parte de um processo social. Se for assimilada pela conduta de um indivíduo, não só mantém essa função, como adquire uma capacidade ainda maior. Ao assimilar a atitude de um amigo com quem estarei dialogando, posso aplicá-la a mim mesmo e reagir tal como ele reage. Assim, posso colocar as coisas em muito melhor forma do que se eu não tivesse empregado o diálogo de gestos em minha própria conduta. O mesmo é válido para ele. É bom para os dois refletir sobre a situação com antecedência. Cada uma dessas pessoas tem também de levar em conta a atitude da comunidade, a atitude generalizada. Ambas devem estar preparadas para reagir ao ato, referindo-se às suas próprias condições, tal como qualquer outro indivíduo dessa comunidade agiria.

Um dos maiores avanços no desenvolvimento de uma comunidade acontece quando essa reação da comunidade, num indivíduo, assume o que chamamos de modo institucional. O que quero dizer com isso é que, sob determinadas circunstâncias, a comunidade inteira age em relação ao indivíduo de maneira idêntica. Não faz diferença, quanto a alguém que está roubando uma casa, se é João, José ou Pedro. A comunidade toda manifesta uma resposta idêntica a essa condição. Isso é o que chamamos de a formação de uma instituição.

Existe um outro assunto ao qual desejo me referir brevemente agora. A única maneira que temos de reagir contra a desaprovação de uma comunidade inteira é estabelecendo um tipo mais elevado de comunidade que, em certo sentido, tenha mais peso do que aquela que encontramos. Podemos ter uma pessoa que chega a ponto de ir contra o mundo todo, e pode até se destacar sozinha por suas posições contrárias à maioria. Mas, para fazer isso ela tem de falar consigo mesma com a voz da razão. Tem de compreender as vozes do passado e do futuro. Essa é a única maneira pela qual o self pode chegar a ter mais peso do que a voz da comunidade. Via de regra, supomos que essa voz geral da comunidade seja idêntica à comunidade maior, do passado e do futuro. Supomos que um costume organizado representa aquilo que chamamos de moralidade. As coisas que não podemos fazer são aquelas que todos condenariam. Quando adotamos uma atitude da comunidade que vai contra as nossas próprias reações, isso é uma manifestação verdadeira, mas não devemos nos esquecer dessa outra capacidade, que consiste em responder à comunidade e insistir nesse gesto de que a comunidade mude. Podemos reformular a ordem das coisas; podemos insistir em tornar melhores os padrões da comunidade. Nós não somos simplesmente manipulados pela comunidade. Estamos envolvidos num diálogo no qual as coisas que dizemos são ouvidas pela comunidade e suas respostas são afetadas pelo que temos a dizer. Isso é especialmente verdadeiro em situações críticas. Um homem se levanta e defende suas atitudes passadas; reafirma suas declarações perante autoridades legais; pode apresentar suas opiniões e ideias. Talvez, possa mudar a atitude de sua comunidade em relação a si. O processo do diálogo é tal que, nele, o indivíduo tem não só o direito como o dever de falar para a comunidade da qual faz parte, e promover aquelas mudanças que se desenrolam por intermédio da interação de indivíduos. Naturalmente, é desse modo que a sociedade progride, justamente por via dessas interações em que as pessoas refletem sobre as coisas. Estamos continuamente mudando certos aspectos do nosso sistema social, e somos capazes de fazer isso com inteligência porque podemos pensar.

Esse é o processo da reflexão do qual decorre o self. O que tentei fazer até aqui foi distinguir esse tipo de consciência da consciência como um conjunto de aspectos determinados pela acessibilidade do organismo a certos tipos de objeto. É verdade que o nosso pensamento, desde que apenas pensamento, também só é acessível ao organismo. Mas esse aspecto comum de ser acessível apenas ao organismo não torna nem o self nem o pensamento algo que devamos identificar com um grupo de objetos que simplesmente são acessíveis. Não podemos identificar o self com o que é comumente chamado de consciência; ou seja, com a existência privada ou subjetiva de aspectos de objetos.

Naturalmente existe hoje uma distinção entre consciência e autoconsciência: a consciência que responde a certas experiências, como a dor ou o prazer, e a autoconsciência que se refere ao reconhecimento ou aparecimento do self como objeto. Porém, presume-se em geral que esses outros conteúdos conscientes também contêm a autoconsciência, que uma dor sempre é a dor de alguém e que, se não houvesse essa referência a uma pessoa, não seria dor. Existe um elemento muito claro de verdade nessa argumentação, mas está longe de ser a história toda. A dor deve sem dúvida pertencer a uma pessoa; tem de ser a sua dor para que pertença a ela. A dor pode pertencer a qualquer um, mas, se pertencesse a todo mundo, seria comparativamente sem importância. Suponho que seja possível conceber que, sob o efeito de um anestésico, o que ocorre é uma dissociação de experiências, de modo que o sofrimento – por assim dizer – não é mais o seu sofrimento. Temos ilustrações disso, embora não de uma dissociação induzida por anestesia, numa experiência de algo desagradável que perde seu poder sobre nós porque prestamos atenção em alguma outra coisa. Se, por assim dizer, conseguirmos sair das coisas, dissociando-as do olho que as está vendo, poderemos constatar que elas perderam uma grande parte de seu caráter impermanente. A impermanência da dor é uma reação contra ela. Se você realmente conseguir se abster de reagir contra o sofrimento, conseguirá se livrar de um certo conteúdo do próprio sofrimento. O que efetivamente acontece é que essa deixa de ser a sua dor. Você simplesmente assiste à dor objetivamente. Esse é o ponto de vista que estamos continuamente impingindo a uma pessoa quando está em vias de se deixar arrastar pela emoção. No caso, não estamos nos livrando da ofensa propriamente dita, mas da reação contra a ofensa. O caráter objetivo do juiz é o de uma pessoa neutra, que pode simplesmente se posicionar do lado de fora de uma situação e avaliá-la. Se conseguirmos adotar a atitude do juiz com respeito às ofensas que uma pessoa nos dirige alcançaremos o ponto em que não nos ressentimos dela, mas a compreendemos, e atingimos o ponto no qual compreender é perdoar. Removemos, com essa atitude, uma grande parte das experiências que ocorrem fora do nosso self. A atitude natural e distintiva contra alguém é um ressentimento por uma ofensa, mas agora fomos em certo sentido mais além desse self e nos tornamos outro self, com outras atitudes. Há um tipo de técnica, então, ao qual nos submetemos para tolerar o sofrimento ou qualquer situação emocional, e que consiste em parcialmente destacarmos o nosso self de certas experiências, para que não sejam mais as experiências da pessoa em questão.

Se, porém, pudermos isolar inteiramente a experiência de modo a não conseguirmos nos lembrar dela para não termos de absorvê-la continuamente no self, a cada dia, de momento a momento, então ela não existiria mais, no que nos diz respeito. Se não tivéssemos nenhuma recordação que identifica as experiências com o self, então elas certamente desapareceriam no que diz respeito à sua relação com o self, e mesmo assim elas poderiam continuar como experiências sensoriais ou sensíveis, sem serem absorvidas pelo self. Essa espécie de situação se apresenta no caso patológico de uma personalidade múltipla, na qual a pessoa perde a memória de uma certa parte de sua existência. Tudo o que está ligado com essa fase desaparece e ela se torna uma personalidade diferente. O passado tem uma realidade, quer esteja na experiência, quer não; mas aqui ele não está identificado com o self, não participa da constituição do self. Assumimos esse tipo de atitude, por exemplo, com referência aos outros quando a pessoa cometeu algum tipo de ofensa que leva a uma declaração sobre a situação, a uma admissão, a um arrependimento talvez, e depois o assunto é esquecido. A pessoa que perdoa, mas não esquece, é uma companhia desagradável; perdoar implica esquecer, livrar-se da lembrança de algo.

Há muitas ilustrações que podem ser evocadas a partir de um relacionamento descontraído entre determinados conteúdos de um self, em defesa do nosso reconhecimento de que têm um certo valor fora do self. No mínimo, deve ser concedido que podemos alcançar o ponto em que algo que reconhecemos como um conteúdo que é cada vez menos essencial para o self pode ser mantido de fora do self atual, por não ter para este o mesmo valor que teve para o self anterior. Casos extremos parecem apoiar a perspectiva de que uma certa parcela desses conteúdos pode ser inteiramente descartada do self. Embora, em certo sentido, eles estejam ali prontos para aparecerem em circunstâncias específicas, estão por ora dissociados e não alcançam o limiar da nossa autoconsciência.

Por outro lado, a autoconsciência se encontra definitivamente organizada em torno do indivíduo social, e, como vimos, isso não se dá apenas porque a pessoa está num grupo social e é afetada por outros, assim como os afeta, mas porque (e tenho insistido nesse ponto) suas próprias experiências como self são as que ela assume para si, a partir de sua ação em relação aos outros. A pessoa se torna um self na medida em que pode assumir a atitude de outrem e agir em relação a si mesmo como o fazem os outros. Na medida em que o diálogo de gestos pode se tornar parte da conduta, para a direção e o controle das experiências, então pode surgir o self. É o processo social de influenciar os outros no ato social e, então, assumir a atitude despertada nos outros por esse estímulo, reagindo em seguida à resposta deles, que constitui o self.

Nosso corpo faz parte do nosso ambiente e é possível que o indivíduo experimente seu corpo e tome consciência dele e das sensações corporais sem estar consciente ou ciente de si mesmo – em outras palavras, sem assumir a atitude de outrem em relação a si. De acordo com a teoria social da consciência, o que queremos dizer com consciência é aquele caráter ou aspecto peculiar do ambiente da experiência humana individual que é devido à sociedade humana, sociedade composta pelo self de muitos outros indivíduos que adotam as atitudes dos outros em relação a si mesmos. O conceito, ou a teoria fisiológica da consciência, é, em si, inadequado e requer a complementação de um ponto de vista sociopsicológico. Adotar os sentimentos da atitude do outro em relação a mim mesmo é o que constitui a autoconsciência, e não as meras sensações orgânicas das quais estou consciente e que experiencio. Até o surgimento da autoconsciência no processo da experiência social o indivíduo experimenta seu corpo, suas sensações e sentimentos apenas como uma parte imediata do ambiente e não como fatos seus, não em termos da autoconsciência. O self e a autoconsciência têm de surgir primeiro para que depois essas experiências possam ser identificadas peculiarmente ou apropriadas pelo self; para que entrem, por assim dizer, no legado de suas experiências, o self deve primeiramente se desenvolver dentro do processo social no qual esse legado está envolvido.

Pela autoconsciência o organismo individual entra, em alguma medida, em seu próprio campo ambiental; seu próprio corpo se torna uma parte do conjunto dos estímulos ambientais aos quais ele responde ou reage. Fora do contexto do processo social em seus níveis mais elevados – em que estão envolvidos a comunicação consciente e o diálogo consciente de gestos entre os organismos individuais interagindo em seu seio –, o organismo individual não se enxerga como um todo em contraposição ao seu ambiente; não se torna um objeto total para si mesmo (e, assim, não é autoconsciente); não é, como um todo, um estímulo ao qual reaja. Pelo contrário, o organismo só responde a partes ou aspectos separados de si mesmo e não os considera como partes ou aspectos de si próprio, mas simplesmente como partes ou aspectos do seu ambiente em geral. Somente dentro do processo social em seus níveis mais elevados, somente em termos das formas mais desenvolvidas do ambiente social ou da situação social é que o organismo individual total se torna um objeto para si mesmo e, por conseguinte, autoconsciente. Nos níveis inferiores do processo social, nos níveis não conscientes, como também na situação ou no ambiente estritamente psicofisiológico, que é logicamente anterior ao processo social da experiência e do comportamento pressuposto por este, o organismo individual, portanto, não se torna um objeto para si mesmo. Na experiência e no comportamento que podem ser chamados de autoconscientes agimos e reagimos com referência a nós mesmos, embora também em referência a outros indivíduos. Ser autoconsciente é essencialmente se tornar um objeto para si mesmo, em virtude das próprias relações sociais com outros indivíduos.

Quando consideramos a natureza do self devemos enfatizar a posição central que o pensamento tem. A autoconsciência, e não a experiência afetiva com seus concomitantes motores, é o que proporciona o cerne do self e sua estrutura original, tornando-o então, essencialmente, um fenômeno cognitivo mais do que emocional. O processo intelectual, ou pensamento – a internalização e a dramatização interior, pelo indivíduo, do diálogo externo de gestos significantes que constitui seu modo principal de interação com outros indivíduos pertencentes à mesma sociedade –, é a fase experiencial mais antiga na gênese e no desenvolvimento do self. É verdade que Cooley e James tentam situar a base do self nas experiências afetivas reflexivas; ou seja, naquelas experiências que envolvem os próprios sentimentos. Mas a teoria segundo a qual a natureza do self deve ser encontrada naquelas experiências não explica a origem do self e nem dos próprios sentimentos que supostamente caracterizam essas experiências. O indivíduo não precisa incluir nessas experiências as atitudes dos outros em relação a si, uma vez que essas experiências, apenas em si mesmas, não necessitam que ele faça isso, e, a menos que o faça, ele não consegue desenvolver um self. E ele não fará isso com tais experiências, a menos que seu self já tenha se originado de outro modo; a saber, do modo como descrevemos. Como dissemos, a essência do self é cognitiva; situa-se no diálogo internalizado de gestos que constitui o pensamento, ou nos termos dos quais procedem o pensamento ou a reflexão. Assim, a origem e os fundamentos do self, como os do pensamento, são sociais.

22
O "eu" e o "mim"

Discutimos extensamente os fundamentos sociais do self e sugerimos que ele não consiste simplesmente na mera organização das atitudes sociais. Podemos, agora, levantar explicitamente a questão da natureza do "eu" que tem consciência do "mim" social. Não me refiro a levantar a questão, pelo prisma metafísico, de como a pessoa pode ser tanto "eu" como "mim", mas a indagação se refere ao significado que tem essa distinção, do ponto de vista da conduta em si. Onde, na conduta, o "eu" surge em contraposição ao "mim"? Se a pessoa determina qual é a sua posição na sociedade e sente que tem uma certa função e determinados privilégios, tudo isso é definido em relação ao "eu", mas o "eu" não é o "mim" e não pode sê-lo. Podemos ter um self melhor ou pior, mas novamente ele não é o "eu" em contraposição ao "mim" porque ambos são, cada qual, o self. Aprovamos um e desaprovamos o outro, mas quando evocamos um ou outro eles estão expostos à aprovação como "mim". O "eu" não vem para o primeiro plano; a pessoa fala consigo mesma, mas não se enxerga. O "eu" reage ao self que surge em decorrência de adotar as atitudes dos outros. Ao adotar essas atitudes introduzimos o "mim" e reagimos a ele como um "eu".

O meio mais simples de lidar com esse problema seria em termos da memória. Eu falo comigo e lembro do que disse e, talvez, do conteúdo emocional que coloria essa fala. O "eu" desse momento está presente no "mim" do momento seguinte. Também aí eu não consigo me virar rápido o suficiente para me flagrar. Eu me torno um "mim" dado que me lembro do que disse. Entretanto, o "eu" pode receber nesse relacionamento funcional. É devido ao "eu" que dizemos que nunca estamos plenamente cientes do que somos, que nos surpreendemos com os nossos próprios atos. É ao agir que estamos conscientes de nós mesmos. É na memória que o "eu" está constantemente presente na experiência. Podemos recuar diretamente alguns momentos em nossa experiência e então estamos na dependência das imagens da memória para o resto. Assim, o "eu" na memória existe ali como o porta-voz do self do segundo, do minuto ou do dia anterior. É um "mim", mas um "mim" que foi o "eu" de um momento anterior. Se você então perguntar onde é que, em sua experiência pessoal, o "eu" entra, a resposta é: ele entra como uma figura histórica. O "eu" do "mim" é o que você foi há um segundo. É um outro "mim" que tem de assumir esse papel. Você não pode ter a resposta imediata do "eu" no processo[11]. O "eu" é, em certo sentido, aquilo com que nos identificamos. Sua introdução na experiência constitui um dos problemas da maioria das nossas experiências conscientes. Não é algo diretamente dado na experiência.

O "eu" é a resposta do organismo às atitudes dos outros[12], o "mim" é o conjunto organizado das atitudes dos outros que a própria pessoa assume. As atitudes dos outros constituem o "mim" organizado e, então, a pessoa reage a isso como um "eu". Desejo agora examinar esses conceitos mais minuciosamente.

No diálogo de gestos não existe nem "eu" nem "mim"; o ato todo ainda não foi concretizado, mas os preparativos ocorrem nesse campo do gesto. Agora, na medida em que a pessoa elicia em si própria as atitudes dos outros, surge um grupo organizado de respostas. E é devido à capacidade da pessoa para adotar as atitudes dos outros, na medida em que podem ser organizadas, que ela alcança a autoconsciência. Ao adotar todos esses conjuntos organizados de atitudes a pessoa conquista seu "mim", o self de que está ciente. Ela pode jogar a bola para um outro integrante do time em virtude da demanda que lhe é feita pelos demais componentes da equipe. É esse o self que imediatamente existe para ela, em sua consciência. A pessoa tem as atitudes dos outros, sabe o que eles querem e quais serão as consequências de qualquer ato que realize; ela assumiu responsabilidade pela situação. Agora, é a presença desses conjuntos organizados de atitudes que constitui o "mim" ao qual ela está respondendo como "eu". Mas qual será essa resposta, nem ela nem ninguém mais sabe. Talvez faça uma jogada brilhante ou cometa um erro. A resposta a tal situação que aparece em sua experiência imediata é incerta e é essa que constitui o "eu".

O "eu" é a ação da pessoa em contraposição àquela situação social dentro de sua própria conduta, e só entra em sua experiência depois que ela empreendeu o ato. Então ela está ciente dele. A pessoa tinha de fazer algo e fez. Cumpriu seu dever e pôde olhar com orgulho para o que realizou. O "mim" aparece para cumprir aquele dever – é assim que emerge na experiência da pessoa. Ela man-

---

11. A sensibilidade do organismo leva partes de si mesmo para o meio ambiente. Entretanto, não leva o processo vital em si para o meio ambiente, e uma completa apresentação imaginativa do organismo é incapaz de apresentar a vida do organismo. É concebível que apresente as condições nas quais essa vida se desenrola, mas não o processo vital como uma unidade. O organismo físico no meio ambiente sempre permanece uma coisa (MS).

12. [Para o "eu", visto como o indivíduo biológico, cf. Ensaios suplementares, II e III.]

teve em si todas as atitudes dos outros ao evocar uma certa resposta; isso foi o "mim" daquela situação e sua resposta foi o "eu".

Quero particularmente chamar atenção para o fato de que essa resposta do "eu" é algo mais ou menos incerto. As atitudes dos outros, que a pessoa assume e que afetam a sua própria conduta, constituem o "mim", e isso é algo que está ali, mas a resposta a isso ainda não foi dada. Quando alguém se senta para refletir sobre alguma coisa, conta com alguns dados que estão ali. Vamos supor que se trata de uma situação social que ele tem de solucionar. Ele se enxerga do ponto de vista de um ou outro indivíduo do grupo. Estes todos, inter-relacionados, conferem-lhe um determinado self. Bem, o que essa pessoa fará? Ela não sabe; ninguém mais sabe. Ela pode trazer a situação para a sua experiência porque pode assumir as atitudes dos vários indivíduos envolvidos nela. Ao assumir suas atitudes ela sabe como estes se sentem a respeito da questão. Aliás, ela diz: "Fiz algumas coisas que parecem me comprometer com um determinado curso de comportamento". Talvez, se se comportar assim, termine se colocando numa posição falsa perante outro grupo. O "eu" como resposta a essa situação, em contraste com o "mim" que está envolvido nas atitudes que ela toma, é incerto. E quando enfim a resposta acontece, então aparece no campo da experiência basicamente como uma imagem da memória.

Nosso peculiar momento presente é muito breve. Entretanto, vivenciamos eventos passageiros. Uma parte do processo da transitoriedade dos eventos está diretamente ali, em nossa experiência, incluindo uma parte do passado e uma parte do futuro. Vemos uma bola caindo, enquanto é lançada, e durante esse lançamento uma parte da bola está encoberta e outra descoberta. Lembramos de onde a bola estava há um instante e antecipamos onde estará, mais além do que é dado em nossa experiência. E o mesmo acontece conosco. Estamos fazendo alguma coisa, mas olhamos para trás e vemos que aquilo que estamos fazendo envolve imagens da memória. Assim, o "eu" realmente aparece na experiência como uma parte do "mim". Mas, com base nessa experiência, distinguimos o indivíduo que está fazendo alguma coisa do "mim" que lhe apresenta o problema. A resposta entra em sua experiência somente quando acontece. Se ele diz que sabe o que irá fazer, mesmo assim poderá estar enganado. Ele começa a fazer alguma coisa e acontece outra, que interfere. A ação resultante sempre é um pouco diferente de qualquer coisa que ele poderia antecipar. Isso é verdade, mesmo que ele esteja apenas realizando o processo de caminhar. O próprio ato de dar os passos esperados coloca-o numa situação que tem um aspecto ligeiramente diferente do esperado; aspecto que, em certo sentido, é inédito. Esse movimento para o futuro é o passo, por assim dizer, do ego, do "eu". É algo que não está dado no "mim".

Vejamos a situação de um cientista resolvendo um problema sobre o qual ele tem alguns dados que exigem certas respostas. Uma parte desse conjunto de dados pede a aplicação de algumas leis, e outra parte pede outras leis. Os dados estão ali, com suas implicações. Ele sabe o que querem dizer tais e tais colorações, e quando está com esses dados à frente eles representam algumas respostas de sua parte. Mas agora os dados entram em conflito uns com os outros. Se ele der uma resposta, não pode dar a outra. Nem ele nem ninguém mais sabem o que irão fazer. A ação do self está na resposta a esses conjuntos conflitantes de dados que formam um problema e cobram dele, como cientista, posturas conflitantes. Ele tem de considerar o assunto de maneiras diferentes. A ação do "eu" é algo cuja natureza não se pode saber com antecedência.

O "eu", então, nessa relação do "eu" com o "mim", é algo que, por assim dizer, está respondendo a uma situação social que está dentro da experiência do indivíduo. É a resposta que o indivíduo dá à atitude que os outros tomam em relação a ele, quando assume uma atitude em relação aos outros. Ora, as atitudes que está adotando com relação aos outros estão presentes em sua própria experiência, mas sua resposta a elas conterá um elemento inédito. O "eu" proporciona a sensação de liberdade, de iniciativa. A situação está ali, para nós agirmos de maneira autoconsciente. Estamos conscientes de nós mesmos e do que é a situação, mas exatamente como iremos agir nunca entra na experiência senão depois que a ação foi empreendida.

Essa é a base para o fato de o "eu" não aparecer, na experiência, no mesmo sentido que o "mim". Este representa uma organização definida da comunidade, ali em nossas atitudes, e pede uma resposta, mas a resposta que de fato acontece é algo que simplesmente acontece. Não há certezas com relação a isso. Existe uma necessidade moral, mas nenhuma necessidade mecânica para o ato. Quando este efetivamente acontece, então descobrimos o que foi feito. Penso que a formulação anterior nos oferece a posição relativa do "eu" e do "mim" na situação, assim como as bases para a separação entre os dois no comportamento. Os dois estão separados no processo, mas estão juntos no sentido de ambos serem parte de um todo. Estão separados, mas, apesar disso, existem juntos. A separação entre o "eu" e o "mim" não é fictícia. Essas instâncias não são idênticas, pois, como já foi dito, o "eu" é algo que nunca se pode calcular inteiramente. O "mim" realmente evoca um certo tipo de "eu" na medida em que atendemos as obrigações que são dadas na própria conduta, mas o "eu" sempre é algo diferente daquilo que a situação pede. Portanto, sempre existe uma distinção, se quiserem, entre o "eu" e o "mim". O "eu" tanto pede o "mim" como responde a ele. Tomados em conjunto, constituem a personalidade que aparece na experiência social. Essencialmente, o self é um processo social em andamento com essas duas fases discerníveis. Se o processo social não tivesse essas duas fases não poderia haver a responsabilidade consciente e não haveria nada de novo na experiência.

23
Atitudes sociais e o mundo físico

O self é menos uma substância e mais um processo em que o diálogo de gestos foi internalizado por uma forma orgânica. Esse processo não existe por si só. Trata-se simplesmente de uma fase de toda a organização social da qual o indivíduo faz parte. A organização do ato social foi importada pelo organismo e se torna, então, a mente do indivíduo. Ainda inclui as atitudes dos outros, mas agora altamente organizadas, de modo que se tornam o que chamamos de atitudes sociais, em vez de os papéis de indivíduos separados. Esse processo em que a pessoa relaciona seu próprio organismo com os outros, nas interações que estão em andamento, na medida em que é importado pela conduta do indivíduo com o diálogo do "eu" e do "mim", constitui o self[13]. O valor da importação do diálogo de gestos pela conduta do indivíduo reside na coordenação superior que a sociedade como um todo alcança, e numa maior eficiência do indivíduo como membro do grupo. É a diferença entre o processo que pode acontecer num grupo de ratos, formigas ou abelhas e aquele que pode se desenrolar numa comunidade humana. O processo social, com suas várias implicações, é efetivamente assimilado pela experiência do indivíduo, de tal modo que aquilo que está acontecendo ocorre com mais eficiência porque, em certo sentido, foi ensaiado pelo indivíduo. Ele não só desempenha melhor a sua parte, sob tais condições, como também reage à organização da qual faz parte.

A própria natureza desse diálogo de gestos requer que a atitude do outro seja modificada por intermédio da atitude do indivíduo ao estímulo do outro. No diálogo de gestos das formas inferiores o vaivém dos estímulos é observável, uma vez que o indivíduo não só se ajusta à atitude dos outros, como também muda as atitudes deles. A reação do indivíduo, nesse diálogo de gestos, está em certa medida continuamente modificando o próprio processo social. É essa modificação do processo que tem o mais alto interesse para a experiência do indivíduo. Este adota a atitude do outro em relação ao seu próprio estímulo, e, ao fazer isso, percebe que está modificada, já que a sua resposta se torna diferente, e, por sua vez, induz mais mudanças.

Atitudes fundamentais são presumivelmente aquelas que só são modificadas aos poucos e nenhum indivíduo pode reorganizar a sociedade inteira. A pessoa,

---

13. De acordo com essa visão, a comunicação consciente se desenvolve a partir da comunicação inconsciente dentro do processo social; o diálogo, em termos de gestos significantes, a partir do diálogo em termos de gestos não significantes, e o desenvolvimento equiparado da comunicação consciente coincidem com o desenvolvimento da mente e do self de outras formas, dentro do processo social.

porém, está continuamente afetando a sociedade com suas próprias atitudes porque assimila a atitude que o grupo tem em relação a si, responde a ela e, por meio dessa resposta, muda a atitude do grupo. É óbvio que é isso que estamos constantemente fazendo em nossa imaginação, em nossos pensamentos. Utilizamos a nossa própria atitude para provocar uma situação diferente na comunidade da qual somos parte. Exercitamos as nossas posições, expomos nossas opiniões, aprovamos e desaprovamos. Mas só podemos fazer isso na medida em que pudermos eliciar em nós mesmos a resposta da comunidade. Apenas temos ideias na medida em que somos capazes de adotar a atitude da comunidade e, depois, responder a ela.

No caso dos animais inferiores, a resposta do indivíduo à situação social – seus gestos em contraposição à situação social – é o que responde à ideia no animal humano. Entretanto, a resposta do animal não é uma ideia. Usamos o gesto vocal para eliciar a reação que responde à resposta da comunidade. Temos então o nosso próprio estímulo, uma réplica para aquela resposta, e é essa réplica que é a ideia. Você diz: "É minha ideia que isto ou aquilo seja feito". Sua ideia é a réplica que você apresenta à exigência social que lhe é feita. A exigência social, por exemplo, é que você pague certos impostos. Você entende que esses impostos não são devidos. Agora, sua réplica à exigência da comunidade, em particular ao fiscal da Receita, acontecendo em sua própria experiência, é uma ideia. Na medida em que tem em sua própria conduta os símbolos que são a expressão de sua réplica à exigência você tem uma ideia de qual seria a sua avaliação. Trata-se de uma situação ideal na medida em que você está assumindo o papel do fiscal da Receita contra si próprio e reagindo a ele. Não é como a situação da briga de cães, na qual um animal está realmente preparado para saltar e o outro adota uma atitude que neutraliza o ataque pretendido. A diferença é que o diálogo de gestos faz parte da briga real, que aconteceu, ao passo que, no outro caso, você está adotando antecipadamente a atitude do fiscal e trabalhando ou expondo a sua própria resposta a ela. Quando tal atitude acontecer na sua experiência você terá ideias a respeito.

Uma pessoa ameaça você e no mesmo instante você a derruba no chão. Nessa situação, não houve qualquer elemento ideal. Se contar até dez e ponderar sobre o que essa ameaça significa, você está tendo uma ideia, está levando a situação para um cenário ideal. Como vimos, é isso que constitui o que chamamos de mente. Estamos adotando a atitude da comunidade e respondendo a ela, nesse diálogo de gestos. Nesse caso, os gestos são vocais. São símbolos significantes, e com "símbolo" não queremos dizer algo que está fora do campo da conduta. O símbolo não é mais do que um estímulo cuja resposta é antecipadamente dada. Isso é tudo que, para nós, significa "símbolo". Ocorre uma palavra e um golpe. Este é o antecedente histórico da palavra, mas se a palavra significa um insulto, agora a resposta está envolvida na palavra, algo dado no próprio estímulo em si. Isso é tudo que significa um símbolo. Agora, se essa resposta pode ser dada em termos de uma atitude utilizada para o posterior controle da ação, então a relação desse estímulo com a atitude é o que queremos dizer com "símbolo significante".

O nosso pensamento que, como dizemos, acontece na nossa cabeça é um jogo de símbolos no sentido explicitado acima. Por meio de gestos, as respostas são expressas em nossas atitudes e, assim que são expressas, evocam outras atitudes, por sua vez. O que era um significado torna-se, então, um símbolo que tem outro significado. Este se tornou, em si mesmo, um estímulo para outra resposta. Na briga dos cachorros, a atitude de um tem o significado de modificar a atitude do outro, mas a mudança de atitude agora se torna um símbolo para o primeiro cachorro (embora não uma linguagem ou um símbolo significante), e este também muda a própria atitude. O que era um significado torna-se agora um estímulo. O diálogo se desenrola continuamente, e o que era uma resposta se torna um estímulo no campo do gesto, e a resposta a este é o significado. Respostas são significados na medida em que se encontram dentro desse diálogo de gestos. Nosso pensamento é apenas essa mudança contínua de uma situação graças à nossa capacidade de assimilá-la em nossa própria ação, de modificá-la para que convide uma atitude diferente da nossa parte e de levá-la em frente até o ponto em que o ato social possa ser completado.

O "mim" e o "eu" estão no processo do pensamento e indicam o "toma lá da cá" que o caracteriza. Não haveria o "eu", no sentido em que usamos esse termo, se não houvesse o "mim". Não haveria o "mim" sem uma resposta na forma de "eu". Esses dois, tais como aparecem em nossa experiência, constituem a personalidade. Somos indivíduos nascidos com uma nacionalidade, localizados em alguma região geográfica, dentro de determinadas relações familiares e com estes ou aqueles laços políticos. Todos esses atributos representam uma certa situação que constitui o "mim", mas isso necessariamente envolve uma ação continuada do organismo rumo ao "mim" no processo em que se encontra envolvido. O self não é algo que existe primeiro e depois entra em relacionamentos com os outros; mas, por assim dizer, é um elo na corrente social, e com isso continua sendo parte da corrente. É um processo no qual o indivíduo está continuamente se ajustando com antecedência à situação à qual pertence e reagindo a ela. Assim, o "eu" e o "mim", o pensar, o ajustamento consciente, tornam-se parte do processo social inteiro e possibilitam uma sociedade muito mais organizada.

O "eu" e o "mim" pertencem ao diálogo de gestos. Se fôssemos apenas "uma palavra e um golpe", se uma pessoa reagisse a uma situação social imediatamente, sem refletir, não existiria a personalidade no sentido em que descrevemos acima, da mesma forma como se diz que não existe uma personalidade na natureza do cachorro ou do cavalo. Naturalmente, nós tendemos a atribuir uma personalidade aos nossos animais domésticos, mas quando estudamos suas condições em mais profundidade vemos que não existe lugar para esse tipo de importação do processo social da conduta do indivíduo. Esses animais não têm o mecanismo para tanto: a linguagem. Por isso, dizemos que não têm personalidade; eles não são responsáveis pela situação social em que se encontram. O indivíduo humano, por sua vez, identifica-se com essa situação social. Responde a ela e, embora sua resposta possa ter um teor crítico, ou então endossá-la, envolve a aceitação da responsabilidade apresentada pela situação. Essa aceitação não existe no caso dos animais inferiores. Dotamos os animais de uma personalidade, mas esta não lhes pertence, e, por fim, damo-nos conta de que eles não têm direitos. Temos a liberdade de privá-los da vida; não é cometido um crime quando tiramos a vida de um animal. Ele não perdeu nada porque, para o animal, não existe o futuro; ele não tem um "mim" em sua experiência que, respondendo ao "eu", esteja em alguma medida sob seu controle de modo que, para ele, o futuro possa existir. Ele não tem um passado consciente, já que não existe um self do tipo que descrevemos antes, capaz de ser estendido ao passado por meio das lembranças. Presume-se que existam imagens na experiência dos animais inferiores, mas não ideias ou lembranças no sentido necessário[14]. Os animais inferiores não têm a personalidade que contempla o antes ou o depois. Eles não têm o futuro ou o passado que, por assim dizer, conferem a eles quaisquer direitos. Não obstante, a atitude comum é a de outorgar-lhes personalidades similares às nossas. Falamos com eles, e ao fazer isso agimos como se eles tivessem o mesmo tipo de mundo interior que o nosso.

Um processo similar de atribuição de traços manifesta-se na atitude imediata que assumimos a respeito de alguns objetos físicos inanimados à nossa volta. Adotamos a atitude de seres sociais em relação a eles. Isso se mostra mais elaboradamente verdadeiro, é claro, no caso daquelas pessoas que chamamos de poetas da natureza. O poeta está numa relação social com o que o rodeia, fato que talvez se revela mais vívido em Wordsworth. Acredito que seus versos em "Lines on Tintern Abbey" nos trazem os relacionamentos sociais de Wordsworth quando criança, e sua continuação ao longo da vida. Sua formulação do relacionamento do homem com a natureza é essencialmente uma relação de amor, uma relação social. Essa atitude do indivíduo perante a coisa física é exatamente a atitude que alguém tem em relação a outros objetos: é uma atitude social. O homem chuta a cadeira na qual tropeça e sente afeição por um objeto vinculado a ele, em seu trabalho ou lazer. A reação imediata das crianças às coisas à sua volta é social. Há uma base evidente para a resposta específica que damos às pequenas coisas, já que existe algo que evoca uma reação paternal ou maternal quando é uma coisa pequena. Essa coisinha evoca uma reação paternal ou maternal universal. Isso é válido tanto para as coisas físicas como para os animais.

---

14. Não há evidências de animais capazes de reconhecer que uma coisa é um sinal de algo e que depois usam esse sinal (1912).

O objeto físico é uma abstração que fazemos a partir de uma resposta social à natureza. Falamos com a natureza; dirigimo-nos às nuvens, ao mar, à árvore e a objetos à nossa volta. Mais tarde abstraímos, com base nesse tipo de resposta, em razão do que passamos a conhecer desses objetos[15]. A resposta imediata, entretanto, é social. Nos casos em que introduzimos um processo de pensamento na natureza, estamos tornando-a racional. A natureza age como é esperado que faça. Estamos adotando a atitude das coisas físicas à nossa volta, e quando mudamos a situação, a natureza responde de maneira diferente.

A mão é responsável pelo que chamo de coisas físicas, distinguindo a coisa física daquilo que chamo de consumação do ato. Se ingeríssemos nossa comida como fazem os cães, usando os mesmos órgãos empregados em sua mastigação, não teríamos a menor base para distinguir o alimento como coisa física da efetiva consumação do ato, o consumo da comida. Precisaríamos alcançá-la e nos apoderar dela com os dentes, e o próprio ato de nos apoderarmos dela seria o ato de comê-la. Mas, no caso do animal humano, a mão se interpõe entre a consumação e a introdução do objeto na boca. Nesse caso, estamos manejando uma coisa física. Essa coisa entra em cena entre o início do ato e sua consumação final. Nesse sentido, é universal. Quando falamos de uma coisa temos em mente a coisa física, algo que podemos agarrar. Obviamente existem "coisas" que não podemos agarrar, tais como o direito de propriedade ou a imaginação de um poeta. Mas, quando normalmente falamos de coisas à nossa volta estamos nos referindo a coisas físicas. Os aspectos que entram na constituição dessas coisas são basicamente determinados pela mão. O contato constitui o que chamamos de substância dessa coisa. Ela tem cor e odor, naturalmente, mas pensamos que esses atributos são inerentes à coisa que podemos manejar, a coisa física. Essa coisa é muitíssimo importante para o desenvolvimento da inteligência humana. É universal no sentido de que é uma coisa física, quer a consumação consista em comer ou assistir a um concerto. Existe todo um conjunto de coisas físicas colocadas entre o início de um ato e sua consumação, mas elas são universais no sentido de que pertencem à experiência de todos nós. A consumação propiciada por um concerto é muito diferente para todos nós, mas as coisas físicas com que estamos lidando são comuns e, nesse sentido, universais. O prazer usufruído pelos indivíduos que assistem ao concerto pode assumir muitas formas, que representam experiências acessíveis apenas a cada um deles, mas o que a mão maneja é algo universal. Isolamos uma determinada localidade à qual qualquer pessoa possa chegar. Temos um conjunto de aparelhos que qualquer pessoa pode usar. Temos um certo conjunto de pesos e medidas por meio do qual po-

---

15. O objeto físico é considerado aquele objeto em que não existe uma resposta social que novamente evoque no indivíduo uma resposta social. Os objetos com os quais não podemos manter uma interação social são os objetos físicos do mundo (MS). Transpusemos para a psicologia a atitude que temos na ciência física, e, com isso, perdemos de vista a natureza social da consciência em seus primórdios. A criança forma objetos sociais antes de formar objetos físicos (1912).

demos definir essas coisas físicas. Nesse sentido, a coisa física vem para tornar possível uma qualidade comum em cujo âmbito o self é capaz de operar[16].

Um engenheiro construindo uma ponte está falando com a natureza no mesmo sentido em que nós estamos falando com o engenheiro. Existem ali tensões e estresses que ele enfrenta e a natureza reage com outras respostas que têm de ser enfrentadas de um outro jeito. No pensamento dele, o engenheiro está adotando a atitude das coisas físicas. Ele fala com a natureza e esta responde a ele. A natureza é inteligente no sentido de que dá certas respostas à ação que lhe podemos apresentar e às quais podemos reagir e que ainda se tornam diferentes depois de termos respondido. É uma mudança, portanto, à qual podemos responder e, finalmente, chegamos ao ponto em que podemos cooperar com a natureza.

Assim se dá o desenvolvimento da ciência moderna a partir do que chamamos de magia. A magia é exatamente essa mesma resposta, mas com a suposição adicional de que as coisas físicas de fato pensam e agem como nós. A atitude mágica está preservada na conduta que adotamos em relação a um objeto que nos ofende ou que é confiável e do qual dependemos. Em geral, todos nos comportamos com um pouco de mágica. Evitamos uma coisa porque, em certa medida, sentimos que é perigosa. Todos nós respeitamos certos presságios que nos chamam a atenção. Respeitamos algumas respostas sociais à natureza que está à nossa volta, mesmo que não consintamos que isso nos afete em decisões mais importantes. Essas são atitudes que talvez acobertemos normalmente, mas elas nos são reveladas em numerosas situações. Na medida em que somos racionais, como raciocinamos e pensamos, estamos assumindo uma atitude social em relação ao mundo que nos cerca, criticamente no caso da ciência, e sem crítica no caso da magia.

24
A mente como importação do processo social pelo indivíduo

Até aqui apresentei o self e a mente em termos do processo social como a importação do diálogo de gestos pela conduta do organismo individual, de modo que este adote as atitudes organizadas dos outros, evocadas pela sua própria atitude, na forma de gestos; ao reagir a essa resposta, as outras atitudes or-

---

16. [Sobre a gênese social e a natureza da coisa física, cf. Seção 35. Cf. tb. *The Philosophy the Present*, p. 119-139].

ganizadas são evocadas nos demais integrantes da comunidade à qual o indivíduo pertence. Em certo sentido, esse processo pode ser caracterizado em termos do "eu" e do "mim", sendo que o "mim" é aquele grupo de atitudes organizadas ao qual o indivíduo responde como "eu".

O que eu quero enfatizar especialmente é a preexistência temporal e lógica do processo social em relação ao indivíduo autoconsciente que aparece nele[17]. O diálogo de gestos é uma parte do processo social em andamento. Não é algo que o indivíduo consiga sozinho. O que o desenvolvimento da linguagem, especialmente o símbolo significante, tornou possível é justamente a adoção dessa situação social externa pela conduta do próprio indivíduo. Disso decorre o enorme desenvolvimento que pertence à sociedade humana, a possibilidade de prever o que irá acontecer na resposta de outros indivíduos e um ajustamento preliminar a isso por parte do indivíduo. Por sua vez, estes dois aspectos produzem uma situação social diferente que, mais uma vez, se reflete no que chamei de "mim", de tal maneira que o próprio indivíduo adota uma atitude diferente.

Vejamos o caso do político ou do estadista que apresenta um projeto em relação ao qual ele adota pessoalmente a atitude da comunidade. Ele sabe como a comunidade reage à sua proposta. Em sua experiência pessoal ele reage a essa manifestação da comunidade, ele a percebe e sente em si. Ele tem um conjunto de atitudes organizadas que são as da comunidade. Sua própria contribuição – o "eu", nesse caso – é uma projeção de reorganização, um projeto que ele apresenta perante a comunidade, tal como está refletida em si mesmo. Naturalmente, ele próprio muda, na medida em que propõe publicamente o projeto e o torna um assunto político. Agora surgiu uma nova situação social como resultado do projeto que está sendo apresentado. O procedimento todo se desenrola tanto em sua própria experiência como na experiência geral da comunidade. Ele tem sucesso na medida em que o "mim" final reflete a atitude de todos na comunidade. O que estou salientando é que aquilo que ocorre

---

17. A relação entre mente e corpo é a que existe entre a organização do self – no seu comportamento como membro de uma comunidade racional – e o organismo corporal como coisa física. A atitude racional que caracteriza o ser humano é, então, o relacionamento do processo todo em que o indivíduo está engajado consigo mesmo, tal como se reflete quando assume os papéis organizados dos outros ao estimular em si mesmo a produção de uma resposta. Esse self, distinto dos outros, encontra-se no campo da comunicação em que também se encontram esses outros. Aquilo que pode ser indicado aos outros ou a si mesmo e que não responde a esses gestos indicativos é, no campo da percepção, o que chamamos de a coisa física. Especialmente em termos desta análise, o corpo humano é considerado uma coisa física. Assim, a linha de demarcação entre o self e o corpo pode ser encontrada primeiramente na organização social do ato dentro do qual surge o self, em seu contraste com a atividade do organismo fisiológico (MS). A base legítima de distinção entre mente e corpo está entre os padrões sociais e os padrões do próprio organismo. A educação deve aproximar o mais possível esses dois. Até o momento não contamos com uma categoria todo abrangente. Isso não quer dizer que exista algo logicamente contrário a tanto; trata-se apenas de uma falha em nosso aparato de conhecimento (1927).

se desenrola não apenas na mente desse sujeito, mas sim que sua mente é a expressão, em sua própria conduta, da situação social, desse grande processo comunitário cooperativo em andamento.

Quero evitar a implicação de que o indivíduo esteja tomando algo que é objetivo e tornando-o subjetivo. Existe um processo real de convívio, por parte de todos os membros da comunidade, que se dá por intermédio de gestos. Estes representam certos estágios das atividades cooperadas que mediam o processo inteiro. Ora, tudo o que aconteceu no aparecimento da mente é que, em certa medida, esse processo se apoderou da conduta de um indivíduo em particular. Existe um certo símbolo, como o que o policial usa quando controla o tráfego. Isso é algo que existe no plano objetivo. Não se torna subjetivo quando o engenheiro, comissionado pela prefeitura para examinar as leis do trânsito, adota a mesma atitude que o policial em relação ao tráfego e também a atitude dos motoristas. Sem dúvida, supomos que ele tem a organização de um motorista; ele sabe que parar implica desacelerar e acionar o freio. Existe um conjunto definido de partes de seu organismo que está tão treinado que, diante de certas circunstâncias, faz com que o veículo pare. Quando o policial ergue a mão, realiza um gesto que evoca vários atos por meio dos quais o veículo para. Todos esses vários atos se encontram na organização do próprio especialista, que pode então adotar as atitudes tanto do policial como do motorista. Somente nesse sentido é que o processo social se tornou "subjetivo". Se o especialista apenas fizesse o que a criança faz, estaria brincando. Mas, se faz isso tendo em vista a real regulamentação do trânsito, então existe a operação do que chamamos de mente, que é apenas a importação do processo externo pela conduta do indivíduo, a fim de solucionar os problemas que surgem.

Essa organização peculiar advém de um processo social que logicamente lhe é anterior. Uma comunidade dentro da qual os organismos agem de maneira cooperada, de tal sorte que a ação de um serve de estímulo para que outro responda e assim por diante, é o antecedente daquele tipo peculiar de organização que chamamos de mente ou self. Vejamos o caso de uma simples relação familiar, na qual há um homem, uma mulher e uma criança que precisa ser cuidada. Esse é um processo que só pode transcorrer por meio de interações no seio desse grupo. Não se pode dizer que os indivíduos vêm antes e a comunidade depois, pois os indivíduos surgem no próprio processo, da mesma maneira como o corpo humano ou qualquer forma multicelular é o ambiente no qual surgem as células diferenciadas. É preciso que haja um processo vital em andamento para que existam células diferenciadas. Do mesmo modo, deve existir um processo social para que existam indivíduos. É igualmente verdadeiro na sociedade e na situação fisiológica que não poderia existir o indivíduo se não houvesse o processo do qual ele faz parte. Dado esse processo social, existe a possibilidade da inteligência humana quando esse processo social, em termos do diálogo de gestos, é assimilado pela conduta do indivíduo. Depois, naturalmente, surge um tipo de indivíduo diferente, conforme a resposta que agora se mostra possível. É concebível que haja um indivíduo que somente brinca como as crianças sem entrar num jogo social. Mas o indivíduo humano é possível porque existe um processo social no qual ele pode funcionar responsavelmente. As atitudes fazem parte da reação social. Os gritos não se sustentam como gestos vocais, a menos que efetivamente evoquem certas respostas nos outros. A atitude em si só pode existir como atitude no contexto dessa interação de gestos.

A mente é simplesmente a interação desses gestos na forma de símbolos significantes. Devemos lembrar que o gesto só existe ali em sua relação com a resposta, com a atitude. A pessoa não teria palavras se não fosse por essas respostas. A linguagem jamais teria aparecido como um conjunto de meros vocábulos arbitrários, ligados a certos estímulos. As palavras decorreram de um inter-relacionamento social. Um dos contos de Gulliver era sobre uma comunidade na qual foi criada uma máquina. Dentro dela as letras do alfabeto podiam ser inseridas mecanicamente, num número infinito de combinações, e depois os membros daquela comunidade se reuniam para ver como as letras tinham se organizado após cada giro da máquina, baseados na teoria de que elas poderiam ter formado uma *Ilíada*, uma das peças de Shakespeare ou alguma outra grande obra. O pressuposto dessa teoria era que os símbolos são inteiramente independentes daquilo que chamamos de significado. Esse pressuposto é infundado: não podem existir símbolos, a menos que haja respostas. Não haveria o pedido de ajuda se não houvesse uma tendência a reagir a um grito de aflição. São esses símbolos significantes, no sentido de um subconjunto de estímulos sociais que iniciam uma resposta cooperativa, que em certo sentido constituem a nossa mente, desde que não só os símbolos, mas também as respostas, estejam em nossa natureza. O que o ser humano conseguiu realizar com êxito foi organizar a resposta a um certo símbolo que faz parte do ato social, de tal modo que ele adota a atitude da outra pessoa que coopera com ele. É isso que lhe outorga sua mente.

O animal-sentinela de uma manada é aquele com mais sensibilidade ao odor ou som que os outros. Diante de um perigo que se aproxima ele começa a correr antes dos outros que, então, o seguem em virtude da tendência da manada a correr junta. Existe um estímulo social, um gesto, se quiserem, ao qual as outras formas respondem. A primeira forma percebe o odor antes que as demais e começa a correr. Sua corrida serve de estímulo para que os outros animais também comecem a correr. Tudo isso é externo; não existe um processo mental em atuação. O animal-sentinela não se considera o indivíduo que deve dar o sinal; ele apenas sai correndo num dado momento, e com isso dispara nos outros a resposta de correr. Mas com a mente, o animal que dá o sinal também adota a atitude dos outros que respondem a ele. Ele sabe o que esse sinal significa. O homem que grita "fogo" é capaz de disparar em si mesmo aquela reação que dispara em outrem. Como a pessoa pode adotar a atitude de outra – sua atitude de responder ao fogo, seu terror –, essa resposta ao seu próprio grito é algo que torna a sua conduta uma questão mental, em contraposição à conduta dos outros[18]. Mas a única coisa que aconteceu aqui foi isto: aquilo que ocorre externamente na manada foi importado pela conduta do homem. Existe o mesmo sinal e a mesma tendência a responder, mas o homem não só pode enviar o sinal como também despertar em si próprio a atitude de uma fuga amedrontada, e ao evocar essa resposta ele pode recuperar a sua própria tendência a evocar e impedi-la de funcionar. Ele pode reagir sobre si mesmo ao adotar a atitude organizada do grupo todo, quando tenta escapar do perigo. Não existe nada mais subjetivo a esse respeito do que a resposta ao seu próprio estímulo poder ser encontrada em sua conduta pessoal e ele poder utilizar o diálogo de gestos que se desenrola para determinar sua própria conduta. Se o indivíduo pode agir assim pode estabelecer um controle racional e, portanto, tornar possível uma sociedade muito mais altamente organizada do que se as condições fossem outras. Nesse processo, não é usado um homem dotado de consciência quando antes não havia consciência, mas, sim, um indivíduo que assimila a totalidade do processo social em sua própria conduta. Naturalmente, essa capacidade depende, antes de tudo, de o símbolo ser aquele a que ele pode responder. E, até onde sabemos, o gesto vocal tem sido a condição para o desenvolvimento desse tipo de símbolo. Não posso dizer se os símbolos podem se desenvolver sem o gesto vocal.

Quero ter certeza de que enxergamos que o conteúdo inserido na mente é apenas um desenvolvimento e um produto da interação social. Esse é um desenvolvimento de enorme importância que leva a complexidades e complicações sociais que praticamente ultrapassam a nossa capacidade de acompanhar, mas que originalmente não passam de adotarmos a atitude dos outros. Na medida em que o animal pode assumir a atitude do outro e utilizar essa atitude para controlar sua própria conduta, temos o que chamamos de mente, e esse é o único aparato envolvido no aparecimento da mente.

Não conheço nenhuma maneira de a inteligência ou a mente poderem surgir, ou terem surgido, que não por meio da internalização que o indivíduo faz dos processos sociais da experiência e do comportamento; ou seja, por meio da internalização do diálogo de gestos significantes que se tornou possível quando ele adotou as atitudes de outros indivíduos em relação a si e em relação ao que está sendo pensado. E se a mente ou o pensamento surgiram desse modo, então não podem existir, nem poderiam ter existido, nem mente, nem pensamento sem linguagem. Além disso, os primeiros estágios do desenvolvimento da linguagem devem ter sido anteriores ao desenvolvimento da mente ou do pensamento.

---

18. A linguagem, constituída por símbolos significantes, é o que queremos dizer com "mente". O conteúdo da nossa mente é (1) um diálogo interior, a importação do diálogo oriundo do grupo social do indivíduo, e (2) imagens. As imagens deveriam ser consideradas em relação ao comportamento em que funcionam (1931). As imagens desempenham no ato exatamente o mesmo papel que a fome, no processo alimentar (1912). Cf. Ensaio suplementar I.

25
O "eu" e o "mim" como fases do self[19]

Chegamos agora à posição do self ou mente autoconsciente na comunidade. Esse self encontra uma via de expressão na autoafirmação ou na devoção de si mesmo à causa da comunidade. O self aparece como um novo tipo de indivíduo no todo social. Existe um novo todo social devido ao aparecimento do tipo de mente individual que descrevi e devido ao self com sua afirmação de si mesmo ou sua própria identificação com a comunidade. O self é a fase importante do desenvolvimento porque é na possibilidade da importação dessa atitude social pelas respostas da comunidade inteira que tal sociedade pode surgir. A mudança que ocorre com essa importação do diálogo de gestos pela conduta do indivíduo é a mudança que ocorre na experiência de todos os seus indivíduos componentes.

Naturalmente, essas não são as únicas mudanças que ocorrem na comunidade. Na fala, acontecem mudanças definidas das quais ninguém tem a menor consciência. É preciso que os cientistas façam pesquisas para descobrir que esses processos aconteceram. Isso também é verdadeiro a respeito de outras fases da organização humana. Estas mudam inconscientemente, como se diz, tal qual é ilustrado, por exemplo, pelo estudo do mito realizado por Wundt em seu *Völkerpsychologie*. O mito contém um relato do modo como a organização se desenrolou amplamente, sem qualquer direção consciente; e essa espécie de mudança está acontecendo o tempo todo. Vejamos o caso da atitude de uma pessoa diante de uma nova moda no vestuário. Primeiramente, sua reação pode ser adversa, mas depois de algum tempo ela começa a pensar em si mesma pelo ponto de vista dessa nova moda, reparando nas roupas nas vitrines e enxergando-se com elas. A mudança ocorreu dentro dela sem que tivesse tomado consciência disso. Existe, portanto, um processo por meio do qual o indivíduo, em interação com outros, torna-se inevitavelmente como eles e faz as mesmas coisas, sem que esse processo apareça no que chamamos de consciência. Tomamos consciência do processo quando adotamos definitivamente a atitude dos outros, e essa situação deve ser distinguida da situação anterior. Talvez a pessoa diga que não faz questão de se vestir de certo modo, que prefere ser diferente. Então, está adotando em sua conduta a mesma atitude que os outros demonstram em relação a si. Quando uma formiga alheia é introduzida numa comunidade com outras formas, estas se voltam contra a intrusa e a destroçam. Na comunidade humana, a atitude pode ser tomada pela própria pessoa que se recusa a se sub-

---

19. [Cf. tb. "The Definition of the Psychical". In: *University of Chicago Decennial Publication*, 1903, p. 104ss. • "The Mechanism of Social Consciousness". In: *Journal of Philosophy*, IX, 1912, p. 401ss. • "The Social Self". In: *Journal of Philosophy*, IX, 1913, p. 374ss.]

meter porque ela mesma adota a atitude comum. O caso do formigueiro é uma questão totalmente externa, mas no indivíduo humano é uma questão de adotar as atitudes dos outros e de se ajustar a isso ou combater a situação. É esse reconhecimento do indivíduo como self no processo de usar sua autoconsciência que lhe confere ou a atitude de autoafirmação ou de devoção à comunidade. Assim, ele se tornou um self definido. No caso da autoafirmação existe uma situação inteiramente diferente da do membro de um bando que talvez o domine e que pode eventualmente se mostrar selvagem e violento em relação aos outros. Nessa situação dizemos que o indivíduo está apenas agindo instintivamente. Na sociedade humana temos o indivíduo que não só adota sua própria atitude, como também em certo sentido adota a atitude de seus súditos. Na medida em que é dominador, sabe o que esperar. Quando isso ocorre na experiência do indivíduo resulta uma resposta diferente com outros elementos emocionais concomitantes, da reação do líder do bando. Nesse caso há apenas raiva ou hostilidade, e no outro a experiência do self se afirmando conscientemente em contraposição aos demais, com o sentimento de poder, de dominação. Em geral, quando a reação da comunidade foi importada pelo indivíduo existe um novo valor na experiência e uma nova ordem de respostas.

Discutimos o self do ponto de vista do "eu" e do "mim", no qual o "mim" representava aquele grupo de atitudes que representa os outros na comunidade; em especial aquele grupo organizado de respostas que detalhamos na discussão sobre o jogo, de um lado, e as instituições sociais, do outro. Nessas situações existe um certo grupo organizado de atitudes que respondem a qualquer ato social por parte do organismo individual. Em qualquer processo cooperativo, como a família, o indivíduo evoca uma resposta nos outros membros do grupo. Agora, na medida em que essas respostas podem ser evocadas no indivíduo de modo que ele possa responder a elas, temos ambos os conteúdos que entram na constituição do self: o "outro" e o "eu". Essa distinção se expressa em nossa experiência no que chamamos de reconhecimento dos outros e de reconhecimento de nós mesmos nos outros. Não podemos nos realizar exceto na medida em que pudermos reconhecer o outro em seu relacionamento conosco. É na medida em que adota a atitude do outro que o indivíduo se torna capaz de se realizar como self.

Naturalmente, estamos nos referindo a uma situação social bastante distinta daquelas meras respostas orgânicas como os reflexos do organismo, alguns dos quais já discutimos, como é o caso em que uma pessoa se ajusta inconscientemente a quem está à sua volta. Nesse tipo de experiência não existe autoconsciência. A pessoa desenvolve autoconsciência apenas se adota, ou se sente estimulada a adotar, as atitudes do outro. Então, em seu íntimo, fica em posição de reagir à atitude do outro. Vamos supor que nos encontramos numa situação econômica. É quando adotamos a atitude do outro que nos oferece alguma coisa que podemos nos expressar, aceitando ou declinando a oferta. Essa é uma resposta diferente do self, em comparação com uma situação de oferta nitidamente automática que pode transcorrer na falta de autoconsciência. Uma criança pode jogar um folheto publicitário na nossa mão e nós o apanhamos, sem uma consciência muito definida dela ou mesmo de nós. Nossos pensamentos podem estar focados em outra parte, mas ainda assim o processo acontece. Naturalmente, a mesma coisa é verdade nos cuidados dispensados a bebês. As crianças pequenas experimentam o que chega até elas; seu ajustamento a fatos externos ocorre de maneira imediata, sem que estejam presentes em sua própria experiência como self.

Quando o self de fato aparece sempre envolve uma experiência de outrem; o self não poderia se experienciar simplesmente por si próprio. A planta e o animal inferior reagem ao seu ambiente imediato, mas não há a experiência de um self. Quando o self de fato aparece na experiência é em contraposição a outrem, e viemos até aqui esboçando as condições nas quais esse outrem efetivamente aparece na experiência do animal humano; a saber, em presença daquele tipo de estimulação na atividade cooperativa que desperta no próprio indivíduo a mesma resposta que desperta em outrem. Quando a resposta do outro se torna uma parte essencial da experiência ou conduta do indivíduo; quando assumir a atitude do outro se torna uma parte essencial do seu comportamento, então o indivíduo aparece, em sua própria experiência, como um self; até que isso ocorra ele não aparece como um self.

É claro que a sociedade racional não se limita a algum conjunto específico de indivíduos. Qualquer pessoa racional pode se tornar parte dela. A atitude da comunidade em relação à nossa própria resposta é importada por nós mesmos em termos do significado do que estamos fazendo. Isso ocorre em seu âmbito mais amplo no discurso universal, na resposta que o mundo racional dá ao nosso comentário. O significado é tão universal quanto a comunidade; ele está necessariamente envolvido no caráter racional daquela comunidade. É a resposta que o mundo constituído por seres racionais inevitavelmente apresenta à nossa própria formulação. Ficamos tanto com o objeto como conosco mesmos na experiência, em termos desse processo. O outro aparece em nossa própria experiência na medida em que de fato adotamos essa atitude generalizada e organizada.

Se alguém encontra uma pessoa na rua e não a reconhece, a reação dessa pessoa a ele é a de qualquer outra pessoa que pertença à mesma comunidade. Ele é o outro, o outro organizado e generalizado, se preferir chamá-lo assim. A pessoa adota em relação a si mesma a atitude que o outro teve em relação à pessoa. Se ele vem numa direção, a pessoa deve ir em outra. A pessoa tem essa resposta como uma atitude em seu íntimo. É o fato de ter essa atitude em seu íntimo que lhe torna possível ser um self. Isso envolve algo além de meramente se voltar de modo instintivo para a direita, como dizemos, sem consciência disso. Para ser autoconsciente a pessoa deve ter a atitude do outro implantada em seu próprio organismo, permitindo-lhe controlar aquilo que está para fazer. O que aparece na experiência imediata do self da pessoa que toma essa atitude é o que chamamos de "mim". É o self que é capaz de se manter na comunidade, que é reconhecido na comunidade na medida em que reconhece os outros. Essa é a fase do self a que me referi como o "mim".

Em contraposição ao "mim" está o "eu". O indivíduo não só tem direitos como tem deveres. Não só é um cidadão, um membro da comunidade, como é alguém que reage à sua comunidade e, em sua reação a ela, como vimos no diálogo dos gestos; ele a modifica. O "eu" é a resposta do indivíduo à atitude da comunidade tal como esta aparece em sua própria experiência. Sua resposta a essa atitude organizada, por sua vez, modifica-a. Como salientamos, essa é uma mudança que não está presente em sua própria experiência enquanto não houver ocorrido. Em nossa experiência, o "eu" aparece na memória. É somente depois de termos agido que sabemos o que fizemos; é somente depois de termos falado que sabemos o que dissemos. O ajustamento a esse mundo organizado que está presente em nossa própria natureza é o que representa o "mim" e está constantemente ali. Mas, se a resposta a ele tem a natureza de um diálogo de gestos; se cria uma situação que, em certo sentido, é nova; se a pessoa defende a sua versão do caso; se se afirma em contraposição aos outros e insiste que eles adotem uma atitude diferente em relação a si, então existe uma coisa importante ocorrendo e que antes não estava na experiência.

As condições gerais nas quais a pessoa está prestes a agir podem estar presentes em sua experiência, mas ela tem a mesma ignorância em relação a como irá reagir quanto o cientista, que ignora a hipótese específica que ainda elaborará após considerar um certo problema. Estão acontecendo algumas coisas que são contrárias à teoria em vigor até então. Como poderiam então ser explicadas? Vejamos o caso da descoberta de que um grama de rádio poderia manter uma panela de água fervendo, aparentemente sem levar a qualquer dispêndio de energia. Aqui está acontecendo uma coisa que contraria a teoria da física em vigor até o momento em que se concebeu a teoria da radioatividade. O cientista que tem esses fatos pela frente deve se decidir por alguma explicação. Ele sugere que o átomo de rádio está se rompendo e, consequentemente, liberando energia. Segundo a teoria anterior, o átomo era um fato permanente a partir do qual não se poderia obter energia. Mas agora se se presume que o próprio átomo é um sistema envolvendo energias inter-relacionadas; então a ruptura desse sistema libera energia num montante que é relativamente enorme. O ponto que estou salientando é que a ideia do cientista lhe ocorre; ela ainda não existe em sua mente. Em vez disso, sua mente é o processo de aparecimento dessa ideia. A pessoa que afirma seus direitos numa dada ocasião ensaiou essa situação em sua mente. Ela reagiu em relação à comunidade, e quando a situação surge ela mesma se provoca e diz algo que já tem em mente. Mas, quando disse aquilo para si mesma, na primeira vez, não sabia o que iria se dizer. Disse, então, uma coisa que para si mesma era nova, da mesma maneira como a hipótese do cientista é uma novidade no instante em que atravessa sua mente.

Essa resposta inédita a uma situação social envolvida no conjunto organizado de atitudes constitui o "eu" em contraposição ao "mim". O "mim" é um indivíduo habitual e convencional, que está sempre ali. Ele tem de ter esses hábitos, essas respostas que todos têm; se não fosse assim, esse indivíduo não poderia ser membro daquela comunidade. Mas o indivíduo está constantemente reagindo a essa comunidade organizada a fim de se expressar pessoalmente e não necessariamente para se autoafirmar num sentido ofensivo; apenas se expressa, é si mesmo, no desenrolar desse processo cooperativo que pertence, como todos os processos similares a qualquer comunidade. As atitudes envolvidas são reunidas a partir do grupo, mas o indivíduo nas quais são organizadas tem a oportunidade de apresentá-las como uma expressão que talvez nunca tenha sido manifestada antes.

Isso levanta a questão geral de se é possível que algo novo de fato possa aparecer[20]. É claro que, na prática, o novo está constantemente acontecendo e o reconhecimento disso se expressa em termos gerais no conceito da emergência. Esta envolve uma reorganização, mas essa reorganização acarreta algo que não estava ali antes. Na primeira vez que o oxigênio e o hidrogênio se uniram surgiu a água. Esta é uma combinação de hidrogênio e oxigênio, mas não existia antes, enquanto esses elementos estavam separados. O conceito da emergência tem sido muito elogiado pela filosofia recente. Se tomarmos essa palavra apenas do ponto de vista de uma equação matemática na qual há uma igualdade absoluta entre termos diferentes, naturalmente não existe qualquer novidade. O mundo é simplesmente uma resolução dessa equação. Colocamos quaisquer valores em X e Y, e a mesma equação continua válida. É verdade que as equações se mantêm válidas, mas, em sua sustentação, surge de fato alguma outra coisa que não estava ali antes. Por exemplo, há um grupo de indivíduos que devem trabalhar juntos. Numa sociedade deve haver um conjunto de hábitos comuns e organizados de resposta, encontrados em todos os seus componentes, mas o modo como cada indivíduo age em circunstâncias específicas dá origem a todas as diferenças individuais que caracterizam particularmente as pessoas. O fato de que têm de agir de um certo modo comum não as priva de sua originalidade. A linguagem comum está lá, mas um uso diferente dela é feito em cada um dos novos contatos entre as pessoas; o elemento da novidade na reconstrução ocorre por meio da reação dos indivíduos ao grupo ao qual pertencem. Assim como uma hipótese em particular proposta por um cientista não está dada com antecedência

---

20. [Cf. *The Philosophy of the Act*. Op. cit., parte III.]

numa certa formulação do problema, também essa reconstrução não existe antecipadamente. Ora, é essa reação do indivíduo ao "mim" organizado, ao "mim" que, em certo sentido, é simplesmente um membro da comunidade, que representa o "eu" na experiência do self.

Os valores relativos do "mim" e do "eu" dependem em grande medida da situação. Se a pessoa está mantendo sua propriedade na comunidade, é da mais crucial importância que seja membro dessa comunidade, pois é em função de assumir a atitude dos outros que lhe está garantido o reconhecimento de seus próprios direitos. Ser um "mim" nessas circunstâncias é o que importa. Isso lhe confere sua posição, sua dignidade de membro da comunidade; essa é a fonte de sua resposta emocional aos valores que lhe pertencem como membro da comunidade. É a base para o seu ingresso na experiência dos outros.

Às vezes, é a resposta do ego ou "eu" a uma situação, a maneira como a pessoa se expressa, que lhe confere um sentimento de alta importância. Agora, a pessoa se afirma em contraposição a uma certa situação e a ênfase recai sobre a resposta. A exigência está em ser livre de convenções, de certas leis. Claro que esse tipo de situação só é possível quando, por assim dizer, a pessoa se manifesta a partir de uma comunidade restrita para uma comunidade mais ampla; quer dizer, mais ampla no sentido lógico de ter direitos que não são tão restritos. Alguém se manifesta a partir de convenções fixas que não têm mais significado, para uma comunidade em que os direitos serão reconhecidos publicamente, e essa pessoa se manifesta para outras presumindo que existe um grupo organizado de outros sujeitos que responderá à manifestação de um indivíduo, mesmo que essa manifestação seja feita para a posteridade. Nesse caso, há uma atitude do "eu" em contraposição ao "mim".

Ambos os aspectos do "eu" e do "mim" são essenciais ao self em sua mais plena expressão. A pessoa deve adotar a atitude dos outros num grupo a fim de pertencer a uma comunidade; deve empregar o mundo social externo que existe em seu íntimo a fim de dar seguimento a seus pensamentos. É por sua relação com as pessoas dessa comunidade, devido ao processo social racional em vigor nessa comunidade, que o indivíduo tem seu ser como cidadão. Por outro lado, ele está constantemente reagindo às atitudes sociais e, nesse processo cooperativo, mudando a própria comunidade à qual pertence. Essas podem ser mudanças humildes e triviais. Ele pode não ter nada a dizer, embora gaste um bom tempo para dizê-lo. E, apesar disso, ocorreu um certo montante de ajustamentos e reajustamentos. Falamos que alguém é convencional, que suas ideias são exatamente as mesmas que as de seus vizinhos, que ele dificilmente é mais do que um "mim" em quase todas as circunstâncias, que seus ajustamentos são apenas muito leves e, como dizemos, transcorrem de modo inconsciente. Em contraste com ele há outro com uma personalidade definida, que reage à atitude organizada de uma maneira que faz uma diferença significativa. Nessa pessoa é o "eu" que se mostra a fase mais importante de sua experiência. Essas duas fases, que aparecem constantemente, são as fases importantes do self[21].

26
A realização do self na situação social

Existe ainda uma outra fase no desenvolvimento do self que precisa ser apresentada mais detalhadamente: a realização do self na situação social em que emerge.

Afirmei que o self aparece na experiência essencialmente como um "mim", com a organização da comunidade à qual pertence. Essa organização, é óbvio, se expressa nos dotes particulares e na situação social específica de cada indivíduo. Ele é um membro da comunidade, mas é uma parte particular dela, com uma hereditariedade e uma posição peculiares que o distinguem de todos os outros. Ele é o que é sendo um membro dessa comunidade, e a matéria-prima que dá origem a esse indivíduo em particular não é o self senão em seu relacionamento com os outros, na comunidade da qual faz parte. Dessa maneira, ele tem consciência de si mesmo como alguém, e isso não apenas como cidadão político ou membro de quaisquer grupos dos quais faça parte, mas também do ponto de vista do pensamento reflexivo. Ele faz parte da comunidade de pensadores cuja literatura lê e à qual pode contribuir com publicações de suas próprias ideias. Pertence à sociedade de todos os seres racionais e a racionalidade que identifica consigo próprio envolve um contínuo intercâmbio social. A comunidade maior em que o indivíduo se encontra, essa que existe por toda parte, para todos e por intermédio de todos, é o mundo do pensamento propriamente dito. Ele é um membro dessa comunidade e é quem é por ser esse membro.

O fato de que o self é, em todos os indivíduos, constituído pelo, ou nos termos do processo social, e que é um reflexo individual de tal processo – ou melhor, desse padrão organizado de comportamento por ele exibido e que con-

---

21. Em geral, os psicólogos lidam com os processos em que estão envolvidos baseando-se no que chamamos de "percepção", mas em grande medida deixam de fora de seu relato o caráter do self. Tem sido amplamente por intermédio do patologista que a importância do self adentrou a psicologia. Algumas dissociações têm focalizado a atenção do self e mostrado o quanto é absolutamente fundamental esse caráter social da mente. O que constitui a personalidade reside nessa espécie de "toma lá dá cá" entre os membros de um grupo envolvido num processo cooperativo. É essa atividade que tem direcionado o animal humanamente inteligente.

têm em sua respectiva estrutura – não destrói nem é absolutamente incompatível com o fato de que cada self individual tem sua própria individualidade peculiar, seus próprios e exclusivos padrões, porque cada self individual dentro desse processo, na medida em que reflete em sua estrutura organizada o padrão de comportamentos desse processo como um todo, reflete-o conforme sua perspectiva particular e única, dentro desse processo, e assim reflete em sua estrutura organizada um aspecto ou ponto de vista desse padrão social total de comportamentos que é diferente daquele refletido na estrutura organizada por qualquer outro self individual dentro do mesmo processo (da mesma maneira como, no universo de Leibniz, cada mônada espelha esse universo a partir de um ponto de vista diferente e, assim, reflete um aspecto ou perspectiva diferente de tal universo). Em outras palavras, a estrutura organizada de cada self individual dentro do processo social humano da experiência e do comportamento reflete e é constituída por um padrão organizado de relações desse processo como um todo. Mas cada estrutura individual de self reflete e é constituída por um aspecto ou perspectiva diferente desse padrão de relações porque cada um reflete esse padrão relacional segundo sua própria e singular perspectiva, de tal modo que a origem social comum e a constituição de cada self individual e sua estrutura não impedem a existência de diferenças e variações individuais de self para self e nem contradiz a individualidade peculiar e mais ou menos distinta que cada um deles efetivamente possui. Todo self individual, dentro de uma determinada sociedade ou comunidade social, reflete em sua estrutura organizada a totalidade dos padrões de relacionamento do comportamento social organizado que essa sociedade ou comunidade exibe ou mantém. Sua estrutura organizada é constituída por esse padrão, mas, como cada self individual reflete em sua estrutura um aspecto ou perspectiva diferente desse padrão, a partir de seu posicionamento ou ponto de vista único e particular dentro do processo total do comportamento social organizado que exibe esse padrão, quer dizer, uma vez que cada um se relaciona de um modo diferente ou único com o processo como um todo e ocupa seu próprio foco de relações essencialmente únicas nesse contexto, a estrutura de cada self tem uma constituição diferente dada por esse padrão, comparando-se com a maneira como é constituída a estrutura de qualquer outro self.

Como vimos, o indivíduo está continuamente reagindo à sociedade. Cada ajustamento envolve algum tipo de mudança na comunidade à qual o próprio indivíduo se ajusta. E, é claro, essa mudança pode ser muito importante. Vejamos a mais ampla comunidade que podemos apresentar, a comunidade racional que é representada no assim chamado universo do discurso. Até bem pouco tempo, a forma que esse universo assumia era aristotélica. Mas os homens nos Estados Unidos, Inglaterra, Itália, Alemanha, França, mudaram consideravelmente a estrutura desse mundo, introduzindo uma lógica de múltiplas relações em substituição à relação aristotélica entre atributo e substância. Outra mudança fundamental ocorreu na forma do mundo por meio da reação de um sujeito: Einstein.

Grandes personagens históricos causam mudanças muito fundamentais. Essas profundas mudanças que ocorrem por meio da ação de mentes individuais são apenas a expressão extrema do tipo de mudanças que ocorrem rapidamente por meio de reações que não são simplesmente as de um "mim", mas de um "eu". Essas são mudanças que ocorrem aos poucos e de maneira mais ou menos imperceptível. Sabemos que, passando de um período histórico para outro, ocorreram mudanças fundamentais e que essas foram devidas às reações de diferentes indivíduos. É apenas o efeito final que podemos reconhecer, mas as diferenças são devidas aos gestos desses incontáveis indivíduos efetivamente mudando a situação em que se encontram, embora as mudanças específicas sejam mínimas demais para que as possamos identificar. Como salientei, o ego ou "eu", que é responsável pelas mudanças dessa natureza, só aparece na experiência após sua reação ter ocorrido. É somente depois de termos dito a palavra que estamos dizendo que nos reconhecemos como a pessoa que a disse, que nos reconhecemos como aquele self particular que disse essa coisa em particular. É somente depois de termos feito a coisa que iremos fazer que nos tornamos conscientes do que estamos fazendo. Por mais que planejemos cuidadosamente o futuro, ele sempre será diferente daquilo que pudemos prever, e esse algo que estamos continuamente introduzindo e acrescentando é o que identificamos com o self que entra no nível da nossa experiência somente após o ato estar completo.

É claro que, em alguns casos, podemos determinar o que o self irá fazer. Podemos aceitar certas responsabilidades antecipadamente. Fazemos contratos e promessas e ficamos presos a isso. A situação pode mudar, o ato pode ser diferente do que a pessoa esperava realizar, mas ela continua presa ao contrato feito. Deve fazer determinadas coisas a fim de permanecer membro de sua comunidade. Nos deveres do que chamamos de conduta racional, em nossos ajustamentos a um mundo no qual prevalecem as leis da natureza, da economia e dos sistemas políticos, podemos afirmar o que irá acontecer e assumimos responsabilidade pelo que iremos fazer, e, não obstante, o self real que aparece nesse ato aguarda que o ato propriamente dito seja completado. Agora, é esse ato vivo que nunca entra diretamente na experiência da reflexão. É somente depois que o ato ocorreu que podemos capturá-lo em nossa memória e situá-lo em termos do que fizemos. Esse é o "eu" que podemos dizer que tentamos continuamente realizar, por intermédio das condutas propriamente ditas. Ninguém o realiza plenamente antes de si mesmo. Às vezes, alguém pode nos dizer algo a nosso respeito que nos havia até então escapado à consciência. Nunca temos certeza de nós mesmos e nossa conduta nos espanta tanto quanto espanta os outros.

As possibilidades de nossa natureza, aqueles tipos de energia que William James tanto apreciava indicar, são possibilidades do self que se encontram além de nossas manifestações imediatas. Não sabemos bem o que sejam. Em certo sentido, são os conteúdos mais fascinantes que podemos contemplar, desde que possamos apreendê-los. Uma grande parte de nosso contentamento vem do contato com romances, filmes, obras de arte; vem com a liberação, pelo menos no âmbito da imaginação, de capacidades que nos pertencem ou que queremos que nos pertençam. Aparecem complexos de inferioridade instigados por desejos do self que gostaríamos de realizar, mas não podemos – fazem com que nos ajustemos a eles com os assim chamados complexos de inferioridade. As possibilidades do "eu" pertencem ao que efetivamente está acontecendo, ocorrendo e, em certo sentido, constituem a parte mais fascinante da nossa experiência. É aí que surgem as novidades e que se localizam nossos valores mais importantes. O que buscamos continuamente é, em certo sentido, a realização desse self.

Há diversas maneiras de podermos realizar o self. Como se trata de um self social, ele se realiza em seus relacionamentos com outras pessoas. O self deve ser reconhecido por outros, com os mesmos valores que queremos que lhe pertençam. Ele se realiza, em certo sentido, por meio de sua superioridade em relação a outros, assim como ao reconhecer suas inferioridades em outras situações. Os complexos de inferioridade são a situação inversa ao sentimento de superioridade que alimentamos em relação a nós quando nos comparamos com quem está à nossa volta. É interessante retomar o eixo da nossa própria consciência para situarmos aquilo de que podemos depender a fim de manter nosso autorrespeito. Claro que há bases profundas e sólidas. Mantemos a palavra dada, cumprimos com as nossas obrigações, e isso serve de base para o autorrespeito. Mas esses são aspectos que prevalecem na maioria dos membros da comunidade com quem interagimos. Todos deixamos a desejar em alguns aspectos, mas no geral todos somos pessoas de palavra. Efetivamente pertencemos à comunidade, e nosso autorrespeito depende de nos reconhecermos como indivíduos que se respeitam. Mas isso para nós não basta, pois queremos nos reconhecer em nossas diferenças em relação aos outros. Claro que cada um de nós tem um *status* social e econômico específico que nos permite distinguir dos demais. Também detemos posições em vários grupos que servem como meio de autoidentificação, mas por trás de todas essas questões existe a noção daquelas coisas que, no geral, fazemos melhor do que os outros. É muito interessante retomar essas superioridades, muitas das quais têm um caráter bastante trivial, mas que, para nós, são de grande importância. Podemos nos referir a nosso modo de falar ou nos vestir, a nossa capacidade de memória, a isto, isso ou aquilo – mas sempre a alguma coisa em que nos destacamos em comparação com outras pessoas. Claro que tomamos o cuidado de não nos gabar diretamente. Seria uma infantilidade expressar a satisfação que sentimos ao mostrar que podemos fazer algo melhor do que os outros. Temos um grande trabalho para encobrir essa situação; mas, na realidade, sentimo-nos vastamente gratificados. Entre as crianças e as comunidades primitivas essas superioridades são exaltadas e a pessoa se refestela abertamente com essas mostras de reconhecimento. Mas, mesmo entre nossos grupos mais avançados, essas vantagens existem como maneiras essenciais de realizar o nosso self e não devem ser identificadas com o que designamos como as manifestações de uma pessoa autocentrada ou egoísta. A pessoa pode ser o mais genuína possível em termos de dinheiro ou esforços e reconhecer genuinamente os sucessos dos outros, alegrando-se com isso; mas isso não a impede de se regozijar com suas próprias habilidades e capacidades e de derivar uma satisfação especial de seus próprios êxitos.

Essa sensação de superioridade não representa necessariamente um tipo de pessoa desagradável, com caráter enfático ou contundente, e também não significa que a pessoa quer rebaixar os outros para se sentir superior. Quando uma forma manifesta sua autorrealização dessa maneira, ela não só é simplesmente infeliz como se torna moralmente mais ou menos merecedora de desdém. Mas há a cobrança, uma cobrança constante, para que a pessoa realize seu self com alguma espécie de superioridade em relação aos demais. Talvez essa exigência apareça mais definitivamente nas situações a que me referi, e que são as coisas mais difíceis de se explicar. Sentimos um certo montante de prazer com o azar dos outros, especialmente o que é desencadeado por sua personalidade. Esse prazer se mostra no que chamamos de fofoca, ou mesmo em comentários francamente maldosos. Temos de nos guardar contra isso. Podemos falar de um caso problemático para alguém e sinceramente sentir pena da pessoa; mas, mesmo assim, experimentamos alguma satisfação por esse problema ter atingido alguém, mas não nós.

Essa é a mesma atitude envolvida em rir porque alguém tropeçou e caiu. Nessa risada existe um certo alívio do esforço que nós não faremos para levantar, porque não fomos nós que caímos. Essa é uma reação direta, que está por trás da nossa chamada autoconsciência, e o humor que a acompanha não é tingido por uma satisfação diante do sofrimento de alguém. Se a pessoa efetivamente quebra a perna, por exemplo, podemos nos solidarizar com ela; mas, ainda assim, foi engraçado vê-la toda esparramada no chão. Essa é uma situação na qual a pessoa se identifica mais ou menos com outra. Por assim dizer, começamos a cair com ela e a nos erguer depois que ela caiu, e nossa teoria para essa risada é que tal reação consiste no alívio de estarmos livres da tendência imediata a nos perceber nas mesmas condições. Identificamo-nos com quem caiu, assumimos sua atitude. Essa atitude envolve um esforço cansativo, que não temos de realizar, e estarmos isentos desse esforço se expressa no riso. Por assim dizer, rir é como o "eu" reage nessas condições. Provavelmente, a pessoa se prepara para ajudar quem caiu a se levantar, mas houve um elemento em sua reação que se expressou numa sensação de superioridade, de quem está de pé diante de quem está arriado na calçada. Ora, essa situação geral não é encontrada apenas nas situações físicas, mas é igualmente evidente na comunidade quando a pessoa dá um passo em falso. Aqui existe o mesmo sentimento de diversão e superioridade.

Quero salientar, nesses casos, a diferença entre a atitude ingênua do "eu" e a atitude mais sofisticada do "mim". A pessoa se comporta da maneira mais adequada, engole o riso, prontifica-se imediatamente a ajudar quem caiu a ficar novamente em pé. Essa é a atitude social do "mim" em contraposição à do "eu", que realmente se diverte com a situação, mas com um sentimento que, podemos dizer, é de uma diversão relativamente inócua. Não há nada de maldoso nela, e até mesmo nas situações em que a pessoa tem uma certa espécie de satisfação ao acompanhar escândalos e dificuldades de mais gravidade, existe uma atitude que envolve o sentimento de superioridade e que, ao mesmo tempo, não contém a menor maldade. Podemos ser muito cuidadosos com o que dizemos, mas ainda existe aquela atitude do self que, em certo sentido, sente-se superior nessas condições: nós não fizemos aquela coisa totalmente imprópria, nós nos mantivemos afastados disso.

A sensação de superioridade é magnificada quando pertence a um self que se identifica com o grupo. É agravada em nosso patriotismo, em cujo caso legitimamos uma afirmação de superioridade que não admitiríamos nas situações às quais viemos nos referindo. Parece perfeitamente legítimo afirmar a superioridade da nação à qual pertencemos em comparação com outras, classificando a conduta de outras nacionalidades em cores negras a fim de podermos salientar os valores na conduta daqueles que constituem a nossa própria nação. Esse processo é tão verdadeiro na política e na religião quanto no de seitas que combatem outras seitas. Foi o que tomou o lugar das manifestações exclusivas de nacionalismo em período anterior durante as guerras religiosas. Alguém era de um grupo que se dizia superior aos outros, e podia se impor confiantemente porque tinha Deus do seu lado. É aí que encontramos uma situação dentro da qual parecia perfeitamente legítimo afirmar essa espécie de superioridade que acompanha a autoconsciência. É claro que ela não se limita ao nacionalismo e ao patriotismo. Todos nós acreditamos que o grupo em que estamos é superior aos outros. Podemos nos reunir com os demais integrantes para um pouco de intriga, afirmando que este ou aquele é de fato um grupo impossível. É claro que a liderança desempenha seu papel, uma vez que o entusiasmo por aqueles de posição mais alta auxilia na organização do grupo; mas, no geral, dependemos de um reconhecimento comum de que os outros não são exatamente tão bons quanto nós.

Em geral, o sentimento de superioridade é explicado a partir da organização do grupo. Os grupos que sobreviveram no passado conseguiram-no justamente por serem organizados no combate a um inimigo comum. Mantêm-se vivos porque agiram como um só organismo contra o inimigo comum; do ponto de vista da sobrevivência do mais apto, essa é a explicação para uma comunidade que tem uma forma satisfatória de organização. Sem dúvida, é o meio mais fácil de se permanecer unido e esta pode ser mesmo uma explicação adequada.

Se alguém tem de fato uma superioridade genuína, ela se assenta sem dúvida na realização de funções definidas. O sujeito é um bom cirurgião, um bom advogado, e então pode se orgulhar de sua superioridade da qual faz uso. E quando de fato a emprega no seio da própria comunidade à qual pertence, perde o caráter de egoísmo que nos ocorre quando pensamos na pessoa que simplesmente se gaba de alguma superioridade em relação aos demais. Tenho enfatizado o outro aspecto porque às vezes o encobrimos com a nossa própria experiência. Mas quando essa sensação de superioridade conhece uma manifestação funcional, ela então se torna não só inteiramente legítima, como também é o modo como os indivíduos de fato mudam as condições de sua existência. Nós mudamos as coisas por meio do uso de capacidades que temos e que os outros não têm. Essa capacidade é o que nos torna eficazes e eficientes. A atitude imediata é a que contém o sentimento de superioridade, de manutenção do próprio self. A superioridade não é o fim em si que temos em vista. É um meio para a preservação do self. Temos de nos distinguir dos outros, e isso é alcançado fazendo algo que eles não sabem ou não conseguem fazer.

Bem, ser capaz de defender as nossas peculiaridades é uma coisa louvável. Se isso for praticado apenas de maneira crua pela pessoa que se gaba de suas características, então ela expõe um lado feio e barato. Mas se for uma expressão que participa das funções que sustenta, então perde esse aspecto. Supomos que esse venha a ser o resultado final das expressões do nacionalismo. As nações deveriam ser capazes de se expressar da mesma maneira que um profissional. Existe um princípio disso na organização da Liga das Nações. Uma nação reconhece certas coisas que deve fazer como membro da comunidade de nações. Mesmo o sistema de mandatos atribui pelo menos um aspecto funcional à ação da nação dirigente e não algo que lhe permita simplesmente expressar seu poder.

27
As contribuições do "mim" e do "eu"

Tentei até aqui distinguir entre o "eu" e o "mim" como fases diferentes do self. O "mim" responde às atitudes organizadas dos outros que nós definitivamente assumimos e que determinam, portanto, a nossa própria conduta, na medida em que têm um caráter autoconsciente. Ora, o "mim" pode ser considerado como o que confere a forma do "eu". A novidade aparece na ação do "eu", mas a estrutura, a forma do self, é convencional.

Essa forma convencional pode ser reduzida ao mínimo. Na atitude do artista, quando existe a criação artística, a ênfase recai sobre o elemento da novidade levada ao extremo. Essa exigência do que não é convencional é especialmente visível na arte moderna. Nesta, é esperado que o artista se afaste das convenções; uma parte da sua expressão artística é considerada uma ruptura do convencional. Claro que essa atitude não é essencial à função artística e provavelmente nunca ocorre na forma extrema em que costuma ser proclamada. Vejamos alguns artistas do passado. No mundo grego, os artistas eram, em certo sentido, artesãos insuperáveis. O que lhes cabia fazer era mais ou menos estipulado pela comunidade e aceito por eles próprios, como a representação de figuras heroicas ou de certas divindades, a construção de templos. Havia regras definidas que eram aceitas como um ingrediente essencial à sua expressão. Mesmo assim, os artistas introduziam originalidade em suas obras, o que permitia distinguir um do outro. Nesse caso do artista, a ênfase sobre o que não é convencional, sobre o que não está na estrutura do "mim", é levada tão longe quanto possível.

Essa mesma ênfase também aparece em certos tipos de conduta impulsiva, que é descontrolada. A estrutura do "mim" não determina aí a expressão do "eu". Para usarmos uma expressão freudiana, o "mim" age como um censor, em certo sentido. Determina o tipo de manifestação que pode ocorrer, prepara a cena e dá a deixa. No caso da conduta impulsiva, essa estrutura do "mim" envolvida na situação não fornece tal medida de controle. Vejamos a situação da autoafirmação, na qual o self simplesmente se afirma em contraposição a outros, e vamos supor que o estresse emocional seja tal que as formas da sociedade educada no exercício de sua conduta legítima sejam subjugadas, de tal sorte que a pessoa pode se expressar de maneira violenta. Aí, o "mim" é determinado pela situação. Há certos campos reconhecidos dentro dos quais o indivíduo pode se afirmar; ele tem certos direitos dentro desses limites. Mas se o estresse aumentar muito, esses limites não serão observados e a pessoa se afirma talvez recorrendo à violência. Então, o "eu" é o elemento dominante em comparação com o "mim". Diante de condições que poderíamos chamar de normais, a maneira como o indivíduo age é determinada por sua adesão à atitude dos outros integrantes do grupo, mas se o indivíduo não tem a oportunidade de confrontar os outros, assim como a criança não é quem se impede de ter contato social com outras pessoas, então resulta uma situação na qual a reação é descontrolada.

O controle social[22] é a expressão do "mim" em contraposição à expressão do "eu". Ele estabelece os limites e apresenta as determinações que permitem ao "eu", por assim dizer, usar o "mim" como meio de executar o empreendimento em que todos estão interessados. Quando as pessoas são mantidas à parte ou além dessa espécie de expressão organizada surge uma situação na qual o controle social está ausente. Na psicologia mais ou menos fantástica do grupo

---

22. [Sobre o controle social cf. "The Genesis of the Self and Social Control". In: *International Journal of Ethics*, XXXV, 1924-1925, p. 251ss. • "The Working Hypothesis in Social Reform". In: *American Journal of Sociology*, V, 1899-1900, p. 367ss. • "The Psychology of Punitive Justice". In: *American Journal of Sociology*, XXIII, 1917-1918, p. 577ss.]

freudiano os pensadores estão lidando com a vida sexual e a autoafirmação em sua modalidade violenta. A situação normal, porém, é aquela que envolve uma reação do indivíduo numa situação socialmente determinada, mas à qual ele aporta suas próprias reações como "eu". Na experiência do indivíduo a resposta é uma expressão com a qual o self está identificado. É essa resposta que o eleva mais além do indivíduo institucionalizado.

Como eu disse antes, a instituição nada mais é, no fundo, do que uma organização das atitudes que todos temos em nós, as atitudes organizadas dos outros que determinam e qual o indivíduo se expressa ao seu próprio modo, pois tais manifestações individuais são o que está identificado com o self como aqueles valores essenciais a ele, que é de onde se originam. Falar dessas atitudes como produtos do self não lhes confere um aspecto egoísta, pois nas condições normais a que estamos nos referindo o indivíduo está realizando sua contribuição para uma iniciativa comum. O jogador de beisebol que faz um lançamento brilhante está realizando a jogada provocada pelo time ao qual pertence. Está jogando pelo seu lado. Claro que o jogador pode jogar para impressionar a plateia em vez de jogar para ajudar seu time a ganhar, assim como o cirurgião pode realizar uma operação brilhante e sacrificar o paciente. Mas, em condições normais, a contribuição do indivíduo alcança sua via de expressão nos processos sociais envolvidos no ato, de tal sorte que a atribuição de valores ao self não envolve nem autocentração, nem egoísmo. Há outra situação na qual o self, ao se expressar, explora em certa medida o grupo ou a sociedade à qual pertence: nela, é constituído um self estreito, por assim dizer, que tira vantagem do grupo todo a fim de se satisfazer. Mas até mesmo esse self é uma questão social. Podemos distinguir muito nitidamente o homem egoísta do homem impulsivo. O que pode perder a compostura e derrubar alguém com um soco também pode ser muito altruísta. Não necessariamente é uma pessoa que se prevaleceria de uma situação só para garantir seus próprios interesses. Nesse caso, o self estreito não se relaciona com o grupo social todo do qual faz parte.

Definitivamente, os valores se vinculam às manifestações do self que lhe são peculiares, e o que é peculiar ao self é o que ele chama de seu. Não obstante, esse valor está na situação social e não existiria fora desse contexto social. Trata-se da contribuição do indivíduo à situação, mesmo que seja apenas na situação social em que esse valor vigora.

Certamente buscamos aquele tipo de manifestação que é uma expressão do self. Quando o sujeito se sente tolhido reconhece a necessidade de construir uma situação em que haja oportunidade de fazer a sua própria colaboração para a iniciativa, em vez de simplesmente ser um "mim" convencionalizado. No caso de alguém que faz um trabalho mecânico, isso leva a uma reação contra a máquina e à exigência de que esse tipo de rotina encontre seu lugar no processo social como um todo. Naturalmente, existe uma certa dose de saúde mental e física real, uma parte essencial da vida da pessoa que está envolvida na realização de trabalhos rotineiros. É muito possível à pessoa realizar alguns processos para os quais sua contribuição é bastante modesta, agindo de modo mais ou menos mecânico, e comprovar que sua situação melhora por causa disso. Homens como John Stuart Mill foram capazes de se ocupar de trabalhos rotineiros durante uma parte do dia e depois se dedicar à realização de uma obra original no resto do tempo. A pessoa que não consegue realizar uma certa quantidade de trabalho estereotipado não é saudável. Tanto a saúde de uma pessoa como a estabilidade de uma sociedade exigem uma parcela bastante considerável de trabalhos mecânicos. A reação à mecanização industrial simplesmente cobra que lhe seja dedicado um montante menor de tempo, e não envolve de modo algum sua abolição. Não obstante, e posto que isto tenha ficado claro, deve haver alguma maneira de o indivíduo poder se expressar. Refiro-me às situações nas quais seja possível chegar a uma espécie de expressão que pareça especialmente preciosa; ou seja, situações nas quais a pessoa consiga fazer algo com sua própria assinatura, que possa assumir a responsabilidade e executar as coisas do seu próprio jeito, com a oportunidade de pensar suas próprias ideias. As situações sociais em que a estrutura do "mim", por algum tempo, tem chance para manifestar o self são capazes de oferecer ao indivíduo suas mais emocionantes e gratificantes experiências.

Tais experiências podem incorrer tanto em degradação como em outras maneiras que permitem o aparecimento de valores mais elevados. A turba agitada funciona como uma situação na qual o "mim" simplesmente apoia e ressalta a espécie mais violenta das manifestações impulsivas. Essa tendência está profundamente entranhada na natureza humana. É inacreditável comprovar a extensão da parte do "eu" de alguns doentes que é constituída por histórias de assassinatos. Claro que, na própria história, é a perseguição do assassino que atua como foco de interesse; mas essa perseguição do assassino leva a pessoa de volta para a atitude de vingança das comunidades primitivas. Nas histórias de crimes o vilão real é capturado e levado à justiça. Essas expressões podem envolver degradação do self. Nas que envolvem a defesa do país pode prevalecer a atitude da turba revoltada ou de uma atitude moral mais elevada, dependendo da pessoa. Uma situação em que a pessoa possa se abrir, em que a própria estrutura do "mim" abre a porta para o "eu", é favorável à autoexpressão. Já citei a situação em que a pessoa pode se sentar com um amigo e dizer exatamente o que pensa sobre uma terceira pessoa. Há uma satisfação em se permitir uma manifestação com essa soltura. As coisas que, em outras circunstâncias, não seriam ditas e a pessoa nem se permitiria sequer pensar são, então, proferidas muito naturalmente. Se a pessoa está num grupo que pensa como ela é possível que se solte de uma maneira que surpreende até ela mesma. Nessas condições, o "mim" é definitivamente constituído pelas relações sociais. Ora, se essa situação é de tal natureza que facilita a expressão impulsiva, a pessoa sente uma determinada satisfação, alta ou baixa, cuja origem é o valor agregado à manifestação do "eu" no processo social.

28
A criatividade social do self emergente

Discutimos acima o valor que se vincula ao self, especialmente o que está envolvido no "eu" em contraposição com o envolvido no "mim", que é essencialmente um membro do grupo social e, portanto, representa o valor do grupo; aquele tipo de experiência que o grupo torna possível. Seus valores são aqueles que pertencem à sociedade. Em certo sentido, esses valores são supremos. São valores que, diante de certas condições morais e religiosas extremas, cobram o sacrifício do self pelo bem do todo. Sem essa estrutura das coisas a vida do self se tornaria impossível. São essas as condições nas quais surge esse aparente paradoxo, o de que o indivíduo se sacrifica pelo bem do todo que torna possível a sua própria vida como self. Da mesma maneira como não poderia haver a consciência individual exceto num grupo social, também o indivíduo não está, em certo sentido, disposto a viver em determinadas condições que envolvam um tipo de suicídio do self em seu processo de realização. Em contraste com essa situação fizemos referência àqueles valores que se vinculam particularmente ao "eu" em vez de ao "mim", aqueles valores que são encontrados na atitude imediata do artista, do inventor, do cientista em suas descobertas e, em geral, nos atos do "eu" que não podem ser calculados e que envolvem uma reconstrução da sociedade e, por conseguinte, do "mim" que pertence a essa sociedade. É essa fase da experiência que é encontrada no "eu", e os valores ligados a ela são os que pertencem a esse tipo de experiência. Não são valores exclusivos do artista, inventor ou cientista descobridor, mas pertencem àquela experiência de todo self em que há um "eu" respondendo a um "mim".

A resposta do "eu" envolve adaptação, mas uma adaptação que afeta não só o self, mas também o ambiente social que ajuda a constituí-lo; quer dizer, implica uma visão da evolução na qual o indivíduo afeta seu próprio ambiente assim como também é afetado por ele. Uma formulação da evolução, comum num período anterior, supunha simplesmente o efeito de um ambiente sobre um protoplasma vivo e organizado, moldando-o de alguma maneira ao mundo em que tinha de viver. Segundo essa perspectiva, o indivíduo é realmente passivo em contraste com as influências que o estão afetando o tempo todo. Mas agora o que precisa ser reconhecido é que o caráter do organismo é um fator determinante do ambiente. Falamos da sensibilidade como algo que existe por si, esquecendo que sempre é uma sensibilidade a certos tipos de estímulo. Nos termos de sua sensibilidade, a forma escolhe um ambiente, não escolhendo exatamente no sentido em que alguém escolhe uma cidade, país ou clima em que queira viver, mas no sentido de que encontra aquelas características às quais é capaz de responder. Usa então as experiências subsequentes para ganhar certos resultados orgânicos, essenciais à continuação de seu processo vital. Em certo sentido, portanto, o organismo expressa seu ambiente em termos de meios e fins. Esse tipo de determinação do ambiente é tão real, naturalmente, quanto o efeito do ambiente sobre a forma. Quando uma forma desenvolve uma capacidade, seja qual for o modo como isso acontece, para lidar com setores do ambiente que seus progenitores não puderam enfrentar, a forma criou, nessa medida, um novo ambiente para si mesma. O boi que tem um órgão digestivo capaz de tratar o capim como alimento adiciona um novo item, e nessa adição está acrescentando um novo objeto. A substância que não era alimento antes torna-se alimento agora. O ambiente da forma aumentou. O organismo é, num sentido muito real, determinante de seu ambiente. A situação contém ação e reação, e a adaptação que muda a forma também deve mudar o ambiente.

Conforme a pessoa se ajusta a um certo ambiente ela se torna diferente, mas, ao se tornar alguém diferente, ela afetou a comunidade em que vive. Pode ser um pequeno efeito, mas, uma vez que tenha ocorrido, esse ajustamento mudou o tipo de ambiente ao qual ela pode responder, e o mundo correspondentemente é um mundo diferente. Sempre há um relacionamento mútuo entre o indivíduo e a comunidade em que ele vive. Em condições normais, nosso reconhecimento desse fato se limita a grupos sociais relativamente pequenos, pois aqui o indivíduo não pode entrar em tais grupos sem mudar o caráter de sua organização em alguma medida. As pessoas têm de se ajustar a ele tanto quanto ele se ajusta a elas. Pode parecer que o indivíduo está moldado pelas forças que o rodeiam, mas a sociedade também muda nesse processo e, em certa medida, torna-se uma sociedade diferente. Tal mudança tanto pode ser desejável como indesejável, mas é inevitável.

Esse relacionamento entre indivíduo e comunidade se torna notável quando temos mentes que, por seu aparecimento, tornam a sociedade em geral visivelmente diferente. Pessoas de grande mente e caráter têm ocasionado mudanças notáveis nas comunidades com as quais interagiram. Nós as chamamos de líderes, mas no fundo estão apenas elevando à enésima potência o poder de uma comunidade ser modificada por um indivíduo que é parte dela, que pertence a ela[23]. Os grandes personagens têm sido aqueles que, sendo o que são na co-

---

23. O comportamento de um gênio é socialmente condicionado, assim como é o de qualquer indivíduo normal, e suas conquistas são resultados de estímulos sociais ou respostas a eles, também como se dá com as pessoas comuns. Como qualquer outra pessoa mediana, o gênio volta sobre si mesmo partindo do ponto de vista do grupo social organizado ao qual pertence e das atitudes desse grupo em relação a qualquer projeto em que ele se envolva. Ele responde a essa atitude generalizada do grupo com uma atitude definida própria em relação ao citado objeto, assim como faz qualquer outra pessoa. Mas essa sua atitude definida, com a qual responde à atitude generalizada do grupo, é ímpar e original no caso do gênio, ao passo que nas pessoas comuns não é. São a singularidade e a originalidade em sua resposta a um determinado problema, projeto ou situação social que – não obstante, condiciona seu comportamento na mesma medida que condiciona o da pessoa comum – distinguem o gênio do cidadão normal.

munidade, tornaram-na um ambiente diferente, ampliando-a e enriquecendo-a. Personagens assim, como os grandes líderes religiosos que a história registra, aumentaram indefinidamente por meio de sua pertinência a uma comunidade o tamanho possível dessa sociedade. Jesus generalizou o conceito de comunidade em termos da família com o personagem do "vizinho" em suas parábolas. Até mesmo uma pessoa de fora da comunidade adotará agora a atitude generalizada da família em relação a ela, tornando membros dessa comunidade à qual ela pertence, a comunidade de uma religião universal, todos aqueles com os quais se estabelece um relacionamento. A mudança da comunidade por meio da atitude de um indivíduo reveste-se naturalmente de uma impressionante eficácia na história. Ela faz com que determinados indivíduos se destaquem como personagens simbólicos. Em seus relacionamentos pessoais estes representam uma nova ordem, e então se tornam representantes da comunidade que poderia existir se ela fosse de fato se desenvolver segundo as linhas que eles iniciaram. Por intermédio de grandes indivíduos, novos conceitos propostos por eles vieram acompanhados de atitudes que alargaram imensamente o âmbito dentro do qual eles mesmos viviam. Quem é vizinho de alguém num grupo é um membro de uma sociedade mais ampla, e na medida em que vive numa comunidade dessas ajudou a criar tal sociedade.

Nessas reações do indivíduo, do "eu", em contraste com a situação em que o "eu" se encontra, ocorrem importantes mudanças sociais. Frequentemente falamos dessas mudanças como expressões do gênio individual de uma certa pessoa. Não sabemos quando o grande artista, cientista, estadista ou líder religioso aparecerá – pessoas capazes de exercer um efeito formativo sobre a sociedade à qual pertencem. A própria definição de gênio retomaria algo semelhante ao que venho descrevendo; essa qualidade incalculável, essa mudança do ambiente por um indivíduo que se tornou membro dessa comunidade.

Um indivíduo desse tipo ao qual estamos nos referindo sempre surge em referência a uma espécie de sociedade ou de ordem social que está implicada, mas não adequadamente expressa. Vejamos o caso de gênios religiosos como Jesus ou Buda, ou de um gênio do pensamento como Sócrates. O que lhes conferiu sua importância ímpar foi o fato de terem adotado a atitude de viver segundo os parâmetros de uma sociedade mais ampla. Esse estado maior já estava mais ou menos implicado nas instituições da comunidade em que viviam. Do ponto de vista do que chamaríamos de preconceitos da comunidade, esses indivíduos foram divergentes, mas, em outro sentido, expressaram os princípios da comunidade de uma maneira mais completa do que qualquer outro de seus integrantes. Com isso, acontece a situação em que um ateniense ou um hebreu apedreja o gênio que expressa princípios de sua própria sociedade; num caso, o princípio da racionalidade e, no outro, o da completa fraternidade. O tipo que descrevemos com o qualificativo de "gênio" é dessa natureza. Ocorre uma situação análoga no campo da criação artística: os artistas também revelam conteúdos que representam uma manifestação emocional mais ampla em resposta a uma sociedade mais ampla. Na medida em que tornamos diferente a comunidade em que vivemos, temos o que é essencial para sermos gênios, e essa se torna a atitude de um gênio, quando os efeitos são profundos.

A resposta do "eu" pode ser um processo que envolve uma degradação do estado social, ou mesmo uma degradação ainda maior. Vejamos o caso da turba descontrolada em suas diversas manifestações. Essa turba é uma organização que eliminou certos valores até então vigentes na inter-relação envolvendo os diversos indivíduos que a compunham; é uma organização que se simplificou e, com isso, tornou possível abrir para os indivíduos, especialmente os reprimidos, uma via de manifestação que, de outro modo, não lhes seria permitida. A resposta individual é possibilitada pela efetiva degradação da estrutura social em si, mas isso não elimina o valor imediato que essa estrutura tem para o indivíduo surgido nessas condições. Ele tem uma resposta emocional derivada dessa situação porque, ao expressar violência, está fazendo o que todos os demais também estão. A comunidade inteira está fazendo uma mesma coisa. A repressão que existia desapareceu e ele é um só com a comunidade inteira, que é uma só com ele. Um exemplo mais trivial pode ser encontrado em nossas relações pessoais, envolvendo as pessoas que nos cercam. Nossos modos são métodos não só de uma interação mediada entre pessoas, mas também de nos proteger uns dos outros. Por seus modos a pessoa pode se isolar, e com isso não precisar ser tocada por mais ninguém. Nossos modos fornecem um meio para que nos seja possível manter as pessoas a distância, pessoas que não conhecemos e não queremos conhecer. Todos nós recorremos a processos dessa natureza. Mas existem ocasiões em que podemos abrir mão daqueles modos que mantêm as pessoas a distância. Num país distante, por exemplo, conhecemos alguém que talvez evitaríamos conhecer em nossa terra natal, mas que então quase sufocamos com os nossos braços à sua volta. Há uma grande excitação em certas situações que envolvem hostilidade contra outra nação. Todos parecemos um só contra um inimigo comum. As barreiras caem e experimentamos um sentimento de camaradagem pelos que estão do nosso lado, diante dessa empreitada comum. Ocorre a mesma coisa numa campanha política. Por um tempo oferecemos uma mão amistosa – e um charuto – a qualquer um que faça parte do grupo particular ao qual pertencemos. Livramo-nos de algumas restrições, dadas essas circunstâncias; restrições que realmente nos poupam de experiências sociais intensas. Uma pessoa pode até ser vítima de suas boas maneiras: elas tanto podem protegê-la como colocá-la dentro de uma redoma. Mas, nas condições a que me referi, a pessoa de fato vai mais além de si, e com isso se torna um membro definido de uma comunidade maior do que aquela à qual pertencia anteriormente.

Essa experiência ampliada surte uma influência profunda. É aquele tipo de experiência que um neófito vivencia em sua conversão. Trata-se da sensação de pertencer a uma comunidade, de ter um relacionamento íntimo com um número indefinido de pessoas que pertencem ao mesmo grupo. Essa é a experiência por trás dos extremos às vezes histéricos que pertencem às conversões. A pessoa entrou na comunidade universal da Igreja e sua experiência subsequente é a manifestação daquele senso de identificação que a pessoa tem em relação a si mesma e a todos os demais integrantes da comunidade. O sentimento de amor é demonstrado por atitudes como lavar os pés de leprosos; em geral, encontrando uma pessoa muito distante de sua comunidade e fazendo uma oferta aparentemente servil, identificando completamente seu self com o dessa pessoa. Esse é um processo de derrubar os muros para que o indivíduo se torne irmão de todos os seus semelhantes. O santo medieval agia à base desse método de identificação com todos os seres vivos, assim como acontece com a técnica religiosa hindu. Esse desmantelamento das barreiras é algo que desperta uma torrente de emoções porque liberta um número indefinido de possíveis contatos com outras pessoas, contatos que tinham sido impedidos, reprimidos. Ao ingressar nessa nova comunidade, ao dar esse passo de se tornar um membro de tal grupo, por meio dessa experiência de identificação, o indivíduo adotou os valores que pertencem a todos os membros dessa comunidade.

Naturalmente, essas experiências são de imensa importância. Fazemos uso delas o tempo todo na comunidade. Criticamos as hostilidades como meio de dar andamento aos relacionamentos internacionais. Achamos que deveríamos superar os métodos da guerra e da diplomacia atingindo alguma espécie de relação política entre as nações, que pudessem ser consideradas componentes de uma comunidade comum, capazes de se expressar não em atitudes hostis, mas em termos de seus valores comuns. É isso que estabelecemos como o ideal da Liga das Nações. Temos de lembrar, porém, que não somos capazes de aprimorar as nossas instituições políticas sem introduzir as hostilidades dos partidos. Sem partidos políticos não poderíamos fazer com que uma parte dos eleitores comparecesse às urnas para se manifestar sobre questões de grande importância pública, mas podemos englobar uma parcela considerável da comunidade num partido político que está combatendo outro. É o elemento da disputa que mantém aceso o interesse. Podemos conquistar o interesse de um grupo de pessoas que querem derrotar o partido da oposição e fazer com que votem para alcançar tal objetivo. Naturalmente, a plataforma de um partido é uma abstração e não quer dizer muita coisa para nós, pois de fato dependemos psicologicamente da ação desses impulsos mais bárbaros para manter em funcionamento as nossas instituições cotidianas. Quando objetamos à organização de máquinas políticas corruptas, devemos ter em mente que é preciso sentir uma certa gratidão pelas pessoas que são capazes de conquistar o interesse dos outros para assuntos de natureza pública.

Normalmente dependemos daquelas situações em que o self é capaz de se expressar de maneira direta, e não existe situação na qual o self possa se expressar mais facilmente do que quando está contra um inimigo comum dos grupos dos quais participa. O hino que nos vem à mente mais regularmente como expressão da Cristandade é "Avante soldados de Cristo". Paulo organizou a Igreja do seu tempo contra o mundo dos pagãos. O Apocalipse representa a comunidade combatendo o mundo das trevas. A ideia de satã tem sido tão essencial à organização da Igreja quanto a política tem sido para a organização da democracia. É preciso haver algo contra o que lutar, porque o self consegue se expressar mais facilmente quando integra um grupo definido.

O valor de uma sociedade organizada é essencial à nossa existência, mas também é preciso que haja espaço para a manifestação do indivíduo mesmo, a fim de que haja uma sociedade satisfatoriamente desenvolvida. Devem-se providenciar meios para essa manifestação. Até que tenhamos uma estrutura social na qual a pessoa possa se expressar da mesma maneira que o artista e o cientista, somos devolvidos àquele tipo de estrutura encontrada na turba descontrolada, na qual todos têm liberdade para se expressar contra algum objeto odiado pelo grupo.

Uma diferença entre a sociedade humana primitiva e a civilizada é que na primitiva o self individual era determinado muito mais completamente, no que tange a seu pensamento e comportamento pelo padrão geral da atividade social organizada praticada pelo grupo social particular ao qual ele pertencia, do que acontece na sociedade humana civilizada. Em outras palavras, a sociedade humana primitiva oferecia muito menos espaço para a individualidade, para o comportamento e o pensamento original, criativo, único, manifestado pelo self individual nesse contexto, do que acontece na sociedade humana civilizada. Na realidade, a evolução da sociedade humana civilizada a partir da primitiva dependeu em ampla escala, ou resultou de uma progressiva liberação social do self individual e sua conduta, com as modificações e elaborações do processo social humano que se lhe seguiram e foram possibilitadas por essa liberação. Na sociedade primitiva, em medida muito maior do que na sociedade civilizada, a individualidade era constituída por realizações mais ou menos perfeitas de um determinado tipo social; tipo já dado, indicado ou exemplificado no padrão organizado da conduta social, na estrutura integrada de relações do processo social da experiência e do comportamento que esse grupo social exibia e mantinha. Na sociedade civilizada, a individualidade é, pelo contrário, constituída por uma atitude distanciada, ou por uma realização modificada, de qualquer tipo social dado, e não por uma adesão conformista ao mesmo, e tende a ser algo muito mais distintivo, singular e peculiar do que acontecia na sociedade humana primitiva. Mas, mesmo nas formas mais modernas e altamente evoluídas da civilização humana, o indivíduo, por mais original e criativo que possa ser em seu pensamento e comportamento, sempre e necessariamente assume – e reflete na estrutura de seu self ou personalidade – uma relação definida com o padrão organizado geral da experiência e da atividade apresentadas ou caracterizadas pelo processo social da vida em que está envolvido e do qual seu self ou personalidade é essencialmente uma expressão criativa, uma manifestação corporificada. Em nenhum indivíduo sua mente opera simplesmente por si, isolada do processo social da vida em cujo bojo surgiu ou de onde emergiu, e no qual o padrão do comportamento social organizado consequentemente foi implantado num nível muito básico.

29
Contraste entre as teorias individualista e social do self

São claras as diferenças entre o tipo de psicologia social que deriva o self individual do processo social em que os indivíduos estão implicados e interagem empiricamente uns com os outros e aquele tipo de psicologia social que, em vez disso, deriva tal processo do self dos indivíduos envolvidos nele. O primeiro tipo supõe um processo ou uma ordem social como a precondição lógica e biológica para o aparecimento do self dos organismos individuais envolvidos nesse processo, ou pertencentes a essa ordem. O outro tipo, ao contrário, supõe o self individual como o pressuposto lógico e biológico do processo ou ordem social dentro da qual interage com os demais.

A diferença entre as teorias social e individual do desenvolvimento da mente, do self e do processo social da experiência e do comportamento é análoga à diferença entre a teoria evolutiva e a teoria do contrato do estado, que no passado foram defendidas pelos racionalistas e pelos empiristas[24]. Esta segunda teoria considera o indivíduo e suas experiências individuais – seu self e sua mente individual – logicamente anteriores ao processo social no qual ele está envolvido e explica a existência desse processo social a partir dos indivíduos. Já para a primeira, o processo social da experiência e do comportamento é logicamente anterior ao indivíduo e às suas experiências individuais correlatas e explica a existência dessas experiências a partir do processo social. Mas o segundo tipo não consegue absolutamente explicar aquilo que é considerado logicamente anterior; ou seja, não consegue explicar a existência da mente e do self. O primeiro tipo de teoria, porém, pode explicar o que considera logicamente anterior; ou seja, a existência do processo social do comportamento a partir de relações e interações biológicas e fisiológicas fundamentais, como a reprodução ou a cooperação de indivíduos, para sua mútua proteção ou obtenção de alimentos.

---

24. Historicamente, tanto o racionalista como o empirista estão comprometidos com a interpretação da experiência em termos do indivíduo (1931). As outras pessoas estão ali tanto quanto nós; ser um self requer que haja outro (1924). Em nossa experiência, a coisa está lá tanto quanto nós. Nossa experiência está tanto na coisa como em nós (MS).

Nós defendemos a ideia de que a mente nunca pode se manifestar e nem jamais poderia ter chegado a existir se não fosse pelo ambiente social; defendemos que um conjunto ou padrão organizado de relações e interações sociais (especialmente as da comunicação por meio de gestos que funcionam como símbolos significantes e, assim, criam um universo de discurso) é necessariamente pressuposto pela mente e está envolvido em sua natureza. E essa teoria ou interpretação inteiramente social da mente[25] – esse conceito de que a mente se desenvolve e existe somente no e por meio do processo social da experiência e da atividade, o qual, portanto, pressupõe, e que de nenhuma outra maneira poderia se desenvolver e existir – deve ser claramente distinguida de uma visão parcialmente (e apenas parcialmente) social da mente. Para essa visão, embora a mente só possa se expressar em termos do ambiente e no contexto de um grupo social organizado, ela também é, não obstante, uma dotação natural do organismo individual, em certa medida – um atributo biológico congênito ou hereditário – que não poderia de modo algum se manifestar ou existir de outra maneira no processo social. Assim, a mente não é, em si, essencialmente um fenômeno social, mas, sim, biológica tanto em sua natureza como em sua origem, e social apenas em suas manifestações ou expressões características. Segundo esta última concepção, sobretudo, o processo social pressupõe a mente e, em certo sentido, é um produto mental. Esta concepção é diretamente oposta à nossa visão de que a mente pressupõe o processo social e é um produto dele. A vantagem da nossa perspectiva é que ela nos permite oferecer uma formulação detalhada e realmente explicar a gênese e o desenvolvimento da mente. Já para a visão segundo a qual a mente é uma dotação biológica congênita do organismo individual, não nos é possível realmente explicar a natureza e a origem da mente, nem que espécie de dotação biológica é, ou como os organismos, a partir de um certo nível de progresso evolutivo, começam a possuí-la[26]. Além

---

25. Ao defender uma teoria social da mente estamos defendendo uma visão funcional de sua natureza, por oposição a uma visão da mente como substância ou entidade. E, em particular, estamos nos opondo a todas as visões intracranianas ou intraepidérmicas de sua natureza e localização. Pois, decorre de nossa teoria social da mente que o campo mental deve ser coextensivo com, e incluir, todos os componentes do campo do processo social da experiência e do casamento; ou seja, a matriz das relações e interações sociais envolvendo os indivíduos, que é pressuposta por ela e da qual surge ou passa a existir. Se a mente é constituída socialmente, então o campo ou localização de qualquer mente individual deve se estender até onde se estende a atividade ou o aparato social das relações sociais que a constituem; por conseguinte, esse campo não pode ser delimitado pela pele de um organismo individual a que pertença.

26. De acordo com a suposição tradicional da psicologia, o conteúdo da experiência é inteiramente individual e, em absolutamente nenhuma medida, deve ser primariamente explicado em termos sociais, embora seu ambiente ou contexto seja social. E para uma psicologia social como a de Cooley – fundada precisamente sobre esse pressuposto –, todas as interações sociais dependem da imaginação dos indivíduos envolvidos e ocorrem em termos das influências conscientes de uns sobre os outros, nos processos da experiência social. A psicologia social de Cooley, que pode ser comprovada em seu *Human Nature and the Social Order*, é, por isso, inevitavelmente introspectiva

disso, a suposição de que o processo social pressupõe e, em certo sentido, é produto da mente parece ser contradita pela existência de comunidades sociais de alguns animais inferiores, em especial as organizações sociais altamente complexas das abelhas e formigas, que parecem funcionar numa base inteiramente instintiva ou reflexa, sem envolver nem minimamente a existência da mente ou consciência dos organismos individuais que as compõem. E, mesmo que essa contradição seja evitada quando se admite que somente em seus níveis mais altos – apenas nos níveis representados pelas relações e interações sociais dos seres humanos – é que o processo social da experiência e do comportamento pressupõe a existência da mente ou se torna necessariamente um produto dela, ainda se torna dificilmente plausível supor que esse processo já em andamento e desenvolvimento possa, de repente, num certo estágio de sua evolução, passar a depender para sua continuação de um fator totalmente alheio, introduzido nele a partir de fora, por assim dizer.

O indivíduo entra como tal em sua própria experiência somente como objeto, não como sujeito. E ele só pode entrar como objeto com base nas relações e interações sociais, apenas por meio de suas transações vivenciais com outros indivíduos, num ambiente social organizado. É verdade que certos conteúdos da experiência (especialmente os cinestésicos) só são acessíveis a um determinado organismo individual e não a outros, e que esses conteúdos da experiência privados ou "subjetivos", em oposição aos conteúdos públicos ou "objetivos", são geralmente considerados conectados de modo peculiar e íntimo com o self do indivíduo, ou considerados como experiências especiais do seu self. Mas essa exclusiva acessibilidade de certos conteúdos da experiência apenas ao próprio organismo individual não afeta e nem de modo algum conflita com a teoria da natureza e com a origem social do self que estamos apresentando. A existência de conteúdos privados ou "subjetivos" da experiência não altera o fato de que a autoconsciência leva o indivíduo a se tornar um objeto para si mesmo quando adota as atitudes dos outros indivíduos em relação a si, dentro de um contexto organizado de relacionamentos sociais, e que, a menos que o indivíduo tenha dessa maneira se tornado um objeto para si mesmo, ele não seria autoconsciente nem teria um self. Fora de suas interações sociais com outros indivíduos, ele não relataria os conteúdos privados ou "subjetivos" de sua experiência a si mesmo e não poderia tomar consciência de si próprio como self; quer dizer, como indivíduo, como pessoa, apenas por intermédio ou nos termos desses conteúdos de sua experiência. Pois, a fim de se tornar consciente

---

e seu método psicológico contém a implicação de um completo solipsismo: a sociedade não existe, realmente, exceto na mente da pessoa, e o conceito do self, como intrinsecamente social, é um produto da imaginação. Até mesmo para Cooley, o self pressupõe a experiência, e a experiência é um processo dentro do qual surge o self. Mas como esse processo é para ele primariamente interno e individual, em vez de externo e social, ele se compromete, em sua psicologia, com uma posição metafísica subjetiva e idealista, em vez de objetiva e naturalista.

de si mesmo, como indivíduo, ele deve – repetindo – tornar-se um objeto para si mesmo ou entrar em sua própria experiência como um objeto, e apenas por meios sociais – apenas adotando em relação a si mesmo as atitudes dos outros – é que se torna capaz de se tornar um objeto para si[27].

Verdadeiramente, assim que a mente surgiu no processo social, ela tornou possível o desenvolvimento desse processo em formas muito mais complexas de interação social entre seus componentes individuais do que fora possível antes de seu surgimento. Mas não existe nada de estranho em relação a um produto de um determinado processo contribuir para o subsequente desenvolvimento desse processo, ou se tornar um fator essencial para isso. Assim, o processo social não depende, para sua origem ou existência inicial, da existência e interação de um self com outros, embora realmente dependa destes para os estágios mais elevados de complexidade e organização que são alcançados depois que o self passa a existir dentro deles.

---

27. A capacidade fisiológica do ser humano para desenvolver sua mente ou inteligência é um produto do processo da evolução biológica, assim como também é seu organismo como um todo. Mas o desenvolvimento real de sua mente ou inteligência, dada essa capacidade, deve proceder em termos das situações sociais em cujo contexto ela se expressa e ganha sua importância. Assim, a mente ou inteligência é, em si, um produto do processo da evolução social, o processo da experiência social e do comportamento.

Parte IV
Sociedade

30
A base da sociedade humana: o homem e os insetos

Em trechos anteriores de nossa discussão acompanhamos o desenvolvimento do self na experiência do organismo humano e agora devemos considerar alguns elementos do organismo social dentro do qual o self surge.

Tal como a conhecemos, a sociedade humana não poderia existir sem a mente e o self de seus integrantes, uma vez que seus aspectos mais característicos pressupõem que seus membros individuais tenham, cada qual, mente e self. Mas eles não possuiriam mente e self se estes não decorressem ou emergissem do processo social humano em seus estágios mais elementares de desenvolvimento, estágios do qual seriam meros resultantes, totalmente dependentes das diferenciações e exigências fisiológicas dos organismos individuais implicados nele. Deve ter havido esses estágios mais elementares do processo social humano, não só por razões fisiológicas, mas também (se estiver correta a nossa teoria social da origem e natureza da mente e do self) porque a mente e o self, a consciência e a inteligência não poderiam ter aparecido de nenhuma outra maneira; porque, em outras palavras, algum tipo de processo social vigente em que os seres humanos estavam implicados deve ter existido antes da existência da mente e do self nos seres humanos, para que estes pudessem desenvolver a mente e o self nesse processo, ou a partir dele[1].

O comportamento de todos os organismos vivos tem um aspecto basicamente social: as necessidades e os impulsos fisiológicos ou biológicos fundamentais que se encontram na base de todos esses comportamentos – especialmente os relativos à fome e ao sexo, à nutrição e à reprodução – são impulsos e necessi-

---

[1]. Por outro lado, o ritmo de desenvolvimento ou evolução da sociedade humana, desde o aparecimento da mente e do self a partir dos processos sociais humanos da experiência e do comportamento, passou por uma tremenda aceleração em decorrência de tal aparecimento. A evolução ou o desenvolvimento social e a autoevolução ou o desenvolvimento pessoal são correlatos e interdependentes, uma vez que o self decorreu do processo social da vida.

dades que, em seu sentido mais amplo, têm um caráter social ou implicações sociais, uma vez que envolvem ou requerem situações e relações sociais para sua satisfação, seja qual for o organismo individual. Dessa maneira, constituem o fundamento de todos os tipos ou formas de comportamento social, sejam eles simples ou complexos, primitivos ou altamente organizados, rudimentares ou bem desenvolvidos. A experiência e o comportamento do organismo individual são sempre componentes de um todo ou de um processo social maior de experiências e comportamentos em que o organismo individual – dado o caráter social dos impulsos e necessidades fisiológicos fundamentais que motivam a experiência e o comportamento e são por estes expressos – está necessariamente implicado, mesmo nos níveis evolutivos mais elementares. Não existe nenhum tipo de organismo vivo cuja natureza ou constituição seja capaz de existir ou se manter por si, em completo isolamento dos demais organismos vivos; ou seja, de tal natureza que certas relações com os outros organismos vivos (da sua própria ou de outra espécie) – relações que são sociais, em senso estrito – não desempenhem um papel necessário e indispensável em sua vida. Todos os organismos vivos estão vinculados a uma situação ou ambiente social geral, num complexo de interações e inter-relações sociais do qual depende a continuação de sua existência.

Dentre os impulsos ou necessidades sociofisiológicos fundamentais e suas consequentes atitudes, que são básicos para o comportamento e a organização sociais em todas as espécies de organismos vivos, o mais importante, no caso do comportamento social humano, e que mais decisiva e determinantemente se expressa na forma geral total da organização social humana (tanto primitiva como civilizada), é o impulso sexual ou reprodutor, embora praticamente quase tão importantes sejam o impulso ou a atitude dos pais que, naturalmente, têm uma íntima ligação ou associação com o impulso sexual, e ainda o impulso ou a atitude da fraternidade, que é uma espécie de generalização do impulso ou atitude parental e do qual todo comportamento social cooperativo é mais ou menos dependente. Por conseguinte, a família é a unidade fundamental de reprodução e manutenção da espécie; é a unidade da organização social humana em termos da qual essas atividades ou funções biológicas vitais são executadas ou realizadas. E todas as unidades ou formas maiores de organização social humana, como o clã ou o Estado, baseiam-se e (direta ou indiretamente) são, em última instância, desenvolvimentos ou extensões da família. A organização tribal ou do clã é uma generalização direta da organização familiar. O Estado ou a organização nacional é uma generalização direta do clã ou da organização tribal – e, com isso, também direta ou indiretamente, em última instância, uma derivação da organização familiar. Em suma, toda a sociedade humana organizada – inclusive em suas formas mais complexas e altamente desenvolvidas – é, em certo sentido, uma extensão e ramificação daquelas relações sociofisiológicas simples e básicas que envolvem seus membros individuais (relações entre os sexos, resultantes de sua diferenciação fisiológica, e relações entre pais e filhos) e sobre as quais foi fundada e das quais se origina.

Os impulsos sociofisiológicos sobre os quais todas as organizações sociais se baseiam constituem, além disso, um dos dois polos no processo geral da diferenciação e da evolução sociais, ao se expressar em todas as complexidades das relações e interações sociais, das respostas e atividades sociais. Tais impulsos constituem os materiais fisiológicos essenciais para a formação social da natureza humana. Por conseguinte, a natureza humana é algo intrinsecamente social e sempre pressupõe um indivíduo verdadeiramente social. De fato, qualquer tratamento psicológico ou filosófico da natureza humana envolve o pressuposto de que o indivíduo humano pertence a uma comunidade social organizada e deriva sua natureza humana de suas interações e relações sociais com essa comunidade como um todo e com os demais membros individuais que a integram. O outro polo do processo geral de diferenciação e evolução social é constituído das respostas dos indivíduos às respostas idênticas dos outros; quer dizer, às respostas sociais ou de classe, ou às respostas dos grupos organizados sociais inteiros a outros indivíduos, com referência a determinados conjuntos de estímulos sociais em que essas respostas sociais ou de classe são a fonte, a base e a substância das instituições sociais. Assim, podemos chamar de individual ou fisiológico o primeiro polo do processo geral de diferenciação e evolução social, e o segundo, de polo institucional[2].

Já salientei que o organismo social é usado pelos indivíduos cuja atividade cooperativa é essencial à vida do conjunto. Esses organismos sociais existem fora da esfera da sociedade humana. Os insetos revelam um desenvolvimento muito curioso. Somos tentados a uma visão antropomórfica em nossos relatos sobre a vida de abelhas e formigas, pois parece comparativamente fácil identificar traços da organização da comunidade humana nessas suas organizações. Existem tipos diferentes de indivíduos com funções correspondentes, e um processo vital que parece determinar a vida dos diversos indivíduos. É tentador nos referir a esses processos vitais como processos análogos aos de uma sociedade humana. Entretanto, ainda não temos qualquer base para sustentar tal analogia nesses termos, porque não somos capazes de identificar qualquer sistema de comunicação na sociedade de insetos e também porque nessas comunidades o princípio organizador é diferente do encontrado na comunidade humana.

---

2. Os lados ou aspectos egoísta x altruísta do self devem ser explicados em termos de conteúdo x estrutura do self. Em certo sentido podemos dizer que o conteúdo do self é individual – portanto, egoísta ou a fonte do egoísmo –, ao passo que a estrutura do self é social – portanto, altruísta ou a base do altruísmo. A relação entre o lado racional ou essencialmente social do self e seu lado impulsivo, emocional ou basicamente antissocial e individual é tal, que este último, em sua maior parte, é controlado em suas expressões comportamentais pelo primeiro, e que os conflitos que ocorrem esporadicamente entre os diferentes impulsos – ou entre os vários componentes de seu lado impulsivo – são conciliados e resolvidos pelo lado racional.

O princípio da organização dos insetos é o da plasticidade fisiológica que dá margem, no processo fisiológico, ao desenvolvimento efetivo de um tipo diferente de forma, ajustado a certas funções. Assim, o processo inteiro da reprodução é desencadeado para toda a comunidade por uma única abelha-rainha, ou formiga-rainha, uma única forma com um enorme desenvolvimento dos seus órgãos reprodutores e a correspondente degeneração dos mesmos órgãos nos outros indivíduos dessa comunidade. Ocorre o desenvolvimento de um único grupo de guerreiras, uma diferenciação levada a tais extremos que elas não conseguem se alimentar. Esse processo de desenvolvimento fisiológico que faz do indivíduo um órgão do todo social é altamente comparável ao desenvolvimento dos diversos tecidos de um organismo fisiológico. Em certo sentido, todas as funções que podem ser encontradas numa forma unicelular podem ser comparativamente encontradas numa única célula. As formas unicelulares podem levar adiante o processo vital inteiro: elas se movimentam, livram-se de seus dejetos, reproduzem-se. Mas na forma multicelular existe uma diferenciação de tecidos formadores das células musculares da movimentação, das que capturam oxigênio e eliminam os dejetos, de células específicas para o processo da reprodução. Assim, resultam tecidos constituídos de células diferenciadas. Da mesma maneira, na comunidade das formigas ou das abelhas existe uma diferenciação fisiológica entre as diversas formas, comparável à diferenciação das diversas células no tecido de formas multicelulares.

Ora, essa diferenciação não é o princípio da organização na sociedade humana. Naturalmente existe uma distinção fundamental entre os sexos, que permanece sendo fisiológica, e no geral as distinções entre as formas-pais e as formas-filhos são de ordem fisiológica. Mas, afora estas, não existe praticamente nenhuma distinção fisiológica entre os diversos indivíduos que constituem a comunidade humana. Assim, a organização não pode, como se dá na comunidade das formigas ou abelhas, ocorrer por meio de uma diferenciação fisiológica entre as formas, que servem como órgãos sociais. Ao contrário, todos os indivíduos têm essencialmente as mesmas estruturas fisiológicas, e o processo de organização dessas formas tem de ser inteiramente diferente do processo vigente no caso dos insetos.

É espantoso o grau que a diferenciação dos insetos pode alcançar. Muitos produtos de uma alta organização social são apresentados por essas comunidades. Esses animais capturam outras formas minúsculas, cuja exsudação os alimenta e que cultivam ou criam assim como nós criamos vacas leiteiras. Os insetos têm classes guerreiras e parece que realizam investidas, obtêm escravos e mais tarde os utilizam. Podem fazer o que a sociedade humana não pode: determinar o sexo da próxima geração e quem serão seus genitores. Comprovamos entre esses insetos a existência de desenvolvimentos espantosos, paralelos às próprias iniciativas que tentamos empreender em nossa sociedade, mas a maneira como os mesmos são realizados é essencialmente diferente. Eles transcorrem por meio de uma diferenciação fisiológica e, no estudo desses animais, não conseguimos identificar qualquer meio de comunicação semelhante ao que se verifica na organização humana. Embora ainda estejamos essencialmente no escuro quanto à entidade social das colmeias e dos formigueiros, e embora registremos uma óbvia similaridade entre estes e a sociedade humana, existe um sistema totalmente diferente de organização entre ambos os casos.

Nos dois há uma organização em que surgem indivíduos particulares e que se constitui em condição para o aparecimento dos diversos indivíduos. Não poderia haver o desenvolvimento específico de uma colmeia exceto numa comunidade de abelhas. Até certo ponto, podemos contar com uma sugestão para compreender a evolução desse tipo de grupo social. Podemos encontrar formas solitárias, como o zangão, e especular com razoável aproveitamento sobre o provável desenvolvimento de outras formas ainda, dentro de uma sociedade de insetos. É possível que um excedente de comida transmitido de uma geração dessas formas para a outra seja um fator determinante nesse sentido. Na vida da forma solitária, a primeira geração desaparece e as larvas são abandonadas; assim, existe o completo desaparecimento dos adultos com o aparecimento de uma nova geração. Numa organização como a colmeia surgem as condições nas quais, devido a uma abundância de comida, as formas se sucedem uma geração após a outra. Nessas condições é possível um complexo desenvolvimento social, mas ainda assim dependente da diferenciação fisiológica. Não temos evidência de um acúmulo de experiências sendo transmitido por meio de uma comunicação entre as gerações. Não obstante, nessas condições de excedente alimentar, esse desenvolvimento fisiológico desabrocha de modo espantoso. Uma diferenciação assim só poderia existir numa comunidade. A abelha-rainha e a formiga-guerreira só poderiam existir dentro de uma sociedade de insetos. Não seria possível reunir esses diferentes indivíduos e constituir com eles uma sociedade de insetos: é preciso que antes exista essa comunidade para que os indivíduos possam surgir dentro dela.

Na comunidade humana poderia parecer que não temos inteligências tão díspares entre os indivíduos e o desenvolvimento dos mesmos dentro da matriz social, como se dá no caso do desenvolvimento dos insetos. Em larga medida, os indivíduos humanos são idênticos: não existe uma diferença essencial de inteligência do ponto de vista da diferenciação fisiológica entre os sexos. Há organismos fisiológicos que são essencialmente idênticos, de modo que não parece termos aí uma matriz social responsável pelo aparecimento do indivíduo. É com base em tais considerações que surgiu uma teoria segundo a qual as sociedades humanas se formaram a partir dos indivíduos, e não o contrário. Assim, a teoria social do contrato supõe que os indivíduos são o que existe primeiro, como indivíduos inteligentes dotados de self, e que esses indivíduos se reúnem e formam a sociedade. Segundo essa perspectiva, as sociedades surgiram como surgem as corporações comerciais, com a deliberada reunião de um grupo de investidores que escolhem seus diretores e constituem o seu grupo. Os indivíduos vêm antes e as sociedades se desenvolvem a partir da perícia ou liderança de alguns indivíduos. Essa é uma teoria antiga, e algumas de suas fases continuam vigentes. Mas, se a posição a que tenho me referido estiver correta, se o indivíduo só alcançar um self por meio da comunicação com outros, somente por meio da elaboração de processos sociais através de uma comunicação significante, então o self não poderia anteceder o organismo social. Este teria que existir primeiro.

Um processo social está envolvido na relação entre pais e filhos, no caso dos mamíferos. Aqui começamos com a única diferenciação física (exceto o sexo) que existe entre os indivíduos humanos, e as diferenças fisiológicas servem de base para o processo social. Essas famílias podem existir entre os animais inferiores, em comparação com o homem. Sua organização se assenta sobre uma base fisiológica; quer dizer, uma forma age de determinada maneira devido à sua estrutura fisiológica e outra forma responde também devido à sua estrutura fisiológica. Deve haver, nesse processo, um gesto que evoque a resposta, mas o diálogo de gestos não é significante nesse estágio inicial. O início da comunicação, não obstante, está lá, no processo da organização, dependente das diferenças fisiológicas. Também existe entre os indivíduos aquele conflito que não se baseia necessariamente em condições fisiológicas.

Acontece uma briga envolvendo algumas pessoas. O motivo básico fisiológico pode ser a fome, a rivalidade sexual, as rivalidades entre líderes. Talvez consigamos encontrar sempre um pano de fundo fisiológico, mas a disputa se instala entre indivíduos que praticamente ocupam um mesmo nível, e nesse tipo de conflito ocorre o mesmo diálogo de gestos que ilustrei com a briga entre cães. Assim, temos os primórdios do processo de comunicação no processo cooperativo, quer de reprodução, de cuidados para com os jovens, ou de luta. Os gestos ainda não são símbolos significantes, mas certamente permitem a comunicação. Por trás disso existe um processo social e uma parcela deste depende da diferenciação fisiológica, mas em si tal processo ainda envolve gestos.

É aparentemente desse processo que decorre a comunicação significante; é no processo da comunicação que aparece um outro tipo de indivíduo. É claro que esse processo depende de uma certa estrutura fisiológica: se o indivíduo não fosse sensível aos seus próprios estímulos, que são essenciais à realização da resposta a uma outra forma, essa comunicação não aconteceria. Na realidade, constatamos no caso dos surdos-mudos que, se não for dada uma atenção especial ao desenvolvimento de sua linguagem, a criança com essa deficiência não desenvolve a inteligência humana normal, permanecendo no nível dos animais inferiores. Existe, então, um fundo fisiológico na linguagem, mas que não envolve a diferenciação fisiológica entre as várias formas. Todos nós temos órgãos vocais e auditivos e, na medida em que nosso desenvolvimento é normal, somos todos capazes de nos influenciar tanto quanto influenciamos os outros. É a partir dessa capacidade de sermos influenciados por nossos próprios gestos tanto quanto influenciamos os outros que surgiu a forma peculiar do organismo social humano, composto por seres que, quanto a isso, são fisiologicamente idênticos. Alguns processos sociais dentro dos quais se desenrola essa comunicação dependem de diferenças fisiológicas, mas o indivíduo no processo social não é fisiologicamente diferenciado dos demais indivíduos. Isso, insisto, constitui a diferença fundamental entre as sociedades dos insetos e a humana[3]. Trata-se de uma distinção que ainda precisa ser feita com reservas, porque pode ser que exista alguma maneira de descobrir, no futuro, uma linguagem usada pelas formigas e abelhas. Como já disse, de fato encontramos uma diferenciação de aspectos fisiológicos que, até este ponto, explicam a organização peculiar dessas sociedades de insetos. Portanto, a sociedade humana depende do desenvolvimento da linguagem para construir a sua forma distintiva de organização.

É tentador estudar a fisiologia do inseto em comparação com a da forma humana e registrar as diferenças. Mas, embora seja tentador especular a respeito dessas diferenças, ainda não existe uma base adequada para generalizações nesse campo. A forma humana é diferente da do inseto. Naturalmente, as formigas e abelhas têm cérebro, mas não têm nada que reaja como o córtex. De fato, reconhecemos que, assim como temos um tipo de sociedade constituído a partir do princípio da diferenciação fisiológica, também devemos ter uma organização fisiológica diferente. A unidade entre as variadas estruturas da forma humana é garantida por um órgão adicional: o cérebro e o córtex. Existe unidade na forma-inseto pela real colaboração das partes fisiológicas. Existe uma certa base fisiológica na base disso, por mais obscuros que possam ser os detalhes[4]. É importante

---

3. O animal humano socializado assume a atitude do outro em relação a si mesmo e em relação a qualquer situação social existente em que ele e outros indivíduos possam estar inseridos ou implicados. Dessa maneira, ele se identifica com o outro nessa determinada situação, respondendo implicitamente como o outro faz ou como explicitamente responderia, e controla sua própria reação explícita de modo correspondente. Por outro lado, o animal não humano socializado não assume a atitude do outro em relação a si mesmo e à situação social em que ambos estão envolvidos porque é fisiologicamente incapaz de fazê-lo. Por conseguinte, ele também não pode ajustar e controlar de modo cooperativo a sua própria resposta explícita àquela situação social, em termos de uma percepção consciente da atitude do outro, como o animal humano socializado pode fazer. Presume-se que, entre os animais inferiores e até mesmo entre os membros das sociedades de insetos mais altamente desenvolvidos, toda a comunicação, todos os diálogos por gestos sejam inconscientes. Assim, é somente na sociedade humana – somente dentro do contexto peculiarmente complexo das relações e interações sociais que o sistema nervoso central humano torna fisiologicamente possível – que a mente surge ou pode surgir. Assim, também os seres humanos são evidentemente os únicos organismos biológicos que são ou podem ser autoconscientes ou possuírem um self.

4. Os membros individuais, inclusive das mais avançadas sociedades de invertebrados, não possuem capacidades fisiológicas suficientes para o desenvolvimento da mente ou do self, da consciência ou inteligência a partir de suas interações e relações sociais recíprocas. E, com isso, essas sociedades não conseguem alcançar o grau de complexidade que seria pressuposto diante da emergência da mente ou do self em seu contexto, nem o grau futuro de complexidade que só seria possível se a mente ou o self tivesse emergido ou surgido em seus membros individuais.

reconhecer que a forma inteligente efetivamente alcança o desenvolvimento da inteligência por meio desse órgão que é o sistema nervoso central, com seu desenvolvimento peculiar do cérebro e do córtex. A coluna espinhal representa conjuntos de respostas mais ou menos fixas. É o desenvolvimento do córtex que oferece todos os tipos de combinações possíveis dessas respostas numerosas, conquanto relativamente fixas. Por conseguinte, através de um órgão superposto ao sistema nervoso central podem ser estabelecidas conexões entre os diferentes tipos de respostas que aparecem no sistema inferior. Com isso, surge aí a praticamente indefinida multiplicidade de respostas do organismo humano.

Embora esteja no desenvolvimento do próprio cérebro a possibilidade de aparecer uma conduta especificamente humana, se a colocássemos simplesmente em termos dos pedúnculos cerebrais e da coluna, a conduta humana seria muito restrita e o animal humano seria frágil e desprovido de importância. Não haveria muito que pudesse fazer. Ele poderia correr e subir, comer o que conseguisse levar à boca usando as mãos, dada a existência daqueles mesmos reflexos que remontam às origens do sistema nervoso central. Mas o conjunto de combinações envolvendo todos os diferentes processos encontrados ali proporciona um número indefinido de reações possíveis no contexto das atividades do animal humano. Graças à variedade de combinações nas conexões das respostas aos estímulos que ocorrem nos caminhos que cruzam o córtex é que a pessoa pode fazer todo tipo de combinação com todos os diferentes modos que o ser humano tem à sua escolha para usar braços, pernas e todo o resto do seu corpo[5].

Como vimos, existe uma outra fase muito importante no desenvolvimento do animal humano que talvez seja também essencial à fala para o desenvolvimento da inteligência peculiar do homem; estamos nos referindo ao uso da mão para o isolamento das coisas físicas. A fala e a mão são os dois veículos do desenvolvimento do ser humano social. É preciso que haja autoconsciência para um pleno desabrochar da inteligência. Mas é preciso que haja uma certa fase do ato capaz de se deter imediatamente antes de sua consumação final, para que esse ato possa se desenvolver de modo inteligente; a mão e a linguagem são os mecanismos necessários para tanto. Todos temos mãos e fala, e, como seres so-

---

5. Dissemos, em geral, que o limite do desenvolvimento social possível em qualquer espécie de organismo animal – o grau de complexidade da organização social que os indivíduos dessa espécie são capazes de atingir – é determinado pela natureza e extensão de seu equipamento fisiológico relevante, de suas capacidades fisiológicas para o comportamento social, e esse limite do desenvolvimento social possível, no caso particular da espécie humana, é determinado – teoricamente ao menos – pelo número de células nervosas ou de elementos neuronais do cérebro humano e pelo consequente número e diversidade de suas possíveis combinações e inter-relações, com referência a seu efeito ou controle sobre o comportamento individual visível. Tudo o que é inato ou hereditário em relação à mente e ao self é o mecanismo fisiológico do sistema nervoso central humano, por meio do qual a gênese da mente e do self a partir do processo social humano da experiência e do comportamento – a partir da matriz humana de relações e interações sociais – é biologicamente viabilizada nos indivíduos humanos.

ciais, todos somos seres idênticos e inteligentes. Todos temos o que designamos como "consciência" e todos vivemos num mundo de coisas. É nesse meio que se desenvolve a sociedade humana, um meio inteiramente diferente daquele dentro do qual se desenvolve a sociedade dos insetos.

31
A base da sociedade humana: o homem e os vertebrados

Verificamos que a sociedade humana é organizada à base de um princípio diferente do das sociedades de insetos, as quais se baseiam na diferenciação fisiológica. Em larga medida, os indivíduos humanos são idênticos entre si, enquanto que sua diferenciação fisiológica é relativamente mínima. O indivíduo autoconsciente que entra na constituição de tal sociedade não depende das diferenciações fisiológicas, mesmo quando existem, ao passo que na comunidade dos insetos a própria existência dessas comunidades depende dessa diferenciação. A organização das atitudes sociais que constituem a estrutura e o conteúdo do self humano individual é efetivada tanto em termos da organização dos elementos neuronais e suas interconexões no sistema nervoso central do indivíduo quanto em termos do padrão geral organizado do comportamento ou conduta social ou grupal no qual está envolvido o indivíduo como membro da sociedade ou grupo de indivíduos que implementam esse comportamento.

Também é verdade que muitas formas vertebradas não dependem de diferenciação fisiológica no início de uma sociedade. As sociedades inferiores em relação à do homem são relativamente insignificantes. Claro que a família é significante e podemos dizer que há famílias em ordens de espécies inferiores à humana. Não só existe o relacionamento necessário entre pais e filhos, compulsório no período da infância, como ainda há uma relação entre os sexos, que pode ser relativamente permanente e levar à organização da família. Mas nessas ordens não se encontra a organização de um grupo maior baseada tão somente na organização familiar. A manada, o cardume, os bandos de aves, na medida em que compõem agregados soltos, não decorrem do desenvolvimento da função fisiológica que pertence à família. Esses bandos de animais exibem o que podemos chamar de "relacionamentos instintivos", no sentido de que as formas se mantêm unidas e parecem encontrar umas nas outras um estímulo para executar suas próprias atividades. Os animais de um grupo realizarão melhor em conjunto as funções do pastar do que se forem isolados. Parece existir tendências instintivas por parte dessas formas para se mover na direção em que outros animais estão se movendo, como se pode comprovar na manada que se desloca unida por uma campina enquanto pasta. O movimento de uma forma é um estímulo para outra se mover na mesma direção em que a primeira está indo. Este parece ser o alcance máximo do limite dessa fase do agrupamento dos animais. Também existem outras formas agrupadas, para defesa ou ataque, quando a manada se defende da investida de lobos, ou estes correm em bando para atacar o rebanho. Mas esses mecanismos servem como uma base relativamente débil para a organização e não entram na vida do indivíduo para determiná-la do começo ao fim. O indivíduo não é determinado por seu relacionamento com o bando. O bando entra como uma nova espécie de organização e torna a vida do indivíduo possível do ponto de vista da defesa diante de um ataque, mas os processos reais de comer e se reproduzir não dependem do rebanho propriamente dito. Este não representa uma organização de todos os membros com capacidade de determinar a vida deles separadamente. Num plano ainda mais fundamental, a família, tal como existe nas formas inferiores, não participa do que torna possível a estrutura do rebanho propriamente dita. É verdade que, quando o gado se agrupa em massa para rebater um ataque vindo de fora, as formas jovens são colocadas no centro do círculo, e isso é um desenvolvimento das relações familiares, daquela atitude geral de cuidados dos pais pelos filhos. Mas não é um instinto que aqui se vê definitivamente desenvolvido num processo de defesa ou de ataque.

No caso do grupo humano, por outro lado, existe um desenvolvimento no qual as fases complexas da sociedade decorreram da organização que o aparecimento do self tornou possível. Talvez a pessoa encontre no relacionamento dos diferentes membros do grupo mais primitivo algumas atitudes de defesa e ataque mútuos. É provável que essas atitudes cooperativas, combinadas com as atitudes da família, suprem as situações a partir das quais o self surge. Existindo o self, existe então a possibilidade de um posterior desenvolvimento da sociedade com base nessa consciência, a autoconsciência, que é muito distinta da organização solta do rebanho ou da sociedade complexa dos insetos. É o self propriamente dito que torna possível a sociedade distintivamente humana. É verdade que alguma espécie de atividade cooperada anteceda o self. Deve haver alguma organização mais solta na qual os diversos organismos funcionem juntos e essa espécie de cooperação na qual o gesto do indivíduo pode se tornar um estímulo para si próprio do mesmo tipo que para a outra forma, de sorte que o diálogo de gestos possa ser transferido para a conduta do indivíduo. Essas condições são pressupostas no desenvolvimento do self. Mas quando o self se desenvolveu, então obtém-se uma base para o desenvolvimento de uma sociedade cujo caráter é diferente do das outras sociedades às quais me referi.

Poderíamos dizer que a relação familiar nos dá algumas sugestões sobre esse tipo de organização que pertence ao inseto, pois aqui temos uma diferenciação fisiológica entre os diferentes membros, os pais e os filhos. E na turba exaltada temos uma reversão da sociedade do rebanho. Um grupo de indivíduos pode estourar como o gado. Mas nessas duas expressões, tomadas como movimentos explosivos aquém do self, não temos a estrutura de uma sociedade humana. Não se pode montar uma sociedade humana a partir da família que existe nas formas inferiores à humana. Não se pode constituir uma sociedade humana com base num rebanho. Sugerir algo assim seria o mesmo que deixar o self de fora da organização fundamental da sociedade humana.

Naturalmente, existe uma certa base fisiológica para a sociedade humana; ou seja, o desenvolvimento do sistema nervoso central que pertence aos vertebrados e que, no homem, alcança sua mais elevada manifestação. Por meio da organização do sistema nervoso central as diferentes reações da forma podem ser combinadas em todas as espécies de ordens, espaciais e temporais. A coluna espinhal representa toda uma série de reações diferentes possíveis que, quando excitadas, disparam por si, enquanto os níveis corticais do sistema nervoso central proporcionam todos os tipos de combinações dessas várias reações possíveis. Esses níveis mais elevados do cérebro tornam possível a variedade de atividades dos vertebrados superiores. Em termos fisiológicos, essa é a matéria-prima a partir da qual se desenvolve a inteligência do ser humano social.

O ser humano é social, de uma maneira notória. Fisiologicamente, é social em relativamente poucas respostas. É claro que há processos fundamentais de reprodução e cuidados devidos aos filhos que foram reconhecidos como parte do desenvolvimento social da inteligência humana. Não só existe um período fisiológico da infância, como ele é tão estendido que representa cerca de 1/3 da expectativa de vida do indivíduo. Correspondendo a esse período, a relação parental com o indivíduo alargou-se muito além do âmbito familiar. O desenvolvimento de escolas e instituições, como as envolvidas na Igreja e no governo, é uma extensão da relação parental. Essa é uma ilustração externa da complicação indefinida de simples processos fisiológicos. Tomamos conta de uma forma-bebê e a enxergamos do ponto de vista da mãe. Vemos o cuidado que é dispensado à mãe antes do nascimento da criança, a consideração que é dada ao fornecimento dos alimentos adequados. Vemos de que maneira a escola é conduzida, de tal sorte que o início da educação de uma criança começa no seu primeiro ano de vida, na formação de hábitos que são de importância fundamental para a escolarização. Levamos a educação em conta como recreação, que de uma maneira ou outra cai dentro do controle público. De todas essas maneiras, podemos ver as muitas elaborações existentes dos cuidados imediatos que os pais dispensam aos filhos nas condições mais primitivas, e, no entanto, isso não é senão uma continuação sofisticada dos conjuntos de processos que fazem parte dos cuidados originalmente dirigidos à criança.

Na minha forma de ver, essa é uma imagem externa do tipo de desenvolvimento que se desenrola no sistema nervoso central. Existem grupos de reações relativamente simples que podem ser tornadas infinitamente complexas quando unidas umas às outras em todas as espécies de ordens, quando rompemos uma reação complexa e a reconstruímos de outro modo, unindo-a com outros processos. Vamos analisar a ação de tocar um instrumento musical. Existe uma tendência imediata para processos rítmicos, para usar o ritmo do corpo a fim de enfatizar certos sons, movimentos que podem ser constatados em gorilas. Depois temos a possibilidade de dividir em pedaços a ação do corpo inteiro, a construção de danças elaboradas, a relação da dança com o som que aparece na canção, todos esses fenômenos que se expressam nos grandes dramas gregos. Esses resultados são então externalizados nos instrumentos musicais que, de certo modo, são réplicas dos vários órgãos do corpo. Todas essas complicações externas não são nada mais do que uma externalização, na sociedade, daquele tipo de complicação que existe nos níveis mais elevados do sistema nervoso central. Tomamos as reações primitivas, depois as analisamos e então as reconstruímos em condições diferentes. O tipo de reconstrução que ocorre por meio do desenvolvimento da espécie de inteligência que é identificada com o aparecimento do self. As instituições da sociedade, como as bibliotecas, os sistemas de transporte público, os complexos inter-relacionamentos dos indivíduos nas organizações políticas não são mais do que maneiras de lançar na tela social, por assim dizer, e de maneira amplificada, as complexidades existentes no sistema nervoso central que, naturalmente, devem expressar de maneira funcional a operação desse sistema.

    A possibilidade de estender esse raciocínio, posto que apareceu no animal humano e na correspondente sociedade humana, pode ser encontrada no desenvolvimento da comunicação na conduta do self. Quando é evocada uma atitude que levará à mesma espécie de ação que é despertada no outro indivíduo, torna-se possível o processo da análise, a fragmentação do ato em si. No caso do esgrimista ou do boxeador, quando o esportista faz uma finta para provocar uma determinada resposta em seu adversário, ele está ao mesmo tempo mobilizando em si próprio o início dessa mesma resposta, desde que esteja ciente do que está fazendo. Quando age assim, está estimulando uma certa área do sistema nervoso central que, se puder se tornar a área dominante, o levaria a fazer a mesma coisa que faz seu adversário. Ele isolou uma fase específica dessa atividade em particular, e com essa delimitação também fragmentou a sua resposta para que as diferentes coisas que pode fazer estejam dentro de seu repertório. Ele estimulou aquelas áreas que respondem às diferentes partes do processo complexo. Agora, pode combiná-las de várias maneiras, e essa sua combinação é um processo da inteligência reflexiva. É um processo mais plenamente ilustrado no caso do jogador de xadrez. O bom enxadrista tem a resposta do rival em seu sistema. Ele pode realizar mentalmente, com antecedência, quatro ou cinco movimentos. O que está fazendo é estimular o outro a fazer algo, enquanto ele mesmo se estimula a fazer o mesmo. Isso lhe permite analisar sua estratégia de ataque em detalhes, nos termos das respostas que vêm de seu oponente, passando depois à reconstrução de sua própria ação, com base nisso.

Enfatizei o fato de que o processo de comunicação não é nada mais do que uma elaboração da inteligência peculiar com que as formas vertebradas são dotadas. O mecanismo que é capaz de analisar as respostas, isolar suas partes e reconstruí-las é possibilitado pelo próprio cérebro, e o processo de comunicação é o meio pelo qual isso é posto sob o controle do indivíduo. Ele é capaz de fragmentar sua resposta e apresentá-la a si mesmo como um conjunto de coisas diferentes que pode fazer, sob condições que são mais ou menos controláveis. O processo da comunicação simplesmente coloca a inteligência do indivíduo à sua própria disposição. Mas quem tem essa habilidade é um indivíduo social. Ele não a desenvolve por si para então participar de uma sociedade, baseando-se nessa capacidade. Ele se torna esse self e obtém esse controle sendo um indivíduo social, e é somente em sociedade que pode atingir esse tipo de self que lhe tornará possível voltar sobre si próprio e indicar-se as diversas coisas que pode fazer.

Assim, a elaboração da inteligência da forma vertebrada na sociedade humana depende do desenvolvimento desse tipo de reação social em que o indivíduo pode se influenciar na mesma medida em que influencia outros. É isso que lhe torna possível apreender e elaborar as atitudes de outros indivíduos. Ele realiza esse processo em termos dos níveis mais elevados do sistema nervoso central, representativos das reações que ocorrem. As reações de andar, golpear ou qualquer outra reação simples pertencem aos pedúnculos cerebrais, coluna na base do cérebro. O que acontece, além disso, é simplesmente uma série de combinações de reações dessa ordem. Quando uma pessoa cruza uma sala para pegar um livro, o que se passou em seu cérebro foi a conexão dos processos envolvidos em atravessar a sala com os necessários a pegar o livro. Quando a pessoa adota a atitude de uma outra ela está simplesmente evocando as respostas acima, que combinam uma reação com diversas outras, a fim de efetuar a resposta necessária. Os centros envolvidos na combinação das respostas das formas inferiores respondem a processos mentais superiores e permitem a elaboração das respostas nas formas complexas.

A forma humana tem um mecanismo para efetuar essas combinações em seu íntimo. O indivíduo humano é capaz de indicar a si mesmo o que a outra pessoa irá fazer e depois assimilar essa atitude baseando-se nessa indicação. Ele pode analisar seu ato e depois reconstruí-lo por meio desse processo. A espécie de inteligência que tem não é baseada em alguma diferenciação psicológica nem no instinto grupal, mas no desenvolvimento mediado pelo processo social que lhe permite executar a sua parte na reação social ao indicar a si mesmo as possíveis reações diferentes, analisando-as e recombinando-as. É esse tipo de indivíduo que torna possível a sociedade humana. As considerações precedentes devem se opor ao tipo radicalmente ilógico de análise que lida com o indivíduo humano como se ele fosse fisiologicamente diferenciado, apenas porque é possível encontrar uma diferenciação de indivíduos na sociedade humana que pode ser comparada com a diferenciação num formigueiro. No homem, a diferenciação funcional por meio da linguagem proporciona um princípio de organização inteiramente diferente, que produz não só um tipo diferente de indivíduo, mas também uma sociedade diferente.

32
Organismo, comunidade e ambiente

A seguir quero abordar o relacionamento do organismo com o meio ambiente, na medida em que se expressa na relação entre a comunidade e seu ambiente.

Vimos que, por sua sensibilidade, o organismo individual determina, em certa medida, o seu próprio meio ambiente. O único ambiente a que o organismo pode reagir é aquele que a sua sensibilidade revela. Assim, o tipo de ambiente que pode existir para o organismo é aquele que este pode, em certa medida, determinar. Se no desenvolvimento da forma existe um aumento na diversidade da sensibilidade, haverá um aumento nas respostas do organismo ao seu meio ambiente; ou seja, o organismo terá um ambiente correspondentemente maior. Existe uma reação direta do organismo sobre o ambiente que leva a alguma medida de controle. Quanto à comida, quanto à proteção contra a chuva e o frio e inimigos, a forma efetivamente controla o ambiente de modo direto, em certa medida, por intermédio de suas respostas. Esse controle direto, no entanto, é muito diminuto se comparado com a determinação do ambiente dependente da sensibilidade da forma. Claro que pode haver influências que afetam a forma como um todo e que não respondem a tal tipo de determinação; por exemplo, grandes cataclismos como terremotos ou eventos que remetem o organismo a ambientes diferentes sem que a sensibilidade da forma esteja imediatamente envolvida. Grandes mudanças geológicas, como o gradual avanço e desaparecimento da era glacial, são apenas impostas ao organismo. Este não pode controlá-las; elas apenas acontecem. Não obstante, desde que a forma efetivamente responda, ela o faz em virtude de sua sensibilidade. Nesse sentido, seleciona e identifica o que constitui seu ambiente. Seleciona a que responder e faz uso disso para seus propósitos específicos; propósitos envolvidos em seus processos vitais. Utiliza a terra sobre a qual caminha e na qual cava os sulcos, as árvores em que sobe, mas somente quando é sensível a esses elementos. Deve existir uma relação entre estímulo e resposta. O ambiente deve, em certo sentido, pertencer ao ato para que a forma possa responder a ele.

Esse relacionamento íntimo entre o meio ambiente e a forma é algo que precisamos imprimir em nós mesmos, pois tendemos a abordar as situações do ponto de vista de um ambiente preexistente à nossa volta, e no qual a forma viva entra ou em cujo seio ela se desenvolve, e depois pensar que esse ambiente afeta a forma ao estipular as condições nas quais a forma pode viver. Desse modo, está configurado o problema de um ambiente no qual esse ajustamento supostamente se desenrola. Esta é uma abordagem bastante natural da perspectiva científica sobre a história da vida na Terra. Esta já existia antes que a vida aparecesse e continua presente, enquanto as diferentes formas vêm e vão. Consideramos as que aparecem numa determinada era geológica como incidentes mais ou menos acidentais. Podemos apontar alguns períodos críticos na história do planeta nos quais o aparecimento da vida dependeu das coisas que aconteceram ou apareceram. As formas parecem estar largamente à mercê do ambiente. Desse modo, formulamos o ambiente não em termos da forma, mas a forma em termos do ambiente.

Apesar disso, o único ambiente ao qual a forma responde é aquele que é predeterminado por sua sensibilidade e por sua resposta a ele. É verdade que a resposta pode ser favorável à forma, mas as mudanças em que estamos interessados são as da forma no ambiente que ela mesma escolhe e organiza, em termos de sua própria conduta. A forma existe à distância dos objetos que lhe são favoráveis ou desfavoráveis e mede essa distância em termos de seus próprios movimentos para perto ou para longe dos objetos. Aquilo que afeta a forma em sua experiência distante é uma promessa do que acontecerá após ocorrer o contato. Pode ser um contato favorável como a comida ou desfavorável como as mandíbulas de um inimigo. São esses resultantes que a experiência distante indica; é desse modo que um ambiente existe.

As coisas que vemos ao longe são os contatos que obteremos após nos movimentarmos para perto dessa coisa. Em certo sentido, nosso ambiente existe como hipóteses. "A parede está ali", significa que "Temos certas experiências visuais que nos prometem certos contatos com algo duro, áspero e frio". Tudo o que existe à nossa volta existe para nós dessa forma hipotética. Claro que as hipóteses são sustentadas pela conduta, ou por experimentos, se preferir. Abaixamos os pés com uma segurança nascida de experiências passadas e esperamos o resultado costumeiro. De vez em quando somos sujeitos a ilusões e depois nos damos conta de que o mundo que existe à nossa volta existe de modo hipotético. O que chega a nós por meio de uma experiência distante é uma espécie de linguagem que nos revela a provável experiência que deveremos ter, se realmente cruzarmos a distância entre nós e os objetos. A forma que não tem a experiência da distância, como a ameba, ou cujas experiências com a distância só existem funcionalmente, não tem o tipo de ambiente que as outras formas têm. Quero ressaltar esse ponto para enfatizar o fato de que o ambiente, em sentido muito real, é determinado pelo caráter da forma. Do ponto de vista de nossa versão científica do mundo, é possível sairmos desses ambientes das diferentes formas e relacioná-las entre si. Temos então um estudo dos ambientes em sua relação com as próprias formas e formulamos os nossos ambientes primeiro e depois os relacionamos com elas. Mas, como os ambientes existem para a forma, existem nesse sentido seletivo e são construídos em termos de respostas possíveis[6].

Em contraste com esse controle que a forma exerce sobre seu ambiente (e que pode ser expresso em termos de seleção e organização) existe um outro tipo de controle a que me referi e por meio do qual a forma efetivamente determina, por suas respostas, os objetos que existem à sua volta. Quando o animal cava um buraco ou constrói um ninho também reúne algumas coisas de modo a obter uma casa onde morar. Essas construções são de uma natureza diferente daquele tipo de controle a que me referi anteriormente. As formigas, por exemplo, realmente cultivam certas formas vegetais em suas galerias, pois servem de alimento para a colônia. Isso permite um controle de seu ambiente que vai além dos tipos de controle aos quais me referi antes, pois necessita respostas ativas dos animais incumbidos de determinar qual vegetação será cultivada. Esses atos constituem uma parte muito pequena da vida de tais insetos, mas ocorrem. Essa espécie de controle vai além da construção de um sulco ou de um ninho, uma vez que existe uma construção real do ambiente dentro do qual o animal dá seguimento ao seu processo vital. O fato notável a respeito do organismo humano é a elaborada extensão do tipo de controle a que acabei de me referir, no caso dos insetos.

Como disse, o ambiente é o nosso ambiente. Vemos o que podemos alcançar, o que podemos manipular, e então lidamos com aquilo com que entramos em contato. Destaquei a importância da mão na construção desse ambiente. Os atos da forma viva são aqueles que encaminham consumações como a ingestão de alimentos. A mão intervém entre o início e o fim desse processo. Pegamos a comida, manuseamos os alimentos e, no que concerne à nossa formulação do ambiente, podemos dizer que o apresentamos a nós mesmos em termos de objetos manipulados. O fruto que podemos pegar é uma coisa com a qual podemos lidar. Pode ser o fruto comestível ou sua representação em cera. No entanto, o objeto é uma coisa física. O mundo das coisas físicas que está ao nosso redor não é simplesmente o objetivo de nossa movimentação, mas é também um mundo que permite a consumação do ato. Claro que o cachorro pode catar gravetos e trazê-los de volta para o dono. Ele pode usar as mandíbulas para carregar coisas, mas essa é a única extensão possível dessa

---

6. [Para a relação do mundo da experiência comum com a ciência, cf. *The Philosophy of the Act*. Op. cit., parte II.]

parte do seu organismo, além de sua efetiva utilização para abocanhar. O ato é rapidamente consumado. Já o animal humano conta com um estágio de implementação que ocorre entre a consumação efetiva do ato e o seu início, e as coisas aparecem nessa fase do ato. Nosso ambiente é propriamente constituído por coisas físicas. Nossa conduta traduz os objetos aos quais respondemos em coisas físicas, situadas além do alcance da nossa real consumação do ato imediato. As coisas que podemos pegar, que podemos quebrar nas menores partes são as coisas que buscamos antes que se consuma o ato e que, em certa medida, podemos manipular com referência a atividades subsequentes. Se agora falamos que o animal constitui seu ambiente com sua sensibilidade, com seus movimentos em relação a objetos, com suas reações, podemos ver que a forma humana constitui seu ambiente em termos dessas coisas físicas que, na realidade, são produtos de nossas próprias mãos. Naturalmente, elas têm a vantagem adicional, do ponto de vista da inteligência, de ser implementos, coisas que podemos usar. Intervêm entre o início do ato e a consumação, de modo que temos objetos aos quais podemos expressar a relação entre meios e fins. A mão humana, naturalmente escudada pelo número infinito de ações que o sistema nervoso central possibilita, tem uma importância crítica no desenvolvimento da inteligência humana. É importante que a pessoa seja capaz de descer de uma árvore (dado que seus ancestrais viveram em árvores), mas é de importância ainda maior que ela tenha um polegar em oposição aos demais dedos, o que lhe permite apreender e utilizar os objetos de que necessita. Com isso, fragmentamos nosso mundo em objetos físicos em um ambiente de coisas que podemos manipular e utilizar para nossos propósitos e objetivos.

Além dessa função individual se encontram os usos a que destinamos esses objetos físicos, facilitando o controle que o grupo organizado alcança sobre seu mundo. Reduzamos esse grupo a seus termos mais baixos – como os que podemos encontrar em nossas novelas sobre o homem das cavernas – e perceberemos que as coisas com que opera são pouco mais do que pedras e paus. Seu ambiente não é assim tão diferente do ambiente típico dos animais, mas o desenvolvimento da sociedade humana, em escala mais ampla, levou-nos a um controle muito completo do ambiente. A forma humana estabelece sua própria casa onde bem deseja; constrói cidades; canaliza água vinda de nascentes remotas; planeja as plantações que cultivará com a irrigação; determina os animais que existirão; entra em combates com a vida dos insetos, determinando quais continuarão vivendo; está tentando determinar quais micro-organismos permanecerão em seu ambiente. Com suas vestimentas e habitações, determina qual será a temperatura em que vai viver; regula a extensão de seu ambiente com seus métodos de locomoção. A luta toda da humanidade em sua jornada adiante sobre a face da Terra é uma determinação da vida que deverá existir aí e um controle dos objetos físicos que determinam e afetam a sua própria vida. É a própria comunidade que cria seu ambiente, sendo sensível a ele.

Falamos da evolução darwiniana, do conflito das diversas formas entre si como a parte essencial do problema do desenvolvimento, mas se deixarmos de fora alguns insetos e micro-organismos não haverá formas vivas com as quais a forma humana, em sua capacidade social, viva um conflito essencial. Nós determinamos qual parcela dos animais selvagens será mantida. Podemos extinguir todas as formas de vida animal e vegetal existentes; podemos semear as sementes que desejarmos; matar ou criar os animais que bem entendermos. Não existe mais um ambiente biológico, no sentido darwiniano, no qual esboçarmos o nosso problema. É claro que não podemos controlar as formas geológicas, os assim chamados "atos de Deus". Estes se abatem sobre nós e dizimam tudo o que o homem criou. Mudanças no sistema solar podem simplesmente aniquilar o planeta em que vivemos; essas forças estão além de nosso controle. Mas, considerando aquelas forças que são fatores importantes para o desenvolvimento das espécies na face do globo, vemos que em larga medida elas estão sob controle da sociedade humana. O problema da pressão da população sempre desempenhou um grande papel na seleção das formas que sobrevivem. A natureza tem de selecionar com base no princípio da superprodução para que, falando em termos antropomórficos, haja variações, e que algumas delas possuam vantagens em relação às outras. Assim como Burrows usou numerosas variedades em seus experimentos botânicos na esperança de que alguns pudessem ser úteis, também a natureza, falando antropomorficamente, usa a variedade e produz mais formas capazes de sobreviver, na esperança de que as superiores logrem tal resultado. A taxa de mortalidade de um determinado tipo de insetos é de 99,8% e as formas que sobrevivem estão diminuindo de número. Continuam existindo problemas de população para a forma humana, mas o homem poderia determinar a população que deve existir a partir do conhecimento que já possui. O problema está nas mãos da comunidade, dimensionado pela inteligência de sua reação diante de tal problema. Com isso, até mesmo aquelas questões que se originam do seio da própria comunidade podem definitivamente ser controladas por ela. É esse controle de sua própria evolução que se torna o objetivo do desenvolvimento da sociedade humana.

Tem-se legitimamente argumentado que não existe nenhum objetivo presente na evolução biológica, que a teoria da evolução faz parte de uma teoria mecânica da natureza. Por assim dizer, essa evolução trabalha por trás. A explicação é dada em termos de forças que já existem ali, e nesse processo aparecem aquelas formas particulares que certamente se ajustam a determinadas situações e assim sobrevivem em sua luta pela existência. Esse processo de adaptação não é necessariamente um processo que escolhe aquela que consideramos a forma mais desejável. O parasita é definitivamente resultado de um processo evolutivo. Ele perdeu diversos órgãos porque não são mais necessários, mas adaptou-se à vida de se nutrir de seu hospedeiro. Podemos explicar isso do ponto de vista da evolução. Segundo essa perspectiva, não temos de considerar que a natureza está produzindo cada vez mais formas altamente complexas e perfeitas. As mudanças são simplesmente explicadas pelas variações nas adaptações às situações que surgem. Não há necessidade de introduzir a noção de um fim para o qual se encaminha toda a criação.

Não obstante, a situação humana a que acabei de me referir introduz um fim, de uma certa maneira; não um fim fisiológico, mas no sentido de uma determinação do processo da vida na face da Terra. A sociedade humana que pode, ela mesma, determinar quais as condições em que viverá não se encontra mais na situação de simplesmente tentar enfrentar os problemas que lhe são colocados pelo ambiente. Se a humanidade é capaz de controlar seu ambiente, ela se estabilizará em certo sentido e alcançará o fim de um processo de desenvolvimento, exceto na medida em que a sociedade prossegue seu desenvolvimento nesse processo de controlar seu próprio ambiente. Não temos de desenvolver uma nova forma com espessa cobertura de pelos a fim de vivermos em climas frios; nós simplesmente produzimos roupas que permitam aos exploradores chegarem ao Polo Norte. Podemos determinar as condições nas quais o calor dos trópicos será tolerável. Acendendo fogo junto à parede de um aposento podemos aumentar ou baixar a temperatura ambiente. Até mesmo no caso dos micro-organismos, se pudermos controlá-los, como a sociedade humana já o faz em parte, teremos não só determinado o que esse ambiente é em sua relação imediata conosco, como também o que é esse ambiente físico em sua influência sobre as formas. E isso produziria um objetivo como o propósito da evolução.

Estamos tão longe de qualquer ajuste final efetivo dessa natureza que podemos corretamente dizer que a evolução do organismo social tem um longo caminho pela frente. Mas, supondo que tenha alcançado esse objetivo, que tenha determinado as condições nas quais pode viver e se reproduzir, então as futuras mudanças da forma humana não ocorreriam mais em termos dos princípios que determinaram a evolução biológica. A situação humana é um desenvolvimento do controle que todas as formas vivas exercem sobre seu ambiente quanto à seleção e organização, mas a sociedade humana alcançou um fim que nenhuma outra forma alcançou, o de efetivamente determinar, dentro de certos limites, qual será seu ambiente inorgânico. Não podemos nos transportar até outros planetas nem determinar quais serão os movimentos do sistema solar (possíveis mudanças desse teor encontram-se mais além de qualquer controle concebível do organismo humano), mas, afora tais limites, essas forças que afetam a vida da forma e podem razoavelmente mudá-la no sentido darwiniano terminaram por se colocar sob o controle da própria sociedade, e na medida em que estão sujeitas ao controle exercido por ela, a sociedade humana apresenta um fim para o processo de sua evolução orgânica. É desnecessário acrescentar que, no que tange ao desenvolvimento da sociedade humana, o próprio processo está muito longe de seu objetivo final.

33
Os fundamentos e as funções sociais do pensamento e da comunicação

Do mesmo modo sociofisiológico que o indivíduo humano se torna consciente de si mesmo, ele também se torna consciente dos outros, e sua consciência, tanto de si como dos demais, é igualmente importante para o seu próprio desenvolvimento pessoal e para o desenvolvimento da sociedade organizada ou do grupo social ao qual pertence.

O princípio que sugeri ser básico à organização social humana é o da comunicação que envolve a participação de outrem. Isso requer o aparecimento do outro no self, a identificação do outro com o self, alcançar a consciência de si por meio do outro. Essa participação é possibilitada pelo tipo de comunicação que o animal humano é capaz de executar, um tipo de comunicação distinto daquele que ocorre entre outras formas que não contam com esse princípio em suas sociedades. Comentei sobre o animal-sentinela que se pode dizer que comunica a sua descoberta do perigo aos outros animais, assim como o cacarejar da galinha-mãe pode ser entendido como uma comunicação com seus pintinhos. Há condições nas quais o gesto de uma forma serve para situar as demais formas na atitude apropriada às condições externas. Em certo sentido, podemos dizer que uma forma se comunica com outra, mas a diferença entre esta e a comunicação consciente é evidente. Uma forma não sabe que a comunicação está transcorrendo na outra. Temos uma ilustração disso no que chamamos de consciência de massa, que é a atitude de uma plateia quando ouve o discurso de um grande orador. Qualquer pessoa fica sob a influência das atitudes de quem está por perto, atitudes que se refletem nos diferentes membros da plateia e assim por diante, de modo que acabam respondendo como um todo. Sente-se a atitude geral da plateia inteira. Existe então uma comunicação no sentido real; quer dizer, uma forma comunica à outra uma atitude que esta assume perante uma certa parte do ambiente, importante para ambas. Esse nível de comunicação é encontrado em formas da sociedade que são de um tipo mais baixo do que a organização social do grupo humano.

No grupo humano, por outro lado, não há apenas essa espécie de comunicação, mas também aquela na qual a pessoa usa esse gesto e assim se comunica e assume a atitude do outro indivíduo, além de evocá-la no outro. Ela mesma se encontra no papel do outro a quem está mobilizando e influenciando. Assumir o papel do outro – uma expressão que tenho usado com tanta frequência – não tem simplesmente uma importância passageira. Não é algo que apenas acontece como o resultado incidental do gesto, mas tem importância no desenvolvimento da atividade cooperada. O efeito imediato de se assumir um papel é o controle que o indivíduo passa a ser capaz de exercer sobre suas próprias respostas[7]. O controle da ação do indivíduo num processo cooperativo pode ocorrer na conduta do próprio indivíduo, se ele puder assumir o papel do outro. É esse controle da resposta do próprio indivíduo ao assumir o papel do outro que leva ao valor desse tipo de comunicação, do ponto de vista da organização da conduta no grupo. Esse controle leva o processo da atividade cooperativa ainda mais adiante do que é capaz de ir, no caso das manadas ou das sociedades de insetos.

Portanto, é assim que o controle social, atuando em termos de autocrítica, se estende tão íntima e extensamente sobre o comportamento ou a conduta individual, servindo para integrar o indivíduo e seus atos, em referência ao processo social organizado a partir da experiência e do comportamento em que ele está envolvido. O mecanismo fisiológico do sistema nervoso central do sujeito humano torna-lhe possível adotar as atitudes de outros indivíduos, assim como as atitudes do grupo social organizado do qual ele e os demais fazem parte, em relação a si mesmo em termos de suas relações sociais integradas com eles e com o grupo como um todo. Assim, o processo social geral da experiência e do comportamento que o grupo está mantendo em andamento é diretamente apresentado a ele em sua experiência pessoal, e com isso ele se torna capaz de governar e dirigir sua própria conduta, de modo consciente e crítico, referindo-se às suas relações tanto com o grupo social como um todo quanto com os outros membros individuais, em termos desse processo social. Por conseguinte, ele se torna não só consciente de si como autocrítico, e dessa maneira, por intermédio da autocrítica, o controle social sobre o comportamento ou a conduta individual acontece graças à origem e à base social dessa crítica. O que quer dizer que a autocrítica é essencialmente uma crítica social e o comportamento que é controlado pela autocrítica é essencialmente

---

7. Do ponto de vista da evolução social, é essa introdução de qualquer ato social ou do processo social total em que esse ato seja um elemento constitutivo – diretamente e como um todo organizado, na experiência de cada um dos organismos individuais implicados em tal ato, em referência ao qual ele pode, consequentemente, regular e governar sua conduta individual – que constitui o valor e a significação peculiares da autoconsciência para esses organismos individuais. Vimos que o processo ou a atividade do pensamento é um diálogo executado pelo indivíduo entre si mesmo e o outro generalizado, e que a forma geral e o assunto desse diálogo são dados e determinados pelo aparecimento, na experiência, de algum tipo de problema a ser resolvido. A inteligência humana, que se expressa em pensamentos, tem o reconhecido caráter de encarar e enfrentar qualquer problema de ajustamento ambiental que se abata sobre o organismo dotado de inteligência. E assim, como também já vimos, a característica essencial do comportamento inteligente está nas respostas adiadas, na pausa antes de uma conduta enquanto o pensamento está processando. Essa resposta adiada e o pensamento cuja finalidade causa esse adiamento (incluindo a seleção final, como resultado do pensamento, da melhor ou mais eficiente resposta dentre as possíveis, dada a situação ambiental) são possibilitados fisiologicamente pela atuação do sistema nervoso central e socialmente pelo mecanismo da linguagem.

um comportamento socialmente controlado[8]. Assim, o controle social, muito longe de empreender o esmagamento do indivíduo humano ou de obliterar sua individualidade autoconsciente, na realidade é um fator constitutivo dessa individualidade com a qual está inextricavelmente entrelaçado. O indivíduo é o que é, como personalidade consciente e individual, apenas na mesma medida em que for membro de uma sociedade, estiver envolvido no processo social da experiência e da atividade e, com isso, manifestar condutas socialmente controladas.

A própria organização de uma comunidade autoconsciente depende de indivíduos que adotem a atitude de outros indivíduos. Como já indiquei antes, o desenvolvimento desse processo depende de se perceber a atitude do grupo como algo distinto da atitude de um indivíduo separado; depende de se obter o que chamei de o "outro generalizado". Ilustrei esse processo com um jogo com bola, no qual as atitudes de um conjunto de indivíduos estão envolvidas numa resposta cooperativa, na qual os diversos papéis se envolvem uns aos outros. Na medida em que uma pessoa assume a atitude de outrem no grupo ela deve levá-la para sua relação com a ação dos demais membros do grupo, e para que possa lograr um completo ajustamento, teria de levar em conta as atitudes de todos os envolvidos no processo. Naturalmente, o grau em que pode efetivar isso depende de sua capacidade, mas, mesmo assim, em todos os processos inteligentes somos suficientemente capazes de assumir os papéis daqueles que estão envolvidos na atividade, a fim de tornar inteligente a nossa própria ação. Varia enormemente o grau em que a vida da comunidade como um todo pode penetrar na vida autoconsciente dos indivíduos isoladamente. A história se ocupa amplamente de acompanhar o percurso do desenvolvimento que poderia não ter estado presente na experiência concreta dos membros da comunidade na época em que o historiador está trabalhando. Esse relato explica a importância da história. Podemos lançar nosso olhar para trás, ver o que ocorreu e perceber as mudanças, forças e interesses dos quais, naquele tempo, ninguém estava consciente. Temos de esperar que o historiador nos brinde com o quadro porque o processo propriamente dito foi algo que transcendeu a experiência dos indivíduos, considerados separadamente.

De vez em quando aparece alguém capaz de perceber mais do que os outros os atos em andamento num processo, e com isso pode entabular relações com grupos inteiros na comunidade, grupos cujas atitudes não entraram na vida dos seus demais integrantes. Essa pessoa torna-se um líder. Dentro de um regime

---

8. A noção freudiana do censor "psicológico" representa um reconhecimento parcial dessa operação do controle social em termos de autocrítica; ou seja, um reconhecimento de sua atuação com referência à experiência e à conduta sexual. Mas esse mesmo tipo de censura ou crítica de si próprio, por parte do indivíduo, reflete-se também em todos os outros aspectos de sua experiência, de seu comportamento e de suas relações sociais, fato que decorre natural e inevitavelmente de nossa teoria social do self.

feudal as classes podem ser tão separadas umas das outras que, embora atuem sob determinadas circunstâncias tradicionais, não conseguem se entender entre si. Então, pode surgir um indivíduo capaz de entrar nas atitudes dos outros membros do grupo. Personagens desse tipo se revestem de uma enorme importância porque tornam possível a comunicação entre grupos que, de outro modo, permaneceriam completamente separados entre si. A espécie de capacidade de que estamos falando é, no âmbito da política, a atitude do estadista que é capaz de decifrar as atitudes do grupo e mediar os contatos, tornando universal a sua própria experiência, de modo que os demais consigam entrar nessa forma de comunicação por meio dele.

A vasta importância dos meios de comunicação, como os envolvidos no jornalismo, é constatada de imediato, uma vez que registram situações por meio das quais podemos compreender a atitude e a experiência de outras pessoas. O teatro tem tido essa função ao apresentar situações interpretadas como importantes. O enredo dramático seleciona da tradição aqueles personagens que se encontram na mente das pessoas, como os gregos fizeram com a tragédia, e depois os expressa por meio de situações que pertencem à sua própria época, mas que transportam os indivíduos mais além das reais divisões que surgiram entre eles, como membros de diferentes classes da comunidade. O desenvolvimento desse tipo de comunicação, transformando-se de drama em romance, tem historicamente algo da mesma importância que o jornalismo tem em nossos tempos. O romance apresenta uma situação que se encontra fora do alcance imediato do leitor, numa forma tal que lhe é possível entrar na atitude do grupo naquela situação. Ocorre, nessas condições, um nível muito mais alto de participação e consequentemente de comunicação possível do que em outras circunstâncias. É claro que nesse desenvolvimento estão envolvidos interesses comuns. Não se pode construir uma sociedade a partir de elementos situados fora do processo vital dos indivíduos. É preciso pressupor algum tipo de cooperação dentro da qual os próprios indivíduos estejam ativamente envolvidos, como a única base possível para essa participação na comunicação. Não se pode começar uma comunicação com o povo em Marte e construir uma sociedade onde não se tem um relacionamento prévio. É claro que, se já existir em Marte uma comunidade com as mesmas características da nossa, então será possível estabelecer uma comunicação com ela. Mas uma comunidade que exista inteiramente fora da nossa, sem interesses em comum conosco, nenhuma atividade cooperativa, é uma comunidade com a qual não podemos nos comunicar.

Na sociedade humana surgiram certas formas universais que encontraram vias de expressão nas religiões e também nos processos econômicos universais. No caso da religião, estes remontam a atitudes fundamentais dos seres humanos de uns para com os outros, tais como a gentileza, a solidariedade e a ajuda. Essas atitudes estão presentes na vida das pessoas no grupo e uma generalização das mesmas pode ser encontrada na base de todas as religiões universais. A natureza desses processos contém uma destacada urbanidade e, na medida em que executamos atividades cooperativas, prestamos assistência aos aflitos e aos sofredores. A atitude fundamental de ajudar uma outra pessoa que está em más condições, que se encontra doente ou padecendo por qualquer motivo, pertence à própria estrutura dos membros de uma comunidade humana. Pode ser encontrada até mesmo quando existe uma atitude adversária, de hostilidade completa, por exemplo, quando prestamos assistência a um inimigo ferido no campo de batalha. A atitude cavalheiresca, ou a caridade de repartir o pão com outrem, identifica aquele indivíduo com o outro, mesmo que se trate de um inimigo. Essas são situações nas quais o sujeito se encontra numa atitude de cooperação, e é com base em situações como essas que, por força de uma atividade cooperativa universal, surgiram as religiões universais. O desenvolvimento dessa urbanidade, dessa solidariedade fundamental se expressa na Parábola do Bom Samaritano.

Por outro lado, temos um processo fundamental de intercâmbio entre os indivíduos, decorrente dos bens dos quais eles mesmos não têm necessidade imediata, mas que podem ser utilizados para obter aquilo de que eles realmente necessitam. Esse intercâmbio pode ocorrer sempre que indivíduos com bens excedentes forem capazes de se comunicar uns com os outros. Existe uma participação por ocasião da necessidade, na qual cada parte se coloca na atitude do outro e reconhece o mútuo valor que a troca tem para ambos. Trata-se de um relacionamento altamente abstrato, pois algo que alguém não pode usar consigo mesmo leva-o a se relacionar com qualquer outra pessoa, na situação de intercâmbio. Essa situação é tão universal quanto aquela a que nos referimos no caso da solidariedade. Essas duas atitudes representam a sociedade mais altamente universal e, por ora, a mais altamente abstrata. Essas são atitudes que podem transcender os limites dos diferentes grupos sociais organizados em torno de seus próprios processos vitais e, inclusive, aparecerem como uma hostilidade concreta entre os grupos. Tanto no processo da troca como no da assistência, pessoas que seriam adversárias em outras circunstâncias podem adotar a atitude de uma atividade cooperativa.

Na base de ambas as atitudes está aquilo que consta de qualquer comunicação genuína. Em um sentido, é mais universal do que as atitudes religiosas e econômicas, e em outro é menos. A pessoa tem de ter o que comunicar antes de se comunicar. Ela pode parecer que tem o símbolo de uma outra linguagem, mas se não tem ideias em comum (que também envolvem respostas em comum) com quem fala essa linguagem, ela não consegue se comunicar com tal interlocutor. Portanto, na base do processo do discurso deve existir uma atividade cooperativa. O processo da comunicação tem características que fazem dele um processo mais universal do que o da religião ou da economia universais, pois serve a ambos. Estas duas têm sido as atividades cooperativas mais universais. Talvez a comunidade científica tenha acabado por se tornar igualmente tão universal em determinado sentido, mas ela não pode ser localizada entre povos sem literatura ou sistema de sinais conscientes. Assim, o processo da comunicação é, em certa medida, mais universal do que todos esses diversos processos cooperativos. É o meio pelo qual essas atividades cooperativas podem ser executadas numa sociedade autoconsciente. Mas deve-se reconhecer que é um meio para atividades cooperativas. Não existe um só campo do pensamento que simplesmente possa existir por si; o pensamento não é um campo ou âmbito que possa ser considerado fora de seus possíveis usos sociais. É preciso que haja um campo como a religião ou a economia no qual exista algo a ser comunicado, no qual exista um processo cooperativo, no qual aquilo que é comunicado possa ser utilizado socialmente. Devemos pressupor essa espécie de situação cooperativa a fim de alcançarmos o que é chamado de "universo do discurso". Este é o meio para todos esses diferentes processos sociais, e nesse sentido é mais universal do que todos eles, mas não é um processo que, por assim dizer, possa se desenvolver por si.

É necessário enfatizar este aspecto porque a filosofia e os dogmas que a acompanham estabeleceram um processo de pensamento e uma substância pensante que são os antecedentes desses próprios processos dentro dos quais se desenrola o pensamento. No entanto, o pensamento não é mais do que a resposta do indivíduo à atitude do outro no processo social maior em que ambos estão envolvidos, e ainda o encaminhamento da resposta antecipatória do sujeito por meio das atitudes dos outros que ele efetivamente assume. Como é nisso que consiste o processo de pensamento, este não pode simplesmente acontecer por si.

Venho estudando a linguagem como um princípio de organização social que tornou possível a sociedade distintivamente humana. Claro que se houver habitantes em Marte será possível para nós entrarmos em contato com eles, desde que possamos estabelecer relações sociais com tal população. Se pudermos isolar as constantes lógicas que são essenciais a qualquer processo de pensamento poderemos presumir que essas constantes nos colocariam em condições de manter uma comunicação com essa outra comunidade. Esta constituiria um processo social comum, de tal sorte que alguém poderia participar de um processo social com qualquer outro ser humano, em qualquer período histórico ou posição espacial. Por meio do pensamento podemos projetar uma sociedade no futuro ou no passado, mas sempre estamos pressupondo um relacionamento social dentro do qual esse processo de comunicação acontece. O processo da comunicação não pode ser estipulado como algo que existe por si, ou como um pressuposto do processo social. Pelo contrário, o processo social é pressuposto para que o pensamento e a comunicação se tornem possíveis.

34
A comunidade e a instituição[9]

Existem as atitudes que chamei de "atitudes sociais generalizadas", que tornam possível um self organizado. Na comunidade existem certas maneiras de agir em determinadas situações que são essencialmente idênticas, e essas maneiras de agir, por parte de qualquer indivíduo, são aquelas que instigamos nos outros quando damos certos passos. Ao defender nossos direitos estamos evocando uma resposta definida simplesmente porque esses são direitos universais – uma resposta que todos deveriam dar e que talvez deem mesmo. Agora, essa resposta está presente em nossa própria natureza. Em certa medida estamos prontos a adotar essa mesma atitude com respeito a outrem, se tal pessoa evidenciar o mesmo apelo. Quando despertamos essa resposta nos outros podemos adotar a atitude deles e então ajustar a nossa conduta de acordo. Assim, existem séries inteiras dessas respostas comuns na comunidade em que vivemos, e essas respostas são o que chamamos de "instituições". A instituição representa uma resposta comum por parte de todos os membros da comunidade diante de uma situação específica. Essa resposta comum é de tal natureza que, evidentemente, varia conforme o caráter do indivíduo. No caso de um roubo, o delegado apresenta uma resposta diferente da do procurador-geral, do juiz e dos jurados, e assim por diante. Não obstante, todas essas são respostas que defendem a propriedade, que envolvem o reconhecimento do direito à propriedade dos outros. Existe uma resposta comum em suas variadas formas. E essas variações, como ilustrado pelos diferentes escalões de autoridade, contam com uma organização que confere unidade à totalidade das respostas. Alguém pede ajuda a um policial, espera que o promotor aja e que o tribunal e seus vários funcionários executem o processo do julgamento do criminoso. A pessoa adota efetivamente a atitude de todas essas diversas autoridades envolvidas na própria manutenção da propriedade. Todas elas, na qualidade de processos organizados, estão presentes em alguma medida em nossas próprias naturezas. Quando evocamos essas atitudes estamos adotando a atitude de quem chamei de "outro generalizado". Esses grupos organizados de respostas estão relacionados entre si. Se uma pessoa evoca um desses grupos de respostas está implicitamente evocando outros também.

Portanto, as instituições da sociedade são formas organizadas de atividade social ou grupal, formas organizadas de forma a permitir que os membros individuais da sociedade possam agir adequada e socialmente, adotando as atitu-

---

9. [Cf. "Natural Rights and the Theory of the Political Institution". In: *Journal of Philosophy*, XII, 1915, p. 141ss.]

des dos outros com respeito a essas atividades. Instituições sociais opressoras, estereotipadas e ultraconservadoras – como a Igreja – as quais, em sua aversão mais ou menos rígida e inflexível ao progresso, esmagam ou apagam a individualidade, ou desencorajam quaisquer manifestações originais e peculiares do pensamento e do comportamento por parte do self individual ou das personalidades envolvidas nelas e sujeitas a elas, são decorrências indesejáveis mas não necessárias do processo social geral da experiência e do comportamento. Não há uma razão inevitável ou necessária pela qual as instituições sociais devam ser opressoras ou rigidamente conservadoras, ou pela qual não possam ser, como muitas de fato são, flexíveis e progressistas, promovendo a individualidade em vez de desencorajá-la. De todo modo, sem algum tipo de instituição social, sem as atitudes e atividades sociais organizadas que constituem as instituições sociais, não poderia existir o self individual plenamente maduro nem personalidades completamente amadurecidas, pois os indivíduos envolvidos no processo vital social geral do qual as instituições sociais são manifestações organizadas só podem se desenvolver e possuir uma personalidade ou um self plenamente maduro na medida em que cada um destes refletir ou captar em sua experiência individual essas atividades e atitudes sociais organizadas incorporadas ou representadas pelas instituições sociais. Assim como o self individual, a instituição social é um desenvolvimento, ou uma manifestação particular e formalizada do processo vital social em seu nível humano de evolução. Nesse sentido, não é necessariamente subversiva em relação à individualidade de cada um de seus integrantes, assim como estes não necessariamente representam ou defendem definições tacanhas de certos padrões fixos e específicos de atuação que, sejam quais forem as circunstâncias, deveriam caracterizar o comportamento de todos os indivíduos inteligentes e socialmente responsáveis (em oposição aos indivíduos sem inteligência e socialmente irresponsáveis, como os imbecis e os idiotas), como membros de uma dada comunidade ou de um certo grupo social. Pelo contrário, elas precisam definir os padrões sociais, ou socialmente responsáveis, de conduta individual apenas em sentido muito amplo e geral, oferecendo vasto leque de opções para a originalidade, flexibilidade e variedade dessas condutas. E como os principais aspectos ou fases funcionais formalizadas de toda a estrutura organizada do processo vital social em seu nível humano elas partilham adequadamente do caráter dinâmico e progressivo desse processo[10].

---

10. Temos insistido que a sociedade humana não imprime apenas o selo de seu comportamento social organizado em cada um de seus membros individuais, para que esse padrão se torne, igualmente, o padrão do self individual. Ao mesmo tempo, ela lhes confere a mente como o veículo ou a habilidade de dialogar conscientemente consigo mesmo; mente que corporifica o padrão do comportamento organizado da sociedade humana que se reflete nessa estrutura. Essa mente permite que o indivíduo, por sua vez, imprima o selo de seu self em contínuo desenvolvimento (desenvolvimento garantido por sua atividade mental) na estrutura ou organização da sociedade humana e, assim, em certa medida, reconstrua e modifique, em termos do seu self, o padrão geral do comportamento social ou grupal, em termos do qual seu self foi originalmente constituído.

Existe um grande número de respostas institucionalizadas que, como geralmente costumamos dizer, são os modos de uma comunidade em particular. Em sua melhor acepção, os modos não podem naturalmente ser distinguidos da moral e não são senão uma expressão da cortesia de uma pessoa em relação aos que a cercam. Os modos devem expressar a cortesia natural de todos para com todos. Deve existir uma manifestação dessa natureza, mas, é claro, uma grande quantidade de hábitos de cortesia é bastante arbitrária. As maneiras de se cumprimentar as pessoas são diferentes conforme a comunidade; o que é apropriado numa pode ser uma ofensa em outra. Surge a questão de se certos modos que expressam uma atitude cortês podem ser chamados de "convencionais". Para respondermos a isso proponho uma distinção entre modos e convenções. As convenções são respostas sociais isoladas que não participariam e não entrariam na natureza da comunidade como um aspecto essencial, ao se expressarem nas reações sociais. Uma fonte de confusão seria a identificação dos modos e da moral com as convenções, pois os modos e a moral não são arbitrários no mesmo sentido que as convenções são. Por isso, os conservadores identificam o que é mera convenção com a essência de uma situação social: nada deve ser mudado. Mas a própria distinção a que me referi implica que essas várias instituições, na qualidade de respostas sociais a situações em que indivíduos estão executando atos sociais, estão organicamente relacionadas umas com as outras, de uma maneira que as convenções não estão.

Esse inter-relacionamento é um dos pontos salientados, por exemplo, na interpretação econômica da história que foi apresentada pela primeira vez, mais ou menos como uma doutrina partidária pelo socialismo marxista, implicando uma interpretação econômica em particular. Desde então, passou a integrar a técnica do historiador com o reconhecimento de que se ele puder captar a verdadeira situação econômica, que, evidentemente, é mais acessível do que a maioria das expressões sociais, ele poderá partir desta para elaborar as outras expressões e instituições da comunidade. As instituições econômicas medievais nos permitem interpretar as outras instituições do mesmo período. Podemos chegar diretamente na situação econômica e, acompanhando o seu desenrolar, descobrir o que eram, ou o que devem ter sido, as outras instituições. Instituições, modos e palavras apresentam, em certo sentido, os hábitos de vida da comunidade em si, e quando uma pessoa age em relação a outras em termos, digamos, econômicos, ela está evocando não somente uma única resposta, mas todo um grupo de respostas correlatas.

É a mesma situação que prevalece no organismo fisiológico. Se o equilíbrio de uma pessoa em pé é abalado, isso pede um realinhamento que só é possível na medida em que as partes do sistema nervoso que foram envolvidas no desequilíbrio levarem a algumas respostas definidas e interconectadas. As diferentes partes dessa reação podem ser isoladas, mas o organismo tem de agir como um todo. Ora, é verdade que um indivíduo vivendo numa sociedade convive com um certo tipo de organismo que reage para ele como um todo, e que, com suas ações, ele elicia uma resposta mais ou menos organizada. Talvez entrem no escopo de sua atenção apenas frações diminutas dessa resposta organizada – ele, por exemplo, só considera a passagem de uma certa quantia em dinheiro. Mas esse intercâmbio não poderia acontecer sem a organização econômica por inteiro, e essa, por sua vez, envolve todas as demais fases da vida grupal. A qualquer momento o indivíduo pode passar de uma fase para outra, uma vez que sua própria natureza contém o tipo de resposta que seu ato pede. Ao adotar qualquer atitude institucionalizada ele organiza de algum modo todo o processo social, na medida em que é um self completo.

A assimilação da resposta social pelo indivíduo constitui o processo da educação que domina os meios culturais da comunidade, de maneira mais ou menos abstrata[11]. A educação é definitivamente o processo de dominar um determinado conjunto organizado de respostas à sua própria estimulação, e até que a pessoa seja capaz de responder a si mesma da maneira como o faz a comunidade, ela não pode genuinamente pertencer a tal comunidade. Ela pode pertencer a uma pequena comunidade, assim como o garotinho pertence a uma gangue em vez de à cidade em que vive. Todos nós pertencemos a pequenos círculos e podemos simplesmente permanecer dentro deles. O "outro organizado" presente em nós é, então, uma comunidade de diâmetro menor. Estamos agora lutando para chegar a um certo teor de consciência internacional. Estamos nos percebendo membros de uma comunidade mais larga. O vívido nacionalismo do período atual, em última instância, deveria instigar uma atitude internacional na comunidade maior. Essa é uma situação análoga à do menino e sua gangue; ele adquire um self maior na proporção em que entra para essa comunidade maior. Em geral, o self respondeu definitivamente à organização da resposta social que constitui a comunidade em si; o grau de desenvolvimento do self depende da comunidade, depende do grau em que o indivíduo evoca em si próprio esse grupo institucionalizado de respostas. Em si, o criminoso é aquele indivíduo que vive num grupo muito pequeno e depois pratica transgressões contra a comunidade maior da qual não é membro. Ele toma a propriedade que pertence a uma outra pessoa, mas ele mesmo não pertence à comunidade que reconhece e preserva os direitos da propriedade.

Há uma espécie de resposta organizada aos nossos atos que representa a maneira como as pessoas reagem a nós em determinadas situações. Essas respostas estão em nossa natureza porque agimos como membros da comunidade

---

11. [Entre cerca de 18 notas editoriais e artigos sobre educação devemos atentar para: "The Relation of Play to Education". In: *University of Chicago Record*, I, 1896, p. 140ss. • "The Teaching of Science in College". In: *Science*, XXIV, 1906, p. 390ss. • "Psychology of Social Consciouness Implied in Instruction". In: *Science*, XXXI, 1910, p. 369ss. • "On the Problem of History in the Elementary School". In: *School Review*, XIV, 1906, p. 237ss. Cf. Referências, ao final da obra.]

em relação aos outros, e o que enfatizo aqui é que a organização dessas respostas possibilita a existência da comunidade.

Somos propensos a supor que nossa estimativa do valor da comunidade deveria depender do tamanho dela. Os americanos idolatram a grandiosidade em detrimento do conteúdo social qualitativo. Uma pequena comunidade como a dos atenienses produziu alguns dos produtos espirituais mais elevados que o mundo já viu. Contraste suas conquistas com as dos Estados Unidos e perceberá que não existe necessidade alguma de perguntar se a mera grandiosidade americana tem relação com os conteúdos qualitativos das conquistas dos atenienses. Quero ressaltar a universalidade inerente a uma comunidade altamente desenvolvida e organizada. Ora, Atenas – como lar de Sócrates, Platão e Aristóteles e sede de um grande desenvolvimento metafísico no mesmo período, berço de teóricos da política e de notáveis dramaturgos – pertence de fato ao mundo todo. Essas conquistas qualitativas que atribuímos a uma pequena comunidade lhe pertencem somente na medida em que ela contém a organização que a torna universal. A comunidade ateniense assentava-se no trabalho escravo e numa situação política que era estreita e contraída, e essa parte de sua organização social não era universal e não poderia se tornar a base de uma comunidade maior. O Império Romano se desintegrou em grande medida porque toda a sua estrutura econômica se baseava no trabalho escravo, não estava organizada numa base universal. Do ponto de vista legal e de sua organização administrativa era universal, e da mesma maneira que a filosofia grega nos foi transmitida, também a lei romana o foi. Qualquer conquista da organização de uma comunidade tem sucesso na medida em que é universal e torna possível a existência de uma comunidade mais ampla. Num certo sentido não pode haver uma comunidade maior do que a representada pela racionalidade, e os gregos elevaram a racionalidade à sua expressão autoconsciente[12]. Nesse mesmo sentido, o evangelho de

---

12. Platão afirmava que a cidade-Estado era o melhor, se não inclusive o único tipo viável ou praticável de organização social. Aristóteles concordava com ele. Segundo Platão, além disso, era desejável um completo isolamento social de qualquer cidade-Estado em relação ao resto do mundo. Por outro lado, Aristóteles reconhecia expressamente a necessidade de inter-relações sociais envolvendo diferentes cidades-Estado ou entre qualquer uma delas e o resto do mundo civilizado, mas ele não conseguiu descobrir um princípio geral em termos do qual essas inter-relações pudessem ser determinadas sem danificar ou desastrosamente viciar a estrutura social e política da própria cidade-Estado; estrutura que ele, como Platão, desejava preservar. Isso significa que ele foi incapaz de apreender um princípio fundamental a partir do qual a organização social e política da cidade-Estado grega pudesse ser generalizada e aplicada às inter-relações envolvendo vários outros estados dentro de um único todo social, como o Império Alexandrino, no qual todas estavam incluídas como unidades ou aplicadas ao próprio todo ou império propriamente dito. E, especialmente, aplicada a esse todo ou império, mesmo que não contivesse cidades-Estado como unidades. Se estamos corretos, esse princípio fundamental que ele não conseguiu descobrir era simplesmente o princípio da integração e da organização social em termos do self racional e de seu reflexo, em suas respectivas estruturas organizadas, dos padrões do comportamento social organizado em que estavam envolvidas e aos quais deviam sua existência.

Jesus permitiu definitivamente a manifestação da solidariedade à qual qualquer um poderia apelar, proporcionando os alicerces sobre os quais se ergueria a religião universal. Aquilo que é bom e admirável é universal – embora possa ser verdade que ainda não brotou a sociedade concreta em que essa universalidade seja capaz de encontrar uma expressão.

Politicamente, os Estados Unidos conferiram uma certa universalidade ao que chamamos de "autogoverno". A organização social da Idade Média existia à base do feudalismo e dos grêmios de artesãos. As organizações sociais imediatas em que existia o autogoverno eram todas associações ou comunidades particulares e provisórias. O que aconteceu nos Estados Unidos foi que generalizamos o princípio do autogoverno de tal modo que se tornou o agente essencial do controle político da comunidade inteira. Se esse tipo de controle é possibilitado não existe teoricamente limite para o tamanho que a comunidade pode alcançar. Somente nesse sentido é que a grandiosidade política se torna uma expressão de conquista por parte da própria comunidade.

Assim, a organização das respostas sociais torna possível que o indivíduo evoque em si mesmo não apenas uma só das respostas do outro, mas por assim dizer a resposta da comunidade como um todo. É isso que dá a ele o que chamamos de "mente". Fazer agora qualquer coisa significa uma resposta organizada, e se a pessoa tem em si essa resposta, ela tem o que chamamos de "mente". Referimo-nos a essa resposta por meio dos símbolos que servem como veículo pelo qual ela é evocada. Usar os termos "governo", "propriedade" e "família" é, como dizemos, salientar o significado que eles têm. Agora esses significados baseiam-se em certas respostas. A pessoa que contém a resposta universal da comunidade em relação ao que ela faz tem, nesse mesmo sentido, a mente de sua comunidade. Diremos, como cientistas, que nossa comunidade consiste em todos os colegas, mas essa comunidade inclui qualquer um que possa compreender o que é dito. É o mesmo com a literatura. O tamanho de sua audiência é funcional; se a conquista da organização é alcançada, ela pode ter qualquer tamanho. Nesse sentido, a grandeza pode ser uma indicação de conquista qualitativa. Aquilo que é grande é sempre objetivo e, em certo sentido, é sempre universal. O desenvolvimento mental do indivíduo consiste em conter em si essas respostas organizadas, em seus relacionamentos reciprocamente implicados.

A fase racional, aquela que acompanha o que denominamos de "linguagem", é o símbolo, e esse é o meio, o mecanismo pelo qual a resposta é executada. Para que a cooperação seja efetiva a pessoa precisa de símbolos por meio dos quais as respostas possam ser realizadas. Por isso, obter uma linguagem significante é da maior importância. A linguagem implica respostas organizadas, e o valor, a implicação dessas respostas, pode ser encontrado na comunidade dentro da qual essa organização de respostas foi transferida para a natureza do próprio indivíduo. Símbolo significante é apenas aquela parte do ato que serve de gesto para evocar a outra parte do processo, a resposta do outro, na experiência da forma que realiza o gesto. Portanto, o uso de símbolos é da maior importância, mesmo quando alcança o ponto que se verifica na matemática, no qual é possível tomar os símbolos e simplesmente combiná-los segundo as regras da comunidade matemática à qual pertencem, sem que se saiba o que os símbolos significam. Na realidade, em campos assim, é preciso abstrair a partir do significado dos símbolos. Ocorre aí um processo no qual se desenrola o processo racional do raciocínio sem que saiba qual é o sentido. Lidamos com x e y e com o modo como estes termos podem ser combinados entre si. Não sabemos antecipadamente a que serão aplicados. Embora sob determinadas condições os símbolos possam ser usados dessa forma, terminamos depois por trazê-los para o plano concreto e aplicá-los. Em si, os símbolos são simplesmente maneiras de eliciar respostas. Não são meras palavras, mas palavras que reagem a determinadas respostas, e quando combinamos um certo conjunto de símbolos, inevitavelmente combinamos um certo conjunto de respostas.

Isso levanta novamente o problema do universal. Na medida em que o indivíduo adota a atitude de outrem esse símbolo é universal, mas seria mesmo um verdadeiro universal quando é tão limitado? Será que podemos ultrapassar essa limitação? O universo de discurso dos lógicos expõe claramente a extensão da universalidade. Num primeiro estágio supôs-se que essa universalidade fosse representada por um conjunto de axiomas lógicos, mas descobriu-se que os supostos axiomas não eram universais. Por conseguinte, para ser "universal", o discurso teve de passar por contínuas revisões. O discurso universal pode representar aqueles seres racionais com quem estamos em contato e existe uma universalidade potencial num mundo assim. Suponho que esse seria o único universal envolvido no uso dos símbolos significantes. Se pudermos chegar ao conjunto de símbolos significantes que, nesse sentido, têm um sentido universal, qualquer um que possa usar essa linguagem de maneira inteligente conta com essa universalidade. Ora, não há limitações, exceto que a pessoa deveria falar com essa linguagem usando os símbolos que contêm tais significações. Isso confere uma absoluta universalidade a qualquer um que entre na linguagem. É óbvio que existem diferentes universos de discurso, mas na base de todos, posto que sejam potencialmente compreensíveis entre si, encontra-se o universo de discurso dos lógicos com seu conjunto de constantes e funções propositivas, e qualquer um que as utilize pertencerá a esse mesmo universo de discurso. É isso que confere uma potencial universalidade ao processo da comunicação[13].

---

13. Nos termos desse mecanismo dos universais (dos gestos ou dos símbolos universalmente significantes), por meio dos quais o pensamento funciona, é que o indivíduo humano transcende o grupo social local ao qual pertence imediatamente e que, de modo correspondente, esse grupo social (graças a seus membros individuais) transcende a si próprio, relacionando-se com o contexto ou ambiente mais amplo das relações e interações sociais organizadas que o rodeia e do qual ele é apenas uma das partes. Do ponto de vista fisiológico, a universalidade da mente na ordem social

Tentei salientar a posição segundo a qual a sociedade à qual pertencemos representa um conjunto organizado de respostas a certas situações nas quais o indivíduo está envolvido e também que, na medida em que o indivíduo pode assimilar em sua própria natureza essas respostas organizadas, evocando-as por meio do símbolo na resposta social, ele tem uma mente na qual podem se desenvolver os processos mentais; mente cuja estrutura interior ele absorveu da comunidade à qual pertence.

É a unidade do processo social inteiro que é a unidade do indivíduo, e o controle social do indivíduo reside nesse processo comum em andamento; processo que diferencia o indivíduo em sua função particular enquanto, ao mesmo tempo, controla a reação dele. É a capacidade da pessoa para se colocar no lugar de outrem que lhe dá as pistas quanto ao que fazer numa situação específica. É isso que dá ao homem aquilo que chamamos de seu caráter como membro de uma comunidade, sua cidadania no cenário político, sua pertinência segundo cada um dos diferentes pontos de vista pelos quais pertence à comunidade. Essa capacidade lhe permite ser parte da comunidade e ele se reconhece como membro dela justamente porque efetivamente adota a atitude dos demais indivíduos envolvidos e efetivamente controla a sua própria conduta a partir das atitudes comuns.

Nossa pertinência à sociedade dos seres humanos é algo que desperta pouquíssima atenção no homem comum. Raramente ele se contenta em construir uma religião baseada na sociedade humana em si, sem o acréscimo de mais nada. Quanto maior o alcance de uma religião, menos pessoas pertencem conscientemente a ela. Não levamos muito a sério nossa pertinência à sociedade humana, mas ela está se tornando mais real para nós. A Guerra Mundial fez desmoronar muitos e muitos valores e percebemos que aquilo que acontece na Índia, no Afeganistão, na Mesopotâmia entra em nossas vidas, de tal sorte que estamos desenvolvendo o que chamamos de "mentalidade internacional". Estamos reagindo de uma maneira que responde às respostas de pessoas do outro lado do grupo humano.

A questão de se pertencemos ou não a uma comunidade mais ampla é respondida em termos de se nossa ação desperta ou não uma resposta nessa comunidade mais ampla e se essa resposta se reflete ou não em nossa própria conduta. Será que podemos desenvolver um diálogo em termos internacionais?[14] Essa é uma pergunta que remete essencialmente à organização social. As respostas necessárias se tornaram definitivamente parte de nossa experiência porque estamos chegando mais perto dos outros povos do que era possível antes. Nossa

---

humana é fundamentalmente baseada na universalidade de uma estrutura neurológica similar em todos os indivíduos que pertencem a essa ordem social; ou seja, o tipo de estrutura neurológica que o desenvolvimento social da mente requer.

14. [Cf. "National-Mindedness and International-Mindedness". In: *International Journal of Ethics*, XXXIII, 1914-1915, p. 604ss.]

organização econômica está se tornando mais evoluída, de modo que os artigos que vendemos na América do Sul, na Índia ou na China estão sem sombra de dúvida afetando a nossa sociedade. Precisamos nos manter em bons termos com os nossos clientes. Para podermos levar adiante uma política econômica bem-sucedida na América do Sul devemos explicar qual é o sentido da Doutrina Monroe, e assim por diante.

Cada vez mais estamos nos dando conta da sociedade inteira a que pertencemos porque a organização social é tal que evoca a resposta da outra pessoa aos nossos atos não só nela, mas também em nós mesmos. Kipling diz: "O leste é o leste e o oeste é o oeste, e nunca os opostos se encontrarão". Mas estão se encontrando. A suposição era que as respostas do Oriente ao Ocidente e vice-versa não eram compreensíveis uma à outra. Mas, na verdade, percebemos que estamos acordando, que estamos começando a trocar os papéis. Um processo de organização está em andamento aquém do limiar de nossa experiência consciente, e quanto mais essa organização é implementada, mais perto vamos chegando uns dos outros. Quanto mais despertamos em nós as respostas que nossos gestos evocam nos outros, mais nós os compreendemos. É claro que, no fundo disso tudo, há uma comunidade maior que, em termos religiosos, pode-se chamar de "comunidade abençoada", e se trata da comunidade de uma religião universal. Mas isso também se assenta sobre atividades cooperadas. Uma ilustração para isso é a Parábola do Bom Samaritano, na qual Jesus se dirigiu às pessoas para mostrar que o sofrimento de um homem evocou em outro uma resposta que ele entendeu. O sofrimento do primeiro foi um estímulo, e este despertou a resposta em sua própria natureza. Essa é a base daquele relacionamento fundamental que acontece sob a rubrica da "urbanidade" ou "solidariedade". Essa é uma resposta que, em certo sentido, manifestamos em relação a todas as pessoas. Um desconhecido desperta uma atitude prestativa em nós, e isso é antecipado pelo outro. Faz de todos nós semelhantes. Proporciona-nos uma natureza humana comum sobre a qual se erguem as religiões universais. Entretanto, as situações nas quais essa solidariedade pode se expressar são muito estreitas e, por conseguinte, essas religiões – por serem construídas sobre tais fundamentos – têm de restringir as vidas humanas a uns poucos relacionamentos, como a simpatia diante do sofrimento, ou se limitar à expressão dos aspectos emocionais da natureza humana. Mas se a relação social puder ser levada ainda mais longe, então é possível pensar que você seria vizinho de todos que moram em seu quarteirão, na sua comunidade e no mundo, uma vez que se aproxima muito mais da atitude do outro, quando essa atitude também é evocada em você mesmo. O essencial é o desenvolvimento do mecanismo inteiro dos relacionamentos sociais que nos tornam mais próximos, para que possamos adotar a atitude do outro em nossos vários processos vitais.

O indivíduo humano com um self é sempre um membro de uma comunidade social maior, de um grupo social mais extenso do que aquele no qual direta ou imediatamente se encontra ou ao qual pertença. Em outras palavras, o padrão geral do comportamento social ou grupal refletido nas respectivas atitudes organizadas, nas respectivas estruturas integradas do self dos indivíduos envolvidos, sempre tem uma referência mais ampla, para esses indivíduos, do que o de sua relação direta com eles; a saber, uma referência além de si mesma a um ambiente ou contexto social maior de relacionamentos sociais que a inclui e do qual é somente uma parte mais ou menos limitada. E sua consciência dessa referência é uma consequência de serem criaturas sensíveis ou conscientes, ou de terem mente, e das atividades de raciocínio que, então, levam em frente[15].

35
A fusão do "eu" e do "mim" nas atividades sociais

Numa situação em que as pessoas estão todas tentando salvar alguém de se afogar existe o sentimento de um esforço comum no qual cada um se sente estimulado pelos outros a fazer o mesmo que estão fazendo. Nessas situações, o indivíduo tem a sensação de estar identificado com todos porque a reação é essencialmente idêntica. No caso de um trabalho em equipe há uma identificação do indivíduo com o grupo, mas neste caso a pessoa está fazendo algo diferente dos demais, muito embora o que os outros façam determine o que ela tem de fazer. Se as coisas se desenrolam sem transtornos, pode ocorrer uma certa exaltação, parecida com a da outra situação. Ainda existe o sentimento de um con-

---

[15]. É especialmente em termos do universo lógico do discurso – o sistema geral dos símbolos universalmente significantes – que todo pensamento ou raciocínio pressupõe como o campo de suas atividades, e que transcende os limites das diversas linguagens e dos diferentes costumes raciais e nacionais, que os indivíduos de qualquer grupo ou comunidade social se tornam conscientes das referências sociais mais amplas desse grupo ou comunidade, alcançando, mais além do próprio escopo, o contexto maior das relações e interações sociais da sociedade ou civilização humana como um todo, nas quais está implicado, junto com todas as demais sociedades humanas específicas ou todos os demais grupos sociais organizados. Essa implicação relacional ou referência mais ampla do padrão geral de comportamentos de qualquer grupo ou comunidade social humana é menos evidente no caso do homem primitivo e mais aparente no caso do homem moderno e altamente civilizado. Em termos de seu self racional ou em termos dessa organização das atitudes sociais em relação a si mesmo e aos outros – que constitui a estrutura do seu self racional e que reflete em si mesmo não só o padrão de comportamento do grupo social imediato ao qual pertence, mas também a referência a esse padrão além de si mesmo, a esse padrão geral maior do comportamento social ou grupal humano como um todo, do qual é apenas uma parte – o indivíduo humano moderno civilizado é e se sente membro não só de certa comunidade local ou certo Estado ou nação, mas também de uma raça inteira, ou mesmo da civilização como um todo.

trole direto. É quando o "eu" e o "mim" podem se fundir, em certo sentido, que surge aquela sensação peculiar de exaltação que pertence às atitudes patrióticas e religiosas, nas quais a reação que uma pessoa desperta nas demais é a resposta que ela mesma está produzindo. Quero agora discutir mais detalhadamente do que antes a fusão do "eu" e o "mim" nas atitudes da religião, do patriotismo e do trabalho em equipe.

Na concepção da solidariedade universal existe um certo grupo de atitudes de gentileza e prestatividade em que a resposta de um indivíduo evoca no outro e nele mesmo uma atitude igual. Disso decorre a fusão do "eu" e do "mim" que leva a intensas experiências emocionais. Quanto mais amplo o processo social em que isso estiver envolvido, maior a exaltação, a reação emocional resultante. Sentamo-nos para jogar uma partida de *bridge* com os amigos, ou para nos permitir algum momento de descontração em nossa rotina diária. Essa atividade vai durar cerca de uma hora e depois retomamos a labuta. Contudo, estamos envolvidos na vida toda da sociedade; as obrigações sociais recaem sobre nós; temos de nos posicionar em várias situações; todos esses fatores estão na base do self. Mas, nas situações a que estou me referindo agora, aquilo que está na base funde-se com o que estamos fazendo. Esse nos parece ser o sentido da vida, e nós experimentamos então uma atitude religiosa exaltada. Entramos numa atitude na qual todos estamos unidos com todos na medida em que pertencemos à mesma comunidade. Enquanto pudermos preservar essa atitude conseguiremos por algum tempo nos libertar da sensação de controle que paira sobre todos nós em virtude das responsabilidades que temos a enfrentar, em meio a condições sociais difíceis e exigentes. Essa é a situação normal em nossa atividade social, e eis que temos de volta em nossa mente todos os seus problemas. Mas, numa situação como esta, a situação religiosa, tudo parece ficar suspenso por essa atitude em que aceitamos a todos como membros de um mesmo grupo. O interesse de um é o interesse de todos. Existe uma completa identificação dos indivíduos. Dentro do indivíduo dá-se a fusão do "mim" com o "eu".

O impulso do "eu", nesse caso, é o da solidariedade, da gentileza. Damos pão ao faminto. Essa tendência social, existente em todos nós, evoca um determinado tipo de resposta: a pessoa quer dar. Quando a conta bancária de uma pessoa tem pouco saldo ela não pode dar tudo o que tem para os pobres. Mas, conforme a situação religiosa, em certos grupos culturais, é possível a pessoa acabar fazendo justamente isso. Dar é estimulado por mais doações. Embora possa não ter muito para dar, o sujeito está pronto a se dar completamente. Existe uma fusão do "eu" com o "mim". O "mim" não está lá para controlar o "eu"; a situação foi construída de um tal modo que a atitude de um estimula os outros a fazerem a mesma coisa. A exaltação no caso do patriotismo representa um caso análogo dessa fusão.

Do ponto de vista emocional essas situações são especialmente preciosas. É claro que envolvem o completamento bem-sucedido do processo social. Acho que a atitude religiosa envolve essa relação do estímulo social com o mundo em geral, a realização da atitude social no mundo. Penso que este seja o campo definido dentro do qual aparece a experiência religiosa. É claro que, quando a pessoa tem uma teologia claramente delineada em que há um trato definido com a deidade, em relação à qual ela age tão concretamente quanto se fosse outra pessoa na mesma sala, então a conduta que acontece é simplesmente de um tipo comparável com a conduta relativa a um outro grupo social e pode se mostrar marcada pela ausência desse peculiar caráter místico que geralmente atribuímos à atitude religiosa. Pode ser uma atitude calculista na qual a pessoa faz um voto e o realiza, desde que a deidade lhe conceda um determinado favor. Agora, essa atitude normalmente seria incluída numa formulação geral da religião; mas, além disso, geralmente se reconhece que a atitude tem de ser do tipo que efetiva essa extensão particular da atitude no âmbito de um universo maior. Acho que é a isso que geralmente nos referimos como uma experiência religiosa, e que é essa a situação da qual brota a experiência mística da religião. A situação social se espalha pelo mundo inteiro.

Pode ser somente em determinados dias da semana e em certos momentos do dia que conseguimos entrar na atitude de nos sentirmos unidos com todos e com tudo o que nos rodeia. O dia segue em frente; temos de entrar no mercado de trabalho para competir com outras pessoas e manter a cabeça fora d'água diante de uma situação econômica difícil. Não conseguimos sustentar o sentimento de exaltação, mas mesmo então podemos dizer que essas exigências da vida são somente uma tarefa que nos é delegada, um dever que devemos cumprir a fim de entrar na atitude religiosa em determinados momentos especiais. Quando, porém, essa experiência é vivenciada vem matizada pelo sentimento de uma completa identificação do self com o outro.

É uma atitude diferente, talvez superior, de identificação que ocorre na forma, no caso a que me referi como "trabalho em equipe". Neste, a pessoa prova aquela espécie de satisfação que advém de trabalhar com outras pessoas, numa certa situação. Claro que ainda existe alguma sensação de controle. Afinal de contas, o que uma faz é determinado pelo que as demais estão fazendo. É preciso manter uma clara consciência das posições que as outras estão ocupando. Cada uma sabe o que as outras irão fazer. Mas cada uma deve estar constantemente ciente da maneira como as outras estão respondendo, a fim de poder fazer a sua parte no trabalho da equipe. Essa situação oferece satisfação, mas não é uma situação na qual a pessoa por assim dizer simplesmente se joga na correnteza para experimentar a sensação de abandono. Essa experiência pertence a uma situação religiosa ou patriótica. No entanto, o trabalho em equipe tem um conteúdo que essa outra não tem. No que diz respeito ao conteúdo, a situação religiosa é abstrata. Como a pessoa deve ajudar os seus semelhantes é um empreendimento muito complicado. Aquele que se compromete a ser um auxílio universal para os outros está propenso a se perceber um incômodo universal. Não há ninguém mais estressante para se ter por perto do que alguém que fica incessantemente tentando ajudar todo mundo. A assistência proveitosa deve ser uma assistência inteligente. Mas, se a pessoa consegue estruturar a situação de um grupo bem organizado, fazendo algo como uma unidade, é possível experimentar o self dentro do trabalho em equipe, e do ponto de vista intelectual isso certamente é mais elevado do que a mera solidariedade abstrata. O sentimento de um trabalho em equipe está presente quando todos estão trabalhando por um fim comum e quando todos experimentam uma sensação de que o fim comum se entrelaça com a função particular que cada um desempenha.

A atitude frequente da pessoa envolvida num serviço social e que está tentando expressar uma atitude fundamental de solidariedade[16] pode ser comparada com a atitude de um engenheiro, de um organizador, que ilustra de maneira extrema a atitude de trabalhar em equipe. O engenheiro tem as atitudes de todos os outros indivíduos no grupo e é em virtude dessa sua participação que é capaz de dirigir o empreendimento. Quando o engenheiro sai de seu escritório apenas com suas plantas e projetos, a máquina que desenhou ainda não existe, mas ele deve saber o que as pessoas vão fazer, quanto tempo isso irá lhes custar, como mensurar os processos envolvidos e como eliminar os resíduos. Essa atividade de assumir as atitudes de todos os outros, o mais plena e totalmente possível, entrando nas ações de cada um de um ponto de vista em que assume completamente o papel dos demais, é algo a que talvez possamos nos referir como a "atitude do engenheiro". Trata-se de uma atitude altamente inteligente e, se puder ser construída com um interesse profundo pelo trabalho social em equipe, pertence a altos processos sociais e a experiências significantes. Aqui, a concretude total do "mim" depende da capacidade de o homem adotar a atitude de todos os demais no processo que está dirigindo. Aqui se conquista o conteúdo concreto, que não é encontrado na mera identificação emocional do self com todos os demais integrantes do grupo.

Esses são os vários tipos de expressão do "eu" na relação com o "mim" que eu quis salientar, a fim de completar a formulação da relação entre "eu" e "mim". Nesse contexto, o self é a ação do "eu" em harmonia com o "mim", que assume os papéis dos outros. O self é tanto "eu" como "mim"; este estabelece a situação à qual o "eu" responde. Tanto o "eu" como o "mim" estão envolvidos no self, e ambos apoiam um ao outro.

Quero agora discutir a fusão do "eu" com o "mim" em termos de uma outra abordagem; a saber, comparando o objeto físico com o self como objeto social.

---

16. ["Philanthropy from the Point of View of Ethics". In: FARIS, E.; LAUNEE, F. & TODD, A.J. (orgs.). *Intelligent Philanthropy*. Chicago: University of Chicago Press, 1930.]

Como já disse, o "mim" apresenta a situação dentro da qual a conduta se desenrola, e o "eu" é a verdadeira resposta a essa situação. Essa dupla separação em situação e resposta é característica de todo ato inteligente, mesmo que não envolva um mecanismo social. Existe uma situação definida que apresenta um problema e, então, o organismo responde a essa situação organizando as diversas reações envolvidas. É preciso que haja uma organização de atividades em nossos movimentos habituais em meio aos variados itens existentes num aposento, dispostos numa floresta ou entre automóveis na rua. Os estímulos presentes tendem a despertar uma grande variedade de respostas, mas a real reação do organismo é uma organização dessas tendências, não uma resposta única intermediando todas as outras. A pessoa não se senta numa cadeira nem pega um livro, abre uma janela ou faz uma grande variedade de outras coisas para as quais é convidada quando entra num aposento. Ela faz coisas específicas. Talvez se aproxime da escrivaninha e pegue o papel que estava procurando, e nada mais. Entretanto, os objetos existem nesse recinto para ela. A cadeira, a janela, a mesa existem em virtude dos usos aos quais ela normalmente submete tais objetos. O valor que a cadeira tem em sua percepção é o valor que pertence a essa resposta; por isso, ela passa pela cadeira, pela mesa e se afasta da janela. Ali, ela constrói um cenário, uma cena com objetos que lhe possibilitam seus movimentos concretos de ir até a gaveta que contém aquilo que está procurando. Esse cenário é o meio para alcançar o objetivo que está perseguindo; a cadeira, a mesa, a janela, tudo isso entra na cena como seus objetos. Em certo sentido, o objeto físico é aquilo a que você de fato responde, com uma atitude de consumação. Se, no momento em que entra na sala você despenca sobre a cadeira, fez pouco mais do que dirigir sua atenção para a cadeira. Você não a vê como uma cadeira no mesmo sentido que quando apenas a reconhece como cadeira e dirige seus movimentos na direção de um objeto distante. A cadeira que existe neste último caso não é aquela em que você está sentado, mas é algo que receberá seu corpo depois que você deixar seu peso cair sobre ela, e é isso que lhe confere seu caráter de objeto.

Esses objetos físicos são utilizados na construção de um campo no qual objetos distantes são alcançados. Obtém-se o mesmo resultado, de um ponto de vista temporal, quando a pessoa realiza um ato mais distante por meio de algum ato precedente que deve ser empreendido antes. Essa organização está o tempo todo em andamento na conduta inteligente. Organizamos o campo com referência ao que iremos fazer. Se quiserem, existe agora uma fusão envolvendo tirar o papel de dentro da gaveta e a sala pela qual nos deslocamos para concretizar esse propósito, e é esse tipo de fusão a que me referi antes, exceto que, em casos como o de experiências religiosas, ela ocorre no campo da mediação social e os objetos desse mecanismo têm um caráter social, e por isso representam um nível diferente da experiência. Mas é um processo análogo: somos o que somos em nosso relacionamento com os outros indivíduos por meio da adoção da atitude deles em relação a nós mesmos, de tal modo que estimulamos a nós mesmos com os nossos próprios gestos, assim como a cadeira é o que é em termos de seu convite a que nos sentemos nela. A cadeira é algo sobre o qual podemos nos sentar; um "mim" físico, se quiserem. No "mim" social, as várias atitudes de todos os outros são expressas em termos de nossos próprios gestos que representam a parte que estamos realizando, dentro da atividade social cooperativa. Ora, aquilo que efetivamente fazemos, as palavras que falamos, nossas expressões e emoções – tudo isso é o "eu", mas fundido com o "mim", no mesmo sentido em que todas as atividades envolvidas nos artigos de mobiliário do aposento estão fundidas com o caminho percorrido até a gaveta e a efetiva ação de pegar o papel. Nesse sentido, as duas situações são idênticas.

O ato em si a que me referi como o "eu" na situação social é uma fonte de unidade para o todo, ao passo que o "mim" é a situação social na qual esse ato pode se expressar. Penso que podemos considerar essa conduta do ponto de vista geral da conduta inteligente. Somente, como digo, lembrando que essa conduta ocorre aqui, neste campo social no qual surge um self na situação social do grupo, tal como o aposento surge na atividade de um indivíduo em sua iniciativa de alcançar o objeto que o interessa no momento. Penso que possa ser aplicada ao aparecimento do self a mesma visão que se aplica ao aparecimento de um objeto num campo que constitui algum tipo de problema. Apenas o seu caráter peculiar reside no fato de ser uma situação social que envolve o aparecimento do "mim" e do "eu", que são elementos essencialmente sociais. Penso que seja consistente reconhecer esse paralelismo entre o que chamamos de "objeto físico" em contraposição com o organismo e o objeto social em contraposição com o self. Definitivamente, o "mim" responde a todas as diferentes reações que os objetos à nossa volta tendem a evocar em nós. Todos esses objetos despertam respostas também em nós, respostas que são o sentido ou a natureza dos objetos: a cadeira é uma coisa em que nos sentamos, janela é algo que podemos abrir, que nos proporciona luz ou ar. Assim também, o "mim" é a resposta que o indivíduo dá a outros indivíduos, na medida em que adote a atitude do outro. É justo dizermos que o indivíduo adota a atitude da cadeira. Definitivamente estamos, nesse sentido, adotando a atitude dos objetos à nossa volta. Embora normalmente isso não entre na atitude da comunicação quando lidamos com objetos inanimados, de fato assume tal formato quando dizemos que a cadeira nos convida a sentar ou que a cama nos tenta a deitar. Nessas circunstâncias, nossa atitude é, obviamente, uma atitude social. Já discutimos a atitude social que aparece na poesia da natureza, nos mitos, ritos e rituais. Nesses contextos transportamos a atitude social para a própria natureza. Na música talvez exista sempre alguma espécie de situação social, em termos da resposta emocional envolvida. Suponho que a exaltação da música se refira à organização completa da resposta que reage a essas atitudes emocionais. A ideia da fusão do "eu" com o "mim" proporciona uma base muito adequada para a explicação dessa exaltação. Penso que a psicologia behaviorista funcione justamente como a oportunidade para o desenvolvimento de uma teoria estética. A significação da resposta, na experiência estética, já foi ressaltada por críticos de pintura e arquitetura.

O relacionamento do "mim" com o "eu" é o relacionamento entre uma situação e o organismo. A situação que apresenta o problema é inteligível para o organismo que responde a ele, e ocorre uma fusão no ato. É possível abordá-lo a partir do "eu" se a pessoa sabe claramente o que irá fazer. Depois, ela considera o processo inteiro simplesmente como um conjunto de meios para obter o fim conhecido. Ou ele pode ser abordado do ponto de vista dos meios, e então o problema aparece como uma decisão a ser tomada por uma escolha entre diversos fins. A atitude de um indivíduo desperta essa resposta e a atitude de outro indivíduo desperta outra resposta. Existem diversas tendências, e a resposta do "eu" será aquela que se relaciona com todas essas juntas. Quer a consideremos pelo prisma de um problema que tem de ser solucionado, quer pelo prisma de um "eu" que, em certo sentido, determina seu campo por meio de sua própria conduta, a fusão ocorre naquele ato no qual os meios expressam o fim.

36
Democracia e universalidade na sociedade

Existe na sociedade humana uma universalidade que se expressa desde bem cedo de duas maneiras diferentes: do lado religioso e do lado econômico. Na qualidade de processos sociais, são universais; fornecem os meios aos quais pode ter acesso qualquer forma que faça uso dos mesmos meios de comunicação. Se um gorila pudesse trazer cocos e trocá-los em algum mercado por algo que eventualmente quisesse, estaria participando de uma organização social econômica em sua fase mais ampla. Tudo o que precisa é que seja capaz de utilizar aquele método de comunicação que, como vimos, envolve a existência de um self. Por outro lado, qualquer indivíduo que consiga se ver como membro de uma sociedade em que – para utilizar uma frase familiar – seja vizinho de outrem também pertence a esse grupo universal. Essas manifestações religiosas e econômicas da universalidade estão variadamente presentes no Império Romano, na Índia e na China. No desdobramento do Império Romano em cristianismo encontramos uma espécie de propaganda derivada de uma tentativa deliberada de organizar essa modalidade de sociedade universal.

Para que a evolução ocorra assim numa sociedade ela deve transcorrer entre organizações diferentes, por assim dizer, no contexto desse organismo maior.

Não haveria simplesmente uma competição envolvendo sociedades diferentes, mas a competição seria situada no relacionamento desta ou daquela sociedade com a organização de uma sociedade universal. No caso das religiões universais teríamos formas como os maometanos, que se dedicaram a eliminar pela força da espada todas as outras formas de sociedade e, por isso, colocaram-se em oposição a todas as outras comunidades, que buscaram aniquilar ou sujeitar. Por outro lado, temos a propaganda apresentada pelo cristianismo e pelo budismo, que se dispuseram apenas a reunir os indivíduos em certos grupos espirituais nos quais passariam a se reconhecer como membros de uma dada sociedade. Essa iniciativa se envolveu inevitavelmente com a estrutura política, em particular no caso do cristianismo. Na base desses processos encontramos o pressuposto – manifestado nas várias expedições missionárias – de que esse princípio social, essa fraternidade dos homens, é a base de uma sociedade universal.

Analisando o cenário econômico percebemos que não existe uma propaganda equivalente, que não há um pressuposto de uma só sociedade econômica pretendendo se estabelecer. A sociedade econômica se define pela medida em que um indivíduo pode fazer negócios com outro. Na sequência, os próprios processos passam a se integrar e aproximar em relacionamentos cada vez mais estreitos; comunidades que, no plano político, podem inclusive ser totalmente opostas umas às outras. Uma textura econômica mais completa aparece no desenvolvimento do próprio comércio e no de um meio financeiro pelo qual essas transações comerciais sejam efetivadas, acontecendo um inevitável ajustamento da produção em uma comunidade para atender às necessidades da comunidade econômica internacional. Dá-se um desenvolvimento que começa com a espécie mais elementar de sociedade universal e na qual as abstrações originais dão lugar a uma organização social progressivamente mais concreta. Em ambas as perspectivas existe uma sociedade universal que inclui a raça humana inteira e na qual todos, até este momento, podem se relacionar uns com os outros, recorrendo aos meios de comunicação. Aqui os indivíduos podem reconhecer os outros como membros, como irmãos.

Essas comunidades têm um caráter inevitavelmente universal. Os processos expressos na religião universal inevitavelmente contêm em si o processo da comunidade lógica, representado pelo universo do discurso, no qual ela se baseia simplesmente na capacidade de todos os indivíduos conversarem entre si por intermédio do uso dos mesmos símbolos significantes. A linguagem constela uma comunidade universal, parcialmente similar à comunidade econômica. Ela existe desde que existam símbolos comuns, capazes de serem utilizados. Vemos esses símbolos nos meros sinais que as tribos selvagens, que não falam a mesma língua, empregam para poderem se comunicar. Estas encontram uma linguagem comum no uso dos dedos ou em desenhos simbólicos. Alcançam um certo nível de habilidade para se comunicar, e esse processo de comunicação tende a aproximar os diferentes indivíduos uns dos outros por meio de relacionamentos cada vez mais estreitos. O processo linguístico, em certo sentido, é mais abstrato do que o econômico. Este segundo processo, originado dos simples escambos, transforma-se na troca dos excedentes de um indivíduo pelos excedentes de outro. Tais processos se refletem de imediato na cadeia produtiva e estimulam, em medida mais ou menos inevitável, aquele tipo de produção capaz de gerar uma troca lucrativa. Quando consideramos apenas o intercâmbio, com base em símbolos significativos, o processo em si talvez não tenda a essa integração, mas o processo da comunicação conterá, ou tenderá a conter, os próprios processos nos quais essa integração foi um meio.

Uma pessoa aprende uma nova língua e, como costumam dizer, ganha uma nova alma. Ela se coloca na atitude daqueles que fazem uso dessa língua. Não consegue ler essa literatura e nem conversar com os que são dessa comunidade sem assumir suas atitudes peculiares. Nesse sentido, essa pessoa se torna alguém diferente. Não se pode transmitir uma língua como abstração pura; inevitavelmente, em certo sentido, transmite-se também a vida que está por trás dela. Esse resultado se transforma no relacionamento com as atitudes organizadas do indivíduo que adquire essa língua e, inevitavelmente, desencadeia um reajustamento de perspectivas. Uma comunidade do mundo ocidental, com suas diversas nacionalidades e línguas, é uma comunidade em que haverá uma contínua interação desses diversos grupos. Uma nação não pode ser simplesmente vista em si própria, somente no seu relacionamento com os outros grupos que pertencem ao contexto maior.

O universo do discurso que lida apenas com as mais elevadas abstrações abre a porta para o inter-relacionamento dos vários grupos em seus diversos aspectos. O universo do discurso dentro do qual as pessoas podem se expressar torna possível a integração daquelas atitudes organizadas que representam a vida dessas diferentes comunidades em relacionamentos capazes de propiciar uma organização superior. A própria universalidade dos processos que pertencem à sociedade humana, quer sejam vistos pelo prisma da religião, do comércio ou do pensamento lógico, pelo menos abre a porta a uma sociedade universal, e, na realidade, essas tendências todas se expressam nos casos em que o desenvolvimento social avançou o suficiente para torná-la possível.

A expressão política desse crescimento da universalidade na sociedade é sinalizada pela dominação de um grupo sobre os outros. A mais antiga expressão disto é encontrada nos impérios dos vales do Nilo, Tigre e Eufrates. Diferentes comunidades passaram a competir umas com as outras, e, nessa competição, pôde-se identificar uma condição para o desenvolvimento do império. Não existe simplesmente o conflito de uma tribo com outra que está empenhada em tirar a rival do mapa, mas sim um tal conflito que leva à dominação de um grupo por outro, visando a manutenção do vencedor. Essa é uma importante diferença a ser salientada, quando sinaliza a expressão da autoconsciência alcançada pela realização do próprio self nos outros. Num momento de hostilidade ou cólera o indivíduo ou a comunidade pode simplesmente tentar derrotar o inimigo. Mas a expressão dominante em termos do self, mesmo que numa sociedade militarista, tem sido antes a de sujeitar o outro, diante de uma constatação da superioridade do self e da exploração do derrotado ou sujeitado. Essa mentalidade é uma atitude inteiramente diferente da que prevalece no mero derrotar do inimigo. Desse ponto de vista, pelo menos, existe uma conquista definitiva de um indivíduo com um self superior, que subjuga os outros e os mantém como seus súditos.

O sentimento de prestígio nacional é uma expressão daquele autorrespeito que tendemos a preservar para a manutenção da superioridade em relação a outras pessoas. Nós derivamos uma noção do nosso próprio self de uma certa superioridade em relação aos outros. Wundt reconheceu expressamente o quanto isso é fundamental no desenvolvimento do self. Essa é uma atitude que, sob o que consideramos condições de ordem superior, se transforma no justo reconhecimento das capacidades do indivíduo em suas próprias áreas de competência. A superioridade que a pessoa agora tem não está relacionada com outrem, mas se alicerça naquilo que ela pode fazer em relação às funções e capacidades dos outros. O desenvolvimento do especialista que é superior no desempenho de suas funções tem um caráter muito diferente da superioridade do valentão, que simplesmente se realiza em sua capacidade de sujeitar alguém. A pessoa que é competente em qualquer campo particular tem uma superioridade que pertence àquilo que ela mesma é capaz de fazer e que talvez outros não consigam. Isso lhe confere uma posição definida em que é capaz de se realizar na comunidade. Ela não se realiza em sua simples superioridade em relação a alguém, mas na função que é capaz de desempenhar e, na medida em que pode fazê-lo melhor do que os outros, adquire um sentimento de prestígio que reconhecemos como legítimo, em oposição a outras formas de autoafirmação que, do ponto de vista de nossos mais altos padrões sociais, consideramos ilegítimas.

As comunidades também podem se colocar umas diante das outras nessa mesma espécie de relação. Existe nos romanos um sentimento de orgulho por sua capacidade administrativa, assim como por seu poderio militar, sua capacidade de subjugar todos os povos em torno do Mediterrâneo e administrá-los. A primeira atitude foi a de subjugar e depois veio a de administrar, que era mais sintônica com o que já descrevi antes como a superioridade funcional. Era a isso que Virgílio se referia quando cobrava dos romanos que se dessem conta de que seu governo possuía essa capacidade de administração. Isso fez com que o Império Romano tivesse um caráter totalmente diverso dos demais impérios anteriores, que nada mais traziam além da força bruta. No caso dos romanos, deu-se a passagem de um sentimento de superioridade política e prestígio, expressos no poder de esmagar, para o poder de conduzir um empreendimento social no qual se encontra uma larga atividade cooperativa. A expressão política começa com uma mera autoafirmação, coligada a uma atitude militar que leva à destruição do outro, mas que também leva, ou poderia levar, ao desenvolvimento de uma comunidade superior, na qual a dominação assume a forma de uma administração. Pode-se conceber o aparecimento de uma comunidade internacional mais ampla do que um império, organizada em termos de suas funções em lugar da força.

A integração da atitude de uma religião universal, por um lado, e o desenvolvimento político cada vez mais amplo, por outro, alcançaram na democracia sua mais extensa forma de expressão. É claro que existe a democracia das cidades gregas, na qual o controle é simplesmente o controle das massas em sua oposição a certas classes econômicas e políticas dominantes. Existem, de fato, várias formas de governo democrático, mas, no sentido que aqui é relevante, a democracia é uma atitude que depende do tipo de self que condiz com as relações universais da fraternidade, seja qual for o modo como é alcançada. A Revolução Francesa expressou-a de certo modo ao cunhar o conceito da fraternidade. Cada indivíduo deveria se colocar no mesmo nível de todos os demais. Essa concepção já tinha sido originalmente advogada pelas religiões universais. Ao ser transposta para o cenário político só pôde se expressar na forma democrática. A doutrina que a fundamenta é, em grande medida, a concepção de Rousseau que se pode ler em *O contrato social*.

O pressuposto aqui é de uma sociedade na qual o indivíduo se mantém como cidadão apenas na medida em que reconhece os direitos de todos os outros que pertencem à mesma comunidade. Diante dessa universalidade, dessa uniformidade de interesses, seria possível às massas da comunidade assumir a atitude do soberano, enquanto ele mesmo assume a atitude dos súditos. Se a vontade de cada um for a vontade de todos, então o relacionamento do súdito com o soberano poderia ser incorporada por todos os indivíduos. E então chegamos ao que Rousseau se referiu como a "vontade geral da comunidade", viável somente quando o homem for capaz de se realizar ao reconhecer que os outros pertencem à mesma organização política que ele[17].

O conceito de democracia é em si tão universal quanto a religião e o aparecimento desse movimento político foi essencialmente religioso, posto que contava com o evangelho de Rousseau por trás. Também seguiu em frente com uma abordagem de propaganda. Propunha-se a derrubar a antiga organização social substituindo-a por sua própria forma de sociedade. Nesse sentido, ambos

---

17. Se você conseguir tornar a sua exigência universal, se o seu direito é tal que contém em si uma obrigação correspondente, então você reconhece os mesmos direitos em todos os outros e pode promulgar uma lei, por assim dizer, nos termos da comunidade como um todo. Portanto, pode existir uma vontade geral em termos do indivíduo porque todos os demais indivíduos estão expressando a mesma coisa. Surge então uma comunidade em que todos podem ser igualmente soberanos e súditos, soberanos à medida que afirmam seus próprios direitos e os reconhecem nos outros, e súditos à medida que obedecem às leis que eles mesmos confeccionam (1927).

os fatores – um, a dominação de outros grupos por um indivíduo ou grupo, e o outro, o sentimento de fraternidade e identidade entre os diversos integrantes de um mesmo grupo – agiram em conjunto no movimento democrático e, juntos, implicavam inevitavelmente uma sociedade universal não só em sentido religioso, mas em última instância também em sentido político. Esta situação se manifesta na Liga das Nações, na qual qualquer uma das comunidades integrantes reconhece todas as outras nesse próprio processo de se afirmar.

O que está envolvido no desenvolvimento de uma sociedade universal é justamente essa organização funcional que encontramos no desenvolvimento econômico. Este começa a partir das trocas. Alguém oferece uma coisa que não quer mais em troca de algo que uma outra pessoa não quer mais. Isso é abstrato. Mas, depois de perceber que pode produzir algo que não quer para trocar por algo que quer, você estimula o desenvolvimento funcional por meio dessa ação. Você estimula um grupo a produzir isto e outro a produzir aquilo, e, além disso, está controlando o processo econômico porque o produtor não continuará produzindo mais do que pode ser ofertado nas trocas regidas pelo mercado. Em última análise, o que será produzido é o que responde à expectativa do consumidor. Na organização funcional resultante, a pessoa desenvolve uma personalidade econômica de uma certa espécie, que tem seu próprio sentido de superioridade, mas que é usada na implementação de suas funções específicas em relação aos outros integrantes do grupo. Pode existir uma autoconsciência baseada na capacidade de fabricar algo melhor do que todos os outros, mas esse sentimento de superioridade só poderá ser sustentado quando se ajustar à comunidade que precisa desses produtos em seu processo de intercâmbio. Dentro desse contexto existe uma tendência para um desenvolvimento funcional capaz de se desenrolar até mesmo no cenário político.

Poderia parecer que o aspecto funcional é contraditório com os fins democráticos, já que considera o indivíduo em relação ao todo e, nessa medida, poderia ignorar o indivíduo; e que, correspondentemente, a verdadeira democracia deveria se expressar mais no tom de uma atitude religiosa, colocando em segundo plano o aspecto funcional. Se retomarmos o ideal da democracia que foi apresentado na Revolução Francesa chegamos de fato a esse tipo de conflito. Ali, temos o reconhecimento da qualidade; o sujeito cobra de si mesmo o que reconhece nos outros, e isto efetivamente serve de base para a estrutura social. Mas, quando consideramos a expressão funcional desse tempo, não existe o mesmo tipo de igualdade. No entanto, em sentido funcional, a igualdade é possível e eu não vejo qualquer motivo pelo qual ela não poderia permitir uma sensação tão profunda de realização do outro no íntimo do próprio indivíduo quanto a atitude religiosa. O médico que, por meio de sua habilidade superior, é capaz de salvar a vida de uma pessoa pode se realizar em termos da pessoa que ajudou. Não vejo razão pela qual essa atitude funcional não deveria se expressar na realização do próprio self em outrem. A base da expressão espiritual é a capacidade para realizar o nosso self através dos demais, e isso é certamente obtido na organização social. Parece-me que o aparente conflito que estamos considerando se refere ao desenvolvimento abstrato e preliminar da organização funcional. Até que essa organização funcional possa ser plenamente implementada existem oportunidades para a exploração do indivíduo, mas com o pleno desenvolvimento dessa organização deveremos atingir uma expressão espiritual mais elevada na qual o indivíduo se realiza nos outros por meio daquilo que faz de mais peculiar a si mesmo[18].

37
Outras considerações sobre atitudes religiosas e econômicas

Quero falar novamente sobre a natureza organizadora desses relacionamentos sociais mais amplos e abstratos que vim discutindo, os da religião e da economia. Cada um deles se torna universal em seu caráter operacional, não por causa de qualquer abstração filosófica que possam conter. O homem primitivo em seus escambos e o homem moderno na bolsa de mercadorias não estão interessados na forma da sociedade econômica implicada nos negócios que fazem, assim como também não é absolutamente necessário presumir que o indivíduo, ao prestar uma assistência imediata a alguém em dificuldades, identifica-se pessoalmente com essa outra pessoa e, com isso, apresenta para si mesmo uma forma de sociedade em que o interesse de um é o interesse de todos. Como indiquei acima, contudo, esses dois processos têm uma natureza universal: podem ser aplicados a qualquer um.

A pessoa capaz de ajudar alguém que se veja em apuros pode estender essa universalidade muito além do homem, entendendo-a então como não consentir com o sofrimento de cada criatura dotada de sensibilidade. Essa é uma atitude que podemos adotar com relação a qualquer forma sensível, que suposta ou efetivamente possa apelar a nós num momento de dificuldade, ou a qualquer criatura para quem possamos proporcionar alívio imediato com nossas ações. Essa universalidade se expressa como a atitude de uma certa ternura. Pode ser

---

18. [Para uma discussão do pragmatismo em relação à cena americana, cf. "The Philosophies of Royce, James and Dewey in their American setting". In: *International Journal of Ethics*, XL, 1930, p. 211ss. Para a gênese histórica do pragmatismo, cf. *Movements of Thought in the Nineteenth Century*.]

generalizada para indivíduos muito além dos nossos familiares. O amor pode se manifestar por qualquer forma jovem que inspire uma atitude maternal ou paternal, mesmo que não seja uma forma humana. Coisas pequenas despertam essa atitude terna. Esses fatos mostram o quanto é ampla a real universalidade dessa atitude; ela se revela em praticamente todas as coisas, em todas as criaturas possíveis com quem tenhamos uma relação pessoal. Não é sempre predominante, claro, pois às vezes a hostilidade se mostra uma reação mais poderosa do que todas as outras. Mas, na medida em que se manifesta, torna possível uma forma universal de sociedade. Os santos cristãos representavam essa espécie de sociedade à qual supostamente todos os indivíduos poderiam pertencer. Esse ideal encontrava uma via de expressão no conceito religioso de um mundo em que todos devem ter interesses absolutamente idênticos.

O outro processo é o da troca, no qual alguém, por assim dizer, passa adiante o que não precisa para receber algo de que necessita. Necessidades relativas com base em interesses comuns e na comunicação tornam possíveis as trocas. Esse é um processo que não vai além do homem, o que já é o caso da outra atitude. Não se podem fazer trocas com um boi ou um burro, mas podemos ter sentimentos afetivos por eles.

Quero me referir, em especial, ao poder organizador que esses dois tipos de atitudes têm e tiveram na comunidade humana. Como disse, são, antes de mais nada, atitudes que podemos adotar para nos comunicar com qualquer ser humano real ou ideal e, em um caso pelo menos, com outras criaturas com quem não podemos nos comunicar. Temos relações sociais com animais domésticos e nossas respostas assumem a identificação do animal conosco tanto quanto a nossa com ele, embora essa suposição não tenha uma justificativa final. Nossa própria atitude fundamental é um relacionamento social baseado no self e, por isso, tratamos os atos dos animais domésticos como se eles tivessem o seu self. Adotamos a atitude deles e a nossa conduta, ao lidar com eles, implica que eles adotem a nossa; agimos como se o cachorro soubesse o que queremos. Nem preciso acrescentar que a conduta humana que implica um self nos animais domésticos não tem a menor justificativa racional.

Essas, portanto, são atitudes que podem favorecer uma organização social que ultrapassa a estrutura real na qual os indivíduos se percebem envolvidos. É por essa razão que é possível para essas próprias atitudes trabalharem juntas ou, pelo menos, ajudar na criação da estrutura dessas comunidades maiores. Se considerarmos primeiramente a atitude econômica em que a troca do excedente de um indivíduo pelo de outro coloca o primeiro numa atitude de produção, produzindo esses excedentes com o propósito de trocá-los (o que o leva especialmente a atentar para meios de realizar trocas, constituir mercados, criar meios de transporte, construir sistemas bancários), reconhecemos que tudo isso pode advir do mero processo de trocar, desde que o seu valor seja reconhecido a fim de instigar suficientemente a produção de excedentes, que são a base do processo original. Duas crianças podem trocar seus brinquedos uma com a outra: uma tem um brinquedo velho e propõe a troca para o amigo que está disposto a se desfazer de alguma coisa. Nesse caso, a troca de excedentes não provoca produção. Mas, no caso dos seres humanos capazes de enxergar o futuro e vislumbrar as vantagens de uma troca, esta leva à produção.

Um notável exemplo disso é o desenvolvimento da indústria lanífera na Inglaterra. A princípio, as trocas aconteciam simplesmente dentro da própria Inglaterra, onde a lã era fiada em condições feudais. Depois, veio o transporte desse artigo de uma localidade para outra e o florescimento do comércio internacional. As mudanças que ocorreram dentro das comunidades inglesas como resultado dessa indústria são conhecidas de todos, assim como o grande papel que desempenhou no desenvolvimento do comércio exterior, introduzindo a gradual transformação da vida agrícola para a industrial, dentro das comunidades. Depois, quando o tecido de lã ultrapassou as fronteiras nacionais, surgiu uma rede de organizações econômicas que tem desde então baseado a fase subsequente do desenvolvimento inglês.

Quando essa atitude imediata de troca se tornou um princípio de conduta social, passou a ser um processo de desenvolvimento social envolvendo a produção, o transporte e todos os meios envolvidos no processo econômico que constitui algo como a própria sociedade universal que essa atitude contém como possibilidade. É claro que se trata de um processo de levar quem tem bens para trocar a um relacionamento direto com a pessoa que está disposta a trocá-los pelo que precisa. E o processo de produção e transporte, como também o de recepção dos bens entregues, relaciona os indivíduos cada vez mais proximamente com os demais envolvidos no processo econômico. Esse é um lento processo de integração de uma sociedade que estreita cada vez mais os laços que unem as pessoas. Esse processo não as aproxima espacial ou geograficamente, mas as aproxima em termos de comunicação. É bastante conhecida a abstração das ilustrações nos manuais em que três ou quatro pessoas numa ilha deserta iniciam uma negociação. Essas são figuras altamente abstratas, mas existem como abstrações na comunidade econômica e, como tais, representam o inter-relacionamento da comunicação na qual o indivíduo, em seu próprio processo de produção, está se identificando com o indivíduo que tem alguma coisa para trocar com ele. Ele tem de se colocar no lugar do outro ou não conseguiria produzir aquilo que o outro quer. Se ele dá início a esse processo, naturalmente está se identificando com um possível consumidor, com qualquer possível produtor, e se seu mecanismo é assim tão abstrato, então a teia comercial pode se estender em qualquer direção e a forma da sociedade pode absorver qualquer um que esteja disposto a entrar nesse processo de comunicação. Essa atitude em sociedade tende a construir a estrutura de um organismo social universal.

Como ensina a economia, o dinheiro não é mais do que um ícone, um símbolo de um certo montante de riqueza. É um símbolo de algo desejado pelos indivíduos que adotam a atitude propensa a trocas. As formas dessa troca são, então, os métodos de conversação, e os meios de troca se tornam gestos que nos capacitam a estender por vastas distâncias esse processo de passar adiante uma coisa que não se quer para conseguir algo que se quer, por meio da adoção da atitude da outra pessoa. Os meios para tais ícones da riqueza estão, assim, nesse processo de troca entre os gestos ou símbolos, tal como a linguagem funciona em outros campos.

A outra atitude universal discutida foi a solidariedade, imbuída no princípio do relacionamento religioso, e que tornou possível a existência da própria religião. O efeito imediato dessa atitude pode ser apenas repartir a própria comida com alguém faminto, dar de beber a quem tem sede, ajudar uma pessoa deprimida. Pode se tratar simplesmente de se render ao impulso de dar alguma coisa para aquela pessoa que a comoveu na rua. Talvez não signifique mais do que apenas isso, assim como uma troca entre duas crianças pode não ir mais além do processo da própria troca. Mas, na realidade, assim que alguém adota essa atitude mostra todo o seu enorme poder de reorganização social. Essa é a atitude que se expressou nas religiões universais e que se manifesta numa grande parte da organização social da sociedade moderna.

O cristianismo assentou as bases do progresso social – político, econômico e científico – do mundo moderno, progresso social que é tão predominantemente característico deste mundo. Pois a noção cristã de uma sociedade humana ou de uma ordem social humana racional ou abstrata e universal, embora originalmente uma doutrina ética e religiosa, foi aos poucos perdendo suas associações estritamente religiosas e éticas e se ampliou para incluir também todos os outros principais aspectos da vida social humana concreta. Com isso, tornou-se uma concepção maior e mais complexa dessa sociedade humana racionalmente universal e multilateral, para a qual todas as reconstruções sociais que constituem o moderno progresso social contribuem com referências intelectuais feitas pelos indivíduos que as concretizam.

Existe um agudo contraste entre o mundo antigo – em especial a antiguidade grega – e o mundo moderno no que tange à noção de progresso. Essa noção ou concepção era absolutamente estranha ao pensamento e à civilização do mundo antigo ou estava quase que completamente ausente desse cenário. Entretanto, é uma das ideias mais características e predominantes do pensamento e da civilização do mundo moderno. A visão de mundo da cultura moderna é essencialmente uma visão dinâmica. Nela é desejada e até mesmo enfatizada a realidade de uma genuína mudança criativa, de uma evolução das coisas. Já a visão de mundo da cultura antiga era essencialmente estática e não admitia em absoluto a ocorrência ou a realidade de qualquer evolução ou mudança genuinamente criativa no universo. Era uma visão de mundo segundo a qual não poderia vir a existir nada cuja causa final já não fosse dada (e eternamente dada); ou seja, nada poderia passar a existir exceto como ou por meio de uma realização individual de um tipo universal fixo que já estava e que sempre tinha estado lá. Segundo o pensamento moderno, não existem fins ou metas fixas ou determinadas rumo às quais o progresso social se encaminhe obrigatoriamente. Sendo assim, esse progresso é genuinamente criativo e não seria progresso de outro modo (aliás, a criatividade é essencial à moderna concepção de progresso). Mas o pensamento antigo, pelo contrário, não reconhecia em absoluto a realidade, a existência ou a possibilidade do progresso no sentido moderno desse termo. O único progresso de qualquer tipo que era reconhecido como possível e real era o progresso rumo a metas ou fins eternamente fixos, o progresso (que o pensamento moderno não consideraria de jeito nenhum um verdadeiro progresso) rumo à realização de tipos dados e predeterminados.

A noção de progresso não tinha sentido para a sociedade ou a civilização grega, dada a organização típica do Estado grego, que era completamente impotente para lidar de modo eficiente com os conflitos sociais – conflitos de interesses sociais – que surgiam em seu seio. O progresso, entretanto, é predominantemente característico da sociedade ou da civilização moderna, graças à organização característica do Estado moderno, que é flexível o bastante para conseguir enfrentar, em certa medida pelo menos, os conflitos sociais entre os indivíduos que o constituem, porque se presta – de uma maneira impossível à organização do Estado grego – a essa extensão intelectual mais ou menos abstrata de seus limites na mente dos indivíduos nela implicados, como mencionamos antes. Por meio dessa extensão a mente é capaz de vislumbrar uma organização social mais ampla, ou um todo social organizado maior, englobando-a junto com as demais, um todo no qual os conflitos sociais de interesse são em certa medida harmonizados ou neutralizados e em referência aos quais a mente é correspondentemente capaz de propiciar as reconstruções internas, necessárias à resolução desses conflitos.

Os princípios econômicos e religiosos são geralmente vistos em mútua oposição. Por um lado, há a suposição de um processo econômico cujo caráter chamamos de materialista, e, por outro, a identificação das pessoas em torno de interesses comuns, a que nos referimos em termos idealistas. É óbvio que podemos encontrar alguma justificativa para essa visão, mas ela deixa de lado a importância do fato de que tais atitudes têm de ser continuamente corrigidas. Pressupomos que o processo econômico é sempre autocentrado e que nele o indivíduo simplesmente trata de promover seus interesses em detrimento dos de seus semelhantes, que o indivíduo adota a atitude do outro apenas para levar vantagem. Embora tenha se insistido que o livre-comércio, a oportunidade das trocas, é algo que promove o reconhecimento de interesses comuns, sempre se supôs que esse é um subproduto do processo econômico e não está envolvido na atitude em si, embora possamos identificar, sim, um idealismo econômico em homens como James Bryce. Por outro lado, as religiões têm sido tanto fontes reais de atitudes belicosas no passado quanto de competição econômica no cenário atual. Um dos efeitos notáveis de toda guerra é enfatizar o caráter nacional da religião do povo. Durante a guerra, tivemos o deus dos alemães e o deus dos aliados; a divindade se viu dividida em alianças. A história ilustra frequentemente em que medida a vida religiosa se ajusta ao conflito. Tampouco não são inteiramente ausentes ilustrações de fases idealistas da vida econômica. Não há dúvida de que o processo econômico tem sido capaz de aproximar continuamente as pessoas umas das outras e que tem se mostrado propenso a promover a identificação entre elas. A mais destacada ilustração disso é o caráter internacional do trabalho e o desenvolvimento de organizações trabalhistas dentro de comunidades locais. Existe tanto a identificação do trabalhador com seus colegas de trabalho em grupo como a identificação dos trabalhadores de uma dada comunidade com os de outra. No socialismo, o movimento trabalhista se tornou uma religião. O processo econômico é tal que inevitavelmente aproxima os grupos por meio do processo de comunicação que envolve participação. Esse processo tem sido o mais universal fator de socialização de toda a nossa sociedade moderna, mais universalmente reconhecível ainda que a religião.

A religião constituída em torno do culto de uma comunidade se torna muito concreta, identifica-se com a história imediata e a vida da comunidade, sendo mais conservadora do que praticamente qualquer outra instituição da comunidade. O culto tem um valor intrínseco de mistério que não podemos racionalizar plenamente, e por isso nós o preservamos na forma que sempre teve, e em seu ambiente social. O culto tende a retificar o caráter da expressão religiosa de modo que, enquanto a atitude religiosa pode promover a identificação dos indivíduos entre si, o culto em que ela se institucionaliza mostra-se apto a ser especializado quase que em grau máximo. É muito possível compreender quando alguém vem até você com algo de valor e que você queira ter; se essa pessoa puder se expressar em termos comerciais, você poderá entendê-la. Se, no entanto, ela se aproxima com seu culto religioso particular, há grandes chances de que você não consiga entendê-la.

O movimento missionário, tão característico nas mais diversas religiões, é um movimento no qual o caráter universal da religião tem, por sua vez, desafiado o caráter conservador rígido do culto, o que vem surtindo um efeito enorme sobre o caráter da religião em si. Mas, mesmo nesse caso, a religião se determinou a se transferir como culto, com todo o seu caráter, credo e dogmas, de modo que não se prestou tão diretamente a servir como meio de comunicação universal quanto o processo econômico.

Naturalmente, essas duas atitudes são muito diferentes entre si. Uma identifica os indivíduos um com o outro somente quando ambos estão envolvidos numa operação comercial. O intercâmbio é a essência vital do processo econômico, e esse processo abstrai tudo do outro indivíduo, exceto que ele está envolvido nessa interação. A atitude religiosa, pelo contrário, transporta a pessoa para a atitude interior imediata do outro; com isso, ela está se identificando com ele na medida em que o está auxiliando, ajudando, salvando-lhe a alma, apoiando-o neste mundo e no outro: sua atitude é de salvação do indivíduo. Tal atitude é muito mais profunda na identificação da pessoa com os outros. O processo econômico é mais superficial, e, portanto, talvez capaz de transitar mais rapidamente e possibilitar uma comunicação mais fácil. Esses dois processos, contudo, têm um caráter sempre universal e, na medida em que se manifestam, tendem a constituir uma certa espécie de comunidade tão universal quanto as próprias atitudes. Tomados simplesmente em si mesmos, processos como aqueles nos quais uma criança troca um brinquedo pelo de outra criança ou um animal ajuda outro, podem ser imediatamente interrompidos com o exercício do ato, mas quando existe um grupo composto por uma coletânea de selfs, de indivíduos que se identificam uns com os outros como meio de desenvolver cada qual o seu self, então os processos vão muito mais além do mero apossar-se de algo que se pode obter e que o outro não quer mais, ou mais além do mero impulso de ajudar alguém. Ao realizar essas atividades o indivíduo desencadeou um processo de integração que aproxima as pessoas e cria o mecanismo pelo qual se torna possível um nível mais profundo de comunicação.

É importante reconhecer esse desenvolvimento na história. Em si, os dois processos tendem a produzir uma comunidade mais ampla, mesmo quando as pessoas não têm o ideal de sua realização. Não podemos adotar a atitude de nos identificar com o outro sem, em alguma medida, tender à constituição dessas comunidades. Uma função particular da história é nos capacitar a olhar para trás e ver até onde essa reconstrução social alcançou; reconstrução que na época as pessoas não reconheceram, mas que nós podemos reconhecer, dada a nossa vantajosa posição de uma distância maior. E a função do líder, aquele indivíduo que é capaz de captar tais movimentos e então levar a comunidade adiante, está em proporcionar ímpeto e direção, dado que está consciente do que está acontecendo.

Parece-me que essa visão do self que apresentei com tantos detalhes torna inteligível o acúmulo do crescimento social. Se pudermos reconhecer que um indivíduo chega efetivamente a se individuar, que alcança a sua própria consciência, em sua identificação com o outro, então podemos dizer que o processo econômico deve ser aquele no qual o indivíduo realmente se identifica com os possíveis consumidores com os quais troca coisas e que ele deve estar continuamente construindo meios de comunicação com esses outros a fim de tornar o seu processo bem-sucedido; isto, bem entendido, embora o processo seja talvez firmemente autocentrado, deve inevitavelmente levar o indivíduo a adotar de modo cada vez mais concreto a atitude do outro. Se você pretende levar adiante um processo econômico bem-sucedido, precisa entrar numa relação cada vez mais estreita com o outro indivíduo, identificando-se não só quanto à mera questão específica da troca, mas descobrindo o que ele quer e por que o quer, quais serão as condições do pagamento, o caráter particular dos bens desejados e assim por diante. Você tem de se identificar com ele cada vez mais. Temos um relativo desdém pela atitude do vendedor enfatizada pelos negócios contemporâneos; essa atitude comercial sempre parece conter uma certa hipocrisia ao defender que o vendedor se coloque na atitude do outro a fim de poder enganá-lo e levá-lo a comprar aquilo que não quer. Mesmo quando não consideramos que isso seja justificável, podemos pelo menos reconhecer que até aqui atua a suposição de que o sujeito tem de adotar a atitude do outro, que o reconhecimento do interesse do outro é essencial ao êxito do negócio. O objetivo disso é percebido quando realizamos o processo econômico mais além de um fim lucrativo e o colocamos na esfera do bem público, prestando serviços coletivos. O diretor de uma ferrovia ou de um serviço de utilidade pública tem de se colocar no lugar da comunidade que atende e prontamente nós podemos enxergar que essas utilidades públicas se situam inteiramente fora da esfera dos ganhos e se tornam empreendimentos econômicos bem-sucedidos, sendo simplesmente um meio de comunicação. O socialista constrói uma teoria para todos os negócios justamente com base nessa possibilidade.

38
A natureza da simpatia

O termo "simpatia" é ambíguo e difícil de interpretar. Já me referi à atitude imediata de ajuda, de uma pessoa que presta assistência à outra, como a que encontramos nas relações entre as formas inferiores. Na forma humana, a simpatia vem quando é despertada no self a mesma atitude daquele a quem a pessoa está ajudando, quando ela adota a atitude do outro enquanto lhe presta assistência. Um cirurgião pode simplesmente realizar uma operação com total objetividade, sem qualquer simpatia pelo paciente. Mas, na atitude simpática, implicamos que a nossa atitude desperta em nós mesmos a atitude daquela pessoa que estamos auxiliando. Sentimos com ela e somos capazes de também nos sentir no outro porque, com nossa própria atitude, despertamos em nós a atitude da pessoa que estamos ajudando. É isso que considero uma interpretação adequada daquilo que em geral chamamos de "imitação" e "simpatia", aquele sentido vago e indefinido que encontramos em nossas psicologias quando tratam da questão.

Vejamos, por exemplo, a atitude dos pais em relação a seu filho. O tom da criança é de queixa, dor e o do pai é de tranquilização. O pai está despertando em si mesmo a atitude da criança de aceitar ser consolada. Esse exemplo ilustra também a limitação da simpatia. Há pessoas com as quais achamos difícil simpatizar. Para sentirmos simpatia por alguém deve haver uma reação que responda à atitude dele. Se não existe uma reação que responde assim, então a pessoa não consegue despertar simpatia em si mesma. Não só isso, como deve haver cooperação, uma reação por parte da pessoa com quem simpatizamos, para que a pessoa que sentiu simpatia possa despertar em si mesma tal atitude. Nós não nos colocamos imediatamente na atitude de uma pessoa que sofre, além da nossa própria atitude de simpatia por ela. A situação é de uma pessoa ajudando outra, e por causa disso ela evoca em si mesma a resposta que sua assistência evoca no outro. Se não existe uma reação por parte da pessoa ajudada, não pode haver simpatia. Claro que podemos dizer que somos capazes de reconhecer como a outra pessoa está sofrendo se apenas ela pudesse falar sobre isso. Desse modo, colocamo-nos no lugar do outro que não está lá, mas que encontramos no plano das experiências e a quem interpretamos com base em experiências anteriores. Uma simpatia ativa, porém, significa que o indivíduo realmente desperta no outro a reação evocada por sua assistência e em si mesmo desperta uma reação semelhante. Se não existe uma reação não podemos simpatizar com ele. Isso expressa a limitação da simpatia propriamente dita: ela deve ocorrer dentro de um processo cooperativo. Não obstante, é no sentido acima explicitado que uma pessoa se identifica com outra. Não estou me referindo a uma identificação no sentido hegeliano do ego, mas no sentido de um indivíduo que de maneira perfeitamente natural evoca uma certa reação em si mesmo porque esse gesto atua em si da mesma maneira que no outro.

Adotar uma atitude especificamente humana – quer dizer, autoconsciente em relação a outro ser humano, ou tornar-se consciente dessa pessoa – é o mesmo que se identificar com ela por simpatia, assumindo a sua atitude ou o seu papel numa determinada situação social e, assim, respondendo à situação implicitamente da mesma forma como o outro faz ou está prestes a fazer explicitamente. De maneira essencialmente semelhante assumimos em relação a nós mesmos a atitude da outra pessoa num diálogo de gestos com ela, e, desse modo, tornamo-nos conscientes de nós mesmos. As atividades sociais humanas dependem em ampla medida da cooperação social entre os indivíduos humanos que as realizam; essa cooperação resulta de esses indivíduos assumirem reciprocamente suas atitudes sociais. A sociedade humana dota o indivíduo humano com a mente, e a própria natureza social da mente exige dele que, em certa medida, se coloque no lugar existencial dos outros indivíduos, que assuma as atitudes destes que pertencem à sociedade e estão envolvidos com ele na totalidade do processo social da experiência e do comportamento que essa sociedade representa ou leva em frente.

Desejo agora utilizar esse mecanismo para lidar com o processo econômico e a religião. No campo econômico, o indivíduo está assumindo a atitude do outro na medida em que lhe oferece algo e com isso evoca a resposta, no indivíduo que tem um excedente, de dar alguma coisa. Deve existir uma situação na qual o indivíduo promove o seu próprio objeto como algo que tem valor. Agora, de seu ponto de vista, não é algo valioso, mas ele está se colocando no lugar do outro indivíduo que lhe dará uma coisa em troca porque pode encontrar um uso para isso. Ele está despertando em si a atitude do outro que lhe oferece algo em troca pelo que ele oferece e, embora o objeto não tenha para o indivíduo um valor direto, torna-se valioso do ponto de vista do outro em cujo papel o primeiro sujeito é capaz de se colocar.

O que torna esse processo tão universal é o fato de estar lidando com excedentes, com aquilo que, por assim dizer, não tem valor do ponto de vista do indivíduo. Claro que adquire valor no mercado e, então, é avaliado do ponto de vista do que se pode obter com tal artigo, mas o que o torna algo universal é que não passa para o uso direto e pessoal do indivíduo. Mesmo que tome algo que pode usar e o negocie, ele tem de considerar esse objeto como algo de que está se livrando para poder conseguir algo mais valioso; o objeto de troca tem de ser algo que ele não irá usar. O valor imediato de possuirmos diretamente alguma coisa é o uso que fazemos disso, é o seu consumo, mas, no processo econômico, estamos lidando com coisas que imediatamente são desprovidas de valor. Com isso, criamos um tipo universal de processo. Tal universalidade depende do fato de que cada pessoa introduz no mercado as coisas que não irá usar. Estas são apresentadas em termos da abstração do dinheiro, por meio do qual podemos adquirir qualquer outra coisa. É esse valor negativo que lhe confere universalidade, pois então o artigo pode ser destinado a qualquer um capaz de dar em troca algo que possa ser usado.

Na comunidade primitiva na qual todos estão relacionados a todos, excedentes não têm sentido. As coisas são distribuídas de acordo com costumes definidos; todos partilham os excedentes. Diante dessas condições, não existe riqueza. Há certos retornos dados ao artesão, mas não retornos cuja forma lhes permita serem gastos com quaisquer bens que ele possa querer em troca de algo que não deseja mais. Assim, o estabelecimento dos meios de troca é algo extremamente abstrato. Depende da capacidade do indivíduo de se colocar no lugar do outro para garantir que este precise daquilo que ele mesmo não precisa, e para garantir que aquilo que ele mesmo não precisa seja algo que o outro de fato precisa. O processo todo depende de uma identificação do self de uma pessoa com o outro, o que não pode ocorrer entre formas vivas nas quais não exista a capacidade de um self se colocar no lugar de outro por meio da comunicação, no seio de um sistema de gestos que constitui a linguagem. Assim, aqui estão duas fases nas quais as sociedades universais, embora sendo sociedades altamente abstratas, de fato existem concretamente, e o que apresentei até aqui é o lastro psicológico dessas sociedades universais e sua tendência a se completar. Não é possível completar o processo de introduzir bens no mercado exceto desenvolvendo-se meios de comunicação. A linguagem em que isso se expressa é a linguagem do dinheiro. O processo econômico está certo ao aproximar cada vez mais as pessoas, estipulando mais e mais técnicas econômicas e o mecanismo da linguagem necessária a tais procedimentos.

O mesmo é verdadeiro, num sentido ligeiramente diferente do ponto de vista das religiões universais. Estas tendem a se definir em termos de comunidades porque se identificam com o culto na comunidade, mas ultrapassam essas barreiras no movimento missionário, na forma dos catequizadores. A religião pode ser relativamente primitiva, como o maometanismo, ou ter uma forma mais complexa, como o budismo e o cristianismo, mas é inevitável que se dedique a completar as relações envolvidas na atitude de salvar a alma das outras pessoas, de ajudá-las e assisti-las. A religião desenvolve o missionário que é um médico, os que são artesãos, os que estabelecem os processos na comunidade que encaminharão ao apego às próprias coisas envolvidas na atitude religiosa. Nós a encontramos primeiramente nos monastérios europeus, onde os monges se dedicavam a várias formas de artesanato. Estes ilustram a tendência da religião a se completar, a completar a comunidade que existia previamente numa forma abstrata. Esse é o quadro que pretendi apresentar, pois contém contribuições interpretativas valiosas da visão de self aqui desenvolvida.

39
Conflito e integração

Tenho enfatizado a contínua integração do processo social e a psicologia do self que subjaz a esse processo e o torna possível. Agora comentarei os fatores do conflito e da desintegração. No jogo de beisebol há indivíduos competindo pelos holofotes, mas isso só pode ser alcançado se eles participarem do jogo. Essas condições de fato tornam necessária uma certa espécie de ação, mas dentro delas podem existir todas as espécies de pessoas invejosas competindo, capazes de destruir o time. Parecem existir abundantes oportunidades de desorganização na organização essencial de um time. No processo econômico verifica-se o mesmo, apenas em escala muito maior. Deve existir a distribuição, deve haver mercados e meios de troca; mas, dentro dessa área são possíveis todas as espécies de competição e desorganização, pois existe tanto o "eu" como o "mim", em todos os casos.

Via de regra, os conflitos históricos começam com uma comunidade que é altamente organizada socialmente. Esses conflitos têm de surgir entre grupos diferentes nos quais existe uma atitude de hostilidade para com os demais envolvidos. Mas, mesmo aqui, geralmente o resultado é uma organização social mais ampla. Existe, por exemplo, o aparecimento de uma tribo contra o clã. Esta é uma organização mais ampla e mais vaga, mas ainda assim está lá. É esse tipo de situação que vivemos no presente momento. Mais além da potencial hostilidade entre as nações, estas se reconhecem como membros formadores de algum tipo de comunidade, como a Liga das Nações.

As tendências de comportamento ou os impulsos sociofisiológicos fundamentais que são comuns a todos os indivíduos humanos, que fazem esses indivíduos entrarem coletivamente em sociedades organizadas ou se filiarem a comunidades sociais e que constituem a base derradeira dessas sociedades ou comunidades-sociedades caem do ponto de vista social em duas classes principais: as que favorecem a cooperação social e as que instigam o antagonismo social entre os indivíduos; as que geram atitudes e relações amistosas e as que dão origem a atitudes e relações hostis entre os indivíduos humanos implicados nessas situações sociais. Temos usado o termo "social" em suas acepções mais estrita e mais abrangente, mas, no seu sentido mais comumente estreito, quando contém uma conotação ética, somente os impulsos ou as tendências de comportamento humano fisiológico fundamental da primeira classe (os impulsos amistosos, ou que favorecem a amistosidade e a cooperação entre os indivíduos motivados por ela) são "sociais" ou levam a uma conduta "social", enquanto os impulsos ou tendências de comportamento da outra classe (os hostis ou que favorecem a hostilidade e o antagonismo entre os indivíduos assim motivados) são "antissociais" ou levam a uma conduta "antissocial". Ora, é verdade que esta última classe de impulsos ou tendências de comportamento, fundamentais nos seres humanos, é "antissocial" na medida em que se torna, em si mesma, destrutiva em relação a toda organização social humana, ou em si mesma não poderia constituir a base de qualquer sociedade humana organizada; no entanto, em seu sentido antiético mais estrito e mais amplo, obviamente não deixa de ser tão social quanto a primeira classe desses impulsos ou tendências de comportamento. São impulsos igualmente comuns a todos os indivíduos humanos, universais entre eles, e no mínimo são mais fácil e imediatamente despertados pelos estímulos sociais correspondentes. E, quando combinados ou fundidos com os primeiros impulsos ou tendências de comportamento, e em certa medida controlados por estes, são tão básicos a todas as organizações sociais humanas quanto estes e desempenham um papel dificilmente menos necessário e significativo na própria organização social e na determinação de seu caráter geral. Considere, por exemplo, dentre esses impulsos ou atitudes humanas "hostis" o funcionamento, a expressão ou a operação da autoproteção e da autopreservação na organização e nas atividades organizadas de qualquer sociedade humana ou comunidade social; digamos, de um estado ou de uma nação moderna. Os indivíduos humanos se percebem ou se tornam conscientes de si mesmos como tais, mais pronta e facilmente, em termos das atitudes ligadas ou associadas a esses dois impulsos "hostis" (ou em termos desses dois impulsos que se expressam em tais atitudes), do que em termos de quaisquer outras atitudes ou tendências de comportamento sociais expressas por essas atitudes. No seio da organização social de um estado ou nação os efeitos "antissociais" desses dois impulsos são domados e mantidos sob controle pelo sistema legal, que é um aspecto dessa organização. Esses dois impulsos constituem os princípios fundamentais em termos dos quais atua o sistema econômico, que é um outro aspecto dessa organização. Combinados e fundidos com os impulsos humanos "amistosos", organizados em termos desses impulsos que promovem a cooperação social entre os indivíduos envolvidos nessa organização, impede-se que deem origem aos atritos e à inimizade entre os indivíduos, o que, se não fosse assim, seria sua consequência natural e fatalmente prejudicial à existência e bem-estar de tal organização. Tendo, por conseguinte, sido transformados em elementos integrantes das bases dessa organização, são utilizados por ela como forças impulsionadoras fundamentais para o seu próprio desenvolvimento futuro, ou bem servem de alicerce para o progresso social no interior de sua rede de relações. Em geral, sua expressão ou manifestação mais óbvia e concreta nessa organização reside nas atitudes de rivalidade e competição que geram no seio do Estado ou nação como um todo, entre os diferentes subgrupos socialmente funcionais de indivíduos, determinados (e, em especial, determinados economicamente) por essa organização. Essas atitudes servem a fins ou propósitos sociais definidos e pressupostos por essa organização e constituem os motivos das atividades sociais funcionalmente necessárias dentro dessa organização. Mas os impulsos humanos de autoproteção e autopreservação também se expressam ou se manifestam indiretamente nessa organização quando, por sua associação com os impulsos humanos "amistosos" dentro dessa organização, dão origem a um dos ideais, princípios ou motivos constitutivos primários dessa organização; a saber, a proteção social e a assistência social prestadas ao indivíduo pelo Estado para que conduza a sua vida, ao aumentar a eficácia – para os propósitos dessa organização – dos impulsos humanos "amistosos", com uma noção ou realização da possibilidade e desejabilidade dessa proteção e assistência social organizada e oferecida ao indivíduo. Além disso, no caso de qualquer circunstância especial na qual o Estado ou nação se veja como um todo, confrontado por algum perigo comum a todos os seus membros individuais, eles se fundem com os impulsos humanos "amistosos" nesses indivíduos, de tal forma que fortalecem e intensificam neles o sentimento de uma união social organizada, de um inter-relacionamento social cooperativo que os une em termos de Estado. Nessas circunstâncias, longe de constituir forças de desintegração ou destruição dentro da organização social do Estado ou nação, tornam-se indiretamente os princípios de uma maior união, coerência e coordenação social dentro dessa organização. Durante a guerra, por exemplo, o impulso de autoproteção em todos os membros individuais do Estado é dirigido unanimemente contra seu inimigo comum e cessa, temporariamente, de ser dirigido internamente; são temporariamente desmanteladas as atitudes de rivalidade e competição que esses impulsos normalmente originam entre os grupos menores e socialmente funcionais desses indivíduos dentro do Estado. As barreiras sociais habituais entre tais grupos são igualmente removidas e o Estado apresenta um *front* unido contra qualquer perigo comum, ou se funde numa só unidade em termos do fim comum partilhado pela respectiva consciência de cada um de seus membros individuais, ou refletido nela. É sobre tais expressões do impulso de autoproteção em tempos de guerra, em todos os membros individuais de um Estado ou nação, que principalmente se assenta a eficácia geral dos apelos nacionalistas ao patriotismo.

Além disso, nas situações sociais em que o self individual se sente dependente do restante dos membros de um dado grupo social ao qual pertence para a sua continuação ou a continuação de sua existência, é verdade que para tal propósito não se torna necessário nenhum sentimento de superioridade em relação aos outros componentes desse grupo. Mas, nas situações sociais em que, por algum tempo, ele não consegue integrar suas relações sociais com outros selfs individuais, compondo um padrão unitário (i. é, o padrão de comportamentos da sociedade organizada ou comunidade social à qual pertence, padrão de comportamento social que reflete na estrutura do seu self e que constitui essa estrutura), instala-se temporariamente (i. é, até que possa então integrar suas relações sociais com o self de outros indivíduos) uma atitude de hostilidade, de "oposição latente" de sua parte à sociedade organizada ou à comunidade social da qual é membro. Durante essa fase o self individual deve "convocar" ou confiar no sentimento de superioridade em relação à sociedade, à comunidade social ou a seus outros componentes individuais a fim de se incentivar e "se manter indo em frente". Nós sempre nos vemos à luz mais favorável possível, mas como todos temos de realizar a tarefa de nos manter seguindo em frente, é muito necessário que, para tanto, devamos apresentar a nós mesmos dessa maneira.

Uma sociedade humana altamente desenvolvida e organizada é aquela na qual seus membros individuais estão inter-relacionados numa multiplicidade de maneiras diversas, complexas e intrincadas, por meio das quais todos partilham vários interesses sociais comuns, apesar de, por outro lado, viverem mais ou menos conflitos relativos a diversos outros interesses que só possuam individualmente ou sejam partilhados apenas em grupos muito reduzidos e limitados. Os conflitos entre indivíduos de uma sociedade humana altamente organizada e desenvolvida não são meros conflitos entre seus respectivos impulsos primitivos, mas conflitos entre seus respectivos selfs ou personalidades, cada qual com sua definida estrutura social – altamente complexa, organizada e unificada – e com vários aspectos ou facetas sociais diferentes, com vários conjuntos diferentes de atitudes sociais que as constituem. É assim que, dentro dessa sociedade, surgem conflitos entre aspectos ou fases diferentes de um mesmo self individual (conflitos que levam a casos de múltipla personalidade quando são extremos ou violentos o suficiente para serem psicopatológicos) ou entre diferentes selfs individuais. Ambos os tipos de conflitos individuais são resolvidos ou encerrados pelas reconstruções das situações sociais particulares e pelas modificações de uma determinada estrutura de relacionamentos sociais nos quais aparecem ou ocorrem no processo vital social humano geral. Essas reconstruções e modificações, como dissemos, são executadas pela mente dos indivíduos em cuja experiência ou self esses conflitos tendem a ocorrer.

Na qualidade de pensamento construtivo, reflexivo ou voltado para a solução de problemas, a mente consiste em meios, mecanismos ou um aparato socialmente adquirido por meio do qual o indivíduo humano soluciona os vários problemas de ajustamento ambiental que vêm confrontá-lo no curso de sua experiência e que impedem que sua conduta prossiga harmoniosamente em frente até que sejam então devidamente enfrentados. A mente ou o pensamento – conforme existe nos membros individuais da sociedade humana – também é o meio, mecanismo ou aparato por meio do qual a reconstrução social é efetuada ou realizada por esses indivíduos, pois é pelo fato de possuírem a mente ou o poder de pensar que os indivíduos humanos podem, por assim dizer, revidar criticamente à estrutura social organizada da sociedade à qual pertencem (e de cujas relações com ela sua mente deriva, em primeira instância) e reconhecer, reconstruir ou modificar essa estrutura social em grau maior ou menor, conforme requerido de tempos em tempos pela evolução social. Para que essas reconstruções sociais possam de fato ter um longo alcance deve-se pressupor uma base de interesses sociais comuns compartilhados por todos os membros individuais dessa sociedade humana em que ocorre a reconstrução; compartilhados, diga-se de passagem, por todos aqueles indivíduos cuja mente deve participar da reconstrução ou que a desencadeie. A maneira como essa reconstrução social é efetivamente concretizada pela mente dos indivíduos envolvidos consiste numa extensão intelectual mais ou menos abstrata dos limites daquela sociedade à qual os indivíduos pertencem e que está passando pela reconstrução, extensão resultante num todo social maior em termos do qual os conflitos sociais que necessitam da reconstrução dessa sociedade são harmonizados ou reconciliados e em referência à qual, como é de se esperar, esses conflitos podem ser resolvidos ou eliminados[19].

---

19. O caráter reflexivo da autoconsciência permite ao indivíduo se completar como um todo; sua capacidade de assumir as atitudes sociais de outros indivíduos e também as do outro generalizado em relação a si mesmo, dentro de uma dada sociedade organizada da qual é membro, torna-lhe possível se considerar como um todo objetivo dentro de seu próprio panorama experiencial. Assim, ele pode conscientemente integrar e unificar os vários aspectos de seu self para formar uma única personalidade consistente, coerente e organizada. Além disso, pelos mesmos meios, pode empreender e efetivar reconstruções inteligentes daquele self ou personalidade, em termos

As mudanças que fazemos na ordem social na qual estamos implicados determinam necessariamente que também efetuemos mudanças em nós mesmos. Os conflitos sociais entre os membros individuais de uma dada sociedade humana organizada, que, para sua remoção, demandem reconstruções e modificações conscientes ou inteligentes dessa sociedade por tais indivíduos também necessitam em igual medida que as reconstruções ou modificações alcancem o próprio self ou a própria personalidade desses indivíduos. Dessa maneira, as relações entre a reconstrução social e a reconstrução do self ou personalidade são recíprocas, internas ou orgânicas. A reconstrução social, efetivada pelos membros individuais de qualquer sociedade humana organizada, implica a reconstrução do self ou da personalidade, em algum grau, por cada um desses indivíduos e vice-versa, pois, como sua personalidade ou self é constituído pelas relações sociais organizadas de uns com outros, eles não podem reconstruir seu self ou personalidade sem também reconstruir, em alguma medida, a própria ordem social que, naturalmente, é da mesma maneira constituída pelas relações sociais organizadas entre seus componentes. Em ambos os tipos de reconstrução está envolvido o mesmo material fundamental das relações sociais organizadas entre os indivíduos humanos, que é simplesmente tratado de modos diferentes ou de ângulos ou pontos de vista diferentes, respectivamente conforme o caso. Em suma, a reconstrução social e a reconstrução do self ou personalidade são os dois lados de um único processo, o processo da evolução social humana. O progresso social humano envolve o uso, pelos indivíduos humanos, de seu mecanismo de autoconsciência, cuja origem é social, tanto na efetivação dessas mudanças sociais progressivas como no desenvolvimento de seu self ou personalidade individual, de maneira tão adaptativa quanto possível para manter o mesmo andamento da reconstrução social.

Essencial e fundamentalmente, as sociedades desenvolvem organizações complexas não só por meio de uma progressiva construção de graus cada vez mais funcionais de diferenciação comportamental entre os indivíduos que as constituem. Essas diferenciações funcionais e comportamentais entre os membros individuais implicam ou pressupõem oposições iniciais entre necessidades e fins individuais, oposições que, em termos da organização social, no entanto, são ou foram transformadas nessas diferenciações ou em meras especializações do comportamento individual socialmente funcional.

O ideal social humano – o ideal ou fim último do progresso social humano – é alcançarmos a sociedade humana universal na qual todos os seres humanos possuam uma inteligência social aperfeiçoada, de tal sorte que todos os significados sociais possam ser similarmente refletidos em suas respectivas consciências individuais, de tal sorte que os significados dos atos ou gestos de

---

de suas relações com uma dada ordem social, toda vez que as exigências de adaptação ao seu ambiente social demandarem tais reconstruções.

qualquer indivíduo (realizados por ele e expressos na estrutura de seu self, por meio de sua habilidade para adotar as atitudes sociais de outros indivíduos em relação a si e em relação a seus fins ou propósitos sociais comuns) sejam os mesmos para qualquer outro indivíduo que responda a eles.

A interdependência mutuamente vinculadora entre os indivíduos humanos, dentro de um determinado processo vital social organizado em que todos estão envolvidos, está se tornando cada vez mais intrincada, com elos cada vez mais estreitos e altamente organizada, conforme a evolução social humana prossegue em seu curso. A ampla diferença, por exemplo, entre a civilização feudal da Idade Média, com sua organização social relativamente frouxa e desintegrada, e a civilização nacional dos tempos modernos, com sua organização social relativamente amarrada e integrada (juntamente com sua tendência para o desenvolvimento de alguma forma de civilização internacional), exibe a constante evolução da organização social humana na direção de uma unidade e uma complexidade de relações cada vez maior, com elos mais e mais estreitos, integrados e entrelaçados, unificando todas as relações sociais de interdependência que a constituem e que prevalece entre os indivíduos envolvidos nela.

40
As funções da personalidade e da razão na organização social

Quando uma sociedade é organizada em torno de um monarca; quando as pessoas dentro de um mesmo Estado são tão separadas umas das outras que só conseguem se identificar entre si por intermédio de sua sujeição a um mesmo monarca, então, é claro, o relacionamento entre súdito e monarca se torna de suprema importância. É somente por meio desse tipo de relacionamento que tal comunidade pode ser constituída e sua união mantida. Essa situação é encontrada nos antigos impérios da Mesopotâmia, onde povos com idiomas e costumes diferentes só se inter-relacionavam através dos grandes reis. Isso propicia o processo mais imediato de relacionamento. Esse tipo de organização societária só alcança até onde se estende a autoridade do rei e a base comum da relação com ele.

A importância do monarca em contraposição à ordem feudal reside no fato de que o rei podia estabelecer relacionamentos com pessoas muito afastadas umas das outras, exceto por sua ligação com ele. O rei representava o povo de uma maneira universal, quando antes os súditos não tinham relação alguma um com o outro, exceto pelas hostilidades entre as comunidades feudais. Na ligação com ele criava-se um vínculo pessoal, uma relação de *status* que é importante na comunidade. Claro que a relação é entre um súdito e o monarca e envolve a aceitação de uma posição inferior, mas essa era uma aceitação feita de bom grado, devido à sua significação para a comunidade em geral, possibilitada por uma ordem desse teor. A comunidade à qual o indivíduo pertencia era tipificada em sua relação com o rei, e até mesmo sob um regime como a monarquia constitucional o monarca agia para mantê-la intacta. Em virtude de seu sentimento relativo ao rei, o indivíduo podia nutrir um sentimento por todas as variedades de comunidades que, de algum modo, mantinham-se unidas. Nesse sentido, uma situação de *status* tornava possível essa comunidade maior e mais ampla. Por meio de relacionamentos pessoais entre soberano e súditos era possível constituir uma comunidade que não existiria de outro modo, e esse fato tinha desempenhado um papel muito importante no desenvolvimento dos estados.

É interessante verificar como essa situação apareceu no Império Romano. Nesse caso, o relacionamento do imperador com seus súditos era de poder absoluto, mas estipulado em termos legais contendo definições que pertenciam à lei romana e que haviam sido transpostas para essa relação. Esse, contudo, era um relacionamento abstrato demais para corresponder às demandas da comunidade e a divinização do imperador; nessas condições, era uma manifestação da necessidade de estabelecer algum tipo de relação mais pessoal. Quando um romano da comunidade se oferecia em sacrifício ao imperador estava se colocando numa relação pessoal com ele, e, por causa disso, podia sentir sua ligação com todos os outros membros da comunidade. É claro que a concepção de uma deidade nessas circunstâncias não era comparável à concepção que se desenvolveu no cristianismo, mas era a instauração de um elo pessoal que, em certo sentido, ia além das relações estritamente legais inerentes ao desenvolvimento do direito romano.

Estamos todos familiarizados com essa função da personalidade na organização social. Nós a expressamos em termos de liderança ou com o vago termo "personalidade". Quando a equipe de um escritório é organizada por um bom gerente falamos que sua personalidade desempenhou um papel. Quando as ações de um homem, no trabalho, estão mais ou menos na dependência de seu medo de ser repreendido, ou de seu desejo de agradar ao gerente, então o elemento da relação pessoal entre o self de todos os envolvidos desempenha um papel considerável, talvez até predominante, na articulação real dessa organização social. Claro que é o fator dominante na relação entre filhos e pais. Encontramo-lo também na relação dos pais entre si. Costuma ter um papel na organização política, na qual um líder é aquele sujeito cuja personalidade provoca uma reação calorosa. Não é necessário multiplicar as citações dos casos em que esse tipo de relacionamento envolvendo o self das pessoas, em termos de sua personalidade, é importante para a organização social.

Entretanto, é importante reconhecer a diferença entre essa organização e a que é fundada, poderíamos dizer, sobre bases racionais. Quando pessoas se reúnem e formam um negócio procuram um gerente competente, discutem a adequação dos candidatos do ponto de vista de sua inteligência, treinamento e experiências pregressas e, finalmente, se decidem por um certo indivíduo; e depois, enquanto lhe delegam o controle técnico, os sócios-diretores nomeados pelos acionistas passam a determinar a política que será adotada, e temos uma situação na qual os relacionamentos pessoais não são essenciais à organização dessa comunidade em particular. Os diretores dependem da capacidade do escolhido e dos interesses de todos os envolvidos no negócio, para que se alcance o controle necessário. Na medida em que as pessoas são inteligentes nessa situação, elas se organizarão em torno do reconhecimento das funções que os outros têm de desempenhar e da constatação do quanto é preciso que cada um cumpra com suas próprias funções para que todo o conjunto possa ter êxito. Buscarão um especialista para o desempenho das funções gerenciais.

A forma gerencial de governo é um exemplo do progresso definitivo, originado numa organização que depende em considerável extensão das relações pessoais dos líderes políticos, ou da devoção dos indivíduos às pessoas no poder, e que chega a essa espécie de organização racional baseada no que um governo deveria fazer na comunidade. Se conseguirmos tornar a função do governo suficientemente clara; se uma porção considerável da comunidade puder se tornar razoavelmente ciente do que querem que o governo faça; se conseguirmos levar os problemas de ordem pública, os serviços de utilidade pública e assim por diante, suficientemente ao conhecimento da comunidade de modo que seus membros possam dizer "Queremos justamente esse tipo de governo; sabemos quais os resultados desejados; estamos buscando um homem capaz de nos proporcionar esses resultados", então esse seria um tratamento racional que eliminaria todos os elementos de personalidade sem uma ligação direta com a função de governar. Esse tratamento evitaria a dificuldade que as comunidades experimentam em sua administração efetivada por partidos. Se o governo atua por meio de partidos é necessário organizá-los em função de relações mais ou menos pessoais. Quando um homem se torna um bom organizador do seu setor, o que se busca nesse indivíduo é a capacidade de congregar pessoas (especialmente as que querem lucrar com o poder), despertar nelas suas relações pessoais e mobilizar o que é conhecido como "lealdade". Essa situação se torna necessária pela organização em partidos, e o governo conduzido nessas bases não consegue eliminar nem racionalizar tais condições, exceto no caso de crises nas quais alguma questão específica atinge toda a nação.

Quero traçar essa linha divisória entre uma organização dependente do que a comunidade quer realizar por intermédio de seu governo e a administração do governo do ponto de vista das relações pessoais. A dependência em relação a ligações de cunho pessoal é algo que, em certo sentido, herdamos do passado.

Essas relações ainda são essenciais à nossa própria democracia. Não conseguiríamos, no momento presente, despertar interesse suficiente pela condução do governo sem recorrermos às relações pessoais envolvidas nos partidos políticos. Mas acho que é interessante distinguir esses dois princípios de organização. Uma vez que contamos com a forma gerencial de governar, vale a pena assinalar que, nos casos em que foi posta em prática, praticamente nenhuma comunidade abriu mão dela, o que ilustra uma situação que ultrapassou o patamar dos relacionamentos pessoais como base para a organização da comunidade. Mas, via de regra, pode-se dizer que nossas várias organizações democráticas sociais ainda estão na dependência de relações pessoais para o funcionamento da comunidade e, em especial, para a atuação do governo.

As relações pessoais também têm muita importância na organização da própria comunidade. Consideradas do ponto de vista funcional, podem parecer muito ignóbeis e, em geral, tentamos encobri-las. Podemos entendê-las como uma maneira de realizar o próprio self por meio de algum tipo de superioridade em relação a outra pessoa. Essa é uma fase que remete àquela situação na qual o homem se gaba quando consegue levar alguém a um conflito do qual sai vitorioso. Frequentemente experimentamos esse tipo de superioridade no que parecem ser questões relativamente triviais. Somos capazes de nos segurar com base em pequenas coisas e naquilo que nos faz sentir um pouco superiores aos demais. Quando nos percebemos derrotados em algum ponto, buscamos refúgio no sentimento de que mais alguém não é tão bom quanto nós. Qualquer um pode encontrar seus pequenos pontos de apoio no que é chamado de autorrespeito. A importância desse fenômeno salta aos olhos nas relações intergrupais. O sujeito que se identifica com o grupo tem a sensação de uma personalidade ampliada. Sendo assim, as condições nas quais essa satisfação pode ser obtida são as condições almejadas como a base de todas as situações em que os grupos se reúnem e se sentem superiores em relação aos outros. É com base nisso que travamos as guerras. O ódio remete ao sentimento de superioridade de uma comunidade em relação à outra. É interessante observar o quão trivial pode ser a base dessa superioridade. O americano pode viajar ao exterior e voltar simplesmente com a sensação do quanto são melhores os hotéis nos Estados Unidos.

Constatamos uma acentuada diferença no modo como os valores vinculados ao self aparecem nos dois tipos de organização social discutidos anteriormente. Num dos casos, a pessoa se realiza nos relacionamentos particulares fundados em sua superioridade sobre os demais, ou na superioridade de um grupo em relação a outros. No outro caso, temos a execução inteligente de certas funções sociais e a realização pessoal advém do que o indivíduo faz nessas circunstâncias. Pode-se conceber um entusiasmo tão grande num caso como no outro, mas podemos compreender a diferença entre os valores efetivamente percebidos. No primeiro caso, o valor percebido depende direta ou indiretamente de uma noção de si mesmo em termos de sua superioridade que se encontra relativamente sublimada; mas o indivíduo retoma a sensação direta de superioridade por meio de sua identificação com alguém que seja superior. O outro senso de importância pessoal é obtido por meio da realização de uma função social; por exemplo, no cumprimento de seus deveres como comandante de uma comunidade, quando identifica o que deve ser feito e toma as providências necessárias para que aconteça o que é preciso. Nessa autorrealização não é preciso existir alguém inferior para a pessoa se sentir realizada. Ela espera que os outros também cumpram com suas funções. Talvez sinta que é melhor do que alguém que não fez a sua parte, mas lamenta o fato de o sujeito não ter feito o que devia. Ela não sente o seu self numa superioridade diante de outrem, mas na necessária inter-relação à execução de funções mais ou menos comuns.

É para essa diferença entre os valores que eu quis chamar a atenção e, naturalmente, também para o reconhecimento da superioridade pelo segundo sobre o primeiro. Não podemos ignorar a importância da comunidade baseada em relacionamentos pessoais diretos, pois ela tem sido em grande medida responsável pela organização de comunidades grandes que talvez não tivessem aparecido se não fosse assim. A comunidade grande fornece uma base comum para as pessoas que não têm outra base de união e serve de alicerce para as comunidades ideais das grandes religiões universais. Continuamente voltamos a esse tipo de relacionamento pessoal no qual, por meio de oposição que o indivíduo realiza, uma relação de superioridade ou inferioridade entra diretamente no campo emocional. Até mesmo nas organizações mais altamente racionais dependemos disso: uma pessoa de pulso entra na situação e simplesmente faz com que as outras pessoas cumpram suas funções. Mas sempre reconhecemos que a noção de self obtida pela realização de uma função na comunidade é um tipo mais eficaz e, por vários motivos, superior do que aquela que depende das relações pessoais imediatas, nas quais está envolvido um vínculo de superioridade e inferioridade.

Considere a situação da Europa no momento presente. Existe um desejo evidente, por parte das comunidades nacionais, de se integrar numa organização racional na qual todas as nações possam existir e, no entanto, não existe o desejo de descartar o sentimento de hostilidade como meio de preservar a autoconsciência nacional. As nações devem preservar essa noção de seu self; não podem simplesmente se esfacelar e desaparecer. Alcançar essa autoconsciência nacional foi um evidente passo adiante, assim como antes o foi a construção de um império. As comunidades em Genebra preferem antes saltar uma na garganta da outra a abdicar dessa autoconsciência nacional que torna possível a sua organização. Genebra é um palco, ou deveria ser, no qual as comunidades poderiam se reunir em torno de um relacionamento funcional, realizando-se sem se ameaçar mutuamente. Se o self não puder se realizar de nenhum outro modo, é provavelmente melhor fazê-lo desse segundo jeito. É essencial realizar o próprio self, e, se isso tiver de ser feito na briga, talvez seja melhor manter, pelo menos, a ameaça de uma luta, mas a realização do self no desempenho inteligente de uma função social permanece o mais alto palco de atuação, tanto para as nações quanto para os indivíduos.

41
Obstáculos e promessas no desenvolvimento da sociedade ideal

Apresentamos o self pelo prisma da experiência. Ele surge por meio da atividade cooperada e é viabilizado pelas reações idênticas dos outros. Na medida em que o indivíduo pode evocar em sua própria natureza essas respostas organizadas e dessa maneira assumir em relação a si mesmo as atitudes dos outros, é capaz de desenvolver a autoconsciência, aquela reação do organismo a si mesmo. Por outro lado, vimos que um momento essencial nesse processo é a resposta do indivíduo a essa reação que efetivamente contém o grupo organizado, aquilo que é comum a todos, aquilo que é chamado de "mim". Se os indivíduos são tão distintos uns dos outros que não conseguem se identificar entre si, se não existe uma base comum, então não pode haver um self inteiro presente em nenhum dos lados.

Essa distinção realmente existe, por exemplo, entre o bebê e a sociedade humana em que entra. Ele não consegue ter toda a autoconsciência do adulto, e este acha difícil, para dizer o mínimo, colocar-se na atitude da criança. Isso, porém, não é impossível e o desenvolvimento da nossa moderna educação depende justamente da possibilidade de o adulto encontrar uma base comum a ela e à criança. Voltando à literatura em que apareciam personagens de crianças, nos séculos XVI, XVII e XVIII encontramos exemplos de que elas eram tratadas como adultos pequenos. Nesse período, todas as atitudes relativas a elas, tanto do ponto de vista moral como de sua educação, consideravam-nas adultos com deficiências que precisavam ser disciplinados a fim de adquirirem as atitudes adequadas. Aquilo que deviam aprender deveria ser incutido nelas da mesma maneira como os adultos usavam tais conhecimentos. Não foi senão no século XIX que se verificou um decidido investimento dos interessados em educação infantil em penetrar na experiência infantil e apreendê-la com alguma medida de respeito.

Até mesmo na sociedade erguida à base de castas existem algumas atitudes comuns, mas estas são restritas em número e, sendo limitadas, diminuem a possibilidade de um pleno desenvolvimento do self. Em tais condições, torna-se necessário afastar-se desse sistema de castas a fim de chegar ao self propriamente dito. O período medieval, no qual a sociedade era definitivamente organizada à base de castas, com servos, senhores e distinções eclesiásticas, configurou uma situação na qual, para o indivíduo conseguir se tornar membro da comunidade espiritual, era preciso que se retirasse da sociedade disposta em castas. Essa é, pelo menos, uma explicação parcial para a vida nos claustros e para o ascetismo. A mesma coisa é revelada no desenvolvimento dos santos em outras comunidades, que se retiram da ordem social e retornam a alguma espécie de sociedade na qual as castas propriamente ditas estão ausentes ou são intermediadas. O desenvolvimento da comunidade democrática implicava a remoção das castas como um fator essencial à personalidade do indivíduo. Este não deveria ser o que era em sua casta ou grupo específico contraposto a outros grupos, mas suas distinções deveriam ser de uma diferença funcional que o inseria em relações com outros indivíduos em vez de separá-lo deles[20].

A distinção por castas nas antigas classes guerreiras separava seus membros da comunidade. O caráter dos soldados os diferenciava dos outros membros da comunidade. Eram o que eram por serem essencialmente diferentes dos demais. Sua atividade os separava da comunidade. Eles chegavam inclusive a atacar a comunidade que supostamente deveriam defender, e era inevitável que o fizessem, porque sua atividade era essencialmente combativa. Com o desenvolvimento de um exército nacional, iniciado nas primeiras décadas do século XIX, surgiu a possibilidade de todos serem um guerreiro, e, então, o homem que fosse combativo ainda era uma pessoa capaz de se identificar com os outros membros da comunidade. Ele tinha as atitudes dos demais, e estes tinham a atitude do lutador. Dessa maneira, o relacionamento normal entre o lutador e o restante da comunidade era capaz de aproximar as pessoas, integrando o exército e o corpo do Estado, em vez de separá-los. A mesma evolução era encontrada em outras castas como, por exemplo, governantes e governados, e essa diferença essencial tornava impossível ao indivíduo daquele grupo em particular se identificar com os outros, ou estes com ele. A ordem democrática pretendeu abolir essa diferença, permitindo que todos fossem soberanos e súditos. O indivíduo deveria ser

---

20. Por ser normal e útil, a especialização incrementa as relações sociais concretas. Por si mesmas, as diferenças ocupacionais não criam as castas. A casta surgiu pela importação do estrangeiro ao grupo, da mesma maneira como o animal é introduzido quando é transformado em algo útil pelo conceito de propriedade. A hostilidade dirigida a uma pessoa alheia ao grupo é essencial ao desenvolvimento da casta. Na Índia, as castas se originaram da conquista. Ela sempre envolve o grupo inimigo quando foi importado pelo grupo. Por isso, não concordo com Cooley quando diz que a transmissão hereditária de ocupações diferentes produz castas. O sistema de castas se dissolve conforme as relações humanas se tornam mais concretas. Os escravos passam a servos, camponeses, artesãos, cidadãos. Em todos esses estágios temos um aumento das relações. Na condição ideal, a separação do ponto de vista da casta se tornará uma função social do ponto de vista do grupo. A consciência democrática é gerada pelas diferenças entre as funções (1912).

um súdito na mesma medida em que fosse um soberano. Deveria se dedicar a administrar os direitos e a preservá-los, uma vez que os reconhecia nos outros. O mesmo procedimento podia ser aplicado a outras divisões de castas.

As ideias éticas[21], no seio de qualquer sociedade humana, brotam na consciência dos membros individuais dessa sociedade a partir da dependência social comum de uns em relação aos outros, de todos esses indivíduos (ou do fato da dependência social comum de cada um deles em relação a essa sociedade como um todo ou em relação ao restante de todos eles) e de sua percepção consciente, assimilação ou constatação de tal fato. Mas surgem problemas éticos para os membros de qualquer sociedade humana sempre que forem individualmente confrontados por uma situação social à qual não conseguem se ajustar e adaptar prontamente, na qual não conseguem facilmente se realizar, ou em relação à qual não possam integrar seu próprio comportamento. E o sentimento dos indivíduos que é concomitante a encararem tais problemas e solucioná-los (sendo essencialmente problemas de ajustamento e adaptação social aos interesses e condutas de outros indivíduos) é o de sua própria superioridade e temporária oposição aos outros indivíduos. No caso dos problemas éticos, nossos relacionamentos sociais com outros membros individuais de uma dada sociedade humana a que pertencemos dependem de nossa oposição a eles em vez de, como no caso do desenvolvimento ou formulação de ideais éticos, depender da nossa união, cooperação e identificação com eles.

Para se comportar de modo ético todo ser humano deve se integrar ao padrão de comportamento social organizado que, refletido ou captado na estrutura do seu self, faz dele uma personalidade autoconsciente. A conduta errada, maldosa ou pecaminosa de uma pessoa vai contra esse padrão de comportamento social organizado que faz dela, como self, aquilo que ela é, da mesma maneira como o comportamento correto, bom ou virtuoso condiz com esse padrão. Esse fato é a base do profundo sentimento ético da consciência – o "deve" e o "não deve" – que todos temos, em graus variáveis, conforme a nossa conduta nas mais variadas situações sociais. A noção que o self individual tem de sua dependência em relação à sociedade organizada ou à comunidade social à qual pertence é, em suma, a base e a origem de sua noção de dever (e, em geral, de sua consciência ética). O comportamento ético, como o antiético, pode ser essencialmente definido em termos sociais: o primeiro é o comportamento socialmente benéfico, que conduz ao bem-estar social; o segundo é socialmente prejudicial ou favorece a desintegração da sociedade. De um outro ponto de vista, os ideais e os problemas éticos podem ser considerados em termos do conflito entre os lados, ou os aspectos social e associal, impessoal e pessoal, do self individual. O aspecto social ou impessoal do self o integra com o grupo social ao qual pertence e ao qual deve sua existência; esse lado do self é caracterizado pelo sentimento

---

21. [Para sua posição ética implícita, cf. Ensaio suplementar IV.]

de cooperação e igualdade do indivíduo em relação aos demais membros daquele grupo social. Por outro lado, o aspecto associal ou pessoal do self (que, não obstante, também é igualmente social, fundamentalmente no sentido de ser derivado ou originado socialmente e de envolver, no plano existencial, relações sociais com outros indivíduos, tanto quanto o aspecto impessoal do self) o diferencia dos outros membros do grupo social ao qual pertence ou o coloca numa posição única e distintiva de oposição em relação a eles. Esse lado do self é caracterizado pelo sentimento de superioridade da pessoa em relação às demais que compõem o mesmo grupo. O aspecto "social" da sociedade humana – que é simplesmente o aspecto social do self de todos os membros individuais tomados coletivamente –, com seus sentimentos concomitantes de cooperação e interdependência social por parte de todos esses indivíduos, é a base para o desenvolvimento e a existência dos ideais éticos da sociedade. Já o aspecto "associal" da sociedade humana – que é simplesmente o aspecto associal do self de todos os seus membros individuais tomados coletivamente –, com seus sentimentos concomitantes de individualidade, superioridade pessoal em relação aos outros e independência social, por parte de todos esses indivíduos, é o fator responsável pelo surgimento dos problemas éticos dessa sociedade. Esses dois aspectos básicos de cada self individual e único são, naturalmente, ao mesmo tempo, corresponsáveis pelo desenvolvimento dos ideais éticos e pelo aparecimento dos problemas éticos nas experiências pessoais do sujeito, em contraposição à experiência da sociedade humana como um todo, que obviamente nada mais é do que a soma total das experiências sociais de todos os seus membros individuais.

Aquelas situações sociais nas quais o indivíduo acha mais fácil integrar seu próprio comportamento com o do self de outros indivíduos são aquelas nas quais todos os participantes são membros de um dos numerosos grupos socialmente funcionais de indivíduos (grupos organizados, respectivamente, para vários fins e propósitos sociais especiais), dentro de uma sociedade humana como um todo; nas quais ele e os demais estão atuando segundo suas respectivas capacidades, na qualidade de membros desse grupo particular. (Todo membro individual de uma dada sociedade humana naturalmente pertence a um grande número desses vários grupos funcionais.) Por outro lado, essas situações sociais nas quais o indivíduo acha mais difícil integrar o seu próprio comportamento com o dos demais são aquelas nas quais ele e os outros estão respectivamente atuando como membros de dois ou mais grupos socialmente funcionais diferentes, grupos cujos respectivos propósitos ou interesses sociais são antagonistas, conflitantes ou amplamente divergentes. Nas situações sociais do primeiro tipo geral a atitude de cada indivíduo perante os demais é essencialmente social, e a combinação de todas essas atitudes sociais entre os indivíduos representa, ou tende a realizar mais ou menos completamente, o ideal de qualquer situação social com respeito à organização, unificação, cooperação e integração do comportamento desses vários indivíduos envolvidos. Em qualquer situação social desse tipo geral o indivíduo se realiza como tal em sua relação com os outros membros do grupo ao qual pertence e no qual realiza sua própria função social, em seus vínculos com as funções respectivas de todos os outros indivíduos. Ele toma ou assume as atitudes sociais de todos esses outros indivíduos com relação a si mesmo e a cada um dos demais, e se integra com essa situação ou grupo controlando seu próprio comportamento ou conduta, de uma maneira correspondente. Assim, não existe nada minimamente competitivo ou hostil em suas relações com esses outros indivíduos. Nas situações sociais do segundo tipo geral, por outro lado, a atitude de cada um com relação ao outro é essencialmente associal ou hostil (embora essas atitudes sejam, evidentemente, sociais num sentido antiético fundamental e socialmente derivadas); essas situações são tão complexas, que os vários indivíduos envolvidos em qualquer uma delas ou não podem ser de modo algum introduzidos em relações sociais comuns envolvendo uns e outros ou só o podem em meio a grandes dificuldades, depois de longos e tortuosos processos de mútuos ajustamentos sociais, pois esse tipo de situação carece de um grupo ou de um interesse social comum, partilhado por todos os indivíduos. Esse tipo de situação não tem qualquer fim ou propósito social comum para caracterizá-lo e que sirva para unir e coordenar as ações de todos esses indivíduos, inter-relacionando-os harmoniosamente; em vez disso, eles se sentem motivados nessa situação por vários interesses ou propósitos sociais diferentes e mais ou menos conflitantes. Exemplos do tipo geral dessas situações sociais são os que envolvem interações ou relações entre o capital e o trabalho; ou seja, aquelas em que alguns indivíduos estão agindo em sua capacidade socialmente funcional como membros da classe capitalista, que é o aspecto econômico da moderna organização social humana, ao passo que outros indivíduos estão agindo em sua capacidade socialmente funcional como membros da classe trabalhadora, que é outro aspecto econômico (e diretamente oposto, em termos de interesses sociais) dessa organização social. Outros exemplos de situações sociais desse tipo geral são aquelas em que os indivíduos envolvidos se colocam em relações econômicas uns com os outros, como produtores e consumidores, ou compradores e vendedores, e atuam dentro de suas respectivas capacidades socialmente funcionais. Mas, mesmo nas situações sociais desse tipo geral (envolvendo complexos antagonismos sociais e diversidades nos interesses sociais entre os indivíduos implicados em qualquer uma delas e respectivamente carecendo da influência coordenadora, integradora e unificadora de fins e motivos sociais comuns partilhados por esses indivíduos), como ocorrem dentro do processo social humano geral de experiência e comportamento, são aspectos definidos ou ingredientes do padrão geral de relacionamentos desse processo como um todo.

O que é essencial à ordem da sociedade em sua mais completa expressão, com base na teoria do self que discutimos até aqui é uma organização das atitudes comuns que podem ser encontradas em todos os indivíduos. Poderíamos supor que essa organização das atitudes se referiria somente àquele ser humano abstrato que poderíamos encontrar em molde idêntico em todos os membros da sociedade e que aquilo que é peculiar à personalidade do indivíduo iria desaparecer. O termo "personalidade" implica que o indivíduo tem certos direitos e valores comuns obtidos nele e por meio dele; mas, além dessa espécie de dotação social do indivíduo existe aquilo que o distingue de todos os outros, que faz dele quem é. É a parte mais preciosa do indivíduo. A questão é se isso pode ser transposto para o self social ou se o self social irá simplesmente incorporar as reações que podem ser comuns a ele numa grande comunidade. Diante da formulação que apresentamos não somos forçados a aceitar a segunda alternativa.

Quando o indivíduo se realiza, no sentido de se tornar distinto, ele se afirma sobre os outros, em alguma situação específica que justifica a manutenção de sua superioridade. Se ele não conseguisse introduzir essa sua peculiaridade na comunidade comum, se esta não pudesse ser reconhecida, se os outros não pudessem captar sua atitude em algum sentido, ele não poderia ter qualquer apreciação em termos emocionais, não poderia ser aquele self que está tentando ser. O autor e o artista devem ter sua plateia. Pode ser uma plateia que pertença à posteridade, mas ela deve existir. A pessoa tem de encontrar seu self em sua criação individual, que é apreciada pelos outros. O que a pessoa realiza deve ser algo que, em si, seja social. Na medida em que é um self, essa pessoa deve ser uma parte orgânica da vida da comunidade e sua contribuição tem de ser algo social. Pode ser um ideal que tenha descoberto, mas isso tem valor pelo fato de pertencer à sociedade. A pessoa pode estar até além do seu tempo, mas aquilo que ela introduz deve pertencer à vida da comunidade à qual pertence. Existe, assim, uma diferença funcional, mas esta permite que o resto da comunidade a assimile em algum sentido real. É claro que há contribuições que alguns fazem e que outros não podem fazer, e que existem contribuições que as pessoas não conseguem captar, mas as que entram na configuração do self são somente aquelas que podem ser compartilhadas. Para se fazer justiça ao reconhecimento da singularidade de um indivíduo em termos sociais deve haver não somente a diferenciação que de fato possuímos numa sociedade altamente organizada, mas também uma diferenciação na qual as atitudes envolvidas podem ser adotadas por outros membros do grupo.

Tomemos, por exemplo, o movimento trabalhista. É essencial que os outros membros da comunidade sejam capazes de assumir a atitude de trabalhador no exercício de suas funções. É claro que a organização em castas tornou isso impossível, e o desenvolvimento do moderno movimento operário não só trouxe até o primeiro plano, perante a comunidade, a situação efetivamente vivida pelo operariado, como inevitavelmente ajudou a romper com a própria organização de castas. Esta levava a uma separação das funções essenciais, no self dos indivíduos, de tal sorte que ninguém conseguia assimilar as dos outros. Claro que isso não impede a possibilidade de alguma espécie de relacionamento social, mas este envolve a possibilidade de um indivíduo adotar a atitude de outros indivíduos, e a diferenciação funcional não torna isso impossível. Um membro da comunidade não é necessariamente como os outros indivíduos por ser capaz de se identificar com eles. Ele pode ser diferente. Pode haver um conteúdo comum, ou experiências comuns, sem que haja uma identidade entre as funções. Uma diferença funcional não cancela a possibilidade de experiências comuns; é possível a um indivíduo se colocar no lugar do outro, embora sua função seja diferente da dele. É a essa espécie de personalidade funcionalmente diferenciada que eu quis me referir, contrastando-a com o que é simplesmente comum a todos os membros de uma comunidade.

Naturalmente existe um certo conjunto de reações comuns que pertencem a todos, que não são diferenciadas no aspecto social, mas que se expressam em direitos, uniformidades, métodos comuns de ação que caracterizam os membros de diferentes comunidades, maneiras de falar e assim por diante. Distingue-se de todas essas a identidade compatível com a diferença das funções sociais dos indivíduos, ilustrada pela capacidade que eles têm de assumir a parte dos outros a quem estão afetando: o guerreiro se coloca na posição daqueles contra quem está investindo; o professor se coloca na posição da criança que se comprometeu a instruir. Essa capacidade permite que a pessoa exponha suas peculiaridades e, ao mesmo tempo, assuma a atitude dos outros que ela mesma está atingindo. É possível que o indivíduo desenvolva as suas próprias peculiaridades, aquilo que o individualiza, e ainda assim seja um membro de sua comunidade, desde que seja capaz de assumir a atitude daqueles que atinge. É claro que é tremendamente variável o grau em que isso acontece, mas uma certa dose disso é essencial à cidadania em toda comunidade.

Podemos dizer que alcançar uma plena diferenciação funcional ao lado de uma plena participação social é uma espécie de ideal projetado para a comunidade humana. O ideal democrático é um estágio presente dessa formulação. Costuma-se assumir que a democracia é uma ordem da sociedade na qual aquelas personalidades extremamente diferenciadas serão eliminadas, que tudo será nivelado por baixo à força, constelando uma situação em que cada um se tornará, tanto quanto possível, como todos os demais. Porém, é óbvio que não é isso que a democracia implica: a implicação democrática, ao contrário, é que o indivíduo pode chegar a um patamar tão alto de desenvolvimento quanto o permitam as possibilidades de sua própria dotação genética, captando, mesmo assim, as atitudes dos outros que são por ele atingidos. Podem continuar existindo os líderes, e a comunidade se torna capaz de se regozijar com as atitudes deles na medida em que esses indivíduos superiores puderem adotar as atitudes da comunidade que estão empenhados em liderar.

Depende de diversos fatores a extensão na qual os indivíduos de uma comunidade podem assumir o papel dos outros. A comunidade pode, por seu tamanho, transcender e ultrapassar a organização social que torna possível essa identificação. A ilustração mais notável disso é a comunidade econômica. Esta inclui todos aqueles com quem podemos negociar, em qualquer circunstância, mas representa um todo no qual seria praticamente impossível que todos pudessem entrar nas atitudes uns dos outros. As comunidades ideais das religiões universais são comunidades que, em certa medida, pode-se dizer que existem, mas elas implicam um grau de identificação que a real organização da comunidade não consegue implementar. Comumente deparamos, numa comunidade, com a existência de castas que tornam impossível às pessoas assimilarem a atitude dos outros, embora estejam de fato afetando-os e sendo afetadas por eles. O ideal da sociedade humana é aquele que efetivamente tanto aproxima as pessoas em seus inter-relacionamentos e tão plenamente desenvolve o necessário sistema de comunicação que os indivíduos que exercem suas funções peculiares são capazes de assumir a atitude daqueles a quem afetam. O desenvolvimento da comunicação não é simplesmente uma questão de ideias abstratas, mas um processo de se colocar na atitude do outro, comunicando-se por meio de símbolos significantes. Lembremo-nos que o essencial em um símbolo significante é que o gesto que afeta os outros também afete o próprio indivíduo, e da mesma maneira. Somente quando o estímulo que alguém emite para outrem desperta em si a mesma reação, ou algo semelhante, é que o símbolo se torna significante. A comunicação humana se desenrola por meio desses símbolos significantes, e o problema consiste em organizar uma comunidade que torne isso possível. Se esse sistema de comunicação pudesse ser teoricamente perfeito, o indivíduo afetaria igualmente os outros e a si mesmo, em todos os sentidos. Esse seria o ideal da comunicação, ideal alcançado no discurso lógico, sempre que é compreendido. O significado do que é dito aqui é o mesmo para um interlocutor e para todos os demais. O discurso universal, então, é a forma ideal de comunicação. Se esta pudesse ser estendida e aperfeiçoada, então existiria a espécie de democracia a que me referi, na qual cada indivíduo conteria em si exatamente a mesma resposta que ele sabe que desperta na comunidade. É isso que torna a comunicação, em sentido significante, o processo organizador da comunidade. Não se trata simplesmente de um processo de transferência de símbolos abstratos; sempre é um gesto num ato social que evoca, no próprio indivíduo, uma tendência ao mesmo que é evocado nos outros.

Aquilo que chamamos de ideal de uma sociedade humana é abordado, em certo sentido, pela sociedade econômica, por um lado, e pelas religiões universais, por outro; mas de modo algum esse ideal é plenamente realizado. Essas abstrações podem ser reunidas numa comunidade unida, de tipo democrático. A democracia que existe hoje não demonstra o desenvolvimento dessa comunicação, por meio da qual os indivíduos podem se colocar nas atitudes daqueles que atingem. Com isso, existe um correspondente nivelamento por baixo e um indevido reconhecimento daquilo que não é apenas comum, como também idêntico. O ideal da sociedade humana não pode existir enquanto for impossível para as pessoas entrarem nas atitudes daqueles que afetam com o desempenho de suas funções específicas.

42
Resumo e conclusão

Abordamos a psicologia do ponto de vista do behaviorismo; ou seja, dispusemo-nos a considerar a conduta do organismo e a localizar o que é chamado de "inteligência" e, em particular, de "inteligência autoconsciente" no contexto dessa conduta. Essa posição implica organismos em relacionamentos com o ambiente, e ambientes que, em certo sentido, são determinados pela seleção da sensibilidade da forma do organismo. É a sensibilidade do organismo que determina qual será seu ambiente, e, nesse sentido, podemos falar que a forma determina seu ambiente. O estímulo propriamente dito, encontrado no ambiente, é aquele que libera um impulso, uma tendência a agir de determinada maneira. Falamos que essa conduta é inteligente apenas na medida em que mantém ou promove os interesses da forma ou da espécie à qual esta pertence. Assim, a inteligência é uma função da relação da forma com seu ambiente; a conduta que estudamos é sempre a ação da forma em interação com o ambiente. Essa é uma inteligência que podemos encontrar nas plantas ou animais, quando a forma, em sua reação ao meio, libera seus impulsos por meio dos estímulos que procedem do ambiente.

Os primeiros psicólogos – e inclusive alguns dos contemporâneos – supõem que a consciência surge num determinado ponto do desenvolvimento do organismo. Supõem que, primeiramente, ela aparece em estados afetivos como os do prazer e da dor, e que, por meio dessas sensações, a forma controla sua conduta. A hipótese diz ainda que, posteriormente, a consciência se expressa na sensação do processo estimulador antecedente, dentro do próprio ambiente. Mas, do ponto de vista do nosso estudo, essas sensações envolvem a formulação do próprio ambiente; quer dizer, não podemos formular o ambiente de qualquer outro modo se não em termos de nossas sensações, se aceitarmos essa definição da sensação como uma consciência que simplesmente aparece. Se tentarmos definir o ambiente no qual surgem as sensações, é em termos daquilo que vemos e sentimos e que a nossa observação supõe estar presente. A minha sugestão foi que, como tal, a consciência não representa uma substância separada ou algo separado e suprainduzido numa forma, mas, ao contrário, que o termo "consciência" (em um de seus usos básicos) representa um certo tipo de ambiente em sua relação com organismos sensíveis.

Essa formulação reúne dois conceitos filosóficos: o de emergência e o de relatividade. Podemos supor que certos tipos de aspectos surgem em determinados estágios no curso do desenvolvimento. Isso pode se estender, naturalmente, muito aquém do âmbito ao qual estamos nos referindo. A água, por exemplo, decorre de uma combinação de hidrogênio e oxigênio; é algo que vai além dos átomos que a compõem. Assim, quando falamos de aspectos tais como as sensações que surgem, que aparecem, não estamos citando nada mais do que aquilo que citamos quando falamos do aspecto de qualquer composto orgânico. Qualquer coisa que, como um todo, seja mais do que a mera forma de suas partes tem uma natureza própria que lhe pertence e que não pode ser encontrada nos elementos a partir dos quais é constituída.

Em seu sentido mais abrangente, a consciência não é simplesmente algo que emerge num determinado ponto, mas um conjunto de aspectos que depende do relacionamento de uma coisa com um organismo. A cor, por exemplo, pode ser concebida como algo que surge em relação a um organismo dotado de um órgão da visão. Nesse caso, existe um certo ambiente que pertence a uma certa forma e surge em relação a ela. Se aceitamos os dois conceitos de emergência e relatividade, tudo o que preciso ressaltar é que ambos de fato respondem ao que chamamos de "consciência"; a saber, um certo ambiente que existe em sua relação com o organismo e no qual novos aspectos podem surgir em razão deste. Não me comprometo aqui[22] a defender essas formulações como uma visão filosófica, mas apenas a indicar que elas efetivamente respondem a certas características conscientes de que as formas foram dotadas em determinados pontos da evolução. Segundo essa perspectiva, os aspectos não pertencem aos organismos propriamente ditos, mas somente existem na relação do organismo com seu ambiente. Eles são características dos objetos no ambiente da forma. Os objetos são coloridos, aromáticos, agradáveis ou dolorosos, medonhos ou lindos em sua relação com o organismo. Sugeri que, no desenvolvimento das formas em ambientes que respondem a eles e que são regulados pelas próprias formas, surgem ou emergem aspectos que dependem dessa relação entre a forma e seu ambiente. Num sentido desse termo, tais aspectos constituem o campo da consciência.

Esta é uma concepção que, de vez em quando, usamos sem qualquer hesitação. Quando aparece uma forma animal, certos objetos se tornam alimentos e reconhecemos que esses objetos se tornaram alimento porque o animal tem um certo tipo de aparelho digestivo. Há alguns micro-organismos que são perigosos aos seres humanos, mas não seriam perigosos a menos que existissem indivíduos suscetíveis ao ataque desses germes. Constantemente fazemos referência a

---

22. [Para essa defesa, cf. *The Philosophy of the Present* e *The Philosophy of the Act*.]

certos objetos no ambiente que existem em virtude da relação entre a forma e o ambiente. Há certos objetos que são lindos, mas que não o seriam se não existissem indivíduos que pudessem apreciá-los. A beleza surge na relação orgânica. Assim, em geral, efetivamente reconhecemos que existem campos objetivos no mundo, dependendo da relação do ambiente com determinadas formas. Estou sugerindo a extensão desse reconhecimento para o campo da consciência. Tudo o que pretendo salientar aqui é que, com uma concepção desse teor, temos domínio do que chamamos de "consciência". Não temos de adotar a forma de uma consciência como alguma substância espiritual quando utilizamos esses conceitos; como já disse, nós de fato os utilizamos quando falamos de algo como alimento surgido no ambiente por causa do relacionamento de um objeto com uma forma. Podemos falar igualmente de cor, som, e assim por diante.

Nesse caso, o psíquico reage ao aspecto peculiar que o ambiente tem para um dado organismo, e voltamos à distinção que fizemos antes entre o self, em seu caráter universal, e o self individual. O self é universal; identifica-se com um "mim" universal. Nós nos colocamos no lugar de todos, e isso que vemos é o que se expressa em termos universais, mas cada um tem sua própria sensibilidade e cada cor é diferente para mim e para você. Essas são diferenças devidas ao caráter peculiar do organismo, em contraste com aquilo que reage à universalidade.

Quero continuar no campo da análise psicológica, mas parece-me que é importante reconhecer a possibilidade desse tratamento da consciência, porque ele nos leva a um campo no qual os psicólogos vêm trabalhando. É importante determinar se os aspectos experienciados são estados de consciência ou se pertencem ao mundo circundante. Se são estados de consciência, resulta uma orientação diferente do que se os assim chamados "estados conscientes" são reconhecidos como os aspectos do mundo em sua relação com o indivíduo. Tudo o que peço é que façamos uso dessa concepção da mesma maneira como fazemos em outros contextos, pois ela abre uma porta para uma abordagem do self consciente em termos de um behaviorismo que tem sido considerado inadequado nesse sentido. Essa concepção evita, por exemplo, uma crítica feita pelos psicólogos da forma, aqueles que retomaram certos estados conscientes que as pessoas têm.

O "eu" tem importância, e eu tratei dessa questão – uma vez que tem uma relação específica com o campo definido da psicologia – sem me comprometer em considerar ou defender quaisquer suposições metafísicas que pudessem estar envolvidas. Essa é uma delimitação justificada, pois o psicólogo não se dedica a sustentar a metafísica. Quando lida com o mundo à sua volta ele apenas o aceita tal qual é. Naturalmente, essa atitude é constantemente bombardeada com problemas metafísicos, mas constitui uma abordagem cientificamente legítima.

Além disso, aquilo que chamamos de "imagens mentais" (derradeiro recurso da consciência como substância) pode existir em sua relação com o organismo, sem ser alojado numa consciência substancial. A imagem mental é uma imagem da memória, e as imagens que, como símbolos, desempenham um papel tão importante no pensamento, pertencem ao ambiente[23]. A passagem que lemos é composta por imagens mnemônicas e as pessoas que vemos à nossa volta são, em grande medida, vistas com a ajuda de imagens da memória. Com muita frequência comprovamos que aquilo que vemos e que supostamente responde ao aspecto de um objeto não está realmente ali: era uma imagem. A imagem está ali, em sua relação com o indivíduo que não só tem órgãos dos sentidos, mas que também tem certas experiências passadas. É o organismo que teve essas experiências que tem tais imagens. Quando dizemos isso, estamos tomando uma atitude que constantemente adotamos ao dizer que lemos alguma coisa: a imagem mnemônica está ali, em sua relação com um certo organismo, com certas experiências passadas, com determinados valores também definitivamente presentes em relação a esse ambiente particular que é lembrado.

A consciência se refere, precipuamente, tanto ao organismo como ao seu meio ambiente e não pode ser simplesmente localizada num ou noutro. Se libertamos o campo, nesse sentido, então podemos seguir adiante com a abordagem behaviorista, sem tropeçar nas dificuldades que Watson teve de enfrentar quando lidou com as imagens mentais. Ele negava que estas existissem, e depois teve de admiti-las para, em seguida, buscar minimizá-las. Naturalmente encontramos a mesma dificuldade ao lidar com a experiência considerada como um estado de consciência. Se reconhecemos que esses aspectos das coisas efetivamente existem em relação com o organismo, então estamos livres para abordar o organismo do ponto de vista do behaviorismo.

Não considero que a consciência tenha uma capacidade seletiva, numa dada acepção corrente de "seleção". O que chamamos de "consciência" é somente aquela relação entre organismo e meio ambiente na qual ocorre a seleção. A consciência decorre de uma inter-relação entre a forma e o meio ambiente, e envolve os dois polos. A fome não cria a comida e nem o objeto cria um alimento sem uma relação com a fome. Quando existe essa relação entre a forma e o meio ambiente, então podem aparecer objetos que em outras condições não estariam ali, mas o animal não cria o alimento no sentido de criar um objeto a partir do nada. Em vez disso, quando a forma é levada a uma tal relação com o ambiente, então emerge isso que é o alimento. O trigo se torna comestível da mesma forma que a água brota da relação entre hidrogênio e oxigênio. Não se trata simplesmente de recortar algo de um contexto e sustentá-lo por si (como o termo "seleção" poderia talvez sugerir), mas, nesse processo, de fato aparece ou emerge algo que não estava lá antes. Repito que não há nada nessa perspectiva que nos leve a imaginar algum tipo de mágica, quando tomamos uma forma da evolução de certos outros aspectos, e quero

---

23. [O Ensaio suplementar I trata mais profundamente desse tópico das imagens.]

insistir que esta concepção de fato cobre somente aquele campo a que nos referimos como consciência.

É claro que, quando retomamos aquela concepção de consciência que os primeiros psicólogos usaram, para a qual tudo o que é experienciado aloja-se na consciência, então temos de criar um outro mundo fora desse âmbito e dizer que existe nele algo que responde a tais experiências. Quero insistir que é possível adotar uma perspectiva behaviorista do mundo sem sermos incomodados ou distraídos pela noção de consciência. Certamente não há mais dificuldades sérias envolvidas em tal perspectiva, na forma como tem sido proposta, do que há naquela concepção de consciência como algo que advém, num certo ponto da história, das formas físicas e que, de alguma maneira, corre paralelamente a certos estados neurológicos. Se tentarmos formular essa concepção num formato aplicável ao trabalho do psicólogo, depararemos com todas as espécies de dificuldades que são muito maiores do que as inerentes aos conceitos de emergência e relatividade. Se existe a propensão a abordar o mundo pelo ponto de vista desses conceitos, então podemos abordar a psicologia pela perspectiva behaviorista.

A outra concepção que introduzi diz respeito à espécie particular de inteligência que atribuímos ao animal humano, a assim chamada "inteligência racional", ou consciência em outro sentido desse termo. Se a consciência é uma substância, pode-se dizer que essa consciência é racional por si mesma, e com essa definição evitamos o problema do aparecimento daquilo que chamamos de racionalidade. O que tentei foi devolver a racionalidade a um certo tipo de conduta, aquele tipo no qual o indivíduo se coloca na atitude do grupo inteiro ao qual pertence. Isso implica que o grupo inteiro está envolvido em alguma atividade organizada e que nela a ação de um membro mobiliza a ação de todos os outros. Aquilo que denominamos "razão" aparece quando um dos organismos assimila em sua própria resposta a atitude dos outros organismos envolvidos. É possível ao organismo assumir as atitudes do grupo envolvido em seu próprio ato, no contexto da totalidade desse processo cooperativo. Quando faz isso, é o que designamos como "um ser racional". Se sua conduta contém essa universalidade, também tem necessidades; quer dizer, aquela espécie de necessidade envolvida no ato como um todo: se alguém age de um modo, os outros devem agir de outro. Agora, se o indivíduo é capaz de adotar a atitude dos outros, controlar a sua ação por meio dessas atitudes e a ação deles por meio da sua, então temos o que se chama de "racionalidade". Esta é tão ampla quanto o grupo envolvido, e esse grupo poderia, naturalmente, ser tão grande quanto se queira em termos potenciais e funcionais. Poderia chegar a incluir todos os seres que falam uma mesma língua.

A linguagem em si é simplesmente um processo por meio do qual o indivíduo envolvido numa atividade cooperativa pode adotar a atitude dos outros envolvidos na mesma atividade. Por intermédio de gestos – ou seja, por intermédio daquela parte do ato que convida a resposta dos outros – ele pode despertar em si mesmo a atitude dos outros. Na qualidade de um conjunto de símbolos significantes a linguagem é simplesmente um conjunto de gestos que o organismo emprega ao mobilizar a resposta de outrem. Esses gestos não são basicamente nada além daquela parte do ato que naturalmente estimula os outros que estão envolvidos no processo cooperativo, a fim de que cumpram com as suas partes. Nesse sentido, pode-se enunciar a racionalidade em termos desse comportamento, se reconhecemos que o gesto pode afetar o indivíduo da mesma maneira como afeta os outros, com vistas a mobilizar a resposta que pertence ao outro. A mente ou razão supõe a organização social e a atividade cooperativa dentro dessa organização social. Pensar é simplesmente o raciocínio do indivíduo, a condução de um diálogo entre o que designei como o "eu" e o "mim".

Ao adotar a atitude do grupo o sujeito se estimulou a responder de determinado modo. Sua resposta, o "eu", é a maneira como ele age. Se agir desse modo, está, por assim dizer, introduzindo algo no grupo e modificando-o. O gesto dele então desperta um outro gesto que será ligeiramente diferente. Assim, o self surge no decorrer do desenvolvimento do comportamento da forma social capaz de assumir a atitude dos outros envolvidos na mesma atividade cooperativa. A precondição desse comportamento é o desenvolvimento do sistema nervoso, que capacita o indivíduo a assumir a atitude dos outros. Obviamente, ele não poderia assumir o número indefinido de atitudes dos outros, mesmo que estivessem presentes todos os trajetos neuronais, se não existisse uma atividade social organizada em andamento, de tal modo que o ato de um sujeito possa reproduzir a ação de um número indefinido de outros sujeitos fazendo a mesma coisa. Dada essa atividade organizada, porém, um sujeito pode assumir a atitude de qualquer outro sujeito dentro do grupo.

São estas as duas concepções de consciência que me dispus a analisar, uma vez que me parecem ensejar o desenvolvimento do behaviorismo mais além dos limites a que chegou, tornando-o então uma abordagem muito adequada aos objetos da psicologia social. De posse desses conceitos-chave, não é preciso retomar certos campos conscientes alojados no interior do indivíduo. Do começo ao fim, temos apenas a relação entre a conduta do indivíduo e o meio ambiente.

Ensaios suplementares

I
A função das imagens na conduta[1]

1) O comportamento ou a conduta humana, como o das formas animais inferiores, surge de impulsos. Impulso é a tendência congênita a reagir de maneira específica a certo tipo de estímulo, dentro de determinadas condições orgânicas. A fome e a raiva são exemplos desses impulsos. Sua designação mais apropriada como "impulsos" e não "instintos" é devido ao fato de estarem sujeitos a extensas modificações ao longo da história de vida dos indivíduos. Essas modificações são muito mais amplas do que aquelas a que estão sujeitos os instintos das formas animais inferiores do que o uso do termo "instinto" para descrever certos comportamentos de indivíduos humanos adultos normais, que é gravemente impreciso.

É importante enfatizar a sensibilidade aos estímulos apropriados que desencadeiam os impulsos. Essa sensibilidade também é, em outros contextos, chamada de "aspecto seletivo da atenção". Em sua dimensão motora a atenção dificilmente conota algo além desse relacionamento entre uma tendência pré-formada para agir e o estímulo que libera o impulso. É controverso afirmar que exista algo como uma atenção passiva. Até mesmo a dependência da atenção sensorial em relação à intensidade dos estímulos implica atitudes gerais de fuga ou proteção, que são mediadas por esses estímulos ou por intermédio dos estímulos dolorosos concomitantes a uma estimulação intensa. Quando, devido a modificações advindas da experiência – por exemplo, indiferença a ruídos altos que os operários de fábricas desenvolvem –, o indivíduo não reage mais a esses estímulos intensos, não é pelo menos insensato supor que a ausência da capacidade de prestar uma assim chamada "atenção passiva" seja causada por uma dissociação desses estímulos em relação às atitudes de evitação reflexa e fuga.

Há um outro procedimento por meio do qual o organismo seleciona o estímulo apropriado quando o impulso está buscando se expressar. Isso é encon-

---

1. [Cf. tb. "Image or Sensation". In: *Journal of Philosophy*, I, 1904, p. 604ss.]

trado no caso das imagens. O mais comum é a imagem permitir ao indivíduo escolher o estímulo apropriado ao impulso que está tentando se expressar. Essa imagem depende das experiências passadas. Só pode ser estudada no homem, uma vez que a imagem como estímulo, ou como parte dele, só pode ser identificada pelo indivíduo ou por intermédio de seu relato a respeito, dado na conduta social. Mas, nessa experiência do indivíduo ou de um grupo de indivíduos o objeto ao qual a imagem se refere, no mesmo sentido em que um processo sensorial se refere a um objeto, pode ser identificado como algo que existe além do âmbito imediato das experiências sensoriais, ou como algo que existiu naquilo que é chamado de "passado". Em outras palavras, a imagem nunca está desprovida de referência a um objeto. Esse fato está incorporado na asserção segundo a qual todas as nossas imagens decorrem de experiências prévias. Assim, quando uma pessoa se lembra do rosto de alguém que já encontrou em algum momento passado e o identifica por meio da visão real desse rosto, sua atitude é idêntica à do homem que identifica um objeto visto indistintamente ao longe. A imagem é privada ou psíquica apenas na situação em que o processo sensorial pode ser privado ou psíquico. Essa é a situação em que está envolvido um reajustamento do organismo individual e seu ambiente, na execução do processo vital. A fase privada ou psíquica da experiência é aquele conteúdo que não consegue funcionar como estímulo direto para a liberação do impulso. À medida em que os conteúdos da experiência passada entram no estímulo, preenchendo-o e adequando-o às exigências do ato, eles se tornam parte do objeto, embora o resultado da reação possa nos fazer reconhecer que ela falhou, quando nosso julgamento é que, aquilo que parecia duro, macio, distante ou próximo se mostra comprovadamente o oposto. Nesse caso, descrevemos o conteúdo estimado nesses termos como privado ou psíquico. Assim, são psíquicos os conteúdos que se referem a objetos não presentes no campo de estimulação e que não entram no objeto; ou seja, imagens de objetos distantes no tempo e no espaço que não são partes integrais do ambiente físico, pois se encontram além do alcance da percepção imediata, e nem do campo mnemônico que constitui o contexto do self em sua estrutura social.

Esta definição do que é privado ou psíquico, portanto, assenta-se sobre bases inteiramente diferentes daquelas que identificam o que é privado ou psíquico com o que é a própria experiência do indivíduo, pois na medida em que o indivíduo é um objeto para si mesmo tal qual os outros são objetos para ele, suas experiências não se tornam privadas ou psíquicas. Ao contrário, ele reconhece aspectos comuns em todas elas, e até mesmo aquilo que está incluso na experiência individual como elemento que o distingue dos demais representa uma contribuição dele para uma experiência comum a todos. Assim, aquilo que um homem sozinho detecta por intermédio de sua visão mais aguçada não teria um caráter considerado psíquico. A experiência que deixa de ter um valor objetivo é que pode reivindicar um *status* privado ou psíquico. É claro que há experiências necessariamente confinadas a um determinado indivíduo e que, em seu caráter individual, não podem ser compartilhadas pelos outros; por exemplo, aquelas que se originam no organismo do próprio sujeito e suas experiências afetivas – seus sentimentos – que são vagos e incapazes de se referir a algum objeto e não podem ser tornadas propriedades comuns da comunidade à qual ele pertence (essas experiências místicas são, em parte, responsáveis pela suposição de uma entidade espiritual – Deus – que pode penetrar nesses estados emocionais e compreendê-los). Mas esses estados têm, ou supostamente têm, uma referência objetiva. A dor de dente de uma pessoa não é menos objetiva pelo fato de não poder ser partilhada, uma vez que procede do seu próprio organismo. Os estados de ânimo dessa pessoa podem se estender inutilmente no exterior em busca de algo inatingível, e por isso deixá-la apenas com seus sentimentos e uma referência do que não foi alcançado, mas ainda existe a implicação de algo com uma realidade objetiva. Psíquico é aquilo que não pode garantir sua referência e, portanto, permanece simplesmente como a experiência do indivíduo. Mesmo assim, convida a uma reconstrução e uma interpretação para que seu caráter objetivo possa ser descoberto. Mas até que isso tenha sido garantido não tem seu habitat, exceto na experiência do indivíduo, e não conhece sua descrição exceto em termos dessa vida subjetiva individual. Aqui temos o domínio das ilusões, dos erros de percepção, das emoções que indicam valores frustrados, das observações que registram exceções genuínas às leis aceitas e seus significados. Desse ponto de vista, na medida em que tem uma referência objetiva, a imagem não é privada ou psíquica. Nesse sentido, tanto o cenário estendido que alcança mais além de nosso horizonte visual, delimitado talvez pelas árvores ou pelos edifícios mais próximos, como o passado imediato que não é submetido a qualquer questionamento tornam-se tão reais quanto os objetos da percepção, tão reais quanto a distância das casas vizinhas, ou a brilhante e fria superfície de uma mesa de mármore, ou a página impressa sobre a qual o olho, em seus saltos aperceptivos, não se detém mais do que duas ou três vezes. Em todas essas experiências estão envolvidos conteúdos sensoriais que chamamos de "imagens" (porque os objetos aos quais se referem não são as ocasiões imediatas de seu aparecimento) e que se tornam privados ou psíquicos pelo questionamento de sua objetividade, da mesma maneira como podem ser questionados os conteúdos sensoriais que respondem à excitação imediata dos órgãos envolvidos. Como a experiência sensorial perceptiva é uma expressão do ajustamento do organismo à estimulação dos objetos temporal e espacialmente presentes, então as imagens são ajustamentos do organismo a objetos que estiveram presentes, mas agora estão espacial e temporalmente ausentes. Estas podem se fundir em percepções imediatas, dando ao organismo o benefício das experiências passadas que preenchem o objeto da percepção; ou podem servir para ampliar o campo da experiência mais além do âmbito da percepção imediata, no espaço, no tempo ou em ambas as dimensões; ou podem aparecer sem essa referência;

isto é, sustentamos que elas sempre poderiam se referir às experiências a partir das quais surgiram, se seu contexto total pudesse ser desenvolvido.

Neste último caso, dizemos que as imagens existem na mente. É importante reconhecer que a localização das imagens na mente não é devida ao teor das mesmas, pois o mesmo teor entra em nossas percepções e nos objetos que vão além da percepção imediata que existe além dos nossos horizontes espaciais e temporais. Essa localização é, antes, devida ao controle sobre o aparecimento das imagens nos processos mentais que são comumente chamados de "associação", especialmente no processo de pensamento em que reajustamos nossos hábitos e reconstruímos nossos objetos.

As leis da associação são agora geralmente reconhecidas como simples processos de reintegração, nos quais as imagens tendem a se completar em suas fases temporal, espacial ou funcional (similaridade). Tem-se considerado muito conveniente lidar com essas tendências como expressões de coordenações neuronais; a associação de ideias tem sido suplantada pelas associações de elementos neuronais. Assim, a visão de uma sala lembra alguém que já encontramos ali, antes. A área do sistema nervoso central afetada pelo encontro, naquela ocasião, ao ser parcialmente afetada pela visão da sala em momento posterior, é mobilizada por esse estímulo e aparece a imagem da pessoa conhecida. Como tipo de mecanismo, isto não difere da percepção da distância ou solidez que acompanha as nossas experiências visuais por meio de contatos passados que preenchem a experiência visual imediata, exceto que a imagem da pessoa conhecida não se encaixa na experiência visual a fim de se tornar uma parte da percepção. No caso de uma alucinação, isso realmente acontece, e apenas a tentativa de estabelecer contato com a pessoa conhecida prova que o indivíduo está lidando com uma imagem em lugar de um fato perceptivo. O que ainda não está explicado nessa formulação da associação é o fato de que uma certa imagem aparece em lugar de incontáveis outras que também fizeram parte da experiência da sala. A explicação costumeira derivada da frequência, intensidade, contraste e nitidez resulta inadequada e devemos retomar aqueles impulsos que buscam expressão; em outras palavras, devemos retomar o interesse ou, em ainda outros termos, a atenção. A suposta "natureza seletiva" da consciência é tão necessária para a explicação da associação quanto para a da atenção e se manifesta em nossa sensibilidade aos estímulos que liberam os impulsos em busca de expressão, quando estes decorrem dos objetos no campo imediato de percepção ou das imagens. Os primeiros reagem a um ajustamento do organismo aos objetos presentes no espaço e no tempo; as segundas reagem àqueles que não estão mais presentes, mas que ainda são refletidos na estrutura neuronal do organismo. A sensibilização do organismo é válida nas duas classes de estimulação. As imagens até então consideradas não existem na mente tanto quanto não existem ali os objetos da percepção sensorial externa. Elas constituem uma parte do campo da estimulação ao qual nos sensibilizam as nossas atitudes ou os nossos impulsos em busca de expressão. A imagem do estímulo que precisamos é mais vívida do que a dos outros. Ela serve para organizar a atitude perceptiva referente ao objeto que precisamos reconhecer, como aparece nesta expressão de Herbart: "massa da apercepção". O conteúdo sensorial das imagens pode ser relativamente tênue, tão tênue que muitos psicólogos têm defendido que uma grande parte de nosso pensamento é desprovida de imagens. Mas, embora o ajustamento do organismo à execução da resposta envolvida no ato completo possa ser reconhecido mais facilmente, e por isso esta parte das imagens pode ser considerada a mais importante, não existe razão para se questionar a presença do conteúdo sensorial que serve de estimulação.

A parte dominante que a doutrina da associação de ideias desempenhou na explicação da conduta se fundamenta no controle sobre as imagens exercido pelo pensamento. Neste nós nos indicamos às imagens que podemos usar para reconstruir nosso campo perceptual, processo que será retomado numa discussão posterior. O que pretendo salientar agora é que as imagens controladas desse modo foram consideradas sujeitas aos mesmos princípios de reintegração do que aquelas por meio das quais nós as introduzimos no processo de pensamento. Estes últimos princípios são as relações dos gestos vocais significantes, ou signos, com aquilo que significam. Falamos que as palavras estão associadas às coisas e que transportamos essa relação com as interconexões das imagens juntamente com as reações que ajudam a mediar. O princípio da associação de palavras e coisas é, em grande medida, o da formação de hábitos; não tem relevância para a explicação do tipo de hábito a ser formado; não tem relação com a estrutura da experiência por meio da qual nos ajustamos às condições mutáveis. A criança cria o hábito de aplicar certos nomes a certas coisas. Isso não explica as relações das coisas na experiência da criança nem o tipo de sua reação a elas, mas é exatamente o que o psicólogo associacionista supõe. O hábito fixa uma determinada resposta, mas seu caráter habitual não explica nem o início da reação nem o ordenamento do mundo dentro do qual se desenrola essa reação. Neste estudo preliminar da mente reconhecemos primeiro aqueles conteúdos que não são objetivos; ou seja, que não participam da constituição do mundo perceptivo imediato ao qual reagimos; com isso são designados como "imagens subjetivas". Depois, reconhecemos os processos de pensamento e seus conteúdos, decorrentes do processo social do diálogo com o próprio self como o outro, e cuja função no comportamento teremos de investigar adiante. É importante reconhecer que o self, como entidade única entre outros indivíduos, não é subjetivo e que suas experiências também não o são. Essa configuração é apresentada às imagens livres, propriamente ditas, a partir de um predicado de subjetividade que inclui tudo. Certas imagens estão lá apenas como também estão outros conteúdos da percepção, e a nossa sensibilidade a elas serve à mesma função do que a nossa sensibilidade para outros estímulos perceptivos; ou seja, os da seleção e construção dos objetos que servirão para expressar os impulsos [MS].

2) Sobre as imagens, a única coisa que pode ser dita é que elas não se encontram entre aqueles estímulos distantes que configuram o mundo circundante, na qualidade de extensão da área manipulável. Provavelmente, a distinção da intensidade e nitidez feita por Hume é legítima aqui, embora uma formulação melhor possa ser encontrada em sua eficiência na execução da função de pôr em andamento o movimento direcionado ao objeto distante e na recepção da confirmação de uma experiência de contato. É verdade que os aspectos de uma experiência a distância presumivelmente decorrem das imagens e efetivamente evocam a resposta. Assim, o contorno de um rosto familiar pode ser preenchido pelas imagens e nos levar a aproximar do indivíduo e pegar sua mão, o que em última instância nos assegura de sua existência real na experiência presente. As alucinações e ilusões também mobilizam essas respostas e levam a resultados que corrigem a primeira impressão. Se constatarmos que encontramos um desconhecido em vez do suposto amigo, identificamos talvez aquela parte da experiência a distância que era composta por imagens e que é distinta do que chamamos de "sensação". Falamos que as imagens estão "psiquicamente presentes". O que queremos dizer com isso? A resposta mais simples seria que as imagens são a experiência do organismo individual que é o evento perceptivo na perspectiva. Se com isso queremos dizer que existe uma experiência no sistema nervoso central que é a condição para o aparecimento da imagem, essa afirmação tem um certo sentido. Mas é flagrante que a perturbação no sistema nervoso central não é o que chamamos de "imagem", a menos que coloquemos algum conteúdo psíquico interno nas moléculas do cérebro; então, não estaríamos mais falando do sistema nervoso central, que é um objeto possível no campo [da percepção].

Naturalmente, as imagens não estão confinadas à memória. Apesar do que possa ser dito sobre sua origem nas experiências passadas, sua referência ao futuro é tão genuína quanto sua referência ao passado. Na realidade, é legítimo dizer que só se refere ao passado na medida em que tem uma referência futura, em algum sentido real. Essa referência pode estar ali, sem uma ligação imediata com o futuro ou com o passado. É possível que não sejamos capazes de situar a imagem. A localização das imagens num campo psíquico implica o self como existente e seu *locus* não pode ser explicado por uma teoria que se dispõe a mostrar como o self aparece numa experiência dentro da qual as imagens devem ser consideradas anteriores ao self. Aqui somos devolvidos à intensidade da nitidez como razão para o organismo não responder às imagens da mesma forma como reage a estímulos distantes que não chamamos de imagens. Talvez exista algum outro aspecto que não seja expresso pela intensidade da nitidez. Mas é evidente que, se as imagens tivessem a qualidade que pertence à assim chamada "experiência sensorial", deveríamos reagir a elas, e seu ingresso na experiência sensorial, como notamos acima, indica que não foram excluídas por sua qualidade. Em nossa experiência sofisticada, o fator de controle parece ser sua incapacidade para se enquadrar no complexo do meio ambiente como uma textura contínua. Quando de fato ingressam, quer como preenchimento, quer como alucinação, não há hesitação por parte do organismo em reagir a elas como estímulos sensoriais, e então situam-se ali no mesmo sentido que os estímulos normais; ou seja, o indivíduo age para alcançar ou evitar os contatos que as imagens implicam. Por conseguinte, o fator responsável por sua exclusão é sua incapacidade de se tornar parte do ambiente distante. Já insisti em outro momento em dizer que não é a imagem da solidez que constitui a matéria do que vemos. Aqui, novamente, é a atitude funcional do organismo ao usar a resistência pela qual o estímulo da distância é responsável que constitui a matéria do objeto distante, e a imagem não desperta essa atitude. As imagens devem ser aceitas como existentes lá, mas não como uma parte do campo ao qual respondemos, no sentido em que respondemos aos estímulos de distância da experiência sensorial, e a razão imediata para não responder desse modo parece estar em sua incapacidade para caber na estrutura do campo, exceto como preenchimento, quando é indistinguível. A luz que lançamos sobre sua natureza advém da evidência de que seus conteúdos sempre estiveram presentes em experiências anteriores, e também daquele papel que o sistema nervoso central parece desempenhar em sua aparência. Mas o papel desempenhado pelo sistema nervoso central é em grande medida uma inferência da função que a memória e a antecipação têm na experiência. O presente inclui o que está desaparecendo e o que está emergindo. Nossa ação nos leva na direção daquilo que está emergindo; o que está desaparecendo propicia as condições para a ação. As imagens, por conseguinte, vêm para constituir ambas as extremidades. Olhamos para o que foi e para o que virá, ansiando pelo que não é. Esse processo constitutivo já está em funcionamento na constelação do presente, na medida em que o organismo confere uma existência presente ao seu campo [MS].

3) A imagem é uma experiência que ocorre no íntimo do indivíduo, sendo, por sua natureza, divorciada dos objetos que lhe confeririam seu lugar no mundo das percepções, mas tem uma referência representacional para esses objetos. Essa referência representacional é encontrada na relação das atitudes que respondem aos símbolos de completamento do ato aos vários estímulos que o iniciam. O estabelecimento de uma relação harmoniosa entre essas diferentes atitudes ocorre por meio da reorganização dos conteúdos dos estímulos. Nessa reorganização entram as assim chamadas "imagens" do completamento do ato. O conteúdo dessas imagens é variado. Pode ser de visão e contato, ou dos demais sentidos. Também é propenso a ser da natureza dos gestos vocais. Serve como teste preliminar do sucesso do objeto reorganizado. Outras imagens estão

localizadas no princípio do ato, como no caso da imagem mnemônica de um amigo ausente, que inicia um ato de ir ao encontro dele num local e horário marcados. As imagens podem ser encontradas em qualquer ponto no ato, desempenhando o mesmo papel dos objetos e suas características. Portanto, elas não devem ser distinguidas por sua função.

O que efetivamente caracteriza as imagens é seu aparecimento na ausência dos objetos aos quais se referem. Sua reconhecida dependência da experiência passada – ou seja, sua relação com os objetos que estiveram presentes – anula em certo sentido essa diferença, mas traz à tona a natureza da imagem como a presença continuada do conteúdo de um objeto que não está mais presente. Ela evidentemente pertence àquela fase do objeto que depende do indivíduo na situação dentro da qual o objeto aparece [MS].

II
O indivíduo biológico

A distinção mais importante entre os tipos de conduta do comportamento humano é aquela entre o que chamarei de a conduta do "indivíduo biológico" e a do "indivíduo socialmente autoconsciente". Essa distinção responde aproximadamente àquela que foi traçada entre a conduta que não envolve o raciocínio consciente e a que envolve, entre a conduta do mais inteligente dentre os animais inferiores e a do homem. Embora esses tipos de condutas possam ser claramente distinguidos uns dos outros no comportamento humano, não se situam em planos separados; atuam uns sobre os outros, em constante reciprocidade, e na maioria das condições constituem uma experiência que não parece repartida em trechos isolados. A habilidade com que um esportista se desempenha numa partida rápida de tênis e a habilidade com que projeta uma casa ou planeja um negócio parecem pertencer ao equipamento orgânico do mesmo indivíduo, vivendo no mesmo mundo, sujeito ao mesmo controle racional. O tenista às vezes critica seu desempenho e aprende a colocar a bola em pontos diferentes da quadra, conforme o adversário; esse mesmo sujeito, quando lida com os complexos processos de um planejamento, depende de sua maestria e conta com ela para determinar as condições em que irá operar e com quais pessoas se envolverá. Entretanto, essa distinção tem uma importância real e profunda, pois assinala a diferença entre nossa herança biológica, que vem de um nível inferior de vida, e o controle peculiar que o animal social humano exerce sobre seu meio ambiente e sobre si mesmo.

Seria um erro supor que o homem é um indivíduo biológico dotado de razão, pois com essa definição estamos dizendo que ele leva duas vidas separadas, uma de impulsos ou instintos e outra da razão, e seria um erro especialmente se assumíssemos que o controle exercido pela razão se processa por meio de ideias consideradas como conteúdos mentais que não surgem no interior da vida impulsiva da qual formam uma parte real. Ao contrário, um movimento inteiro da psicologia moderna foi direcionado à iniciativa de introduzir a vontade e a razão na vida impulsiva. Essa iniciativa pode não ter sido plenamente bem-sucedida, mas tem sido impossível evitar a tentativa de trazer a razão para o âmbito da evolução, e se essa tentativa tiver êxito, a conduta racional deve se desenvolver a partir da conduta impulsiva. Minha tentativa será mostrar que é no comportamento social do animal humano que essa evolução acontece. Por outro lado, é verdade que a conduta racional aparece quando a conduta impulsiva se desorganiza. Quando o ato deixa de cumprir sua função, quando o esforço impulsivo para obter comida não consegue comida e, mais especialmente, quando impulsos conflitantes se distorcem e inibem mutuamente, então o raciocínio pode entrar em cena com um novo procedimento que não está à disposição do indivíduo biológico. O resultado característico do procedimento racional é que o indivíduo garante um conjunto diferente de objetos aos quais responder, um campo diferente de estimulação. Houve um processo de discriminação, análise e reconstrução das coisas que desencadeou os impulsos conflitantes e que agora mobiliza uma resposta na qual esses foram ajustados uns aos outros. O indivíduo que tinha ficado interiormente dividido está novamente unificado em sua reação. Entretanto, quando reagimos diretamente às coisas à nossa volta sem a necessidade de encontrar objetos diferentes daqueles que encontramos com nossa visão, audição e tato imediatos, então agimos impulsivamente; e como seria de se esperar, agimos então como indivíduos biológicos, constituídos por impulsos que nos sensibilizam a estímulos, e respondemos diretamente a essa estimulação.

Quais são os grandes grupos de impulsos que compõem esse indivíduo biológico? A resposta, para os propósitos desta discussão, só precisa ser apresentada em linhas gerais. Devemos considerar que: (1) há os ajustamentos por meio dos quais o indivíduo mantém sua posição e seu equilíbrio durante o movimento e o repouso; (2) a organização das respostas relativas a objetos distantes, que levam a movimentos de aproximação ou afastamento deles; (3) o ajustamento das superfícies do corpo aos contatos com objetos que alcançamos pela movimentação, e especialmente a manipulação desses objetos; (4) o ataque e a defesa em relação a formas hostis de presa, envolvendo a organização especializada dos impulsos gerais recém-registrados; (5) a fuga e o afastamento diante de objetos perigosos: (6) movimentos de aproximação ou afastamento em relação a pessoas do sexo oposto, e o processo sexual; (7) obtenção e ingestão de alimentos;

(8) nutrição e cuidados dispensados aos filhos, e amamentação e ajustamento do corpo da criança aos cuidados fornecidos pelos pais; (9) afastamento de fontes de calor, frio e perigo, e os estados de relaxamento durante o repouso e o sono; e (10) a formação de vários tipos de *habitat*, servindo às funções de proteção e cuidados parentais.

Embora esta seja apenas uma relação generalizada dos impulsos humanos primitivos, abrange todos eles, pois não existe uma reação primitiva que não esteja incluída nesta lista ou não seja uma combinação possível deles, se aceitarmos como exceção o controverso campo do instinto gregário. Em última análise, parece haver dois fatores que compõem esse suposto "instinto": primeiro, a tendência do membro de um grupo que se mantém integrado em se movimentar na direção dos outros membros e com o mesmo ritmo deles; segundo, uma realização mais normal de todos os processos vitais e com menos excitabilidade, dentro do grupo, do que fora dele. Este segundo fator é evidentemente muito complexo e parece assinalar uma aguçada sensibilidade para os estímulos de afastamento e fuga, na ausência do grupo. Já me referi a isso especialmente porque a imprecisão e falta de definição desse grupo de impulsos levou muitos estudiosos a usarem tal instinto para explicar fenômenos da conduta social situados num nível inteiramente diverso de comportamentos.

É comum falar que os instintos no indivíduo humano estão sujeitos a modificações praticamente intermináveis, diferindo por isso dos instintos das formas animais inferiores. Nesse último sentido, os instintos dificilmente poderiam ser identificados no homem, à exceção do de sucção e, talvez, de certas reações imediatas de raiva demonstradas por bebês muito pequenos, ao lado de algumas outras poucas reações que não poderiam ser descritas da mesma forma por ainda serem muito subdesenvolvidas. A vida da criança na sociedade humana submete esse impulso da raiva e outros impulsos dos quais a natureza humana é dotada a uma pressão que os coloca numa posição na qual é impossível compará-los com os instintos animais, embora tenhamos descoberto que os instintos, nos animais inferiores, estão sujeitos a mudanças graduais por meio de uma continuada experiência com condições ambientais em mudança. Naturalmente, essa pressão só é possível por meio do caráter racional que, se estou correto, encontra sua explicação no comportamento social ao qual a criança está prestes a ter acesso.

O material do instinto ou impulso nos animais inferiores é altamente organizado. Representa o ajustamento do animal a um mundo muito definido e restrito. Os estímulos aos quais o animal é sensível e que se encontram em seu *habitat* constituem esse mundo e respondem às possíveis reações do animal. Os estímulos e as reações se encaixam e determinam mutuamente, pois é o instinto em busca de expressão que determina a sensibilidade do animal ao estímulo, e é a presença do estímulo que mobiliza o instinto. A organização representa não só o equilíbrio da atitude e o ritmo do movimento, como também a sucessão dos atos uns após os outros, toda a estrutura unificada da vida da forma e da espécie. Em toda comunidade humana conhecida, inclusive a do tipo mais primitivo, não encontramos nem um mundo nem um indivíduo tão unificados. No mundo humano existe um passado e um futuro incerto, futuro que pode ser influenciado pela conduta dos indivíduos do grupo. O indivíduo se projeta em várias situações possíveis e, com implementos e atitudes sociais, dispõe-se a fazer com que exista uma situação diferente que expressaria impulsos diferentes.

Do ponto de vista do comportamento instintivo nos animais inferiores, ou da resposta humana imediata a um mundo perceptivo (em outras palavras, do ponto de vista da relação intacta entre os impulsos e os objetos que os manifestam), o passado e o futuro não existem, mas, não obstante, estão representados na situação. São representados pela facilidade de ajustamento, por intermédio da seleção de certos elementos, tanto na estimulação sensorial direta, via excitação dos órgãos da percepção, como nas imagens. O que representa o passado e o que representa o futuro não são discerníveis como conteúdos. O substituto do passado é o efetivo ajustamento do impulso ao objeto estimulador. O substituto do futuro é o controle que o mutável campo das experiências durante o ato mantém sobre a realização dele.

O fluxo da experiência não se diferencia em passado e futuro num contraste com o agora imediato, até que a reflexão incida sobre determinadas partes da experiência com tais características, afetando-a com a perfeição do ajustamento, por um lado, e com controles variáveis, por outro. O indivíduo biológico vive num agora indiferenciado; o indivíduo social reflexivo eleva-o à condição de fluxo da experiência dentro da qual situam-se um passado fixo e um futuro mais ou menos incerto. O agora da experiência é representado basicamente pelo corpo de impulsos listados antes, nosso ajustamento herdado a um mundo físico e social, continuamente reconstituído por processos reflexivos sociais. Essa reconstituição, no entanto, ocorre através da análise e seleção, no campo da estimulação, não pela direção imediata e recombinação dos impulsos. O controle exercido sobre os impulsos sempre se dá por meio da seleção das estimulações condicionadas pela influência sensibilizadora de vários outros impulsos em busca de expressão. O imediatismo do agora nunca é perdido e o indivíduo biológico se coloca como realidade inquestionável na mente dos diversos passados construídos e futuros projetados. A reflexão científica tem se dedicado ao trabalho de isolar alguns desses ajustamentos fixos (em termos de nossas posturas de equilíbrio, de nossos movimentos relativos a objetos, de nossos contatos com objetos e a manipulação deles), na qualidade de um mundo físico, respondendo ao indivíduo biológico com seu intrincado sistema nervoso.

O mundo físico que, por conseguinte, surgiu na experiência, responde não só às nossas posturas e movimentos em referência a objetos distantes e à nossa manipulação desses objetos, como também ao mecanismo biológico, especialmente às suas complexas coordenações neurológicas por meio das quais essas reações são realizadas. Como é nesse mundo físico que logramos nossos controles mais perfeitos, é muito forte a tendência a situar o indivíduo como mecanismo nesse mundo físico. Na proporção em que nos apresentamos como mecanismos biológicos somos mais capazes de controlar um campo correspondentemente maior de condições que determinam a conduta. Por outro lado, essa formulação em termos mecânicos abstrai todos os propósitos e finalidades da conduta. Se estes aparecem na formulação do indivíduo, devem ser colocados na mente como uma expressão do self; em outras palavras, devem ser colocados num mundo com indivíduos com self, ou seja, um mundo social. Não quero avançar nos sutis problemas envolvidos nessas distinções: problemas de mecanismo e teleologia, de corpo e mente, o problema psicológico do paralelismo *versus* interação. Desejo simplesmente indicar o motivo lógico que leva a formulação mecânica do comportamento para o campo físico e a formulação dos fins e propósitos para o mundo mental, como esses termos são geralmente empregados. Embora essas duas ênfases, reconhecidas acima na distinção entre passado e futuro, tenham uma importância capital, é necessário sublinhar o retorno que o método científico moderno faz inevitavelmente (o que é uma forma bastante elaborada de reflexão) à experiência imediata não sofisticada no uso do experimento como teste da realidade. Em última instância, a ciência moderna leva suas mais abstratas e sutis hipóteses para o campo do "agora", a fim de comprovar sua confiabilidade e verdade.

Essa experiência imediata que é a realidade, e que é o teste final da realidade das hipóteses científicas tanto quanto o teste da verdade de todas as nossas ideias e suposições, é a experiência do que chamei o "indivíduo biológico". Esses termos se referem ao indivíduo numa atitude e num momento em que os impulsos sustentam uma relação intacta com os objetos à sua volta. O registro final do ponteiro numa balança, da coincidência de uma estrela com a linha fina de um telescópio, da presença de uma pessoa num recinto, da consumação final de uma negociação, todas estas são ocorrências que podem confirmar quaisquer hipóteses ou suposições que não estão em si mesmas sujeitas a análise. O que se busca é uma coincidência entre um resultado antecipado e o evento real. Chamei-o de "biológico" porque esse termo enfatiza a realidade viva que pode ser distinguida da reflexão. Uma outra reflexão subsequente retoma a primeira e tenta apresentar o completo inter-relacionamento entre o mundo e o indivíduo, em termos dos estímulos físicos e do mecanismo biológico. A experiência propriamente dita não ocorreu nessa forma, mas na forma de uma realidade não sofisticada [MS].

III
O self e o processo da reflexão

É no comportamento social que surge o processo da reflexão propriamente dita. Em primeiro lugar, esse processo deveria ser formulado em seus termos mais simples. Como já esclareci, esse processo implica certa derrota do ato, especialmente devida a impulsos mutuamente inibidores. O impulso para ir em busca de comida ou água é contido pelo impulso de recuar ou bater em retirada, devido a evidências de perigo ou a algum sinal que proíbe avançar. Em condições assim, a atitude do animal inferior ao homem é avançar e recuar, num processo que pode, em si mesmo, levar a alguma solução isenta de reflexão. Assim, os gatos, nas caixas experimentais, recorrendo a contínuos movimentos erráticos, acabam encontrando a mola que os liberta da situação, mas a solução que encontram dessa maneira não reflete o uso da reflexão, embora a repetição contínua possa finalmente marcar essa reação, de modo que o gato experiente acionará imediatamente a mola quando for novamente colocado na caixa experimental. Uma grande parcela da habilidade humana adquirida na prática de jogos, na execução de instrumentos musicais ou na aquisição de ajustamentos musculares gerais a situações novas é consolidada por esse tipo de procedimento de tentativa e erro.

Nesse procedimento um dos impulsos opostos domina o outro e alcança expressão até o ponto em que definitivamente contido pelo(s) impulso(s) oposto(s). Nesse sentido, um cachorro que se aproxima de um estranho que lhe oferece um pedaço de carne pode alcançá-lo, mas, diante da consumação do estímulo causado pela não familiaridade com aquele homem, foge correndo em direção oposta, latindo e rosnando. Essa gangorra entre impulsos contraditórios pode prosseguir por mais tempo até que, depois de exaurir um e outro, ambos deixam a porta aberta a outros impulsos e seus respectivos estímulos, situados inteiramente fora do campo presente. Ou essa aproximação-afastamento pode colocar em jogo ainda outras características dos objetos, despertando novos impulsos que consigam solucionar o problema. Uma aproximação maior em relação ao desconhecido pode revelar um odor familiar oriundo do homem e banir o estímulo que libera o impulso de fugir e exibir hostilidade. No outro exemplo – do gato na caixa experimental –, um ato impulsivo atrás de outro finalmente leva à oportunidade de disparar a mola. O jogo desajeitado, ineficaz e hesitante do tenista iniciante, como a execução do violinista principiante, é uma ilustração da mesma coisa em termos da conduta humana. E aqui somos capazes de registrar que o próprio sujeito diz que aprende sem saber como. Ele constata que uma nova situação lhe aparece pela frente, e que não reconhece em seu passado. A posição de seu adversário e o ângulo da bola que se aproxima subitamente tornam-se importantes para ele. Essas situações objetivas não existiram para ele anteriormente. Ele não construiu nenhuma teoria com base nelas. Elas simplesmente estão lá, enquanto que no passado não estiveram em sua experiência; a introspecção revela que ele as reconhece graças a uma prontidão para uma nova espécie de resposta. A atenção do sujeito é atraída por elas, dadas suas próprias atitudes motoras. Ele está chegando ao que chama de "forma". Na verdade, "forma" é uma sensação dessas atitudes motoras por meio das quais nos sensibilizamos aos estímulos que mobilizam as respostas em busca de expressão. O todo é um processo não reflexivo em que os impulsos e seus objetos correspondentes estão lá ou não. A reorganização do campo objetivo e dos impulsos conflitantes de fato ocorre na experiência. Quando ocorreu, é registrada em novos objetos e atitudes e, por algum tempo, podemos adiar a maneira como se desenrola a reorganização. Explicações atuais em termos de tentativa e erro, de reforço das reações bem-sucedidas e eliminação das reações malogradas, bem como o poder seletivo do prazer concomitante ao sucesso e da dor pelo fracasso não se mostraram satisfatórias, mas esses processos se situam fora do campo da reflexão e não pedem um exame mais detido nesse momento.

Como exemplo de uma simples reflexão podemos considerar abrir uma gaveta que se recusa a vir, apesar de repetidos movimentos de puxá-la com força cada vez maior. Em vez de se entregar ao esforço de gastar toda a sua energia até, talvez, arrancar o próprio puxador, a pessoa exercita sua inteligência e tenta localizar o elemento de resistência, observando que a gaveta parece ceder um pouco de lado, usando sua força no ponto em que a resistência é maior, ou atentando para a imagem do que a gaveta contém e removendo a de cima para poder afastar o obstáculo que vem derrotando seus esforços. Nesse caso, a diferença marcante em relação ao método não reflexivo que analisamos antes está na análise do objeto. Por ora a gaveta deixou de ser meramente algo a ser aberto. É uma confecção de madeira que integra partes diferentes, algumas das quais podem ter inchado mais do que as outras. Também é um recipiente cheio de objetos que podem ter se projetado por si mesmos contra a estrutura que os contém. Essa análise, no entanto, não nos retira do campo dos impulsos. A pessoa está usando suas duas mãos. A sensação de uma resistência maior de um lado do que de outro leva ao esforço adicional desse ponto. A imagem do que a gaveta guarda responde a uma tendência de retirar o obstáculo impeditivo. O mecanismo da percepção comum, no qual as tendências da pessoa a agir levam-na a salientar os objetos que permitirão dar livre-curso a tais tendências, é bastante competente para lidar com o problema, dado que ele possa garantir um campo de comportamento dentro do qual as partes do objeto unitário possam responder às partes da reação organizada. Esse campo não é o da ação aberta, pois as diferentes sugestões aparecem como hipóteses antagônicas do melhor plano de ataque e devem se relacionar entre si para que se tornem partes de algum tipo de todo novo.

A mera inibição de impulsos conflitantes não propicia esse tipo de campo. Ela pode nos deixar com objetos que simplesmente se negam entre si: uma gaveta que não é gaveta, pois não pode ser aberta, um indivíduo que é tanto inimigo como amigo, uma estrada que não é transitável. E podemos talvez apenas nos curvar diante do inevitável, ao passo que a atenção muda para outros campos de ação. Tampouco estamos à vontade para caracterizar a mente como um *locus* de reflexão – mente que, num determinado estágio da evolução, está ali; uma dotação interior outorgada pelos céus e pronta para equipar o homem com uma nova técnica de vida. Nosso empenho consiste em descobrir o desenvolvimento da mente dentro do comportamento que se desenrolou sem pensamento algum sobre si próprio e que pertenceu inteiramente a um mundo de coisas imediatas e reações imediatas a coisas. Para que seja uma evolução dentro do comportamento, deve ser formulável do mesmo modo como concebemos que o comportamento acontece nas formas vivas; isto é, cada passo do processo deve ser um ato em que o impulso conhece uma via de expressão por meio de um objeto num campo perceptual. Pode ser novamente necessário emitir um aviso contra a fácil suposição de que as experiências originadas sob a pele constituem um mundo interior dentro do qual, de alguma maneira obscura, pode brotar a reflexão e contra a suposição de que o corpo do indivíduo, como objeto da percepção, funciona como um centro ao qual as experiências podem ser vinculadas, e com isso criar um campo privado e psíquico que contém as sementes da representação e, com isso, da reflexão. Nem uma cólica, nem um artelho perfurado podem dar origem a reflexões, e nem os prazeres ou dores, emoções ou estados de ânimo constituem conteúdos psíquicos interiores, inevitavelmente referenciados a um self e, portanto, constelando um mundo interior no qual possa surgir o pensamento autóctone. Tal como aparece no caso citado acima, a reflexão envolve pelo menos duas atitudes: uma que indica um novo aspecto do objeto que dá origem aos impulsos conflitantes (análise); e outra que organiza a reação relativa ao objeto assim percebido e que a pessoa indica tanto para si como para outrem (representação). As atividades diretas das quais o pensamento decorre são os atos sociais e, presumivelmente, têm suas primeiras manifestações nas respostas sociais primitivas. Fará bem, por isso, considerar primeiramente as formas mais simples de conduta social e retornar à reflexão quando soubermos se essa conduta proporciona um campo e um método à reflexão.

A conduta social de qualquer indivíduo pode ser definida como aquela que decorre dos impulsos cujos estímulos específicos são encontrados em outros indivíduos do mesmo grupo biológico. Esses estímulos podem ativar qualquer órgão dos sentidos, mas existe uma classe desses estímulos que precisa ser especialmente comentada e enfatizada. Trata-se das atitudes motoras e dos estágios iniciais dos movimentos de outros indivíduos que governam as reações da pessoa em questão. Esses elementos têm sido amplamente ignorados pelos psicólogos comparativos; ou, quando foram discutidos, como ocorreu com Darwin,

Piderit e Wundt, foram tratados como fatores que afetam outros indivíduos não diretamente, mas por expressarem emoções, intenções ou ideias; ou seja, não foram reconhecidos como estímulos específicos, mas como estímulos secundários e derivados. Mas qualquer um que estude o que se pode chamar de "diálogo de atitudes" entre cães preparando-se para brigar, ou os ajustamentos entre bebês e mães, ou ainda os movimentos mútuos dos animais em bando, poderá reconhecer que os primórdios dos atos sociais evocarão respostas instintivas ou impulsivas tão imediatamente quanto as formas animais, os odores, contatos ou gritos. Wundt prestou um imenso serviço ao reunir todos esses estímulos sob o termo geral de "gestos", situando então como gestos vocais os sons preferidos que se transformam na fala articulada e significante do homem. Devemos fazer ainda outro comentário sobre a concepção de conduta social. Esta não deve ser limitada às reações mútuas de indivíduos cuja conduta aceita, conserva e serve o outro. Ela deve incluir também os inimigos animais. Para os propósitos de uma conduta social, o tigre faz tanto parte da sociedade da selva quanto o búfalo ou o cervo. Numa concepção mais estreita do desenvolvimento do grupo os instintos ou impulsos de hostilidade e fuga, juntamente com os gestos que representam seus estágios iniciais, desempenham papéis muito importantes, não só na proteção das formas que se sustentam reciprocamente, como na conduta dessas formas entre si. Também não é inconveniente assinalar que, na evolução das formas animais dentro do processo da vida, o caçador e a caça, aquele que come e a comida, estão tão intimamente entrelaçados quanto a mãe e o bebê, ou os indivíduos dos dois gêneros sexuais.

Entre as formas inferiores a conduta social está implicada nos instintos de ataque e fuga, sexo, paternidade e filiação, nos instintos dos animais que vivem em bando (embora estes tenham um perfil relativamente impreciso) e, provavelmente, na condição de *habitats*. Em todos esses processos, as formas propriamente ditas, seus movimentos – em especial os primeiros estágios desses movimentos, pois as primeiras indicações de uma reação iminente são da maior importância no ajustamento da ação ao movimento de outro animal – e os sons que emitem servem de estímulos específicos aos impulsos sociais. Essas respostas têm um caráter tão imediato e objetivo quanto as que são dadas aos estímulos físicos não sociais. Por mais complexa e intricada que essa conduta possa se tornar, como ocorre com as abelhas e as formigas, ou na construção de *habitats* como os do castor, componentes observadores de animais não foram capazes de coletar evidências convincentes de que um animal dá a outro indicações de um objeto ou ação que sejam registradas no que chamamos de "mente"; em outras palavras, não há evidências de que uma forma seja capaz de transmitir informações a outra recorrendo a gestos significantes. O animal selvagem, que responde diretamente a objetos externos e provavelmente também a imagens, não tem passado ou futuro, não tem um self como objeto; em suma, não tem a mente que descrevemos anteriormente nem é capaz de refletir ou apresentar uma "conduta racional", no sentido em que esse termo é atualmente usado.

Entre as aves podemos constatar um fenômeno curioso. Os pássaros usam amplamente os gestos vocais em sua conduta sexual e de cuidados à prole. O gesto vocal tem, em grau peculiar, a capacidade de afetar talvez diretamente o animal que o emprega, assim como afeta a outra forma. Naturalmente, não se conclui que esse efeito realmente ocorrerá; para que de fato ocorra é preciso que haja a presença de impulsos exigindo o estímulo que os libere. Na vida social normal dos animais o impulso de uma forma não seria fazer o que é estimulador para outra forma fazer, de modo que, mesmo que o estímulo fosse capaz de afetar os órgãos dos sentidos desta do mesmo modo como afeta os seus, esse estímulo normalmente não surtiria um efeito direto sobre sua conduta. Entretanto, há algumas evidências de que isso efetivamente acontece no caso das aves. É difícil acreditar que o pássaro não se estimula a cantar ao emitir as notas de seu canto.

Se a ave A evoca, com sua nota, uma resposta na ave B, e esta não só responde com uma nota que desperta em A, como tem, em seu próprio organismo, uma atitude que se expressa na mesma nota que a ave A emitiu, então a ave B terá se estimulado a emitir a mesma nota que foi ativada em A. Isso implica a existência de atitudes similares buscando se expressar nas duas aves e notas similares, expressando as atitudes de ambas. Se esse é o caso e um pássaro canta frequentemente dentro do espaço de audição do outro, podem resultar notas e cantos comuns. É importante reconhecer que esse processo não é o que se costuma chamar de "imitação". O pássaro B não encontra na nota de A um estímulo para emitir a mesma nota. Ao contrário, a suposição aqui é que sua resposta a A o estimula a emitir a mesma nota que A emite. Há poucas evidências convincentes, ou de fato nenhuma evidência, de que qualquer fase da conduta de um animal é um estímulo direto para que outro aja do mesmo modo. Um animal que se estimula a manifestar a mesma expressão que ativa em outro não está imitando, pelo menos nesse sentido, embora isso implique uma grande parcela do que se considera imitação. Isso só poderia acontecer segundo as condições que enfatizei: que o estímulo deverá agir sobre o próprio animal da mesma maneira como age sobre outro, e essa condição prevalece no caso do gesto vocal. Certas aves, como o pássaro-dos-cem-cantos, efetivamente reproduzem dessa maneira os trinados de outras aves; o papagaio colocado na gaiola com o canário reproduz o canto do canário. A situação de reprodução de um gesto vocal com a qual estamos mais familiarizados consiste nas façanhas das aves falantes. Nesses casos, as combinações de elementos fonéticos, que chamamos de palavras, são reproduzidas pelas aves, assim como o papagaio reproduz o canto do canário. Esse é um processo interessante pelos esclarecimentos que possa prestar sobre como a criança aprende a língua que ouve falarem à sua volta, ao enfatizar a importância do gesto vocal que positivamente estimula o indivíduo a responder a si mesmo. Embora seja essencial reconhecer que essa resposta do animal à sua própria estimulação só pode acontecer nos casos em que há impulsos em busca de expressão, liberados por essa estimulação, será comprovada a imensa importância do gesto vocal como o ato social que é dirigido pelo indivíduo tanto a si mesmo como a outros.

É aqui, no campo do comportamento, que chegamos a uma situação em que o indivíduo pode afetar a si mesmo da mesma forma como afeta a outros indivíduos e, por isso, pode responder a essa estimulação assim como responderia à estimulação de outros indivíduos. Em outras palavras, constela-se aqui uma situação em que o indivíduo pode se tornar um objeto em seu próprio campo de comportamento. Isso atenderia à primeira condição do aparecimento da mente. Mas essa resposta não ocorrerá a menos que haja reações em resposta a essas estimulações que promoverão e reforçarão a conduta do indivíduo. À medida que são semelhantes os gestos vocais de aves de ambos os gêneros, sem sua fase de cortejo, a excitação que despertam permitirá a expressão de outras notas que, mais uma vez, aumentarão a excitação. O animal instigado a atacar pelo rugido de um rival pode emitir um rugido semelhante, que ativa a atitude hostil do primeiro. Esse rugido, contudo, pode retroagir sobre o próprio animal e ativar uma renovada excitação para a luta que desperta um rugido ainda mais sonoro. O galo que responde ao canto de outro galo pode se estimular a responder a seu próprio canto. O cão que uiva para a lua provavelmente não continuaria uivando se não se estimulasse com seus próprios sons. Tem sido verificado que pombos pais estimulam um ao outro a cuidar dos filhotes recorrendo aos arrulhos. Como essas notas afetam as outras aves, elas têm a tendência de afetar de modo similar a ave que as emite. Aqui encontramos situações sociais em que os preparativos para o ato sexual, para um confronto hostil, para cuidados dos jovens... são postos em andamento pelos gestos vocais que retroagem sobre o animal que os emite, produzindo o mesmo efeito de prontidão para a atividade social que produzem sobre os indivíduos aos quais são imediatamente dirigidos. Se, por outro lado, o gesto vocal ativa uma reação diferente na outra forma, não haverá esse reforço imediato do gesto vocal. A nota do animal adulto que desperta a nota da forma jovem, a menos que desperte no pai ou na mãe a resposta do filhote a estimular novamente a nota do animal adulto, não estimulará a repetir seu próprio gesto vocal. Essa complicação efetivamente se instala no caso dos pais humanos, mas presumivelmente não nas relações entre pais e filhotes nas formas inferiores à humana.

Reconhecemos nesses casos situações sociais em que a conduta de uma forma afeta a de outra no desenrolar de atos em que ambas estão envolvidas. Trata-se de atos em que os gestos e as atitudes correspondentes são tão semelhantes que uma forma se estimula para o gesto e a atitude da outra, e com isso torna a se estimular. Em alguma medida o animal adota o papel do outro e dessa maneira enfatiza a expressão de seu próprio papel. Nas formas que citamos isso só é possível quando os papéis são, até certo ponto da preparação para o ato social, mais ou menos idênticos. Esse ato, entretanto, não pertence ao tipo de inibição da qual decorre a reflexão (embora, em todos os ajustamentos de indivíduos aos atos uns dos outros, deva haver alguma dose de inibição), assim como tampouco envolve aquela variedade de atitudes que é essencial à análise e à representação. Também não é essa fala de variedade na atitude (refiro-me, com "atitude" ao ajustamento do organismo envolvido num impulso pronto para se expressar) devida a uma falta de complexidade na conduta. Muitos atos dessas formas inferiores são tão altamente complexos quanto muitos atos humanos controlados pela reflexão. A distinção é a que já expressei entre o instinto e o impulso. O instinto pode ser altamente complexo (p. ex., os preparativos das vespas para a vida das larvas que nascerão dos ovos postos nos casulos fabricados para esse fim, mas os diversos elementos de todo o complexo processo estão todos tão firmemente organizados entre si, que uma interrupção em qualquer ponto na malha frustra o processo inteiro. As partes desse todo não têm liberdade para se recombinar de outras maneiras. Já os impulsos humanos são, em geral, suscetíveis justamente a análises e recombinações quando em presença de obstáculos e inibições.

Existe uma circunstância que, em minha opinião, não estaria desvinculada desse caráter destacável do ser humano. Estou me referindo às experiências de contato propiciadas ao homem por suas mãos. As experiências de contato da maioria das formas vertebradas inferiores, em comparação com o homem, representam a complementação de seus atos. Numa briga, no processo de obtenção de comida, no sexo, na maioria das atividades paternas e maternas e dos jovens, nos ataques, nas fugas para locais seguros, assim como na busca de proteção contra o calor e o frio ou na escolha de um local para dormir, o contato coincide com o objetivo do instinto. Por sua vez, a mão humana funciona como um contato intermediário vastamente mais rico em conteúdo do que as mandíbulas ou as garras dos animais. Os implementos humanos são elaborações e extensões da nossa mão. Fornecem contatos ainda mais variados e numerosos entre as fases iniciais e as finais de todas as iniciativas das pessoas. E, naturalmente, a mão inclui nessa consideração não só o membro propriamente dito, mas também suas infinitas coordenações, via sistema nervoso central, com as demais partes do organismo. Isso é de peculiar importância para a consideração da separabilidade das partes do ato, porque nossas percepções incluem as imagens dos contatos prometidos pela visão ou por algum outro órgão da percepção a distância. Vemos coisas duras ou macias, ásperas ou lisas, grandes ou pequenas em comparação conosco, frias ou quentes, secas ou úmidas. É esse contato mediado pela imagem que torna a coisa vista uma coisa real. Esses contatos mediados pela imagem são, portanto, de imensa importância para o controle da conduta. As variadas imagens do contato podem significar coisas variadas e estas significam respostas variadas. Novamente devo enfatizar o fato de que essa variedade existirá na experiência apenas se houver impulsos respondendo a essa variedade de estímulos e buscando expressão. Entretanto, os contatos manuais do homem, intermediários entre o começo e o fim de seus atos, proporcionam uma multiplicidade de estímulos diferentes para uma multiplicidade de maneiras diferentes de fazer as coisas e, com isso, convidam impulsos alternativos a se manifestar também na concretização de seus atos, quando surgirem obstáculos e impedimentos. As mãos do homem têm servido enormemente à fragmentação dos instintos fixos ao lhe proporcionar um mundo repleto de coisas.

Retornando agora ao gesto vocal quero enfatizar um ouro aspecto da espécie humana que tem sido de grande importância para o desenvolvimento da inteligência peculiar ao homem: seu longo período de infância. Não me refiro às vantagens sobre as quais Fiske insistiu, as oportunidades que surgem com o aumento da maturidade, mas ao papel que o gesto vocal desempenha nos cuidados às crianças dispensados pelos pais, em particular pelas mães. Os elementos fonéticos, a partir dos quais é construída a fala articulada, pertencem às atitudes sociais que ativam atitudes de resposta nos outros, juntamente com seus gestos vocais. O grito de medo de uma criança pertence à tendência de fugir para perto dos pais, e o tom encorajador deles faz parte do seu movimento de proteção. Esse gesto vocal de medo mobiliza o gesto correspondente de proteção.

Há dois tipos humanos interessantes de conduta que, aparentemente, decorrem desse relacionamento entre crianças e pais. De um lado, deparamos com o que tem sido chamado de imitação por parte da criança e, de outro, com a resposta empática de um dos pais. A base para cada um desses tipos de conduta pode ser encontrada no indivíduo que se estimula a responder do mesmo modo que o outro responde a ele. Como vimos, isso é possível se forem cumpridas duas condições. O indivíduo deve ser afetado pelo estímulo que afeta o outro e afetado pelo mesmo canal sensorial. Esse é o caso do gesto vocal. O som que é proferido atinge o ouvido do indivíduo que o emite do mesmo modo fisiológico que atinge o ouvido da pessoa a quem é endereçado. A outra condição é que deve haver um impulso buscando se expressar no indivíduo que emite o som, impulso que é funcionalmente do mesmo tipo que aquele ao qual o estímulo responde no outro indivíduo que ouve o som. Um exemplo que nos é muito conhecido é o da criança chorando que depois começa a emitir sons para a sua tranquilização, sons que pertencem à atitude protetora demonstrada pelos pais. Esse tipo infantil de conduta se generaliza depois de incontáveis formas de brincadeiras nas quais a criança assume os papéis dos adultos à sua volta. O próprio hábito universal de brincar com bonecas indica o quanto a atitude paternal ou maternal – ou talvez devamos dizer, algumas dessas atitudes – estão prontas para se expressar na criança. O longo período de dependência do bebê humano, durante o qual seus interesses estão centralizados nas relações mantidas com aqueles que cuidam dele, proporciona-lhe extraordinária oportunidade para brincar sem inibições de assumir papéis dos outros. Enquanto o animal jovem das formas inferiores se percebe rapidamente respondendo de modo direto aos estímulos apropriados para a conduta do adulto dessa espécie, com atividades instintivas que amadurecem cedo, a criança humana dirige, durante um período de tempo considerável, toda a sua atenção para o ambiente social fornecido por sua família de origem, buscando apoio, nutrição, calor e afeto, além de proteção; para isso buscando seus gestos, em particular os gestos vocais. Estes devem inevitavelmente ativar nela a resposta dos pais que está tão notavelmente pronta para se expressar na natureza dela própria. Essa resposta incluirá os gestos vocais correspondentes de seu pai e de sua mãe. A criança se estimulará a emitir os sons que estimulam os seus pais a fazê-los. À medida que a situação social dentro da qual a criança reage é determinada por seu ambiente social, esse ambiente determinará quais sons ela faz e, portanto, quais respostas ela estimula, tanto nos outros como em si própria. A vida à sua volta determinará de modo indireto as respostas paternas e maternas que reproduz em sua conduta, mas a estimulação direta à resposta adulta será inevitavelmente encontrada em seus próprios apelos infantis. Ela responde como criança à estimulação adulta. Não há nada nessas estimulações que ative uma resposta adulta. Mas, ao prestar atenção em seus pedidos pueris, será uma resposta adulta que lhe aparecerá, mas que aparecerá somente no caso de algumas fases dos impulsos adultos estarem prontas nela para serem expressas. É óbvio que é a incompletude e a relativa imaturidade dessas respostas adultas que conferem à conduta infantil um de seus aspectos mais característicos e que se tornam vinculados às suas brincadeiras. Outro aspecto é que a criança mesma pode se estimular a realizar tal atividade. Nas brincadeiras das crianças pequenas, mesmo quando brincam juntas, existem evidências abundantes de que assumem diferentes papéis nesse processo; a criança solitária mantém o processo em andamento estimulando-se com seus gestos vocais para desempenhar diferentes papéis, quase que indefinidamente. A brincadeira do filhote de outras espécies carece desse caráter autoestimulador e exibe uma maturidade muito maior da resposta instintiva do que a encontrada nas primeiras iniciativas lúdicas das crianças. É evidente que, com base justamente em condutas dessa natureza, com base nesse processo de se dirigir a si mesma e de responder com a resposta apropriada de outrem surja a "autoconsciência". Durante esse período da infância a criança cria um fórum no qual assume diversos papéis e gradualmente o seu self vai se integrando a partir dessas atitudes socialmente diferentes, sempre retendo a capacidade de se dirigir a si mesma e de responder a essa comunicação com uma reação que, de certo modo, pertence a alguém. Ela chega à idade adulta com o mecanismo mental.

A atitude que caracterizamos como de empatia do sujeito adulto decorre dessa mesma capacidade de assumir o papel da outra pessoa com quem estamos socialmente envolvidos. Essa capacidade não está incluída na resposta direta de ajuda, apoio e proteção. Ela é um impulso direto ou, nas formas inferiores, um instinto direto, que não é em absoluto incompatível com o exercício ocasional dos instintos opostos. As formas paterna e materna adultas, que eventualmente agem na forma mais comum como pais, podem com uma aparente crueldade destruir e consumir seus descendentes. A empatia sempre implica que a pessoa se estimula a receber assistência e consideração dos outros ao assumir, em alguma medida, a mesma atitude da pessoa que está assistindo. Atualmente usamos uma expressão para isso: "colocar-se no lugar do outro". Presume-se que esse seja um tipo exclusivamente humano de conduta, marcada por essa involução de estimular a si mesmo para uma ação, respondendo como o outro responde. Como veremos, esse controle da própria conduta, efetivado ao responder como o outro responde, não se limita a condutas cordiais. Tendemos a reservar o termo "empático(a)", no entanto, para os atos e as atitudes cordiais que são elos essenciais na vida de qualquer grupo humano. Quer concordemos ou não com a alegação de McDougall quando diz que o caráter fundamental da ternura que se manifesta em tudo o que chamamos de humano, ou humanitário, tem sua fonte nos impulsos paternos e maternos, não se pode duvidar de que a atitude fundamental de prestar assistência a outros, em todas as suas diversas modalidades, é mais marcadamente visível em relação às crianças. A impotência, sob qualquer forma, reduz-nos a crianças e desperta a atitude protetora como a dos pais nos outros membros da comunidade a que pertencemos. Todo avanço no reconhecimento de um agrupamento social mais amplo é como o Reino dos Céus: só podemos alcançá-lo sendo como as criancinhas. O adulto humano já ingressou na sociedade por meio da porta da infância, com algum tipo de self surgido em decorrência dos vários papéis assumidos por ele. Assim, o adulto humano se dirige a seus filhos com o que chamamos de "empatia", mas a mãe e o pai exercitam essa atitude mais constantemente em suas respostas maternas e paternas. Mais do que em qualquer outro sentido, a sociedade se desenvolveu psicologicamente a partir da família. As atitudes dos adultos, como as das crianças, servem primeiramente ao propósito da autoestimulação que verificamos nas aves, e dessa maneira enfatizam as respostas valiosas; mas, em segundo lugar, elas propiciam o mecanismo mental.

    A mais importante atividade mental que pode ser identificada no comportamento é a de ajustar os impulsos conflitantes para que possam se expressar harmoniosamente. Retomando a ilustração que já usamos, quando o impulso para ir adiante em busca de comida ou repouso é interrompido por um impulso de recuar diante de um barranco, a mente organiza essas tendências mutuamente antagônicas para que o indivíduo prossiga, fazendo um desvio. Com isso, tanto segue em frente como evita o perigo da descida vertical. Isso não é o resultado de uma reorganização direta dos processos motores. O processo mental não consiste em reajustar um mecanismo a partir de dentro, reorganizando molas e alavancas. O controle sobre o impulso reside somente no deslocamento da atenção que introduz outros objetos no campo da estimulação, liberando assim outros impulsos, ou na recolocação dos objetos que os próprios impulsos expressam numa sequência temporal diferente ou mediante acréscimos e subtrações. Esse deslocamento da atenção é novamente explicado pela ativação de tendências que não estavam antes imediatamente a postos para entrar em ação. Essas tendências nos tornam sensíveis aos estímulos que não se encontram no campo da estimulação. Até mesmo estímulos súbitos e poderosos atuam sobre nós porque há em nossa constituição respostas de súbito afastamento ou ataque quando em presença desse tipo de estimulação. Como já afirmei na conduta das formas inferiores, esses conflitos levam a uma troca entre tipos de reação. Nesses animais os impulsos estão tão firmemente organizados em instintos fixos que as alternativas de reação se encontram apenas entre um hábito congênito e outros. Dito em outros termos, o indivíduo instintivo não consegue fragmentar seus objetos e reconstruir sua conduta por meio de ajustamentos a um novo campo estimulador porque suas reações organizadas não podem ser separadas para se reunir depois de novas combinações. O problema mecânico da mente, por conseguinte, consiste em assegurar um tipo de conduta que se sobreponha à do indivíduo biológico e seja capaz se dissociar os elementos das nossas respostas organizadas. Esse desmembramento de hábitos organizados introduzirá no campo da percepção todos os objetos que respondem aos diferentes impulsos que compõem os hábitos fixos.

É desse ponto de vista que quero considerar a conduta social na qual o self entrou como um fator integral. Enquanto meramente enfatiza certas reações por meio da autoestimulação, como é o caso da fase de cortejo dos pássaros, ela não introduz nenhum novo princípio de ação; pois, nesses casos, o self não está presente como objeto em relação ao qual se assume a atitude que é assumida perante outros objetos, e que está sujeita aos efeitos da conduta. Quando o self de fato se torna um objeto a ser modificado e direcionado, assim como outros objetos são afetados, aparece sobre as respostas impulsivas imediatas uma outra maneira de se comportar que podemos conceber ser capaz tanto de analisar o ato por meio de um deslocamento da atenção do qual nossas várias tendências a agir o direcionam como de permitir a representação ao apresentar as imagens dos resultados das várias reações, em vez de lhe permitir que simplesmente entre na apresentação ou percepção dos objetos. Esse direcionamento refletido da atividade não é a forma na qual a inteligência aparece primeiro e nem tampouco é sua função original. Esta, no caso de um bebê, é obter um ajustamento efetivo à pequena sociedade da qual dependeu por tanto tempo. Durante um longo tempo a criança é dependente de estados de ânimo e de atitudes emocionais. É uma surpresa contínua a rapidez com que se ajusta a isso. Ela reage a expressões faciais mais cedo do que à maioria dos demais estímulos e responde com expressões apropriadas, antes mesmo de conseguir apresentar respostas que consideramos significantes. Ela chega ao mundo extremamente sensível a esse assim chamado "gesto mímico" e exercita sua inteligência primitiva para se adaptar ao seu ambiente social. Se a criança for congenitamente privada do gesto vocal que a afeta assim como afeta os outros, e essa perda não for compensada rapidamente, em parte recorrendo a outros meios de comunicação que, em princípio, sigam o mesmo procedimento que o da comunicação verbal, ela se vê confinada a esse meio instintivo de ajustamento aos que a cercam e leva uma vida que dificilmente se pode dizer ser superior à dos animais inferiores; na realidade, é uma existência inferior à destes por lhe faltar toda a gama de variadas reações instintivas ao mundo físico e social que constitui a realidade desses animais. Como vimos, na criança normal o gesto vocal ativa em si mesma as respostas dos adultos que a cercam ao estimular neles o seu próprio impulso parental e posteriormente outros impulsos que, em sua modalidade pueril, estão começando a amadurecer em seu sistema nervoso central. Em primeiro lugar esses impulsos encontram meios de se expressar nos tons de voz e, depois, na combinação de elementos fonéticos que se tornam a fala articulada, tal como acontece com o gesto vocal das aves falantes. Por meio de seus próprios impulsos a criança se torna um pai ou uma mãe para si mesma. O mesmo processo seletivo que a leva a usar elementos fonéticos da fala praticada à sua volta leva-a a usar os tipos gerais de atitudes daqueles que a cercam, não por imitação direta, mas devido à sua tendência de ativar em si mesma, em qualquer situação, a mesma reação que ativa nos outros. A sociedade que determina essas situações naturalmente determinará não só suas reações diretas, mas também as respostas adultas em seu íntimo despertadas por suas próprias ações. Conforme as expressa, primeiramente com a voz e depois em suas brincadeiras e jogos, ela vai assumindo diversos papéis e dirigindo-se a si mesma em todos eles. É claro que, em suas brincadeiras, está se ajustando para posteriormente assumir as atividades adultas, e, entre os primitivos, esse é praticamente todo o treinamento recebido. Mas a criança está fazendo muito mais do que isso: gradualmente ela está construindo um self definido que se torna o objeto mais importante do seu mundo. Na qualidade de objeto o self é primeiro o reflexo das atitudes dos outros a si próprio. De fato, em seus primeiros anos de vida a criança costuma se referir na terceira pessoa. Ela é uma mescla de todos os indivíduos a quem se dirige, quando assume os papéis daqueles com quem convive. É só aos poucos que esse processo assume um formato claro o suficiente a ponto de se tornar identificado com o indivíduo biológico e dotá-lo de uma personalidade discernível que descrevemos como autoconsciente. Quando isso acontece o indivíduo se coloca em condição de comentar o que está fazendo e o que pretende fazer, do ponto de vista de qualquer um dos papéis que essa "conduta imaginativa" o leva a desempenhar. Como se trata de papéis diferentes, assumir cada um deles ativa um aspecto diferente, e elementos diferentes no campo de objetos à sua volta são ressaltados em resposta à própria variedade de seus impulsos. Se não se pode dizer que a criança pensa, ela pelo menos tem um mecanismo de pensamento.

É necessário enfatizar a grande distância entre a vida direta e imediata da criança e esse self que vai crescendo em sua conduta. O self é praticamente imposto de fora. Ele pode aceitar passivamente o indivíduo que o grupo ao seu redor lhe atribui como sendo o seu. Isso é muito diferente do indivíduo biológico, passional e assertivo, que ama e odeia, abraça e agride. Este nunca é um objeto; sua vida é de sofrimentos e ações diretas. No ínterim, o self que está crescendo é tão real quanto os papéis que a criança desempenha e tem o mesmo tamanho que estes. Documentos interessantes desse self inicial podem ser encontrados nos supostos "amigos imaginários" que muitas crianças se proporcionam confessamente – e, implicitamente, todas elas. Esses amigos imaginários são, é claro, as respostas imperfeitamente personificadas na criança à sua própria estimulação social, mas têm uma importância mais íntima e duradoura em sua brincadeira do que os outros do clã obscuro. Conforme a criança completa o círculo do mundo social ao qual responde e cujas ações se estimula a reproduzir, ela, de algum modo, completa seu próprio self, na direção do qual todas essas atividades lúdicas podem ser direcionadas. Essa é uma conquista que se anuncia na passagem de uma forma anterior de brincar para a fase dos jogos e brincadeiras, tanto os competitivos como os de natureza mais ou menos dramática, nos quais a criança entra com uma personalidade definida que se mantém ao longo de toda a atividade. Seus interesses passam da história, do conto de fada, do relato folclórico, para os relatos conectados nos quais pode manter viva uma identidade empática com o herói ou a heroína no desenrolar dos acontecimentos. Isso não envolve apenas um self mais ou menos definido e organizado, visto a partir das perspectivas daqueles ao seu redor, cujas atitudes a criança adota, como envolve, além disso, um inter-relacionamento funcional desse self-objeto com o indivíduo biológico em sua conduta. Suas reações, agora, não são simplesmente as respostas diretas às coisas sociais e físicas à sua volta, mas também são reações a esse self que se tornou um objeto crescentemente mais significativo. Esse self se compõe de respostas sociais aos outros, consideradas basicamente pelo prisma destes, conforme a criança assume seus papéis. Com isso ela passa a se considerar uma companheira lúdica que deve repartir seus brinquedos com outras crianças, para poder mantê-las como suas companheiras lúdicas. Isso a compele a enxergar outros aspectos nos objetos lúdicos, além de sua atratividade imediata para seus impulsos de brincar e possuir. O objeto lúdico se torna um objeto composto: não é somente algo que confere expressão a seu próprio impulso, más também algo que mantém próximos seus amigos queridos. Seus hábitos de resposta são reconstruídos e ela se torna um animal racional. Essa é uma reconstrução que se desenrola inadvertidamente à medida que reconhece os diferentes aspectos nos objetos que a cercam e que se impõem à atenção de seu self. Porém, conforme seu self se organiza com mais eficiência, ele mesmo fornece a técnica que ajuda a criança a sair de todas as situações que cria. Resulta assim uma interação suave entre o indivíduo biológico e o self. Todas as condutas que apresentam dificuldades passam por essa modalidade de reflexão. O sujeito é o indivíduo biológico, nunca em cena, e esse self ajustado ao seu ambiente social e, via esse ambiente, ao mundo geral, é o objeto. É verdade que o sujeito no diálogo entre ambos assume ora esse, ora aquele papel. Conhecemos esse movimento nos processos de pensamento que realizamos como uma discussão com outra pessoa. Não poucas vezes colocamos os argumentos que desejamos defrontar na boca de algum defensor dessa ideia. É o argumento que esse defensor da doutrina oferece que aparece no pensamento. E quando tivermos respondido a isso é a resposta que gostaríamos de dar que ativa a próxima resposta. Mas, embora a voz seja a voz de outrem, a fonte de tudo isso é o self do sujeito, aquele grupo organizado de impulsos que denominei de indivíduo biológico. É esse indivíduo biológico em ação, com sua atenção sobre o objeto. Ele não entra no campo de sua própria visão. Mas, na medida em que pode se dirigir a si próprio e evocar uma resposta, esse self e a resposta se tornam efetivamente um objeto, como vimos.

É necessário traçar agora uma outra distinção, pois se trata de uma experiência extremamente sutil. No estágio que estamos considerando, o da criança pequena, o papel do outro que ela assume é adotado sem reconhecimento. A criança está ciente de sua resposta ao papel, não do papel que está desempenhando. É somente a experiência interior sofisticada e posterior que está ciente daquele aspecto sob o qual o "eu" invisível entra em cena e, então, somente por meio de um contexto que deve ser apresentado depois. O veículo de interação entre o sujeito e o objeto é o gesto vocal, com as imagens que se reúnem em torno dele, mas esse gesto vocal não é senão uma parte de um ato social. Representa o ajustamento a um meio ambiente, na atitude de alguma ação explícita. Essa ação, entretanto, é indicada ao self pelo gesto, e o self, como um outro ser social por meio de seus gestos, adota a atitude das respostas variáveis: o diálogo de gestos que já descrevi na conduta dos animais. O indivíduo biológico, o sujeito, responde novamente a essa atitude e seu gesto, mas sua resposta é para o self, ao passo que as respostas do self não são dirigidas para o sujeito, mas sim para a situação social envolvida na atitude que a ativou. Expressa em nosso pensamento adulto, essa é a distinção entre a ideia que nos vem à mente (a ideia que nos ocorre) e sua relação com o mundo, do qual fazemos parte como objetos. É o que a criança está se preparando para fazer e as atitudes que tomará, em consequência. Ela começa a fazer alguma coisa e se percebe nos estágios iniciais do processo objetivando e indo por um outro caminho. Em certo sentido, ela está experimentando essa iniciativa por meio do veículo da comunicação com um self. Assim, o indivíduo biológico se torna essencialmente inter-relacionado com o self e os dois entram na constituição da personalidade da criança. É esse diálogo que constitui o protomecanismo da mente. Dele passa a fazer parte o material da percepção e das imagens que estão envolvidas nas ações que esses grupos iniciam. Em particular, as imagens dos resultados das ações pressagiadas pelos gestos assumem um interesse peculiar. Como vimos, essas imagens entram diretamente no objeto, conforme as condições de uma ação direta. Na presença de atividades alternativas, que em certo sentido competem umas com as outras, essas imagens do resultado dos atos são, por algum tempo, dissociadas dos objetos e servem para interromper e ativar reajustamentos.

Descrevi dois pontos de vista a partir dos quais as imagens podem ser consideradas. As imagens estão *lá*, pois os perceptos estão *lá*. E, como perceptos, as imagens podem ser formuladas nos termos de sua relação com o organismo fisiológico. Mas, enquanto os perceptos são predominantemente a expressão de uma relação imediata entre o organismo e seu campo de objetos, as imagens representam um ajustamento entre o organismo e um meio ambiente que está lá. No caso de as imagens estarem fundidas com os outros conteúdos do percepto, elas se expandem e preenchem o campo dos objetos. Na medida em que as imagens não entram no ambiente imediato fornecem material para o qual uma forma instintiva pode ter pouco ou nenhum uso. Elas podem servi-la como servem a nós na escolha de objetos que não podem ser detectados de imediato. Mas, conforme os objetos que entram no campo da percepção respondem aos hábitos organizados, e como uma forma instintiva não pode reconstruir seus hábitos congênitos, as imagens dificilmente conseguem servir à função que realizam na mente humana, na qual reconstroem tanto os objetos como os hábitos. Essa sua função de reconstrução é um desenvolvimento da função de preencher o objeto, colocando nele aquilo que alcança o organismo pelos órgãos do sentido para a distância, como a visão e a audição, aquele conteúdo do contato que será revelado pela real aproximação do objeto. Sua reflexão primitiva na reflexão é a de determinar que curso de ação será adotado ao apresentar os resultados de vários deles. Essa é uma função que inevitavelmente enfatiza o conteúdo das imagens, enquanto a reação se torna dependente do resultado imagético do processo. E, no entanto, essa ênfase pressupõe algo além dessa distinção e sua função. Implica uma localização e uma identificação definidas das imagens, além de sua fusão com outros conteúdos no objeto. Vimos que isso ocorre na formação do passado e do futuro na extensão, através dessas dimensões, do ambiente imediato para além do alcance da percepção sensorial. No entanto, antes que essa localização possa ocorrer, as imagens pairam sem orientação. Em especial, como o passado e o futuro adquirem mais definição, as imagens – que não se encaixam de imediato – precisam de uma habitação local e são colocadas na mente.

Em termos de uma psicologia behaviorista o problema de formular a reflexão é o de mostrar como, na conduta imediata, o deslocamento da atenção em decorrência de variados impulsos organizados pode levar a uma reorganização dos objetos, de tal sorte que os conflitos entre os impulsos organizados podem ser superados. Acabamos de verificar que as imagens que participam da estrutura dos objetos e que representam o ajustamento do organismo aos ambientes que não estão lá podem servir à reconstrução do campo objetivo. É importante apresentar mais completamente a parte desempenhada nesse processo pela atividade social do indivíduo mediada pelo gesto vocal. Os atos sociais desse tipo procedem de forma cooperada e os gestos servem para ajustar as atitudes dos diferentes indivíduos no seio do ato como um todo às ações e atitudes uns dos outros. O grito de uma criança dirige a atenção da mãe para a localização da criança e para a natureza de sua necessidade. A resposta da mãe dirige a criança na direção de sua mãe, rumo à assistência que está preparada para aceitar. Os chamados desafiadores de animais adversários e os trinados sedutores das aves servem a propósitos análogos. Esses gestos e as respostas imediatas a eles são preparativos para uma atividade mútua que deverá ocorrer mais tarde. O indivíduo humano, por meio de seus gestos e de suas próprias respostas a eles, encontra-se no papel de um outro indivíduo. Com isso, ele se coloca na atitude da pessoa com quem deverá cooperar. A conduta das crianças pequenas, dirigida em tão grande medida, só pode ocorrer em combinação com a dos adultos à sua volta, e sua facilidade inicial para desempenhar os papéis dos outros lhes propicia o ajustamento necessário a essa atividade inter-relacionada. As proibições, os tabus, envolvem tendências conflitantes que aparecem em termos de ordens pessoais. São estas que recorrem como imagens quando surge novamente o impulso para fazer a coisa proibida. Em comparação com o animal que apenas recuaria diante de um local que lhe é proibido, a criança repete a proibição no papel de seu pai ou de sua mãe. O que simplesmente entra no objeto para torná-lo perigoso para o animal constitui para as crianças uma cena imaginária, uma vez que sua própria atitude social convoca a atitude social do outro em sua resposta. O que era parte de um fluxo ininterrupto torna-se, agora, um evento que precede a violação de uma lei ou a obediência a ela.

A suposição das diferentes atitudes torna possível a análise do objeto. No papel da criança a coisa é o objeto de um desejo imediato. É simplesmente desejável. O que ocupa a atenção é essa resposta ao impulso de se apoderar e devorar. No papel dos pais o objeto é tabu, reservado para outros tempos e outras pessoas, e pegá-lo exige retribuição. A capacidade de a criança ser o outro põe ambos os personagens do objeto diante dela no disparate desses personagens. O objeto não simplesmente a induz e leva para longe, como o cão bem-educado. É com esse material que a criança começa suas criações de imaginação: a mãe abranda e remove o tabu ou quando o objeto é comido a criança passa desapercebida, ou mil coisas podem acontecer nas atividades dos diferentes personagens em cena para que a coisa desejável seja sua e seu personagem como tabu, enquanto reconhecido, falhe em trazer as temidas consequências. Ou a criança mais prática pode pegar, comer e encarar a consequência de apanhar como algo que vale a pena, afetando assim a união dos personagens conflitantes de um modo heroico, mas ainda com a duradoura esperança de que o inesperado pode acontecer, esconder a ação ou mudar a lei ou seu cumprimento. Resumindo, a suposição compreensiva da atitude do outro aciona vários impulsos que direcionam a atenção para aspectos do objeto que são ignorados na atitude da resposta direta. E as diversas atitudes assumidas fornecem o material para a reconstrução do campo objetivo no qual e através do qual o ato social cooperativo pode acontecer, dando expressão satisfatória a todos os papéis envolvidos. É essa análise e reconstrução que se torna possível pelo aparato do gesto vocal, com seu equipamento orgânico relacionado. É nesse campo que o fluxo contínuo se dispersa em séries ordenadas, na relação de passos alternativos que induzem a algum evento. O tempo, com seus perceptíveis momentos, entra, por assim dizer, com os intervalos necessários para mudar a cena e trocar as fantasias. Não se pode ser outro e ainda sim a si mesmo, exceto do ponto de vista de um tempo que é composto de elementos inteiramente independentes.

É importante reconhecer quão inteiramente social é o mecanismo de conduta social de crianças pequenas. A explicação está no longo período de infância, necessitando dependência da conduta social do grupo familiar, e no gesto vocal, estimulando a criança a agir em relação a si mesma como os outros agem em relação a ela, colocando-se assim em posição de encarar seus problemas do ponto de vista, até onde se pode assumi-los, de todos que estão envolvidos nisso. Não se deve, no entanto, supor que essas atitudes sociais da criança implicam a existência em sua conduta das personalidades completas daqueles cujas atitudes ela está imitando. Pelo contrário, a personalidade completa da qual ela se encontra enfim dotada e que ela encontra em outros é a combinação do self e de outros. Como objetos sociais, os outros com quem a criança brinca são incertos em seus contornos e obscuros em sua estrutura. O que é claro e definido na atitude da criança é a reação em cada papel, do self ou do outro. A infância da criança é aquela de atividades sociais, incluindo essa estimulação e resposta reflexivas, em um campo em que nem objetos sociais nem objetos meramente físicos surgiram com exatidão. É um grande erro negligenciar o caráter social desses processos, pois no animal humano esse fator social carrega consigo também a complicação de possível autoestimulação. A reação do animal humano em relação ao outro, em que um gesto tem um papel que pode afetar o primeiro indivíduo como afeta o outro, tem um valor que não pode atribuir às pessoas diretas instintivas ou impulsivas a objetos, sejam eles outras formas viventes ou meras coisas físicas.

Tal reação, mesmo com sua autorreflexão apenas implicitamente presente, deve ser ainda mais precisamente distinguida de nossas reações a coisas físicas em termos de nossa atitude científica moderna. Tal mundo físico não existia na experiência inicial e menos sofisticada do homem. É um produto do método científico moderno. Não é encontrado na criança e no homem não sofisticados, e ainda assim muitas psicologias tratam a experiência das reações da criança aos assim chamados "objetos físicos" ao redor dela como se esses objetos fossem para ela o que são para o adulto. Há evidência muito interessante dessa diferença na atitude do homem primitivo em relação a seu ambiente. O homem primitivo tem a mente da criança; na verdade, da criança pequena. Ele aborda seus problemas em termos de conduta social – a conduta social na qual há essa autorreflexão que acabou de ser o assunto de discussão. A criança tira suas soluções do que, do nosso ponto de vista, são inteiramente problemas físicos, como transporte, movimento das coisas etc., através de sua reação social àqueles a seu redor. Isso não acontece simplesmente porque é dependente e deve procurar aqueles a seu redor para assistência durante o começo da infância, mas, ainda mais importante, porque seu processo primitivo de reflexão é de mediação através de gestos vocais de um processo social cooperativo. O indivíduo humano pensa primeiro em termos sociais. Isso significa, como enfatizei acima, não que a natureza e os objetos naturais sejam personalizados, mas que as reações da criança à natureza e seus objetos são reações sociais e que essas respostas implicam que as ações de objetos naturais são reações sociais. Em outras palavras, à medida que a criança age refletivamente em relação a seu ambiente físico, ela age como se esse ambiente estivesse ajudando ou atrasando, e suas respostas são acompanhadas de cordialidade ou raiva. É uma atitude da qual há mais do que vestígios em nossa sofisticada experiência. Isso talvez seja mais evidente nas irritações em relação à total perversidade de coisas inanimadas, em nossa afeição por objetos familiares de emprego constante e na atitude estética em relação à natureza que é a fonte de toda poesia dela. A distinção entre essa atitude e a da personificação é aquela entre a atitude de culto primitivo e a posterior atitude do mito, entre o período do maná, de mágica em sua forma primitiva, e o período dos deuses. A essência do processo reflexivo nesse estágio é que através de atitudes amigáveis ou hostis as dificuldades são superadas [MS].

IV
Fragmentos sobre ética[2]

1) É possível construir uma teoria da ética sobre uma base social em termos de nossa teoria social sobre a origem, o desenvolvimento, a natureza e a estrutura do self. Dessa maneira, por exemplo, o imperativo categórico de Kant deve ser formulado em termos sociais, ou formulado e interpretado nesses termos; quer dizer, acrescido de seu equivalente social.

---

2. [Cf. "Suggestions toward a Theory of the Philosophical Disciplines". In: *Philosophical Review*, IX, 1990, p. 1ss. • "The Social Self". In: *Journal of Philosophy*, X, 1913, p. 374ss. • "The Social Settlement: Its Basis and Function". In: *University of Chicago Record*, XII, 1908, p. 108ss. • "The Philosophical Basis of Ethics". In: *International Journal of Ethics*, XVIII, 1908, p. 311ss. • "Scientific Method and the Moral Sciences". In: *International Journal of Ethics*, XXXIII, 1923, p. 229ss. • "Philanthropy from the Point of View of Ethics". In: FARIS, E. et al. *Intelligent Philanthropy*, 1930.]

O homem é uma criatura racional porque é uma criatura social. A universalidade dos nossos julgamentos, à qual Kant dá tanta ênfase, decorre do fato de assumirmos a atitude da comunidade inteira, de todos os seres racionais. Somos o que somos por meio do nosso relacionamento com os outros. É inevitável, então, que nosso fim deva ser social, tanto do ponto de vista de seu conteúdo (aquilo que responde aos impulsos primitivos) como do ponto de vista da forma. A dimensão social confere universalidade aos julgamentos éticos e está na base do dito popular segundo o qual a voz de todos é a voz universal; ou seja, todos que conseguem realizar uma avaliação racional concordam. A própria forma do nosso julgamento é, então, social, de tal modo que o fim, tanto o conteúdo como a forma, é necessariamente um fim social. Kant abordou essa universalidade a partir da suposição da racionalidade do indivíduo e disse que se seus fins, ou a forma de seus atos, fossem universais, então poderia surgir a sociedade. Para ele, o indivíduo era, acima de tudo, racional e a condição da sociedade. No entanto, reconhecemos que não só o formato do julgamento é universal como o conteúdo também é; ou seja, o fim em si pode ser universalizado. Kant disse que só poderíamos universalizar o formato. Entretanto, é fato que universalizamos o fim em si. Se admitirmos que podemos universalizar o fim em si, então uma ordem social pode advir desses fins universais e sociais.

2) Podemos concordar com Kant quando ele diz que o "deveria" envolve efetivamente a universalidade. Como ele salienta, isso é válido no caso da regra de ouro. Sempre que o elemento "deveria" entra em cena, sempre que a consciência de alguém fala, ela de fato assume esse formato universal.

Somente uma criatura racional poderia outorgar um formato universal ao seu ato. Os animais inferiores simplesmente cedem a suas inclinações; perseguem fins particulares, mas não são capazes de conferir um formato universal aos seus atos. Somente um ser racional seria capaz de generalizar dessa maneira seus atos e a máxima dos mesmos, e o ser humano é dotado dessa racionalidade. Quando ele age de uma certa maneira está desejando que todos os demais ajam da mesma maneira, sob as mesmas condições. Não é esse justamente o comentário que fazemos quando nos justificamos? Quando alguém fez uma coisa que é questionável ela não diz em primeiro lugar: "Isso é o que qualquer pessoa teria feito no meu lugar?" É desse modo que a pessoa justifica sua conduta quando é questionada. Que ela deveria ser uma lei universal é o argumento justificável que a pessoa apresenta diante de uma conduta questionada. Isso está muito longe do conteúdo do ato, pois a pessoa está segura de que aquilo que está fazendo é o que quer que todos os demais façam, dadas as mesmas circunstâncias. Faça com os outros o que quer que façam com você. Ou seja, aja em relação aos outros do modo como deseja que eles ajam em relação a você, nas mesmas condições.

3) Em geral, quando você está tirando vantagem das outras pessoas, a universalização do princípio do ato retiraria exatamente esse valor do ato em si. Você quer ser capaz de roubar alguma coisa e depois conservá-la como sua propriedade, mas se todos roubam, não existiria nada que fosse uma propriedade. Apenas generalize o princípio do seu ato e veja o que acontece em seguida, com referência àquilo mesmo que você está tentando fazer. Esse teste kantiano não é sobre sentimentos, mas é um teste racional que se aplica a um grande número de atos que identificamos como morais. Nesse sentido tem valor. Tentamos decidir se estamos nos transformando em exceções ou se deveríamos querer levar todos os outros a agir tal como fazemos.

Se alguém estabelece como máxima de conduta o princípio de que todos deveriam ser honestos com ele enquanto ele pode ser desonesto com todos, não poderia existir uma base factual para sua atitude. O sujeito está cobrando honestidade dos outros e não está em posição de cobrar isso se for desonesto. Os direitos que reconhecemos nos outros podemos exigir deles, mas não podemos cobrá-los por aquilo que nos recusamos a respeitar. Isso é uma impossibilidade prática.

Qualquer ato construtivo, entretanto, é algo que está fora do escopo do princípio de Kant. Do ponto de vista de Kant você assume que o padrão está ali e, então, se você mesmo o desrespeita ao mesmo tempo em que espera que os outros o observem, o princípio kantiano o deixará de fora. Mas se você não tem um padrão, isso não o ajuda a decidir. Se é para chegar a uma reformulação, a um reajustamento, a pessoa obtém uma nova situação na qual agir; a simples generalização do princípio do seu ato não ajuda. É nesse ponto que o princípio de Kant fracassa.

O que o princípio de Kant faz é lhe informar que um determinado ato é imoral sob certas condições, mas ele não lhe diz o que é o ato moral. O imperativo categórico de Kant supõe que só existe um jeito de agir. Se for assim, então só existe um curso de ação passível de ser universalizado, e o respeito pela lei seria o motivo para agir dessa maneira. Mas se você supõe que existem modos alternativos de agir, então não pode utilizar o motivo de Kant como meio de determinar o que é certo.

4) Tanto Kant como os utilitaristas desejam universalizar, tornar universal aquilo que consiste a moralidade. O utilitarista diz que ela deve ser o maior bem para o maior número de pessoas; Kant diz que a atitude do ato deve ser tal, que assume o formato de uma lei universal. Quero salientar essa atitude comum entre as duas escolas, tão opostas uma à outra em outros aspectos: ambas consideram que o ato que é moral deve ter, de algum modo, um caráter universal. Se você formula a moralidade em termos do resultado do ato, então afirma os resultados em termos da comunidade inteira; se a formula na atitude do ato, a moralidade deve estar no respeito pela lei e a atitude deve assumir o formato de

uma lei universal, de uma regra universal. Ambas reconhecem que a moralidade envolve a universalidade, que o ato moral não é simplesmente uma questão privada. Algo que é bom do ponto de vista moral deve ser bom para todos, nas mesmas condições. Essa demanda pela universalidade é encontrada tanto na doutrina utilitarista como na kantiana.

5) Se o imperativo categórico é obedecido como Kant deseja, todos criarão uma lei universal a partir de seus atos e, então, uma combinação desses indivíduos será harmoniosa; assim, uma sociedade constituída de seres que reconhecem a lei moral seria uma sociedade moral. Nesse sentido, Kant gera um conteúdo em seu ato; sua formulação é que não existe conteúdo, mas ao situar o ser humano como um fim em si mesmo e a sociedade como um fim mais alto, ele introduz conteúdo.

Essa imagem de um reino de fins dificilmente pode ser distinguida da doutrina de Mill, uma vez que ambas estabelecem a sociedade como um fim. As duas precisam propor algum tipo de fim que seja universal. O utilitarista chega a isso no conceito do bem comum, da felicidade geral para a comunidade inteira. Kant encontra-o na organização dos seres humanos racionais que aplicam a racionalidade ao formato de seus atos. Nenhum deles é capaz de formular o fim em termos do objeto do desejo do indivíduo.

Na realidade, o que é preciso universalizar é o objeto ao qual o desejo se dirige, aquele no qual a sua atenção deve se concentrar para que você tenha sucesso. Você tem de universalizar não o mero formato do ato, mas seu conteúdo.

Se você quer simplesmente prazer tem um evento particular, um sentimento que experimenta sob determinadas condições. Mas se você deseja o objeto propriamente dito, deseja aquilo que pode receber um formato universal; se você deseja esse objeto, o motivo em si pode ser tão moral quanto o fim. Então desaparece a lacuna que o ato interpõe entre o motivo e o fim pretendido.

6) Existe a questão da relação entre o empenho e a conquista, por um lado, e a vontade, por outro; a questão de se o resultado é algo que pode ter alguma relação com a moralidade do ato. É preciso, sem dúvida, trazer o fim para o âmbito da intenção, da atitude. Em cada estágio do ato você pode estar agindo em relação a um fim e pode incorporar o fim nos passos que está dando imediatamente.

Essa é a diferença entre ter um bom propósito e ter uma intenção correta. Naturalmente, não se pode ter o resultado final já nos primeiros passos do ato, mas, pelo menos, podemos formular o ato em termos das condições vigentes.

Para que o indivíduo tenha sucesso é preciso que se interesse por um fim em termos dos passos necessários a implementá-lo. Nesse sentido, o resultado está presente no ato. A pessoa que está dando todos os passos para atingir um resultado enxerga-o nos passos que levam até lá. É isso que torna a pessoa moral ou imoral e que distingue o homem que realmente está comprometido em fazer aquilo que diz que está fazendo daquele que meramente "tem um bom propósito".

7) Todos os nossos impulsos são possíveis fontes de felicidade e, na medida em que encontram uma via natural de expressão, conduzem à felicidade. No ato moral haverá prazer em nossas satisfações, mas o fim está nos objetos, enquanto que os motivos estão nos impulsos dirigidos a esses objetos. Quando, por exemplo, a pessoa se mostra extremamente interessada em alguma empreitada, então tem impulsos dirigidos a certos fins e esses impulsos se tornam os motivos para sua conduta. Distinguimos esses impulsos do motivo, tal como o utilitarista o reconhece. Este admite um único motivo: a sensação de prazer que surgirá quando um desejo for satisfeito. No lugar disso colocamos o impulso dirigido para o fim em si e afirmamos que esses impulsos são os motivos da conduta moral.

A questão então se torna determinar o tipo de fim para o qual nossas ações deveriam ser dirigidas. Que espécie de padrão poderíamos estipular? Antes de qualquer coisa, nossos fins devem ser desejáveis em si mesmos; ou seja, fins que levem à expressão e satisfação dos impulsos. Agora há alguns impulsos que simplesmente levam à desintegração; impulsos que, em si mesmos, não são desejáveis. Alguns dos nossos impulsos, por exemplo, expressam-se na crueldade. Tomados em si mesmos não são desejáveis porque os resultados que produzem são humilhantes, deprimentes e nos privam das relações sociais. E, no que tange a outros indivíduos, também lhes causam prejuízos.

Nos termos de Dewey, os impulsos morais deveriam ser aqueles "que reforçam e expandem não só os motivos dos quais decorrem diretamente, como também as outras tendências e atitudes que são fontes de felicidade"[3]. Se uma pessoa se torna interessada nas outras, constata que esse interesse efetivamente a leva a reforçar esse motivo e a expandir outros. Quanto mais nos tornamos interessados em pessoas, mais nos interessamos pela vida em geral. A situação toda dentro da qual o indivíduo se encontra adquire um novo brilho. Nesse mesmo sentido, desenvolver um motivo intelectual é uma das maiores dádivas que a pessoa pode receber porque ela expande os interesses de maneira muito ampla. Esses fins são reconhecidamente de alta importância.

Assim, analisando a felicidade do ponto de vista dos impulsos propriamente ditos, podemos estabelecer um padrão da seguinte maneira: o fim deveria ser aquele que reforça o motivo, aquele que reforçará o impulso e expandirá outros impulsos ou motivos. Esse seria o padrão proposto.

---

3. [DEWEY & TUFTS. *Ethics*, p. 284.]

Agora, estamos livres das restrições dos utilitaristas e dos kantianos, se reconhecemos que o desejo é dirigido para o objeto em vez de para o prazer. Tanto os kantianos como os utilitaristas são fundamentalmente hedonistas, ao presumir que as nossas propensões são para os nossos próprios estados subjetivos, ou seja, para o prazer oriundo da satisfação. Se o fim é esse, então, naturalmente, nossos motivos são todos assuntos subjetivos. Do ponto de vista de Kant os motivos são maus, e do ponto de vista dos utilitaristas são os mesmos para todas as ações, e por isso são neutros. Mas, segundo a perspectiva que apresentamos, se o objeto em si é melhor, então o motivo é melhor. O motivo pode ser testado pelo fim em temos de se o fim reforça ou não o próprio impulso.

Os impulsos serão bons na mesma proporção em que se reforçam, expandem e manifestam também os outros impulsos.

8) Todas as coisas que valem a pena são experiências compartilhadas. Mesmo quando a pessoa está sozinha sabe que a experiência que vive em contato com a natureza, o prazer que deriva da leitura de um livro, as experiências que poderia achar que são estritamente particulares seriam grandemente acentuadas se pudessem ser partilhadas com outros indivíduos. Mesmo quando parece que a pessoa se retira para seu íntimo para viver com suas ideias, na realidade está vivendo com os outros sujeitos que pensaram aquilo que ela está pensando. Ela lê livros, lembra das experiências que teve, projeta as condições nas quais poderia viver. Esse conteúdo sempre é de natureza social. Ou o conteúdo pode ser alçado às experiências místicas da vida religiosa, à comunhão com Deus. O conceito da vida religiosa é, em si mesmo, um conceito social, pois se constela em torno da ideia de uma comunidade.

E somente na medida em que você pode identificar o seu próprio motivo e o fim real que está perseguindo em prol do bem comum é que você alcança o fim moral e usufrui, então, de uma felicidade moral. Como a natureza humana tem um caráter essencialmente social, os fins morais também deverão ter uma natureza social.

9) Se considerarmos o indivíduo do ponto de vista de seus impulsos poderemos ver que aqueles desejos que se reforçam ou mantêm sua expressão em andamento, e que despertam outros impulsos, serão bons, ao passo que aqueles que não se reforçam levam a resultados indesejáveis. Os impulsos que enfraquecem outros motivos são em si mesmos maus. Se agora consideramos o fim da ação em lugar do impulso propriamente dito constatamos que são bons aqueles fins que levam à realização do self como ser social. Nossa moralidade se constela em torno de nossa conduta social. É como seres sociais que somos seres morais. De um lado está a sociedade que torna o self possível, e, de outro, está o self

que torna possível a sociedade altamente organizada. As duas respondem uma à outra na conduta moral.

Em nossa conduta reflexiva estamos sempre reconstruindo a sociedade imediata à qual pertencemos. Tomamos determinadas atitudes definitivas que envolvem relacionamentos com outros indivíduos. A própria sociedade muda na mesma proporção em que são modificados esses relacionamentos. Quando se trata do problema da reconstrução existe uma demanda essencial: a de que todos os interesses envolvidos possam ser levados em consideração. A pessoa deve agir com referência a todos os interesses envolvidos. Isso é o que chamaríamos de um "imperativo categórico".

Definitivamente, estamos identificados com os nossos interesses pessoais. A pessoa é constituída de seus próprios interesses e, quando esses são frustrados, o que então passa a ser preciso é uma certa medida de sacrifício desse self estrito. Isso deve promover o desenvolvimento de um self mais amplo, capaz de se identificar com os interesses alheios. Penso que todos nós devemos estar prontos a reconhecer os interesses de terceiros, mesmo quando contrariem os nossos, assim como a pessoa que faz isso na realidade não está se sacrificando mas, sim, se tornando um self maior.

10) O grupo progride de padrões antiquados para novos padrões, e o que é importante do ponto de vista da moralidade é que esse avanço aconteça por meio do indivíduo, de um novo tipo de indivíduo que possa se conceber de uma maneira que não acontecia no passado. Alguns exemplos são dados pelos profetas, entre os hebreus, e os sofistas, entre os gregos. O ponto que pretendo salientar aqui é que esse novo indivíduo aparece como o representante de uma nova ordem social. Ele não aparece simplesmente como um indivíduo particular; ele se concebe como membro de uma outra ordem social que deveria ocupar o lugar da antiga. Ele pertence a uma nova ordem, mais alta. É claro que aconteceram mudanças evolutivas sem a participação de reações individuais. Mas as mudanças morais são aquelas que se passam por meio da ação dos indivíduos. Estes se tornam os instrumentos, os veículos, da mudança da antiga ordem numa nova.

O que é correto aparece na experiência do indivíduo: ele chega a mudar a ordem social; ele é o instrumento pelo qual o próprio costume pode ser modificado. O profeta se torna sumamente importante por esse motivo, pois representa aquela espécie de consciência na qual a pessoa decide mudar seus conceitos sobre o que é certo. Ao indagar o que é certo estamos nessa mesma situação e colaborando com o desenvolvimento da consciência moral da comunidade. Os valores entram em conflito uns com os outros nas experiências individuais; a função do indivíduo é manifestar os diferentes valores e ajudar a formular padrões mais satisfatórios do que os até então existentes.

11) Quando chegamos à questão do que é certo eu disse que o único teste que podemos implementar é saber se levamos na devida conta todos os interesses envolvidos. O essencial é que todos os interesses da natureza humana devam ser considerados. O indivíduo pode considerar somente os interesses que participam da composição do seu problema. O cientista tem de considerar todos os fatos, mas só considera aqueles que estão envolvidos no problema imediato. O cientista tentando descobrir se as características adquiridas podem ser herdadas não tem de levar em conta os fatos da relatividade, mas tão somente aqueles fatos vinculados ao seu objeto de estudo. O problema moral é aquele que envolve alguns interesses conflitantes. Todos os interesses envolvidos numa situação de conflito devem ser considerados.

Nos julgamentos morais temos de elaborar uma hipótese social e nunca se pode fazer isso simplesmente partindo do próprio ponto de vista. Temos de analisá-la do ponto de vista de uma situação social. A hipótese é aquela que apresentamos, assim como os profetas apresentavam à comunidade o conceito de que todos os homens são irmãos. Agora, se indagamos qual é a melhor hipótese, a única resposta que podemos dar é que ela deve levar em conta todos os interesses envolvidos. Nossa tentação consiste em ignorar certos interesses contrários aos nossos, ressaltando aqueles com os quais nos identificamos.

Não podemos estipular antecipadamente regras fixas a respeito do que deva ser feito. Podemos descobrir quais são os valores envolvidos no problema concreto e agir racionalmente com relação a eles. É isso que pedimos de qualquer um, apenas isso. Quando fazemos uma objeção ao comportamento de alguém dizemos que essa pessoa deixou de reconhecer os valores ou que, mesmo os reconhecendo, não agiu racionalmente em relação a eles. Esse é o único método que uma ética pode apresentar. A ciência não tem possibilidade de dizer quais serão os fatos, mas pode propiciar um método de abordá-los: reconhecendo todos os fatos que pertencem ao problema a hipótese proposta será racional e consistente. Não se pode dizer a uma pessoa qual deve ser o formato de sua conduta, da mesma forma que não podemos dizer a um cientista quais serão os fatos do seu estudo. O ato moral deve levar em conta todos os valores envolvidos e ser racional: isso é tudo que pode ser dito.

12) A única regra que uma ética pode apresentar é que o indivíduo deve lidar racionalmente com todos os valores encontrados num dado problema. Isso não significa que a pessoa tenha de espalhar à sua frente todos os valores sociais quando tem um problema para resolver. É o próprio problema que define os valores. O problema é específico e há determinados interesses definitivamente envolvidos. O indivíduo deve levar em consideração todos esses interesses e traçar um plano de ação que lide racionalmente com todos eles. Esse é o único método que a ética pode fornecer ao indivíduo. É da maior importância que a

pessoa defina quais são os interesses dentro de uma situação particular. A maior necessidade é que a pessoa deva ser capaz de considerá-los com imparcialidade. Achamos que as pessoas são propensas a adotar uma atitude que chamamos de egoísta. Já apontei que a questão do egoísmo consiste no estabelecimento de um self estreito, por oposição a um self mais amplo. A nossa sociedade é constituída de nossos interesses sociais; nossas relações sociais entram na constituição do self. Mas quando os interesses imediatos entram em conflito com outros que não havíamos reconhecido tendemos a ignorar os outros e levar em conta somente aqueles interesses mais imediatos. A dificuldade está em nos levar a reconhecer os outros interesses, mais amplos, e então incluí-los em algum tipo de relacionamento racional com os interesses mais imediatos. Há espaço para erros, mas erros não são pecados.

13) O homem tem de manter seu autorrespeito e pode ser que tenha de fugir diante de toda a comunidade para preservá-lo. Mas ele o faz com base num ponto de vista sobre o que considera uma sociedade melhor e mais elevada do que a existente. Esses dois fatores são essenciais à conduta moral: é preciso que haja uma organização social e que o indivíduo deva se manter. O método para levar em consideração todos esses interesses constitutivos da sociedade, por um lado, e do indivíduo, por outro, é o método da moralidade.

Apêndice
Fontes de *Mente, self e sociedade*

O texto de *Mente, self e sociedade: do ponto de vista de um behaviorista social* foi composto com base em dez conjuntos de materiais de sala de aula (transcrições estenografadas, anotações de alunos e trabalhos redigidos pelos estudantes) e também pelo menos oito fragmentos de manuscritos redigidos pelo próprio George H. Mead. Esse material também contribuiu para os "Ensaios suplementares" do livro e para as notas de rodapé da "Introdução" do editor. O apêndice a seguir é a primeira análise publicada que identifica as fontes do texto de cada trecho de *Mente, self e sociedade*. É o resultado de pesquisas de arquivo sobre as circunstâncias da composição e da publicação do livro (cf. HUEBNER, 2012).

Os 42 capítulos do texto, assim como os ensaios suplementares e a introdução do editor original, são examinados individualmente no apêndice que vem a seguir. Ao longo do texto principal foram acrescentados cabeçalhos para ajudar o leitor a localizar itens específicos, discutidos no apêndice. Esses cabeçalhos identificam os parágrafos do texto, numerados a partir do começo de cada capítulo. A análise de cada capítulo começa com uma tabela que identifica brevemente o material-fonte de cada parágrafo do texto publicado. As tabelas também identificam os rodapés que se baseiam no manuscrito ou em materiais do curso. Quando são indicadas as páginas dos materiais-fonte, elas se referem às versões disponíveis nos arquivos de pesquisa (conforme listado na bibliografia do apêndice). A prosa que segue as tabelas examina especialmente em mais detalhes questões relevantes no relacionamento entre o material-fonte e o texto publicado. Para facilitar a identificação, esses exames também se referem ao texto por parágrafos, numerados a partir do começo de cada capítulo. A prosa segue analisando os conjuntos específicos de materiais de sala de aula e manuscritos que servem de fonte, nos casos em que esses materiais são referenciados pela primeira vez no texto. Porções adicionais dos materiais-fonte que originalmente não fazem parte do texto publicado são citados no apêndice a seguir quando contribuem com um contexto adicional ou com informações exclusivas que o texto não fornece de outra maneira. Damos ênfase especial à citação das perguntas feitas pelos alunos e das respostas que Mead lhes dá, conforme registrado nas transcrições estenografadas, porque essas interações fornecem uma perspectiva única dos ensinamentos de Mead. Em alguns casos, este apêndice também oferece referências de autores e obras implicados ou identificados de modo incompleto no texto original.

As análises que vêm a seguir examinam necessariamente o trabalho editorial feito pr Charles Morris, a pessoa basicamente responsável pela compilação do texto originalmente publicado em 1934. A edição linha a linha feita por Morris é perceptível no livro inteiro. Podemos mencionar aqui dois grupos de questões gerais que não são identificados sistematicamente nas análises de capítulo. No primeiro, Morris editou os materiais-fonte do ponto de vista da gramática e da legibilidade. Em especial, Morris recombinou fragmentos de sentenças e cláusulas de maneiras diferentes das presentes nas transcrições estenografadas e nas anotações dos estudantes de onde foram extraídos, removendo as repetições e os pontos obscuros que recorriam no texto. Com o acréscimo de frases de transição e comentários como "naturalmente", Morris tornou o texto final mais natural e uniforme. Nos pontos em que este apêndice faz citações de matérias-fonte, com sua gramática geralmente problemática e frases obscuras, o leitor pode ter uma ideia mais prática da natureza da tarefa de Morris como editor, trabalhando basicamente a partir de registros isolados das aulas improvisadas de Mead.

No segundo, Morris removeu ou substituiu referências do índice e de contexto espalhadas pelo texto. Frequentemente, mudou a perspectiva das sentenças da primeira ou da segunda pessoa ("nós" ou "você") para a terceira ("ele" ou "alguém"), embora não de maneira uniforme. Ele também forneceu frequentemente referências para os pronomes, que não são dados no material-fonte. Morris removeu um grande trecho de frases retóricas como "Você acha que" ou "Que chamei de", assim como referências aos momentos e datas particulares das aulas ministradas; por exemplo: "Ontem eu disse" ou "Neste curso". Via de regra, essas questões gerais não são discutidas sistematicamente neste apêndice, embora sejam identificados alguns exemplos representativos.

Em vez disso, as análises a seguir se concentram nos problemas de identificar e justapor os materiais-fonte, especialmente sobre mudanças editoriais significativas no texto. Ao distinguir as porções do texto que foram escritas pelo editor, ou por um aluno, das que citam Mead, apontando onde o texto transita entre diferentes materiais-fonte, e ao especificar várias porções do texto entram na progressão original dos cursos de Mead, espero que este apêndice ofereça novos recursos para uma reavaliação e um uso consciencioso de *Mente, self e sociedade*.

Capítulo 1 Psicologia social e behaviorismo

Parágrafo publicado	Material-fonte
1	1928, "Psicologia social avançada", transcrição, p. 1.
2	1930, anotações da página "Psicologia social avançada, p. 3.
3	1930, anotações das p. 5, 148-149.
4-6	1928, transcrição, p. 1-3.
7	1930, anotações das p.1-2.
8-9	1928, transcrição das p. 3-5.
10-11	1930, anotações das p. 6-7.
12	1930, anotações da p. 12.
13	1928, transcrição das p. 5-6.
rodapé 3	1924, anotações de Morris, "Psicologia social avançada", p. 17 (verso).
rodapé 4	1924, anotações de Morris, "Problema de consciência", p. 49 (verso).
rodapé 5	1927, anotações de Shelburg, "Psicologia social avançada", p. 5. • Anotações de Morris, "Problemas de consciência", p. 49b. • 1925, anotações de Morris, "Filosofias de cientistas eminentes", p. 26.
rodapé 6	1930, anotações da p. 9. • 1928, transcrição, p. 4.

A maior parte do texto deste capítulo vem da gravação transcrita por um estenógrafo da primeira aula do curso que Mead ministrou no inverno de 1928, intitulado "Psicologia social avançada", ocorrida inicialmente na terça-feira de 3 de janeiro e seguida por quatro manhãs por semana, de terça a sexta-feira, até 20 de março. As aulas foram anotadas pelo método taquigráfico e posteriormente expandidas em transcrições datilografadas por um estenógrafo contratado por Alwin Carus, como Charles Morris esclarece na introdução ao texto. Ao final do curso de transcrições, o estenógrafo foi identificado como Walter Theodore Lillie, ex-aluno da graduação do Curso de Administração da Universidade de Chicago. Uma parte do trabalho também pode ter sido realizada por sua esposa, Mary Ann Lillie, empregada como estenógrafa numa empresa de investimentos na Bolsa na época em que as transcrições estavam sendo preparadas. Aproximadamente três quartos desse documento de 320 páginas de transcrições do estenógrafo foram impressos nas páginas de *Mente, self e sociedade*.

Embora Charles Morris tenha identificado essas transcrições estenografadas como material do curso de 1927 em sua introdução original (agora corrigida), todos os estudiosos competentes desde essa época concordam que as transcrições usadas em Mente, self e sociedade foram originadas em 1928, e não no curso de 1927. Essa conclusão tem o apoio adicional das próprias transcrições estenografadas que incluem cabeçalhos datando cada aula em dias sucessivos do início de 1928. Parece que Charles Morris cometeu o infeliz erro tipográfico que se manteve nas edições anteriores deste livro.

O texto extraído das transcrições estenografadas em 1928 é basicamente suplementado por textos das anotações feitas por Robert Rand Page, um aluno da graduação, no curso do inverno de 1930 intitulado "Psicologia social avançada". Page reescreveu suas notas originais de sala de aula de um modo que as elaborou e expandiu até criar uma prosa coerente e gramaticalmente correta enquanto cursava a graduação na Universidade de Cambridge. É esse material reescrito e datilografado que foi usado no preparo de Mente, self e sociedade. No geral, as passagens oriundas das notas datilografadas de Page, incorporadas no texto publicado, foram editadas muito menos minuciosamente do que outros materiais também incorporados, presumivelmente porque já haviam sido reformulados por critérios lógicos e gramaticais por Page. Tendem a exibir estruturas de sentença mais complexas, incluindo mais cláusulas subordinadas e frases entre parênteses do que o registrado nas transcrições de 1928. Diferentemente das transcrições estenografadas de 1928, as datas específicas de cada aula não foram preservadas nas notas de Page; porém ele as numerou de maneira consecutiva. Os excertos das notas de Page inseridos neste capítulo vêm das primeiras cinco aulas do curso de 1930.

As notas de rodapé deste capítulo, como no restante do texto, procedem de uma ampla variedade de fontes. As que estão entre colchetes são referências a material externo fornecido pelo editor, Charles Morris, o que este apêndice não aborda em detalhe. Essas notas de rodapé, marcadas com o ano entre parênteses, são citadas ou parafraseadas com base em outros conjuntos de notas. Partes do texto das notas de rodapé 3-5 vêm das anotações do próprio Morris, feitas em cursos de Mead aos quais assistiu, incluindo o do inverno de 1924 – "Psicologia social avançada"; o da primavera de 1924 – "Problema de consciência", e o da primavera de 1925 – "Filosofias de cientistas eminentes". Além disso, um trecho da nota de rodapé 5 vem de material do aluno George E.M. Shelburg, relativo ao curso do inverno de 1927, intitulado "Psicologia social avançada". Todas as anotações de Shelburg foram totalmente reescritas e apresentadas como trabalhos finais em cada um dos cursos. Foram esses longos ensaios acadêmicos (e não as anotações que Shelburg possa ter feito em sala de aula) que foram usados no preparo do texto publicado.

De acordo com uma parte da transcrição de 1928, que não foi reproduzida no texto publicado, Mead anotou que, no primeiro dia do curso de 1928, sua intenção era apenas dizer "uma ou duas palavras sobre o curso em si". Ele salientou que o curso "pressupõe o ponto de vista que se pode obter com a psicologia elementar e também o ponto de vista que já foi dado na psicologia social elementar, ministrada pelo Departamento de Sociologia". Ou seja, ele presumia que os alunos tinham um conhecimento anterior básico de psicologia e de psicologia social; além disso, identificou o curso "Introdução à psicologia social" do Departamento de Sociologia, ministrado regularmente por Ellsworth Faris em 1920, como pré-requisito para o seu curso. Nessa primeira aula, Mead também pediu aos alunos que obtivessem um exemplar de *Source Book for Social Pychology*, de Kimball Young (publicado em 1927), por "conter algumas suposições com as quais não concordo inteiramente, mas ter reunido ali um material muito satisfatório". Aparentemente, Mead pretendia usar esse livro-texto de 800 páginas como "leitura obrigatória" para o curso. Seu texto inclui excertos de trabalhos do próprio Mead, além dos de John B. Watson, William James, C.H. Cooley, W.I. Thomas, Ellsworth Faris e dezenas de outros autores relevantes para o curso. Young tinha sido aluno de Mead e de W.I. Thomas, em Chicago, e voltou como instrutor-convidado de Sociologia para o trimestre do verão de 1929.

De acordo com um trecho da transcrição da primeira aula de 1928, não incluída no texto final impresso, Mead também destacou que, embora em oportunidades anteriores em que tinha oferecido o curso tivesse focado uma "abordagem à experiência do ponto de vista do indivíduo" que se propunha a "definir em particular o que pertence a essa experiência porque o próprio indivíduo pertence a uma estrutura social, a uma ordem social", dessa vez pretendia que o curso "desse mais atenção às várias características da sociedade e da estrutura social que, via de regra, ainda não alcancei no tratamento que lhe dispensei" anteriormente. Assim, onde o primeiro parágrafo de *Mente, self e sociedade* discute a natureza da "psicologia social", o texto correspondente da transcrição de 1928 fazia referência à abordagem que Mead adotara de modo típico, mas agora iria modificar no curso que iniciava dando mais ênfase à estrutura social, relacionada à experiência do indivíduo e modificada por ela. Aparentemente, essa estrutura proposta foi seguida em alguma medida nas aulas de 1928. Até o final de fevereiro de 1928, as transcrições das aulas diziam basicamente respeito a discutir as ideias de Mead sobre o self e sua relação com o trabalho existente em psicologia social. Essa exposição é seguida por dar aos alunos a tarefa de resumir a argumentação apresentada nas aulas até esse momento (com data de entrega em 24 de fevereiro de 1928) e por dois dias de aulas dedicadas a responder a perguntas dos alunos (29 de fevereiro [ano bissexto] e 1º de março de 1928). As aulas que ocorrem depois de 1º de março, então, trazem reflexões adicionais sobre a natureza da ordem social, incluindo uma comparação da sociedade humana com a dos animais; análises de instituições econômicas, religiosas e políticas, e outros tópicos correlatos.

Em alguns pontos do primeiro capítulo (no final do parágrafo 3, no início do parágrafo 5, e no início e no final do parágrafo 9), o fraseado do material-fonte foi modificado a fim de traçar uma distinção mais nítida entre o sentido dado por Mead ao termo "behaviorismo" e o entendimento mais "estrito" desse vocábulo em Watson. Devemos salientar que, no final do parágrafo 9, Charles Morris acrescentou "Nosso behaviorismo é um behaviorismo social". Essa é a primeira vez em que a noção de "behaviorismo social" é mencionada no texto (afora o título do capítulo e o subtítulo original: "Do ponto de vista de um behaviorista social"). Cada vez que aparece, foi acrescentada ao texto por Morris. Segundo a transcrição de 1928, na maioria das vezes Mead se referia às pessoas pelo sobrenome, exceto pelo "Prof. James" e o "Sr. Watson". Quando o texto apresenta o prenome de autores, geralmente foi uma inclusão do editor.

Capítulo 2 O significado behaviorista das atitudes

Parágrafo publicado	Material-fonte
1-3	1928, "Psicologia social avançada", transcrição, p. 7-8.
4	1930, anotações de Page, "Psicologia social avançada", p. 84-85.
5-7	1928, transcrição, p. 8-10.
rodapé 8	1930, anotações de Page, p. 20-21.

A maior parte do material desta seção procede da aula dada em 4 de janeiro de 1928, a segunda aula do curso desse ano, como está registado na transcrição do estenógrafo. A aula começou com um conjunto de comentários que não foi reproduzido no texto publicado:

> Como indiquei ontem sobre a abordagem ao sujeito do ponto de vista da psicologia behaviorista, trata-se da que se desenvolveu a partir do estudo da psicologia animal, e o sucesso dessa psicologia fez com que o psicólogo transportasse esse método para o campo da psicologia humana. O estudo do rato e o estudo de instintos primitivos, tal como aparecem nas condutas, foi levado para a psicologia humana.

No lugar de "certos fenômenos" no texto do primeiro parágrafo, a passagem correspondente na transcrição do estenógrafo tem "certas condições". O editor também mudou a frase "o behaviorista do tipo de Watson" para "behaviorista watsoniano". O termo "watsoniano" não é encontrado em nenhum outro lugar das transcrições do estenógrafo e somente uma vez nas anotações de R.R. Page de 1930 (indicadas abaixo). A discussão do parágrafo 2 sobre o condicionamento dos reflexos de bebês aparentemente faz referência à obra de Watson intitulada *Psychology: From the Standpoint of a Behaviorist* (1919) ou talvez a um trabalho posterior nessa linha, ao qual se refere implicitamente várias vezes ao longo do texto. Uma parte do texto de Watson de 1919 também é reproduzida no *Source Book* de Kimball Young.

O parágrafo 4 reproduz um bloco de texto da aula 24, conforme anotações reescritas do aluno R.R. Page durante o curso "Psicologia social avançada". Aqui, como em todo o restante do texto, as passagens geradas pelas anotações de Page são inseridas onde o editor entendeu que acrescentariam material relevante, independente de onde estivessem no conteúdo do curso de 1930. No texto publicado, o parágrafo começa com "Tal behaviorista" e a passagem correspondente nas anotações de Page começa com "O extremo ou o behaviorista watsoniano" (a única menção a "watsoniano" nessas anotações). Mais adiante no parágrafo, o editor mudou o termo "naturalista" para "behaviorista" na frase "torna-se possível lida com isso em termos behavioristas". Além disso, existe uma passagem não reproduzida, vinda do texto correspondente nas anotações de Page, que iria aparecer antes das duas últimas sentenças do parágrafo 4:

> Explicá-las [i. é, a mente ou a consciência], então, não é reduzi-las ao *status* de fenômenos psicológicos não mentais, como Watson supõe; não é para mostrar que não são realmente mentais em absoluto, mas é simplesmente para mostrar que são um tipo particular de fenômenos behavioristas ou um tipo de fenômenos behavioristas entre outros.

A nota de rodapé 8 também se origina das anotações de Page no curso de 1930, embora do texto da sétima aula.

O parágrafo 5 retorna à transcrição de 4 de janeiro de 1928. Onde o início desse parágrafo tem "se somos", o texto correspondente da transcrição tem "o que destaquei ontem foi aquele, se ele for". Observe tanto a remoção da referência a uma data específica como a mudança de pessoa de "ele" para "nós". Isso é típico da edição do texto praticada por Charles Morris. Mais adiante, nesse parágrafo, o editor corrigiu o que pareceu um erro feito pelo estenógrafo: a transcrição de 1928 tinha "enervação" onde o texto publicado dizia "inervação". Essa mesma correção é encontrada em vários outros pontos do texto e parece justificada em todos os casos.

Capítulo 3 O significado behaviorista dos gestos

Parágrafo publicado	Material-fonte
1-4	1928, "Psicologia social avançada", transcrição, p. 10-12.
5	1928, transcrição, p. 12, 14.
6-7	1928, transcrição, p. 12-15.
8	1930, anotações de Page, "Psicologia social avançada", p. 34.
rodapé 9	1930, anotações de Page, p. 25-26.

O texto deste capítulo resulta basicamente da segunda metade da aula de 4 de janeiro de 1928 e da primeira metade da aula de 5 de janeiro de 1928. Ao que parece a primeira e a última sentenças do parágrafo 2 foram acrescentadas pelo editor, Charles Morris, já que não existe um texto que corresponda diretamente a eles na transcrição. A primeira sentença parece ter sido adicionada como uma transição; a outra talvez tenha sido adicionada como presságio de futuras distinções conceituais.

No parágrafo 4 o editor retirou a pergunta retórica "Por que acontecem?" na discussão das mudanças que ocorrem no fluxo de sangue quando a pessoa sente medo ou está aterrorizada. Nesse parágrafo, o editor – corretamente, a meu ver – editou o texto para trazer "o ator" no lugar de "o ato" quando se refere ao "homem cujo ofício é expressar emoções por meio de movimentos em sua expressão facial". Essa mesma correção foi feita várias outras vezes quando o texto publicado se refere ao "ator". No parágrafo 5 o editor reorganizou parte da explanação para que as sentenças do meio fossem de fato provenientes da transcrição da aula seguinte, quando, ao que parece, Mead estava resumindo o argumento da aula anterior.

Onde o texto indica que Mead estava comentando a possível função da expressão emocional "válvula de escape", no parágrafo 6, a transcrição correspondente do estenógrafo inclui esta observação: "Como dizemos 'para desabafar'". As duas últimas sentenças do parágrafo 6 são um pouco diferentes na transcrição do estenógrafo. Conforme aparecem no texto publicado, o editor acrescentou as palavras "o tipo gestual de", "comunicativo" e "anterior".

O parágrafo 7 vem da transcrição da aula seguinte, em 5 de janeiro. O editor omitiu o final da aula de 4 de janeiro em que Mead supostamente identificou Wilhelm Wundt e Hermann Helmholtz como figuras importantes no estudo do desenvolvimento da linguagem e salientou que ambos tinham em comum uma visão "paralelista". É provável que essa parte tenha sido eliminada na edição porque é extensamente discutida em outros momentos das aulas. O início da transcrição da aula de 5 de janeiro também foi eliminado pela edição. Além de recapitular o argumento da aula anterior, a transcrição também registra alguns comentários especiais que Mead fez com respeito a abordagem de Darwin:

> Ontem eu estava me referindo ao ponto de ataque de Darwin ao lidar com os gestos, as atitudes, como a expressão de emoções. Naturalmente, ao fazer isso, Darwin estava interessado em mostrar que as características essenciais da conduta humana e dos processos do animal humano deveriam ser traçados além do homem, incluindo outras formas animais. Ele estava pesquisando para ver até onde seria possível aplicar o conceito de evolução ao assim chamado estudo da consciência. O problema que ele já havia explicitado em seu "A descendência do homem" pedia o estudo não só do homem como objeto biológico, mas também o estudo do homem como ser consciente. Seria possível transportar de volta ao domínio dos animais inferiores ao homem alguns desses processos que identificamos com a consciência e verificar

como essas expressões entre os animais inferiores poderiam ser reconhecidas neles; verificar em que medida seria possível aplicar essa teoria para explicá-las.

O parágrafo 8 é extraído das anotações de R.R. Page no curso de 1930 no qual aparentemente Mead estava às voltas com a discussão e a crítica do entendimento de Darwin da "emoção", que, para Charles Morris, era paralelo ao que constava na transcrição da aula de 1928. A noção de emoção como algo "que emerge", portanto, é derivada das anotações de Page em 1930, e não de uma conclusão direta da discussão impressa no texto diretamente precedente, embora seja possível se chegar a essa conclusão também com base no material transcrito de 1928.

Capítulo 4 O surgimento do paralelismo na psicologia

Parágrafo publicado	Material-fonte
1-7	1928, transcrição, "Psicologia social avançada", p. 15-18.
8	1928, transcrição, p. 18-19. • 1930, anotações de Page, "Psicologia Social Avançada", p. 19.
9-13	1928, transcrição, p. 20-24.
14	1928, transcrição, p. 19.
rodapé 11	1924, anotações de Morris, "Psicologia social avançada", p. 56 (verso).
rodapé 12	Sem autoria.
rodapé 14	1930, anotações de Page, p. 29-30.

A maior parte do texto deste capítulo vem do material transcrito nos dias 5 e 6 de janeiro de 1928 pelo estenógrafo. Há claros indícios neste capítulo do trabalho que o editor fez a fim de conferir ao texto coerência entre os tópicos. Em especial, Charles Morris eliminou as menções ao "paralelismo" anteriores nas transcrições da aula (usadas nos primeiros capítulos) e colocadas neste capítulo numa seção que parece resumi-lo, mas em vez disso o precede. Ao longo deste capítulo, Morris também eliminou algumas sentenças e combinou outras nas quais as transcrições parecem registrar Mead lentamente formulando, explicando ou reiterando ideias.

No parágrafo 1, o editor mudou o sentido de uma parte do texto, talvez na tentativa de corrigir um erro percebido na fala de Mead. Onde o texto publicado traz que a doutrina "associacionista" da psicologia "segue" Hume, a transcrição correspondente da aula de Mead diz que a doutrina "antecede" Hume. No parágrafo 2, onde o texto publicado diz "foi cada vez mais reconhecido", a transcrição diz "agora foi indicado"; a frase publicada parece dar destaque a um processo progressivo, enquanto a frase transcrita aponta uma inovação particular. No parágrafo 5, o editor mudou corretamente o texto incluindo "de James" onde a transcrição correspondente diz "de Daine". Ele acrescentou "ação e conteúdo experimentado" ao final do parágrafo, onde a transcrição correspondente diz apenas "os dois lados". E também eliminou a expressão "assim chamados" que aparece na transcrição correspondente do parágrafo 5, antes de cada menção a "estados psíquicos". No parágrafo 6, o editor aparentemente tentou tornar as distinções conceituais mais claras, acrescentando "da maneira dinâmica pela qual" à sentença intermediária. No parágrafo 7, contribuiu com "A transformação histórica da psicologia" onde a transcrição traz apenas "ela". E também adicionou "da transformação" mais adiante nesse parágrafo.

Onde o texto publicado do parágrafo 7 diz "eles complicam o ato" (em que "eles" aparentemente se referem a "caminhos neuronais") a transcrição diz "Você pode complicar o ato"; quer dizer, na transcrição a pessoa realiza a complicação, não os nervos. O editor removeu a discussão, que consta no texto correspondente da transcrição, em que supostamente Mead afirmava que os "processos motores" não têm um paralelo direto na consciência, tal como os processos "sensoriais" têm. Basicamente, em vez disso o mesmo argumento está no rodapé 14, onde deriva das anotações de R.R. Page sobre a nona aula de 1930. Morris também eliminou um comentário no parágrafo 8 sobre a importância da "atenção" ao selecionar aquilo de que estamos conscientes, presumivelmente porque essa noção é esmiuçada mais adiante no capítulo. As duas últimas sentenças do parágrafo 8 têm origem numa passagem das anotações de Page da sétima aula em 1930, que parece oferecer um resumo sucinto do argumento de Mead, embora dentro de outra parte do curso.

O texto do parágrafo 9 em diante vem da transcrição da aula de 6 de janeiro de 1928. Existe um longo trecho, não reproduzido no texto publicado, que reafirma em termos um tanto diferentes o que Mead pensava que tinha afirmado na aula anterior. Nessa passagem, Mead comentou que estava "apontando a impossibilidade de localizar ideias como imagens, pensamentos no sistema nervoso central. Não há nada lá, além do mecanismo para a conduta na relação do organismo com seu ambiente". Ele também reafirmou em termos um tanto diferentes sua concepção da emoção:

> Quando se chega ao lado afetivo da conduta, encontra-se o mecanismo que torna possível certos tipos de ação, especialmente as súbitas mudanças no fluxo do sangue, a ação de várias glândulas sem duto e o controle dessas ações para tornar possíveis as respostas súbitas. Esses parecem ser os análogos fisiológicos da experiência afetiva e têm seu relacionamento apenas nos atos. Não havia nada no sistema que respondesse ao que se poderia chamar de experiência estática, a apreciação de um mundo, a contemplação de um mundo. Não havia nada

no mecanismo do corpo que parecesse responder a isso. Cada porção do organismo está em movimento. Tudo salta para dentro de outro processo, que finalmente obtém sua expressão na ação do organismo como um todo.

Há várias partes da transcrição de 6 de janeiro, correspondente ao parágrafo 12, que não foram reproduzidas no texto publicado. Vale a pena apontar uma passagem que discute dados sugestivos com respeito à fisiologia da atenção:

> Se você quer tornar o animal sensível a toda uma série de respostas você deixa que ele sinta muita fome. Então, ele é mais propenso a tentar esta ou aquela saída do que se estivesse num estado confortável, com seu apetite satisfeito. Podemos sensibilizar o órgão para certos tipos de estímulos. Quando você está com fome ouve o chamado para jantar, detecta o odor da comida, e isso não chamaria sua atenção se você não estivesse com fome. Naturalmente, isso se mantém válido com referência a outras situações fisiológicas no organismo.

O trecho da transcrição não incluído no texto publicado também contém uma anedota pertinente extraída do *Princípios de psicologia*, de William James (1890, vol. 1, p. 115), na qual ele estava passeando em Paris e se encontrou novamente, sem ter tido a intenção, no lugar onde tinha estudado muitos anos antes. O texto do parágrafo 14 vem do final da aula de 5 de janeiro de 1928. Na transcrição do estenógrafo, esse trecho do texto aparece logo após o comentário: "Foi mais simples começar com a ideia da neurose e depois registrar o que foi descoberto na psicose", que consta no parágrafo 8 do texto publicado.

Não consigo descobrir de onde vem o texto do breve rodapé 12, embora se assemelhe a uma proposta registrada em vários conjuntos anteriores de anotações de alunos. Nos casos em que Charles Morris não atribuiu um ano entre parênteses ao rodapé, isso tipicamente significou que o material procedia das anotações de R.R. Page de 1930, mas essa passagem não aparece em nenhum lugar desses materiais. Também é possível que a anotação seja um epítome ou uma paráfrase de materiais a que Morris teve acesso ou que veio de um manuscrito não confirmado.

Capítulo 5 Paralelismo e ambiguidade da "consciência"

Parágrafo publicado	Material-fonte
1-11	1928, transcrição, "Psicologia social avançada", p. 24-32.

Este capítulo resulta inteiramente das aulas consecutivas entre 6 e 10 de janeiro de 1928, tal como transcritas pelo estenógrafo em 1928. Ao longo do capítulo, muitas ilustrações ou discussões adicionais das noções alternativas de "consciência" e do paralelismo psicológico, algumas das quais bastante longas e outras de difícil entendimento, não foram reproduzidas a partir das transcrições correspondentes. O texto publicado também não contém duas outras ilustrações únicas que, supostamente, Mead ofereceu para sustentar a proposição de que há uma distinção legítima entre o que é "idêntico" a todos e o que é "peculiar" ao indivíduo. Um desses apartes expõe como cada pessoa percebe o mesmo valor em dinheiro com base em suas experiências passadas, enquanto na outra ilustração duas pessoas discordam quanto a uma delas ter visto e conversado com outro sujeito na cidade ou não.

No trecho central do parágrafo 2 o editor acrescentou "especialmente nesses termos" e substituiu a frase "Foi com base nisso que Wundt supôs algum tipo de consciência como tal" apenas por "consciência como tal". O breve parágrafo 3 começa com o texto que saiu da aula de 10 de janeiro de 1928. Após o parágrafo 3 vem uma passagem não reproduzida que inclui uma notável e singular formulação dos problemas do paralelismo:

> Se formos restringir o campo da consciência àquilo com que a psicologia lida, resta-nos um organismo que é expresso em termos físicos ou, se preferir, em termos fisiológicos, e o resto do campo de nossas experiências é colocado no âmbito da assim chamada consciência. No entanto, esse conteúdo não é do tipo que podemos colocar completamente no âmbito de nossa investigação psicológica. Não podemos extraí-lo por completo do campo da ciência fisiológica. Tome, por exemplo, a psicologia do pensamento, o significado das coisas, o significado de uma cadeira, de um livro. Esse significado tem conteúdo? Em certo sentido, tem. Existe uma psicologia do reconhecimento e esse reconhecimento sempre implica algum tipo de significado definido; quando temos isso, ele pode ser trazido para o âmbito da nossa análise. Há as várias atividades dos indivíduos e os vários conteúdos emocionais ligados a elas. Todos eles vão para o objeto e constituir o que é o significado daquela coisa particular. Agora, é evidente que esse tipo de separação que fizemos entre as estruturas fisiológicas, anatômicas do organismo e o que chamamos de consciência não pode colocar a consciência toda de um lado, do lado da assim chamada mente, ou do lado físico, pois o próprio organismo tem um significado. O organismo que é inconsciente tem um significado. O fisiologista tem de reconhecer o que é o caráter da forma particular. O que eu quis indicar foi a ambiguidade do próprio termo "consciência" e a que se refere o paralelismo. Para podermos ser consistentes a esse respeito temos de considerar o sistema fisiológico simplesmente como um grupo de elétrons e neurônios e retirar dele todos os significados que os vinculam a objetos fisiológicos específicos, alojando-os numa consciência. Topamos com dificuldades, mesmo assim. Mas, supondo que o façamos, não poderíamos ter o tipo de organismos fisiológicos que o fisiologista implica como contrapartida do processo psicológico. Poderíamos ter toda a consciência de um lado e, do outro lado, um

organismo puramente físico que não contém absolutamente nenhum conteúdo de consciência.

Antes do parágrafo 9 há uma breve seção eliminada pela edição. Uma parte dela assinala que estabelecer tal paralelismo entre ente e corpo equivale a uma "distinção metafísica". No parágrafo 11 as frases "e então aparece o velho fantasma epistemológico" e "e assim por diante, interminavelmente" foram acrescentadas pelo editor que também adicionou a última sentença inteira do capítulo, o que não corresponde a nenhum texto das transcrições. Antes do ponto em que começa o capítulo seguinte há uma seção eliminada da transcrição e na qual, aparentemente, Mead contrastou sua concepção da linguagem como "meio de comunicação" com a concepção da linguagem do prisma de uma psicologia paralelista pela primeira vez no curso de 1928. Essas ideias são extensamente debatidas nos capítulos 7 e 8, razão pela qual passagens similares da transcrição de 10 de janeiro de 1928 não foram impressas no final deste capítulo.

Capítulo 6 O programa do behaviorismo

Parágrafo publicado	Material-fonte
1-11	1928, "Psicologia social avançada", transcrição, p. 34-40.
rodapé 21	1928, transcrição, p. 41.

Este capítulo resulta inteiramente da aula de 11 de janeiro de 1928, conforme o registro na transcrição de 1928 do estenógrafo, exceto pela nota de rodapé final, cuja origem é a aula de 12 de janeiro. Após o primeiro parágrafo e antes do segundo, a transcrição do estenógrafo tem este breve comentário: "Como tais, essas afirmações estão ligadas a todos os tipos de questões físicas e fisiológicas de que a psicologia buscou se livrar nesse período". No parágrafo 5, o editor substituiu "dobra comum" por "todo comum", talvez na tentativa de corrigir um possível erro cometido pelo estenógrafo.

No parágrafo 7, Charles Morris tinha adicionado ambas as menções do termo "Gestalt" onde a transcrição simplesmente registra Mead falando da "assim chamada psicologia da configuração". Aparentemente, Morris também mudou a frase "certa forma" que aparece na transcrição de 1928 para "certa estrutura", que aparece no parágrafo 7 quando descreve os feitos da psicologia da Gestalt. Na nota de rodapé 20, Morris acrescentou uma citação às publicações de Wolfgang Köhler talvez porque seu trabalho era mais acessível em inglês nessa época do que a obra dos outros fundadores da psicologia da Gestalt, ou talvez porque uma seleção da obra de Köhler também tivesse sido publicada no *Source Book* de Young. No parágrafo 11, o editor tinha acrescentado "histórica e filosoficamente" para especificar como o termo "paralelismo" está vinculado ao contraste entre o físico e o psíquico. Por fim, não existe nenhum texto na transcrição de

1928 que corresponda às duas últimas sentenças do capítulo; ao que parece, foram acrescidas por Morris.

Capítulo 7 Wundt e o conceito de gesto

Parágrafo publicado	Material-fonte
1-8	1928, "Psicologia social avançada", transcrição, p. 42-45.
9	1930, anotações de Page, "Psicologia social avançada", p. 72-73.
10	1930, anotações de Page, p. 104-105.
11-12	1928, transcrição, p. 45-46.
13	1930, anotações de Page, p. 37-38.
14	1930, anotações de Page, p. 41-42.
rodapé 1	1930, anotações de Page, p. 39.

O texto deste capítulo é principalmente extraído da aula de 12 de janeiro de 1928; um trecho substancial de material também veio de várias partes das anotações de R.R. Page durante o curso de 1930. No parágrafo 1, o editor acrescentou "com que nos ocupamos" à primeira sentença que, na transcrição de 1928, era simplesmente "o campo particular da ciência social". Entre os parágrafos 3 e 4, onde as ilustrações mudam da briga de cães para o boxeador ou o espadachim humano, a transcrição de 1928 registra este comentário: "Não temos de tentar isso com o cachorro", como sentença de transição que o editor removeu.

Os parágrafos 9, 10, 13 e 14 resultam das aulas 22, 23, 29, 22 e 23, respectivamente, conforme as anotações de R.R. Page. O parágrafo 9 inclui a primeira menção às frases "gesto vocal", "self" e "adotando as atitudes dos outros", no texto publicado de *Mente, self e sociedade*. O parágrafo 10, mais uma vez oriundo das anotações de Page, contém a primeira discussão da noção de que o pensamento ocorre por meio de símbolos significantes ou da internalização da "conversa de gestos", embora haja um breve comentário anterior no texto com referência ao behaviorismo de Watson dizendo que "a pessoa pensa em termos de linguagem". Esse parágrafo é igualmente o primeiro a afirmar que o desenvolvimento e o uso de símbolos significantes estão envolvidos na "gênese e na existência da mente ou consciência". Mais uma vez, o parágrafo 13 pressagia a análise posterior; é parte inicial do texto alegando que "o self deve ser explicado em termos do processo social e em termos de comunicação" e que "o corpo não é um self", alegações que são mais detalhadas na seção do texto cujo subtítulo é "Self".

O fato de um número tão grande de conceitos importantes ser introduzido neste capítulo é em parte resultado de o texto desses parágrafos proceder de um curso bem posterior, em 1930, do que o texto circundante oriundo da transcrição de 1928 (na medida em que a progressão geral dos tópicos dos dois cursos é análoga". No entanto, nenhum desses termos ou frases é exclusivo aos registros dos cursos de 1928 e de 1930. Em geral, pode-se notar que a inserção de várias porções posteriores das anotações de Page em 1930 parece ter sido uma estratégia para fazer avançar aqui o desenvolvimento lógico do capítulo, introduzindo algumas ideias e conceitos-chave que seriam desenvolvidos ao longo da seção seguinte. No entanto, também pode ser observado que essas inserções contribuem para uma certa ambiguidade no texto. Em particular, os subtítulos do capítulo estão dispostos de tal modo que "self" e "mente" correspondem a seções diferentes (e, portanto, são abordados como temas analiticamente separados), mas também são reunidos neste capítulo, em grande medida como resultado das porções das anotações de Page em 1930 que foram incluídas.

O parágrafo 11 retoma a transcrição da aula de 12 de janeiro de 1928, diretamente de onde parou após a inserção de excertos oriundos das anotações de Page. A ilustração no texto dos gestos "A" e "B" e das ideias "a" e "b" também aparece na transcrição de 1928, embora o editor tenha acrescentado o fraseado aparentemente para esclarecer a análise. É possível que essa ilustração tenha sido escrita num quadro-negro em sala de aula, com base em indícios fornecidos pelo fraseado e pelo uso das aspas na transcrição do estenógrafo.

Capítulo 8 A imitação e a origem da linguagem

Parágrafo publicado	Material-fonte
11-17	1928, "Psicologia social avançada", transcrição, p. 46-58.

Este capítulo retoma a transcrição da aula de 12 de janeiro de 1928 diretamente após o parágrafo 12 do capítulo anterior. Numa aparente tentativa de completar o contexto perdido, Charles Morris acrescentou a primeira sentença do capítulo. Em seu lugar, a transcrição correspondente diz: "A maneira como essa situação foi enfrentada até o momento, tal como podemos perceber, tem sido pela imitação". Correta ou incorretamente, o editor também corrigiu a passagem nesse parágrafo para dizer: "mesmo na conduta dos animais superiores", cuja transcrição dizia "na conduta dos animais inferiores". No mesmo sentido, no parágrafo 3, o sentido de uma sentença foi invertido pelo editor. Na transcrição original, o registro mostra Mead dizendo "podemos, em termos muito gerais, falar da raposa imitando os pais e evitando o homem, mas isso implicaria fugir como uma imitação". O editor mudou essa sentença para "mas esse uso não implicaria fugir como um ato automático de imitação". É questionável se essa revisão representa com mais exatidão as intenções de Mead. A primeira sentença do parágrafo 4 não tem texto correspondente na transcrição de 1928 e ao que parece foi escrita por Charles Morris. Também no parágrafo 4, Morris acrescentou o nome "Gabriel Tarde", onde o estenógrafo aparentemente não entendeu o nome do "sociólogo francês" a quem Mead se referia.

O parágrafo 5 marca a transição para a transcrição da aula de 13 de janeiro de 1928. Entre os parágrafos 6 e 7 ocorre a supressão de um curto trecho onde o estenógrafo transcreveu incorretamente o termo alemão *Vorstellung* (que aqui significa "imagens mentais") como *porstellmundt*. Diz a transcrição: "E, se assumimos esse relacionamento, tal relacionamento é o envolvido no termo alemão (*porstellmundt*) que representa a importação do ato que em certo sentido é revelado nesse símbolo particular". No parágrafo 11, o editor mudou a indagação retórica "Bem, como é que se pode alcançar os outros elementos?" em outra mais definida: "Bem, como é que se pode atingir a linguagem genuína?"

Há várias passagens que não foram incluídas nos parágrafos posteriores desse capítulo a partir da transcrição de 1928 e que incluem mais comentários de Mead sobre a natureza do "instinto" e da "imitação". Além disso, o parágrafo 14 traz uma seção do texto contíguo da transcrição de 1928, mas a apresentação da sentença foi reformulada. Deve-se notar que a discussão da "assim chamada 'sentinela'" foi deslocada para após a discussão do "instinto de 'bando'". No parágrafo 16, a primeira sentença inteira é uma interpretação construída pelo editor sem que haja correspondência direta com o texto proveniente da transcrição da aula.

Entre os parágrafos 15 e 16 há uma longa seção, não presente na transcrição, na qual Mead oferece comentários um tanto peculiares sobre a assim chamada imitação nas crianças humanas e nas aves que vale a pena destacar:

> Quase todos os bebês falam consigo mesmos bem antes de conversarem com os outros. Aqui, o termo "falam" é ambíguo. Eles usam gestos vocais e o som que fazem é um estímulo para fazerem outro som. Normalmente, não é uma repetição do mesmo som; em geral, é algo diferente. O som é um estímulo para a criança emitir outro som. Supomos que podemos ensinar as crianças a dizer coisas dizendo-as para elas e depois tentando fazer com que repitam, e todos sabemos como isso é difícil. A criança se recusa a fazer o que queremos que elas façam. Os sons despertam respostas diferentes, sons diferentes. As notas das aves não são as mesmas. Há uma diferença. Via de regra, há diferenças. Esse canto remonta ao relacionamento dos sexos e a processos em andamento, e pode ser muito complicado. Os pombos, por exemplo. O arrulhar do pombo parece estimular os outros a darem seguimento aos processos de cuidar dos filhotes. Serve como fator de atração de uma ave para outra no processo de cortejá-la e também nos cuidados comuns dos filhotes, para lhes trazer comida. São estímulos que despertam certos conjuntos de respostas, e o arrulhar, ou as notas, de uma ave despertam as notas da outra, envolvida em todo o processo. Não existe a clara tendência de um som funcionar como estí-

mulo para a outra forma emitir o mesmo som. Há condições nas quais um movimento vai parecer o mesmo, mas não existem evidências reais de que seja o mesmo.

O parágrafo 17 começa com a aula de 18 de janeiro de 1928, mas pula a primeira sentença da transcrição: "Na última aula, eu estava discutindo a imitação como fator envolvido no desenvolvimento do gesto vocal". Há uma curta seção eliminada do texto correspondente na transcrição de 1928 em que Mead se estendeu sobre a ideia de que, quando consideramos a ação dos organismos à luz dos "processos que são essenciais à vida da forma", podemos reformular nosso entendimento da "sensibilidade" de formas de vida aos estímulos.

Os comentários sobre a pesquisa com o canto de aves, neste capítulo e no seguinte, parece ser uma referência ao estudo feito por Wallace Craig em 1908 sobre as "vozes de pombos consideradas um meio de controle social", e talvez ao de Edward Conradi, em 1905, sobre "o canto e as notas de chamado" de pardais criados por canários. Craig foi aluno de Mead, a quem agradeceu (assim como ao sociólogo W.I. Thomas e o ao zoólogo C.O. Whitman, ambos professores da Universidade de Chicago) no estudo com pombos que publicou. Excertos dos trabalhos de Craig e de Whitman estão no *Source Book* de Young, cuja bibliografia recomenda aos leitores a obra de Conradi. A discussão dos experimentos com gatos nas "caixas-labirinto" parece uma referência aos estudos de Edward L. Thorndike, citado pela primeira vez em sua tese de doutorado de 1898 e em outros lugares, e posteriormente reunidos em seu livro *Animal Intelligence*, de 1911.

Capítulo 9   O gesto vocal e o símbolo significante

Parágrafo publicado	Material-fonte
1-10	1928, transcrição, "Psicologia social avançada", p. 58-64.
rodapé 5	1912, Queen (?), anotações, "Psicologia social", p. 40.

O texto deste capítulo vem inteiramente da transcrição de 18 de janeiro de 1928, com a exceção do rodapé 5. O parágrafo 1 parte diretamente de onde o capítulo anterior nos deixa na transcrição, mas a primeira sentença foi modificada. Na transcrição correspondente lemos: "Como eu disse, a função da imitação tem sido muito ampla no campo do gesto vocal". No parágrafo 8, o editor acrescentou ao episódio do "valentão" [*bully*] duas frases: "que chama o blefe" e "e fortaleceu".

O rodapé 5, nesta seção, é a primeira vez no texto publicado em que são citadas as anotações da aula de 1912 (embora sejam mencionadas também na "Introdução" de Charles Morris). O texto do qual esse rodapé foi extraído é um conjunto de anotações datilografadas, aparentemente do curso oferecido no outono de 1912 intitulado "Psicologia social" (antes sendo nomeado "Psicologia social avançada", em 1918). Com base em sua leitura das anotações de Morris para si mesmo, Cook (1993, p. 195-196) e Lewis e Smith (1980, p. 276) defendem a hipótese de que essas anotações foram feitas por Stuart Alfred Queen, um aluno do Curso de Sociologia. É possível que os registros de Morris não identifiquem corretamente quem fez as anotações, mas não foi oferecida nenhuma outra identificação positiva em textos impressos. Essas anotações, cobrindo o período de 1924 (pelo menos) a 1931, foram aparentemente catalogadas e estão disponíveis para consulta na biblioteca da Universidade de Chicago. Uma versão editada das anotações foi publicada como parte de *The Individual and the Social Self* (MEAD, 1982), editado por David L. Miller, em que Miller afirmou que as anotações são de 1914, mas sem nenhuma documentação aparente sobre esse ponto. O texto do rodapé também pode ser dessa versão publicada (MEAD, 1982, p. 60). A pessoa referida no rodapé é James Mark Baldwin e o trabalho mais provavelmente implicado é *Social and Ethical Interpretation in Mental Development* (1897), embora uma boa parte desse trabalho seja relevante para o tópico discutido.

Capítulo 10 Pensamento, comunicação e o símbolo significante

Parágrafo publicado	Material-fonte
1-9	1928, transcrição, "Psicologia social avançada", p. 66-72.
10	1928, transcrição, p. 245-246.
rodapé 7	1930, anotações de Page, "Psicologia social avançada", p. 32-33.
rodapé 9	1930, anotações de Page, p. 59, 57.
rodapé 11	1930, anotações de Page, p. 64, 65-66.

A maior parte deste capítulo vem das transcrições das aulas de 19 de janeiro e 1º de março de 1928, enquanto as notas de rodapé procedem de partes separadas das anotações de Page em 1930. Antes do início deste capítulo existe uma longa passagem que começa a transcrição de 19 de janeiro em que Mead supostamente revisou o trabalho da aula anterior. Ele também acrescenta comentários adicionais sobre o mecanismo do aprendizado da linguagem e sobre o contraste entre o aprendizado da linguagem por humanos e pelas aves:

> Essa é a explicação do processo de aprendizagem. O fato de que o bebê nascido em Paris aprender a língua francesa enquanto que outro, nascido em Londres, aprende a língua inglesa. A vocalização que o indivíduo faz no início do seu processo fonético é, em muitos aspectos, idêntica à que ele ouve. Essas vocalizações são enfatizadas, são aquelas que retornam, selecionam e se repetem. Aqui temos um

mecanismo do qual procede o símbolo significativo. Naturalmente, nessas condições, não se poderia chamar de símbolos significativos as vocalizações que se obtêm do papagaio. Essas não têm, para o papagaio, o significado que têm na sociedade humana. Este não entra no processo que as vocalizações mediam na sociedade humana, mas a mecânica é a mesma.

No parágrafo 3, a última sentença parece ter sido criada pelo editor e não existe texto correspondente na transcrição do estenógrafo. Depois desse parágrafo, a transcrição de 1928 registra uma pergunta feita a Mead por um aluno não identificado que não foi incluída no texto publicado: "Em que medida os estímulos têm respostas específicas?" Há 46 casos em que as transcrições do curso de 1928 registram perguntas dos alunos, e essa é a primeira a ser registrada. Com bastante frequência, as perguntas e as respostas de Mead simplesmente não são incorporadas ao texto publicado, e esse é o caso dessa pergunta e sua resposta. No entanto, a resposta de Mead vale a pena ser divulgada, já que acrescenta outra maneira de especificar o argumento que ele desenvolve:

> Podem existir diferentes respostas ao mesmo estímulo. Um som pode provocar um salto, pode fazer com que você o escute etc. Você pode ter toda uma série de respostas diferentes ao mesmo estímulo, mas não é o mesmo estímulo. Os estímulos são diferentes para diferentes pessoas. Em certo sentido, são o mesmo estímulo; quer dizer, as mesmas vias aéreas [sic] são afetadas, mas há caminhos diferentes abertos desde o ouvido e, nesse sentido, os estímulos são diferentes. Existe um caminho aberto para ele ou não existe um caminho aberto para ele. Uma resposta generalizada é aquela que não leva em conta o relacionamento do que está se passando com ela. Há alguma coisa no organismo que responde ao estímulo em particular. É uma questão se esse estímulo será o mesmo em duas formas. É uma questão que não podemos responder de antemão. É preciso retomar a situação funcional [...] O que estou simplesmente supondo é que alguns desses elementos vocais despertam respostas idênticas no outro e no próprio indivíduo. Algumas delas podemos observar, quer dizer, aquelas que têm reações realmente emocionais. Por exemplo, um grupo inteiro é influenciado pelo choro de um bebê. Quando você obtém uma resposta específica desse tipo pode-se entendê-la e seguir seu mecanismo.

No parágrafo 4, onde o texto publicado diz "tome a ilustração de", a transcrição de 1928 diz "na ilustração que dei ontem" (i. é, na aula de 18 de janeiro, amplamente encontrada no capítulo 9). O parágrafo 10 vem de uma parte da transcrição de 1º de março de 1928. Conforme a transcrição do estenógrafo, a aula de 1º de março (e a aula anterior, de 29 de fevereiro: foi um ano bissexto) consistiu principalmente em perguntas dos alunos e nas respostas de Mead. No início da aula de 29 de fevereiro de 1928, Mead parece ter instigado essas perguntas quando disse:

Na explicação do self, no caráter geral dessa explicação, em sua interpretação, que estivemos discutindo, eu gostaria de tratar de qualquer ponto que vocês gostariam de esclarecer melhor, qualquer ponto que tenha surgido em sua mente sobre a discussão que estamos tendo.

Como esse convite indica, as sessões de perguntas e respostas ocorreram no final do curso de 1928, depois que a maioria dos conceitos já havia sido apresentada em detalhes. O editor original deste volume, Charles Morris, extraiu várias perguntas e respostas dessas aulas e as inseriu onde pareceu que seriam relevantes em outros momentos da progressão dos tópicos. De fato, um texto da transcrição da aula de 29 de fevereiro é utilizado em não menos de quatro capítulos distintos (18, 34, 35 e 39), mais do que qualquer outra transcrição isolada. E a aula de 1º de março de 1928 é a transcrição menos utilizada no texto publicado; cerca de 3.000 palavras da transcrição de 3.800 palavras de 1º de março não são reproduzidas em nenhum lugar do volume publicado. O texto do parágrafo 10 é a maior parte da resposta de Mead a uma pergunta de um aluno, registrada nos seguintes termos: "Nessas atitudes falamos de ações posturais, mecanismo verbal? Poderia explicar isso?"

O texto do rodapé 7 consiste numa parte da décima primeira aula do curso de 1930, conforme redigido por R.R. Page; o rodapé 9 consiste em duas partes não contíguas da décima oitava aula desse curso, e o rodapé 11 consiste em duas partes não contíguas do curso de 1930, a primeira, da décima nona aula e a segunda, da vigésima aula. A pessoa a quem é feita a referência no rodapé 11 é o filólogo teuto-britânico Friedrich Max Müller, e o trabalho implicado na discussão é muito provavelmente seu livro de 1887, *The Science of Thought*.

Capítulo 11 Significado

Parágrafo publicado	Material-fonte
1-11	1930, anotações de Page, "Psicologia social avançada", p. 45-51.
12	1930, anotações de Page, p. 77.
rodapé 13	1924, anotações de Morris, "Psicologia social avançada", p. 36.
rodapé 15	Manuscrito publicado em Mead, 1938, p. 546-547.

O texto deste capítulo procede inteiramente das anotações reescritas de R.R. Page, do curso de 1930, sobre as aulas 14-16 e 21. O fato de esse capítulo inteiro vir de um conjunto de materiais diferente da maior parte do texto publicado merece ser enfatizado. As anotações de Page contribuem ao texto publicado com algumas expressões que não são encontradas na transcrição de 1928. Em especial, os detalhes das três partes do processo significado, junto com os termos "tríade" ou "tríplice", para descrever tal processo (o que aparece sete vezes no texto publicado de *Mente, self e sociedade*), procedem exclusivamente das anotações de Page. Outras partes do texto cuja origem é a transcrição de 1928 também descrevem o significado como algo relacionado ao ato social, mas esse processo tríplice específico, detalhado no capítulo 11 e em outros lugares, vem das anotações de Page. Outros trabalhos de Mead publicados entre 1929 e 1930 indicam que, nesse período, ele estava explicitamente interessado nas relações "triádicas". No entanto, parece provável que essa análise não foi meramente inventada por Page. As anotações de Page contribuem com outras frases idiossincráticas que não são encontradas em nenhum dos outros conjuntos de anotações, incluindo "processo social da experiência" e "conversa de gestos significantes". A expressão "experiência e comportamento", que aparece 28 vezes no volume publicado, procede das anotações de Page em todos os casos. O termo "social" talvez seja o descritor isolado mais significativo, aparecendo com frequência maior de oito vezes em relação a qualquer outra palavra nas anotações de Page, conforme suas transcrições de 1928; também é a sexta palavra mais comum nas anotações de Page, mais comum inclusive do que "é". Parece provável que, ao reescrever suas anotações, Page tenha buscado acrescentar seus próprios esclarecimentos aos materiais usando esse estoque de termos e vocábulos. Essas anotações também exibem indicadores de ênfase, incluindo palavras sublinhadas e frases entre parênteses, a maioria das quais Morris havia incluído no texto sem preservar a ênfase.

Entre os parágrafos 2 e 3 é onde ocorre a mudança entre as aulas 14 e 15; entre os parágrafos 9 e 10 é onde ocorre a mudança entre as aulas 15 e 16. Algumas partes dessas três aulas também contribuem para os capítulos 15, 17, 21 e 29 do texto publicado. O último parágrafo deste capítulo vem da aula 21 do curso de 1930. Parece ter sido incluído aqui porque utiliza a teoria do significado, desenvolvida em outras passagens, para oferecer uma solução ao problema do "significado do significado". Aqui Mead pode ter se referido ao livro de C.K.O. Ogden e I.A. Richards, *The Meaning of Meaning* (1923), ou ao simpósio organizado com esse título por F.C.S. Schiller, Bertrand Russell e H.H. Joachim (1920) no periódico *Mind*.

O rodapé 5 procede de um manuscrito escrito por Mead e que também foi usado na preparação de *The Philosophy of the Act* (volume publicado postumamente e também editado por uma equipe liderada por Charles Morris). Tal como aparece em *Mente, self e sociedade*, foi significativamente editado a partir de sua origem numa passagem bem mais longa e que foi impressa em *The Philosophy of the Act* como um dos "Fragmentos sobre Whitehead" (MEAD, 1938, p. 546-547). Na maioria dos casos, o material rotulado "(MS)" no texto de *Mente, self e sociedade* também foi usado na preparação desse volume posterior.

Capítulo 12 Universalidade

Parágrafo publicado	Material-fonte
1-9	1928, "Psicologia social avançada", transcrição, p. 73-77.
10	Acréscimo editorial.
11	Manuscrito publicado em Mead, 1935, p. 77-78.
12	Manuscrito publicado em Mead, 1938, p. 545-546.
13	1930, anotações de Page, "Psicologia social avançada", p. 76-77.
14	1930, anotações de Page, p. 69-70.
15	1930, anotações de Page, p. 74.
rodapé 16	1924, anotações de Morris, "Psicologia social avançada", p. 54.
rodapé 19	Manuscrito de autor desconhecido.
rodapé 20	1912, anotações de Queen (?), p. 36. • 1930, anotações de Bloom, "Psicologia social avançada", p. E2.
rodapé 21	Manuscrito publicado em Mead, 1938, p. 112.

O parágrafo 1 começa com um trecho da aula de 20 de janeiro de 1928, como está registrado na transcrição do estenógrafo de 1928, a aula que segue aquela que foi impressa basicamente na aula 10. O editor removeu a primeira sentença que liga as duas aulas: "Ontem eu apresentei uma explanação dos termos behavioristas do conceito, ou, se quiserem, do universal ou significado, na experiência". Charles Morris acrescentou "o evento é" onde o texto original do parágrafo diz apenas "é", sem o termo antecedente "evento" claramente associado ao verbo. No final dessa sentença Morris mudou o texto "era somente um cão universal" para "era somente um cão em geral que voce viu".

Após a primeira sentença do parágrafo 2 existe uma passagem da transcrição que não é reproduzida e oferece alguns comentários resumidos sobre *An Outline of Philosophy* de Bertrand Russell (1927), propondo que Russell "adotou o behaviorismo e nele prosseguiu até onde pôde". A transcrição que corresponde à última sentença do parágrafo diz "era uma possibilidade de tal afirmação behaviorista que eu estava esboçando ontem [i. é, 19 de janeiro, basicamente impressa no capítulo 10]". Os comentários sobre o historiador "Morley" no parágrafo 6 são referências aparentes aos três volumes de John Morley, *The Life of William Ewart Gladstone* (1903).

O parágrafo 10 foi totalmente reescrito por Charles Morris, sem texto correspondente na transcrição de 1928 ou em qualquer outra parte, presumivelmente como transição do texto. Aparece entre colchetes para indicar que se trata de um acréscimo editorial, porém o editor parece ter ido além para escrever a passagem como se tivesse sido escrita pelo próprio Mead. O parágrafo 11 é reproduzido do manuscrito "The Philosophy of John Dewey", como explicita o rodapé que o acompanha. Esse manuscrito depois foi publicado e nele as passagens correspondentes podem ser encontradas (MEAD, 1935, p. 77-78). O parágrafo 12 vem de um fragmento de manuscrito, o mesmo fragmento ao qual é feita referência num rodapé do capítulo 11 que foi posteriormente publicado na íntegra em *The Philosophy of the Act* (MEAD, 1938, p. 545-546). O parágrafo 13 vem da aula 22 do curso de 1930, conforme anotado por R.R. Page; no texto original, esse conteúdo aparece diretamente antes daquele que foi impresso em *Mente, self e sociedade* como o capítulo 11, parágrafo 12. O parágrafo 14 vem da aula 21 nas anotações de Page. É a primeira menção do conceito do "outro generalizado" no texto de *Mente, self e sociedade*. O parágrafo 15 resulta das anotações de Page da aula 22.

Fui incapaz de encontrar o texto que corresponda fielmente ao breve rodapé 19. É possível que seja uma repaginada de material proveniente do mesmo manuscrito, citado no texto principal, impresso como "Fragmentos sobre Whitehead" (MEAD, 1938, p. 524), mas não sou capaz de oferecer uma conclusão taxativa a esse respeito. A primeira parte do rodapé 20 vem das anotações de 1912 atribuídas a S.A. Queen. A passagem correspondente também pode ser encontrada na versão editada e publicada dessas anotações (MEAD, 1982, p. 53). A segunda parte do rodapé vem de um registro fragmentário alternativo do curso de 1930 de "Psicologia social avançada", escrito por Louis Bloom, que foi pago em momentos diferentes tanto por Alwin Carus como por Charles Morris para preparar material aproveitável a partir dessas anotações aparentemente volumosas e desordenadas sobre os cursos posteriores de Mead. Nas anotações de Page da mesma aula não consta nenhuma passagem correspondente, embora pareça um trecho da aula 27, conforme anotado e reescrito por Page (que foi impressa em *Mente, self e sociedade* como o início do rodapé 5 do capítulo 19). O rodapé 21 vem de um manuscrito redigido por Mead e posteriormente publicado em *The Philosophy of the Act* (MEAD, 1938, p. 112) como "Teoria perspectiva das percepções".

Capítulo 13 A natureza da inteligência reflexiva

Parágrafo publicado	Material-fonte
1	1930, anotações de Page, "Psicologia social avançada", p. 103.
2-4	1928, "Psicologia social avançada", transcrição p. 77-80.
5-10	1928, transcrição, p. 275-281.
11	Acréscimo editorial.
12	1930, anotações de Page, p. 71.

Parágrafo publicado	Material-fonte
13	1930, anotações de Page, p. 138-139.
14	1930, anotações de Page, p. 87-88.
15	1930, anotações de Page, p. 90-91.
16	1930, anotações de Page, p. 78-99.
rodapé 22	1928, "Movimentos do pensamento no século XX", transcrição publicada em Mead, 1936, p. 352, 345. • 1924, anotações de Morris, "Psicologia social avançada", p. 55 (verso).
rodapé 24	1931, anotações de Sutherland, "Psicologia social avançada", p. 32, 34.

O parágrafo 1 se baseia na aula 29 do curso de 1930, conforme anotações de R.R. Page. A última sentença do parágrafo não tem uma passagem correspondente nessas anotações e parece ter sido acrescentada por Charles Morris. No parágrafo 2, a passagem correspondente na transcrição de 1928 também começa com "Um momento atrás eu disse", mas o que precede imediatamente esse comentário é um material que foi incorporado ao texto publicado dos parágrafos 8-9 do capítulo 12. Essas passagens vêm da aula de 20 de janeiro de 1928. Os parágrafos 5-10 deste capítulo saem da aula de 9 de março de 1928 (bem perto do final do curso naquele ano). Antes do texto impresso no parágrafo 5 existe um trecho introdutório no texto na transcrição da aula de 9 de março que discute alguns exemplos de reações voluntárias e involuntárias, da atenção e da diferença entre atos animais e atos humanos.

No meio do parágrafo 6 existe uma parte do texto que foi removida, o que reitera o exemplo que Mead deu anteriormente do professor de desenho que mandou os alunos escreverem com a mão esquerda. Aparentemente, fazia parte da discussão de como ensinar uma habilidade dividindo o processo todo em partes que podem ser alvo de uma atenção separada para depois reconstruir o ato racionalmente. Ao final do parágrafo 7 o editor adicionou "e é possibilitado pela linguagem". No parágrafo 8 o editor também adicionou "recente e frequente" onde a transcrição diz "e assim por diante". Após o parágrafo 8 há uma longa seção removida em que Mead supostamente reiterava seus exemplos de "sentinela" do rebanho e da briga de cães em algum detalhe, no contexto da discussão de como os gestos não têm de ser símbolos significativos para propiciar "ajustamentos numa atividade cooperativa, mesmo em movimentos tão vagos quanto o rebanho agir em conjunto em atividades cooperativas".

No meio do parágrafo 9 ocorre a remoção de uma longa seção após a afirmação de que a inteligência humana é "distinta do tipo de inteligência das formas inferiores" que modera essa declaração quando propõe:

> A maioria de nossas habilidades adquiridas é adquirida da mesma maneira que os animais adquirem habilidades. Quando aprendemos

a usar um automóvel nos colocamos na situação, experimentamos, criticamos e, depois de algum tempo, adquirimos certa habilidade. Uma grande parte disso é adquirida da mesma maneira que um cachorro adquire seus truques. É o mesmo tipo de aquisição e muito definitivamente podemos assinalar os limites das coisas que se podem ensinar uma pessoa a fazer.

No parágrafo 10, onde o texto impresso diz "o gesto real, dentro de seus limites, é arbitrário", a transcrição do estenógrafo tem "o gesto real, se quiserem, é amplamente arbitrário". Mead se estendeu sobre essa visão da arbitrariedade do símbolo numa seção que foi retirada pela edição no meio do parágrafo:

> Se suas ideias são consideradas como entidades puramente lógicas e não as encara em termos de uma resposta ou conduta, então não há razão pela qual um mundo lógico dessa natureza não poderia ter tais ideias. Mas se você tem uma resposta, não pode tê-la assim sem algo que a desperte. É indiferente que gesto será. É indiferente se eu faço alguém olhar para outra pessoa ao olhar para ele ou apontando-a para ele. É indiferente para nós o gesto que for, mas algo deve estar lá direcionando a atenção para o homem, e com isso queremos dizer que despertamos a atitude de responder ao homem como a pessoa que é de seu interesse [...]. O gesto real pode ser relativamente arbitrário, mas deve existir algum tipo de gesto para obter essa resposta.

Há outra passagem da transcrição de 1928 que não foi reproduzida aqui com o exemplo de uma pessoa que integra ações individuais numa ação mais complexa de planejar uma viagem. A frase "para fornecer o ato recém-construído exigido pelo problema", encontrada no parágrafo 10, parece ter sido escrita pelo editor e não conta com uma passagem correspondente na transcrição. Depois dessa frase acrescentada pelo editor, o texto dá um salto para trás, para a aula anterior de 20 de janeiro, e cita somente a derradeira sentença dessa aula para servir de última parte do parágrafo.

Não consegui encontrar uma passagem correspondente ao breve parágrafo 11, e parece que esse foi acrescido pelo editor a fim de fazer a transição para um bloco de discussões que vem das anotações de Page em 1930. O parágrafo 12 vem da aula 21 do curso de 1930, com base nas anotações de R.R. Page. O parágrafo 13 vem da aula 34; os parágrafos 14 e 15 vêm de duas seções não contíguas da aula 25, e o parágrafo 16 vem da aula 23. O rodapé 22 tem duas fontes muito diferentes. A primeira parte, citada como um manuscrito no rodapé, veio originalmente de uma transcrição da aula de 1928 de Mead intitulada "Movimentos do pensamento no século XIX". Essas anotações também foram usadas na preparação de *Movimentos do pensamento no século XX*, e as passagens correspondentes aparecem no capítulo 15 desse volume (MEAD, 1936, p. 352, 345). A menos que tenha sido por erro, não está claro por que Charles Morris utilizou o texto desses materiais sem fazer referências corretas ao volume já em preparação e para o qual tinham sido pensadas. A segunda parte do rodapé vem das próprias anotações de Morris em 1924 a respeito do curso "Psicologia social avançada".

O texto do rodapé 24 vem de uma série de anotações do curso "Psicologia social avançada", de 1931, interrompido quando Mead foi hospitalizado. Aparentemente, as anotações desse curso foram feitas por Eugene W. Sutherland, contratado para transcrevê-las por Charles Morris. A última dessas anotações, provavelmente a última em que Mead deu aula, é de 28 de janeiro de 1931. Depois que Mead adoeceu, Herbert Blumer, instrutor de sociologia, lecionou no restante desse curso. Os dois parágrafos desse rodapé são excertos das aulas de 22 e de 27 de janeiro, respectivamente.

Capítulo 14 Behaviorismo, watsonismo e reflexão

Parágrafo publicado	Material-fonte
1-15	1928, "Psicologia social avançada", transcrição, p. 81-88.
rodapé 25	1928, transcrição, p. 81.

Este capítulo procede inteiramente da aula de 24 de janeiro de 1928, conforme a transcrição anotada pelo estenógrafo. A primeira sentença deste capítulo corresponde à primeira sentença da aula, exceto que o original começa dizendo "Na sexta-feira [i. é, aula de 20 de janeiro, reproduzida basicamente nos capítulos 12-13], eu estava discutindo". No parágrafo 11, o editor adicionou a frase "tais como uma sinfonia ou uma biografia" onde a transcrição tem, em vez disso, uma breve discussão da organização de nossas reações no sentido de "quando o sistema solar é citado há algumas respostas definidas evocadas no sistema nervoso". Na transcrição do estenógrafo, o texto que constitui o rodapé 25 vem imediatamente após, oriundo do texto do parágrafo ao qual corresponde. Não está claro por que foi colocado como rodapé, exceto que parece ser mais hipotético do que o resto.

Capítulo 15 Behaviorismo e paralelismo psicológico

Parágrafo publicado	Material-fonte
1-2	1928, transcrição, "Psicologia social avançada", p. 89-90.
3	1930, anotações de Page, "Psicologia social avançada", p. 31.
4	1930, anotações de Page, p. 52.
5	1930, anotações de Page, p. 84.
6-8	1928, transcrição, p. 90-95.

O texto deste capítulo vem da transcrição da aula de 25 de janeiro de 1928 e de várias porções das anotações de Page durante o curso de 1930. No primeiro parágrafo, as frases "se poderia argumentar, por exemplo, que", "acreditamos que" e "dizem-nos que" foram todas acrescentadas pelo editor. Parecem se basear no fato de que Mead estava dando exemplos hipotéticos. O parágrafo 3 vem da décima aula nas anotações de Page em 1930. O final dessa passagem foi intensamente editado. No original temos "Outra significação da consciência, porém, surge em conexão com imagens e significados". A discussão da consciência em termos de "inteligência reflexiva" e em termos dos "aspectos privados ou subjetivos da experiência" no texto publicado dessa sentença foi aparentemente um acréscimo do editor. O parágrafo 4 vem da décima sexta aula nas anotações de Page, e o parágrafo 5, da vigésima quarta aula.

O parágrafo 6 retorna ao curso de 1928 e parte de onde o parágrafo 2 tinha parado. No parágrafo 7, após a frase "a fim de controlar nossas respostas" a transcrição registra este comentário: "A declaração do Sr. Russell parece-me fundamentalmente incorreta", que não foi reproduzido no texto publicado. Após o parágrafo 7, existe uma seção não reproduzida da transcrição em que Mead reitera sua crítica do entendimento de Watson do que seja "pensar", já expressa na aula anterior (e encontrada no capítulo 14 do texto publicado). No parágrafo 8, após o comentário de que a "inteligência peculiar da forma humana está nesse elaborado controle conquistado no passado", a transcrição registra uma passagem que modera essa afirmação, mas que não foi incluída no texto publicado: "Sabemos que o controle se estende até mais embaixo do que o homem. Você pode controlar a conduta do lúcio que persegue um peixinho, mas a quantidade de controle nos animais inferiores é muito pequena quando comparada com o animal humano". Após o fim do texto desse capítulo existe uma longa passagem remanescente da aula de 25 de janeiro de 1928, em que Mead aparentemente reiterou sua opinião sobre a importância de ser capaz de "analisar" ou "selecionar" características e indicá-las no processo da inteligência reflexiva.

Capítulo 16 A mente e o símbolo

Parágrafo publicado	Material-fonte
1	1928, transcrição, "Psicologia social avançada", p. 97.
2	1930, anotações de Page, "Psicologia social avançada", p. 80, 73-74.
3	1930, anotações de Page, p. 82-83.
4-13	1928, transcrição, p. 97-103.
rodapé 28	1930, anotações de Page, p. 83.

Parágrafo publicado	Material-fonte
rodapé 29	1930, anotações de Page, p. 67-68.
rodapé 30	manuscrito também publicado em Mead, 1964, p. 530-531.

A maior parte do texto deste capítulo foi tirada da transcrição da aula de 26 de janeiro de 1928. A primeira sentença do parágrafo 2 é uma parte da aula 23 de 1930 e o restante vem da aula 22 de 1930, como se verifica nas anotações de R.R. Page. As palavras "Mais especificamente" que abrem a parte reproduzida da aula 22 parecem originalmente, nas anotações de Page, ter sido uma transição da discussão geral do "sistema nervoso central" e especialmente dos "centros corticais superiores" que tornam possível separar o "início" do ato de seu "completamento". O texto do parágrafo 3 vem da aula 24, conforme as anotações de Page em 1930, e o rodapé 28 também se origina do texto dessa aula. O rodapé 29 vem da aula 20, nas anotações de Page. O rodapé 30 é supostamente proveniente de materiais manuscritos, provavelmente usados na preparação de *The Philosophy of the Act*; o mesmo texto foi publicado mais tarde como "artigo inédito" por Mead, editado por David L. Miller (MEAD, 1964, p. 530-531).

No parágrafo 8, a transcrição diz "Revelar o símbolo" onde o texto traz "Isolar o símbolo". No parágrafo 10, as passagens correspondentes da transcrição de 1928 registram "caverna" onde o texto diz "abismo". Provavelmente esse termo é uma correção. Após o parágrafo 11 há uma parte não reproduzida no texto publicado em que Mead aparentemente reiterou o argumento que vinha defendendo a respeito da organização de múltiplas tendências de responder por meio da ilustração das múltiplas respostas que se podem ter a um "banco" financeiro. Antes da última sentença do parágrafo 12, a exposição da aula foi interrompida por duas perguntas feitas pelos estudantes acerca da situação hipotética que Mead tinha mencionado sobre o homem confrontado por um abismo. A primeira pergunta foi: "Supondo que ele não topou com uma situação similar em sua própria experiência?" Em sua resposta Mead disse: "Claro, se isso é absolutamente inédito, imagino que, por assim dizer, ele estaria no alto de uma árvore. Dificilmente se pode apresentar uma situação desse tipo". A segunda pergunta foi feita logo em seguida e dizia: "Isso não indicaria então que ele está sendo condicionado a responder em outras experiências?" Ao que parece, Mead respondeu dizendo: "Essas estão todas lá e é o que você também teria na experiência do cachorro. Estou supondo isso. Se o cachorro viu algumas coisas, ele sem dúvida as colocará em prática". O final do texto publicado do parágrafo 12 começa, então, a partir desse comentário.

Capítulo 17 A relação da mente com a resposta e o meio ambiente

Parágrafo publicado	Material-fonte
1-7	1928, transcrição, "Psicologia social avançada", p. 104-108.
8-9	1930, anotações de Page, "Psicologia social avançada", p. 24.
10	1930, anotações de Page, p. 55.
11-13	1928, transcrição, p. 108-111.
14	1930, anotações de Page, p. 14.
15	1930, anotações de Page, p. 57.
rodapé 31	1924, anotações de Morris, "Problema de consciência", p. 55.
rodapé 32	1930, anotações de Page, p. 53.
rodapé 33	Manuscrito publicado em Mead, 1938, p. 72.
rodapé 34	1930, anotações de Page, p. 51.
rodapé 35	1930, anotações de Page, p. 61.

O texto deste capítulo é basicamente oriundo da transcrição da aula de 27 de janeiro de 1928. O parágrafo 1 foi ligeiramente modificado, uma vez que o editor organizou o texto para que explicite em termos gerais o que Mead supostamente afirmou com referência a um exemplo extenso de respostas a uma "cadeira". O parágrafo 2 é consideravelmente abreviado com base nas passagens correspondentes da transcrição do estenógrafo em 1928. Por exemplo, a sentença da transcrição correspondente à primeira sentença do parágrafo diz: "Essas relações das atitudes entre si, que não estão simplesmente no campo da contemporaneidade, mas também envolvem uma sucessão, levam em consideração todos os tipos de relacionamentos, relacionamentos substanciais". No parágrafo 7, existe uma breve seção eliminada que desenvolve o exemplo dado por Mead a respeito de planejar uma viagem e conclui da seguinte maneira: "Você tem mudanças no ambiente de trabalho e das obrigações profissionais, no meio das estradas de ferro, de uma espécie de economia, uma espécie que responde a seu entretenimento".

Os parágrafos 8 e 9 saem da oitava aula nas anotações de R.R. Page sobre o curso de 1930, e o parágrafo 10 vem da aula 17 desse curso. O parágrafo 11 começa imediatamente onde o parágrafo 7 parou, na aula de 27 de janeiro de 1928. O parágrafo 12 corresponde a um trecho um tanto mais longo da transcrição, mas preserva uma boa parte do significado ao eliminar as redundâncias. Entre os parágrafos 12 e 13 existe uma seção em grande parte removida pela edição em que Mead supostamente dizia que a psicologia está "ocupada em apresentar agora" o "mecanismo" por meio do qual a "mente emerge" por meio da habilidade de controlar a indicação dos significados para a própria pessoa e para os outros.

O parágrafo 14 vem da quinta aula, conforme as anotações de Page, e o parágrafo 15 se baseia na aula 18 desse curso. Embora sirva de conclusão à seção do texto intitulada "Mente", esse parágrafo não conclui uma seção nem uma aula, nas anotações de Page. Em vez disso, é seguido por material que se estende até a próxima seção, sobre assumir o papel do outro. O rodapé 32 decorre da aula 17 conforme as anotações de Page; o rodapé 34 vem da aula 16 e o rodapé 35, da aula 19. O rodapé 33 vem de um manuscrito que foi mais tarde usado na preparação de *The Philosophy of the Act* (MEAD, 1938, p. 72), que Charles Morris e os outros editores intitularam "Consciência e o não questionado", e observaram que parecia ter sido parte de "um livro inacabado" escrito por Mead (MORRIS et al., 1938, p. v).

Capítulo 18 O self e o organismo

Parágrafo publicado	Material-fonte
1	1928, transcrição, "Psicologia social avançada", p. 112. • 1930, anotações de Page, "Psicologia social avançada", p. 62.
2-3	1928, transcrição, p. 112-113.
4	1928, transcrição, p. 113-114. • Anotações de Page, p. 63, 68.
5	1930, anotações de Page, p. 106.
6-8	1928, transcrição, p. 114-116.
9	1928, transcrição, p. 116, 119.
10	1928, transcrição, p. 116-117.
11	1928, transcrição, p. 117-118, p. 241.
12-13	1930, anotações de Page, p. 95.
rodapé 1	1930, anotações de Page, p. 26.
rodapé 2	1930, anotações de Page, p. 143. • Manuscrito publicado em Mead, 1938, p. 446.
rodapé 3	1930, anotações de Page, p. 112-113.
rodapé 4	1930, anotações de Page, p. 146.

Grandes porções deste capítulo vieram da aula de 31 de janeiro de 1928, conforme registrado na transcrição do estenógrafo. O primeiro parágrafo consiste em vários excertos do começo da aula de 31 de janeiro junto com uma passagem da aula 19, conforme as anotações de R.R. Page em 1930. A passagem nas anotações de Page constitui a longa segunda sentença desse parágrafo e, após a frase "tem um desenvolvimento", as anotações de Page trazem esta frase adicional: "que os psicólogos se interessam em seguir". Depois dessa sentença, o texto retorna para a transcrição da aula de 31 de janeiro de 1928. Onde o texto publicado diz "De modo similar, nós normalmente organizamos", a transcrição diz "Especialmente, nós organizamos", indicando que as lembranças estão associadas com experiências afetivas na argumentação de Mead, em vez de como analogia a elas. O editor também acrescentou "num determinado nível de sofisticação" ao texto do parágrafo. A sentença que termina o parágrafo publicado consiste num texto extraído de uma passagem mais longa de antes, no texto correspondente da transcrição da aula de 31 de janeiro.

Na sentença que inclui o comentário "o olho pode ver o pé" no parágrafo, a transcrição também acrescenta "a mão pode sentir a perna", como outra ilustração. No parágrafo 3, onde o texto publicado traz "foi distinguido como consciente", a transcrição diz "foi distinguido como consciência". No parágrafo 4, o texto todo após a frase "tão falacioso" vem das anotações de Page de 1930. As duas primeiras sentenças daí em diante vêm da aula 19 e o restante do parágrafo, da aula 21. O parágrafo 5 é oriundo da aula 29 do curso de 1930.

O parágrafo 6 parte diretamente da transcrição de 1928 que parou no meio do parágrafo 4, com a exceção de ter pulado a sentença "É isso que pomos nos animais, especialmente nos que pertencem aos nossos próprios círculos domésticos". O editor adicionou as palavras "de abstração" no início do parágrafo 9. Onde o texto do parágrafo diz "Na inteligência reflexiva", a transcrição diz "Pensar tem algum tipo de significado, e nos processos inteligentes" e o editor adicionou "à ação social" à sentença seguinte. Depois dessas três primeiras sentenças do parágrafo 9, aparece uma sentença no texto publicado que vem diretamente da transcrição da aula de 1º de fevereiro. Sua origem está no início daquela aula em que Mead estava aparentemente resumindo as realizações da aula anterior (aquela da qual o resto do texto foi extraído). Perto do fim desse parágrafo o editor acrescentou "do que a linguística".

No parágrafo 11, a sentença que começa "Dois 'mim' e 'eu' separados" é de uma transcrição muito posterior, relativa a 29 de fevereiro, onde faz parte da segunda tentativa de Mead de responder ao estudante que perguntou: "Então a pessoa pode ter 'eus' conflitantes?" A primeira resposta de Mead a essa questão foi registrada nos seguintes termos: "Se você tem múltiplas personalidades, pode ter 'eus' conflitantes", mas, depois de mais perguntas dos alunos, Mead voltou ao tópico e fez este comentário mais elaborado:

> Com respeito à pergunta feita anteriormente sobre "eus" conflitantes, a fragmentação da personalidade em múltiplas personalidades. Isso é perfeitamente compreensível deste ponto de vista. Você tem várias, por assim dizer, competindo umas com as outras, cada qual com seus problemas. Aquele experimento que fazemos com a pessoa histérica, criando dois self separados, falando com uma pessoa e ao mesmo tem-

po escrevendo uma pergunta. Você mantém esses dois processos em andamento juntos. Em condições normais, com uma pessoa normal, ela passa de uma forma de discurso para a outra. Neste caso da pessoa histérica, é possível subdividir as duas de modo que uma pessoa não leva em conta a experiência da outra em suas próprias observações. Uma pessoa não sabe o que a outra está fazendo.

A sentença que começa com "Dois 'mim' separados" prossegue então com esses comentários. Depois dessa sentença, o texto publicado volta para a transcrição da aula de 31 de janeiro. Após "que identificaria o indivíduo para si mesmo", que está mais adiante no parágrafo 11, existe outro trecho da transcrição que não foi reproduzido e que diz em parte:

> E essa é a situação patológica levada adiante em detalhes em um romance psicológico sobre a dissociação dos processos patológicos. [...] No livro, a Srta. X tem um self muito sério e puritano e um self selvagem e malicioso, todos respondendo a diferentes conjuntos de atividades.

Essa passagem tinha sido omitida presumivelmente porque o estenógrafo não registrou as referências originais e não foi possível fazer as atribuições certas. Em um exemplar da transcrição do estenógrafo, alguém (presume-se que Charles Morris) identificou a referência como *The Dissociation of a Personality*, de Morton Prince (1905) e a paciente como a Srta. "Beauchamp", que me parecem corretas.

Após o parágrafo 11, vem uma passagem não reproduzida da aula de 29 de janeiro que introduz um caso único que supostamente Mead "contava frequentemente":

> Existe uma história, que contei frequentemente, sobre a criança que estava com a mãe no estrangeiro. A mãe ficou gravemente doente e a menina começou a ir todo dia a uma igreja para rezar por ela. Certo dia, chovia muito e a menina não foi; naquele dia, a mãe morreu. A criança acreditou que era a responsável pela morte da mãe. Mais tarde, já moça, descobriu que não conseguia passar na frente de uma igreja; não conseguia, ela simplesmente desfalecia, embora não conseguisse saber por quê. Quando a lembrança foi localizada em sua experiência passada, ela viu a infantilidade daquilo e voltou a ser normal.

Parece muito provável que essa história tenha sido tirada de um caso de fobia relatado por Morton Prince no *Journal of Abnormal Psychology* (1913) e reproduzido em seu livro subsequente *The Unconscious* (1914, p. 389-410), ambos contendo detalhes substancialmente idênticos. Como indica a discussão acima, Mead conhecia uma boa parte do trabalho de Morton Prince na psicopatologia.

Os dois últimos parágrafos do capítulo procedem das anotações de Page da aula 26 de 1930. O rodapé 1 vem da nona aula dessas anotações de 1930. Embora o rodapé 2 seja escrito de maneira a parecer que decorre inteiramente de um manuscrito, o primeiro parágrafo, de fato, vem da aula 35 do curso de 1930. O segundo trecho é de um manuscrito que foi mais tarde impresso em *The Philosophy of the Act* (MEAD, 1938, p. 446) com o título "Valor e fase de consumação do ato". O rodapé 3 vem da aula 30 conforme as anotações de Page em 1930, e o rodapé 4 vem da aula 36 desse curso. A pessoa à qual se refere o rodapé 3 é o psicólogo britânico Charles Edward Spearman, e o que a nota chama de "fator x" era a teoria de Spearman (1904) de uma inteligência geral (ou "fator g") subjacente ao desempenho em testes psicológicos variados.

Capítulo 19 As bases da gênese do self

Parágrafo publicado	Material-fonte
1	1928, transcrição, "Psicologia social avançada", p. 119-120.
2	1930, anotações de Page, "Psicologia social avançada", p. 54.
3-6	1928, transcrição, p. 120-122.
7	1928, transcrição, p. 122-123, 128.
8	1928, transcrição, p. 123.
9	Acréscimo editorial.
10-13	1928, transcrição, p. 123-125.
rodapé 5	1930, anotações de Page, p. 98.

O material deste capítulo se baseia principalmente na aula de 1º de fevereiro de 1928, conforme a transcrição estenográfica. Antes do texto que inicia o capítulo há uma seção que reitera o argumento da aula anterior (como se verifica basicamente no capítulo 18). O parágrafo 2 vem da aula 17, conforme as anotações reescritas de Page sobre o curso de 1930. O parágrafo 3 parte quase que diretamente de onde parou o parágrafo 1, exceto por duas sentenças não incluídas no texto publicado e que repetem brevemente alguns trechos do argumento. O rodapé 5 vem da aula 27, conforme as anotações de Page.

No parágrafo 4 há trechos omitidos da transcrição correspondente, incluindo um breve exemplo de um "professor de matemática" que escreveu algo que "somente uma outra pessoa" poderia entender. No começo do parágrafo 7, o editor adicionou "genuinamente estético" à sentença. Após a frase "que ele está despertando em mais alguém" nesse parágrafo, o restante vem de um excerto da aula seguinte, de 12 de fevereiro de 1928. O parágrafo 8 retoma imediatamente a partir da exposição antes da passagem inserida, oriunda da aula seguinte. Nesse parágrafo, após "possibilidade da linguagem", a transcrição registra o comentário adicional "quer seja da fala ou das mãos". Na última sentença desse parágrafo o editor acrescentou "tal como ela reconheceu" e "de um self".

O breve parágrafo 9 parece ter sido inteiramente acrescentado pelo editor com o propósito de indicar uma transição. Na transcrição do curso de 1928, o texto que compõe o parágrafo 10 vem diretamente daquele que consta no parágrafo 8. No 10, a expressão "como uma coisa" é substituída pelo editor por "isso é alguma coisa", na transcrição de 1928. No parágrafo 11, onde o texto diz "certo todo", a transcrição traz "certo caráter"; onde o texto mais adiante diz "certa estrutura organizada", a transcrição tem "certo caráter organizado".

Capítulo 20 A brincadeira, o jogo e o outro generalizado

Parágrafo publicado	Material-fonte
1-2	1928, transcrição, "Psicologia social avançada", p. 126-127.
3	1930, anotações de Page, "Psicologia social avançada", p. 92.
4	1930, anotações de Page, p. 125-126.
5	1930, anotações de Page, p. 93.
6	1930, anotações de Page, p. 141-143.
7	1930, anotações de Page, p. 133-134.
8-15	1928, transcrição, p. 127-133.
16	1928, transcrição, p. 133. • 1930, anotações de Page, p. 129.
rodapé 7	1930, anotações de Page, p. 153.
rodapé 8	1930, anotações de Page, p. 97-98.

Este capítulo começa com o início da aula de 2 de fevereiro de 1928, conforme o registro da transcrição de 1928. No primeiro parágrafo, "além da linguagem" é uma adição do editor, assim como "e desejo resumir e expandir minha versão desses pontos". Onde o texto publicado traz "No processo de interpretação desses rituais", a transcrição diz "No processo da mecânica e interpretação, explicação".

Na primeira sentença do parágrafo 2, o texto original publicado se refere à "última" que, gramaticalmente, se refere a "brincadeira", embora isso esteja claro graças ao final da sentença em que Mead pretendia fazer menção a "jogo" e talvez tenha se confundido ao falar. O fraseado foi corrigido nessa nova edição para a "primeira", correção sugerida pelos editores dessa edição revista por James Campbell da Universidade de Toledo.

O parágrafo 3 começa com a aula 26 conforme as anotações de R.R. Page no curso de 1930. O parágrafo 4 vem da aula 32 desse curso e o 5 vem da 26, mas de um trecho não imediatamente contíguo ao parágrafo 3. Onde o texto publicado do parágrafo 5 diz "i.e.", as anotações de Page registram "ou". O parágrafo 6 vem da aula 35 nas anotações de Page sobre o curso de 1930. No parágrafo 7, o trecho "indiquei, então, que" foi acrescentado pelo editor e substitui "mas assim que, desse modo, ele tenha gerado socialmente um self", conforme as anotações de Page. Esse parágrafo enumera dois "estágios gerais" no pleno desenvolvimento do self e ambos são mais detalhados nas notas do que no texto publicado. A primeira fase é mais esclarecida com a cláusula "conforme essas atitudes particulares entram ou são introduzidas no campo da experiência direta dele por meio do mecanismo de seu sistema nervoso central", que vai aparecer no texto no fim da segunda sentença desse parágrafo. O final da próxima sentença na transcrição contém um esclarecimento da segunda frase: "juntamente com todos esses outros indivíduos; as atitudes desse grupo ou outro generalizado com respeito a iniciativas e projetos nos quais, a qualquer momento, acontece de estarem envolvidos, e com respeito aos diferentes membros individuais e sua conduta relativa a tais iniciativas e projetos sociais".

O parágrafo 8 parte de onde o parágrafo 2 terminou, na transcrição de 2 de fevereiro de 1928. Onde o texto desse parágrafo diz "inadequação", a transcrição tem "inutilidade". No parágrafo 11, onde o texto diz "em resposta a essa situação", a transcrição tem "sobre aquela simulação". Antes da última sentença desse parágrafo há um longo trecho da transcrição que foi eliminado e reitera a distinção entre "a mera atitude" ou "prontidão para agir de certo modo" e a forma do "gesto social" em que "certa resposta em outra pessoa" "desperta também em si mesmo" essa mesma resposta. Mead expandiu essa última forma de gesto de um modo singular numa passagem não reproduzida no volume publicado:

> O gesto é aquele que se mostra ao ser dirigido para alguém, enquanto ele mesmo é afetado por esse gesto. Ele são os dois indivíduos nesse processo. Ele executa mais ou menos completamente a resposta que seu gesto implica. Ele fala consigo mesmo. Nisso, temos a presença do companheiro imaginário com quem a criança conversa com ela mesma e responde a si própria. Naturalmente, a mesma coisa é evidente em nossos devaneios, imagens que pomos em prática e que podem ser elaboradas num vasto leque de obras de arte, peças teatrais e romances. Você assume esse papel e o desenvolvimento desse ponto de vista do processo é exatamente a mesma coisa de uma criança brincando com amigos imaginários. O romancista vive as vidas desses diversos indivíduos em sua história. O texto teatral e o romance sempre tiveram um papel essencial no desenvolvimento da organização da comunidade e, em consequência, no desenvolvimento de cada self encontrado nessa comunidade.

Após o parágrafo 11, existe outro longo trecho não incluído, uma parte do qual foi impresso no capítulo 19. O trecho não reproduzido no texto reitera o exemplo do time de beisebol e começa a traçar a conexão entre esse controle da ação e a conduta racional. O parágrafo 12 retoma essa discussão. No entanto, sua primeira sentença foi escrita pelo editor e não tem um paralelo direto na transcrição do estenógrafo. Onde o texto publicado desse parágrafo diz "o que chamei de outo generalizado", a transcrição diz "o que chamei de resposta generalizada". No parágrafo 16, o último trecho, que vai de "Nenhuma linha definitiva" até o final do capítulo, é da aula 33 do curso de 1930. O rodapé 7 vem da aula 37, conforme as anotações de Page em 1930, e o 8 vem da aula 37, conforme essas anotações.

Capítulo 21   O self e o subjetivo

Parágrafo publicado	Material-fonte
1-13	1928, transcrição, "Psicologia social avançada", p. 142-153.
14	1930, anotações de Page, "Psicologia social avançada", p. 27-28.
15	1930, anotações de Page, p. 102-103.
16	1930, anotações de Page, p. 101.
rodapé 9	1930, anotações de Page, p. 3.
rodapé 10	1930, anotações de Page, p. 49-50.

Este capítulo começa com a aula de 8 de fevereiro de 1928, depois de pular a aula de 3 de fevereiro, que é principalmente utilizada para o texto do capítulo 30 (o primeiro da seção "Sociedade"). Este é um dos exemplos mais claros de como o editor mudou de lugar grandes seções do material para trazer coerência aos tópicos do volume, adiando certas questões até uma fase da exposição posterior ao momento em que são abordadas na progressão das transcrições das aulas. O primeiro parágrafo traz o início da transcrição de 4 de fevereiro. Onde o texto fala de "sentimento-consciência" a transcrição diz "o sentimento da consciência".

No parágrafo 3, ficou de fora uma passagem da transcrição que ajuda a explicitar a distinção que está sendo feita. A passagem correspondente à terceira sentença desse parágrafo diz que "uma tem a ver com certa espécie de experiência qualitativa e a outra com certo mecanismo, com o modo pelo qual o organismo age". Após o texto desse parágrafo há uma longa passagem da transcrição correspondente que ficou de fora. Basicamente, reitera a distinção entre a conversa dos gestos e a inteligência reflexiva. No entanto, essa passagem também enfatiza o ponto segundo o qual a conversa de gestos é uma forma de "inteligência", novamente descrita nessa passagem como "um ajustamento que leva a um tipo diferente de ato cooperativo daquele que teria ocorrido se a conversa de gestos não tivesse seguido adiante", um "ir e vir no ato social organizador gradual", ou o que Mead supostamente chamou nessa passagem de "a inteligência da atividade social".

Ilustrações mais longas do processo de falar ou pensar sobre uma situação foram eliminadas pela edição do parágrafo 6, inclusive a menção de uma mãe e seu filho; ela faz as "vontades" da criança, "mediada por uma conversa de gestos" e um "acordo comercial" ou "jornada juntos", na qual as duas partes são mais bem-atendidas não por apenas se reunirem para falar a respeito, mas assumindo a atitude um do outro antes da reunião. Nesse mesmo sentido, algumas passagens curtas são eliminadas pela edição do texto correspondente ao parágrafo 7, que oferece mais especificidade à ilustração da "instituição" da propriedade. A "resposta idêntica", mencionada no parágrafo, parece se referir à "atitude de todo mundo quando você grita 'Pega ladrão!'", e não somente a uma resposta idêntica à propriedade em si, como fica implícito no texto publicado.

Após o texto do parágrafo 7, existe uma passagem da transcrição, não reproduzida em lugar algum do texto publicado, que discute mais um pouco a noção de "instituição". O texto também pula uma seção da transcrição utilizada no capítulo 23, referente à importância da "mão" no desenvolvimento da inteligência humana. A sentença que inicia o parágrafo 8 foi aparentemente escrita pelo editor como uma transição, e não há nenhum texto diretamente paralelo na transcrição. A frase final do parágrafo 9 – "que, com a presença privada ou subjetiva do caráter dos objetos" – foi aparentemente acrescentada pelo editor.

O parágrafo 10 começa com a transcrição da aula de 8 de fevereiro de 1928. Nesse parágrafo, o editor acrescentou "mas está longe da história toda", e onde o texto publicado diz "e se torna um self com outras atitudes" a transcrição registra "e o tem fora do self". Após o texto do parágrafo vem um breve comentário não reproduzido da transcrição: "Outra ilustração disso pode ser encontrada na atitude que o indivíduo tem em relação a si mesmo quando perdeu a cabeça. Ele diz: 'Não era eu mesmo ali'. Em alguma medida, ele separou a experiência de si mesmo".

No parágrafo 12, os termos "solto" e "em defesa de", na primeira sentença, foram acrescidos pelo editor. Mais adiante no parágrafo, o texto publicado diz "casos extremos parecem corroborar a ideia que" onde a transcrição tem "ou podemos abordá-los do ponto em que", sem nenhuma referência a "extremos". Duas vezes no parágrafo 13, o editor removeu a frase "que eu estava descrevendo ontem" ou "que eu estava enfatizando ontem" (referindo-se à aula de 8 de fevereiro, principalmente reproduzida antes, no mesmo capítulo).

O parágrafo 14 vem da nona aula do curso de 1930 nas anotações de Page; o parágrafo 15 vem da aula 19, e o 16 vem da aula 18. No parágrafo 15, a frase "da maneira que estivemos descrevendo" é seguida por "neste curso", conforme as anotações de Page. A passagem correspondente também contém outra formulação da crítica de Mead a Cooley e James, além da que se encontra no texto publicado:

O mero impulso (na interação de qualquer organismo individual com outros) não pode ser a base real da gênese do self, ou do desenvolvimento da autoconsciência. Essa é a objeção ao conceito proposto por Cooley e James para a *natureza e* a origem do self [ênfase no original].

O parágrafo 9 vem da primeira aula das anotações de Page em 1930, e o 10 vem da aula 15. A frase "na primeira acepção do termo" foi adicionada pelo editor ao rodapé 10.

Capítulo 22 O "eu" e o "mim"

Parágrafo publicado	Material-fonte
1-8	1928, transcrição, "Psicologia social avançada", p. 164-171.
9	1928, transcrição, p. 171-172, 174.
10	1928, transcrição, p. 172.
rodapé 11	Manuscrito publicado como Mead, 1938, p. 450-451.

Aparentemente, as duas primeiras sentenças deste capítulo foram criadas pelo editor talvez a fim de fazer a transição para a discussão do "eu" e do "mim". O restante dos dois primeiros parágrafos vem quase do final da transcrição da aula de 9 de fevereiro de 1928. O texto publicado do parágrafo 1 pula um comentário encontrado na transcrição: "Se o indivíduo pudesse se tornar consciente de si mesmo; todos nós somos múltiplas personalidades, e o bom e o mau estão presentes em todos nós". O restante do capítulo vem da aula de 10 de fevereiro de 1928. A última sentença do parágrafo 3 – "Agora, desejo examinar esses conceitos em mais detalhes" – foi escrita pelo editor sem correspondência direta com o texto da transcrição.

No parágrafo 4, o início da ilustração sobre o time de beisebol não é reproduzido no texto publicado. Em vez disso, o texto a introduz aparentemente do nada, junto com o comentário "ele pode lançar a bola". Antes das duas últimas sentenças desse parágrafo há um longo trecho eliminado no qual supostamente um aluno teria perguntado se "o indivíduo pode ser consciente de um objeto sem responder a ele", ao que parte da resposta de Mead foi registrada nos seguintes termos:

> Isso justamente levanta a questão de o que queremos dizer com "consciência". Ele assume a atitude do começo da resposta sempre que está consciente dele. Não executamos a resposta. Uma árvore pode despertar no indivíduo a atitude de subir nela, mas não subimos de fato. Há respostas desse tipo que apresentamos no que denominamos atitudes, aqueles inícios de reação, respostas a um objeto envolvido na totalidade da nossa experiência. Como já disse, o termo "consciente" é ambíguo; às vezes, nós o usamos simplesmente para indicar a presença

do objeto em nossa experiência e também onde temos uma relação consciente definida.

Novamente, após a primeira sentença do parágrafo 5, há uma pergunta feita por um estudante que não foi reproduzida nesse texto: "Para onde esse ponto vai após ter sido estabelecido? Foi organizado nesse 'mim' que é dado pelo outro social?" Supostamente, a resposta de Mead foi: "Sim, depois que aconteceu é isso, e é a ação do indivíduo em contraponto a essa situação que esteve presente nesse 'mim'". O texto segue em frente daqui.

Após "quem propõe esse problema para ele", no parágrafo 7, há um longo trecho da transcrição que não foi reproduzido e inclui duas outras perguntas de alunos às quais Mead respondeu. A primeira foi: "O senhor não pensa que temos uma consciência do self físico tanto quanto do self social?" A isso Mead respondeu dizendo:

> Essa distinção é feita em grande medida do ponto de vista do que chamamos físico da ciência que lida com as coisas físicas. Em circunstâncias comuns, não distinguimos entre nosso self físico e o self social. É o self físico que é o self social. É o self que tem esta e aquela expressão, usa estas e aquelas roupas. Esse é o self social porque serve para constituir as dimensões que chamamos de respostas sociais.

A segunda pergunta foi: "Não temos consciência apenas do corpo puro e simples, não temos consciência disso?" Em parte, Mead teria respondido nestes termos:

> Você de fato separa, faz uma distinção entre quem está em várias condições, mas nas condições às quais estou me referindo essa distinção não é feita. Você não consegue alcançar seu amigo sem que ele veja você, sem que você o veja. Se você precisar remover as dimensões físicas, não restaria nada para sua interação. Uma se distingue do físico e a outra, conforme a diretriz da ciência física. Podemos nos dedicar a descobrir o que está acontecendo com ele quando sente dor e a expressa em termos físicos a fim de se livrar dela, mas não existe nenhuma distinção possível aqui, no meio desse processo em si. É claro que se pode escrever uma carta para um amigo e afirmar um significado na mente dele por meio de um conjunto arbitrário de símbolos. Ele pode escrever um código. Nesse caso, diríamos que temos pessoas comunicando suas ideias umas às outras sem nada além de um meio físico que é somente um meio para despertar as atitudes entre ambas. Parece que temos um self psíquico conversando com outro self, mas, se alguém perguntar qual é o conteúdo desses pensamentos, essa pessoa incorre em condutas de todo tipo, especialmente nos processos sociais das dimensões complexas, e desses processos sociais você não conseguiria separar o self físico dessas pessoas. Você não conseguiria libertá-las umas das outras. É nas atitudes que você está despertando que há o "mim". Você pode ter um self físico que é um self social.

No parágrafo 9, o texto que começa com "mas sua resposta a eles" e termina com "da liberdade, da iniciativa" é uma paráfrase de uma passagem que consta da aula de 14 de fevereiro de 1928. O restante da transcrição dessa aula de 14 de fevereiro é principalmente extraído do texto do capítulo 23. No parágrafo 10, a sentença "Os dois 'eus' convocam o 'mim' e respondem a ele" é, ao que parece, um resumo acrescido pelo editor sem um paralelo direto na transcrição. O texto do rodapé 1 é oriundo de material manuscrito posteriormente impresso em *The Philosophy of the Act* com o título "Valor e a fase consumatória do ato".

Capítulo 23 Atitudes sociais e o mundo físico

Parágrafo publicado	Material-fonte
1-10	1928, transcrição, "Psicologia social avançada", p. 175-180.
11	1928, transcrição, p. 147-148.
12-13	1928, transcrição, p. 180.
rodapé 13	1930, anotações de Page, "Psicologia social avançada", p. 111.
rodapé 14	1912, anotações de Queen (?), "Psicologia social", p. 29.
rodapé 15	Manuscrito publicado em Mead, 1938, p. 292. • 1912, anotações de Queen (?), p. 34.

O texto deste capítulo vem basicamente da aula de 14 de fevereiro de 1928, mas antes da parte da aula reproduzida aqui há um longo trecho, eliminado pela edição, reiterando algumas realizações do curso de 1928 até então. Na primeira sentença do capítulo, o texto publicado diz que "a conversa de gestos foi internalizada pela forma orgânica" onde a transcrição só traz "a conversa de gestos prossegue". Onde o texto publicado do parágrafo tem "importado pelo organismo", a transcrição diz "importado pelo self".

No parágrafo 5, cada vez que o texto publicado mostra "significante" na frente de "símbolo" ou "símbolos", o adjetivo foi adicionado pelo editor e não aparece na transcrição correspondente. No parágrafo 6, a frase entre parênteses "embora não uma linguagem ou símbolo significante" foi acrescentada pelo editor, presumivelmente para esclarecer uma aparente mistura de termos feita por Mead. No parágrafo 7, a frase "e indicam o 'toma lá dá cá' que o caracteriza" foi adicionada pelo editor para a frase "mas ambos representam um processo em andamento" que existe na transcrição.

O parágrafo 11 é um excerto de aula anterior, em 7 de fevereiro de 1928. As frases de conclusão do parágrafo – "criticamente no caso da ciência, não criticamente no caso da magia" – foram redigidas pelo editor sem um paralelo na transcrição de 1928. O rodapé 13 vem da aula 30 do curso de 1930, conforme registrado por R.R. Page. O rodapé 14 vem de anotações feitas em 1912, talvez por S.A. Queen, e a passagem correspondente também pode ser vista na versão publicada dessas anotações (MEAD, 1982, p. 48). O rodapé 15 vem em parte de um manuscrito posteriormente publicado em *The Philosophy of the Act* (MEAD, 1938, p. 292), com o título "Suposições ontológicas", e em parte de um excerto das anotações de 1912, que podem ser encontradas também na versão publicada (MEAD, 1982, p. 52).

Capítulo 24 A mente como importação do processo social pelo indivíduo

Parágrafo publicado	Material-fonte
1-8	1928, transcrição, "Psicologia social avançada", p. 181-185.
9	1930, anotações, "Psicologia social avançada", p. 97.
rodapé 17	Manuscrito publicado em Mead, 1938, p. 445-446. • 1927, anotações de Shelburg, "Psicologia social avançada", p. 106-107.
rodapé 18	1931, anotações de Shelburg, "Psicologia social avançada", p. 39-40. • 1912, anotações de Queen (?), "Psicologia social", p. 2.

O texto deste capítulo vem principalmente da transcrição da aula de 15 de fevereiro de 1928. O texto desse primeiro parágrafo vem do começo da aula e oferece um bom exemplo do tipo de recapitulação resumida que Mead frequentemente parece ter dado no início de suas aulas. No parágrafo 4, onde lemos "se o especialista" a transcrição registra "se nós", sem nenhuma menção anterior a "especialista". No mesmo sentido, o editor adicionou "é o antecedente do tipo peculiar de organização que chamamos de mente ou self" nesse parágrafo. Penso que o editor também substituiu corretamente a frase "células diferenciadas" onde a transcrição dizia "self diferenciado" nesse parágrafo. No parágrafo 6, o editor acrescentou o termo "responsavelmente" após a frase "em que pode funcionar". Onde o texto desse parágrafo tem "certos estímulos" a transcrição traz "certos valores". O editor corrigiu o texto da vinheta sobre *As viagens de Gulliver* no parágrafo 6, ao que parece, a fim de deixá-la mais próxima do texto original (onde é narrada a cena no capítulo 5, parte 3).

O último parágrafo do texto publicado vem da aula 27, conforme as anotações de Page em 1930. Na última sentença, a frase "os estágios iniciais" foi acrescentada pelo editor. Uma parte do rodapé 17 vem de um manuscrito intitulado "Valor e a fase consumatória do ato", mais tarde publicado em *The Philosophy of the Act* (MEAD, 1938, p. 445-446). O texto publicado no rodapé consiste em vários extratos curtos de uma passagem mais longa desse manuscrito. A segunda parte desse rodapé vem das anotações de George E.M. Shelburg no curso "Psicologia social avançada". Como foram utilizadas na preparação de

Mente, self e sociedade, e posteriormente publicadas (em MEAD, 1982), as anotações foram extensamente reescritas por Shelburg e apresentadas a Mead como trabalho final de curso durante o qual foram feitas originalmente. As passagens correspondentes são vistas na versão publicada do material (MEAD, 1982, p. 174-175), em formato menos intensamente editado do que o que consta nesse rodapé. O rodapé 18 vem em parte da aula de 28 de janeiro, anotada em caráter incompleto em 1931 por E.W. Sutherland. A passagem tem uma elipse e o texto que completa essa falha nas anotações originais é: "(2) o outro conteúdo é feito de imagens que estamos habituados a encontrar em nossa cabeça: (a) visuais, (b) auditivas. Não temos a mesma facilidade para localizar imagens motoras na mente". A segunda parte do rodapé vem das anotações de 1912, talvez da autoria de S.A. Queen, e também pode ser encontrada na versão publicada desse material (MEAD, 1982, p. 28).

Capítulo 25   O "eu" e o "mim" como fases do self

Parágrafo publicado	Material-fonte
1-14	1928, transcrição, "Psicologia social avançada", p. 186-196.
rodapé 21	1928, transcrição, p. 196.

O texto deste capítulo vem principalmente das aulas de 15 e 16 de fevereiro de 1928, conforme a transcrição do estenógrafo. A frase "em seu *Vökerpsychologie*", no parágrafo 2, foi inserida pelo editor. A sentença seguinte começa com "o mito contém" onde a transcrição diz "que contém", e onde o antecedente parece ser o "estudo do mito" de Wundt, e não o "mito" em si. No parágrafo 2, onde o texto inclui a ilustração das respostas mutáveis de uma pessoa à adoção de novas modas existe um trecho não reproduzido da transcrição que oferece mais detalhes desse processo:

> Na realidade, houve uma mudança que aconteceu em sua atitude para consigo mesmo. Não é a atitude do ressentimento; torna-se talvez uma atitude de aprovação; no mínimo, de aceitação. Mudanças desse tipo estão ocorrendo constantemente na atitude dos indivíduos com respeito ao modo como a comunidade age e se veste. As que estão acontecendo o tempo todo e de que somos inconscientes em outro sentido quanto à importação dessas ações por uma tendência a agir tal como os outros agem.

Onde o texto do parágrafo 2 diz "acompanhamentos emocionais", a transcrição fala de "resposta emocional". A última frase do parágrafo – "e uma nova ordem de resposta" – foi adicionada pelo editor.

O parágrafo 3 reproduz o início da transcrição da aula de 16 de fevereiro. Após o parágrafo 5, existe um trecho que não foi reproduzido e reitera o argumento de Mead sobre a conversa de gestos e o surgimento de símbolos significantes. A transcrição também inclui uma observação sucinta: "A comunicação em sua forma mais simples nada mais é do que o ajuste de outras formas da atividade cooperativa à conduta de outras formas". O editor acrescentou "e generalizada" a "atitude organizada", no final do parágrafo 6.

Há uma possível ambiguidade entre "discurso universal" e "universo do discurso" no parágrafo 6 desse capítulo e em outros pontos do texto, igualmente apontada na discussão dos capítulos 26 e 34. A expressão "universo do discurso" era uma noção comum na lógica filosófica anglo-americana no final do século XIX (ao que parece, cunhada na década de 1850 pelo especialista em lógica George Boole) e foi usada periodicamente em textos publicados por pessoas próximas a Mead, incluindo William James e Josiah Royce. Como era comumente usado na lógica filosófica da época, o "universo do discurso" significava o conjunto delimitado de objetos aos quais se refere determinado discurso. A expressão foi usada por Mead também para significar qualquer grupo social que compartilha os mesmos significados para algum conjunto de símbolos discursivos. Por outro lado, "discurso universal" parece implicar o argumento da possibilidade de se chegar a um conjunto de significados ou símbolos compartilhado por todos os indivíduos. Ou seja, "universo do discurso" dirige a atenção para as fronteiras ou os limites empíricos dos entendimentos comuns, enquanto "discurso universal" dirige a atenção para o ideal da superação desses limites. É difícil determinar absolutamente qual das duas expressões foi de fato verbalizada por Mead em cada sentença individual porque o estenógrafo pode facilmente ter se equivocado com o que ouviu ou ter transcrito as palavras de modo incorreto nas anotações abreviadas, e é provável que as tentativas de Morris de corrigir erros percebidos na transcrição do estenógrafo tenham elevado a ambiguidade nessa questão. No parágrafo 6 deste capítulo, pelo menos, o texto publicado concorda com a transcrição estenográfica, já que ambos se referem ao "discurso universal".

No meio do parágrafo 8 há um longo trecho não reproduzido no texto publicado, o que explicita mais um pouco a ideia de que, na conversa, a situação "é modificada a cada comentário que é feito". No parágrafo 11, imediatamente antes da última sentença, vem uma passagem curta que ajuda a especificar o entendimento de Mead a respeito da comunidade científica:

> Há o problema para qualquer um que possa compreendê-lo, que possa formular a hipótese de um átomo que é constituído de partículas elétricas. Essa é a reação do indivíduo a uma situação comum em que todos devem, em certo sentido, pensar do mesmo modo, mas isso não restringe o que pensam.

Na transcrição do estenógrafo, o texto do rodapé 21 segue imediatamente o texto do parágrafo final do capítulo e conclui a transcrição da aula de 16 de fevereiro de 1928. O rodapé 20 faz referência direta a *The Philosophy of the Act* (MEAD, 1938), um trabalho que não seria publicado senão quatro anos após *Mind, Self, and Society* [*Mente, self e sociedade*]. Esse rodapé estava presente inclusive na primeira edição do presente volume. Referências similares também podem ser encontradas em rodapés nos capítulos 32 e 42 e na introdução do editor. Ou seja, Charles Morris – que também estava editando o volume posterior, já tinha pelo menos um plano geral para o tipo de material que constaria nessa publicação. Isso é especialmente digno de menção porque boa parte do material "manuscrito" incluído em *Mente, self e sociedade* depois foi publicado em *The Philosophy of the Act*.

Capítulo 26 A realização do self na situação social

Parágrafo publicado	Material-fonte
1-2	1928, transcrição, "Psicologia social avançada", p. 205.
3	1930, anotações de Page, "Psicologia social avançada", p. 154-155.
4-14	1928, transcrição, p. 205-212.

O texto deste capítulo procede principalmente da aula de 21 de fevereiro de 1928, tendo pulado a transcrição da aula de 17 de fevereiro (que é utilizada principalmente no capítulo 41 deste texto). O texto do primeiro parágrafo do capítulo 26 reproduz o início da aula de 21 de fevereiro, exceto por pular "como eu disse na última sexta-feira [i. é, 17 de fevereiro de 1928]".

No final da primeira sentença do parágrafo 2, o texto não inclui a cláusula "quer dizer, o self é outro membro daquela comunidade e tem sua estrutura determinada por seus costumes e hábitos" que se vê na transcrição. Esta também inclui uma frase após "intercâmbio" que diz: "envolve a forma de julgamento, o julgamento que é feito com referência às razões e que tem a ver com coisas racionais". O parágrafo 3 vem da aula 38 do curso de 1930, como se verifica nas anotações reescritas de R.R. Page. O parágrafo 4 retoma a aula de 21 de fevereiro diretamente após o texto do parágrafo 2. Onde o texto do parágrafo 4 traz o "assim chamado discurso universal", a transcrição registra o "assim chamado universo do discurso". Como mencionamos antes, na discussão do capítulo 25, é difícil decidir entre as duas leituras, mas Morris faz aqui uma substituição pelo menos plausível. No parágrafo 6, onde o texto traz "as possibilidades de o 'eu' pertencer ao que está realmente acontecendo", a transcrição registra "é um campo da experiência que pertence àquilo que está realmente acontecendo". Após o parágrafo 11, existe uma breve passagem não reproduzida em que Mead supostamente reiterava a importância dos "pequenos sentimentos de superioridade" para o self. No final da seção não reproduzida no texto vem uma pergunta formulada por um aluno: "Há alguma explicação para isso?" O parágrafo 12 do texto publicado reproduz a resposta de Mead.

Capítulo 27 As contribuições do "mim" e do "eu"

Parágrafo publicado	Material-fonte
1	1928, transcrição, "Psicologia social avançada", p. 213, 215.
2-8	1928, transcrição, p. 215-219.

O texto deste capítulo vem inteiramente da aula de 23 de fevereiro de 1928, conforme o registro do estenógrafo em sua transcrição. Ao que parece, não houve aula em 22 de fevereiro de 1928, provavelmente porque coincide com a data de nascimento de George Washington. A primeira sentença do capítulo também é a primeira sentença da transcrição da aula de 23 de fevereiro, mas, depois dessa sentença, vem um longo trecho que não é reproduzido no texto. Em grande medida, esse trecho não reproduzido reitera argumentos já feitos em outras aulas e reintroduz as ilustrações de um candidato político e de um jogador de beisebol tomando as atitudes da comunidade à sua volta. O trecho da transcrição não reproduzido também inclui perguntas de dois alunos e a resposta de Mead a elas. A primeira pergunta foi: "O 'eu' então é simplesmente um elemento imprevisível?" Em parte, Mead teria dito que:

> O "eu" é um elemento imprevisível, mas não inteiramente. Porém sempre envolve um elemento imprevisível. Não quero dizer que o "eu" é um elemento imprevisível, mas serve para distinguir aquela fase do "eu" como contraposta ao "mim". Podemos predizer o que uma pessoa fará, mas sempre há algo na experiência que tem um quê de inesperado. Onde isso fica inteiramente de fora, onde não há elemento algum, a expressão se torna pura rotina, e onde se torna pura rotina é quase impossível ao indivíduo sustentá-la.

Nessa passagem, Mead afirmava que "manter o interesse implica esse contínuo reajustamento envolvido na maneira como o indivíduo responde". A transcrição traz ilustrações de uma "pessoa numa indústria de máquinas" e um homem "cavando uma vala" como exemplos próximos dessa "pura rotina"; no entanto, mesmo nessas situações, Mead comentou, que "o homem se ajusta de uma maneira diferente a cada vez que a pá joga terra para o lado, a cada movimento".

A segunda pergunta foi: "É o 'eu' então aquela parte da novidade, ou a resposta convencional traz à tona uma parte do 'eu'?" A resposta de Mead foi anotada nestes termos: "Sim, essa é a forma do 'eu'. Vocês seguem a ilustração que dei [sobre rotina] e têm uma forma definida, mas a ação que vocês realizam será sua própria ação". O texto que encerra o parágrafo segue daqui e aparentemente ainda é em parte uma resposta à pergunta do aluno. A sentença no parágrafo 1 que diz "agora, o 'mim' pode ser considerado a origem do 'eu'" foi aparentemente escrita pelo editor, sem uma passagem com correspondência direta na transcrição.

No parágrafo 2, a frase "na forma extrema em que costuma ser proclamada" foi acrescentada pelo editor, presumivelmente para substituir "inteiramente", o termo que aparece na transcrição. No parágrafo 4, "normal" não aparece na passagem correspondente na transcrição. O editor aparentemente a adicionou para contrastar com a teoria de Mead baseada na teoria "fantástica" dos freudianos. No parágrafo 7, onde o texto diz "trabalho estereotipado", a transcrição diz "trabalho rotineiro". A sentença que vem imediatamente a seguir passa por uma alteração considerável em relação à transcrição, que diz: "É essencial para a pessoa que ela tenha esse tipo de estrutura e também a sociedade pede uma quantidade muito considerável de trabalho rotineiro". Onde, no final do parágrafo, lemos "experiências empolgantes e gratificantes", a transcrição diz "momentos excitantes".

No parágrafo 8, o editor adicionou "o surgimento de", "o tipo mais violento" e "profundamente entranhado", presumivelmente para salientar o aparente contraste entre as maneiras como o "eu" e o "mim" podem ser fundidos. Novamente, onde o texto diz "em que a própria estrutura do 'mim' é aquela que entra e abre a porta para o 'eu', essa é a situação". A frase "agora é naturalmente pronunciada", encontrada mais adiante no parágrafo, foi inserida pelo editor, presumivelmente para completar o fragmento de sentença registrado na transcrição.

Capítulo 28 A criatividade social do self emergente

Parágrafo publicado	Material-fonte
1-11	1928, transcrição, "Psicologia social avançada", p. 220-226.
12	1930, anotações de Page, "Psicologia social avançada", p. 130-131.
rodapé 23	1930, anotações de Page, p. 98-99.

O grosso do texto deste capítulo vem da aula de 24 de fevereiro de 1928. A primeira sentença da transcrição dessa aula começa com "estivemos discutindo no final da última hora a valoração que se faz do self", que foi ligeiramente modificada no texto publicado. Onde o texto traz "condições morais e religiosas extremas", a transcrição diz "várias condições morais e religiosas". No parágrafo 2 há uma breve passagem evitada no texto publicado em que Mead supostamente enfatizou que os ajustes feitos pelos organismos, tais como o aparecimento da capacidade de digerir mato como alimento, criam "um mundo diferente daquele das formas que não conseguem fazer isso". No parágrafo 4, os termos "mais amplo" e "e enriquecido" foram incluídos pelo editor. No parágrafo 5, "incalculável" é um acréscimo do editor.

O parágrafo 6 contém material da aula de 1º de março de 1928 (uma das aulas basicamente dedicada a responder às perguntas dos alunos). O texto desse parágrafo é a resposta de Mead a uma dúvida de um deles: "Considerando a força do 'mim', não está claro para mim como surge esse indivíduo". A última sentença desse parágrafo retoma de novo a transcrição de 23 de fevereiro. Antes do texto publicado no parágrafo 7 há um longo trecho da transcrição que não foi reproduzido. A passagem basicamente reitera a distinção entre o "eu" e o "mim", mas também inclui uma caracterização única da descoberta científica:

> Einstein refletiu sobre a relatividade do espaço e do tempo e teve de incluir em suas considerações tudo o que estava envolvido no conceito de Newton. A concepção da relatividade do tempo só poderia se tornar uma parte do mundo da ciência na medida em que pudesse expressar o conceito newtoniano. A relatividade teve de incluir tudo da outra concepção. Teve de se tornar um membro, mas torna-se um membro por meio de uma sanção [sic] da mente do indivíduo, como Einstein. É um processo de junção, não tanto uma questão de ideias, mas daquilo que chamamos de suas relações sociais. À medida que de fato as junta pode tornar absolutamente necessário que a organização deva mudar. [...] Uma ideia cientificamente reconstruída se torna um membro das ideias da ciência somente sob a condição de que essas ideias serão reconstruídas para que possam ser declaradas nos termos da nova ideia.

No parágrafo 7, após a discussão do exemplo da "turba" e antes da ilustração "mais trivial", vem um registro em que Mead também comentou: "essas também são encontradas nas condições da situação de guerra". Onde o texto do parágrafo 8 diz "relacionamento íntimo", a transcrição traz somente "relacionamento"; onde o texto diz "extremos histéricos", a transcrição tem "abordagens histéricas". No final do parágrafo 9, quando discute a "plataforma do partido", a transcrição traz: "A plataforma do partido é uma abstração, claro, e não significa muito para nós, mas é a base organizacional que torna possível o mero funcionamento da nossa organização". A segunda parte da sentença correspondente no texto publicado, referente a "esses impulsos mais bárbaros", também consta da transcrição, mas vem depois de "claro que há questões nas quais nós definitivamente nos expressamos, e é habitual usar a política do partido, mas". No parágrafo 10, a palavra "normalmente" foi acrescentada pelo editor. O final desse parágrafo também é o final da transcrição de 24 de fevereiro, com a exceção da linha não reproduzida da transcrição que diz "você pode fazer a comunidade toda se unir gritando 'Pega, ladrão!'" O parágrafo 11 vem da aula 33 segundo as anotações de R.R. Page em 1930; o rodapé 23 vem da aula 27 desse curso.

Capítulo 29 Contraste entre as teorias individualista e social do self

Parágrafo publicado	Material-fonte
1	1930, anotações de Page, "Psicologia social avançada", p. 17.
2	1930, anotações de Page, p. 43.
3	1930, anotações de Page, p. 108-109.
4	1930, anotações de Page, p. 106-107.
5	1930, anotações de Page, p. 109, 88.
rodapé 24	1931, anotações de Sutherland, "Psicologia social avançada", p. 9. • 1924, anotações de Morris, "Psicologia social avançada", p. 60 (verso). • Manuscrito publicado em Mead, 1938, p. 613.
rodapé 25	1930, anotações de Page, p. 107-108.
rodapé 26	1930, anotações de Page, p. 15, 16, 17.
rodapé 27	1930, anotações de Page, p. 110.

A totalidade deste capítulo é constituída de vários excertos das anotações de R.R. Page durante o curso de 1930. Este capítulo pode ter sido incluído aqui para servir de transição para a seção "Sociedade" do texto publicado. O parágrafo 1 vem da sexta aula; o parágrafo 2, da aula 14; o 3, da aula 30; o 4, da aula 29; e o 5, em parte, da aula 30 e em parte da 25. No parágrafo 2, o editor acrescentou "como defendido no passado tanto por racionalistas como por empíricos".

O texto do rodapé 24 tem três fontes. A primeira parte vem das anotações de E.W. Sutherland durante o curso de 1931, numa aula não datada antes de 14 de janeiro daquele ano. A segunda parte vem das anotações do próprio Morris durante o curso "Psicologia social avançada" de 1924. E a terceira vem de um fragmento manuscrito posteriormente publicado em *The Philosophy of the Act* (MEAD, 1938, p. 613) tendo como o título "Organização de perspectivas". O texto dos rodapés 25 e 27 se originam de dois trechos não contíguos da aula 30, conforme as anotações de Page em 1930. O rodapé 26 consiste em três breves excertos de três páginas consecutivas da sexta aula desse mesmo curso.

Capítulo 30 A base da sociedade humana: o homem e os insetos

Parágrafo publicado	Material-fonte
1	1928, transcrição, "Psicologia social avançada", p. 267.
2	1930, anotações, "Psicologia social avançada", p. 116.
3	1930, anotações de Page, p. 150.
4	1930, anotações de Page, p. 151-152.

5	1930, anotações de Page, p. 145.
6	1928, transcrição, p. 267, 134.
7-17	1928, transcrição, p. 134-141.
rodapé 1	1930, anotações de Page, p. 119, 144.
rodapé 2	1930, anotações de Page, p. 147, 156-157.
rodapé 3	1930, anotações de Page, p. 126-127, 110-111.
rodapé 4	1930, anotações de Page, p. 115.
rodapé 5	1930, anotações de Page, p. 117, 118.

O primeiro parágrafo deste capítulo vem da transcrição da aula de 8 de março de 1928 e parece ter sido incluído aqui para servir de transição. Onde o texto desse parágrafo diz "nossa discussão" a transcrição registra "o curso". O parágrafo 2 vem das anotações de Page durante a aula 31 em 1930; os parágrafos 3 e 4 vêm de trechos não contíguos da aula 37; e o parágrafo 5 vem da aula 36 desse curso. No parágrafo 4, existe esta parte que não foi incluída:

> Em outras palavras, a base primária de toda organização social humana ou do comportamento social organizado pode ser encontrada na diferenciação fisiológica entre os dois sexos, nos impulsos ou nas necessidades fisiológicas complementares gerados por essa diferenciação, e nas várias relações sociais – especial ou essencialmente a reprodutiva (ou procriadora) e a relação entre pais e filhos assim implicada.

As duas primeiras sentenças do parágrafo 6 vêm da aula de 8 de março de 1928. O texto correspondente à segunda sentença na transcrição diz: "Esse organismo social existe fora da sociedade humana e temos mais ou menos feito um levantamento aproximado do organismo social dos insetos". Essa passagem parece ser uma referência retroativa à aula de 3 de fevereiro de 1928 da qual são extraídos o restante do parágrafo e do capítulo. As duas últimas sentenças do parágrafo 10 são extraídas de uma parte posterior da transcrição, no meio do texto correspondente do parágrafo seguinte.

Em vários pontos do texto desta parte posterior do capítulo, trechos curtos da transcrição – que basicamente reiteram partes do argumento já discutido – não são reproduzidos no texto publicado. A frase "obscuro apesar de os detalhes serem" – do texto do parágrafo 15 – foi adicionada pelo editor. Após a primeira sentença do parágrafo 17 vem um longo trecho não reproduzido da transcrição onde Mead dá mais detalhes de sua teoria da importância das mãos humanas. Em parte, lemos:

> Mas a mão de fato introduz uma coisa física que está entre o estímulo que coloca o processo em andamento e sua consumação final. Um pedaço de carne, uma maçã, é uma coisa. Pode ser o estímulo que põe

o processo em andamento, mas é uma coisa. Existe uma categoria na qual você pode incluir todos esses estímulos qualitativamente diferentes, mas todos são coisas. A mão, com a postura ereta do animal humano, é algo com que ele entra em contato, algo por meio do qual ele pega. Ele se apossa de algo. Você tem um término preliminar do seu ato quando põe as mãos no objeto. E então, em condições fisiológicas, você talvez tenha completado o processo. Você faz uso de seus dedos para direcionar a faca e o garfo para cortar um pedaço de seu bife. É a utilização da mão dentro do ato que deu ao animal humano seu mundo das coisas físicas. [...] A mão humana é de uma enorme importância. Ela capacita o animal humano a usar implementos como o martelo, por exemplo. Os implementos são indiferentes. Não têm valor por si sós, mas levam à consumação do ato. O animal que usa os dentes está usando os órgãos da mastigação, que também são órgãos da consumação. Mas o ser humano usa a faca para matar. A faca é uma arma de destruição, é uma coisa que existe e que significa algo mais.

O texto do rodapé 1 vem em parte da aula 31 conforme as anotações de Page em 1930 e em parte da aula 35; o rodapé 2 vem em parte da aula 36 e em parte da 38; o rodapé 3 vem em parte da aula 32 e em parte da 30; o rodapé 4 vem da aula 31; e o rodapé 5 vem de duas passagens não contíguas da aula 31. Em cada caso, as transições entre as passagens são indicadas por quebras nos parágrafos.

Capítulo 31 A base da sociedade humana: o homem e os vertebrados

Parágrafo publicado	Material-fonte
1	1928, transcrição, "Psicologia social avançada", p. 267. • 1930, anotações de Page, "Psicologia social avançada", p. 133.
2-11	1928, transcrição, p. 267-273.

O grosso deste capítulo vem da aula de 8 de março de 1928. A segunda metade do primeiro parágrafo, de "a organização das atitudes sociais" em diante, vem da aula 34, conforme as anotações de R.R. Page em 1930. Onde o parágrafo 2 diz "formas vertebradas", a transcrição do estenógrafo tem "formas mamíferas"; no entanto, todas as outras menções do termo "vertebrado" são encontradas na transcrição correspondente. Onde o texto diz "o grupo mais primitivo" no parágrafo 3, a transcrição tem somente "o grupo". Há uma longa passagem não reproduzida da transcrição correspondente para o parágrafo 5 que discute com alguns detalhes o "continente escuro" do sistema nervoso central humano, incluindo sua capacidade quase infinita de "combinar atividades diferentes" e sua "organização das respostas", tais como andar, num "processo natural". Na última sentença do capítulo, a frase "a diferenciação funcional por meio da linguagem" corresponde apenas ao texto "um princípio de organização inteiramente diferente" na transcrição; parece que o termo "diferenciação funcional" é uma caracterização do editor para esse princípio diferente.

Capítulo 32 Organismo, comunidade e ambiente

Parágrafo publicado	Material-fonte
1-12	1928, transcrição, "Psicologia social avançada", p. 251-258.

A totalidade do texto deste capítulo vem da aula de 2 de março de 1928, conforme a transcrição do estenógrafo. No parágrafo 7, a cláusula "mas um mundo que permite a consumação do ato" não consta da transcrição; em vez disso, a transcrição diz: "são coisas que realizam o ato biológico e você então tem o pleno significado do processo". Todas as outras referências à "consumação" no texto constam da transcrição. Onde o texto do parágrafo 9 diz "mas o homem poderia determinar a população que deve existir em termos do conhecimento que ele já possui" a transcrição traz "mas podemos determinar isso no fornecimento de alimentos, no controle da natalidade, da população que existe, se quiséssemos". Essa mudança pode ter sido uma tentativa de evitar uma referência à questão polêmica do "controle da natalidade" por meio de uma referência geral ao "conhecimento". No parágrafo 9, todas as versões anteriores do texto impresso faziam referência a um homem chamado "Burrows", o que parece ter sido uma referência não corrigida a John Burroughs (1837-1921), destacado autor e naturalista estadunidense. No parágrafo 12, onde lemos "seu ambiente inorgânico", o texto da transcrição registra "seu próprio ambiente orgânico".

Capítulo 33 Os fundamentos e as funções sociais do pensamento e da comunicação

Parágrafo publicado	Material-fonte
1	1930, anotações de Page, "Psicologia social avançada", p. 127.
2-3	1928, transcrição, "Psicologia social avançada", p. 282-283.
4	1930, anotações de Page, p. 120-121.
5-12	1928, transcrição, p. 284-288.
rodapé 7	1930, anotações de Page, p. 123-124, 99.
rodapé 8	1930, anotações de Page, p. 121.

O primeiro parágrafo deste capítulo vem da aula 32 das anotações reescritas de R.R. Page durante o curso de 1930. O parágrafo 2 e todos os trechos do texto que vêm da transcrição do estenógrafo em 1928 são da aula de 13 de março. Antes do texto correspondente ao parágrafo 2 na transcrição de 13 de março, existe um trecho em que Mead resumiu as realizações da aula de 8 de março (em grande medida reproduzida no capítulo 31). Entre essas duas aulas está a transcrição de 9 de março de 1928, que foi principalmente utilizada para o capítulo 13.

O editor retirou duas passagens do texto da transcrição correspondente ao parágrafo 3, que consiste basicamente em discussões redundantes da "conversa de gestos" e da ilustração do "boxeador" e do "esgrimista". O parágrafo 4 vem das anotações de Page da aula 31 de 1930. O texto do rodapé 8 foi extraído da passagem correspondente exatamente onde está anotado no parágrafo. Aparentemente foi inserido como rodapé a fim de indicar que é principalmente um aparte ligando a teoria de Mead com a de Freud nesse ponto. No parágrafo 5, onde o texto diz "o que denominei 'o outro generalizado'" a transcrição registra "o que denominei algo generalizado", e "algo" parece que se refere a "atitude". Antes da última sentença do parágrafo 7, existe uma passagem breve, não reproduzida da transcrição, e que diz:

> A organização da sociedade em castas ergue muros em torno do grupo, de modo que eles não conseguem entender as ações de outro grupo e, nessas condições, a liderança no sentido de que o indivíduo consegue entrar nas atitudes dos outros, essa liderança é de enorme importância.

No parágrafo 9, a passagem da transcrição que corresponde à quarta sentença do parágrafo diz: "é altamente abstrata, pois implica um excedente, aquilo que a pessoa não pode ela mesma usar, que está além de seu próprio processo imediato, que a leva a um relacionamento com qualquer um em troca". Quer dizer, a transcrição registra que Mead estava aparentemente afirmando que o "excedente" faz parte do que torna a troca econômica uma forma de relacionamento "altamente abstrata", enquanto o texto publicado não tem esse registro.

No parágrafo 10, há uma passagem curta, não reproduzida no texto, que acrescenta um viés diferente ao argumento de Mead de que a "comunicação" é mais universal do que a religião ou a economia, nos seguintes termos: "Dado que qualquer processo de comunicação é aquele que pode ocorrer por meio de gestos, de modo que diferentes processos de comunicação por meio de gestos constituem em certo sentido um convite mais universal do que o envolvido na religião ou na economia". Em comparação com o texto publicado, a transcrição enfatiza a comunicação como um "convite" universal e salienta que essa comunicação é qualquer uma "por meio de gestos". Após "pode ser socialmente utilizado", no parágrafo 10, a transcrição registra o comentário adicional "em que capturar as ideias do outro pode ser um estímulo para o self pensar". A última frase do capítulo – "a fim de tornar possível o pensamento e a comunicação" – foi aparentemente acrescentada pelo editor sem uma passagem diretamente correspondente na transcrição. O rodapé 7 vem em parte da aula 32 conforme as anotações de Page em 1930 e em parte da aula 27 desse curso. A divisão é indicada pela quebra do parágrafo.

Capítulo 34 A comunidade e a instituição

Parágrafo publicado	Material-fonte
1	1928, transcrição, "Psicologia social avançada", p. 152, 158.
2	1930, anotações de Page, "Psicologia social avançada", p. 131-132.
3-10	1928, transcrição, p. 152-157.
11	1928, transcrição, p. 157, 159.
12	1928, transcrição, p. 240-241.
13	1928, transcrição, p. 157.
14	1928, transcrição, p. 159.
15-18	1928, transcrição, p. 161-163.
19	1930, anotações de Page, p. 134-135.
rodapé 10	1930, anotações de Page, p. 137.
rodapé 12	1930, anotações de Page, p. 136-137.
rodapé 13	1930, anotações de Page, p. 138, 127-128.
rodapé 15	1930, anotações de Page, p. 135.

O parágrafo 1 começa no meio da aula de 8 de fevereiro de 1928 (imediatamente após o texto que serve para compor um trecho do capítulo 21), e o texto correspondente da primeira sentença começa com "o que eu enfatizava ontem era que existem". Aqui, "ontem" se refere à aula de 7 de fevereiro, cujo texto é reproduzido basicamente no capítulo 21. A parte do parágrafo 1 que começa com "esta resposta comum é" e termina com "encontrada em nossa própria natureza" é uma passagem da transcrição da aula de 9 de fevereiro. Depois dessa parte, reproduzida nesse parágrafo, vem uma passagem que oferece mais uma análise da noção de adotar as atitudes de diferentes autoridades:

> Cada um de nós pode conceber que estamos na posição de qualquer uma dessas funções. Podemos concorrer a um cargo e obtê-lo. Esse é o reconhecimento do fato de que todos nós temos as atitudes dessas autoridades e que o próprio processo do controle público é organizado e de fato implica um conjunto organizado de atitudes em que qualquer uma delas envolve todas as outras. Não se pode adotar uma atitude sem implicar, em certo sentido, as outras. Na medida em que temos uma organização racional da sociedade em que podemos entrar, isso está implícito na estrutura da sociedade.

As duas últimas sentenças do parágrafo então retomam o texto da transcrição da aula de 8 de fevereiro.

O parágrafo 2 vem da aula 33, conforme as anotações de R.R. Page em 1930. O parágrafo 3 retoma a transcrição de 9 de fevereiro de 1928 e parte diretamente de onde o parágrafo 1 parou. No parágrafo 3, as passagens "como aquelas não são arbitrárias no sentido que as convenções são" e "de uma maneira que as convenções não são" foram adicionadas pelo editor, presumivelmente para distinguir com ainda maior clareza entre "maneiras" e "convenções".

No parágrafo 4 há uma passagem da transcrição que não está reproduzida no texto em que Mead discute mais a "interpretação econômica da história":

> A importância da asserção econômica está no fato de ser prontamente acessível em termos da troca econômica, a importância da história econômica, a realização das trocas, a própria grande universalidade de seus meios econômicos, tudo isso lhe permite chegar a uma situação, e assim que você toma pé nessa situação, e então a considera um reflexo de uma situação numa comunidade, ela inevitavelmente o conduz a todas as outras fases da vida comunitária e lhe permite interpretá-las.

A passagem no texto que começa com "instituições, maneiras ou palavras apresentam" deveria seguir imediatamente a passagem que acabamos de citar. O texto correspondente da transcrição começa com "elas apresentam", sem uma lista prévia clara das "instituições, maneiras ou palavras". Em vez disso, no contexto da passagem como um todo, parece que "elas" se referem a "instituições econômicas".

No parágrafo 11, a sentença iniciada com "o símbolo significante é", que está na transcrição, é inserida na aula seguinte, de 9 de fevereiro. O parágrafo 12 é um bloco de texto que vem da aula de 29 de fevereiro de 1928. As primeiras três sentenças do parágrafo publicado reproduzem o texto da pergunta de um aluno. O que vem em seguida é a resposta de Mead. Quer dizer, esse parágrafo incorpora o que o estenógrafo registrou como a voz do estudante e a representa de uma maneira que parece ser a do próprio Mead, seguida pela resposta que ele mesmo deu àquele aluno. Onde o texto publicado do parágrafo tem duas vezes "o universo do discurso dos especialistas em lógica", a transcrição tem "o discurso universal dos especialistas em lógica". De uma maneira até desconcertante, Charles Morris fez a mudança oposta – de "universo do discurso" para "discurso universal"' – no capítulo 26, onde esse tópico também é discutido.

O parágrafo 12 retoma e conclui a transcrição da aula de 8 de fevereiro de 1928. A seguir, o texto dos parágrafos 13 a 18 vem da transcrição de 9 de fevereiro de 1928. Entre os trechos do texto que constituem os parágrafos 14 e 15, existe uma longa passagem da transcrição, não reproduzida, que basicamente reitera vários aspectos do argumento de Mead nas aulas anteriores. Também inclui uma única passagem que aborda a unidade do self em termos da identificação com diferentes grupos sociais:

> Digo que a unidade, a definição do self, varia da consciência da posição que o indivíduo ocupa na corporação, numa organização como o exército, a uma noção um tanto vaga de cidadania do indivíduo em relação a uma vasta comunidade que em grande medida lhe é desconhecida, e, não obstante, essas atitudes comuns entraram em sua resposta de modo que elas podem controlar a resposta dele.

Onde o texto do parágrafo 15 diz "a Guerra Mundial", a transcrição registra "a Grande Guerra" (nome anterior da I Guerra Mundial). Entre o texto dos parágrafos 15 e 16 há uma breve passagem, não reproduzida no texto, que registra alguns comentários feitos por Mead sobre questões de imigração enfrentadas pelos Estados Unidos à época:

> Veja a questão da imigração neste país, as restrições que impomos a esse processo. Por um lado, podemos argumentar que é nosso país e que temos o direito de dizer quais pessoas queremos que venham, mas temos de admitir pessoas com base num fator comum e as restrições devem ser reconhecidas como legítimas. A sociedade comum da qual surgem todas as comunidades representa uma reação que nós sentimos mais ou menos quando se trata de questões como a imigração e, em particular, as questões que nos parecem envolver a honra ou os interesses do país.

O editor acrescentou "que estamos começando a trocar de papéis" no parágrafo 17. No meio do parágrafo 18 há uma passagem não reproduzida da transcrição, presumivelmente porque o estenógrafo não captou a referência ao termo *hostis*, em latim:

> Mas é uma atitude que é despertada somente em determinadas situações. O termo ("*hastis*"?) se refere tanto ao relacionamento entre o anfitrião e o convidado como também ao relacionamento com o inimigo. Se seu inimigo se senta à sua mesa e reparte o pão com você, então ele se identificou com você. Então, vocês têm um relacionamento de proximidade. Se ele está nesse relacionamento, você não pode feri-lo, mas, se ele não está, então você pode matá-lo.

O parágrafo 19 vem da aula 34 do curso de 1930, conforme as anotações de R.R. Page. O rodapé 15 no final do parágrafo 19 inclui o texto que segue imediatamente esse parágrafo nas anotações de Page. Os rodapés 10, 12 e a primeira parte do 13 também vêm da aula 34, mas nenhum desses textos é contíguo a qualquer outro trecho citado do texto. A segunda metade do rodapé 13 vem da aula 32 do curso de 1930. O termo "fisiologicamente", que começa essa passagem, foi acrescentado pelo editor.

Capítulo 35 A fusão do "eu" e do "mim" nas atividades sociais

Parágrafo publicado	Material-fonte
1-3	1928, transcrição, "Psicologia social avançada", p. 231-232.
4	1928, transcrição, p. 232-233, 238-289.
5-8	1928, transcrição, p. 233-234.
9	Acréscimo editorial.
10-11	1928, transcrição, p. 235-236.
12	1928, transcrição, p. 236-237, 241.
13	1928, transcrição, p. 238-239.

O parágrafo 1 começa bem depois da metade da transcrição da aula de 28 de fevereiro de 1928. A primeira metade da transcrição não foi utilizada em nenhum texto do volume publicado; principalmente, recapitula o argumento sobre o self como objeto, sobre os estágios do jogo e da brincadeira, e sobre o "eu" e o "mim". A última sentença do parágrafo 1 foi adicionada pelo editor, presumivelmente como transição, sem nenhum texto correspondente na transcrição do estenógrafo.

Após a segunda sentença do parágrafo 4, o restante desse parágrafo vem de um trecho da aula de 29 de fevereiro de 1928. A parte da transcrição que aparece nesse parágrafo estava na resposta de Mead a esta pergunta de um aluno: "É possível haver a fusão do 'eu' em qualquer outra coisa que não a situação social?" Supostamente, a resposta de Mead começou nos seguintes termos:

> Suponho que quem tem a atitude de exaltação com respeito à natureza, essa atitude é essencialmente social. Pode obter sua expressão numa resposta religiosa ou poética definida à natureza, ou pode ser muito vaga, mas ainda tem um caráter essencialmente social. Na fusão do "eu" e do "mim".

O texto do parágrafo então segue a partir disso. Depois desse parágrafo, o texto retorna ao ponto onde tinha parado na aula de 28 de fevereiro.

No parágrafo 6 há vários lugares em que o editor forneceu antecedentes mais ou menos plausíveis onde no texto não havia nenhum. "Assistência proveitosa" e "proximidade meramente abstrata" são substitutos para "isso" e "a que acabei de me referir", respectivamente. No parágrafo 7, a frase "que ilustra de forma extrema" foi adicionada pelo editor para substituir "ele tem". No mesmo parágrafo, onde o texto tem "participação", a transcrição registra "atitude". A frase "e para as experiências significativas" foi acrescentada pelo editor nesse parágrafo. A passagem da transcrição que corresponde à última sentença do parágrafo 7 traz "aí você tem o conteúdo que não tem na identificação emocional do self do indivíduo com todos os demais do grupo", cujo fraseado é um tanto diferente do texto publicado. A última frase do parágrafo 8 – "e aqui cada um apoia o outro" – também foi adicionada pelo editor e não se encontra na transcrição.

O parágrafo 9 parece ter sido acrescentado pelo editor como sentença de transição e não existe um texto que corresponda a esse parágrafo nas transcrições do estenógrafo. Do parágrafo 10 ao final do capítulo, o texto vem da aula de 29 de fevereiro de 1928. No parágrafo 10, a frase "essa dupla separação em situação e resposta" foi acrescentada onde a transcrição apenas diz "isso".

No parágrafo 12 há um trecho do texto eliminado na edição após "chegando a esse objeto em particular que ele busca", que oferece mais ideias sobre a relação entre o self e o contexto da situação:

> Ele [i. é, o "self"] surge como um todo e a espécie de todo que é depende do que irá fazer. Claro que você pode ver isso de outro jeito e dizer que aquilo que ele vai fazer depende da situação. Ele pode não ter certeza do que fará quando entra no aposento. Pode haver diversas tarefas a serem cumpridas. Ele pode se sentar e entender qual é a situação financeira, ou pode pegar um livro e ler um pouco, ou se dedicar a escrever um pouco. Todas essas são possibilidades. Ele está incerto quanto ao que fará. Ou pode ser algo que reflete seu caráter ainda menos. Ele pode apenas andar no recinto de lá para cá. Pode estar cansado e ter o impulso de tocar um pouco de piano ou outro instrumento, ou fazer isto, aquilo ou outra coisa, e ele pensa em organização e faz algo específico, e o recinto fica organizado em torno disso. Mas o "eu" nesse caso é algo que parece resultar da situação. Isso é ainda mais evidentemente no caso da maioria de nossas situações sociais. Existe uma espécie de problema social nesse caso. O que vamos fazer? Estamos incertos quanto ao que vamos fazer nessas circunstâncias. O "mim" aparece como a atitude do grupo com o qual nos identificamos. E então vem algum tipo de uma resposta definida.

As três últimas sentenças do parágrafo 12 que foram acrescentadas são extraídas de uma passagem da aula de 29 de fevereiro e constituem a resposta de Mead ao aluno que perguntou: "Como você pode explicar a exaltação na música?" Após a passagem reproduzida neste capítulo, a transcrição registra comentários adicionais:

> Naturalmente, há músicos que retomam a suposição de que há belezas simples em tons e relacionamentos que apenas estão ali, e que a música não é mais do que sua expressão. Eles negam o que acabei de afirmar. Você tem a mesma atitude com respeito às artes plásticas, há os que assumem que existe uma beleza nas linhas e que qualquer associação social é uma diluição da verdadeira resposta estética.

O parágrafo 13 retorna ao ponto em que a transcrição tinha parado com a inserção do texto do parágrafo 12. A transcrição traz "meios diferentes" onde o texto diz "fins diferentes".

Capítulo 36 Democracia e universalidade na sociedade

Parágrafo publicado	Material-fonte
1-14	1928, transcrição, "Psicologia social avançada", p. 259-266.
rodapé 17	1927, anotações de Shelburg, "Psicologia social avançada" (?).

O texto deste capítulo vem inteiramente da transcrição da aula de 6 de março de 1928. Antes do ponto em que começa o texto deste capítulo há um trecho introdutório da transcrição que reitera o argumento da aula de 2 de março (que basicamente constitui o capítulo 32), salientando o valor de sobrevivência da capacidade humana de controlar as condições de seu ambiente.

No parágrafo 2, após "todas as outras formas de sociedade", a transcrição tem como frase adicional "exceto esta sociedade que se respeita como a forma universal", que não consta do texto publicado. No parágrafo 5, onde o texto publicado diz "a vida que está por trás disso", a transcrição tem "a alma que está por trás disso". No parágrafo 8, o texto registra "o desenvolvimento do self foi reconhecido por Wundt" onde a transcrição diz "o desenvolvimento do assim chamado self-Wundt", talvez indicando que o texto deveria dizer "autovalor" [*self-worth*]. Duas sentenças mais adiante, o texto correspondente da transcrição é o seguinte:

> A superioridade que a pessoa tem torna-se não uma superioridade sobre outrem, mas a capacidade que ela desenvolveu em sua própria função e que lhe dá a sensação de *self-wundt*, na qual ela pode atuar no relacionamento da função e da capacidade de outros.

O editor emendou a última sentença, talvez para evitar mencionar a questão do *self-wundt* uma segunda vez.

No parágrafo 10, a transcrição diz "a vontade universal da comunidade" onde o texto publicado fala da "vontade geral da comunidade", presumivelmente editada para refletir a linguagem de Rousseau. A primeira sentença do parágrafo 14 está registrada na transcrição como uma pergunta formulada por um aluno, começando com "você não acha" onde o texto diz "pode parecer que". Assim como no capítulo 34, o texto incorpora a voz de um aluno como se fosse a do próprio Mead. O resto do parágrafo é a resposta de Mead a essa pergunta e conclui a aula de 6 de março de 1928. Não sou capaz de localizar em definitivo o texto do rodapé 17, embora o editor pareça dar o crédito ao material do aluno George E.M. Shelburg, coletado no curso "Psicologia social avançada" de 1927. Comentários muito semelhantes também podem ser encontrados em *Movements of Thought in the Nineteenth Century* (MEAD, 1936, p. 16-18, 25).

Capítulo 37 Outras considerações sobre atitudes religiosas e econômicas

Parágrafo publicado	Material-fonte
1-9	1928, transcrição, "Psicologia social avançada", p. 289-292.
10	1930, anotações de Page, p. 165.
11	1930, anotações de Page, p. 163-164.
12	1930, anotações de Page, p. 160-161.
13-17	1928, transcrição, p. 292-296.

O grosso deste capítulo vem da transcrição do estenógrafo da aula de 14 de março de 1928. O primeiro parágrafo do capítulo publica o início dessa transcrição. Onde o texto diz "quero falar de novo" a transcrição registra "quero falar, nesta manhã, daquilo a que já me referi, ou seja". A palavra "funcional" na frente de "caráter" foi incluída pelo editor no parágrafo 1. Onde o parágrafo 9 diz "reorganização social" a transcrição tem "organização social".

Os parágrafos 10 e 11 vêm da aula 40 das anotações de Page em 1930. No parágrafo 11, onde o texto diz "existe um forte contraste" a anotação de Page registra "na última aula nos referimos ao forte contraste". A passagem à qual "última aula" se refere parece que é o texto que constitui o parágrafo 12, que vem da aula 39 do curso de 1930. O parágrafo 13 retorna à transcrição da aula de 14 de março de 1928 imediatamente no ponto em que o texto foi interrompido no parágrafo 9. O texto inclui uma referência corrigida ao político britânico e especialista em Direito "James Bryce", mas a transcrição tem "John Bryce". Onde o texto do parágrafo diz "a deidade tinha alianças divididas" a transcrição diz "ele foi convocado de cada lado". Aparentemente, a primeira frase foi editada por Charles Morris.

Há uma passagem excluída na edição, antes da última sentença do parágrafo 13, que acrescenta uma observação única sobre a natureza da troca e da produção econômicas:

> O processo econômico em si, naturalmente, parte da situação de que um indivíduo tem algo que não quer e que troca por algo que outra pessoa não quer e que ele precisa. Assim, esse processo é algo que você pode dizer que não aproxima as pessoas, mas em certo sentido as mantêm distantes. Você está buscando algo que a outra pessoa não quer. Mas, onde você tem uma troca ao ponto de produzir bens para troca, onde você tem de assumir continuamente a atitude do seu cliente, aí você tem uma situação na qual a identidade de interesses sempre faz parte. A atitude imediata, naturalmente, é de ganho ou lucro. É a vantagem que você leva em conseguir algo que tem valor para você, mas não para ele; mas, se você irá manter esse processo em andamento, ele tem de ser de transferir para ele o que para você não tem valor. Inevitavelmente, é um processo de se colocar na atitude dos outros.

Capítulo 38 A natureza da simpatia

Parágrafo publicado	Material-fonte
1-2	1928, transcrição, "Psicologia social avançada", p. 297-298.
3	1930, anotações de Page, "Psicologia social avançada", p. 127.
4-7	1928, transcrição, p. 298-300.

A maior parte do texto deste capítulo vem da aula de 15 de março de 1928. Antes do texto do primeiro parágrafo há uma seção introdutória, não reproduzida da transcrição, que revê o argumento da aula anterior, de 14 de março (em grande medida impressa no capítulo 37). O parágrafo 3 vem da aula 32, conforme as anotações reescritas de R.R. Page durante o curso de 1930, onde a passagem se encontra imediatamente após o trecho que constitui a primeira parte do texto do rodapé 3, no capítulo 30. Após o fim do parágrafo 7 e antes do início do texto do capítulo 40 há um longo trecho da transcrição de 15 de março que não foi reproduzido no texto de nenhum capítulo. Esse trecho basicamente reitera aspectos do argumento encontrados em outras aulas.

Capítulo 39 Conflito e integração

Parágrafo publicado	Material-fonte
1-2	1928, transcrição, "Psicologia social avançada", p. 239-240.
3	1930, anotações de Page, "Psicologia social avançada", p. 170-173.
4	1930, anotações de Page, p. 177-178.
5	1930, anotações de Page, p. 159-160.
6	1930, anotações de Page, p. 158-159.
7	1930, anotações de Page, p. 162-163.
8	1930, anotações de Page, p. 173.
9	1930, anotações de Page, p. 174.
10	1930, anotações de Page, p. 157.
rodapé 19	1930, anotações de Page, p. 162.

O grosso deste capítulo vem de trecho de várias das últimas aulas do curso de 1930, conforme o registro das anotações reescritas de R.R. Page. No entanto, as duas primeiras sentenças do primeiro parágrafo foram redigidas pelo editor, provavelmente como transição, sem passagens diretamente correspondentes nas anotações de Page. Depois dessas sentenças, o capítulo começa com dois parágrafos que reproduzem um trecho da transcrição do estenógrafo em 29 de fevereiro de 1928, e registram a maior parte da resposta de Mead a esta pergunta de um aluno: "No processo social, parece que inevitavelmente funcionaria que devemos trabalhar juntos, mas onde entra a desorganização?" Supostamente, a resposta de Mead começou com "Mesmo no caso da ordem, deve haver um ajuste contínuo com referência aos objetos físicos; há um ajuste completo em andamento". O texto do capítulo (após as duas primeiras sentenças) é retomado daqui.

O parágrafo 10 vem das anotações de Page durante a aula 38; os parágrafos 5 e 6 vêm da aula 39; o parágrafo 7 e o rodapé 19 vêm da aula 40; os parágrafos 3, 8 e 9 vêm da aula 41; e o parágrafo 4 vem da aula 42 (a última). Nenhuma das passagens publicadas neste capítulo é diretamente contígua a nenhuma das outras nas anotações de Page. As longas frases entre parênteses encontradas no capítulo também constam das anotações e são indícios claros da maneira como as anotações de Page foram tornadas mais literárias em sua reescrita, em contraste com o tom mais verbal ou natural de conversa, encontrado na transcrição de 1928 do estenógrafo.

Capítulo 40 As funções da personalidade e da razão na organização social

Parágrafo publicado	Material-fonte
1-11	1928, transcrição, "Psicologia social avançada", p. 303-312.

O texto deste capítulo vem do final da aula de 15 de março e da aula subsequente de 16 de março, conforme as transcrições do estenógrafo em 1928. O parágrafo 2 termina a transcrição de 15 de março, e a última sentença desse parágrafo contém um breve trecho do início da aula de 16 de março, durante a qual Mead resumiu uma boa parte do argumento da aula anterior.

No parágrafo 8, onde o texto diz "o homem se parabeniza", a transcrição diz "o homem se entretém". Entre os parágrafos 9 e 10, vem um longo trecho da transcrição que não está reproduzido no texto publicado e inclui duas passagens que contribuem com elementos únicos à visão de Mead. Numa delas, Mead parece oferecer a possibilidade de investigar introspectivamente a importância de certos valores para o self:

> O que quero salientar é esta importância do self. O self tal como é percebido, a importância disso em nossa experiência. Quero salientá-lo como algo que sempre podemos investigar em nosso íntimo. Assumimos o comando dessas experiências que são de suma importância para nós porque elas se vinculam ao self, a fonte de outra avaliação. Isso é visto mais prontamente no relacionamento de grupos que se reúnem, na expressão da atitude de pessoas que se juntam para fazer fofoca de outras, o grupo de uma comunidade inteira que é incendiado por uma

língua particular em contraste com alguma outra comunidade. Todos são meios de enfatizar aquele elemento superior que em geral não é racionalizado pelo self.

A segunda passagem acrescenta um comentário, aparentemente afirmando que aquilo que parece racional pode ser de fato o encobrimento de "razões pessoais", até para si mesmo:

> A lealdade para com um monarca pode ser toda a base da organização de uma nação. A memória da família é da máxima importância, mas você não pode expressá-la nos mesmos termos definidos que usa no outro caso, no estado racional. Você não pode expressar o seu self com a mesma clareza que lhe é possível no outro Estado. Sua relação com o partido é de lealdade. Você pode dizer que este grupo em particular pode governar a cidade melhor do que outro e que é desejável que continue no poder, mas isso se torna uma prática por meio da qual você encobre suas relações estritamente pessoais num sentido; você está se realizando em termos de suas relações pessoais.

Entre os parágrafos 10 e 11, existe novamente um trecho não reproduzido da transcrição que consiste na pergunta de um aluno e na resposta de Mead. Supostamente, o estudante indagou: "Esse fato dos relacionamentos não é inevitável na medida em que existem conflitos na comunidade?" O início da resposta de Mead foi registrado nestes termos:

> Sim, eu diria que provavelmente é inevitável, mas não inevitável a ponto de a personalidade ser a base da organização de uma comunidade. Nós realmente trabalhamos para alcançar o outro objetivo. Ela participa, e participa com bastante legitimidade, e onde reconhecemos sua participação e o papel que desempenha, reconhecemos a ilegitimidade como algo entre a organização social e a organização do self. Se o homem não se identificou com certos princípios fundamentais ou com determinado programa, se você fica apenas com simples relacionamentos ou seguindo o líder e o senso de superioridade daquele grupo, então você não chegou a parte alguma. A comunidade não está à frente. Se o líder aderiu a um programa em particular no qual as pessoas se dão conta de suas funções, então você tem um tipo melhor de autoconsciência.

Capítulo 41 Obstáculos e promessas no desenvolvimento da sociedade ideal

Parágrafo publicado	Material-fonte
1-4	1928, transcrição, "Psicologia social avançada", p. 197-199.
5-6	1930, anotações de Page, "Psicologia social avançada", p. 178-182.
7-11	1928, transcrição, p. 199-202.

12	1928, transcrição, p. 202-203, 203-204.
13	1928, transcrição, p. 203.
rodapé 20	1912, anotações de Queen (?), "Psicologia social", p. 84-98.

O grosso do texto deste capítulo vem da transcrição da aula de 17 de fevereiro de 1928, e o texto do parágrafo 1 reproduz o início dessa transcrição. Antes da última sentença do parágrafo 1, existe um trecho, não reproduzido da transcrição, que discute novamente a distinção entre as sociedades dos insetos e a humana. Observe também que essa transcrição é de um período muito anterior no curso de 1928 do que poderia sugerir o ponto em que foi inserida no texto publicado.

Os parágrafos 5 e 6 vêm da aula 42 nas anotações de R.R. Page em 1930. A passagem correspondente à primeira sentença do parágrafo 5 começa com "ideais éticos", e não com "ideias éticas". No parágrafo 8, a frase "para fazer justiça ao reconhecimento da singularidade de cada indivíduo em termos sociais" foi adicionada pelo editor. No parágrafo 9, existe um trecho, não reproduzido da transcrição, que mostra que o complexo sistema nervoso central humano torna possível a capacidade de uma experiência comum com os outros, apesar das diferenças nas funções sociais dos indivíduos. Novamente, no parágrafo 10, há um trecho não reproduzido que discute como, na guerra, existe simplesmente uma atitude "hostil" ou de "oposição" com respeito ao inimigo; mas que, depois da guerra, ocorre uma "mudança" na qual "a pessoa se coloca no lugar da outra".

O parágrafo 13 é, na realidade, um trecho da transcrição que aparece originalmente no meio do texto que constitui o parágrafo 12, logo antes da passagem que começa com "o desenvolvimento da comunicação". O texto transcrito correspondente à última sentença do capítulo diz: "assim, cada ideal existe na medida em que é impossível aos indivíduos entrar nas atitudes daqueles que estão afetando com suas próprias funções peculiares". O editor inseriu uma negativa no texto dessa sentença e não está claro se isso de fato ajuda a expressar com mais clareza o argumento de Mead.

O final do parágrafo 12 também é o final da aula de 17 de fevereiro de 1928, com a exceção de alguns breves comentários e o registro do trabalho de fim de semestre que Mead passou para os alunos: "Quero que vocês me entreguem um ensaio apresentando o desenvolvimento do self e depois passem para uma exposição do campo da psicologia social. A data de entrega desse ensaio é o final da semana que vem (i. é, 24 de fevereiro)". O texto do rodapé 20 parece ser um epítome ou paráfrase de materiais encontrados num trecho das anotações de 1912 feitas por Stuart A. Queen. O texto correspondente pode ser encontrado na versão publicada dessas anotações (MEAD, 1982, p. 89-91).

Capítulo 42 Resumo e conclusão

Parágrafo publicado **Material-fonte**

1-16   1928, transcrição, "Psicologia social avançada", p. 313-320.

O texto deste capítulo vem inteiramente da transcrição da aula de 20 de março de 1928. Essa é a última aula registrada pelo estenógrafo em suas transcrições de 1928. O parágrafo 1 reproduz o início da transcrição da aula com a omissão das palavras iniciais "neste curso". No parágrafo 2, a frase entre parênteses "um de seus usos básicos" é um acréscimo do editor. No meio do parágrafo 4 há uma seção, eliminada pela edição, em que Mead discute de novo o artigo de James intitulado "Existe a consciência?" já debatido anteriormente, em 3 de janeiro de 1928 (que pode ser encontrado no capítulo 1). A última sentença do parágrafo 4 foi aparentemente redigida pelo editor sem um texto correspondente na transcrição.

No parágrafo 5, após "a relação do ambiente com certas formas", existe uma passagem curta que o editor eliminou, que consiste na pergunta de um aluno e no início da resposta de Mead. A pergunta era: "Onde você situaria o limite?" (presumivelmente entre organismo e ambiente), e a resposta dada por Mead foi anotada nestes termos:

> O Sr. Whitehead desce a qualquer estrutura que exija algum período de ser o que é, algo desse tipo. Ele pega uma molécula e supõe que existe um mundo relacionado a ela como organismo. Ela pode ser pensada como algo que atravessa todo o campo, dentro do qual devemos nos posicionar.

O texto restante do parágrafo segue a partir deste comentário. Após o parágrafo 5, vem uma passagem breve da transcrição, não reproduzida, em que Mead mais uma vez contrasta sua concepção de "consciência" com a baseada na "substância" e na "acessibilidade de um organismo ao seu ambiente". Após essa discussão, vem a pergunta de um aluno: "Como isso está relacionado àquela definição de consciência que você apresentou, no lado psíquico?" A resposta de Mead está no parágrafo 6. O termo "cientificamente" foi adicionado no texto do parágrafo 8.

No parágrafo 11, após "na relação do hidrogênio com o oxigênio", vem a pergunta de um aluno: "Então, a seleção do ambiente é puramente passiva?" Supostamente, Mead respondeu afirmando que "não, não é puramente passiva. Há uma ação envolvida, no que chamamos de 'afinidade do objeto'. O que está envolvido é o surgimento de algo que antes não estava lá". O restante do parágrafo segue a partir desses comentários. Onde o texto do parágrafo 12 traz "tente enunciar essa concepção numa forma aplicável ao trabalho do psicólogo", a transcrição diz "tente enunciar isso na forma física". Onde o parágrafo

14 tem "mente ou razão", a transcrição simplesmente diz "ela", tendo como antecedente aparente "racionalidade". E, onde o parágrafo 16 tem "concepções de consciência", e "com esses conceitos principais", a transcrição registra, respectivamente, "concepções mentais" e "nessas circunstâncias".

O final do parágrafo 16 também é o final da transcrição da última aula de 1928, com exceção de alguns rápidos comentários sobre o exame final que Mead aplicou e o endereço do estenógrafo, Walter Theodore Lillie. À guisa de conclusão, conforme registrado, Mead disse: "Vou enumerar algumas situações, por assim dizer, dentro do campo deste período de exames, pedindo que vocês escrevam de modo conciso a respeito delas para mostrar até que ponto assimilaram este conceito". O endereço do estenógrafo, no final, é o seguinte:

Registrado por
   W.T. Lillie
      Semestre de inverno, 1928
      Universidade de Chicago
      1702 East 69th St.

Ensaios suplementares

Parágrafo publicado	Material-fonte
Ensaio 1	Manuscrito, p. 1-10.
Ensaio 2	Manuscrito, p. 10-16.
Ensaio 3	Manuscrito, p. 16-42.
Ensaio 4	1930, anotações de Page, "Psicologia social avançada", p. 128. • 1927, transcrição, "Ética elementar".

Os primeiros três ensaios suplementares trazem o texto de um único manuscrito não datado, sem título, escrito por Mead. No primeiro trecho, que o editor chamou de "A função das imagens na conduta", há alguns lugares em que o texto do manuscrito original foi reorganizado. Essas correções editoriais são difíceis de reconstruir porque aparentemente não existe um manuscrito não editado disponível para cotejo. É preciso contar em ampla medida com indícios encontrados em material de arquivo, especialmente elipses e números de página do manuscrito. Em particular, há um longo trecho que aparentemente foi eliminado pela edição após o quinto parágrafo do ensaio. As seções que o editor intitulou "O indivíduo biológico" e "O self e o processo da reflexão" parecem começar imediatamente após o final dos "ensaios" anteriores. Tal como o ensaio publicado, o manuscrito datilografado correspondente usado para preparar o texto termina numa elipse. Há dois indivíduos citados nesse manuscrito que não são mencionados em nenhuma outra parte do texto: "Piderit" e "Fiske".

O primeiro é uma referência ao médico e autor alemão Theodor Piderit, e o trabalho mencionado – muito provavelmente – é o seu *Mimik und Physiognomik* (1886). O segundo é o filósofo americano John Fiske, cujos ensaios relevantes foram reunidos postumamente sob o título *The Meaning of Infancy* (1909).

O quarto ensaio suplementar, intitulado pelo editor "Fragmentos sobre ética", é basicamente um epítome ou resumo de uma transcrição do estenógrafo com 243 páginas, relativa ao curso que Mead ministrou no outono: "Ética elementar". O caráter "fragmentar" do texto, portanto, é resultado do esforço do editor para sumarizar essa transcrição, não uma caracterização da qualidade do material original da transcrição. Além disso, o texto do primeiro parágrafo do ensaio na realidade se origina da aula 32, conforme as anotações de R.R. Page, de 1930.

Introdução do editor

Parágrafo publicado	Material-fonte
rodapé 4	1930, anotações de Osborne, "Psicologia social avançada" (páginas desconhecidas). • 1912, anotações de Queen (?), "Psicologia social", p. 15.
rodapé 11	1924, anotações de Morris, "Psicologia social avançada", p. 43. • 1927, anotações de Shelburg, "Psicologia social avançada", p. 36.
rodapé 12	1924, anotações de Morris, "Problema de consciência", p. 79.
rodapé 20	1924, anotações de Morris, "Problema de consciência", p. 49 (verso)
rodapé 22	1926, anotações de Shelburg, "Problema de consciência", p. 25.
rodapé 23	1927, anotações de Shelburg, "Psicologia social avançada", p. 96 (?).

Antes de discutir o uso de materiais-fonte na "Introdução" original do editor, vale a pena comentar um erro notável nessa introdução, corrigido somente bem mais tarde com informações mais aprofundadas e que ainda confunde o trabalho de rastrear a fonte das ideias de Mead. O editor, Charles Morris, alegou que Mead não estudou "em Leipzig com Wundt". A pesquisa de Hans Joas (1985, p. 18), no entanto, demonstrou que Mead de fato estudou com Wundt na Universidade de Leipzig no semestre de inverno de 1888-1889, embora só tenha se inscrito na turma de "Fundamentos de Metafísica" de Wundt, e não em cursos ou laboratórios de Psicologia, e se transferiu para a Universidade de Berlim depois de um semestre.

Charles Morris utilizou as anotações de estudantes em diversos rodapés de sua introdução. No rodapé 4, incluiu citações de dois conjuntos de anotações para basear sua análise da posição de Mead relativa a Wundt. A primeira parte citada do rodapé vem de um conjunto de anotações de um aluno (Clifford Pierson Osborne) durante o curso de inverno de 1930, intitulado "Psicologia social avançada", segundo as anotações de Morris para si mesmo, constantes em arquivo. O conjunto de anotações de Osborne parece ter-lhe sido devolvido após Morris tê-lo utilizado; por conta disso, não está entre os materiais disponíveis nos arquivos públicos. Essa é a única referência às anotações de Osborne em 1930. A segunda parte citada desse rodapé vem de um conjunto de anotações feitas no curso do outono de 1912, "Psicologia social", talvez pelo aluno S.A. Queen. Uma versão editada dessas anotações foi publicada posteriormente, e o texto correspondente a essa anotação pode ser encontrado na versão publicada (MEAD, 1982, p. 39). A referência a "uma cópia estenográfica das aulas de 1912 sobre Psicologia social", no rodapé 6 da introdução de Morris também parece ser uma referência a esse conjunto de anotações.

No rodapé 11, a passagem citada como oriunda de uma "declaração de 1924" consta das anotações de Charles Morris feitas em 1924, relativas ao curso "Psicologia social avançada" de Mead, a que assistiu. A segunda parte, datada de 1927, foi extraída de material de George E.M. Shelburg relativo ao curso de 1927 intitulado "Psicologia social avançada". Como dissemos acima, Shelburg reescreveu extensamente suas anotações e apresentou-as no formato de um ensaio naquele curso. É esse ensaio que Morris teve como base para trabalhar. O texto que aparece no rodapé parece ser um epítome ou versão melhorada, escrito por Morris, porque não corresponde diretamente a algum bloco contíguo de texto no material original. Uma versão editada desse material foi publicada mais tarde e o texto correspondente está basicamente distribuído em duas páginas (MEAD, 1982, p. 132-133). Nesse mesmo sentido, o texto citado no rodapé 23 parece vir do material de Shelburg sobre o curso "Psicologia social avançada", e uma discussão algo similar consta da versão publicada desse texto (MEAD, 1982, p. 168).

A citação no rodapé 12 vem das anotações de Morris no curso "Problema de consciência", ministrado por Mead, que fez em 1924. Isso também se aplica à citação no rodapé 20, também citado no capítulo 1, rodapé 4. A citação no rodapé 22 vem de um material de G.E.M. Shelburg relativo ao curso "Problema de consciência", de 1926. Assim como em outros cursos que fez, Shelburg reescreveu suas anotações e apresentou-as posteriormente como trabalho do curso, e esse ensaio é a versão que esteve disponível a Charles Morris. O rodapé é a única referência nesse volume às anotações sobre o curso "Problema de consciência", de 1926.

Daniel R. Huebner

Referências

Manuscritos e notas

George Herbert Mead Papers, 1855-1968. Special Collections Research Center/ Biblioteca Joseph Regenstein. Universidade de Chicago.

Outono de 1912 (?). "Social Psychology". Stuart Alfred Queen (?), notas datilografadas (Caixa 4, Pasta 8; Caixa 5, Pasta 3).

Primavera de 1926. "Problem of Consciousness". George E.M. Shelburg, artigo datilografado (Caixa 11, Pastas 6-7).

Outono de 1927. "Elementary Ethics". Transcrição estenografada (Caixa 9, Pasta 4).

Inverno de 1927. "Advanced Social Psychology". George E.M. Shelburg, artigo datilografado (Caixa 3, Pastas 16-17).

Primavera (?) de 1928. "Movements of Thought in the Nineteenth Century". Transcrição estenografada (Caixa 5, Pasta 6; Caixa 6, Pasta 1).

Inverno de 1928. "Advanced Social Psychology". Transcrição estenografada (Caixa 4, Pastas 2-5).

Inverno de 1930. "Advanced Social Psychology". Louis Bloom, notas manuscritas (Caixa 5, Pasta 4).

Inverno de 1930. "Advanced Social Psychology". Página de Robert Rand, notas datilografadas (Caixa 4, Pasta 6).

Inverno de 1931. "Advanced Social Psychology". Eugene W. Sutherland, notas datilografadas (Caixa 5, Pasta 5).

Manuscrito editado, intitulado "Material suplementar". Utilizado como o primeiro dos três "Ensaios suplementares" (Caixa 4, Pasta 7).

Fragmentos de manuscrito, incluindo documentos intitulados "Consciência e o não questionado", "Perspectiva teórica das percepções", "Pressupostos ontológicos", "Valor e a fase de consumação do ato", "Fragmentos sobre Whitehead" e "Fragmentos sobre a relatividade" (Caixas 6-7).

Charles Morris Collection. Biblioteca Max Fisch/Institute for American Thought. Universidade de Indiana/Universidade Purdue em Indianápolis.

> Inverno de 1924. "Advanced Social Psychology". Charles W. Morris, notas manuscritas (Caixa 20, Pasta "Advanced Social Psychology").

> Primavera de 1924. "Problem of Consciousness". Charles W. Morris, notas manuscritas (Caixa 20, Folder "Problems of Consciousness").

> Primavera de 1925. "Philosophies of Eminent Scientists". Charles W. Morris, notas manuscritas (Caixa 20, Pasta "Philosophies of Eminent Scientists").

Não arquivado

> Inverno de 1930. "Advanced Social Psychology". Clifford Pierson Osborne, notas.

Referências publicadas

BALDWIN, J.M. *Social and Ethical Interpretations in Mental Development*: A Study in Social Psychology. Nova York: Macmillan, 1897.

CONRADI, E. "Song and Call Notes of English Sparrows when Reared by Canaries". In: *American Journal of Psychology*, 16, 1905, p. 190-198.

COOK, G.A. *George Herbert Mead*: The Making of a Social Pragmatist. Urbana/Chicago: University of Illinois Press, 1993.

CRAIG, W. "The Voices of Pigeons Regarded as a Means of Social Control". In: *American Journal of Sociology*, 14 (1), 1908, p. 86-100.

FISKE, J. *The Meaning of Infancy*. Boston/Nova York: Houghton Mifflin, 1909.

HUEBNER, D.R. "The Construction of *Mind, Self, and Society*: The Social Process Behind G.H. Mead's Social Psychology". In: *Journal of the History of the Behavioral Sciences*, 48 (2), 2012, p. 134-153.

JAMES, W. *The Principles of Psychology*. 2 vols. Nova York: Henry Holt, 1890.

JOAS, H. *G.H. Mead*: A Contemporary Re-examination of His Thought. Trad. Raymond Meyer. Cambridge: MIT Press, 1985 [2. ed. rev., 1997].

LEWIS, J.D. & SMITH, R.L. *American Sociology and Pragmatism*: Mead, Chicago Sociology, and Symbolic Interaction. Chicago: University of Chicago Press, 1980.

MEAD, G.H. "The Philosophy of John Dewey".In: *International Journal of Ethics*, 46 (1), out./1935, p. 64-81.

_____. *Movements of Thought in the Nineteenth Century*. Ed. Merritt H. Moore. Chicago: University of Chicago Press, 1936.

_____. *The Philosophy of the Act*. Ed. Charles W. Morris, John M. Brewster, Albert M. Dunham e David L. Miller. Chicago: University of Chicago Press, 1938.

_____. "Relative Space-Time and Simultaneity". Ed. David L. Miller. In: *Review of Metaphysics*, 17, 1964, p. 514-535.

_____. *The Individual and the Social Self*: Unpublished Works of George Herbert Mead. Ed. e intr. de David L. Miller. Chicago: University of Chicago Press, 1982.

MORLEY, J. *The Life of William Ewart Gladstone*. 3 vols. Londres: Macmillan, 1903.

MORRIS, C.W.; BREWSTER, J.M.; DUNHAM, A.M. & MILLER, D.L. (eds.). Prefácio a *The Philosophy of the Act*, de George H. Mead. Chicago: University of Chicago Press, 1938.

MÜLLER, F.M. *The Science of Thought*. Londres: Longmans, Green, and Co., 1887.

OGDEN, C.K. & RICHARDS, I.A. *The Meaning of Meaning*: A Study of the Influence of Language upon Thought and of the Science of Symbolism. Nova York: Harcourt, Brace, and Co., 1923.

PIDERIT, T. *Mimik und Physiognomik*. 2. ed. Detmold: Meyer (H. Denecke), 1886.

PRINCE, M. *The Dissociation of a Personality*: A Biographical Study in Abnormal Psychology. Nova York: Longmans, Green, and Co., 1905.

_____. "The Psychopathology of a Case of Phobia – A Clinical Study". In: *Journal of Abnormal Psychology*, 8 (4), 1913, p. 228-242.

_____. *The Unconscious*: The Fundamentals of Human Personality Normal and Abnormal. Nova York: Macmillan, 1914.

RUSSELL, B. *An Outline of Philosophy*. Londres: Allen & Unwin, 1927.

SCHILLER, F.C.S.; RUSSELL, B. & JOACHIM, H.H. "The Meaning of 'Meaning': A Symposium". In: *Mind*, 29 (116), 1920, p. 385-414.

SPEARMAN, C.E. "'General Intelligence', Objectively Determined and Measured". In: *American Journal of Psychology*, 15 (2), 1904, p. 201-292.

THORNDIKE, E.L. *Animal Intelligence*: Experimental Studies. Nova York: Macmillan, 1911.

WATSON, J.B. *Psychology*: From the Standpoint of a Behaviorist. Filadélfia/Londres: J.B. Lippincott, 1919.

YOUNG, K. *Source Book for Social Psychology*. Nova York: Alfred A. Knopf, 1927.

Obras publicadas de George Herbert Mead*

MEAD, G.H. "The Relation of Art to Morality". In: *Oberlin Review*, 9, 1881, p. 63-64.

_____. "Charles Lamb". In: *Oberlin Review*, 10, 1882a, p. 15-16.

_____. "De Quincy". In: *Oberlin Review*, 10, 1882b, p. 50-52.

_____. "John Locke". In: *Oberlin Review*, 10, 1882c, p. 217-219.

_____. "Republican Persecution". In: *The Nation*, 39, 1884, p. 519-520.

_____. "The Problem of Psychological Measurement" [Abstract]". In: *Proceedings of the American Psychological Association*, 1, 1894a, p. 22-23 (Também impresso pela *University Record* [Universidade de Michigan], 4 (1), abr./1894, p. 21-22).

_____. "The Greek Mysteries" [Abstract]. In: *University Record* (Universidade de Michigan), 3, 1894b, p. 102.

_____. "Herr Lasswitz on Energy and Epistemology". In: *Psychological Review*, 1, 1894c, p. 172-175.

_____. "Epistemological" (Revisão de *Die Moderne Energetik in ihrer Bedeutung für die Erkenntniskritik*, by Kurd Lasswitz). In: *Psychological Review*, 1, 1894d, p. 210-213.

_____. "Hypnotism". In: *The Dental Journal*, 4 (1-2), 1895a, p. 1-9, 33-43.

_____. "A Theory of Emotions from the Physiological Standpoint" [Abstract]. In: *Psychological Review*, 2, 1895b, p. 162-164 (Também impresso em *American Journal of Psychology*, 6, p. 625-626).

_____. Revisão de *An Introduction to Comparative Psychology*, de C.L. Morgan. In: *Psychological Review*, 2, 1895c, p. 399-402.

_____. "Some Aspects of Greek Philosophy" [Abstract]. In: *University of Chicago Record*, 1, 1896a, p. 42.

_____. "The Relation of Play to Education". In: *University of Chicago Record*, 1 (8), 1896b, p. 141-145.

_____. Revisão de *Untersuchungen zur Phänomenologie und Ontologie des menschlichen Geistes*, de G. Class. In: *American Journal of Theology*, 1, 1897a, p. 789-792.

---

* Estas referências foram adaptadas de HUEBNER, D. *Becoming Mead*: The Social Process of Academic Knowledge. Chicago: University of Chicago Press, 2014. Os itens estão ordenados cronologicamente por mês e ano, tanto quanto foi praticamente possível, e as partes relevantes reimpressas de alguns itens foram indicadas entre parênteses. Estas referências não pretendem incluir traduções ou publicações de Mead em outras línguas além de inglês.

_____. "The Child and His Environment". In: *Transactions of the Illinois Society for Child-Study*, 3, 1897b, p. 1-11.

_____. "Hawaiians are Fit. G.H. Meade Says They Have Shown Ability to Rule. Not a 'Crown Colony'. Owners of Industries are Residents and Responsible. White Labor may Succeed. Free Sugar is No Object in Seeking Annexation. Analysis of the Population". In: *Chicago Tribune*, 13, 22/01/1898.

_____. "The Working Hypothesis in Social Reform". In: *American Journal of Sociology*, 5, 1899a, p. 367-371.

_____. Revisão de *The Psychology of Socialism*, de Gustave Le Bon. In: *American Journal of Sociology*, 5, 1899b, p. 404-412.

_____ [& MEAD, H.K.] (eds.). *The School and Society*, de John Dewey [Reconhecido em edições posteriores – Acknowledged in later editions].Chicago: University of Chicago Press, 1899.

_____. "Suggestions Towards a Theory of the Philosophical Disciplines". In: *Philosophical Review*, 9, 1900a, p. 1-17.

_____. Revisões de *The Making of Hawaii*: A Study in Social Evolution, de William Fremont Blackman; *America in Hawaii*: A History of the United States Influence in the Hawaiian Islands, de Edmund Janes Carpenter; e *The Real Hawaii, its History and Present Condition, including the True Story of the Revolution*: A Revised Edition of the Boston at Hawaii, de Lucien Young. In: *The American Historical Review*, 5 (4), 1900b, p. 786-790.

_____. "A New Criticism of Hegelianism: Is It Valid?" In: *American Journal of Theology*, 5, 1901a, p. 87-96.

_____. Revisão de *Philosophie des Geldes*, de Georg Simmel. *Journal of Political Economy*, 9, 1901b, p. 616-619.

_____. "Recollections of Henry in Oberlin, and After". In: *Henry Northrup Castle, Letters*. Ed. Helen C. Mead e George H. Mead. Londres: Sands & Co., 1902 (Recentemente republicado como *The Collected Letters of Henry Northrup Castle*. Ed. George H. Mead e Helen C. Mead, com introdução de Alfred L. Castle e prólogo de Martin Krislov. Athens, OH: Ohio University Press, 2013).

_____. "The Definition of the Psychical". In: *Decennial Publications of the University of Chicago – Ist Ser.*, 3, 1903a, p. 77-112.

_____. "Report of the Committee on Fellowships to the Graduate Faculty, 19/03/1898. Mr. Mead, Chairman". In: *President's Report* [Universidade de Chicago], 1, 1903b, p. cxvii-cxix.

_____. "The Basis for a Parents' Association". In: *Elementary School Teacher*, 4, 1904a, p. 337-346.

_____. "Image or Sensation". In: *Journal of Philosophy, Psychology and Scientific Method*, 1, 1904b, p. 604-607.

_____. "The Relation of Psychology and Philology". In: *Psychological Bulletin*, 1, 1904c, p. 375-391.

_____. Revisão de *Du Rôle de l'Individu dans le Déterminisme Social* (de D. Draghiscesco) e de *Le Probleme du Déterminisme Social, Déterminisme biologique et déterminisme social* (de D. Draghiscesco). In: *Psychological Bulletin*, 2, 1905a, p. 399-405.

_____. Revisão de *Études sur la Sélection chez l'Homme*, de Dr. Paul Jacoby. *Psychological Bulletin*, 2, 1905b, p. 407-412.

_____. "Science in the High School". In: *School Review*, 14, 1906a, p. 237-249.

_____. "The Teaching of Science in College". In: *Science*, 24, 1906b, p. 390-397.

_____. "The Imagination in Wundt's Treatment of Myth and Religion". In: *Psychological Bulletin*, 3, 1906c, p. 393-399.

_____. "Editorial Notes". In: *School Review*, 15, 1907a, p. 160-165.

_____. "Our Public Schools". In: *Public*, 10 (481), 1907b, p. 281-285.

_____. "The Educational Situation in the Chicago Public Schools". In: *City Club Bulletin*, 1, 1907c, p. 131-138.

_____. "The Relation of Imitation to the Theory of Animal Perception" [Abstract]. In: *Psychological Bulletin*, 4, 1907d, p. 210-211.

_____. Revisão de *The Newer Ideals of Peace*, de Jane Addams. In: *American Journal of Sociology*, 13, 1907e, p. 121-128.

_____. "Concerning Animal Perception". In: *Psychological Review*, 14, 1907f, p. 383-390 (Baseado em "The Relation of Imitation to the Theory of Animal Perception" [Abstract]. In: *Psychological Bulletin*, 4, 1907d, p. 210-211).

_____. Revisão de *L'Evolution créatrice*, de Henri Bergson. In: *Psychological Bulletin*, 4, 1907g, p. 379-384.

_____. "The Social Settlement, Its Basis and Function". In: *University of Chicago Record*, 12, 1908a, p. 108-110.

_____. "Editorial Notes". In: *Elementary School Teacher*, 8, 1908b, p. 281-284.

_____. "Educational Aspects of Trade Schools". In: *Union Labor Advocate*, 8, 1908c, p. 19-20.

_____. "Editorial Notes: Industrial Education". In: *Elementary School Teacher*, 8, 1908d, p. 402-406.

_____. "The Philosophical Basis of Ethics". In: *International Journal of Ethics*, 18, 1908e, p. 311-323.

_____. "Social Settlements and Anarchy". In: *Public*, 11 (524), 1908f, p. 55-57.

_____. "Editorial Notes". In: *Elementary School Teacher*, 9, 19, 1908g, p. 156-157.

_____. "Editorial Notes". In: *Elementary School Teacher*, 9, 1908h, p. 212-214.

_____. "McDougall's Social Psychology". Revisão de *An Introduction to Social Psychology*, de William McDougall. In: *Psychological Bulletin*, 5, 1908i, p. 385-391.

_____. Revisão de *L'Ideal moderne*, de Paul Gaultier. In: *Psychological Bulletin*, 5, 1908j, p. 403-404.

_____ [& JOSEPHSON, A.G.S.; THURSTON, H.W.; STOCKWELL, J.W.]. "Report on Chicago's Public Library Service by the Sub-Committee on Libraries, of the Committee of the City Club of Chicago, On Public Education". In: *City Club Bulletin*, 2 (32), 1908, p. 381-388.

_____. "Editorial Notes". In: *Elementary School Teacher*, 9, 1909a, p. 327-328.

_____. "Industrial Education, the Working-Man, and the School". In: *Elementary School Teacher*, 9, 1909b, p. 369-383.

_____. "Editorial Notes". In: *Elementary School Teacher*, 9, 1909c, p. 433-434.

_____. "The Adjustment of Our Industry to Surplus and Unskilled Labor". In: *Proceedings of the National Conference of Charities and Corrections*, 34, 1909d, p. 222-225.

_____. "Social Psychology as Counterpart to Physiological Psychology". In: *Psychological Bulletin*, 6, 1909e, p. 401-408.

_____ [& BIRD, H.L.; HOOKER, G.E.]. The Civil Service Commission and the Appointment of a Librarian of the Chicago Public Library – A Joint Report of the Sub-Committee on Libraries and Museums and the Committee on the Civil Service of the City Club of Chicago". In: *City Club Bulletin*, 2, 1909, p. 479-485.

_____. "What Social Objects does Psychology Presuppose" [Abstract]. In: *Psychological Bulletin*, 7, 1910a, p. 52-53.

_____. "What Social Objects Must Psychology Presuppose?" In: *Journal of Philosophy, Psychology and Scientific Methods*, 7, 1910b, p. 174-180.

_____. "The Psychology of Social Consciousness Implied in Instruction". In: *Science* 31, 1910c, p. 688-693 (Reimpresso em *Pacific Medical Journal*, 53 (7), jul./1910, p. 421-426. • KING, I. (ed.). *Social Aspects of Education*: A Book of Sources and Original Discussions with Annotated Bibliographies. Nova York: The MacMillan Company, 1912. • HART, J.K. (ed.). *Creative Moments in Education*: A Documentary Interpretation of the History of Education. Nova York: Henry Holt, 1931).

_____. "Social Consciousness and the Consciousness of Meaning". In: *Psychological Bulletin*, 7, 1910d, p. 397-405.

_____ [& BRECKINRIDGE, S.P. & NICHOLES, A.E.]. "Concerning the Garment Workers' Strike – Report of the Sub-Committee to the Citizens' Committee, 05/11/1910". Chicago, 1910 (Reprodução fotográfica: Northern Archives, 1992).

_____. "Social Bearings of Industrial Education". In: *Proceedings of the Western Drawing and Manual Training Association*, 18, 1911a, p. 23-34.

_____. "Fite's Individualism". Revisão de *Individualism:* Four Lectures on the Significance of Consciousness for Social Relations, de Warner Fite. In: *Psychological Bulletin*, 8, 1911b, p. 323-328.

_____. Revisão de *Social Value*: A Study in Economic Theory, Critical and Constructive, de B.M. Anderson Jr. In: *Psychological Bulletin*, 8, 1911c, p. 432-436.

_____. "Report of the Committee to Make a Common Survey of the Various Agencies Involved in Educating the Eye, the Hand, and the Brain in the Interest of Successful Achievement in the Fine and Industrial Arts". In: *Journal of the Proceedings of the Fifty-Eight Annual Meeting of the Illinois Teachers' Association*, 1911d, p. 43-49.

_____ [& FARRINGTON, O.C.; LEGLER, H.E. & SAUER, C.O.] (eds.). *Educational Opportunities in Chicago*: A Summary Prepared by the Council for Library and Museum Extension. Chicago: Council for Library and Museum Extension, 1911.

_____. "Exhibit of the City Club Committee on Public Education". In: *City Club Bulletin*, 5, 1912a, p. 9.

_____. "Probation and Politics: The Juvenile Court System at Chicago". In: *Survey*, 27, 1912b, p. 2.004-2.014 (Este artigo, embora anônimo, tem sido tipicamente atribuído a Mead).

_____. Comentários sobre a Noite do Trabalho. In: *City Club Bulletin*, 5, 1912c, p. 214-215.

_____. "The Mechanism of Social Consciousness" [Abstract]. In: *Journal of Philosophy, Psychology and Scientific Methods*, 9, 1912d, p. 355.

_____. "The Mechanism of Social Consciousness". In: *Journal of Philosophy, Psychology and Scientific Methods*, 9, 1912e, p. 401-406.

_____. "Gives Plan for Trade Schools – Prof. G.H. Mead Compares City Club Scheme with the Cooley Measure – Opposes Separate Board – Tells Why Vocational Training Should Be Kept Within the Public School System". In: *Chicago Tribune*, 16 (4), 1912f.

_____ [& GOODE, J.P.] (eds.). *Educational Opportunities in Chicago*: A Summary Prepared by The Council for Library and Museum Extension, 2nd Year. Chicago: Council for Library and Museum Extension, 1912.

_____ [& LEAVITT, F.M.; WREIDT, E.A.]. "A Report of the Public Education Committee of the City Club of Chicago upon Issues Involved in the Proposed Legislation for Vocational Education in Illinois Containing also a Suggested Draft of a Bill and a Statement and Some Discussion of Underlying Principles". In: *City Club Bulletin*, 5, 1912, p. 373-383.

_____ [& WREIDT, E.A.; BOGAN, W.J.]. *A Report on Vocational Training in Chicago and in other Cities*: an analysis of the need for industrial and commercial training in Chicago, a study of present provisions therefore in comparison with such provisions in twenty-nine other cities, together with recommendations as to the best form in which such training may be given in the public school system of Chicago. Chicago: City Club of Chicago, 1912.

_____. "The Social Self" [Abstract]. In: *Journal of Philosophy, Psychology and Scientific Methods*, 10, 1913a, p. 324-325.

_____. "The Co-ordination of Social Agencies". In: *The Institution Quarterly*, 4 (2), 1913b, p. 196-200.

_____. "Report of Committee on Education". In: *City Club Bulletin*, 6, 1913c, p. 206.

_____. "The Social Self". In: *Journal of Philosophy, Psychology and Scientific Methods*, 10, 1913d, p. 374-380.

_____. "A Heckling School Board and an Educational Stateswoman". In: *Survey*, 31, 1914a, p. 443-444.

_____. "The Larger Educational Bearings of Vocational Guidance". In: *Bulletin of the Bureau of Education*, 14, 1914b, p. 16-26 (Reimpresso em BLOOMFIELD, M. (ed.). *Readings in Vocational Guidance*. Boston/Nova York: Ginn, 1915).

_____ [& LOVEJOY, A.O.; CREIGHTON, J.E.; HOCKING, W.E.; McGILVARY, E.B.; MARVIN, W.T.; WARREN, H.C.]. "The Case of Professor Mecklin: Report of the Committee of Inquiry of the American Philosophical Association and the American Psychological Association". In: *Journal of Philosophy, Psychology and Scientific Methods*, 11, 1914, p. 67-81.

_____. "Natural Rights and the Theory of the Political Institution". In: *Journal of Philosophy*, 12, 1915a, p. 141-155.

_____. "The Psychological Bases of Internationalism". In: *Survey*, 33, 1915b, p. 604-607 (Excerto reimpresso em *Selected Articles on National Defense*. Vol. 1. White Plains, NY: H.W. Wilson, 1916).

_____. "Madison: The passage of the University of Wisconsin through the state political agitation of 1914; the survey by William H. Allen and his staff and the legislative fight of 1915, with the indications these offer of the place the state university holds in the community". In: *Survey*, 35, 1915c, p. 349-351, 354-361.

_____ [ICKES, H.L.; TUCKER, I.]. "A Brief History of the Clothing Strike in Chicago". Chicago: Publication Committee of the Citizens' Mass Meeting, 1915.

_____. "A Rejoinder". In: *Survey*, 35, 1916a, p. 607, 610.

_____. "Letter to the Board of Education Relating to the Teachers' Tenure Rule". In: *City Club Bulletin*, 9, 1916b, p. 131-132.

_____. "Professor Hoxie and the Community". In: *University of Chicago Magazine*, 9, 1917a, p. 114-117.

_____. "Josiah Royce – A Personal Impression". In: *International Journal of Ethics*, 27, 1917b, p. 168-170.

_____. "Scientific Method and Individual Thinker". In: *Creative Intelligence*: Essays in the Pragmatic Attitude. Ed. John Dewey et al. Nova York: Henry Holt, 1917c.

_____. "Fitting the Educational System into the Fabric of Government". In: *City Club Bulletin*, 10, 1917d, p. 104-108.

_____. "Education, Charities and Corrections". In: *Proceedings of the Illinois State Bar Association*, 41, 1917e, p. 452-458.

_____. "Patriots and Pacifists in War Time". In: *City Club Bulletin*, 10, 1917f, p. 184.

_____. "Germany's Crisis – Its Effect on Labor, Part I". In: *Chicago Herald*, 26/07, 1917g.

_____. "Germany's Crisis – Its Effects on Labor, Part II". In: *Chicago Herald*, 27/07, 1917h.

_____. Revisão de of *Truancy and Non-Attendance in the Chicago Schools*: A Study of the Social Aspects of the Compulsory Education and Child Labor Legislation of Illinois, de Edith Abbott e Sophonisba P. Breckinridge. In: *Survey*, 38, 1917i, p. 369-370.

_____. "War Issues to U. S. Forced by Kaiser". In: *Chicago Herald*, 02/08, 1917j.

_____. "America's Ideals and the War". In: *Chicago Herald*, 03/08, 1917k.

_____. "Democracy's Issues in the World War". In: *Chicago Herald*, 04/08, 1917l.

_____. "Children's War Work Peril to Nation". In: *City Club Bulletin*, 10, 1917m, p. 268-270.

_____. "Camouflage of the Conscientious Objector". In: *New York Times*, 23/12, 1917n.

_____. "The Conscientious Objector". In: *National Security League, Patriotism through Education Series* (panfleto 33). Nova York, 1917o.

_____. "The Psychology of Punitive Justice". In: *American Journal of Sociology*, 23 1918a, p. 577-602.

_____. "The Aim of Scholarship Work". In: *Bulletin of the Vocational Supervision League*, mar., 1918b.

_____. "Morale". In: *City Club Bulletin*, 11, 1918c, p. 180.

_____. "Notes from the Address of the President of the V.S.L. at the Annual Meeting". In: *Bulletin of the Vocational Supervision League*, jun., 1918d.

_____. Revisão de *The Nature of Peace and the Terms of Its Perpetuation*, de Thorsten Veblen. In: *Journal of Political Economy*, 26, 1918e, p. 752-762.

_____. "The Crucial Importance of Vocational Guidance". In: *Bulletin of the Vocational Supervision League*, out., 1918f.

_____. "The Repulsiveness of the German State". In: *Historical Outlook*, 9 (8), 1918g, p. 417-419.

_____. "Social Work, Standards of Living and the War". In: *Proceedings of the National Conference of Social Work*, 45, 1918h, p. 637-644.

_____. "Summary Report of War Issues Course". In: *Final Report of the War Issues of the Students' Army Training Corps*. Washington, DC: US War Department Committee on Education and Special Training, 1919a, p. 106-107.

_____. "Reply to Senator Medill McCormick on the League of Nations". In: *City Club Bulletin*, 12, 1919b, p. 69-71 (Também citado em "Mead Answers McCormick as to the League of Nations". In: *Chicago Evening Post*, 07/03).

_____. "The League and the Community". In: *Bulletin of the Vocational Supervision League*, abr., 1919c.

_____. "President Mead's Message to Members". *City Club Bulletin*, 12, 1919d, p. 101-102.

_____. "A Translation of Wundt's 'Folk Psychology'". In: *American Journal of Theology*, 23, 1919e, p. 533-536.

_____. "The Relation of the Present Disturbed Industrial Situation to Vocational Guidance". In: *Bulletin of the Vocational Supervision League*, dez., 1919f.

_____. "An Interesting Question". In: *Bulletin of the Vocational Supervision League*, fev., 1920a.

_____. "Retiring President's Address". In: *City Club Bulletin*, 13, 1920b, p. 94-95.

_____. "Cynthia Tufts – An Impression". In: *Cynthia Whitaker Tufts* [panfleto memorial]. Chicago: University of Chicago Press, 1920c.

_____. "The President's Report". In: *Bulletin of the Vocational Supervision League*, jun., 1920d.

_____. "Idea". In: *A Dictionary of Religion and Ethics*. Ed. Shailer Mathews e Gerald Birney Smith. Nova York: Macmillan Company, 1921a.

_____. "Ideal". In: *A Dictionary of Religion and Ethics*. Ed. Shailer Mathews e Gerald Birney Smith. Nova York: Macmillan, 1921b.

_____. "Individualism". In: *A Dictionary of Religion and Ethics*. Ed. Shailer Mathews e Gerald Birney Smith. Nova York: Macmillan, 1921c.

_____. "Infinity". In: *A Dictionary of Religion and Ethics*. Ed. Shailer Mathews e Gerald Birney Smith. Nova York: Macmillan, 1921d.

_____. "Law of Nature, Natural Law". In: *A Dictionary of Religion and Ethics*. Ed. Shailer Mathews e Gerald Birney Smith. Nova York: Macmillan, 1921e.

_____. "A Behavioristic Account of the Significant Symbol". In: *Journal of Philosophy*, 19, 1922, p. 57-163 (Excerto reimpresso em YOUNG, K. *Source Book for Social Psychology*. Nova York: A.A. Knopf, 1927).

_____. "Scientific Method and the Moral Sciences". In: *International Journal of Ethics*, 33, 1923, p. 229-247.

_____. "The President's Message". In: *Bulletin of the Vocational Supervision League*, fev., 1924a.

_____. "Ella Adams Moore". In: *Bulletin of the Vocational Supervision League*, abr., 1924b.

_____. "The Domain of Natural Science". Revisão de *The Domain of Natural Science*: The Gifford Lectures delivered at the University of Aberdeen in 1921 and 1922, de E.W. Hobson. In: *Journal of Religion*, 4, 1924c, p. 324-327.

_____. "The Genesis of the Self and Social Control". In: *International Journal of Ethics*, 35, 1925, p. 251-277.

_____. "The Nature of Aesthetic Experience". In: *International Journal of Ethics*, 36, 1926a, p. 382-392.

_____. "Opinions of Non-Scholastic Philosophers on Scholasticism". In: *Present-Day Thinkers and the New Scholasticism*: An International Symposium. Ed. e ampl. por John S. Zybura. São Luís, MO: B. Herder, 1926b, p. 46-47.

_____. "The Objective Reality of Perspectives". In: *Proceedings of the Sixth International Congress of Philosophy*. Nova York: Longmans, Green and Co., 1927.

_____. "The Nature of the Past". In: *Essays in Honor of John Dewey*. Ed. John Coss. Nova York: Henry Holt, 1929a.

_____. "Mary McDowell". In: *Neighborhood*: A Settlement Quarterly, 2 (2), 1929b, p. 77-78.

_____. "National-Mindedness and International-Mindedness". In: *International Journal of Ethics*, 39, 1929c, p. 385-407.

_____. "Bishop Berkeley and his Message". In: *Journal of Philosophy*, 26, 1929d, p. 421-430.

_____. "A Pragmatic Theory of Truth". In: *Studies in the Nature of Truth*, 11, 1929e, p. 65-88.

_____. "The Philosophies of Royce, James, and Dewey in Their American Setting". In: *International Journal of Ethics*, 40, 1930a, p. 211-231.

_____. "Cooley's Contribution to American Social Thought". In: *American Journal of Sociology*, 35, 1930b, p. 693-706.

_____. "Philanthropy from the Point of View of Ethics". In: *Intelligent Philanthropy*. Ed. Ellsworth Faris, Ferris Launee e A.J. Todd. Chicago: University of Chicago Press, 1930c.

_____. "Memorial Address". In: *Addison Webster Moore*: A Memorial. Chicago: impressão particular, 1930d (Reimpresso como MEAD, G.H. "Dr. A.W. Moore's Philosophy". In: *University of Chicago Record*, 17, 1931, p. 47-49.

_____. *The Philosophy of the Present*. Ed. Arthur E. Murphy. Chicago/La Salle: Open Court, 1932.

_____. *Mind, Self, and Society*: From the Perspective of a Social Behaviorist. Ed. Charles W. Morris. Chicago: University of Chicago Press, 1934 [*Mente, self e sociedade*. Aparecida: Ideias e Letras, 2014].

_____. "The Philosophy of John Dewey". In: *International Journal of Ethics*, 46, 1935, p. 64-81.

_____. *Movements of Thought in the Nineteenth Century*. Ed. Merritt H. Moore. Chicago: University of Chicago Press, 1936.

_____. *The Philosophy of the Act*. Ed. Charles W. Morris, John M. Brewster, Albert M. Dunham e David L. Miller. Chicago: University of Chicago Press, 1938.

_____. *The Social Psychology of George Herbert Mead*. Ed. Anselm Strauss. Chicago: University of Chicago Press, 1956 (Ed. rev. publicada como MEAD, G.H. *On Social Psychology*. Ed. Anselm Strauss. Série "Heritage of Sociology". Chicago: University of Chicago Press, 1964).

_____. "Relative Space-Time and Simultaneity". Ed. David L. Miller. In: *Review of Metaphysics*, 17, 1964a, p. 514-535.

_____. "Metaphysics". Ed. David L. Miller. In: *Review of Metaphysics*, 17, 1964b, p. 536-556.

_____. *Selected Writings*. Ed. Andrew J. Reck. Chicago: University of Chicago Press, 1964c.

_____. *G.H. Mead*: Essays on His Social Philosophy. Ed. John W. Petras. Nova York: Teachers College Press, 1968.

_____. *The Individual and the Social Self*: Unpublished Work of George Herbert Mead. Ed. e intr. de David L. Miller. Chicago: University of Chicago Press, 1982.

_____. "George Herbert Mead: An Unpublished Essay on Royce and James". Ed. Gary A. Cook. In: *Transactions of the Charles S. Peirce Society*, 28, 1992, p. 583-592.

_____. "George Herbert Mead: An Unpublished Review of Dewey's Human Nature and Conduct". Ed. Gary A. Cook. In: *Journal of the History of the Behavioral Sciences*, 30, 1994, p. 374-379.

_____. "Science in Social Practice". Ed. Harold Orbach. In: *Social Thought & Research*, 23 (1-2), 2000, p. 47-63.

_____. *Essays on Social Psychology*. E. Mary Jo Deegan. New Brunswick, NJ: Transaction, 2001.

_____. *The Philosophy of Education*. Ed. Gert Biesta e Daniel Trohler. Boulder: Paradigm, 2008a.

_____. "The Evolution of the Psychical Element By George Herbert Mead" (dez./1899-mar./1900 ou 1898-1899). Notas das aulas por H. Heath Bawden. Ed. Kevin S. Decker. In: *Transactions of the Charles S. Peirce Society*, 44, 2008b, p. 480-507.

_____. *G.H. Mead*: A Reader. Ed. Filipe Carreira da Silva. Abingdon, UK: Routledge, 2011.

_____. "George Herbert Mead on Ancient Greek Society: An Introduction". Ed. e intr. de Jean-François Côté. In: *Canadian Journal of Sociology*, 38 (3), 2013, p. 383-405.

Índice remissivo

Abstração, devida a conflitos e inibições 102n.
Ação
    cooperativa, possível sem linguagem 80-81
    unificada, devido à organização dos atos 57-58
Análise
    característica da razão 110-111
Análise do objeto
    assumindo-se um papel 320-321
Animais
    comparados com homens 305-306
    sem personalidade 176-177
    cf. tb. Homem e animais
Aristóteles 240
Arte
    relação com o não convencional 196-197
Associação
    leis da, como processos de reintegração 296-297
Assumir papéis 230-231, 309-311, 312-314, 315-319
    como condição para analisar objetos 320-321
    dependente da linguagem 160
    essencial à inteligência humana 145n.
    fatores que limitam o processo de 284-286
    graus variáveis do processo de 232-233
    no brincar e nos jogos das crianças 152-154
    no processo econômico 267

Atenção 59-60, 110-111
    sua relação com impulsos 293-294
Atitude do engenheiro 248
Atitude religiosa
    como fator na organização social 258-260, 262-264
    comparada com atitude econômica 257-264
    implica uma relação social com o mundo 247
Atitudes
    relação com a arte 44, 311
    significado para o behaviorismo 46-50
    sociais e o mundo físico 174-179
    cf. tb. Atitudes econômicas; Atitude religiosa
Atitudes econômicas
    comparadas com atitudes religiosas 257-264
Ato
    aspectos interior e exterior do 44-45
    como dado fundamental para a psicologia 46
    consumação do, vs. coisa física 178-179
    definido 45n.
    ênfase da psicologia comparativa na totalidade do 47n.
    implicando uma teleologia natural 44n.
    sua organização em termos de atitudes 49
Ato social
    definição 45n.
    possível sem consciência 54
Atributos
    relação com a substância 133-134

Baldwin, J.M. 87n.
Behaviorismo
   e paralelismo 118, 121-127
   natureza prática de seu programa 65-70
   resumo de seu tratamento da consciência 286-291
   significado para a teoria estética 251
   sua posição geral 42, 286
   sua versão da reflexão 115-121
   uso do termo, em contraste com o uso mais limitado de Watson 42
Beleza
   caráter objetivamente relativo dos objetos 288
Bergson, H. 45n., 56n.
Brincar
   comparado aos mitos 154
   contrastado ao jogo 152-153
   relação com assumir papéis 312-313
Bryce, J. 262
Buda 202
Budismo 252, 267
Burrows 228

Casta 278-280
Causa 134
   final e progresso 261
Censor 232n.
Cidade-Estado
   como organização social ideal para os gregos 240n.
Ciência
   e experiência 303-304
   relação com magia 179
Clã
   como generalização da família 212
Comportamento
   lugar da mente no 314-315
   cf. tb. Resposta
Comunicação 285
   diferença entre homens e animais 230-232
   fornece material da mente 112
   fundamentos sociais e funções da 230-235
   importância dos meios de 233
   papel no desenvolvimento do self 222-224
   relação com a universalidade religiosa e econômica 234-235
   relação com o pensamento e o símbolo significante 90-95
   seu ideal como discurso universal 285
   torna possível o self consciente de si 144, 146, 222-224
Comunidade
   e instituição 236-245
Conduta
   função das imagens na 293-298
   impulsiva 197
   inteligente, em contraste com a reflexiva 94-95
   social 307-309
Conflito
   lugar na integração social 267-273
   resolução por meio do pensamento reflexivo 271-272
Consciência
   ambiguidade do termo 60-64, 123-124, 163-170
   como experiência, declarada em termos de ambiente 286-290
   como inteligência racional 62-63, 123-124, 286-291
   como inteligência reflexiva 290-291
   correspondendo apenas aos processos sensoriais 57
   emergente no ato social 53-54
   funcional, não substantiva 123
   o fracasso da negação de Watson da 48
   relação com a psicologia 43-44
   uso do termo por James 43
Constantes lógicas 235
Consumação do ato 178

Controle
    de fases anteriores do ato por fases posteriores 127-128
    humano da evolução 229
    método da experiência controlada 124-127
    social, expresso em termos de autocrítica 231
Controle social
    conquistado pelo "mim" 197
    expresso em termos de autocrítica 231
Convenções
    contrastadas com maneiras 238
Conversão
    natureza social da 203
Cooley, C.H. 169, 207n., 279n.
Cooperação linguística *vs.* não linguística 80-81
Corpo
    relação com a mente 180n.
Córtex 217-218
    cf. tb. Sistema nervoso
Criança. Ver Educação
    e adulto 278
    natureza social de suas reflexões 321-322
    origem de seu self na conduta social 315-319
Criatividade do self 200-206
Criminoso 239
Cristianismo 251-252
    como fator do progresso social 260
Culto
    e conservadorismo religioso 262, 267

Darwin 55, 307
    e a expressão das emoções 52-53
    e Wundt 71-72
Democracia
    e universalidade social 251-257
    implica a remoção das castas 279
    relação com a atitude religiosa da fraternidade universal 255-256
    seu ideal como realização funcional do self 284-286
Dewey, J. 99, 326
    sobre as emoções 56n.
    sobre a universalidade social 105
    sobre padrões éticos 326
Diálogo por gestos 51, 86, 230
    relação com o desenvolvimento do self 165
    valor da importação pelo indivíduo 174
Diferenciação funcional e democracia 256-257
Dinheiro
    método de conversação econômica 260
Direito moral 328-330
Drama
    função social do 233
Duplo
    concepção do, nos povos primitivos 152
    relação com os companheiros imaginários da criança 152-153

Educação 159-160, 239
    e a criança 278
    e a relação com os pais 221
    e o jardim de infância 154
    sua tarefa de integrar o dualismo mente e corpo 180n.
Einstein, A. 191
Emergência
    e consciência 286-290
    e novidades 188
Emoção
    expressão da, conforme Darwin 52-53
    relação com o símbolo 150-152
Escolha
    dependente da dimensão temporal do sistema nervoso 112-114
Estados Unidos
    universalizando o autogoverno 241

Estímulo
　ocasião para liberação de impulso 44n.
Ética
　fragmentos de 322-330
"Eu"
　aparece na experiência somente na memória 170-171, 187
　como resposta do indivíduo biológico ao "mim" 171-172, 318
　contribuições do "eu" e do "mim" 196-199
　e "mim" como componentes do self 170-173, 184-190
　fusão com o "mim" nas atividades sociais 245-251
　sua importância variável em relação a "mim", relação com o controle do comportamento em termos de futuras consequências 113, 127
　sua natureza imprevisível 171-173, 192
　cf. tb. "Mim"; Self
Evolução
　aparecimento da mente na 139
　darwiniana, teoricamente transcendida pelo homem 228-229
　mecanismo e liberdade na 229
Evolução social
　dois polos do processo da 213, 272
Experiência
　aspectos individuais e sociais da 41-42, 65-66, 139
　como ambiente relativo ao organismo individual ou social 122-123
　compartilhada e moralidade 327
　consequências subjetivas da teoria individualista da 207n.
　mística 247
　conteúdo subjetivo vs. objetivo da 208-209
　do indivíduo reflexivo biológico vs. social 303-304
　do self, envolvendo a experiência de outros 186
　e a ciência 303-304
　e o mundo físico 138n., 321-322
　estética, em relação aos símbolos 150-152
　experiência comum compatível com diferenças de função social 283-284
　experiência de contato e as coisas 311-312
　experiência da distância 225
　método de controle da 123-127
　não necessariamente de um self 141-142
　natureza da fase privativa ou psíquica da 294-296
　relação entre as fases privativa e pública da 70n.
　social 106n., 206

Família 212, 219-221
Fins morais
　dirigidos a objetos 326
　são sociais por natureza 327
Fiske, J. 312
Freud, S. 232n.

Gênio 201-203
Gesto
　autoestimulação por meio de gesto vocal 309-311, 312-314
　definido como parte dos atos sociais 71-77, 79, 91n.
　mecanismo básico do processo social 51n.
　relação com significado 149-150
　significação para o behaviorismo 50-54
　significante vs. não significante 100
　vocal e símbolo significativo 85-90
　vocal importância central do 87-89, 90-91
　vocal nos pássaros 85-88, 309-310
　cf. tb. Diálogo por gestos
Grupos sociais 280-282
Guerra
　e patriotismo 270

Helmholtz, H. 66
História
   importância social da 232, 263
Homem e animais
   diferença na organização social 211-224
   diferença nos tipos de inteligência 128-129, 300-301
   distintos em termos de autocondicionamento 120
Hume, D. 54, 298

Ideais éticos
   e problemas éticos 280-281
Ideal da sociedade humana 272
Ideia
   como organização de atitudes 49-50
   como resposta a uma demanda social 175-176
   distinção entre receber uma ideia e ter uma ideia 119-120
   receber uma ideia como processo social 93n., 119-121
   cf. tb. Pensamento; Mente
Imagens 124
   com o caráter objetivamente relativo das coisas 289
   condições para a exclusão do ambiente 299
   dependentes do indivíduo 299
   e nitidez 298
   lugar nas referências passadas e futuras 298
   relação com a mente 296-298
   relação com o percepto 319
   sua função na conduta 293-298
   sua relação com o psíquico 295-296, 298
   suposta dificuldade das imagens para o behaviorismo 47
Imitação
   impossível como processo primitivo 82-84
   não serve como explicação da origem da linguagem 77-84

Imperativo categórico
   formulação proposta 328
   inadequado para o comportamento moral construtivo 324
   interpretado socialmente 322-325
Império
   significação social do 253
Implicação
   uma relação de respostas 134n.
Impulso sexual 212
Impulsos
   catálogo de, no indivíduo biológico 301-302
   divisão em amistosos e hostis, sociais e antissociais 267-271
   função das imagens na relação com 294
   relação com a felicidade 326
   relação com estímulos 44n., 293-294
Impulsos morais
   natureza dos 326-327
Individualidade
   e democracia 256-257
   na sociedade primitiva e na civilizada 205-206
   não esmagada pelo controle social 231-232
   não incompatível com a natureza social do self 190-192
   relação com instituições sociais 236-238
Indivíduo
   biológico, em relação ao self 300-304, 316-317, 318
   como centro do progresso moral 328-330
   integração do, nas situações sociais 281-282
   surge num processo social 181-182
   vs. polo institucional da diferenciação social 313
   cf. tb. Self

Indivíduo biológico
    em relação ao self 300-304, 316-317, 318
Infância
    importância para o desenvolvimento do self 312-315
Instinto 293, 302
    de bando 83, 219-220, 302
Instituição
    definida em termos de respostas socialmente comuns 165, 198, 236
    e a comunidade 236-245
    relação com a individualidade 236-238
Instrumentos musicais 222
Integração da sociedade em relação ao conflito social 267-273
Inteligência
    como função da forma e do ambiente 286
    como solução de problemas 231n.
    humana vs. animal 109-112
Inteligência racional
    como indicação simbólica do estímulo 109-110
    sumário das visões apresentadas 290-291
Inteligência reflexiva
    apresentação behaviorista da 115-121
    sua natureza 107-114
Internacionalismo 243
Interpretação econômica da história 238
Introspecção
    formulada por Watson em termos de linguagem 42, 43, 46
    e psicologia 44

James, W. 43, 55, 61, 104, 169, 192
Jardim de infância
    sua utilização do brincar na construção do self 154-155
Jesus 202, 241, 244
Jogo
    em relação a brincar 153-162
Jornalismo
    sua função social 233

Kant, I. 322, 323, 324, 325, 327
Keller, H. 152
Köhler, W. 68n.

Líder
    função social do 201-203
Liga das Nações 196, 256
Linguagem 183n., 252, 290
    como parte do comportamento social cooperativo 50-52, 95
    crítica da teoria de Wundt 75-77
    e a constituição de objetos da experiência 98
    implica símbolos significantes 73-74
    implica símbolos socialmente comuns 80-81
    na abordagem do filólogo 51
    oferece campo para o aparecimento da mente 139
    oferece controle da organização do ato 50
    oferece mecanismo para a inteligência reflexiva 132
    oferece mecanismo para assumir papéis 160
    origem não explicada pela imitação 77-84
    papel no nível do self desenvolvido 222-224
    processo de autocondicionamento 120-121
    relação com o pensamento 94n.
    seus estágios iniciais são anteriores ao aparecimento da mente 183
    tornando possível a análise 112
    cf. tb. Comunicação; Símbolo

Lógica
  de múltiplas relações 191
  depende de um campo de interações sociais 106n.
  implica uma relação de respostas 134n.
  cf. tb. Universo do discurso

Magia e ciência 179
Maneiras vs. convenções 238
Mão
  e a coisa física 178-179, 226-227, 311-312
  e a fala no desenvolvimento do self 218
McDougall, W. 314
Meio ambiente
  como elemento do outro generalizado 155n., 157n.
  determinado por organismos individuais e sociais 133-140, 201, 224-229
  sua relação com a consciência como experiência 286-288
Mentalidade
  em termos behavioristas 138-139
Mente 137, 307
  como base para resolução de conflitos sociais 271-272
  como emergente social 138-140
  experiências subjetivas não oferecem explicação para 307
  e imagens 295-298
  envolve indivíduo importando processo social 121, 127-133, 179-183
  e o símbolo 127-133
  explicação funcional e não substancial da 207n.
  explicação social completa vs. parcial da 206-208
  gênese do problema mente-corpo 180n.
  não intraepidérmica 207n.
  relação com inteligência humana e animal 128-129
  relação com resposta e meio ambiente 133-140
  relação com resposta e símbolo 181-182
  seu lugar no comportamento 314-315
  sua unidade em contraste com a unidade do self 148n.
Mill, J.S. 199, 325
"Mim"
  como censor 197
  como conjunto organizado de atitudes sociais no indivíduo 171
  e "eu", como componentes do self 170-173, 184-190
  cf. tb. "Eu"; Self
Mito 154, 184-185
Monarca
  método de integração social 273-274
Moralidade
  como método de reconstrução social 329-330
  envolvendo consideração racional de todos os interesses conflitantes 328, 329-330
Morley, J. 103
Motivo moral
  como impulso dirigido a um fim moral 325-326
Movimento trabalhista 262, 282, 283-284
Movimentos missionários 262, 267
Müller, M. 94n.
Múltipla personalidade 167
Mundo físico
  e experiência 321-322
  relação com assumir papéis 174-179
Münsterberg, H. 61
Música 250

Natureza
  relação com a experiência 137n.
  sentido em que é inteligente 179
Novo
  função social do 233

Objeto físico
    como abstração do processo social 178
    como elemento do outro generalizado 155n.
    comparado ao self como objeto social 248-251
    e a mão 226-227, 311-312
    universal 178-179
Objetos
    relação dos, resposta 97-99, 136-137
    cf. tb. Objeto físico
Organismo
    relação com o self 141-148
    social e individual, determinando o meio ambiente 201, 224-229
Organização social
    função da personalidade e da razão na 273-278
    por meio de atitudes religiosas e econômicas 258-260, 261-264
Outro generalizado
    como atitude da comunidade 155
    como controle social do indivíduo 156-157
    relação com o brincar e o jogo 153-162
    sua atitude considerada pelo pensamento abstrato 156-157

Paralelismo psicofísico
    aparecimento na psicologia 54-64
    bases da doutrina 121-122
    defeito fundamental do 71n.
    distinção prática, não metafísica 65-70, 121-127
    e behaviorismo 118, 121-127
Particular
    em relação ao universal 102-103
Partidos políticos
    defeitos dos 275
    função social dos 204
Passado
    seu caráter no comportamento instintivo e racional 302-303
    sua relação com o presente e os processos nervosos 126-127
Pássaros
    canção dos 85-88, 308-309
Patriotismo 195, 270
Pensamento
    abstrato, envolve o outro generalizado 156-157
    como elaboração de interpretação perceptual 124-125
    e o reflexo condicionado 115-116
    não o sentimento, mas o pensamento, é o cerne do self 169
    natureza social e função do 146-147, 176-177, 235
    ocorre por meio de universais 105
    relação com condutas 109n.
    relação com o símbolo significante e a comunicação 90-95
    requer necessariamente símbolos 149
    visão de Watson do 91
Percepção
    dependente de resposta 124
Personalidade
    dependente da linguagem para existir 176-177
    múltipla, e dissociação 147-149
    não perdida numa teoria social do self 282-286
    vs. razão como princípio da organização social 273-278
    cf. tb. Indivíduo; Self
Perspectivas
    e significado 106
Piderit, T. 308
Platão 240
Poesia
    natureza da e assumir papéis 177-178
Pragmatismo 257n.
Processo econômico do intercâmbio
    sua natureza 233-235, 252, 265-267

Processo social
　sua unidade analisável, mas irredutível 128n.
　vários graus de internalização 232-233
Processos fisiológicos
　aspecto social dos 144n., 211-214
　como base para a mente, encontrados apenas nos seres humanos 217n., 218n.
　diferenciação dos, característicos dos insetos 213-216
　cf. tb. Sistema nervoso
Progresso social
　ideia de, nos gregos e no mundo moderno 260-261
Propósito
　como fator no comportamento 114
Propriedade 161
Psicologia
　comparativa 47n.
　e estados de consciência 286-290
　fisiológica 56, 57, 60-64
　individual, contrastada com a psicologia social 41-42, 70
　preocupada com as condições da experiência 66, 69
　propensa a ignorar o self 190n.
　relação com a consciência 42-44
　suas transformações históricas 56-57
　tentativa de apresentar a razão em termos de condutas 300-301
　cf. tb. Behaviorismo
Psicologia da Gestalt
　uma objeção respondida 288-289
Psicologia freudiana 197-198
Psicologia social
　caracterização 41, 45-46
　reação ao behaviorismo 41-46
Psíquico
　uma fase da experiência 288, 294-296

Qualidade vs. quantidade nas realizações sociais 240-242

Racionalidade 290-291
Razão vs. personalidade como princípio da organização social 273-278
Reação retardada
　necessária à conduta inteligente 113-114
Realização funcional do self 282-286
Reconhecimento
　critérios do, não identificados normalmente 108
　envolvido na universalidade 101-103
Reconstrução
　caráter complementar da, individual e social 272-273
Reflexão
　envolve processos de análise e representação em relação ao self 305-322
　cf. tb. Inteligência reflexiva
Reflexo condicionado 47
　contrastado a símbolo 130n.
　inadequado como explicação do pensamento 119-120
Relação com os pais 221, 312-314
Relatividade
　e consciência 287-290
Religião(ões) universal(is) 234, 244, 252
Resposta
　determina o meio ambiente 97, 133-140
　estética 104
　estímulos como meios para 44n.
　relação com símbolo 182
　respostas socialmente comuns definem instituição 236
　retardada, essencial à inteligência humana 231n.
Rousseau, J.-J. 255
Russell, B. 70, 122, 123

Seguidores de Maomé 252, 267
Seleção e consciência 289
Self
　característica de ser um objeto para si próprio 142-143

421

como objeto social comparado ao
  objeto físico 248-251
conteúdo vs. estrutura do 213n.
dois estágios no desenvolvimento do
  158
envolvendo a organização de atitudes
  sociais 161-163
e organismo 141-148
e o subjetivo 163-170
e processo de reflexão 305-322
fatores na gênese do 148-154
gênese do self na conduta social 145,
  154-163, 165, 315-319
identificado com interesses 328
importância na reconstrução social
  184, 200-206
realização pelo cumprimento de
  função social 190-196, 277
sua individualidade não incompatível
  com sua natureza social 190-192,
  282-286
sua unidade social 148
teorias individualista e social do
  comparadas 206-209
cf. tb. "Eu"; "Mim"; Mente
Significado 133, 149
  definição dentro do ato social 96-100
  envolvendo participação e
    comunicabilidade 100n.
  e o símbolo significante 93
  e o sistema nervoso 117
  não envolve necessariamente a
    consciência do significado 97-100
  relação com símbolos 130n.
  requer respostas 89
  socialmente objetivo 96, 101
  cf. tb. Gesto; Linguagem: Símbolo
Símbolo
  caráter intelectual vs. emocional do 95,
    150-152
  caráter universal do 149-150
  dinheiro como símbolo 260
  e mente 127-133
  envolvido em todo o pensamento 149

envolvido na constituição de objetos
  97-98
limitação da arbitrariedade do 94-95
natureza do 130n.
oferecendo mecanismo para inteligência
  reflexiva 129-130
relação com respostas 182
vocal, como matriz para o
  desenvolvimento de outras formas
  de simbolismo 89-90
cf. tb. Símbolo significante
Símbolo significante 92-93, 175-176,
  241-242, 291
  em relação aos sinais dos animais
    182-183
  e universo do discurso 106-107
  influencia o self como influencia os
    outros 89
  lugar na origem do self 144
  não encontrado no mundo animal 308
  relação com o gesto vocal 85-90
  relação com o pensamento e a
    comunicação 90-95
  cf. tb. Linguagem; Símbolo
Simpatia
  natureza da, em termos de assumir
    papéis 263-264, 313-314
Sinais
  relação com símbolos significantes
    182-183
Sistema nervoso
  dimensão temporal do 103, 112-114,
    127-128
  e paralelismo 125-127
  oferece mecanismo para o
    reconhecimento 101
  relação com objetos e ideias 91-92
  serve de substrato fisiológico para a
    sociedade 220-222
"Social", usos mais amplos e mais
  estreitos de 268
Sociedade
  bases da sociedade humana 211-224

humana como fim do processo da
evolução orgânica 229
humana e dos insetos 211-219
humana e dos vertebrados 219-224
ideal, obstáculos e promessas no
desenvolvimento da 278-286
primitiva vs. civilizada, em respeito à
individualidade 205-206
Sociedade dos insetos
comparada com a sociedade humana
211-219
Sócrates 202
Spearman, C.E. 146n.
Spencer, H. 59
Subjetivo
grau em que a mente é subjetivação
do processo social 181
relação com o self 163-170
Substância, relação com atributos 133-134
Superioridade, senso de
formas funcional e assertiva distintas
195-196, 254-255, 276-278
seu lugar na realização do self 193-196
Superioridade funcional 254-255

Tarde, G. 79
Teoria contratual da sociedade 215
Teoria estética, significado do behaviorismo
para 251
Tolstoi, L. 143

Universais
e particulares 105, 133
e universo do discurso 242
relação com resposta 101-103
Universalidade
aspecto biológico da 101-105
aspecto social da 105-107, 149-150
do discurso, como ideal de
comunicação 285

ética, racionalidade como precondição
da 323
na sociedade, e democracia 251-257
teoria geral da 101-107
cf. tb. Universais
Universo do discurso
como sistema de significados
socialmente comuns 106-107, 157,
158-159, 186, 191, 242
significação social do 245n., 253
Utilitarismo 324-325, 327

Valentão, explicação do, como covarde 88
Valor
como caráter futuro da resposta que
determina o objeto 44n.
ético, definido pela situação
problemática 329
Vertebrados e homens 219-224
Virgílio 254
Vontade geral 255n.

Watson, J.B. 42, 115, 116-117, 118, 119,
289
e introspecção 42, 46
e pensamento como vocalização 91
fracasso de sua negação da consciência
48-49
ignorância da fase atitudinal do ato
45
teoria inadequada do pensamento e da
reflexão 115-121
Wordsworth 177
Wundt, W. 54, 58, 61, 64, 79, 81, 184,
254, 308
crítica de sua teoria da linguagem
75-77
e o gesto 71-77

Coleção sociologia

- *A educação moral*
  Émile Durkheim
- *A pesquisa qualitativa*
  VV.AA.
- *Quatro tradições sociológicas*
  Randall Collins
- *Introdução à Teoria dos Sistemas*
  Niklas Luhmann
- *Sociologia clássica – Marx, Durkheim, Weber*
  Carlos Eduardo Sell
- *O senso prático*
  Pierre Bourdieu
- *Comportamento em lugares públicos*
  Erving Goffman
- *A estrutura da ação social – Vols. I e II*
  Talcott Parsons
- *Ritual de interação*
  Erving Goffman
- *A negociação da intimidade*
  Viviana A. Zelizer
- *Os quadros da experiência social*
  Erving Goffman
- *Democracia*
  Charles Tilly
- *A representação do Eu na vida cotidiana*
  Erving Goffman
- *Sociologia da comunicação*
  Gabriel Cohn
- *A pesquisa sociológica*
  Serge Paugam (coord.)
- *Sentido da dialética – Marx: lógica e política - Tomo I*
  Ruy Fausto
- *A emergência da teoria sociológica*
  Jonathan H. Turner, Leonard Beeghley e Charles H. Powers
- *Análise de classe – Abordagens*
  Erik Olin Wright
- *Símbolos, selves e realidade social*
  Kent L. Sandstrom, Daniel D. Martin e Gary Alan Fine
- *Sistemas sociais*
  Niklas Luhmann
- *O caos totalmente normal do amor*
  Ulrich Beck e Elisabeth Beck-Gernsheim
- *Lógicas da história*
  William H. Sewell Jr.
- *Manual de pesquisa qualitativa*
  Mario Cardano
- *Teoria social – Vinte lições introdutórias*
  Hans Joas e Wolfang Knöbl
- *A teoria das seleções cultural e social*
  W.G. Runciman
- *Problemas centrais em teoria social*
  Anthony Giddens
- *A construção significativa do mundo social*
  Alfred Schütz
- *Questões de sociologia*
  Pierre Bourdieu
- *As regras do método sociológico*
  Émile Durkheim
- *Ética econômica das religiões mundiais – Vol. I*
  Max Weber
- *Ética econômica das religiões mundiais – Vol. III*
  Max Weber
- *Teoria dos sistemas na prática – Vol. I - Estrutura social e semântica*
  Niklas Luhmann
- *Teoria dos sistemas na prática – Vol. II - Diferenciação funcional e Modernidade*
  Niklas Luhmann
- *Teoria dos sistemas na prática – Vol. III - História, semântica e sociedade*
  Niklas Luhmann
- *O marxismo como ciência social*
  Adriano Codato e Renato Perissinotto
- *A ética protestante e o espírito do capitalismo*
  Max Weber
- *As fontes do poder social – Vol. 1 - Uma história do poder desde o início até 1760 d.C.*
  Michael Mann
- *Mente, self e sociedade*
  George Herbert Mead